古文观止

鉴赏辞典

上海辞书出版社文学鉴赏辞典编纂中心 编

新一版

上海辞书出版社

编者小识

“三百首鉴赏辞典系列”是我社古典文学鉴赏方面的一套小丛书，至今已陆续出版了近二十个品种，历时近二十年。它依托于我们一套编纂历史更长、规模更大的“中国文学鉴赏辞典系列”，延续其风格，具体而微。因其选目精当，篇幅适中，深受读者欢迎，已成为古典文学图书市场上的畅销书，也是长销书。其中《唐诗三百首鉴赏辞典》《宋词三百首鉴赏辞典》《古文观止鉴赏辞典》《元曲三百首鉴赏辞典》等自面市以来，已数十次重印。

为了更好地满足读者的需求，我们感到有必要对“三百首鉴赏辞典系列”从内容到形式做一些调整改进。在内容的修订方面，首先，对篇目进行了完善，以期更好地反映这些年文学研究的进展、读者阅读口味的变化。我们注重经典，也尽力了解和满足新一代读者的审美风尚。我们还参考了最新的课程标准，尽可能地囊括了新编教材的篇目。其次，我们再一次地对全书内容进行了审校，改正了多年习而不察的舛误。在外观形式上，我们重新进行了设计，呈现清雅别致的面貌，版式上也力图醒目、美观，一改过去“字小纸透”的缺陷。种种修订、更新，我们只有一个目的，就是让读者能更好地体验传统文学的魅力。

需要说明的是，清代吴楚材、吴调侯的《古文观止》已经畅销两百多年，但为时世风俗所限，文必秦汉，且止于明代，所列篇章，自是当时选家眼光，为人疵诟不少。本书以我社《古文鉴赏辞典》为基础，吸收吴楚材、吴调侯《古文观止》的精华，又参酌其他选本，唯取佳作入选。不仅在选目上精益求精，在鉴赏文方面也一如既往地讲究辞理俱佳、典雅博洽，使赏析和原作相得益彰。相比于时下众多选本蜻蜓点水似的评论，我们的鉴赏文字均由古典文学领域的专家精心撰写，凝聚了他们深厚的学术功底和文学修养，看似“冗长”，实则字字珠玑，内涵丰富。各位作者娴熟运用现代文艺理论，全面而深入地分析作品的写作背景、艺术特色、文学成就，解释“古典”“今典”，揭示“诗心”“文心”，仿佛旧小说里所讲的“车轮战法”——通过各个角度、各个层面的解析，使文学作品丰富的意蕴纤毫毕现。

奇文共欣赏，疑义相与析，让我们跟着名家的步伐，逐渐地提高自己的审美鉴赏能力吧。

上海辞书出版社

2025 年 4 月

目 录

先秦文

郑伯克段于鄢 《左传》

初，郑武公娶于申[1]，曰武姜，生庄公及共叔段。庄公寤生[2]，惊姜氏，故名曰“寤生”，遂恶之。爱共叔段，欲立之。亟请于武公，公弗许。

及庄公即位，为之请制。公曰：“制，岩邑也，虢叔死焉[3]，他邑唯命。”请京[4]，使居之，谓之京城大叔。

祭仲[5]曰：“都城过百雉[6]，国之害也。先王之制，大都，不过参国之一[7]；中，五之一；小，九之一。今京不度，非制也[8]，君将不堪。”公曰：“姜氏欲之，焉辟害？”对曰：“姜氏何厌之有？不如早为之所，无使滋蔓！蔓，难图也。蔓草犹不可除，况君之宠弟乎？”公曰：“多行不义必自毙，子姑待之。”

既而大叔命西鄙北鄙贰于己[9]。公子吕[10]曰：“国不堪贰，君将若之何？欲与大叔，臣请事之；若弗与，则请除之，无生民心。”公曰：“无庸，将自及[11]。”大叔又收贰以为己邑，至于廪延[12]。子封曰：“可矣，厚将得众。”公曰：“不义不暱，厚将崩[13]。”

大叔完聚，缮甲兵，具卒乘[14]，将袭郑。夫人将启之。公闻其期，曰：“可矣。”命子封帅车二百乘以伐京。京叛大叔段，段入于鄢[15]。公伐诸鄢。五月辛丑，大叔出奔共[16]。

书曰：“郑伯克段于鄢。”段不弟，故不言弟。如二君，故曰克。称郑伯，讥失教也。谓之郑志，不言出奔，难之也。

遂寘姜氏于城颍[17]，而誓之曰：“不及黄泉，无相见也！”既而悔之。颍考叔为颍谷封人[18]，闻之，有献于公。公赐之食。食舍肉。公问之，对曰：“小人有母，皆尝小人之食矣，未尝君之羹，请以遗[19]之。”公曰：“尔有母遗，繄[20]我独无！”颍考叔曰：“敢问何谓也？”公语之故，且告之悔。对曰：“君何患焉？若阙地及泉，隧而相见，其谁曰不然？”公从之。公入而赋：“大隧之中，其乐也融融。”姜出而赋：“大隧之外，其乐也泄泄[㉑]。”遂为母子如初。

君子曰：颍考叔，纯孝也，爱其母，施及庄公。《诗》曰：“孝子不匮，永锡尔类[㉒]。”其是之谓乎！

注 ① 郑武公：姬姓，名掘突。申：国名，姜姓，侯爵，故城在今河南南阳。② 寤生：寤乃“牾”之借字，犹言逆生，指婴孩足先出。 ③ 虢叔：东虢国君，姬姓，立国于今河南荥阳东北。虢叔恃其地势之险固，有骄侈怠慢之心（《国语·郑语》），公元前767年为郑所灭。 ④ 京：郑国地名，在今河南荥阳东南。⑤ 祭（zhài）仲：郑大夫，亦称祭足。 ⑥ 都城过百雉：都，都邑；城，城垣。城长一丈、高一丈谓之堵，三堵为雉，故雉为高一丈长三丈，百雉为长三百丈。《战国策·赵策三》马服君对田单曰：“且古者城虽大，无过三百丈者。”与《左传》“城过百雉，国之害也”相符。 ⑦ 参国之一：参，同“三”。国，国都。此言大的都邑，其城不过国都三分之一。 ⑧ 不度：不合法度。非制：非法制所许。 ⑨ 西鄙北鄙贰于己：谓将郑西部与北部边境之二邑既属于郑，又属于己，为两属之地。 ⑩ 公子吕：字子封，郑国大夫。 ⑪ 无庸：庸，用。无庸，犹言用不着。将自及：谓祸将及其自身。 ⑫ 廪延：郑国地名，在今河南延津附近。⑬“不义”二句：不义不昵，不义则不昵。昵，据《说文》当作“䵒”，粘连的意思。二句谓不义就不能团结众多的人，势力再雄厚也要崩散。 ⑭ 完聚：完，完（修筑）城郭。聚，聚粮食。缮甲兵：修缮盔甲兵器。具卒乘：具，充足；卒，步兵；乘，车兵。 ⑮ 鄢：郑国地名，在今河南鄢陵附近。 ⑯ 共（gōng）：本为国名，后为卫别邑，在今河南辉县。 ⑰ 寘：同“置”。城颍：郑国地名，在今河南临颍西北。 ⑱ 颍考叔：郑大夫。颍谷封人：颍谷，郑国地名，在今河南登封；封人，管理边界的官吏。 ⑲ 遗（wèi）：赠与，送给。 ⑳ 繄（yī）：语助词。 ㉑ 泄（yì）泄：舒散快乐的样子。 ㉒ 孝子不匮，永锡尔类：见《诗经·大雅·既醉》。匮，竭尽；锡，赐予。意为孝子孝敬父母无竭尽之时，所以能经常感化族类的人。

公元前722年，在郑国统治者内部发生了一件骨肉相残的事件，这就是《春秋》上所谓的“郑伯克段于鄢”。《公羊》《穀梁》都提到这件事，发表了一些议论。但从事件的叙述、人物的刻画方面来说，《左传》的文字写得最具体精彩，历来脍炙人口。

姜氏厌恶其子郑庄公，始于郑庄公出生时的难产。可是她对于共叔段，却又非常溺爱，屡次请求郑武公废长立幼。虽遭到武公的拒绝，但姜氏并不就此罢休，这就充分说明了这个女人不仅愚蠢而且顽固。姜氏的一恶一爱，始终贯串于矛盾的产生、发展和激化的过程，正是行文的脉络所在。

郑庄公即位后，姜氏要求把制邑分给共叔段。制，地在虎牢，形势十分险要。姜氏为共叔段要求封制的居心何在，郑庄公是十分清楚的，当然不能允许，直截了当地告诉姜氏："制，岩邑也，虢叔死焉，他邑唯命。"据说虢叔恃险不修德政，结果被郑武公所灭。对于郑庄公这段话中所包含的杀机，姜氏未必能够完全参透。求制不得而求京，这也在郑庄公意料之中。由此可见，姜氏的筹算一开始就落入郑庄公的掌握之中了。

历史上的封建统治者，总是把维护自己的权力放在最重要的地位，即使母子兄弟之间，也丝毫不能缓解他们之间权力之争的矛盾。从郑庄公即位到共叔段外逃，共经过了二十二个年头。这漫长的岁月，突出地表现了郑庄公蓄谋之久，甚至连他的左右大臣也察觉不出其心迹，被蒙在鼓里。当祭仲提出京的制度不合规定的时候，郑庄公却说："姜氏要这么干，我有什么办法避免这种威胁呢？"装成无可奈何的样子。等到祭仲提醒他"蔓草犹不可除，况君之宠弟乎"时，他才说出"多行不义必自毙，子姑待之"的话。这个"毙"字和"虢叔死焉"的"死"字是一脉相承的，即使在这一点透露之中，也遮上了一块帷幕：表明这是在自杀，而非他杀，企图逃避杀弟的罪责，可说既狠毒又狡猾。

郑庄公设下的陷阱，就是养共叔段之骄，纵共叔段之欲，使其不断膨胀，逐步发展到自我毁灭。权力欲望的沟壑是永远填不满的。郑庄公竭力容忍共叔段的得寸进尺，从表面上来看，好像处在被动地位，实际上主动权仍然掌握在郑庄公的手里。如果加以扼制，共叔段就会收敛，郑庄公企图使其自我毁灭的目的就会落空。因此，不管共叔段使"西鄙北鄙贰于己"也好，还是进而把二邑归为己有，封地扩展到廪延也好，郑庄公都不露声色，听之任之。即使他的心腹公子吕连续向他提出警告，甚至说出"欲与大叔，臣请事之；若弗与，则请除之"这样的话来激他，他都不为所动。这说明郑庄公的深藏不露，真是达到了无以复加的地步。等到共叔段完成了进攻国都的准备，并得知姜氏开城作内应的确切时间之后，郑庄公才发布讨伐共叔段的命令。长期郁结的怨恨一下从"可矣"二字中迸发了出来。公子吕伐京后，共叔段逃到鄢，郑庄公又亲自率军攻鄢，终于使共叔段彻底垮台。对于姜氏当然也不会放过，把她放逐到城颍，而且发誓说："不及黄泉，无相见也！"怨恨之深溢于言表，再也用不着掩盖了。

和郑庄公的极端冷酷相比，共叔段则表现为极度狂热。这种狂热，既表现了攫取权力的野心，也表现了施展权术的低能。共叔段的步步逼近，实际上都是在步步落入郑庄公为他设下的陷阱。争权夺利，可以使人变得冷酷无情，也可以使人变得骄横狂热。从本质上来说，它们都是封建统治者罪恶本质的表现。因此，这一对亲兄弟，犹如一根毒藤上结出的一双恶果，其胚胎并没有什么大的区别，不过一个是胜利者，一个是失败者而已。

姜氏、共叔段母子的密谋及活动，在文章中并没有作正面描写，只是通过简要的记叙和郑庄公与祭仲、公子吕的对话表现出来。这样写不仅使文字显得十分简洁，而且突出了郑庄公在这场斗争中的主导地位。对于姜氏、共叔段的密谋活动，郑庄公了若指掌；而姜氏、共叔段对郑庄公的险恶用心及严密部署却毫无所知。妙在似明实暗，似暗实明。通过故事情节的发展，人物的对话，郑庄公这个奸雄的性格特征，栩栩如生，跃然纸上。

“遂为母子如初”的结尾，读来使人感到十分滑稽，有人称之为丑剧，亦不为过。像姜氏母子这样早已失去了普通人性的典型人物，在经过了一场你死我活的搏斗之后，能够毫无芥蒂，再叙什么天伦之乐吗？何况在郑庄公刚出生之时，就埋下了怨恨的种子。“遂为母子如初”的“初”字就缺乏依据，显得勉强了。血腥的厮杀早就把统治阶级竭力宣扬的那层薄薄的“孝悌”的外衣撕得粉碎了。无怪乎史官对此事的评论也感到为难了。“孝子不匮，永锡尔类”，这是作者针对颍考叔而说的。将孝道永赐予汝之族类，似乎是郑庄公受到颍考叔孝母的感染，其实不过是庄公借此就坡下驴。他之所以欣然接受颍考叔的建议“阙地及泉，隧而相见”，不过是企图缝补这些破碎的外衣，掩盖已经充分暴露了的肮脏的躯体和丑恶的灵魂，这也是千古奸雄的伎俩。因为在这里郑庄公又集中地表现了他的伪善，而伪善是永远和丑恶伴随在一起的。（宋　廓）

曹刿论战　《左传》

十年春，齐师伐我。公将战。曹刿请见。其乡人曰：“肉食者谋之，又何间[①]焉？”刿曰：“肉食者鄙，未能远谋。”乃入见。

问：“何以战？”公曰：“衣食所安，弗敢专也，必以分人。”对曰：“小惠未遍，民弗从也。”公曰：“牺牲[②]玉帛，弗敢加也，必以信[3]。”对曰：“小信未孚[4]，神弗福也。”公曰：“小大之狱，虽不能察，必以情[5]。”对曰：“忠之属也[6]，可以一战。战则请从。”

公与之乘，战于长勺[7]。公将鼓之，刿曰：“未可。”齐人三鼓，刿曰：“可矣。”齐师败绩。公将驰之，刿曰：“未可。”下，视其辙，登轼而望之，曰：“可矣。”遂逐齐师。

既克，公问其故。对曰：“夫战，勇气也。一鼓作气，再而衰，三而竭。彼竭我盈，故克之。夫大国难测也，惧有伏焉。吾视其辙乱，望其旗靡，故逐之。”

注 ① 间（jiàn）：参与。 ② 牺牲：祭祀时供献的猪牛羊。 ③ 信：诚。谓祭祀必以诚。 ④ 孚（fú）：取信于人。 ⑤ 情：实情。 ⑥ 忠之属：此谓尽心于民的一类事情。 ⑦ 长勺：鲁国地名，在今山东曲阜北。

鲁庄公十年（前684），齐桓公由于鲁国曾经帮助过公子纠和他争夺王位，因此发动了一场攻打鲁国的战争。这就是春秋时代所谓的长勺之战。这次战役，强大的齐国反而被弱小的鲁国打败了，成为历史上有名的以弱胜强的战例。《左传》的记载，突出地说明了鲁国战胜的原因，成功地塑造了一位卓越的人物，他就是曹刿。

曹刿前人多认为就是曹沫，但说法不一。《史记·刺客列传》曾记载齐鲁两国在柯地会盟时，曹沫以匕首劫持齐桓公归还侵鲁土地的故事，写得虎虎有生气，与《左传》所写的曹刿的气概非常逼似。“刿”与“沫”音相近，极可能是同一人。《左传》《公羊传》《穀梁传》《管子》《荀子》《战国策》《国语》《史记》等书所载齐鲁之事，互有不合处，疑窦不少。看来曹刿（曹沫）这个人物的所作所为，是史家之笔与民间传说交糅在一起的。这些情况说明，曹刿确实是一个富有传奇色彩的人物。

在齐军压境，鲁庄公准备迎战的关键时刻，曹刿请求见庄公。在这之前，曹刿的乡人曾劝阻他说：“让那些肉食者去考虑对策吧！你何必参与进去呢?”“肉食者”为习语，是当时人们对权贵的代称。不说当官的而说成是“食肉的”，本身就很有点嘲讽的味道。乡人的看法当然是消极的，反映了当时的世俗之见，和“不在其位，不谋其政”完全合拍；同时也透露了一般人民与权贵之间的隔阂与矛盾。这就为鲁国能否抵御齐国的入侵投下了一束阴影。对此，曹刿开门见山地指出“肉食者鄙，未能远谋”，充分表达了他对那些尸位素餐、误国偾事的权贵们的蔑视。在当时那是很少有人敢于这样说的。这说明曹刿是一个热血男儿，在国家危难之机，敢于挺身而出，献策出力。曹刿的态度显然很积极，与乡人之说是大相径庭的。文章起笔陡峭，显得跌宕有力，轩昂不群。

曹刿和庄公的对话，写得既条理分明，又错落有致。曹刿劈头先问：凭什么条件进行这场战争？从战略上来讲，这个提问显然具有十分重要的意义。庄公接连回答了三个条件。第一个条件是“衣食所安，弗敢专也，必以分人”。这是对贵族统治阶级来说的。第二个条件是“牺牲玉帛，弗敢加也，必以信”。牺牲玉帛，皆祭神之物。这是对天地神灵而言。这两条都被曹刿否定了。只有第三条“小大之狱，虽不能察，必以情”，才得到了曹刿的肯定。如果冤案太多，怨声载道，不能取信于民，怎么能得到人民的支持呢？所以民心的向背，至关重要。曹刿的注意力只集中到人民的身上，这是很了不起的见解。对话显示了曹刿与庄公见识之高低，使“肉食者鄙，不能远谋”的观点得到了具体的验证。这说明曹刿参与这次战役该有多么重要！

曹刿不仅勇于提出意见，而且积极要求参战。这就使这个人物的形象更加血肉饱满，奕奕动人。在交战中，曹刿两次阻止了庄公的轻举妄动；而当认为“可矣”之时，才让庄公击鼓冲锋或追逐败退之敌。然而文章只有可、否之辞，只言其然，不言其所以然。这是因为在紧张的战斗中，无暇多言；因而巧妙地形成了“悬念”，为下文的释疑解惑埋下了伏笔。这段文字，只是通过曹刿短促的语句和敏捷的动作，就生动地勾勒了人物的特征，渲染了战争的气氛。剪裁精当，笔墨可谓精练之极。

直到战斗结束，庄公还弄不清取胜的原因，这又一次说明庄公的懵懂，肉食者之不能远谋，与曹刿的精明机智更加形成了鲜明的对比。曹刿对庄公的解答，是这次战役之所以取胜的最好总结和说明。这画龙点睛之处，正是本文主旨之所在。总之，士气和战机，在军事上具有很重要的作用。乘“彼竭”之虚，奋“我盈”之威，故能克敌制胜。同时，只有掌握真实情况，方可作出准确的判断。所以，曹刿仔细观察到齐军败退时“旗靡辙乱”的情景后，才让庄公乘胜追击。兵不厌诈，在战争中必须高度警惕，慎重从事。结合取信于民、得到人民支持的先决条件，可以看出，曹刿的战略思想确有指导意义。曹刿的解说头头是道，娓娓动听，语气舒缓而充沛，反衬了前段行文节奏之短促，而与战后宽松的环境和喜悦的心情完全吻合。韩愈有言："气盛则言之短长与声之高下者皆宜。"(《答李翊书》)《左传》的文字就突出地表现了这个特点。

本文有叙有议，叙中有议，议中有叙，相得益彰。全文只有二百二十余字，记叙了一桩有始有末的战争故事，描绘了一个栩栩如生的人物形象，总结了一些重要的战略思想，这是很不容易的。"曹刿论战"这个题目是《古文观止》的编者加上去的，很有道理。因为它始终以曹刿的言论贯穿全文，中心突出，桴鼓相应，无一处无照应，无一处有破绽。(宋　廓)

邹忌讽齐王纳谏 《战国策》

邹忌脩八尺有余[①]，而形貌昳丽[②]。朝服衣冠窥镜，谓其妻曰："我孰与城北徐公美?"其妻曰："君美甚，徐公何能及君也!"城北徐公，齐国之美丽者也。忌不自信，而复问其妾曰："我孰与徐公美?"妾曰："徐公何能及君也!"旦日[③]，客从外来，与坐谈，问之客曰："吾与徐公孰美?"客曰："徐公不若君之美也!"

明日，徐公来。孰视之[④]，自以为不如；窥镜而自视，又弗如远甚。暮寝而思之，曰："吾妻之美我者，私我也；妾之美我者，畏我也；客之美我者，欲有求于我也。"

于是入朝见威王，曰："臣诚知不如徐公美，臣之妻私臣，臣之妾畏臣，臣之客欲有求于臣，皆以美于徐公。今齐地方千里，百二十城。宫妇左右，莫不私王；朝廷之臣，莫不畏王；四境之内，莫不有求于王：由是观之，王之蔽甚矣!"

王曰："善。"乃下令："群臣吏民，能面刺寡人之过者，受上赏；上书谏寡人者，受中赏；能谤议于市朝，闻寡人之耳者，受下赏。"令初下，群臣进谏，门庭若市。数月之后，时时而间进[⑤]。期年[⑥]之后，虽欲言，无可进者。燕、赵、韩、魏闻之，皆朝于齐。此所谓战胜于朝廷[⑦]。

注 ① 脩：同"修"，长。 ②昳(yì)丽：漂亮，气度不凡。 ③ 旦日：明日。④ 孰：同"熟"，仔细。 ⑤ 时时而间进：隔一些时候，间或有人进谏。 ⑥ 期年：一周年。 ⑦ 战胜于朝廷：身居朝廷而战胜敌国。谓政治修明，不必用军事行动就能使敌国畏服。

邹忌是齐国有辩才的策士，善鼓琴。齐威王二十一年（前338），忌以琴见威王，三日后拜为相。当时齐国有名的辩士淳于髡和门徒七十二人都瞧不起他，故意以很多涵义隐微的难题难他，邹忌却应答如流，使众人倾心折服。一年后，又封为成侯，大得信任。本文就是写他巧妙规劝齐王纳谏除蔽的故事。

全文分两部分：第一部分（一、二自然段）写邹忌在与徐公比美的过程中，觉悟出受妻、妾、客三人的奉承蒙蔽；第二部分（三、四自然段）才正面写邹忌讽齐王纳谏及其效果。前者是生活小事，后者是政治大事，通过二者的内在联系，由此及彼，因小见大，由一件日常生活小事引发出政治生活中一番治国宏论，不仅寓意深刻，而且手法高明。这是本文最显著的一大特点。《战国策》中常善于通过寓言来说理，本文就是突出的一例。作为文体，寓言往往是通过一个小故事，借以引起人们的联想，获得某种带有普遍意义的启示和教训。作为修辞手法，寓言其实就是一种引喻，“援引前言以证其事”（《文则》）。而从逻辑上看，寓言又是一种类比推理。明乎此，便不难理解本文一、二部分之间的内在联系了。邹忌分别问妻、妾、客：“我与徐公相比谁美?”三人所答虽程度有别，却都说徐公不及邹忌美。但当邹忌亲自见到徐公，始则“孰视之”，再则“窥镜而自视”，便知“弗如远甚”了。于是觉悟出自己受蒙蔽的原因：妻之赞美是出于偏爱；妾之赞美是出于畏怯；客之赞美是出于“有求于我”。由此教训，作为发端，从小悟大，联类而及于齐王：既然自己在小家庭里尚容易受蒙蔽，那么齐王拥地方圆千里，城邑百二十座，岂不更易受蒙蔽？古人总是把“治国”视为“齐家”的扩大，于是产生了一连串的取譬类比：齐王后宫嫔妃成群，恰如自家之妻，无不对齐王偏爱；朝廷文武众臣之于齐王，犹如自家侍妾之于丈夫，无不畏惧；四境之内的臣民，犹如自家的来客，没有不有求于齐王的。所以齐王不可能听到逆耳忠言，而只能听到阿谀逢迎的假话。于是得出结论：齐王受蒙蔽一定到达极点了。黑格尔在《美学》中说：“寓言的巧妙在于把寻常现成的东西表现得具有不能立即察觉的普遍意义。”本文中妻、妾、客对邹忌的奉承，就是“寻常现成”的生活现象，一般人就不易“立即察觉”出它对于安邦治国要善于纳谏这一“普遍意义”。邹忌不愧是策士谋臣，始则存疑“不自信”，继则通过“孰视”“窥镜”比较等亲自考察，又“暮寝而思之”，才获得了启迪，发现了它的“普遍意义”。这种运用寓言、引喻、类比的妙处，正如黑格尔所说：“艺术的要义就在于意义与形象的联系和密切吻合。”（《美学》）这既是邹忌精于思考、巧于讽谏成功的秘诀，因而对读者富于哲理的启迪；也是本文在谋篇布局、表现技巧上的妙谛所在，从而使文势获得曲折动人，叙议妙合无痕的艺术效果。

善于以精练的语言、细微的笔法，刻画出人物鲜明的形象、性格，则是本文的另一大特色。文中描写邹忌其人，只开头两句用旁观者口吻写其外貌：身材之魁伟，容貌之漂亮。往下即通过人物自身的行动和言语的描写，展示其内心活动：朝服衣冠，窥镜，问妻，这三个行动表现出邹忌自觉其美、顾影弄姿的得意，而又故意问妻、颇有炫耀之意的微妙心态。但其妻的过分赞美之词和徐公乃齐国著称的美男子这一客观事实，又使他反而不敢自信，刻画出他尚有自知之明；于是又有“复问其妾”、再问来客等行动。这正是他很想胜过徐公，但又怀疑不如徐公这种矛盾意识的外化。故当徐公来时，他当面“孰视之”，发现“不如”徐公美；还不甘心失望，又“窥镜自照”加以比较，更觉“弗如远甚”。这又写出他不肯盲目轻信，事必躬亲考察的细致求实精神。妻、妾、客的奉承，与实际情况相反，促使他“暮寝而思之”，终于从三人同声赞美中分析出其不同的心态：分别出于“私我”“畏我”“有求于我”，则又刻画出他的善于思考分析、体察人情物理。文中只以“于是入朝”一句，就把上述生活体验联想推论到“讽齐王纳谏除蔽”的大事上。对齐王先叙述自己比美一事，仅用了五句话，只说结论而省略了细节过程，于此可见语言精练，剪裁得宜；但又不能完全省略，因为这正是他运用寓言进谏，取譬类比，证明齐王受蔽的前提和论据，从而与下文“私王”“畏王”“有求于王”构成类比。唯其先以自己家庭小事的体验上切入讽喻正题，才显得自然亲切、入情入理、委婉含蓄、娓娓动听；先动之以情，再喻之以理，才使齐王易于接受。这就刻画出邹忌早就存心讽劝齐王纳谏，关心国家大事，而又及时抓住生活体验，善于巧妙进谏这一谋臣辩士的性格特征。其他如妻、妾、客三人的语言，虽同属赞美谀词，而语气程度各别：妻之“君美甚，徐公何能及君也”，是极尽赞美的偏爱感情；妾之答话中少了句“君美甚”，不如妻之热情，显示出畏怯心理；客之“徐公不若君之美也”，语气更轻，是一种有求于人不得不敷衍逢迎的心态。三种不同语气的细微差别，展示出三人不同的微妙动机。这些都是笔法细致入微处。至于国王，一个“善”字，刻画出他听后的倾心折服；“乃下令”三字，则表现出他纳谏后立刻付之实施的决心；分“面刺”“上书”“谤议”三等赏赐，从横向空间展示出他广开言路，虚怀若谷，听取批评的胸襟；“令初下”“数月之后”“期年之后”三个阶段，则从纵向时间表现进谏者由多渐少至无这一渐进过程，暗示其蔽已彻底根除，突出纳谏的卓著效果。从语言上，比美中的三问三答，讽喻中所列齐王周围三种人的心态，以及下令中的三等赏赐和进谏中的三个阶段的不同情况，均用排比铺陈手法，参差整齐的句式，构成了纵横恣肆的语言风格。至于结尾写四国“皆朝于齐”，更显出于史无征、夸张扬厉的特点。结句“此所谓战胜于朝廷”，与《苏秦始将连横》中“式于政，不式于勇；式于廊庙之内，不式于四境之外”的主张，精神一致，反映出纵横家贬战尚谋的倾向。从形式上则相当于《史记》列传后面“太史公曰”的论赞。所以，从全篇情节的生动完整、人物形象的鲜明和结尾论赞的体例来看，实乃《史记》纪传体之滥觞。（熊　笃）

触龙说赵太后　《战国策》

赵太后新用事[①]，秦急攻之。赵氏求救于齐。齐曰：“必以长安君为质[②]，兵乃出。”太后不肯，大臣强谏。太后明谓左右：“有复言令长安君为质者，老妇必唾其面。”

左师触龙言[③]愿见太后。太后盛气而揖之[④]。入而徐趋，至而自谢，曰：“老臣病足，曾不能疾走，不得见久矣。窃自恕，而恐太后玉体之有所郄[⑤]也，故愿望见太后。”太后曰：“老妇恃辇而行。”曰：“日食饮得无衰乎？”曰：“恃粥耳。”曰：“老臣今者殊不欲食。乃自强步，日三四里，少益耆食，和于身也[⑥]。”太后曰：“老妇不能。”太后之色少解。

左师公曰：“老臣贱息[⑦]舒祺，最少，不肖。而臣衰，窃爱怜之。愿令得补黑衣[⑧]之数，以卫王宫，没死以闻。”太后曰：“敬诺。年几何矣?”对曰:“十五岁矣。虽少,愿及未填沟壑[9]而托之。”太后曰:“丈夫亦爱怜其少子乎?”对曰:“甚于妇人。”太后笑曰:“妇人异甚。”对曰:“老臣窃以为媪之爱燕后[10],贤于长安君。”曰:“君过矣,不若长安君之甚。”左师公曰:“父母之爱子,则为之计深远。媪之送燕后也,持其踵,为之泣,念悲其远也,亦哀之矣。已行,非弗思也;祭祀必祝之,祝曰:‘必勿使反。’岂非计久长、有子孙相继为王也哉?”太后曰:“然。”左师公曰:“今三世以前,至于赵之为赵[11],赵主之子孙侯者,其继有在者乎?”曰:“无有。”曰:“微独赵,诸侯有在者乎?”曰:“老妇不闻也。”“此其近者祸及身,远者及其子孙。岂人主之子孙则必不善哉?位尊而无功,奉厚而无劳,而挟重器[12]多也。今媪尊长安君之位,而封之以膏腴之地,多予之重器,而不及今令有功于国。一旦山陵崩[13],长安君何以自托于赵?老臣以媪为长安君计短也,故以为其爱不若燕后。”太后曰:“诺。恣君之所使之。”于是为长安君约车百乘,质于齐,齐兵乃出。

子义[14]闻之,曰:“人主之子也,骨肉之亲也,犹不能恃无功之尊,无劳之奉,而守金玉之重也,而况人臣乎?”

注 ① 赵太后:即赵威后。公元前266年,赵惠文王卒,以其子孝成王年幼,故由威后执政。用事:执政。 ② 长安君:威后少子,孝成王弟,长安君为其封号。质:作抵押的人质。按据《史记·赵世家》,此事发生于孝成王元年(前265)。 ③ 左师:官名。触龙:人名。按“触龙言”三字,原本作“触讋”。现据《史记》及马王堆汉墓出土帛书《战国策》改。 ④ 揖:据清人王念孙考证,当为“胥”字传写之误。胥,同“须”,等待。 ⑤ 郄:当作“御(jù)”,劳累。 ⑥ 耆:通作“嗜”。少益耆食,谓稍渐增加食欲。和于身:使身体舒适。 ⑦ 贱息:对自己儿子的谦称。 ⑧ 黑衣:指卫士。当时赵宫廷卫士皆着黑衣。 ⑨ 填沟壑:指死亡。 ⑩ 燕后:赵太后之女,嫁燕王为后,故称燕后。 ⑪ 赵之为赵:指赵氏由晋国大夫,与韩、魏分晋后成为赵国国君之时。 ⑫ 重器:宝物。 ⑬ 山陵崩:喻指国君死亡,此指赵太后去世。 ⑭ 子义:赵国的有识之士。

本文是《战国策》中写谋臣巧谏成功的最佳篇什之一,出《赵策四》。其所以能千载传诵,历久不衰,就在于它富有永远感动人心的艺术魅力和发人深省的思想启迪。

全文描写的重点就在一个“说”字。因此,善于用轻松细致的笔触,描写人物委婉亲切的说辞，来表现人物隐约微妙的心理活动和性格特征，乃是本文最显著的艺术特色。触龙劝说赵太后的目的，是让她同意将爱子长安君入质于齐，以换取齐国派兵来解除秦对赵的军事威胁。要达到这个目的，就必须让太后真正明白“父母之爱子，则为之计深远”这个道理，这是劝说的主旨。但他谒见太后时所面临的困难僵局：一是“大臣强谏”均无效，而且已当众宣布“有复言令长安君为质者，老妇必唾其面”；二是听说触龙要来谒见，太后正气鼓鼓地等待着他。在这种剑拔弩张的气氛下，任何高深的大道理都将无济于事，反会自取其辱。触龙真算得上是一位杰出的灵魂工程师和心理学家，他的说辞是分五步进行的。第一步：必须从感情上消除太后的逆反心理和敌对情绪，恭敬而亲切地说明自己谒见的目的，是因有足疾，久未见面，担心太后玉体有所劳累；故先问起居，次问饮食，再谈养身之道，绝不提起长安君。这一番热情的体贴关怀，终于使“太后之色少解”。紧张气氛缓和了，于是进入第二步：闲谈老年人溺爱幼子的心情，以期进一步从感情上让太后产生共鸣，从而引发出太后的心事，妙在只叙说自己的幼子舒祺，仍然绝不提长安君。但触龙所说舒祺最小，不成器，而老臣已年老体衰，私下又特别宠爱他。这些情况，不是和太后之爱长安君极相类似吗？故其实已隐约流露出长安君的影子。接着就说自己冒着死罪来向太后请求，趁自己未死之前让太后安排舒祺当一名宫中卫士，把前程安排好，自己才放心。这番话，既为下文要讲的“父母之爱子，则为之计深远”这一主旨伏根，又能使太后触类旁通，意识到爱子之心，人皆有之，问题在于如何爱法。果然太后感兴趣地问道：“男子汉也宠爱自己的小儿子吗？”这句话意味着此前一批大臣只知道从国家利益出发讲大道理，让太后舍子入质，却没有人能理解、体贴妇人对幼子那种母爱的特殊感情，现在总算遇到一个“知音”了！触龙深知已触动太后心事，便抓住这句话，进一步反激太后说：“比女人爱得还厉害。”于是引出太后“笑曰：‘妇人异甚’”。她终于由“盛气”，“色少解”，到高兴地“笑曰”了，并且毫无戒心地暴露出自己的心事。这就顺理成章地为过渡到闲谈应当如何爱子这个话题奠定了基础。所以，善于洞悉对方心理变化的触龙，立即成功地进入了第三步，仍然不正面说长安君，而是借燕后作反衬，反而说太后疼爱燕后胜过疼爱长安君。这种反激法立刻奏效，引发出太后的反驳：“你错了，我疼爱燕后远不如疼爱长安君那么厉害。”这正是触龙千回百折希望得到对方的一句话，他才好由此委婉批评太后爱长安君爱得不深，应当像爱燕后那样才算爱得深远。于是他从容举出太后当初送燕后出嫁时，握着女儿的脚后跟，为之哭泣悲伤；走了以后，每当祭祀总要为之祝福，祈祷着希望女儿不要被休弃了回来，希望女儿子孙后代世世在燕国为王等事实。表面上似乎撇开了长安君，在争论太后疼女儿甚于幼子；骨子里却是旁敲侧击，曲意批评太后：真要疼爱长安君，就该像对燕后那样，为他长远前途着想。由于触龙不是像其他大臣那样批评她不该溺爱幼子，而恰相反，是批评她溺爱得还不够，要像溺爱燕后那样才算爱得深远，所以太后听着自然十分顺耳；又因为触龙设身处地进入角色，与太后一起动感情回忆疼爱燕后的那一幕幕真情实景，致使太后不知不觉完全落入老臣彀中，而回答说："然（确实如此）。"一个"然"字，说明她已完全接受了"父母之爱子，则为之计深远"这个道理。于是触龙进入第四步，先连发两问：三世以前赵王子孙封侯的，而今其后裔还有没有仍然为侯的？不仅赵国，其他诸侯国的后裔还有没有仍然为侯的？太后回答都说没有。于是触龙精辟地揭示其原因就在于：这些子孙们地位尊贵而无功劳，俸禄优厚而对国家毫无贡献，所以无法保住王侯地位，必然会被别人取而代之，自己还会招致杀身之祸。如果说二、三两步，说舒祺、说燕后，与长安君保住王侯的关系距离还稍远，因而言辞曲而较缓，那么第四步则是说赵国王子王孙的命运，与长安君的关系距离则颇近，因而言辞直而趋急，步步紧凑。于是不容太后插话，触龙又进入第五步：直接把问题引到长安君身上进行类比论证，批评太后如今只给予长安君尊贵的地位、肥沃的封地、众多的宝物，却不趁现在让他为国立功，树立威信；一旦太后驾崩，长安君凭什么保持他在赵国的地位呢？此前无数曲折，至此方一针见血，击中要害，痛快淋漓而又句句力重千钧。然后语势顿缓，无限痛惜地说："老臣以媪为长安君计短也，故以为其爱不若燕后。""计短"，正与前文"计深远""计久长"遥相对应，而又仍然巧妙地归结到"爱长安君不若燕后"的话题上，始终都是顺着太后"爱子"、为长安君本身利益着想这一心态出发的。这种急中缓煞、刚而转柔的收绾方法，仍留有不直接揭穿入质问题的余地，这就既说服了太后，又给她巧妙地留了个体面的下台台阶。果然太后终于被深深感动而醒悟，答应："好。那就听凭你安排他吧！"同样妙在不直接说穿派长安君入质于齐这句话，彼此都心照不宣地达成了默契，但又都不显尴尬，这正是触龙控制的最佳火候和分寸。至此，触龙忠诚为国，而又善于体察女人心理，巧于言辞，循循善诱，老谋深算而又热情真诚的谋臣形象，赵威后溺爱少子，始而专横气盛，泼辣固执，但又有母爱柔肠的满腹委屈，终而深明大义，通情达理的太后形象，主要通过他们各自的语言声情，其次是他们各自的动作神态(如触龙的“入而徐趋”“至而自谢”等，太后的“盛气而揖之”“色少解”“笑曰”等)，极为鲜明地活现在读者眼前。

其次，精于剪裁和严于章法，也是本文一大特色。篇首众多复杂事件，三言两语即交待清楚，篇末长安君入质于齐及评论，也都惜墨如金，高度简洁；而中间写“说”的过程却详而细腻，层层转进，写法或侧或反或正，时而闲话琐叙，时而追忆感叹，时而反问议论，极尽铺衍婉曲之致。且前伏后应，曲尽其妙：如触龙前述“不能疾走”“殊不欲食”，皆述己老态，以起下文“填沟壑”之语；前曰“太后玉体之有所郄”“日食饮得无衰”，皆指其老态，以起下文“山陵崩”之语；前称舒祺之“最少，不肖”，故后有位尊无功、奉厚无劳之说；前伏请补黑衣卫士令其有所自托，后应“长安君何以自托于赵”；前有“计深远”“计久长”之伏，后有“为长安计短”之应……

从篇末的评论中，不仅反映出战国时期封建统治阶级内部财产和权力的再分配的斗争，表现出对世袭分封制的某种冲击，而且对如何教育子女不要依仗父母财产权力的荫庇坐享其成，而应鼓励他们培养独立奋斗、创业立功的自立精神，也富于深刻的启迪。至于触龙说服太后的巧妙婉转的方式方法，对人的灵魂洞察入微的心理把握，处处从对方本身利益着想的亲切热情的真诚态度等，对后世亦颇多启迪和教益。(熊　笃)

子路曾皙冉有公西华侍坐章　《论语》

子路、曾皙、冉有、公西华①侍坐。

子曰：“以吾一日长乎尔，毋吾以也②。居③则曰：‘不吾知也!’如或知尔，则何以哉?”

子路率尔而对曰：“千乘之国，摄乎大国之间④，加之以师旅，因之以饥馑⑤；由也为之，比及三年，可使有勇，且知方也⑥。”

夫子哂之。

“求，尔何如？”

对曰：“方六七十，如五六十，求也为之，比及三年，可以使民。如其礼乐，以俟君子。”

“赤，尔何如？”

对曰：“非曰能之，愿学焉。宗庙之事⑦，如会同⑧，端章甫⑨，愿为小相焉⑩。”

“点，尔何如？”

鼓瑟希，铿尔，舍瑟而作。对曰：“异乎三子者之撰⑪。”

子曰：“何伤⑫乎，亦各言其志也。”

曰：“莫春者，春服既成⑬，冠⑭者五六人，童子六七人，浴乎沂，风乎舞雩⑮，咏而归。”

夫子喟然叹曰：“吾与点也⑯。”

三子者出，曾皙后。曾皙曰：“夫三子者之言何如？”

子曰：“亦各言其志也已矣。”

曰：“夫子何哂由也？”

曰：“为国以礼，其言不让，是故哂之。”

“唯求则非邦也与？”

“安见方六七十、如五六十而非邦也者？”

“唯赤则非邦也与？”

“宗庙、会同，非诸侯而何？赤也为之小，孰能为之大？”

注 ① 子路：姓仲，名由。曾皙：名点。冉有：名求。公西华：名赤。四人均孔子学生。 ② 毋吾以也：无人用我。 ③ 居：即平居，平日。 ④ 千乘之国：古时一车四马为一乘。诸侯大国地方百里，出车千乘，称千乘之国。摄：迫近。⑤ 师旅：军队。饥馑：饥荒。此言国外有军队侵犯，国内又有灾荒。 ⑥ 知方：知道方向，懂得道理。 ⑦ 宗庙：古代帝王、诸侯、大夫、士祭祀祖先的处所。此处宗庙之事即指祭祀。 ⑧ 如：或者。会同：《周礼·春官·大宗伯》：“时见曰会，殷见曰同。”古代诸侯朝见天子之称。郑玄注：“时见者，言无常期。殷，犹众也。”后亦泛指朝会与诸侯间的会晤。 ⑨ 端章甫：端，玄端，古代礼服。章甫，礼帽。 ⑩ 小相（xiàng）：赞礼的人。古代行朝聘、盟会、享宴、祭祀等礼仪，必有襄助之人。其人曰“相”，其事曰“相礼”。作“相”的人身份有卿、大夫、士三级，小相是最低一级的士。一说“小”是谦辞。 ⑪ 撰：善言。称美以上三人的言词，而已见与之不同。 ⑫ 何伤乎：有什么妨碍呢？ ⑬ 莫：同“暮”。春服：夹衣。成：定。 ⑭ 冠（guàn）：古代贵族子弟年二十为成年，行冠礼。 ⑮ 沂：水名。源出山东邹城东北，西经曲阜，与洙水合，入于泗水，与大、小沂河不同。风乎舞雩：在舞雩台上乘凉。《水经注·泗水》：“沂水北对稷门，亦曰雩门。门南隔水，有雩坛，坛高三丈，曾点所欲风舞处也。”在今曲阜南。 ⑯ 吾与点也：我同意曾点的主张。

本文是《论语》中较富有文学色彩的一章。它通过孔子与其弟子坐而言志的描写，表现了四位弟子不同的性格以及师生对话时融洽的气氛。

文章一开始，交待了谈话的人物和方式：子路、曾皙、冉有、公西华，这四位弟子环坐于孔子身旁。孔子最先发话，启发大家各言其志，起到了打消顾虑、缓和紧张气氛的作用，这符合孔子作为师长的身份，表现了孔子随和的性格特征。在孔子的启发下，子路不加思索，抢先回答。“率尔而对”，反映了子路急躁、坦率、爽快的性格。这种毫不谦让的积极态度与他那充满自信的回答内容相一致。他志向远大，声称能将困于战争和饥荒的大国治理成勇而知义的礼义之邦。这种谦虚不够、自信有余的态度引起了孔子的微笑。这微笑中，有善意的理解和宽容，也有不以为然的轻微批评，表现了孔子豁达的态度。冉有的回答显得彬彬有礼。他可能意识到孔子对子路不够谦让的批评，说起话来谨慎得多。他愿意治理一个小国家，先是说六七十里见方或五六十里见方的小国，并将礼乐方面的治理让诸君子，表现了他极其谦让的态度。公西华的回答更加谦虚。他不自诩能治理国家，而委婉地表示，愿意作为一名学生，学习怎样治理国家。他们的回答符合孔子的道德规范，思路相同，但个性各别。在四位弟子中，曾皙的回答最为出色。他的出场就不同于别的弟子，子路等人坦陈志趣，而曾皙一边聆听孔子与他们的对话，一边悠然自得地鼓瑟。这一举动恰好反映了当时和谐对话的气氛。孔子提问时，曾皙鼓瑟正近尾声，他铿地一声把瑟放下，站起来回答。这些似乎很平常的动作描写，生动地显现了曾皙洒脱而又知礼的形象。曾皙的答辞不同一般，他没有直接用理性的语言述说他的志向，而是以形象的语言勾勒出一幅太平盛世的和乐景象。在他那充满诗意的理想蓝图中，人们潇洒自得，乐趣天然。这一蓝图既符合儒家礼义之邦的治国理想，又符合孔子晚年隐含的出世隐居的心态，深深地打动了他，因而喟然而叹。这喟叹既表现了孔子对曾皙言志的赞许，又表现了孔子对曾皙构画的理想境界的向往，师生之间得到了感情上的交流与共鸣。

文章以孔子启发大家言志开始，以弟子们的言志而展开，最后又以孔

子的评价而结束，结构完整，对话简短生动，人物富有个性，在先秦散文中算得上佳作。（周勋初　胡传志）

季氏将伐颛臾[1]章

《论语》

季氏将伐颛臾，冉有、季路[2]见于孔子，曰：“季氏将有事[3]于颛臾。”孔子曰：“求！无乃尔是过与？夫颛臾，昔者先王以为东蒙[4]主，且在邦域之中矣。是社稷之臣也，何以伐为？”

冉有曰：“夫子[5]欲之，吾二臣者，皆不欲也。”孔子曰：“求！周任[6]有言曰：‘陈力就列，不能者止。’危而不持，颠而不扶，则将焉用彼相[7]矣？且尔言过矣，虎兕出于柙[8]，龟玉毁于椟中，是谁之过与？”

冉有曰：“今夫颛臾，固而近于费[9]，今不取，后世必为子孙忧。”孔子曰：“求！君子疾夫舍曰‘欲之’而必为之辞[10]。丘也闻有国有家者，不患寡而患不均，不患贫而患不安。盖均无贫，和无寡，安无倾。夫如是，故远人不服，则修文德以来之；既来之，则安之。今由与求也，相夫子，远人不服而不能来也，邦分崩离析而不能守也，而谋动干戈于邦内；吾恐季孙之忧，不在颛臾，而在萧墙[11]之内也。”

注 ① 季氏：春秋鲁桓公子季友的后裔，又称季孙氏。颛（zhuān）臾：春秋小国名，附庸于鲁国，在今山东费县西北。相传为伏羲之后，风姓。 ② 冉有：冉求，字子有。季路：仲由（前542—前480），字子路，一字季路，有勇力。二人均为孔子弟子。 ③ 有事：指有攻战之事。古以祭祀、盟会、兵戎为国之大事。 ④ 东蒙：即蒙山，在今山东蒙阴县南。因在鲁东，故称。 ⑤ 夫子：古代男子的尊称。指季孙氏。 ⑥ 周任：古代一位有名的史官。 ⑦ 相（xiàng）：辅佐。 ⑧ 兕（sì）：野牛，一说犀牛。柙（xiá）：关野兽的木笼。 ⑨ 费：今山东费县。为季孙氏的私邑。 ⑩ 辞：找借口。 ⑪ 萧墙：古代宫室用以分隔内外的当门小墙。《论语·季氏》旧注：“萧之言肃也，墙谓屏也。君臣相见之礼，至屏而加肃敬焉，是以谓之萧墙。”

《论语》主要记录孔子和门下弟子的问答之词或躬行心得的话，一般是几句话，像本篇这样几次往复论难，在《论语》中就算是篇幅长的了。孔子的时代，不但周王室不再有统率诸侯的力量，而且诸侯的权力也落到卿大夫手中，鲁国的季孙、孟孙、叔孙就把持国政，季孙权更集中。冉有、季路在孔子门下弟子中是以“政事”著名的，他俩都在季孙手下做事。季孙想扩大地盘，借口消灭一些附庸，先想攻颛臾，怕孔子反对，所以让冉有、子路去探探口气。于是一场师生间的辩论展开了。且看记录者怎样用短短的篇幅写出孔子的义正词严使冉有等理屈词穷，使百世之下读了，还可想见当日的情况。

明明是要消灭颛臾，冉有等却偏偏用“将有事”这样委婉的说法（说白了就是要用兵），而且指出是季氏要干的。孔子就一针见血指出这该当责备冉有，但用“无乃……与”的语气，较留余地。接着孔子指出伐颛臾是错误的，一违背先王曾经授权颛臾主持东蒙山祭祀的规定，二是颛臾的国境早在鲁的疆土之中，说明是社稷之臣，不当伐。最后这个反诘句非常有力。“为”在句末当语气助词也可通，但当“何以为伐”解更有力。

冉有听到孔子这样明确反对，就推向季孙，为自己开脱，孔子却抓住不放，先引周任的话，说明为人服务的原则“陈力就列，不能者止”，就是能够贡献自己的力量再就僚属之列，做不到就该辞职。次说你俩既然担任这个工作，季孙要犯大错误就该扶他一把，防止他跌下悬崖，再进一步用比喻说明冉有等不可推卸的责任。逼到这一步，冉有到了“图穷而匕首见”的境地，直接说出要讨伐的理由，“颛臾固而近于费，今不取，后世必为子孙忧”。原来因为颛臾城郭坚固，兵力充实，又与季孙的私邑费接近，不夺取它就会有后忧。这表明伐颛臾的主意实际是冉有出的，至少是积极赞成的。孔子抓住这一点，先予以训斥。“君子疾夫舍曰欲之而必为之辞”一句表面很平淡，其实很严厉，说君子极端厌恶这种编造借口不说老实话的人，言外之意，这样做是小人的行径。这是第一层意思。第二层“丘也闻”以下提出正确的齐家治国的政策。孔子自称是“述而不作”，所以用“丘也闻”三字领起这段议论，也是至理名言。有人认为“寡”和“贫”两字互倒了，因为下文“均无贫，和无寡，安无倾”是对应的，但各本都作“不患寡”，上面只有“不均”“不安”，下面却是“均无贫，和无寡，安无倾”，多出了“和”字与“倾”字，和上文并不对应，所以有人作互文理解，不主张改字。这两句是孔子治国的至理名言，一直被后世所引用。诸侯建国，卿大夫立家。季孙是卿，鲁是诸侯，所以孔子在上文用“有国有家者”分说。先从反面说“患”之所在，这拿今天的话说是讲内政方面。下面是说外交方面，要以德服人，使远人从不服到肯来，这个“来”是使之来，那“服”就不用说了。远人高高兴兴来了之后，要使他们能安居乐业。这是孔子所主张的治国的内外之道。这是批评冉有的理论根据。因为上文是“冉有、季路”，中间说话只有冉有。这最后的批评针对两人，而子路比冉有大，所以孔子说“今由与求也”把子路提在前面。下面这几句话就是成语“祸起萧墙”的来源。这根据上一层，先说外交（上文先说内政），过去的术语叫“逆承”，因为重点在后面，所以先说“远人不服”作陪，然后再讲内部的分崩离析的危险，已经如此不安定了，还要“谋动干戈于邦内”，结语反驳冉有“今不取，后世必为子孙忧”的话，说明真正可忧的不是颛臾，而是季孙本身。因为当时季孙把持鲁政，和鲁君矛盾很大，“萧墙之内”指鲁君。季孙知道鲁君想搞掉他以收回主权，因怕颛臾起而帮助鲁国，于是想先发兵攻打。孔子“季孙之忧”这几句话，直探到季孙的内心，是很有力的。

这篇才三百字不到的短章，不但能表达出孔子的治国方略，而且可以使人看到冉有文过饰非、最后理屈词穷的神态和孔子洞察事物、义正词严的原则精神。《论语》善用虚字传神，它不是专写人物的，但在对话中，可以给人鲜明生动的感觉，是后世记言的楷模。孔子教育弟子是以政治上有所作为为目标的，主张要“持危扶颠”，就是使自己所服务的上级走正道。冉有为季孙服务，却不是要季孙如何使鲁政清明，权在国君，而是帮助季孙专权。“季氏富于周公，而求也为之聚敛而附益之。子曰：‘非吾徒也。小子鸣鼓而攻之可也。’”（《论语·先进》）可见孔子的严正立场。子路和冉有一道为季氏服务，但不像冉有那样为之聚敛，孔子在这篇中责备冉有很重，而只在最后责及子路，是根据“陈力就列，不能者止”的原则指出子路也有不可逃脱的责任。轻重分量明显不同。正因为《论语》在记言之中，能涉及各人的不同性格（特别是十几个大弟子），所以司马迁写《仲尼弟子列传》主要取材于《论语》。从这一点也可看出《论语》在散文发展中的重要地位。（周本淳）

天时不如地利章　　《孟子》

孟子曰：

天时不如地利[①]，地利不如人和[②]。

三里之城，七里之郭，环而攻之而不胜。夫环而攻之，必有得天时者矣；然而不胜者，是天时不如地利也。

城非不高也，池非不深也，兵革非不坚利也，米粟非不多也，委而去之，是地利不如人和也。

故曰：域民不以封疆之界，固国不以山溪之险，威天下不以兵革之利。得道者多助，失道者寡助。寡助之至，亲戚畔之③；多助之至，天下顺之。以天下之所顺，攻亲戚之所畔，故君子有不战④，战必胜矣。

注 ① 天时：一般指时令、气候，但这里偏指时日干支、阴阳五行、孤虚旺相之类是否对作战有利。地利：指城高池深、山川险要等对攻守有利的地理形势。② 人和：指内部团结一心及人心所向等。 ③ 畔：通“叛”，背叛。 ④ 君子：指推行仁政的明君。有不战：意指不应或不必用战争的手段解决问题时就不用战争。

这篇短文选自《孟子·公孙丑下》，观点正确鲜明，论证严密有力，无论思想内容或说理方法，都值得肯定和借鉴。

文章的主旨十分明确，即高度强调“人和”的重要性，具体来说，就是阐明了战争的胜败，主要取决于人心的向背，而人心的向背，又取决于统治者是否“得道”（即能不能推行仁政）。孟子的这个结论，和他一贯宣传的“民为贵，得乎丘民而为天子”（《尽心下》），“得其民斯得天下，得其心斯得民”（《离娄上》），“与百姓同乐则王”（《梁惠王下》）的主张是一致的，也是被无数的历史事实证明是正确的。孟子的这个认识，正是总结了人们的认识经验和历史教训而获得的，因而是符合客观事物的规律的。不过，孟子处在列强纷争，崇尚武力，蔑视仁政的动乱时代，他的主张是无法实现的。

从写作上看，作者确有匠心独运之处。文章一开头就用两个层递句把天时、地利、人和排列在一起，以两个“不如”加以比较，说明了三者的关系，突出了“人和”的重要性。这不但显得论点十分明确，而且以此统率全篇，决定了全篇的布局。

接着，分两个方面进行对比论证。二、三两个自然段是第一方面，它用实际战争结果来证明，属于事实论证部分。先证明“天时不如地利”，是宾；再证明“地利不如人和”，是主。在证明“地利不如人和”时，连用了四个并列排比句，每句又用双重否定的句式，极写“地利”方面的优越条件，为下文蓄势；一句“委而去之”（这里省去了主语“守土的人民”），用语极其冷峻，表明了上述一切优越条件毫无用处，这就充分突出了“人和”的无比重要。这里有一桩非常典型的历史事例。《左传·闵公二年》载：卫懿公好鹤，让鹤食禄乘轩，一点也不关心人民的疾苦。后来，狄人侵伐卫国，卫懿公正想载鹤出游，闻讯大惊，才考虑征发人民战守。结果人民、士兵都逃避山野，不肯出战御敌，一些被抓回的士兵仍拒绝出战，说：“让鹤去！鹤享有官禄官位，我们哪里能作战？”最后，卫国的国都被占领，懿公被杀，国家几乎灭亡。这不正是“委而去之”的生动体现吗？

在事实论证的基础上，作者在末段再从另一方面，即政治方面来证明，属于道理论证部分。这部分也可分作两层。第一层先用“故曰”来承上启下；然后紧接连用三个并列排比句，以三个“不以”（不能只依靠）进一步强调物质条件的不足恃，从反面说明了“人和”的重要；最后得出了“得道者多助，失道者寡助”的警策性断语，从而指明了能否获得“人和”的先决条件，在于能否“得道”（推行仁政）。这样，文章就不仅分析了问题，而且提出了解决问题的方法，也可以说，孟子写作本文的最终目的就在于此吧。第二层又承上将“多助”与“寡助”的结果作一番鲜明的对比（“天下顺之”与“亲戚畔之”），从而自然地得出了“故君子有不战，战必胜矣”的结论。这个结论，和本文开头提出的论点是完全一致的。

另外，还值得一提的是：论证的两个方面的安排，孟子也是有用意的。因为第一部分是事实论证，事实胜于雄辩，结果易为人们所知，结论也就容易被人们接受；第二部分是道理论证，这种结果不易被人们看出，因而接受结论也就需要有个思考过程。但是有了事实论证为基础，人们对于道理论证也就易于接受了。所以这种安排论证的方法，是符合从已知到未知、从感性到理性的认识规律的。

全文不仅气势充沛，而且章法严密，逻辑性很强，确实不愧是一篇传诵千古的政治短论。（卢　元）

鱼我所欲也章　《孟子》

孟子曰：

鱼，我所欲也；熊掌，亦我所欲也：二者不可得兼，舍鱼而取熊掌者也。生，亦我所欲也；义，亦我所欲也：二者不可得兼，舍生而取义者也。

生亦我所欲，所欲有甚于生者，故不为苟得也；死亦我所恶，所恶有甚于死者，故患有所不辟①也。

如使人之所欲莫甚于生，则凡可以得生者，何不用也？使人之所恶莫甚于死者，则凡可以辟患者，何不为也？由是则生，而有不用也；由是则可以辟患，而有不为也。是故所欲有甚于生者，所恶有甚于死者。非独贤者有是心也，人皆有之，贤者能勿丧耳。

一箪②食，一豆③羹，得之则生，弗得则死；嘑④尔而与之，行道之人弗受；蹴尔而与之，乞人不屑也。万钟则不辩礼义而受之⑤，万钟于我何加焉？为宫室之美，妻妾之奉，所识穷乏者得我与？乡⑥为身死而不受，今为宫室之美为之；乡为身死而不受，今为妻妾之奉为之；乡为身死而不受，今为所识穷乏者得我而为之：是亦不可以已乎？此之谓失其本心。

注 ① 辟（bì）：同“避”。 ② 箪（dān）：盛饭用的竹器。 ③ 豆：古代食器，有木制、陶制等，形似高脚盘。 ④ 嘑（hū）：同“呼”。 ⑤ 万钟：指优厚的俸禄。钟，古量器。辩：通“辨”。 ⑥ 乡（xiàng）：同“向”，往昔。

这一段选自《孟子·告子上》，题目是根据第一句话加的。

孟子主张性善，主要表现在《告子》篇。他主张：“恻隐之心，人皆有之；羞恶之心，人皆有之；恭敬之心，人皆有之；是非之心，人皆有之。”这就是“仁义礼智”之端。圣人有，普通人也有，区别在于能不能保持、发扬、充实这种人性固有的美德。这一段朱熹《孟子集注》说：“此章言羞恶之心，人所固有。或能决死生于危迫之际，而不免计丰约于宴安之时。是以君子不可顷刻而不省察于斯焉。”

这一段和其他章节的与人辩论不同，是孟子一个人的论述。除“孟子曰”三字外，可分为四段。第一段两句话，一句譬喻是宾，一句正意是主。以“二者不可得兼”为纽带，把譬喻和正意联系起来。“二者不可得兼”是假设句，表明在这种情况下，舍彼取此。以鱼和熊掌作比，是取饮食之物，熊掌远比鱼贵重，故舍鱼而取熊掌就是常理。用这层日常饮食的关系为比，使人易于理会义比生命还重要的命题。

第二段承上一命题说明儒家的生死观。“所欲有甚于生”“所恶有甚于死”，这里虽未明言什么有甚于生，什么有甚于死，但上文有“舍生取义”之说，读者自然不会误会。生死是人生非常重要的关头，但却有更重要的“义”作为取舍的标准。这是从正面陈述“舍生取义”的问题。

第三段再用假设的方式一正一反地论述上一段的话，说明“所欲有甚于生”“所恶有甚于死”的道理。“非独贤者有是心也，人皆有之，贤者能勿丧耳。”这最后一句是总上三段说的，和这一篇前面章节紧密相连，表明“羞恶之心，人皆有之”这个性善的主张。“贤者能勿丧耳”，在结构上是引出下文“此之谓失其本心”，表明平时修养之重要，就在于保持这种善良的本性使之勿丧。

第四段分两层，到“乞人不屑也”是用生和羞恶对比，证明上一段“所欲有甚于生者”“所恶有甚于死者”，连“乞人”都有这种羞恶之心，而不愿受侮辱去得那点饮食来活命。“行道之人不受”，道理也一样。《檀弓》里记载的一个饿者“不食嗟来之食”而宁愿饿死，可以和《孟子》这里说法相印证。这一层讲的是平民乃至乞丐，下一层讲的是高官。“万钟”是最高的俸禄，和“一箪食，一豆羹”（豆是高脚盛羹汤的食具，容量很小）真是天差地别。但“行道之人”乃至“乞人”在生死关头还辨礼义（有羞恶之心），而有的为了“万钟之禄”就“不辩（辨）礼义而受之”，不是十分荒谬吗？这对自己的道德修养有什么好处呢？接着，从三方面分析“不辩礼义而受之”的原因。“宫室之美”和“妻妾之奉”指自家方面，“所识穷乏者得我”指周济别人，要人感恩戴德。总之，不外这几方面。这一句是总提，说得委婉，然后一层一层和本段上一层做对比。这里有意三次重复“乡（向）为身死而不受”“今为……为之”，以加深印象。这一对比，说明“不辩礼义”受“万钟”的荒唐，“是亦不可以已乎”是劝止之词。如果照上面的对比一想，就该废然知返了。“此之谓失其本心”，就是说完全丧失了固有的羞恶之心，才会出现上面对比的那种荒谬行为。

这篇文章在艺术上采用层层对比，逐渐深入的办法，像剥笋似的，最后才点出中心，批判那种为利忘义的行为是丧心病狂（失其本心）。因为他善用比喻，能近取譬，所以使人易于明白。孟子是以孔子的继承者自居的，他的主要思想是可以从《论语》里找到源头的。孔子说过：“富与贵，是人之所欲也，不以其道得之，不处也。贫与贱，是人之所恶也，不以其道得之，不去也。君子去仁，恶乎成名！君子无终食之间违仁，造次必于是，颠沛必于是。”（《论语·里仁》）“志士仁人，无求生以害仁，有杀身以成仁。”（《论语·卫灵公》）孟子是对孔子的话进一步发挥，表明儒家的生死义利之辨。这一点是我们民族传统道德修养中的精华。文天祥被囚三年，元朝百般诱降，他毫不动摇，最后就义时，在衣带中留下这几句话：“孔曰成仁，孟曰取义。唯其义尽，所以仁至。读圣贤书，所学何事？而今而后，庶几无愧。”可见孟子这种“舍生取义”的观点影响的深远。（周本淳）

逍遥游　　《庄子》

北冥[①]有鱼，其名为鲲。鲲之大，不知其几千里也；化而为鸟，其名为鹏。鹏之背，不知其几千里也；怒而飞，其翼若垂天之云。是鸟也，海运则将徙于南冥[②]；南冥者，天池也。《齐谐》[③]者，志怪者也。《谐》之言曰：“鹏之徙于南冥也，水击三千里，抟扶摇[④]而上者九万里，去以六月息[⑤]者也。”野马[⑥]也，尘埃也，生物之以息相吹[⑦]也。天之苍苍，其正色邪？其远而无所至极邪？其视下也，亦若是则已矣。且夫水之积也不厚，则其负大舟也无力。覆杯水于坳堂之上，则芥为之舟，置杯焉则胶，水浅而舟大也。风之积也不厚，则其负大翼也无力。故九万里则风斯在下[⑧]矣，而后乃今培风[⑨]；背负青天而莫之夭阏[⑩]者，而后乃今将图南。蜩与学鸠[⑪]笑之曰：“我决起而飞，抢榆枋而止[⑫]，时则不至，而控于地而已矣；奚以之九万里而南为！”适莽苍[⑬]者，三飡而反，腹犹果然；适百里者，宿舂粮；适千里者，三月聚粮。之二虫[⑭]又何知！小知不及大知[⑮]，小年不及大年[⑯]。奚以知其然也？朝菌不知晦朔[⑰]，蟪蛄不知春秋[⑱]，此小年也。楚之南有冥灵[⑲]者，以五百岁为春，五百岁为秋；上古有大椿者，以八千岁为春，八千岁为秋，此大年也。而彭祖[⑳]乃今以久特闻，众人匹之[㉑]，不亦悲乎？

汤之问棘也是已[㉒]：“穷发[㉓]之北，有冥海者，天池也。有鱼焉，其广数千里，未有知其修者，其名为鲲。有鸟焉，其名为鹏，背若泰山，翼若垂天之云；抟扶摇羊角[24]而上者九万里，绝云气，负青天，然后图南，且适南冥也。斥鴳[25]笑之曰：‘彼且奚适也！我腾跃而上，不过数仞而下，翱翔蓬蒿之间，此亦飞之至也。而彼且奚适也！’”此小大之辨也。

故夫知效一官[26]，行比一乡[27]，德合一君，而徵一国[28]者，其自视也亦若此矣。而宋荣子犹然笑之[29]。且举世誉之而不加劝，举世非之而不加沮，定乎内外之分，辩乎荣辱之境，斯已矣；彼其于世，未数数[30]然也。虽然，犹有未树[31]也。夫列子御风而行，泠然善也[32]，旬有五日而后反；彼于致福者，未数数然也。此虽免乎行，犹有所待者也[33]。若夫乘天地之正[34]，而御六气之辩[35]，以游无穷[36]者，彼且恶乎待哉[37]！故曰：至人无己，神人无功，圣人无名[38]。

尧让天下于许由[39]，曰：“日月出矣，而爝火[40]不息，其于光也，不亦难乎！时雨降矣，而犹浸灌，其于泽也，不亦劳乎！夫子立而天下治，而我犹尸之，吾自视缺然，请致天下。”许由曰：“子治天下，天下既已治也；而我犹代子，吾将为名乎？名者，实之宾也；吾将为宾乎？鹪鹩巢于深林，不过一枝；偃鼠饮河，不过满腹。归休乎君，予无所用天下为！庖人虽不治庖，尸祝不越樽俎而代之矣！”

肩吾问于连叔[41]曰：“吾闻言于接舆[42]：大而无当，往而不反；吾惊怖其言，犹河汉而无极也；大有径庭[43]，不近人情焉。”连叔曰：“其言谓何哉？”曰：“藐姑射之山[44]，有神人居焉；肌肤若冰雪，淖约若处子[45]，不食五谷，吸风饮露，乘云气，御飞龙，而游乎四海之外；其神凝[46]，使物不疵疠[47]而年谷熟。吾以是狂[48]而不信也。”连叔曰：“然。瞽者无以与乎文章之观[49]，聋者无以与乎钟鼓之声；岂唯形骸有聋盲哉，夫知[50]亦有之。是其言也，犹时女也[51]。之人也，之德也，将旁礴万物以为一，世蕲乎乱，孰弊弊焉以天下为事[52]！之人也，物莫之伤：大浸稽天而不溺[53]，大旱金石流、土山焦而不热。是其尘垢秕糠，将犹陶铸尧舜者也，孰肯分分然以物为事[54]！”宋人资章甫而适诸越[55]，越人断发文身[56]，无所用之。尧治天下之民，平海内之政，往见四子藐姑射之山、汾水之阳[57]，窅然丧其天下焉[58]。

惠子[59]谓庄子曰：“魏王[60]贻我大瓠之种[61]，我树之成而实五石[62]。以盛水浆，其坚不能自举也。剖之以为瓢，则瓠落无所容。非不呺然[63]大也，吾为其无用而掊之[64]。”庄子曰：“夫子固拙于用大矣！宋人有善为不龟[65]手之药者，世世以洴澼絖[66]为事。客闻之，请买其方百金。聚族而谋曰：‘我世世为洴澼絖，不过数金；今一朝而鬻技百金，请与之。’客得之，以说吴王。越有难，吴王使之将，冬与越人水战，大败越人，裂地而封之。能不龟手一也；或以封，或不免于洴澼絖，则所用之异也。今子有五石之瓠，何不虑以为大樽而浮乎江湖[67]，而忧其瓠落无所容；则夫子犹有蓬之心[68]也夫！”

惠子谓庄子曰：“吾有大树，人谓之樗[69]；其大本臃肿而不中绳墨，其小枝卷曲而不中规矩。立之途，匠者不顾。今子之言，大而无用，众所同去[70]也。”庄子曰：“子独不见狸狌[71]乎？卑身而伏，以候敖[72]者；东西跳梁[73]，不辟[74]高下，中于机辟[75]，死于网罟。今夫斄牛[76]，其大若垂天之云；此能为大矣，而不能执鼠。今子有大树，患其无用，何不树之于无何有之乡，广莫之野，彷徨乎无为其侧，逍遥乎寝卧其下；不夭斤斧，物无害者。无所可用，安所困苦哉？”

注 ① 北冥：“冥”一本作“溟”，北冥即北海。海水甚深而呈黑色，故称“溟”。下文“南冥”仿此。 ② 海运：海浪波动。海动时必有大风，鹏即乘此风徙往南海。 ③《齐谐》：书名，齐国谐隐之书。 ④ 抟（tuán）扶摇：抟，环绕，盘旋。扶摇，急剧盘旋而上的暴风，一名飙。按据章炳麟等考证，抟当作“搏”，拍也，拊也。鹏翼拍旋风而直上。 ⑤ 六月息：息，气息，指风。《庄子·齐物论》：“夫大块噫气，其名为风。”天地之气息为风。六月息即六月之风。⑥ 野马：春天阳气发动，远望林莽之间，水气上腾，有如奔马，称为野马。⑦ 生物之以息相吹：此句综上大鹏乘旋风而上天，林泽之间蒸气上腾，尘埃在空中游荡，皆被生物的气息吹动而致。 ⑧ 风斯在下：此句说大鹏能飞至九万里的高空，因为下面有强劲的风力托着它。 ⑨ 培风：即凭风，乘风。 ⑩ 夭阏（è）：阻碍。 ⑪ 蜩（tiáo）：蝉。学鸠：小鸟。 ⑫“我决起”二句：决，同“赽”，迅疾。抢榆枋：碰到榆树和枋树（檀木）而停下来。“而止”二字原缺，据别本及《太平御览》卷九四四所引补。 ⑬ 莽苍：近郊的林野。因郊野草莽一片苍色，故以莽苍代指郊野。 ⑭ 之二虫：之，此。二虫，指蜩与学鸠。鸟类称为羽虫，故鸠亦可称虫。 ⑮“小知”句：“知”同“智”。 ⑯“小年”句：小年，寿命短的；大年，寿命长的。 ⑰ 朝菌：天阴时粪上所生之大芝，见太阳则死，故知晦（阴历月底）不知朔（阴历初一），知朔不知晦。《淮南子·道应训》引《庄子》作“朝秀”，高诱注：“朝秀，朝生暮死之虫也，生水上，状似蚕蛾，一名孳母，海南谓之虫邪。”今本《淮南子》作“朝菌”，乃后人据《庄子》改之。《广雅》正作“朝蟒”，以其为虫，故字从“虫”。王念孙《广雅疏证》说：

“上文云‘之二虫又何知’，谓蜩与学鸠；此云‘不知晦朔’，亦必云朝菌之虫。虫者微有知之物，故以知、不知言之。若草木无知之物，何须言不知也。”王说是。 ⑱蟪蛄：寒蝉，春生夏死，夏生秋死，故不知有春又有秋。 ⑲冥灵：溟海灵龟。或说“木名”，木槿也。 ⑳彭祖：传说中长寿的人，姓篯名铿，曾为尧臣，封于彭城，历虞、夏、商、周，年八百岁。 ㉑匹之：比附他。 ㉒棘：即《列子·汤问篇》之夏革，商汤时贤大夫。“革”“棘”古同声通用。按“汤之问棘也是已”句与下文“穷发之北”云云语意不连属，当脱汤问棘事一段。唐僧神清《北山录》曰：“汤问革曰：‘上下四方有极乎?’革曰：‘无极之外，复无极也。’”僧慧宝注曰：“语在《庄子》，与《列子》小异。”（见闻一多《古典新义·庄子内篇校释》）据此，可以酌补《庄子》缺文。 ㉓穷发：不毛之地。发，指草木。 ㉔羊角：旋风。 ㉕斥鴳（yàn）：斥，池塘。鴳亦作鷃，小雀。㉖知效一官：才智可以胜任一官的职守。“知”同“智”。 ㉗行比一乡：“比”同“庇”，言其人行事仅能庇护一乡之人。 ㉘“德合”二句：言其人的德行仅能投合一个国君的心意，取得一国的人的信任。徵，取信。郭庆藩《庄子集释》读“而”为“能”（古二字通用），谓四句中官、乡、君、国相对，知、行、德、能亦相对，可备一说。 ㉙宋荣子：亦作宋钘（jiān）、宋轻（jīng）、宋荣，宋国人，姓荣，“子”是尊称。或云姓宋，名荣。战国时稷下早期学者。犹然：“犹”同“逌”（yóu），喜笑自得的样子。 ㉚数（shuò）数：汲汲，迫切的样子。 ㉛未树：未曾树立的，指树立逍遥之趣。 ㉜列子：姓列，名御寇，战国郑思想家。其“乘风而归”，见《列子·黄帝篇》。泠然：轻巧的样子。 ㉝“此虽”二句：言列子能御风而行，虽然可免于步行，犹有所待于风。 ㉞乘天地之正：顺着自然的规律。郭象注：“天地以万物为体，而万物必以自然为正。”正，即是规律、法则。 ㉟御六气之辩：驾驭着六气的变化。六气，阴阳风雨晦明。辩，通“变”。 ㊱游无穷：遨游于无始无终的时间和无边无际的空间之中。㊲恶（wū）乎待哉：恶乎待，即何所待，此为反诘句，意即无所待。 ㊳“至人无己”三句：庄子以“无己”的“至人”为达到逍遥游的最高境界。神人无功，言无意求有功于人，而自然为人类造福。圣人无名，不求名而名自至。但神人、圣人，不能忘人世，不能忘天下，在庄子看来，仍然是有所牵挂，不能算是“逍遥游”。 ㊴许由：古代传说中的高士，字武仲。相传尧让天下于许由，许由不受，逃隐于箕山。尧又召之为九州长，由不欲闻之，洗耳于颍水之滨。见《高士传》。 ㊵爝（jué）火：火把，小火。 ㊶肩吾、连叔：旧说二人皆为“古之怀道者”。其实《庄子》“寓言十九”，其中人名和地名多属子虚、乌有之类，无可稽考。 ㊷接舆：为楚国的狂士，见《论语·微子》。接舆因接孔子之舆而得名，亦是寓言人物。《庄子》此处引述其所说的话，皆为假托之辞。 ㊸径庭：亦作“径廷”，意为相隔甚远。明方以智《通雅》卷七：“言径路之与中庭，偏正殊绝，犹言霄壤也。” ㊹藐姑射（yè）之山：传说中仙山名。 ㊺淖约：同“绰约”，体态柔美。处子：处女。 ㊻神凝：精神凝注专一。 ㊼疵疠（lì）：疾病。 ㊽狂：“诳”的假借字。 ㊾与（yù）乎文章之观（guàn）：参与有文采的东西的鉴赏。 ㊿知：同“智”。 51“是其言也”二句：“其言”指上文“心智亦有聋盲”而言。“犹时女也”即“犹是汝也”，谓此言乃说汝也，指肩吾以接舆说藐姑射山神人之事为诳而不信，有似心智聋盲。 ㊾“将旁礴”三句：旁礴，混同。蕲，同“祈”。弊弊焉，忙碌疲惫的样子。谓神人之德足以混万物为一体，而世人争功求名，纷扰不已，他怎肯忙忙碌碌、疲惫不堪地去管天下的俗事呢？旧解训“乱”为“治”，未妥。 ㊿“大浸”句：大浸，大水。稽天，至于天。溺，淹没。 (54)“是其尘垢”三句：尘垢秕糠，皆鄙贱之物，意同糟粕。纳粘土于模型烧成瓦器曰陶，熔解金属制成器物曰铸。分分，同“纷纷”。此三句之意，说这个神人身上的尘垢糟粕都将陶铸出尧、舜来，他哪里还肯去纷纷扰扰地以外物为事呢？“分分然”三字，原缺，据《淮南子·俶真训》补。《淮南子》的上文系括引庄子此句上文大意，且“孰肯分分然以物为事”与上“孰弊弊焉以天下为事”对举，句法一律，当酌增。 (55)“宋人”句：资，贩卖。章甫，一种礼帽。诸越，即於越。“诸”“於”古通，越人自称“於越”，居今浙江绍兴一带。 (56)断发文身：剪短头发，身刺花纹。 (57)四子：旧注以为“四子”是王倪、啮缺、被衣、许由。但此是庄子寓言，四子亦本无其人，不必坐实。汾水之阳：水北曰“阳”，地名平阳，在今山西临汾市西南，尧之所都。 (58)“窅(yǎo)然”句：窅然，怅然。丧其天下，茫然忘其身居天下之统治地位。此处以宋人比喻尧，以章甫比喻天下之位，以“越人无所用之”，比喻四子无所用于天下。尧见四子，为其所化，故亦自失其有天下之尊。 (59)惠子：姓惠名施，宋国人，曾为魏相，与庄子为友。是战国时哲学家。 (60)魏王：即魏惠王。因魏迁都大梁（今河南开封），故又称梁惠王。 (61)瓠(hù)：葫芦。 (62)“我树”句：树，种。实五石，其中能容五石。石(shí，又读dàn)，十斗。 (63)呺(xiāo)然：形容物件巨大而空虚。 (64)掊(pǒu)：打破。 (65)龟(jūn)：同“皲”，手足的皮肤受冻而坼裂。 (66)洴(píng)澼(pì)絖(kuàng)：漂絮于水上。成玄英《疏》：“洴，浮；澼，漂；絖，絮也。”絖，同“纩”。 (67)“何不”句：虑，结缀，缚系。大樽，盛酒之器，缚之于身，可渡江湖，古所谓腰舟，类似今日之救生圈。 (68)蓬之心：谓心思茅塞不通。蓬，草名，拳曲不直。 (69)樗(chū)：亦称臭椿，一种落叶乔木，高大而质劣，不能用作器材。 (70)去：弃。 (71)狸狌：狸，野猫。狌(shēng)，黄鼠狼。 (72)敖者：指出游的小动物，如鸡、鼠之类。敖，同“遨”，出游。 (73)跳梁：同“跳踉”，腾跃跳动。 (74)辟：同“避”。 (75)机辟(bì)：捕捉鸟兽的机关。 (76)斄(lí)牛：牦牛。

《逍遥游》是《庄子》中的代表作品，列于《内篇》之首。逍遥游的意思，是指无所依赖、绝对自由地遨游永恒的精神世界。

庄子天才卓绝，聪明勤奋，“其学无所不窥”（《史记·老子韩非列传》），并非生来就无用世之心。但是，“而今也以天下惑，予虽有祈向，不可得也”（《庄子·天地》）。一方面“窃钩者诛，窃国者为诸侯”（《胠箧》）的腐败社会使他不屑与之为伍，另一方面，“王公大人不能器之”（《史记·老子韩非列传》）的现实处境又使他无法一展抱负。人世间既然如此沉浊，“不可与庄语”（《天下》），他追求自由的心灵只好在幻想的天地里翱翔，在绝对自由的境界里寻求解脱。正是在这种情况下，他写出了苦闷心灵的追求之歌《逍遥游》。

全文若即若离，疏而难分。为分析方便，权且分为三段。第一段从篇首至“圣人无名”。作者采用了先述后议、先破后立的写作顺序，首先通过描绘一系列具体事物形象地说明：无论是“扶摇而上”的乘天大鹏，还是“决起而飞”的蓬间小雀，也无论是“不知晦朔”的短命朝菌，还是春秋八千的长寿大椿，它们之间虽然有着大小之分，长短之别，但有所依赖，有所期待都是一样的，都是并不得逍遥游，进不了绝对自由的境界的。然后又通过三个层次的人物来反复申明绝对自由的难得。那些为世所累，心系功名的“知效一官，行比一乡，德合一君，而徵一国者”自不必说，就是“定乎内外之分，辩乎荣辱之境”的宋荣子之流仍是“犹有未树”；列子虽然已能“御风而行”，胜过宋荣子，但是仍然“犹有所待”，待于风，算不上逍遥游。怎样才能“无所待”地去作逍遥游呢？庄子在本段的最后说：必须能够“乘天地之正”（顺着天地的法则，亦即自然规律），“御六气之辩（驾驭阴、阳、风、雨、晦、明的各种变化）以游无穷（不受时间、空间的限制）”，才是无所待，才是逍遥游。什么人能达到这种境界呢？唯有“无己”的“至人”。“无己”就是忘记自身的存在，做到任乎自然，顺乎物理，把自己的形体连同思想都看作是虚幻的不存在之物，也就无所限，无所待了，也就绝对自由地作逍遥游了。

“无己”说说容易，实际无法做到。比如庄子就没能“无己”。他虽然醉心于做绝对自由的“至人”，但念念不忘的仍是不自由的人世，尽管他所追求的是在人世的无为。所以接下来他又写了尧让天下等世事，展开了第二部分的论述。第二段从“尧让天下于许由”至“窅然丧其天下焉”，主要是着力塑造神人形象，以使逍遥游的“至人”形象具体化。作者先通过渲染尧让天下之事，表明君不足贵，权不足惜的思想观点，再借许由之口，提出自己的政治态度：“予无所用天下为！”接着，又通过肩吾和连叔的对话，创造了“肌肤若冰雪，淖约若处子，不食五谷，吸风饮露，乘云气，御飞龙，而游乎四海之外”的神人形象，这个神人即前文所称的能作逍遥游的“至人”，是庄子逍遥理想的完美体现者，所以庄子赋予她最美的外表和最好的品质。她从不“以物为事”，但是能够“使物不疵疠而年谷熟”，“旁礴万物以为一”，能够“大浸稽天而不溺，大旱金石流、土山焦而不热”。在这样无为而逍遥的神人面前，“弊弊焉以天下为事”的尧、舜之流又怎么能不感到“窅然丧其天下”，因而不得不让天下于许由呢？

庄子不能忘世，所以写了尧让天下等世事；更不能忘我，所以接下来又写了自己与惠子辩论的是是非非。这是全文的最后一段，极为生动幽默地写了庄子与惠子论辩有用与无用、小用与大用的情况。庄子认为小用不如大用，无用就是大用，只有“无所可用”，才能“物无害（之）者”，在“无何有之乡，广莫之野”，永作绝对自由的逍遥游。实际上也就指出了无为是通向逍遥游的途径，从而结束了全篇。

总之，庄子的《逍遥游》借助一系列虚构的故事和形象，否定了有所待的自由，提出了一个无所待的绝对自由的境界，又创造了一个神人形象将其具体化，并且指出了“无为”是达到这一境界的途径。

庄子作品具有“汪洋辟阖，仪态万方，晚周诸子之作，莫能先也”（鲁迅《汉文学史纲要》）的艺术成就。《逍遥游》更是如此。这里只谈主要的两点。

首先是“洸洋自恣以适己”（《史记·老子韩非列传》）的想象。这种“洸洋自恣”的想象不仅体现在具体形象的描写上，而且更主要表现在整个文章的构思上。那“其翼若垂天之云”、其背“不知其几千里也”的鸟的雄伟，那“以八千岁为春，八千岁为秋”的树的长寿，固然令人咋舌，但更令人神往的却是庄子用来说明观点的奇特的物事，奇特的境界和奇特的用意上。在庄子的笔下，鱼可以化而为鸟，冲天飞起；鸟可以自视甚高，互相嘲笑；人可以有俗人、至人、神人、圣人之分。他所想象的境界也是独一无二的，那个“乘天地之正，而御六气之辩，以游无穷”的境界，除了庄子又有谁创造得出呢？不仅如此，作者还通过姑射山神人“肌肤若冰雪，淖约若处子”的美丽形象，将那种境界人格化、具体化，使人明知其假，宁信其真。把自己的缥缈幻想写得这样实在，这样美妙，除了庄子，恐怕也没有第二个人了。庄子随心所欲地想象出这些物事、境界，并非空言诳人，而是其构思匠心的必然体现。他极写鹏之大，椿之寿，一则造成一种声势，一种氛围，引人入胜；二则形成一种对比，一种暗示——以鹏之大暗示人之小，以椿之长寿暗示人生之短暂。大鹏必须乘风而飞，尚且要有所待，人生的不自由不难想见；重负之下，立言、立功、立名还有什么意义，争名夺利根本没有价值，而出路只有一条，就是无为、无己，在“无何有之乡”去作逍遥游！

其次是炽烈而隐蔽的情感。看透了人间的沉浊肮脏，庄子耽溺于纯洁无瑕的幻想王国中，否定了争名夺利、尔虞我诈的世人。庄子醉心于动物、植物与神仙的世界里，所以文章的大部分篇幅都在写虚的、空的、幻想的、非人世的事物，似乎做到了“无己”；但是“谬悠之说，荒唐之言，无端崖之辞”（《天下》）的背后有深深的苦闷，虚幻的“无何有之乡”产生于对人间世的绝望，他追求着逍遥却无法摆脱人生的羁绊。他把“至人”的境界写得那样不可企及，其中不正隐约露出他追求逍遥而不可得的苦恼失望吗？他把那个“不食五谷，吸风饮露”的神人写得那样美丽绝伦，其中不正燃烧着他那炽烈的、对美好理想的追求之火吗？还有，他虽然提出应该“无己”，物我不分，却发自内心地认为“小知不及大知，小年不及大年”。由此可见他对智慧的重视，对生命的热爱；可见这个一心要飞离人世的作者要否定的不是人生社会，而只是人生社会的黑暗和肮脏。这里还有必要提到大鹏这个形象。尽管作者从原则上否定了大鹏，但是却义正辞严地驳斥了蜩与学鸠的嘲笑，强调指出有“小大之辩”，并且三次用浓墨重彩，不避重复地描绘了大鹏的雄伟形象，热爱之情跃然纸上。这是为什么呢？也许，作者在才能无双、向往着逍遥却又无法逍遥的大鹏的形象里，正隐藏着自己难言的苦情。什么苦情呢？我们不妨作这样的比较想象：一只大鹏在茫茫北冥中冲天而起，一颗心灵在深深苦闷中挣扎而出，幻想的翅膀张开了，怒而飞向无何有之乡……有所待的大鹏失败了，那么心灵呢？有所求的心灵能在那广漠之野找到慰藉吗？答案显然是否定的。那雄伟的大鹏形象所体现的正是作者这种欲飞的理想和无法飞走的悲哀。（周先民）

晏子使楚　　《晏子春秋》

晏子使楚。以晏子短，楚人为小门于大门之侧而延晏子。晏子不入，曰：“使狗国者，从狗门入；今臣使楚，不当从此门入。”傧者更道[①]从大门入，见楚王。王曰：“齐无人耶？”晏子对曰：“齐之临淄三百闾[②]，张袂成阴，挥汗成雨，比肩继踵而在，何为无人？”王曰：“然则子何为使乎？”晏子对曰：“齐命使，各有所主，其贤者使使贤王，不肖者使使不肖王。婴最不肖，故直使楚矣。”

晏子将至楚，楚王闻之，谓左右曰：“晏婴，齐之习辞③者也，今方来，吾欲辱之，何以也④？”左右对曰：“为其来也⑤，臣请缚一人过王而行。王曰：‘何为者也？’对曰：‘齐人也。’王曰：‘何坐⑥？’曰：‘坐盗。’”晏子至，楚王赐晏子酒。酒酣，吏二缚一人诣王。王曰：“缚者曷为者也？”对曰：“齐人也，坐盗。”王视晏子曰：“齐人固善盗乎？”晏子避席⑦对曰：“婴闻之，橘生淮南则为橘，生于淮北则为枳，叶徒相似，其实⑧味不同。所以然者何？水土异也。今民生长于齐不盗，入楚则盗，得无楚之水土使民善盗耶？”王笑曰：“圣人非所与熙⑨也，寡人反取病焉⑩。”

注 ① 傧者：宾客的接引者。更道：改而引导。道，通“导”。 ② 临淄：齐国都城，故址在今山东淄博市东北。三百闾：古代以二十五家为闾。此言人口之多。③ 习辞：善于辞令。 ④ 何以也：用什么办法。以，用。 ⑤ 为其来也：王引之《经传释词》：“为其来也，言‘于其来也’。” ⑥ 何坐：犯什么罪。 ⑦ 避席：离开坐席，表示郑重。 ⑧ 实：果实。 ⑨ 熙：同“嬉”，戏弄，开玩笑。⑩ 反取病焉：反而自取其辱。

此文记叙春秋时期齐国晏子出使楚国，不辱使命的故事。晏子何时使楚，史无记载。他历事齐灵公、庄公、景公三朝，其后为齐相，使楚当在早年。此时，齐桓公去世已近百年，齐国称霸的盛世已过，但作为大国，雄风犹存，在诸侯逐鹿中，仍处举足轻重的地位。楚自从庄王一鸣惊人之后，迅速跃居五霸之列，国力日强，骄横日甚。在楚强齐弱的态势下，晏子代表齐国使楚，受到楚王的冷落、戏弄，是不足怪的。

楚王恃强凌弱，在晏子还未入城之时，就蓄意侮辱；入城后，又全然不顾外交礼节，接二连三地对晏子予以捉弄和嘲笑。此文用洗练的笔触，生动传神地描述了楚王对晏子的“三辱”过程：一是戏弄他长得矮，不把他当人看，故意设狗洞让他钻；二是嘲笑晏子不配为使，讥笑齐国任人不当，显得“无人”；三是诬蔑齐人为盗，进而指责“齐人善盗”。这些贬损与侮辱，当然不是冲着晏子个人，而是矛头指向他所代表的齐国，以图在楚齐争雄中，保持自己的威慑力量，稳操外交上的胜券。倘若晏子仅从个人得失考虑，拒不入门，牙眼相对就是了。这样，个人和齐国的尊严是维护了，但出使的任务也就化为泡影。如何选择一个两全之策，既坚持原则，不受人侮，又策略灵活，实现两国和好，不能不是坚持气节与完成使命的双重考验。

面对楚王的挑衅，晏子临阵不乱，谈笑自若，巧施辩辞，应付裕如。文章对晏子三驳楚王的刻画相当精彩，从中不难领略晏子这位政治家、外交家的机智灵活及论辩、反击技巧。接过对方的逻辑，以其人之道还治其人之身，此其一也。楚王让其从小门入，意在给他一个下马威。晏子则毫不畏惧，据理反击："使狗国者，从狗门入。"其暗含的一个逻辑三段论是：你让我从狗门入，你就是狗国。不费吹灰之力，即把拟狗之辱还给了楚王。楚王讥笑晏子不堪使命，晏子则回答："贤者使使贤王，不肖者使使不肖王。婴最不肖，故直使楚矣。"接过楚王话题，轻易地又将"不肖"之诬回敬给楚王。若细加体味，前后两驳，也有些许不同。前者是义正辞严地指出对方逻辑之谬。凡讲究礼仪的君子之邦，是不会让外国使臣从狗门而入的。让人从狗门入国者，必为狗国。分明是骂了对方，又不让对方难堪到无法容受的地步。紧接着又补了一句："今臣使楚，不当从此门入。"我出使的不是狗国而是楚国，故不应当从狗门入。一下子又巧妙地把楚国从"狗国"的尴尬地位上拉了回来，使对方既挨了骂，又无法还嘴，只落得个自知理亏，自讨没趣的下场。后一驳则是以退为进，反将一军。你认为我"不肖"，我就自认"不肖"，正因为我"不肖"，才不得使贤王，只好派到你这"不肖"的楚国，见你这"不肖"之王来。罗列事实，指出对方论据的虚妄，此其二也。楚王讥刺齐人委派晏子，属用人不当，显得齐国"无人"。晏子则将本意上的"有无人材"之辩，巧妙地转换为齐国"有无人"之辩，对以齐国首都临淄的人口众多，"张袂"可以"成阴"，"挥汗"可以"成雨"，行人"比肩继踵"，何谓"无人"？楚王关于齐国"无人"之诬，一攻即破了。取类引譬，指出对方论题的荒谬，此其三也。针对楚王诬蔑齐人"善盗"，晏子引用化橘为枳的故事，说明橘生淮南为橘，生于淮北为枳，叶徒相似，味实不同，原因在于水土、地气不同。然后采用类比推理，指出齐人在齐不盗，入楚则盗，正是楚之水土、地气，即社会环境使然。

刘勰曾称晏子一书"事核而言练"（《文心雕龙·诸子》）。此则短文鲜明体现了这一特点。全文描写楚王与晏子的问答，用墨不多，文字精练，论辩双方的神态、辩词的锋芒，皆表现得准确而生动。特别是人物语言的运用，颇符合人物的身份。全文楚王的话并不多，且多为设问口气："齐无人耶?""然则子何为使乎?""齐人固善盗乎?"短短几问，便把楚王目空一切，傲慢无礼的神情传达得活灵活现。"寡人反取病焉。"又把他奚落人反被人奚落的尴尬面孔呈现于纸面。而晏子的反诘，句句千金，充分表现出他以国家尊严为重的凛然气节，以及善于与论敌周旋的外交才干。话不在多，传神则灵。此则短文再次说明了这一道理。（高若海）

谋　攻　《孙子》

孙子曰：凡用兵之法，全国为上[①]，破国次之[②]；全军为上，破军次之；全旅为上，破旅次之；全卒为上，破卒次之；全伍为上，破伍次之[③]。是故百战百胜，非善之善者也；不战而屈人之兵，善之善者也。

故上兵伐谋，其次伐交，其次伐兵[④]，下政攻城，攻城之法，为不得已。修橹轒辒[⑤]，具器械[⑥]，三月而后成；距闉[⑦]，又三月而后已。将不胜其忿，而蚁附之[⑧]，杀士[⑨]三分之一，而城不拔者，此攻之灾也。故善用兵者，屈人之兵，而非战也；拔人之城，而非攻也；毁人之国，而非久[⑩]也。必以全[⑪]争于天下，故兵不顿[⑫]而利可全。此谋攻之法也。

故用兵之法，十则围之[⑬]，五则攻之，倍则分之[⑭]，敌[⑮]则能战之，少则能逃之[⑯]，不若则能避之[⑰]。故小敌之坚，大敌之擒也[⑱]。

夫将者，国之辅也。辅周则国必强，辅隙[⑲]则国必弱。

故君之所以患于军[⑳]者三：不知军之不可以进，而谓之[㉑]进，不知军之不可以退，而谓之退，是谓縻军[㉒]。不知三军[㉓]之事，而同[㉔]三军之政者，则军士惑矣。不知三军之权[㉕]，而同三军之任[㉖]，则军士疑矣。三军既惑且疑，则诸侯之难[㉗]至矣。是谓乱军引胜[㉘]。

故知胜[㉙]有五：知可以战与不可以战者胜；识众寡之用[㉚]者胜；上下同欲[㉛]者胜；以虞[㉜]待不虞者胜；将能而君不御[㉝]者胜。此五者，知胜之道也。

故曰：知彼知己，百战不殆[㉞]；不知彼而知己，一胜一负[㉟]；不知彼，不知己，每战必殆。

注 ① 全国为上：使敌人举国完整地降服是上策。全，形容词用作动词，使动用法。下同。 ② 破国：使敌国残破，也可译为“击破敌国”。破，使动用法。下同。 ③ 军：与下面的旅、卒、伍同为当时军队编制的单位。一万二千五百人为一军，五百人为一旅，一百人为一卒，五人为一伍。 ④ 上兵：上等的用兵（指挥战争）策略。伐谋：在策略上攻破敌人。伐交：在外交上攻破敌人（阻止敌国与别国的联合）。伐兵：在武装力量上攻破敌人。 ⑤ 修：制造。橹：进攻时用来掩护身体的大盾牌。轒辒（fén wēn）：攻城用的四轮车，用大木制成，上盖生牛皮，里面可装十人。 ⑥ 具：准备。器械：指攻城用的器械。 ⑦ 距闉（yīn）：用人工堆成高出城墙的土垒，以察看城中情况，居高临下射杀城中敌人。闉，积土为山。 ⑧ 蚁附之：像蚂蚁一样，爬墙进攻。 ⑨ 杀士：使（自己的）士卒被杀。 ⑩ 久：旷日持久。 ⑪ 全：即开头“全国”的“全”。这句是说，一定要用使敌人举国完整地降服的策略争胜于天下。 ⑫ 顿：劳顿，疲敝。 ⑬ 十则围之：十倍于敌人，就包围他们。 ⑭ 分之：分为二军，使其腹背受攻。 ⑮ 敌：相等。 ⑯ 逃：退却坚守。 ⑰ 不若：指力量不如敌军。避：引兵走避。 ⑱ 小敌：指两军对阵力量弱小的一方。坚：固守。这两句是说，弱小的军队消极固守，就会成为强大的军队的俘虏。 ⑲ 辅：辅佐。周：周到。隙：有缺陷。 ⑳ 患于军：对军队有害。 ㉑ 谓：叫，命令。之：代词，指军队。 ㉒ 縻（mí）军：束缚住军队。 ㉓ 三军：周代的制度规定，天子建六军，诸侯大国建三军，分上、中、下，或左、中、右，后来，“三军”成为诸侯国军队的通称。 ㉔ 同：参与，干涉。 ㉕ 权：指挥三军的权谋、权变。 ㉖ 任：任用人才。 ㉗ 诸侯之难：邻国诸侯乘隙入侵造成的祸难。 ㉘ 乱军引胜：扰乱自己的军队，失去可能得到的胜利。引，夺去。 ㉙ 知胜：预见胜利。 ㉚ 识众寡之用：懂得兵多怎么用，兵少怎么用。 ㉛ 上下同欲：军队上下同心同德。 ㉜ 虞：预料，事先谋划，做好准备。 ㉝ 御：驾御，牵制。 ㉞ 殆：危险。 ㉟ 一胜一负：胜负的可能性各占一半。

本文是《孙子》十三篇中的第三篇。题为“谋攻”，意思是在计谋上攻破敌人。孙武认为在局部战役中不顾条件地硬拼硬打并非上策，强调要采取全局性的战略方针，“以全争于天下”，争取最大限度的利益而使自己的损耗减少到最低限度。这是富有政治远见的。

全文依次论述了几个问题，表面上看似不甚相干，但实际上却都紧扣中心。一、二两段首先说明总的战略原则是“不战而屈人之兵”，是“伐谋”（从谋略上攻破敌人），是“兵不顿而利可全”（军队不疲敝而胜利又可以完全取得）。而“谋攻之法”的提出正是建立在这种战略原则的基础上的。接着第三段阐明了集中优势兵力力求全歼敌人的思想，这是“谋攻”的原则在战斗中的具体运用。第四、五段说明将帅的作用，特别强调将帅指挥权的相对独立性（这在通讯手段落后的古代是非常必要的），主张国君不应加以牵制，横加干涉，这是实施“谋攻”原则的重要保证。第六、七段列举知胜之道，强调“知彼知己”，这是实施“谋攻”原则的必备前提。可见全文围绕“谋攻”来展开论述，结构相当紧密。

文章的逻辑结构还表现在段与段之间意义上的关联。尤其是后两段，既是谈“知胜”之道有五，也是对上文的照应和概括。如第一点“知可以战与不可以战者胜”，是对第一、二段的概括；第二点“识众寡之用者胜”是对第三段的概括；第三、五点“上下同欲者胜”，“将能而君不御者胜”，是对第四、五段的概括；第四点“以虞待不虞者胜”，强调一个“虞”字，即要求有预见，有准备，有谋略，则是点题之笔，紧扣中心论题。而要做到有预见，有准备，有谋略，必须熟知敌我，最后一段归结到“知彼知己”上，可说是画龙点睛，紧紧把握住了问题的关键。

本文的逻辑力量还表现在对事物能作细致的分析。如分析用兵的战略原则是“全国为上，破国次之……”，谋攻之法是“上兵伐谋，其次伐交，其次伐兵，下政攻城……”，用兵的战术原则是“十则围之，五则攻之，倍则分之……”，又提出“君之所以患于军者”有三，“知胜”之道有五，等等。这些分析大体是当时军事斗争客观规律的反映。从概念的分类来说，也表现了当时的思维日趋缜密。这在军事学史和思想史上都是很有意义的。

文中不少话睿智警策，给人启示。“知彼知己，百战不殆”，则成了军事上的千古名言，被称为“科学的真理”（毛泽东《论持久战》）。（张葆全）

说　难[①]　　《韩非子》

凡说之难，非吾知之[②]，有以说之之难也，又非吾辩之[③]，能明吾意之难也，又非吾敢横失[④]，而能尽之难也。凡说之难，在知所说[⑤]之心，可以吾说当[⑥]之。所说出于为名高者也，而说之以厚利，则见下节而遇卑贱[⑦]，必弃远矣。所说出于厚利者也，而说之以名高，则见无心而远事情[8]，必不收矣。所说阴为厚利而显为名高者也，而说之以名高，则阳收其身[9]而实疏之；说之以厚利，则阴用其言显弃其身矣。此不可不察也。

夫事以密成，语以泄败[10]。未必其身泄之也，而语及所匿之事，如此者身危。彼显有所出事，而乃以成他故[11]，说者不徒知所出而已矣，又知其所以为，如此者身危。规异事而当[12]，知者揣之外而得之[13]，事泄于外，必以为己也，如此者身危。周泽未渥也，而语极知[14]，说行而有功则德忘[15]，说不行而有败则见疑，如此者身危。贵人有过端，而说者明言礼义以挑其恶，如此者身危。贵人或得计而欲自以为功，说者与知焉，如此者身危。强以其所不能为，止以其所不能已，如此者身危。故与之论大人则以为间己矣[16]，与之论细人则以为卖重[17]，论其所爱则以为藉资[18]，论其所憎则以为尝己也[19]。径省其说则以为不智而拙之[20]，米盐博辩则以为多而交之[21]，略事陈意则曰怯懦而不尽[22]，虑事广肆则曰草野而倨侮[23]。此说之难，不可不知也。

凡说之务[24]，在知饰所说之所矜而灭其所耻[25]。彼有私急也，必以公义示而强之[26]。其意有下也，然而不能已，说者因为之饰其美而少其不为也[27]。其心有高也，而实不能及，说者为之举其过，而见其恶而多其不行也[28]。有欲矜以智能，则为之举异事之同类者，多为之地，使之资说于我，而佯不知也以资其智[29]。欲内相存之言[30]，则必以美名明之，而微见其合于私利也。欲陈危害之事，则显其毁诽而微见其合于私患也。誉异人与同行者，规异事与同计者。有与同污者，则必以大饰其无伤也；有与同败者，则必以明饰其无失也[31]。彼自多其力，则毋以其难概之也[32]；自勇其断，则无以其谪怒之[33]；自智其计，则毋以其败穷之[34]。大意无所拂悟[35]，辞言无所系縻[36]，然后极骋智辩焉。此道所得，亲近不疑而得尽辞也。伊尹为宰，百里奚为虏，皆所以干其上也[37]。此二人者，皆圣人也，然犹不能无役身以进，如此其污也。今以吾言[38]为宰虏，而可以听用而振世[39]，此非能士之所耻也。夫旷日弥久，而周泽既渥，深计而不疑，引争而不罪，则明割[40]利害以致其功，直指是非以饰[41]其身。以此相持，此说之成也。

昔者郑武公欲伐胡[42]，故先以其女妻胡君以娱其意，因问于群臣："吾欲用兵，谁可伐者？"大夫关其思对曰："胡可伐。"武公怒而戮之，曰："胡，兄弟之国也，子言伐之，何也?"胡君闻之，以郑为亲己，遂不备郑。郑人袭胡，取之。宋有富人，天雨墙坏，其子曰："不筑，必将有盗。"其邻人之父亦云。暮而果大亡其财。其家甚智其子，而疑邻人之父。此二人说者皆当矣，厚者为戮，薄者见疑㊸，则非知之难也，处之㊹则难也。故绕朝之言当矣，其为圣人于晋而为戮于秦也，此不可不察㊺。

昔者弥子瑕有宠于卫君㊻。卫国之法，窃驾君车者罪刖。弥子瑕母病，人间往夜告弥子㊼，弥子矫驾君车以出。君闻而贤之，曰："孝哉！为母之故，忘其犯刖罪。"异日，与君游于果园，食桃而甘，不尽，以其半啗君。君曰："爱我哉！忘其口味，以啗寡人。"及弥子色衰爱弛，得罪于君，君曰："是固尝矫驾吾车，又尝啗我以余桃。"故弥子之行未变于初也，而以前之所以见贤而后获罪者，爱憎之变也。故有爱于主，则智当而加亲；有憎于主，则智不当见罪而加疏。故谏说谈论之士，不可不察爱憎之主而后说焉。

夫龙之为虫也，柔可狎而骑也；然其喉下有逆鳞径尺，若人有婴㊽之者则必杀人。人主亦有逆鳞，说者能无婴人主之逆鳞则几矣。

注 ① 说（shuì）难：游说人主、贵人的难处。 ② 非吾知之：据今人陈奇猷《韩非子集释》，"知之"下当脱"难"字；下句"非吾辩之"下，《史记·老子韩非列传》引《说难》有"难"字，可为佐证。 ③ 非吾辩之：此句下当依《史记》增"难"字。 ④ 横失：一本作"横佚"。失、佚字同，辩说驰骋无所顾忌之意。 ⑤ 所说：指所要向之游说的人君。下面诸"所说"同此。 ⑥ 当：适应。 ⑦ 见下节而遇卑贱：被认为志节低下，与卑贱者为伍。遇，当作"偶"，据近人刘师培说。 ⑧ 见无心而远事情：被认为没有心计，远离实际。 ⑨ 其身：其人之身，即指游说者。 ⑩ 语以泄败：陈奇猷《韩非子集释》："'语以泄败'，义殊难通，'语'当从《史记》作'而'，作'语'者蒙下'语'字而误耳。"可参。 ⑪"彼显"二句：说君主在表面上做出一件事，而暗中却为了达到另外的目的。 ⑫ 规异事而当（dàng）：规划另外一件事情，符合君主的心意。 ⑬ 知者揣之外而得之：明智者从旁猜出内情。知，同"智"。陈奇猷《韩非子集释》谓"知者"当作"说者"，上下文皆作"说者"可证。 ⑭"周泽未渥也"二句：君主的恩泽未到深厚的程度，而说者尽其所知来讲话。 ⑮ 德忘：忘其赏赐。《韩非子·二柄》："杀戮之谓刑，庆赏之谓德。" ⑯"与之论大人"句：大人，身居要职之大臣。说者对君论议大臣，则君将疑为离间君臣关系。 ⑰"与之论细人"句：细人，人君左右亲近之小臣。卖重，卖弄权势。 ⑱"论其所爱"句：谈论人君所宠爱的人，则君将疑为欲取得凭借以邀宠幸。藉、资皆有"凭借"

之义。 ⑲“论其所憎”句：谈论人君所憎恶的人，则君将疑为是试探自己憎恶的深浅。尝，尝试，试探。 ⑳“径省”句：拙，《史记》作“屈”，义同。《史记索隐》云：“谓人主意在文华，而说者但径捷省略其辞，则以说者为无知而见屈辱也。” ㉑“米盐”句：米盐，喻其琐细。交之，《史记》作“久之”；或以为应作“史之”，引《韩非子·难言篇》“捷敏辩给，繁于文采，则见以为史”为说。《论语·雍也》：“文胜质则史。”陈奇猷《韩非子集释》谓“交”“久”皆无义，“交”当为“弃”字之误，作“交”者乃因篆文“交”与“弃”形近而讹，此谓米盐博辩则以为繁杂而弃之。 ㉒略事陈意：游说者省略其事，直接陈述己意。 ㉓“虑事广肆”句：广读为“旷”，远也。此句谓游说者谋虑远而放纵无所收束，则曰鄙陋而倨傲侮慢。 ㉔凡说之务：大凡游说君主时的要务。㉕“知饰”句：旧注：“凡欲说彼，要在知其所矜则随而光饰之，知其所耻则随而掩灭之，如此则顺旨而不忤。”矜，自夸。 ㉖“彼有”二句：当他有急欲作为的私意时，说者就须表示以合乎公义的态度来鼓励他。强（qiǎng），勉励。㉗下：不满。少其不为：以不做这种事为遗憾。 ㉘高：羡慕。多其不行：称赞他不做这种事。 ㉙“有欲矜以智能”五句：言君主以智能自夸，就多举他事之同类者，多替他找些依据，令他无形中采取我的说法；而我佯作不知，使君主自言，则智慧就成为他的，这就是“以资其智”。 ㉚欲内相存之言：内，同“纳”，进献。相存，相容，与下“危害”对举。 ㉛“誉异人与同行者”六句：赞美别人与君主有同样行事者，而其人有污点，则必大事粉饰其无害；规划别一件与君主同样计划的事，而其事失败，则必公开粉饰其并非失败。异人、异事，即他人他事。 ㉜自多其力：即自夸其力。概：干扰。 ㉝自勇其断：自以其所决断为勇敢的。谪：过失。 ㉞自智其计：自以为其计明智。穷：窘迫。 ㉟拂悟：《史记正义》：“拂悟当为‘咈忤’，古字假借耳。咈，违也。忤，逆也。”㊱系縻：束缚。别本作“击摩”，《史记》作“击排”，摩擦、抵触之意。以上二义均可通。 ㊲伊尹为宰：《史记·殷本纪》云伊尹欲干汤而无由，乃为有莘氏媵臣，负鼎俎，以滋味说汤，致于王道。宰，厨夫。关于百里奚的传说甚多。《孟子·万章上》：“百里奚自鬻于秦养牲者五羊之皮，食牛以要秦穆公。”《史记·商君列传》：“五羖大夫（即百里奚），荆之鄙人也，闻秦缪公之贤，而愿望见，行而无资，自粥（同“鬻”，卖也）于秦客，被褐食牛。期年，缪公知之，举之牛口之下，而加之百姓之上。”此皆与“干其上”有关者。 ㊳吾言：今人高亨云：“按‘言’字衍文，即‘吾’字之复而误者。” ㊴听用而振世：被倾听采用而救世。《说文》：“振，举救也。” ㊵割：剖析。 ㊶饰：通“饬”，整饬。 ㊷郑武公：姓姬名掘突，周宣王庶弟郑桓公（名友）之子。胡：国名。《史记·楚世家》：“楚灭顿，灭胡。”《正义》引《括地志》：“故胡城在豫州郾城县（今属河南）界。”或谓胡有多族，此郑灭其一耳。 ㊸“此二人”三句：二人指大夫关其思与邻人之父。厚者、薄者，犹言重者、轻者。 ㊹处之：指处置其所知，谓关其思与邻人之父将所知的实话说不说出来。 ㊺“故绕朝”三句：晋大夫士会，以事得罪于晋，逃奔秦国，秦康公用为谋士。晋人患士会在秦常为晋乱，乃使魏邑大夫魏寿余诈叛入秦，得见士会，设计与之归晋。临行，秦大夫绕朝赠之以策，曰：“子无谓秦无人，吾谋适不用也。”盖绕朝识破晋人之计，阻止士会之行，而秦康公不用之。关于绕朝“为戮于秦”事，《左传》《史记》皆不载。马王堆三号墓出土帛书《春秋事语》所载大体同于《左传》，后文云：“二子（指士会与魏寿余）畏其后事，必谋危之，士会果使谍谗之曰：‘是知余事，将因我干晋。’秦大夫信之，君杀晓（绕）朝。”则此篇所说“为戮于秦”亦非无据。或云韩非据秦史而言。绕朝赠策之“策”有二义，一为策书，一为马鞭。《文心雕龙·书记》云：“春秋聘繁，书介弥盛。绕朝赠士会以策，子家与赵宣以书。”则用前一义。　㊻ 弥子瑕：卫灵公宠幸之臣。　㊼ 人间往夜告弥子：应作“人间夜往告弥子”，即人伺隙于夜间往告弥子之意。　㊽ 婴：触。

说难，游说人主之难。全文紧扣住一个“难”字，论述游说之术在于曲意迎合人主。它在客观上显示出封建君主的自私、虚伪、专横和残暴，同时也暴露了那些游说者只知猎取功名利禄，不顾公义是非，一味玩弄权谋以求迎合人主的丑态。

全文分三部分：第一部分提出总的论点，开头用“凡说之难”总挈全篇。接着，先强调“难”不在游说者一边而在人主一边；再突出游说之难，难于知人主之心。然后用“名高”“厚利”为例，具体说明人主之心所以难知，是由于人主的所欲不同，表里不一。指明了“难”之所在，第二部分就从不同方面进行具体论述。第三部分是结论，以龙为喻，指出游说者要“无婴人主之逆鳞”，用这样的比喻结尾，既进一步突出中心，又生动形象。第二部分为全文的主体，是从三方面周密论证并显现封建君主和游说者的人物形象的：

一、列举十五种情况从反面论述游说之难。先连用七个“身危”，说明触及其一，游说者即有生命危险：其一“语及所匿之事”——被疑为知其隐私；其二“知其所以为”——知其意图，引起顾忌；其三“规异事而当”致“事泄于外”——被误认为泄密；其四“语极知”——交浅言深，以致误解；其五“明言礼义以挑其恶”——被认为挑剔过错；其六“与知其事”——被疑为居功；其七“强以其不能为，止以其不能已”——被认为强其所难。这七个“身危”表明：人主不管游说内容的是非曲直，也不顾事实的真相，只凭他自己的爱憎和私欲，任意残害游说者。接着，又连用了六个“则以为”、两个“则曰”，进而表明：人主无端怀疑，任意诬陷，只要一不称心，游说者就身临危境。文章具体分析的是游说之“难”，而封建君主的自私、虚伪、专横残暴的形象却透过字面活现在读者眼前了。当然，韩非是极端的君权论者，主观上不会去揭露人主的；但由于他对人主心理理解得那么深刻，分析得那么精密，以致切中要害，客观上就起着揭露人主的可憎面目的作用了。

二、针对游说之难，从正面提出十二种游说之术。先总的指出：“凡说之务，在知饰所说之所矜而灭其所耻”。这句话的实质是说：游说之术就在于曲意迎合人主。接着，就列举了十二种游说之术，具体分析了人主充满私欲而又表里不一的心理，针对各种心理如何阿其私欲，投其所好。举其二“术”来剖析一下：人主起了一种卑下的念头，想做某种事，心知不对，但不做又不甘心，游说者就要夸饰这种事是美好的，对人主不去做反而表示不满意，以示人主不能控制自己不是毛病，去做倒是应该的；人主起了一种高尚的念头，想做某事可实际又办不到，游说者就要指出这个意图的错误，表明做这件事的坏处，并对不去做这种事表示赞扬，以示人主不做不仅不可耻，反而是正确的。如果把这十二种游说术的内容依次排列，加以分析，就可以看出贯穿其“术”的基本原则就是：不讲公义，不问是非，不择手段，只求迎合人主心意！最后小结指出：游说之士只有固结人主之心，取得宠信，才能游说成功。并说：这种做法“可以听用而振世，此非能士之所耻也”。这是韩非的政治观点在这方面的表现。郭沫若在《十批判书·韩非子批判》中说：“君臣关系，在韩非有两种看法，一种是看成牧畜，另一种是看成买卖。”“君既是虎豹，臣也就应该甘心做爪牙，只要把老百姓镇压得住，摄取他们的血汗和生命，那就国富兵强，主安位尊，而天下太平了。”我们读“游说之术”这段文字，尽管也明白作者的主观意图，但从他的细致论述中受到感染的，却是眼前活现出那些为猎取功名而不顾公义是非，只求曲意迎合而卑躬屈膝的丑恶形象，情不自禁地产生憎恶之感。

三、再举出历史故事和寓言故事进一步论证游说之难。主要是三个故事。郑武公伐胡的故事，用以说明人主的表里不一，忠直之臣就惨遭杀戮。邻人之父被疑的故事以及附带提及的关于绕朝的事，用以说明由于亲疏不同，处境各异，以致忠言者反遭谤毁。弥子瑕的故事，用以说明人主的爱憎无常，是非无准，人臣的荣辱立变。这三个故事总的突出游说之难。这样运用寓言和历史故事来作论据，使文章生动，更深一层地加强了论证的说服力；在客观效果上，那些封建君主和游说者的形象则更活现了。

这篇文章是韩非的代表作之一，体现了韩文的特色。论述透辟，锋芒锐利，形象生动等艺术成就，固可以有所借鉴；而其社会作用和认识意义更值得注意。韩非是先秦“法、术、势”思想的集大成者，也是封建社会的极端君权论者。他把君臣之间乃至人与人之间的关系归结为各图私利，要施展“抱负”的人，必得依附强力，才能“听用而振世”，因而也就可以不问公义是非，不择手段，只求投人主所好。作者分析精密，论述透彻而又生动形象，大有助于从一个侧面认识封建制度的丑恶。《史记·老子韩非列传》在引录《说难》全文之前，说：“然韩非知说之难，为《说难》书甚具，终死于秦，不能自脱。”司马迁在这篇列传的最后又慨叹说：“余独悲韩子为《说难》而不能自脱耳。”韩非是封建专制暴力的鼓吹者，也是封建专制暴力统治下的被害者；他自身的遭遇，就是一个可悲的历史教训。（蒋锡康）

《学记》三则

《礼记》

虽有嘉肴，弗食不知其旨也；虽有至道，弗学不知其善也。是故学然后知不足，教然后知困。知不足，然后能自反也；知困，然后能自强也。故曰：教学相长也。

大学之法，禁于未发之谓豫，当其可之谓时，不陵节而施之谓孙，相观而善之谓摩：此四者，教之所由兴也。发然后禁，则扞格①而不胜；时过然后学，则勤苦而难成；杂施而不孙，则坏乱而不修②；独学而无友，则孤陋而寡闻；燕③朋逆其师；燕辟④废其学：此六者，教之所由废也。君子既知教之所由兴，又知教之所由废，然后可以为人师也。

学者有四失，教者必知之。人之学也，或失则多，或失则寡，或失则易，或失则止。此四者，心之莫同也。知其心，然后能救其失也。教也者，长善而救其失者也。

注 ①扞（hàn）格：格格不入。 ②修：善，美好。 ③燕：郑玄注：“燕犹亵也，亵其朋友。”亵，轻慢不庄重。 ④辟：通“僻”。

《学记》是《礼记》中的一篇，是篇有关古代大学教育的论文。它首先阐明教育能够化民成俗的重要功能，因而国君必须尊师重道，使全民知道学习的重要。它是我国古代的教育理论、教学原则、教学方法的总结，不但是研究中国教育史的经典著作，而且不少内容在今天都还有较高的参考价值。

这里是节选其中的三个片断，分别论述教与学互相促进、教学原则和学生易出现的偏向及教师必须了解学生并加以补救的道理。

第一则一共四句话。第一句话先用譬喻表明实践（学）的重要，这是宾；然后强调只有学才能理解“至道”的好处，这是主，强调要学习至道，引出下文。第二句强调学与教，给从学从教人带来的启示。所谓满瓶不动半瓶摇，学的内容是第一句里提的“至道”，所以越学体会道理越深，越加感到自己的不足。这是至理名言，就像巴甫洛夫说的要有勇气承认自己是无知识的。这是从学的方面讲的。教的方面，以己昭昭，使人昭昭，也不是轻而易举的事。这里既包括教者对“至道”的理解程度的深浅，又包括对施教对象情况的掌握和如何针对情况采用不同方法“长善救失”等。这句话对每个从事教育工作的人来说，是共同的体会。这两种情况只要你认真学、踏实教，都不可避免要碰到。那么该怎么正确对待呢？第三句就回答这个问题。还是分学与教两方面来回答。困难能把人吓倒，但真正的强者是在困难中锻炼成长。这里两个“然后能”就包含着朴素的辩证法。第四句是这一则的结论，是从“能自反”“能自强”归纳出来的。后来“教学相长”就变成教育工作的格言。这段文字全用排比的方式提出问题、分析问题，然后以一句话为总结，简洁鲜明，不枝不蔓。

第二则从正反两方面提出教师掌握正确教学原则的必要性。先从正面提出四条正确的原则：一是要有预见性，在学生还没有发生错误时就加以预防。二是要掌握适当的教育时机，早了不行，晚了也不行。三是要循序渐进，施教不能躐等。“孙”就是“逊”字，表示顺的意思。（这在《学记》前文里有九年的教学和考查的内容）四是同学间的相互观摩，取长补短，养成良好的好学向上的风气。“观摩”一词即导源于此。平列四条以后一句小结。再从反面阐述。前四点和正面针锋相对：错误已经发生了，再来禁止，就会有抵触情绪而不易克服；失去了时机，教学起来就吃力不讨好；不循序渐进，不分主次往学生脑子里塞，结果像一堆乱麻，理不出头绪；没有朋友的相互观摩，就会孤陋寡闻，见识狭隘；如果交上坏朋友只讲吃喝玩乐，就和教师的教导背道而驰；有不好的嗜好，就会废弃学业。这两条表面和上四条不搭界，实际是由第四条来的，讲到朋友的重要，“燕朋”“燕辟”正和上面“相观而善”相反。这六条是教育失败的原因。最后提出懂得这正反两方面的道理，才能够为人之师。这是对教师的严格要求。这段文字仍用对比来说明问题，先正后反，最后一句总结，条理井井，使人一目了然，而所谈的都是宝贵经验，在今日仍有现实意义。

第三则说明教育要“长善救失”，必须了解各种类型学生学习的偏向。第一句总说。第二句分析四种情况：有的失于贪多嚼不烂；有的浅尝辄止，安于寡陋；有的把学习看得太容易，不肯深思；有的遇到困难就止步不前。第三句总结说明这是对学习的四种不同心理状态，第四句和第一句呼应，说明“教者必知之”的目的，是为了“救其失”。这反映出因材施教的原则。最后一句说明教育的功能就在于发扬学生的优点，补救他们的缺失。这一段文字的写法和前几段略有区别。结论是“长善而救其失”，而前面只说其失，未说其善，和上两段正反都阐述不大同，采取一明一暗、一详一略的办法。为什么能这样写而不会被误会呢？因为事物都有两面性，四种失的反面就有“得”在里面。譬如贪多就有追求知识的长处，“或失则易”的人也有不畏困难的优点，所以每种类型的学生都有他的潜在的“善”，而要克服他们的失，只有依靠发扬自身的善，“长善”正是“救失”的自身条件和必要前提，这是完全符合教育心理的。

综合这三则来看，我们可以领会我国古代教育所强调的实践性和辩证法的思想，看出对教育规律、教学原则和教师责任感的具体表述，是值得深刻领会的。它的语言多用对比，得出简明的结论，而没有采用滔滔论辩的方式，但其论辩性仍旧可以觉察得着的，能细心体会者自知之。（周本淳）

卜 居　　屈 原

屈原既放，三年不得复见。竭知尽忠，而蔽障于谗，心烦虑乱，不知所从。乃往见太卜郑詹尹曰：“余有所疑，愿因先生决之。”詹尹乃端策拂龟[①]，曰：“君将何以教之？”

屈原曰：“吾宁悃悃款款朴以忠乎？将送往劳来斯无穷乎？宁诛锄

草茅以力耕乎？将游大人以成名乎？宁正言不讳以危身乎？将从俗富贵以媮生乎？宁超然高举以保真乎？将呢訾栗斯、喔咿儒儿以事妇人乎②？宁廉洁正直以自清乎？将突梯滑稽、如脂如韦以洁楹乎③？宁昂昂若千里之驹乎？将氾氾若水中之凫，与波上下，偷以全吾躯乎？宁与骐骥亢轭乎④？将随驽马之迹乎？宁与黄鹄比翼乎？将与鸡鹜争食乎？此孰吉孰凶，何去何从？世溷浊而不清，蝉翼为重，千钧为轻；黄钟毁弃，瓦釜雷鸣；谗人高张，贤士无名。吁嗟默默兮，谁知吾之廉贞！”

詹尹乃释策而谢，曰：“夫尺有所短，寸有所长；物有所不足，智有所不明；数有所不逮，神有所不通。用君之心，行君之意，龟策诚不能知此事。”

注 ① 郑詹尹：掌管卜筮的太卜之名。策：蓍草，用以筮。龟：龟甲，用以卜。 ② 悃（kǔn）悃款款：诚实勤苦的样子。送往劳来：指随处周旋，巧于应酬。呢訾（zú zǐ）：阿谀奉承。栗斯：献媚貌。喔咿儒儿（ní）：强颜欢笑貌。儒儿，一作“嚅唲”。 ③ 突梯滑（gǔ）稽：态度圆滑，口齿伶俐，善于迎合世俗的好恶。脂：油脂。韦：熟牛皮。如脂如韦，即光滑柔软，善于适应环境。洁：通“絜”，度量圆形叫絜。楹：屋的柱子。洁楹，比喻削方为圆的处世态度。 ④ 亢轭：亢为“举”，轭为车辕前套马用的横木。与骐骥亢轭，即与骏马齐驱之意。

《卜居》与《渔父》，都是楚人记述屈原生平轶事的奇妙之作。关于此文作者，王逸《楚辞章句》即指为“屈原之所作”；但同书与此文相近的《〈渔父〉题解》，又有“楚人思念屈原，因叙其辞以相传焉”之语。从明人张京元《删注楚辞》，即有怀疑此二文乃后人伪作之说。也许因为构成全文主体的，乃是屈子自己言论的缘故吧，后人往往又直指其作者为屈原。

即使是伟大的志士，也并非总是心境开朗的。不妨这样说：正是由于他们的个人遭际，关联着国家民族的命运，所以在心中反而更多不宁和骚动。其痛苦愤懑的抒泻，也带有更深广的内涵和远为强烈的激情。屈原正是如此。当他在《卜居》中出现的时候，已是遭受谗臣疯狂迫害，而被放逐汉北三年的迁客。忠而被谤，心中能无愤懑？既放数年而仍无报效家国之门，能不痛苦得“心烦虑乱，不知所从”？本文开篇描述他往见郑詹尹时的神思萧散之状，正告诉读者，一种怎样巨大的骚动和痛苦，在折磨着这位哲人的心灵！

这骚动和痛苦的展开，便是构成全文主体的卜问之辞。诗人向郑詹尹发出卜问的时候，显然陷入了对生平遭际的痛苦回顾。那充溢着情感涨落的问语，也只有联系他的经历，才能得到最真切的感受。“吾宁悃悃款款朴以忠乎？将送往劳来斯无穷乎……”这回顾似乎是从青年时代对人生道路的选择开始的，故开问之语虽突兀而发，语气却是相对平静的，表现的是遥远而来的悠悠沉思之情。从“宁诛锄草茅以力耕乎？将游大人（权贵）以成名乎”的问语中，人们见到的正是一位早在青年时代就立志“苏世独立”“廓其无求”（《橘颂》）的志士身影。到了“宁正言不讳以危身乎”，已是屈原担任楚王左徒之职的时期。诗人以“乘骐骥以驰骋兮，来吾道夫先路”（《离骚》）的无限热忱，投入了振兴楚国的艰巨事业，也开始了与朝中“党人”的直接冲突：一边是屈原竭知尽忠，“入则与王图议国事，以出号令，出则接遇宾客，应对诸侯”（《史记·屈原列传》）；一边则是党人的竞进贪婪，不惜走后宫妇人（郑袖）的门路，以“喔咿嚅唲”的阿谀献媚，换取富贵权势；一边是屈原廉洁正直，为振刷朝政甘冒正言危身之祸；一边则是党人“突梯滑稽”的巧言令色，颠倒黑白，向屈原施以种种谗言和迫害。屈原遭受上官大夫的恶毒中伤，而被怀王暴怒疏黜，正发生在这一时期。当屈原回顾这一切往事时，胸中便蓄满了愤懑不平之气。平静的发问由此一变为怫郁的诘责，铺排而下的问句，正如滚滚惊雷碾过云霾翻腾的夜天，具有震慑狐狗鼠獐的无限气势。两种绝然相反的处世哲学的尖锐对立，在文中“宁昂昂若千里之驹乎？将氾氾若水中之凫，与波上下，偷以全吾躯乎”的排喻对比中，得到了最鲜明的表现。所以，当屈原发出“此孰吉孰凶，何去何从”的诘问时，便不似是诘问，简直是力挟千钧的抨击和声讨了。它正如闪电裂云后的一声霹雳，带有多少撼山摧岳的力量！

令诗人痛苦的是，这场关系楚国命运的斗争，结果却以屈原的被放汉北而告终。忠贞喋血山野，邪佞弹冠相庆，风雨飘摇的楚国之船，由此遭遇了触礁折桅的大祸（怀王入秦身死）。就在诗人问卜前不久，令尹子兰又借手上官大夫向顷襄王进谗，再次断绝了屈原重返政坛的一线希望。面对如此溷浊不清的世道，诗人能不扼腕嗟叹？文中由此跳出了最奇崛的愤语：“蝉翼为重，千钧为轻；黄钟毁弃，瓦釜雷鸣。”鲜明的对照，展现了一幅怎样触目的图景；楚王的昏聩，朝政的混乱，用蝉翼的变轻为重、瓦釜的得意雷鸣形容，真是形象奇特得令人吃惊！全篇的诘问以此愤语顿断，而后发为“吁嗟默默兮，谁知吾之廉贞”的怆然浩叹，正如涌天的怒涛突然凌空崩裂，又带着巨大的余势跌落，蕴蓄着这位伟大志士卓然独立又痛苦无诉的多少哀愤！

这就是构成《卜居》主体的卜问之辞。从形式上看，它简直就是一篇小小的《天问》。但由于《卜居》所问，均为诗人所身历的楚国政治现实，其情感的抒泻，就不像《天问》那样，伴随着对天地万物的缓缓发问而悠悠涌出，而是与自身奋斗、遭祸的经历一起，沸涌直上，翻折而下，挟带着更强的力度和气势。诗人的发问也不同于《天问》的一气直问，而采取了“宁”“将”的两疑方式，在对立铺排中往复盘旋，便给人以某种“不知所从”、须由神明决断的印象。而其实在每一对立的问句中，都已表明了诗人自身的鲜明立场。文中叙自身所坚守的立身原则，即饰以“悃悃款款”“超然高举”“廉洁正直”之语，无须多加探究，一股愿与慨然同风的凛凛正气，已沛然弥漫于字行之间。再辅以“与骐骥亢轭”“与黄鹄比翼”“昂昂若千里之驹”的奇喻，那搏击长空、腾跃万里的情志，便显得格外清峻而高洁！对于党人群小的处世之道，则斥之为“偷生”“全躯”，状之以“喔咿儒儿”“如脂如韦”，那鄙夷不屑之概，正与辞锋锐利的嘲讽勃然同生。而与“随驽马之迹”“与鸡鹜争食”的形象比喻相伴随的，不正是诗人对这种处世哲学的深切憎恶和鞭挞之情么？在富于褒贬意味的形象表现中，暗寓诗人的选择倾向，而以两疑之问发之，正是《卜居》抒泻情感的独特和奇崛之处。正因为如此，此文所表现的内心冲突，绝不是诗人对人生道路和处世原则选择上的疑惑，乃在于对吉凶颠倒、清浊混淆现实的震惊和不平。诗人所愤懑抨击的，始终是那“蝉翼为重，千钧为轻；黄钟毁弃，瓦釜雷鸣”的黑暗世道。

《卜居》以屈原问卜的散句开篇，郑詹尹“释策而谢”的答语作结，中间以韵语铺排、描述和诘问：这在《楚辞》体式上，也是对骚体的一大突破。它对汉代“设为问答，以显己意”的赋作的产生，无疑具有很大的启示和推动意义。（潘啸龙）

风　赋　　宋　玉

楚襄王游于兰台之宫①。宋玉、景差②侍。有风飒然而至。王乃披襟而当之，曰：“快哉此风！寡人所与庶人共者邪？”宋玉对曰：“此独大王之风耳，庶人安得而共之？”

王曰：“夫风者，天地之气，溥畅而至，不择贵贱高下而加焉。今子独以为寡人之风，岂有说乎？”宋玉对曰：“臣闻于师：枳句来巢③，空穴来风。其所托者然，则风气殊焉。”

王曰：“夫风始安生哉？”宋玉对曰：“夫风生于地，起于青蘋之末④，侵淫⑤溪谷，盛怒于土囊⑥之口，缘泰山之阿⑦，舞于松柏之下。飘忽淜滂⑧，激飏熛怒⑨，耾耾雷声，回穴错迕⑩。蹶石伐木，梢⑪杀林莽。至其将衰也，被丽披离，冲孔动楗⑫。眴焕粲烂⑬，离散转移。故其清凉雄风，则飘举升降，乘凌高城，入于深宫。邸华叶而振气⑭，徘徊于桂椒之间，翱翔于激水之上，将击芙蓉之精⑮，猎蕙草⑯，离秦衡⑰，概新夷⑱，被荑杨⑲。回穴冲陵⑳，萧条众芳。然后倘佯中庭，北上玉堂㉑，跻于罗帷，经于洞房㉒，乃得为大王之风也。故其风中人，状直憯凄惏慄，清凉增欷㉓。清清泠泠，愈病析酲。发明耳目，宁体便人。此所谓大王之雄风也。”

王曰：“善哉论事！夫庶人之风，岂可闻乎？”宋玉对曰：“夫庶人之风，塕然㉔起于穷巷之间，堀堁㉕扬尘。勃郁烦冤㉖，冲孔袭门。动沙堁，吹死灰。骇溷浊，扬腐余㉗。邪薄入瓮牖，至于室庐㉘。故其风中人，状直憞溷郁邑，殴温致湿㉙。中心惨怛，生病造热㉚。中唇为胗，得目为蔑㉛。啗齰嗽获㉜，死生不卒㉝。此所谓庶人之雌风也。”

注 ① 楚襄王：即楚顷襄王，名横，公元前298—前263年在位。兰台：楚国宫苑名，旧址在今湖北钟祥。　② 景差：楚大夫，亦为辞赋作家，其作品今不传。或以为《大招》为其所作。　③ 枳句（gōu）来巢：枳，树名。句，同“勾”，树的丫杈。此句言枳树有杈，就会有鸟来筑巢。此句与下句“空穴来风”，或是当时的谚语。　④ 青蘋之末：蘋的叶尖。　⑤ 侵淫：同“浸淫”，逐渐扩展。　⑥ 土囊：洞穴。　⑦ 阿：山凹。　⑧ 淜滂（píng pāng）：风吹击物体的声音。　⑨ 激飏：激起。飏，同“扬”。熛怒：形容风势像火焰般怒号。　⑩ 耾（hóng）耾雷声：风声像响雷一样。回穴：旋转。错迕：交错。　⑪ 梢：通“箾”，打击。　⑫ 被丽披离：四面分散的样子。冲孔动楗：只能冲击小洞和动摇门栓，形容风的力量已甚微弱。　⑬ 眴（xuàn）焕粲烂：形容景物鲜明，是风埃逐渐平息以后的光景。　⑭ 邸：通“抵”。华：同“花”。振气：散发香气。　⑮ 芙蓉之精：荷花。精，通“菁”，花。　⑯ 猎：掠过。蕙草：香草名。　⑰ 离：历，经过。秦衡：产于秦地之香木杜衡。　⑱ 概：古代量米麦时刮平斗斛的器具，这里是说风在树木的顶上吹过。新夷：即辛夷，又名木笔。 ⑲ 被：披开。荑（tí）杨：初生的杨枝。 ⑳ 冲陵：冲击侵袭。陵，同“凌”。 ㉑ 玉堂：宫殿之美称。 ㉒ 洞房：深邃的内室。 ㉓ 憯（cǎn）凄惏（lín）慄：惨痛寒冷的样子。欷（xī）：抽咽声。宋玉《九辩》：“憯凄增欷，薄寒之中人。” ㉔ 塕（wěng）然：风起的样子。 ㉕ 堀堁（kū kè）：冲起尘土。 ㉖ 勃郁烦冤：风回旋的样子。 ㉗ 溷（hùn）浊：污秽肮脏之气。腐余：物质腐烂的气味。 ㉘ 邪薄：偏斜地迫近。瓮牖：以破瓮做窗户，表示贫穷人家。室庐：住房。 ㉙ 憞（dùn）溷：烦浊的样子。郁邑：忧闷。殴温致湿：言此风驱来了温湿气，使人生病。殴，同“驱”。㉚ 中（zhòng）心：进入人的内心。惨怛（dá）：悲惨，忧愁。造热：使人发烧。㉛ 胗（zhěn）：唇疮。蔑：通“矆”，眼眶中排泄物堆积凝结，为眼病的一种。㉜ 啗（dàn）：同“啖”，吃。齰（zé）：咬啮。嗽：吮吸。获：通“嚄”，大叫。以上四种动作，形容人受风得病后口动的样子。 ㉝ 死生不卒：言人得了风疾，处于不死不活状态。卒，终了。

《风赋》是一篇以风为描写和议论对象的小赋。全篇用问答体，着意铺叙风的发生过程和各种态势，并对“大王之雄风”与“庶人之雌风”作了细致而鲜明的对比，反映了宫廷生活的豪奢与贫民生活的愁惨，表现了作者对前者的不满和对后者的同情。全文可按四问四答的结构分为四个部分。

首二句“楚襄王游于兰台之宫。宋玉、景差侍”是必要的交代，点明观风地点和人物身份。“有风飒然而至。王乃披襟而当之”，一句写风入题，一句写人引出下文。“快哉此风！寡人所与庶人共者邪？”风是自然现象，普天同享，应属常识；楚襄王还天真，有此一问，不料作者回答得一本正经：“此独大王之风耳，庶人安得而共之？”用笔非常巧妙。楚襄王听了，越发天真起来，于是又有二问二答。

“王曰：‘夫风者，天地之气，溥畅而至，不择贵贱高下而加焉。今子独以为寡人之风，岂有说乎？’”楚襄王对宋玉的回答摸不着头脑，进而刨根问底：“可有说乎？”宋玉假戏真做，回答得更加有根有梢：“臣闻于师：枳句来巢，空穴来风。其所托者然，则风气殊焉。”他抬出老师，引用成语，说得振振有词。后两句极为关键，引起后面两大段文字。

“王曰：‘夫风始安生哉？’”应该知道，《风赋》主旨是写风，作者精心设计对话的意图，主要还是为了自然引出对风的正面描写。所以楚襄王这第三问犹如一座桥梁，沟通了作者挥洒才气，健笔写风的道路。于是在作者的笔下，但见风声阵阵，扑面而来：“夫风生于地，起于青蘋之末”，先写风的发生；“侵淫溪谷，盛怒于土囊之口”，次写风势的发展；“缘泰山之阿，舞于松柏之下”，再写风行的路线。渐渐地，风势越来越大。“飘忽淜滂”以下六句，是写风的高潮，作者分别从风的气势，风的声威，风的力量等处落墨，写得壮美之极。“至其将衰也”五句，是写风由大到小的减弱过程，作者分别从风力的分散转移，风后的光景色彩着笔，写得优美之至。以上这部分，把风的发生发展过程写得气势磅礴而又细致有序，给人以如见其状、如历其境之感，同时也为下文着意写雄、雌二风蓄足了势。

作者写雄风，仍然着力于动态，但变化了描写角度，重点写它的“飘举升降”的飞行历程：先是“乘凌高城，入于深宫”，接着“徘徊”“翱翔”于花间水上，掠过香花香草，花草承受的只是“萧条众芳”的灾难。作者在描写美景时忽然夹上一句“萧条众芳”，乍看似不和谐，实则加强了对“雄风”的讽意，细细体味自能领会。雄风穿过宫苑，进入殿宇，升越帷帐，经过内室，然后成为“大王之风”。通过层层渲染，这风到达深宫内院，确乎非“大王”不能享受，“庶人安得而共之”了。这风吹入人体，寒冷刺骨，振奋你的精神，能为人治病解酒，使人耳聪目明，身康体宁。“大王之雄风”，何其善哉！何其快哉！

接着，作者又很自然地利用楚襄王的问话过渡，引出了“庶人之雌风”，这是全文的最后部分。作者在写“雌风”时，处处将其与“雄风”作反比对照：它只是在“穷巷之间”，“堀堁扬尘”，只是在“瓮牖”“室庐”，“冲孔袭门”；它只是刮起“沙堁”和“死灰”，只是扬起“溷浊”和“腐余”；它只能使人“中心惨怛，生病造热”，只能使人受风得病，“死生不卒”。“庶人之雌风”何其恶哉！何其悲哉！

文章至此戛然而止，没有写下楚襄王的反应。在如此惊心动魄的鲜明对比面前，想来他不会不有所感悟，而说一声“悲哉”一类的话吧。

宋玉的这篇《风赋》在赋体散文的发展史上占有重要的地位。比宋玉稍早或同时，赵国的荀子写了《箴》《云》《蚕》等咏物小赋，但其篇幅极短，句式单一，且多为抽象的概括，很少具体的描写，作用也只是猜谜娱乐；而宋玉的《风赋》不仅篇幅有所加长，句式极富变化，而且写得也相当精细。如它对风的发生发展过程的动态描写，其细致具体和生动形象是前所未有的。再如对雄、雌二风的刻画，为形成一种气势，达到某种效果，连用大略相同的句式，反复渲染，更开了“铺采摛文”（《文心雕龙·诠赋》）的先河。还有对“故其风中人”的描绘，采用了明显的夸张手法，给人以十分强烈的印象。毋庸置疑，这种精细笔墨，对赋的铺张扬厉的传统的形成，有着开创意义。

《风赋》不仅在状物小赋的表现技巧方面有所开拓，在其思想内容方面也有所创造，至少，在三个方面扩展了状物小赋的思想含量：一是在状物的同时，也注意到对社会生活的反映。二是通过鲜明的对比描写，表现自己的思想感情。赋中，作者对所谓大喜大福的“大王之雄风”的讽刺和对大灾大难的“庶人之雌风”的同情是明显的。三是给予赋以讽的使命。赋的开始部分的对话里蕴含着讽刺意义。如“此独大王之风耳，庶人安得而共之”，如“其所托者然，则风气殊焉”，都含有深意，又使讽刺对象不觉，婉讽手法十分高明。

此外，《风赋》对主客问答结构的运用，对完善赋的体制也有积极的影响。客的问话是提出问题，并用以过渡到下文；主的答话是解决问题，用以表述主要内容。这种形式对以描写各种事物为主旨的赋体散文，无疑十分方便，因而被后人广为应用，逐步形成了赋体文章所特有的结构体制。在这方面，《风赋》有着开风气的贡献。（周先民）

对楚王问

宋　玉

楚襄王问于宋玉曰：“先生其有遗行与[①]？何士民众庶不誉之甚也[②]？”

宋玉对曰：“唯，然，有之。愿大王宽其罪，使得毕其辞。

“客有歌于郢[③]中者，其始曰《下里》《巴人》[④]，国中属而和者[⑤]数千人；其为《阳阿》《薤露》[⑥]，国中属而和者数百人；其为《阳春》《白雪》[⑦]，国中属而和者不过数十人；引商刻羽，杂以流徵[⑧]，国中属而和者不过数人而已。是其曲弥高，其和弥寡。故鸟有凤而鱼有鲲[⑨]。凤皇上击九千里，绝云霓，负苍天，翱翔于杳冥之上[⑩]；夫蕃篱之鷃[⑪]，岂能与之料天地之高哉！鲲鱼朝发昆仑之墟[⑫]，暴鬐于碣石[⑬]，暮宿于孟诸[⑭]；夫尺泽之鲵[⑮]，岂能与之量江海之大哉！故非独鸟有凤而鱼有鲲也，士亦有之。夫圣人瑰意琦行[⑯]，超然独处，夫世俗之民又安知臣之所为哉!”

注 ①遗行:有失检点的行为与作风。 ②不誉:不称赞,非议。 ③郢(yǐng):战国时楚国都城,所在何处学术界有不同看法,一般以为在今湖北江陵县北。 ④《下里》《巴人》:均当地民间俗曲。 ⑤属(zhǔ):聚在一起。和(hè):跟着唱。 ⑥《阳阿(ē)》:古歌曲名,亦作“扬荷”。《薤(xiè)露》:古代挽歌名。 ⑦《阳春》《白雪》:均为古代楚国雅曲名。 ⑧引商刻羽,杂以流徵(zhǐ):指讲究声律,有很高成就的音乐演奏。商、羽、徵均为古代五音之一。 ⑨鲲:传说中的一种大鱼。《庄子·逍遥游》:“北冥有鱼,其名为鲲,鲲之大,不知其几千里也。” ⑩杳冥:极高极远,目力难望的高空。 ⑪藩篱:篱笆。鷃:鷃雀,一种小鸟。 ⑫墟:山脚下。 ⑬暴:同“曝”,晒。鬐(qí):鱼脊上的骨翅。碣石:山名。在今河北昌黎县境内,本在渤海中。 ⑭孟诸:古大泽名,故址在今河南商丘东北。 ⑮尺泽:一尺长宽的水塘,极言其小。鲵:小鱼。 ⑯瑰、琦:本指美石、美玉,这里以瑰意琦行指称高洁美好的情操和行为。

此文是用辞赋体写的散文。刘勰称:“宋玉含才,颇亦负俗,始造对问,以申其志,放怀寥廓,气实使之。”(《文心雕龙·杂文》)“对问”即指此文。在文体上,刘勰将其与枚乘《七发》、扬雄《连珠》等“总括其名,并归杂文之区”,是属于不便单独归类的一类。称之为“文章之枝派,暇豫之末造也”,总之属于消闲遣兴的东西;“然讽一劝百”,亦不无寓托于其间。“负文余力,飞靡弄巧”,文辞亦有可观者。

此文虽为宋玉明志之作,却不是直言其志,自我剖白,而是借喻晓理,以“对问”自辩;文中虽有驳论,却又不是短兵相接,针锋相对,而是迂回曲折地委婉自陈。它先虚设了楚王之问:“先生其有遗行与?”借楚王之口,将“士民众庶”对自己的不理解作为靶子亮出,然后又凭此造成的悬念,引出一番自己的辩答。在宋玉之对中,也不是急于申诉自己的清白无辜,而是虚与委蛇,先退一步:“唯,然,有之。”然后再从容地讲出自己的道理,颇显出受谤者的豁达大度及临辩时的儒雅与潇洒。

宋玉之辩是通过两组比喻来说理的。第一组是歌曲《阳春》《白雪》与《下里》《巴人》的比较。他以楚人擅楚曲,一人唱有多人和为例,说明唱和者的多寡,是由于歌曲本身有着文野、深浅、高下、雅俗之分所决定的。《下里》《巴人》为俗曲,属而和者数千人;《阳春》《白雪》为雅曲,属而和者不过数十人,故得出“其曲弥高,其和弥寡”的结论。宋玉认为，曲高和寡，错不在“曲高”，只怪和者水平太低，欣赏能力太差，因此，“和寡”实在是衬托了其曲之超凡脱俗。显然，他是以“阳春白雪”自喻，标榜自己志趣绝俗、行为超群，其所作所为不被那些芸芸众生所理解，是不足为怪的。这里，宋玉的本意当然不在论说音乐，却触及审美鉴赏上的“知音”问题。高雅的艺术精品，需要的是趣味高尚的“和者”。刘勰就曾由此引申出“知音其难哉”的慨叹：“俗鉴之迷者，深废浅售，此庄周所以笑《折杨》，宋玉所以伤《白雪》也。”（《文心雕龙·知音》）陆机也从宋玉之论出发，提出了以俗济雅、雅俗共济的美学命题：“缀《下里》于《白雪》，吾亦济夫所伟。”（《文赋》）此后，“阳春白雪”“下里巴人”，遂成为文艺作品中雅与俗两类作品的代名词，引起历代文学家、理论家的诸多议论，其始正出于宋玉此文。

接下去是凤与鷃、鲲与鲵的比较。宋玉借用庄子《逍遥游》中鲲鹏远翔南冥的意象，极力表现鸟中之凤与樊篱之鷃、鱼中之鲲与尺泽之鲵的不同志向。凤凰上击九千里，翱翔于杳冥之上，鲲鱼朝发昆仑，午游东海，暮宿孟诸，搏击之高，漫游之远，是目光短浅的鷃与鲵所不可思议的。它们跳跃于篱间，浮游于尺泽，“岂能与之料天地之高”，“量江海之大哉”！两个“岂能与之”，以一种极大的蔑视，嘲笑了篱鷃与泽鲵的浅薄，表现出君子不可与小人同日而语的傲岸气概。刘勰说宋玉“放怀寥廓，气实使之”，就其“对问”中表现出的傲然之气来说，确实如此。

“故非独鸟有凤而鱼有鲲也，士亦有之”，是全文的点睛之笔，点出士中亦有圣洁、卑下之分，正如凤与鷃、鲲与鲵一样。举凡士中杰出之辈，必有“瑰意琦行”，必然“超然独处”，因此也必然有不为世俗所解之处。宋玉强调自己就是这样的人，那些世俗之民，“安知臣之所为哉”！结尾一句，气度非凡，既是作者对谤者的有力一击，又充分显示其自我欣赏、自命不凡的孤高情怀。

刘熙载曾说：“用辞赋之骈丽以为文者，起于宋玉《对楚王问》。”（《艺概·文概》）“对问”中，富于感情色彩的铺陈夸饰，排偶句法的运用，使文辞华丽，文势跌宕，文气委婉。用“绝云霓”“负苍天”，极赞凤凰翱翔之高，气势雄浑，音节铿锵；用“朝发”“暮宿”，西起昆仑，东游碣石，极叹鲲鱼遨游之远，酣畅淋漓，意象奇突。这些都增加了文章的感染力。此种排比、铺陈、夸饰，以及寓说理于譬喻、抒情之中的方法，已见杂文笔法之端倪。（高若海）

谏逐客书　　李　斯

臣闻吏议逐客，窃以为过矣。昔穆公求士，西取由余于戎[①]，东得百里奚[②]于宛，迎蹇叔于宋[③]，求丕豹、公孙支[④]于晋。此五子者，不产于秦，而穆公用之，并国二十，遂霸西戎。孝公用商鞅之法[⑤]，移风易俗，民以殷盛，国以富强，百姓乐用，诸侯亲服，获楚、魏之师，举地千里，至今治强。惠王用张仪之计，拔三川之地[⑥]，西并巴、蜀，北收上郡[⑦]，南取汉中[⑧]，包九夷[⑨]，制鄢、郢[⑩]，东据成皋[⑪]之险，割膏腴之壤，遂散六国之从，使之西面事秦，功施到今。昭王得范雎[⑫]，废穰侯，逐华阳，强公室，杜私门，蚕食诸侯，使秦成帝业。此四君者，皆以客之功。由此观之，客何负于秦哉！向使四君却客而不内，疏士而不用，是使国无富利之实，而秦无强大之名也。

今陛下致昆山之玉，有随、和之宝，垂明月之珠，服太阿之剑，乘纤离之马，建翠凤之旗，树灵鼍[⑬]之鼓。此数宝者，秦不生一焉，而陛下说之，何也？必秦国之所生然后可，则是夜光之璧不饰朝廷，犀象之器不为玩好，郑、卫之女不充后宫，而骏良駃騠[⑭]不实外厩，江南金锡不为用，西蜀丹青不为采。所以饰后宫、充下陈、娱心意、说耳目者，必出于秦然后可，则是宛珠之簪，傅玑之珥，阿缟之衣，锦绣之饰不进于前，而随俗雅化，佳冶窈窕，赵女不立于侧也。夫击瓮叩缶，弹筝搏髀，而歌呼呜呜快耳者，真秦之声也。郑卫桑间，《韶》《虞》《武》《象》者，异国之乐也。今弃击瓮叩缶而就郑、卫，退弹筝而取韶、虞，若是者何也？快意当前，适观而已矣。今取人则不然，不问可否，不论曲直，非秦者去，为客者逐。然则是所重者在乎色乐珠玉，而所轻者在乎人民也。此非所以跨海内、制诸侯之术也。

臣闻地广者粟多，国大者人众，兵强则士勇。是以泰山不让土壤，故能成其大；河海不择细流，故能就其深；王者不却众庶，故能明其德。是以地无四方，民无异国，四时充美，鬼神降福，此五帝三王之所以无敌也。今乃弃黔首以资敌国，却宾客以业诸侯。使天下之士退而不敢西向，裹足不入秦，此所谓借寇兵而赍盗粮者也。

夫物不产于秦，可宝者多；士不产于秦，而愿忠者众。今逐客以资敌国，损民以益雠，内自虚而外树怨于诸侯，求国无危，不可得也。

注 ① 由余：本晋国人，后入戎。戎王命由余使秦。秦穆公见其贤，以计招致，用其谋伐戎，并国十二，开地千里，遂霸西戎。戎为古代西部少数民族的统称。② 百里奚：楚国宛（今河南南阳）人，虞国大夫。晋灭虞，把他作为晋献公女儿（秦穆公夫人）的陪嫁奴隶送给秦国。他逃回家乡，被楚国边兵所执。秦穆公闻其贤，以五羖羊皮赎之，与语国事。语三日，穆公大悦，授之国政，号曰五羖大夫。 ③ 蹇叔：岐（今陕西岐山）人，时寓居于宋。百里奚好友，因其推荐，穆公使人以重金迎致，以为上大夫。 ④ 丕豹：晋杀其大夫丕郑，其子丕豹奔秦，穆公任命他为将。公孙支：《左传》作公孙枝，岐人，字子桑，游于晋，秦穆公任为大夫。 ⑤ 商鞅：卫国的庶公子，姓公孙，名鞅，又称卫鞅。不容于卫，闻秦孝公求贤，因入秦说孝公变法修刑，内务耕稼，外劝战死之赏罚，孝公大悦，任命为相，十年而秦大富强。及破魏还，秦封之於、商十五邑，故称商鞅、商君。⑥ 张仪：魏国人，秦惠王用以为相，用连横之策，游说魏、楚、韩、齐、赵、燕西面而事秦，遂散六国合纵之约。三川：在今河南省西北地区，以境内有黄河、洛水、伊水，故称“三川”，本韩地。张仪说秦惠王下兵三川，惠王不听，转而伐蜀，灭之。终张仪之世，秦未得三川之地。今文章如此说者，是因张仪为秦相，故皆归功于相，又三川是张仪最先请伐之故。 ⑦ 上郡：郡名，战国魏文侯置，在今陕西西北部一带。惠王十年（前 328），使公子华与张仪攻魏，魏因以上郡十五县献秦求和。 ⑧ 汉中：郡名，战国楚怀王置，在今陕西南部和湖北西北部。惠王后元十三年（前 312），攻楚汉中，取地六百里。 ⑨ 九夷：泛指楚国境内的少数民族。 ⑩ 鄢（yān）：今湖北宜城，曾为楚都。郢（yǐng）：今湖北江陵，楚都。此以鄢、郢代指楚国。 ⑪ 成皋：又名虎牢关，在今河南荥阳汜水镇西。北临黄河，南萦山阜，形势险固。 ⑫ 范雎：魏国人，逃亡入秦，说秦昭王，拜为客卿。时昭王母宣太后之弟穰侯为相，华阳君、泾阳君、高陵君等为将，相与专权，以太后故，私家富重于王室。范雎以利害说动昭王，于是废太后，逐穰侯、高陵、华阳、泾阳君于关外，拜范雎为相。范雎提出“远交近攻”的策略，屡破韩、赵、魏之兵，秦国日益强大。 ⑬ 灵鼍（tuó）：即鼍龙。一种与鳄鱼相似的动物，皮可鞔鼓，因此用来借指鼓。 ⑭ 駃騠（jué tí）：良马名。

《谏逐客书》，是李斯上给秦始皇的一篇奏议。李斯原是楚国上蔡（今属河南）人，后到秦国游说，劝秦王（即后来的秦始皇）统一天下，受到秦王的重用，被拜为客卿。所谓“客卿”，是当时对别国人在秦国做官者的称呼。后来在秦王政元年（前 246）时发生了这样一件事：韩国派了一个叫郑国的水利专家到秦国来修长达三百余里的灌溉渠，企图以此来消耗秦的国力，不东伐韩，被秦发觉，要杀掉他。郑国说：“臣为韩延数年之命，然渠成，亦秦万世之利也。”终于让他完成这件工程。然而那些因为客卿入秦而影响到自己权势的秦国贵族，就利用这件事对秦王进行挑拨，说外来的客卿入秦都是别有用心的，应该把他们都赶跑。到秦王政十年，秦王接受了他们的意见，下令驱逐所有客卿，李斯也在被逐之列。于是他就写了这篇《谏逐客书》，劝谏秦王不要驱逐客卿。文章从秦国统一天下的高度立论，反复阐明驱逐客卿的错误，写得理足辞胜，雄辩滔滔，因此打动了秦王，使他收回了逐客的成命，恢复了李斯的官职，而《谏逐客书》也就成为一篇脍炙人口的名文，千百年来一直被人们所传诵。

全文由四段组成。第一段是以历史事实说明客卿对秦国作出了很大贡献，为论证逐客的错误提供论据。起句说："臣闻吏议逐客，窃以为过矣。"开门见山，单刀直入，一开始就提出总的论点，显得非常鲜明有力。明明是秦王下了逐客令，却把逐客的过错归之于"吏"，说明作者措词委婉，十分注意讽谏策略。宋代李涂说："起句至矣，尽矣，不可以加矣。"(《文章精义》）话虽有些夸大，但所评是有道理的。接着文章进行具体分析。首先由回顾历史入题，从秦始皇十九代祖的穆公到五代祖以下的孝公、惠文君、昭襄王，举出四个秦国的先君重用客卿而致富变强的事例，说明重用客卿对秦国有利。紧接着，又用多种手法加以论述：先说这四个君主的成就，都靠任用客卿才取得的，这是对前面所述的小结。后讲从这样看来，客卿有什么对不起秦国的呢？这是进一步的引申和反诘。又讲当初如果四个君主拒绝客卿而不收纳他们，疏远有才之士而不用，这就不可能使秦国民富国强。这是从反面假设和推论。在列举史实，层层渲染的基础上，又如此腾挪跌宕，反复论证，就把客卿对秦国的重要作用阐述得极为透彻。

在讲了客卿对秦国有利之后，照理下文应当转入正题，论证逐客的错误了；可是作者在第二段里却笔锋一转，设了许多比喻，用来说明秦王对不是秦国产的物十分喜爱，对人却持另一种态度是不对的。此段所设比喻多种多样，意思分为四层。第一层以珠宝等物为喻，设问作结：这些东西一样也不是秦国出产的，而陛下却很喜欢它们，这是为什么呢？这里只提出问题，不立即作答，但不答自明，显得耐人寻味。第二层以玩好、美女为喻，进行推论：如果一定要秦国出产的东西才能用，那么夜间放光的璧玉、犀牛角和象牙做成的器具、郑国和卫国的美女、駃騠这种珍贵的骏马、江南的金锡、西蜀的绘画原料，秦国都不应当占有和使用了。用来装饰后宫，充当嫔妃，娱乐心意，取悦耳目的，一定要出于秦国的才可以，那么，镶着珍珠的簪子，缀有珠玉的耳环，齐国东阿所产的丝绢做成的衣服，华丽丝绣所作的装饰就不能进于前，而按着流行式样打扮得很漂亮的赵国女子就不能站在旁边了。这一层同前一层不同，是从反面说，并分两个小层次重叠错杂出之，把“必秦国之所生而后可”的严重危害说得很透辟，更显出非秦国所出的宝物不可或缺。第三层以音乐为喻，进行对比：敲瓦器，弹秦筝，拍打大腿，呜呜呀呀地唱歌，这是秦国的音乐；郑国、卫国的民间地方音乐，虞舜时的《韶》《虞》，周武王时的《武》《象》，都是别国的音乐。现在你抛弃秦国的音乐，而用别国的音乐，这是为了什么呢？不就是为了痛快于当时，看了舒服罢了。这回答近接上文，远承第一层的设问，可说是对前三层的小结，归纳了秦国对物取舍的标准，为下文转入正题作了很好的铺垫。第四层以人和物作比较，指出待非秦之人不如待非秦之物，这样看来，你所看重的只是声色珍宝，所轻视的是人才。这绝不是用来统一天下，制服诸侯的方法。这里以成就统一大业作为出发点，说明重物轻人，驱逐外来人才的错误，推论符合逻辑，立意超卓不凡，具有一种高屋建瓴的气势和撼动人心的力量。这段设喻丰富多样，写法灵活多变，运笔酣畅淋漓，为全文最精彩的部分，前人对此极为称誉。如宋代李涂就说：“中间论物不出于秦而秦用之，独人才不出于秦而秦不用，反复议论，痛快，深得作文之法。”（《文章精义》）

第三段论述驱逐客卿有利敌国，而不利于秦国。先从正面说理，指出土地广大粮食就丰富，国家辽阔人口就众多，兵力强盛军士就勇敢，比喻强调只有胸襟博大开阔，才能包举贤士，广罗人才。下面仍继续设喻申述这个意思：泰山不拒绝任何土壤的堆积，所以能够成就它的大；河海不挑剔任何细小流水的汇入，所以能够成就它的深；统一天下的君王不排斥前来归附的民众，所以能够显示他的德行。泰山、河海两个比喻是陪衬，“王者不却众庶”才是本意。由于连类设喻，运用排比，显得很有力量。接着又深一层阐明此意：地不分东南西北，人才不论来自哪一个诸侯国，这就是五帝三王能够无敌于天下的原因。此处以古证今，强调应该不分地域，广揽人才。下文就落脚到说明逐客的危害。这里不但运用古今对比，还有敌我对比，提出两种做法、两种后果，以此说明逐客对敌人有利，对秦国的统一大业不利，论证鞭辟入里，雄辩有力。

最后一段收束全文，进一步说明逐客关系到秦国的安危。用两句话就总结了前面三段的意思：谈物的一半照应第二段，以见出“必秦国之所生然后可”这种态度的不对。谈人的一半照应第一段，以见出“非秦者去，为客者逐”的做法不当。最后的一句照应第三段，阐明逐客对秦国危害之所在，因从利害关系上立论，抓住了秦王的思想要害，所以极有说服力。这两句还和文章开头提出的总论点“窃以为过”相呼应，具有首尾相连，前后贯通之妙。

这篇文章在论证秦国驱逐客卿的错误和危害时，没有在逐客这个具体问题上就事论事，也没有涉及自己个人的进退出处，而是站在“跨海内，制诸侯”，完成统一天下大业的高度，来分析阐明逐客的利害得失，这反映了李斯的卓越识见，体现了他顺应历史潮流的进步政治主张和用人路线。文章所表现出的不分畛域，任人唯贤的思想，在今天也仍有一定的借鉴意义。

《谏逐客书》识高文亦高，它不仅思想可贵，而且辞采富赡，文思横溢，写作技巧十分出色。其主要特点是：第一，摆事实，设比喻，重铺叙，论辩有力，说理透辟。“事实胜于雄辩”，确凿的事实最具有说服力。文章第一段铺陈的一系列历史事实，在说明客卿一向对秦国有功这个问题上就起了很好的作用。比喻也是一种有效的修辞手段，此文在说明“物不产于秦，可宝者多”和“王者不却众庶”时都用了很多比喻，甚至可说文章的大部分就是由比喻组成的。正因为事实和比喻用得多，反复用，重铺叙，重渲染，不仅深入浅出、形象鲜明地说清了道理，而且增强了文章铺张扬厉的特色。第二，在结构上，既曲折多变，又严谨有序。这是一篇议论文，但并不显得呆板滞涩，枯燥无味，而是生动活泼，富有吸引力。除了善用比喻外，和文章写得有波澜、有起伏也相关。在论说秦王对物的态度时，几层的意思差不多，可是，一会儿顺说，一会儿倒说；一会儿正叙，一会儿反诘；或者略换几个字，或者稍变一下手法，真是跌宕生姿，极尽曲折变化之能事。另一方面此文论证逐客错误的中心思想十分突出，万变不离这个中心，在行文上还注意到前后呼应，一气贯通，所以全篇文章显得不枝不蔓，紧凑缜密。第三，多用排比句和对偶句，造成文章雄浑奔放的气势。文章气势充沛主要是由严密的逻辑、有力的论辩形成的，但是善用排偶句，并和散体句错杂出之，在语言形式上就富有整齐错落之美，在音节上又显得抑扬顿挫，铿锵响亮，给人以一种音乐的美感，这些使得此文更增强了滔滔不绝、雄放不羁的气势。《谏逐客书》开了散文辞赋化的风气之先，对后来汉代的散文和辞赋产生了一定的影响。（吴小林）

两 汉 文

过秦论（上）

贾　谊

秦孝公据崤函[①]之固，拥雍州[②]之地，君臣固守，以窥周室。有席卷天下、包举宇内、囊括四海之意，并吞八荒[③]之心。当是时也，商君佐之。内立法度，务耕织、修守战之具；外连衡而斗诸侯。于是秦人拱手而取西河之外。

孝公既没，惠文、武、昭，蒙故业，因遗策，南取汉中，西举巴、蜀，东割膏腴之地，收要害之郡。诸侯恐惧，会盟而谋弱秦。不爱[④]珍器重宝肥饶之地，以致天下之士，合从缔交，相与为一。当此之时，齐有孟尝，赵有平原，楚有春申，魏有信陵。此四君者，皆明智而忠信，宽厚而爱人，尊贤而重士，约从离横，兼韩、魏、燕、楚、齐、赵、宋、卫、中山之众。于是六国之士，有宁越、徐尚、苏秦、杜赫之属为之谋，齐明、周最、陈轸、召滑、楼缓、翟景、苏厉、乐毅之徒通其意，吴起、孙膑、带佗、倪良、王廖、田忌、廉颇、赵奢之伦制其兵。尝以十倍之地、百万之众，叩关而攻秦。秦人开关而延敌，九国之师逡巡遁逃而不敢进。秦无亡矢遗镞之费，而天下诸侯已困矣。于是从散约解，争割地而赂秦。秦有余力而制其弊，追亡逐北，伏尸百万，流血漂橹，因利乘便，宰割天下，分裂河山。强国请伏，弱国入朝。

施[⑤]及孝文王、庄襄王，享国之日浅，国家无事。及至始皇，奋六世之余烈，振长策而御宇内，吞二周而亡诸侯，履至尊而制六合[⑥]，执敲扑以鞭笞天下，威震四海。南取百越之地，以为桂林、象郡；百越之君，俯首系颈，委命下吏。乃使蒙恬北筑长城而守藩篱，却匈奴七百余里；胡人不敢南下而牧马，士不敢弯弓而报怨。于是废先王之道，燔百家之言，以愚黔首。隳名城，杀豪俊，收天下之兵聚之咸阳，销锋镝，铸以为金人十二，以弱天下之民。然后践华[⑦]为城，因河为池，据亿丈之城，临不测之溪以为固。良将劲弩，守要害之处；信臣精卒，陈利兵而谁何[8]！天下已定，始皇之心，自以为关中之固，金城千里，子孙帝王万世之业也。

始皇既没，余威振于殊俗。然而陈涉瓮牖绳枢之子，氓隶之人，而迁徙之徒也。材能不及中人，非有仲尼、墨翟之贤，陶朱、猗顿之富。蹑足行伍之间，俛起阡陌之中，率疲散之卒，将数百之众，转而攻秦。斩木为兵，揭竿为旗，天下云集而响应，赢粮[9]而景从，山东豪俊，遂并起而亡秦族矣。

且夫天下非小弱[10]也，雍州之地，崤函之固自若也。陈涉之位，非尊于齐、楚、燕、赵、韩、魏、宋、卫、中山之君也；锄耰棘矜[11]，非铦于钩戟长铩也[12]；谪戍之众，非抗于九国之师也；深谋远虑，行军用兵之道，非及曩时之士也。然而成败异变，功业相反。试使山东之国与陈涉度长絜[13]大，比权量力，则不可同年而语矣。然秦以区区之地，致万乘之权，招八州而朝同列，百有余年矣。然后以六合为家，崤函为宫。一夫作难而七庙[14]隳，身死人手，为天下笑者，何也？仁义不施，而攻守之势异也。

注 ① 崤（xiáo）函：崤山与函谷关。崤山在今河南洛宁北，函谷关为秦之东关，在今河南灵宝县南。 ② 雍州：古九州之一。《尔雅·释地》："河西曰雍州。" ③ 八荒：八方荒远之地。 ④ 爱：吝惜。 ⑤ 施（yì）：延续。 ⑥ 六合：上下四方。 ⑦ 华：华山。 ⑧ 谁何：稽察诘问。 ⑨ 赢粮：担负着粮食。 ⑩ 非小弱：犹言"大弱"。《战国策·西周策》："秦不大弱，而处之三晋之西，三晋必重齐。"可证大小可作"弱"之状语。参见《南京师院学报》社会科学版 1980 年 4 期周本淳《"天下非小弱"解》。 ⑪ 耰（yōu）：古农具，木制用于碎土平田。矜：长矛柄。 ⑫ 铦（xiān）：锋利。铩（shā）：一种矛类长兵器。 ⑬ 絜（xié）：用绳围量。 ⑭ 七庙：古宗法制定帝王设七庙供奉祖先。《礼记·王制》："三昭三穆，与太祖之庙而七。"

贾谊有《新书》五十八篇，《过秦》列在第一，分上、中、下三篇。此选上篇。《新书》上没有"论"字，《文选》加上"论"字，后来选这篇文章都称《过秦论》。这是一篇极有名的论文，《史记·始皇本纪》全引它作为对秦的评论，《陈涉世家》后面褚先生又引了这一篇。《昭明文选》选了它，清代桐城姚鼐《古文辞类纂》还把这篇作为压卷。本文录自《文选》，少数文字参照《史记》。所谓“过秦”，就是论秦的过失，这是为了给汉朝提供历史的鉴戒而写的。

全文分为五段。第一段写秦孝公为秦统一天下打下的基础。先写地势，次写野心，然后突出“商君佐之”的改革措施。先写内政，再写外交策略，是使诸侯互相斗，这主要指让韩、赵、魏不和。“于是秦人拱手而取西河之外”，总结效果，达到扩充地盘的目的。“拱手”二字值得玩味，强调政策的效果。西河，魏郡名，辖境相当于今陕西华阴以北，黄龙以南，洛河以东，黄河以西地区，原来是魏的地盘。这段文章除了层次分明外，还用排比来增强气势，如“席卷”“包举”“囊括”“并吞”，实际上只用其中一个也够了，但那样气势就大为减弱。

第二段分三层。到“收要害之郡”为一层，叙孝公变法之后，秦国嗣君的继续扩张。这里“蒙故业”指根据原来的基础，这和上一段雍州、崤函、西河等呼应；“因遗策”，指继续商君制定的内政外交策略，也和上文相呼应；然后写其领土大扩张的情况。“收”字前，《新书》有“北”字，《史记》没有，符合当时的领土实际，所以本文从《史记》。这一层写孝公之后，秦的继续强大，也用排比的句式增强气势。自“诸侯恐惧”到“而天下诸侯已困矣”，为第二层，写诸侯方面。先是“恐惧”，然后想对策“会盟而谋弱秦”，这是和上一段“外连衡而斗诸侯”（“斗”是使动用法，意为“使诸侯斗”）针锋相对的。这一句是总提，然后补充几句总的措施：不惜一切，招揽人才，合纵缔交，结为一体。战国时有两种对立的外交策略，一条是连横，指诸侯分别和秦结交，秦可以远交近攻，各个击破；一条叫合纵（“合从”即“合纵”）指东方诸侯结成一体，共同对付秦国的扩张政策。这是诸侯恐惧后采取“弱秦”的战略。然后分写有四公子那样弱秦的贤相，有九个国家众多的弱秦的士兵，有那样一批弱秦的谋士制定弱秦之计，有那么多高明的外交人才互通声气，申明弱秦之约，有那么多军事家练弱秦之军。这是上文“以致天下之士”的效果。按理该可以和秦较量一番了。妙在把九国的声势写得那样不可一世，等到以绝对优势的数量“叩关而攻秦”时，却不战而败。“叩关”，《新书》作“仰关”，“仰”字从地形说，秦在上游，九国在下面，所以用“仰”字。但“叩”字更形象。秦人的关门是闭的，诸侯之师来叩门了。下面“开关延敌”和“叩”字呼应紧密。“延”是请其入关，表现秦人对自身武力的有恃无恐。而“九国之师”本来是“叩关而攻秦”，这时却“逡巡遁逃而不敢进”，这表明秦国的威势，诸侯之师的胆怯。“逡巡”指徘徊迟疑，“遁逃”是进一步的发展。这样劳师动众却以逃跑为结果，所以秦国没有一个箭头的耗费而“天下诸侯已困矣”。这里写诸侯，实际也在陪衬秦国的强盛。“于是”以下为第三层，写从此以后诸侯的狼狈，秦的进一步强大。“从散约解”针对上文的“合从缔交，相与为一”。“争割地而赂秦”，“争”字写得非常形象。这是写诸侯的“弱秦”变成“弱己”。下面就写秦进一步侵略诸侯，然后诸侯“强国请伏，弱国入朝”，不战而服了。这一段也是用排比的句法对比地写出秦的进一步强大，为始皇的统一打下基础。

第三段写秦始皇统一天下，不可一世的气焰。“施及孝文王、庄襄王，享国之日浅，国家无事”这几句是过渡性的，也有人把这几句属上一段末。“及至始皇”起写秦始皇的武功和政策上的错误；到“士不敢弯弓而报怨”写秦始皇声威的煊赫。“奋六世之余烈”是承上文，表明几代强盛的雄厚基础。然后用四个排句写统一天下，再用“威振四海”作一小结。以上写对汉族固有地区的统治，下面写向南北两方的发展。“百越之君”本来是一国之长，现在却“俯首系颈”，把命运交给秦国委派的下级官吏去摆布。北方从战国起，匈奴一直为边患，现在却被驱逐，退却了七百多里。“胡人不敢南下而牧马”，指对外的声威；“士不敢弯弓而报怨”，指内部的威慑。（弯弓报怨有二解，一指六国之士不敢向秦报怨，一指秦法禁私斗，六国之士都战战兢兢，唯恐触犯法律。第二种说法意思较深刻。）这一部分把始皇的成功写到顶点。“于是”以下写始皇统一后的错误政策，“过秦”从此开始。统一以后的政策是愚民和弱民。“废先王之道，燔百家之言”以愚民，隳名城，杀豪俊，销兵器以弱民。因为毁掉六国的名城，使无反抗的地利；杀掉豪俊，使无组织领导反抗的人才；销毁兵器，使老百姓想反抗也无武器。这是对六国之民的统治办法。另一方面对秦国本身继续加固险要的地形，加强精锐的武装力量的防守。“陈利兵而谁何”，“何”通“呵”，呵问经过的人为谁，指严格盘查行人，防止出问题。这一段也写得酣畅淋漓。“天下已定”总结上文，“始皇之心，自以为关中之固，金城千里，子孙帝王万世之业也”。“自以为”三字讽刺始皇的妄想，因为“愚民”“弱民”和一味镇压的政策，在贾谊看来非失败不可。

“始皇既没，余威震于殊俗”，这两句也是过渡性的，是为了反衬陈涉起义。写始皇的余威，说明秦的灭亡不是没有武力权威的问题，而另有原因。接着用“然而”一转，写秦朝在陈涉起义军的打击下，迅速灭亡。这一段极写陈涉的出身微贱，才能平庸，毫无力量，“蹑足行伍之间，俛起阡陌之中”。“阡陌”指田间道路，这里指田亩，陈涉曾为人佣耕（“阡陌”也有本子作“什伯”，和“行伍”义重，故不取）。写陈涉“率疲散之卒，将数百之众”，“斩木为兵，揭竿为旗”，这哪里能算一支武装力量？但他却顺应天下反秦的愿望：“天下云集而响应，赢粮而景从”。于是秦国便彻底覆亡，“山东豪俊，遂并起而亡秦族矣”。这一段和第二段是鲜明的对比，极写陈涉的平庸，说明秦之亡咎由自取。

最后一段为全文的高潮和结束。作者采用对比的形势来说明问题。秦始皇以为只要能使六国之民弱而秦强，就会传之万世。这里说明天下确实是大弱了，而不止是小弱，而秦国的山河“雍州之地，崤函之固”还和原先一样。这一句和篇首遥相呼应。这是一个对比。再拿陈涉和第二段所写的内容做对比，地位、武器、士众、军事谋略，无论哪一方面都不能相比。作者一律用“非……于”的句式，表示退一万步陈涉也不能比当时诸侯强。接着用“然而”一转，“成败异变，功业相反”，成为两种完全不同的结局，这是为什么？“何也”，《新书》没有“何”字，不如有“何”字一问再煞住，更有气势，更启人思考。“试使”一句把陈涉与六国作一判断，“不可同年而语”，说秦之亡不是亡于对手的强大。“然秦以区区之地”起，把秦的兴亡史用极简练的笔墨作一总结。所谓“百有余年”，指第一、二段写的始皇以前秦的兴盛。“然后以六合为家，崤函为宫”，写气势到了顶点。“一夫作难而七庙隳，身死人手，为天下笑”几句话急转直下，笔力千钧，写其灭亡之迅速。“何也”再一问，“仁义不施，而攻守之势异也”一答，点明中心思想。“仁义不施”是对第三段“于是废先王之道”那些话说的。“攻守之势异”是表明前面的成功和后面的失败是形势使然。贾谊的观点，认为取天下是可以凭武力，而守天下却必须靠仁义，就是说用正确的政策维系人心，一味镇压是不可能持久的。这实际上是要汉文帝记取这个历史教训，谋求长治久安之道。

这篇文章不过一千多字，却总结了秦王朝的兴亡史及其历史教训。他采取大肆渲染的方法，能加深印象。对于秦的兴盛，他重点写孝公和始皇，而用六国做对衬；对秦的灭亡，他重点写陈涉的平庸以六国作对照，而得到秦亡于“仁义不施”这个论断。这在战国之后，竞尚武力，而贾谊能看出这一点，说明他思想中的进步性，是超出当时一般人的。贾谊是辞赋家，这篇文章大量的排比，笔酣墨饱，实际使用的是辞赋的手法。特别是第二段从四公子和那些所谓天下之士，如果认真查考一下时代，有些人相去有好几十年甚至上百年。如果是历史学家，这样写是不足为训的；但辞赋家却容许以如此集中、夸张的方式来取得打动读者的效果。这是应该注意的。这篇文章的结构，金圣叹在《天下才子必读书》本篇题解说："《过秦论》者，论秦之过也。秦过只是末句'仁义不施'一语便断尽。此通篇文字，只看得中间'然而'二字一转。未转之前，重叠只是论秦如此之强；既转之后，重叠只是论陈涉如此之微。通篇只得二句文字：一句只是以秦如此之强；一句只是以陈涉如此之微。至于前半有说六国时，此只是反衬秦；后半有说秦时，此只是反衬陈涉。最是疏奇之笔。"这段话能够抓住本篇的纲领，很值得玩味。（周本淳）

论贵粟疏　　晁错

圣王在上，而民不冻饥者，非能耕而食之，织而衣之也，为开其资财之道也。故尧、禹有九年之水[①]，汤有七年之旱[②]，而国亡捐瘠者[③]，以畜积多而备先具也。今海内为一，土地人民之众不避[④]汤、禹，加以亡天灾数年之水旱，而畜积未及者，何也？地有遗利，民有余力，生谷之土未尽垦，山泽之利未尽出也，游食之民未尽归农也。

民贫，则奸邪生。贫生于不足，不足生于不农，不农则不地著[⑤]，不地著则离乡轻家，民如鸟兽，虽有高城深池，严法重刑，犹不能禁也。夫寒之于衣，不待轻暖[⑥]；饥之于食，不待甘旨[⑦]；饥寒至身，不顾廉耻。人情一日不再食则饥，终岁不制衣则寒。夫腹饥不得食，肤寒不得衣，虽慈母不能保其子，君安能以有其民哉？明主知其然也，故务民于农桑[⑧]，薄赋敛，广畜积，以实仓廪，备水旱，故民可得而有也。

民者，在上[⑨]所以牧之，趋利如水走下，四方亡择也。夫珠玉金银，饥不可食，寒不可衣；然而众贵之者，以上用之故也。其为物轻微易臧[⑩]，在于把握，可以周海内而亡饥寒之患。此令臣轻背其主，而民易去其乡，盗贼有所劝[11]，亡逃者得轻资也[12]。粟米布帛生于地，长于时，聚于力，非可一日成也。数石之重，中人弗胜[13]，不为奸邪所利；一日弗得而饥寒至。是故明君贵五谷而贱金玉。

今农夫五口之家，其服役[14]者不下二人，其能耕者不过百亩。百亩之收，不过百石[15]。春耕夏耘，秋获冬藏，伐薪樵，治官府，给徭役；春不得避风尘，夏不得避暑热，秋不得避阴雨，冬不得避寒冻，四时之间，亡日休息。又私自送往迎来，吊死问疾，养孤长幼在其中。勤苦如此，尚复被水旱之灾，急政暴赋，赋敛不时，朝令而暮改。当具，有者半贾而卖，亡者取倍称之息[16]；于是有卖田宅、鬻子孙以偿责[17]者矣。而商贾大者积贮倍息，小者坐列贩卖，操其奇赢[18]，日游都市，乘上之急[19]，所卖必倍[20]。故其男不耕耘，女不蚕织，衣必文采，食必粱肉；亡农夫之苦，有仟伯[21]之得。因其富厚，交通王侯，力过吏势，以利相倾[22]；千里游敖[23]，冠盖相望[24]，乘坚策肥[25]，履丝曳缟[26]。此商人所以兼并农人，农人所以流亡者也。今法律贱商人，商人已富贵矣；尊农夫，农夫已贫贱矣。故俗之所贵，主之所贱也；吏之所卑，法之所尊也[27]。上下相反，好恶乖迕，而欲国富法立，不可得也。

方今之务，莫若使民务农而已矣。欲民务农，在于贵粟。贵粟之道，在于使民以粟为赏罚。今募天下入粟县官[28]，得以拜爵，得以除罪。如此，富人有爵，农民有钱，粟有所渫[29]。夫能入粟以受爵，皆有余者也。取于有余，以供上用，则贫民之赋可损，所谓损有余，补不足，令出而民利者也。顺于民心，所补者三：一曰主用足，二曰民赋少，三曰劝农功[30]。今令："民有车骑马一匹者[31]，复卒三人[32]。"车骑者，天下武备也，故为复卒。神农之教曰："有石城十仞，汤池百步，带甲百万，而亡粟，弗能守也。"以是观之，粟者，王者大用[33]，政之本务。令民入粟受爵，至五大夫[34]以上，乃复一人耳[35]，此其与骑马之功相去远矣[36]。爵者，上之所擅[37]，出于口而亡穷；粟者，民之所种，生于地而不乏。夫得高爵与免罪，人之所甚欲也。使天下人入粟于边，以受爵免罪，不过三岁，塞下之粟必多矣。

注 ①"故尧、禹"句：《尚书·尧典》《史记·夏本纪》俱载尧时洪水滔天事。据载，尧用鲧治水，九年而不成，继由禹治理，故以尧、禹并称。 ②"汤有"

句：据《说苑·君道》："汤之时，大旱七年，雒坼川竭，煎沙烂石，于是使人持三足鼎祝山川。" ③ 亡（wú）：通"无"，下同。捐：遗弃。瘠（zì）：通"胔（zī）"，未腐烂的尸体。 ④ 不避：不让，不次于。 ⑤ 地著（zhuó）：即土著，指定居在一地。 ⑥ 轻暖：指以裘皮或丝绵制作的衣服。 ⑦ 甘旨：指精美的食物。 ⑧ 务民于农桑：使百姓尽力于种田和养蚕。 ⑨ 上：指人君。 ⑩ 臧：通"藏"。 ⑪ 劝：鼓励。 ⑫ 亡逃：因犯法而逃亡。轻资：带着轻便的东西。 ⑬ 中人弗胜：中等体力的人不能胜任，指拿不动。 ⑭ 服役：从事于官府的劳役。 ⑮ 石：即"斛"。据《汉书·律历志》载，汉代量器"合龠为合，十合为升，十升为斗，十斗为斛"。 ⑯"当具"三句：谓该当交纳赋税时，有粮的人不得不以半价贱卖，无粮的人不得不以加倍的利息以求借贷，买粮以应征。 ⑰ 责：通"债"。 ⑱ 操其奇赢：牟取暴利。 ⑲ 乘上之急：趁君主迫切需要之时。 ⑳ 所卖必倍：所卖出的价钱必定成倍提高。 ㉑ 仟伯：同"阡陌"，田间道路，此指土地。 ㉒ 倾：压倒，凌驾于其上。 ㉓ 敖：通"遨"。 ㉔ 冠盖相望：指商人一路上前后不绝。冠盖，原指仕宦者的官服和车盖，此处指商人。 ㉕ 乘坚：乘坐坚固的车辆。策肥：骑着肥壮的马。 ㉖ 履丝：穿着丝织的鞋。曳缟：拖着精细的丝织白绢衣服，古代衣裾长而拖地，故云。 ㉗"故俗之所贵"四句：谓一般人所尊敬的，正是国君所轻贱的商人，而官吏所鄙视的，却是法律所尊重的农民。 ㉘ 募：号令。入粟县官：将粮食缴纳给国家。汉以"县官"作为皇帝的代称，通指政府。 ㉙ 渫（xiè）：分散。 ㉚ 劝农功：鼓励人从事农业生产。 ㉛ 今令：现行法令。车骑马：能驾战车的马。 ㉜ 复卒三人：免除三个人的兵役。 ㉝ 王者大用：治理天下最为需要之物。 ㉞ 五大夫：爵号，汉代侯以下分二十级，五大夫为第九等。 ㉟ 乃复一人：才免除一人的兵役。 ㊱ 骑马之功：指出车骑之功。 ㊲ 擅：专有。

《论贵粟疏》是晁错上给汉文帝的奏疏，也是西汉著名的政论文。

秦末农民大起义推翻了暴虐的秦朝，但继之以长达五年的楚汉战争，使农业生产遭到严重破坏，农民或死于战乱，或流离他乡。面对着民生凋敝的局面，汉高祖刘邦采取了罢兵归家、予以田宅、招纳流亡、抑制商人、轻徭薄赋的政策，使农业生产得以逐渐恢复。此后，惠帝、吕后亦承袭黄老"无为而治"的思想，农业继续发展，人民衣食渐得滋殖。文帝刘恒即位后，仍奉行"与民休息"的方针，重视农桑，他曾下诏令全免田租，使自耕农得以迅速发展。但是，文帝长期实行减免田租赋税的政策，得益更多的是地主；与此同时，放松了山泽之禁，促进了商品流通，商人势力迅速加强。农业发展使粮价骤降，商业兴盛更令谷贱伤农，农民遭受侵蚀兼并之害，被迫卖田鬻子，相继破产流亡。

一方面是农业生产受到威胁，阶级矛盾渐趋激化，另一方面则是民族矛盾也很尖锐。自古以来，北方游牧民族就频繁地南侵搔扰，秦汉时期更成为主要边患。秦始皇以构筑长城御敌，汉高祖转以“和亲”及开放关市来缓和侵扰。汉文帝沿用祖法，和亲之外，另厚加馈赠，但匈奴仍不断入塞侵犯，劫掠人畜，毁坏禾稼，甚至游骑逼近长安，直接威胁到首都的安全。

面对这样的形势，晁错深感殷鉴未远，忧心如焚，遂从“复言守边备塞，劝农力本当世急务二事”（《汉书·晁错传》）的战略思想出发，继贾谊上《论积贮疏》后，再向文帝上疏。班固在《汉书》中将此疏分为两部分：“守边备塞”部分编入晁错本传，“劝农力本”部分载入《汉书·食货志》，后人将《食货志》中的这一部分抽出，加上《论贵粟疏》的题目。尽管一疏二分，割裂了晁错的整体见解，但仍可见“贵粟”与“守边”的必然联系，仍可见他对现实政治、经济、军事问题的真知灼见。

作为奏疏，既要充分陈述政见，又要考虑在指摘时弊同时不要冒犯皇帝，使皇帝能采纳意见。晁错从尊古意识出发，以古代的圣王业绩比照现实，正面提出重农贵粟之道。他指出，“尧、禹有九年之水，汤有七年之旱，而国亡捐瘠”，而“今海内为一，土地人民之众不避汤、禹，加以亡天灾数年之水旱，而畜积未及”，原因何在呢？除“地有遗利”未尽其用外，更在于“民有余力”，“游食之民未尽归农也”。晁错就“民贫，则奸邪生”作了逻辑严密的深入发掘，论述了不重农就不能保民的道理，从重农出发，正面提出“务民于农桑，薄赋敛，广畜积，以实仓廪，备水旱”的政策、方针。

在将历史与现实相对照，得出“贵粟”的结论，并阐述保民之理，正面提出重农的政策后，晁错又具体分析了“趋利”是民不归农的原因。尤其值得称道的是：晁错的所见所论并不是我国固有的重农思想的泛泛之谈，而是具有极强的针对性。据载，农业发展使粮价大跌，文帝初年每石粟“至十余钱”（《史记·律书》），商人竞相囤积居奇；与此同时，贱五谷而贵金玉成为时尚，危及“以食为天”的根本。汉高祖奉行“重租税以困辱”商人（《史记·平准书》）的政策，而现今的社会却是：“今法律贱商人，商人已富贵矣；尊农夫，农夫已贫贱矣。”晁错认为，由于商业发展带来了本末倒置的新问题，欲使国富法立，“方今之世，莫若使民务农而已矣”。并用“剥笋法”层层深入地指出：“欲民务农，在于贵粟。贵粟之道，在于使民以粟为赏罚。”在抓住了“贵粟”的关键后，他又提出了入粟于官、拜爵除罪等一系列具体措施。在晁错看来，这是“损有余、补不足，令出而民利”的好事：商人以囤积之粟输之国而受“出于口而亡穷”之爵，致使国库充足，粟贱伤农的情况可得以缓和，贫民的赋税亦可减少。由于“贵粟”的刺激，又必然使农民乐于耕种，以入粟于边使塞下足粮，这样，就能巩固国防，有效阻止匈奴南侵。

总之，贵粟使民务农，入粟以抑商固本，这对缓和阶级矛盾、改善农民处境无疑是有积极意义的；同时，入粟于边则可解决边防戍卒的粮食供给及运输耗费问题。由于“贵粟”与政治、经济、边防等国计民生大事相关，此疏得到汉文帝的重视，并采纳了以粟买爵的建议。《论贵粟疏》对于解决当时的粮食问题，促进农业生产发展，巩固政权，并造就著名的“文景之治”，确实起过较大的作用。

晁错上疏的目的虽是为了巩固封建统治，但仍然难掩其关怀农民疾苦的真诚态度。他真实描绘了农民所受的徭役、耕种之苦，水旱、暴政之虐，以及卖田宅、鬻子孙偿债的惨状，并以商贾不事耕织，却获利丰厚、衣锦食肉、乘坚策肥、权倾官吏的情况相对照。即使他以维护封建王朝的利益为根本，但这种正视现实的精神和关怀民瘼的态度，也不能不是作者改革政治的重要动因。

当然，由于时代和阶级的局限，作者以“贵粟”为核心的一整套办法，终究难以成为一蹴而就，使国家、商人、农民三方得益的“永动机”。“富人有爵，农民有钱，粟有所渫”的一举三得无法均衡实现，粟渫塞下不难，富人有爵甚易，但农民有钱只能是空话。如果说“入粟拜爵”是为了实现充实国库的目的，那么实施这一办法的结果非但未能抑制商人，反而导致了商人政治地位的提高，这也是晁错所始料未及的。以“贵粟”劝农力本、加强边备这两大目标可暂时达到，阶级矛盾可得缓和，却无法消除。号称“智囊”的晁错开示的“医国”药方，未能治好封建王朝的痼疾，却酿成了自身的悲剧，他终于因建议“削藩”遭“清君侧”而被诛。这实在足可使人掩卷浩叹！

晁错是政治家，他指斥时弊，直抒政见，本无意为文，然而《论贵粟疏》仍有较高的艺术性。首先，作为政论文，它具有立论精辟、论述严密的特点。文中一开始，就以“为开其资财之道”立论，然后承此论点，将“今世”对照禹汤之世，指出现在“畜积未及”的根本原因在于“不农”，继而论述不农之害和重农保民之理，再转入明君应贵粟贱金之论。“开资财之道”有本末之辨，文章转而论述事“本”之农与事“末”之商，比较二者的苦乐，使重农抑商之意自显，在貌似旁涉之际加深了对“开资财之道”的理解。文章最后作了使民务农、务农在贵粟、贵粟在以粟为赏罚的论述，与“开资财之道”一意相承，论述层层深入，具体而又严密。结构也于严整中寓变化，不流于沉滞平板。其次，《论贵粟疏》为增强其论辩、说服力量，不是平实地就事论事，而是善作古今比况，综言利弊得失，在正反相较中显得有血有肉，文章风格流畅矫健。文中在古今相较之后，指出不农而导致畜积未及，然后通过先逆写、再顺写不农之害，论以重农保民，尤其是农民与商人的形象对比，更见重农抑商的重要。文中用珠玉金银与粟米布帛的对照，以明“贵五谷而贱金玉”之理，用农夫与商人的对照，以明贵贱逆转之理，都写得生动透辟。再次，文章使用了排比手法，且排比与对照、反衬结合，语言虽朴实无华，却不乏激切深刻的感情和汪洋恣肆的气势，这一特点在写农商对照中表现得尤为突出。（邓乔彬）

答客难

东方朔

客难[①]东方朔曰：“苏秦、张仪壹当万乘之主[②]，而身都[③]卿相之位，泽及后世。今子大夫[④]修先王之术，慕圣人之义，讽诵《诗》《书》，百家之言，不可胜记，著于竹帛，唇腐齿落，服膺而不可释[⑤]。好学乐道之效，明白甚矣。自以为智能海内无双，则可谓博闻辩智矣，然悉力尽忠，以事圣帝，旷日持久，积数十年，官不过侍郎，位不过执戟[⑥]。意者尚有遗行邪[⑦]？同胞之徒[⑧]，无所容居，其故何也？”

东方先生[⑨]喟然长息，仰而应之曰：

“是故[⑩]非子之所能备。彼一时也，此一时也，岂可同哉？夫苏秦、张仪之时，周室大坏，诸侯不朝，力政争权，相擒以兵，并为十二国，未有雌雄，得士者强，失士者亡，故说得行焉[⑪]。身处尊位，珍宝充内，外有仓廪，泽及后世，子孙长享。今则不然。圣帝德流，天下震慑[⑫]，诸侯宾服。连四海之外以为带，安于覆盂。天下平均，合为一家。动发[⑬]举事，犹运之掌。贤与不肖何以异哉？遵天之道，顺地之理，物无不得其所。故绥之则安，动[⑭]之则苦；尊之则为将，卑之则为虏；抗[15]之则在青云之上，抑之则在深渊之下，用之则为虎，不用则为鼠[16]。虽欲尽节效情，安知前后[17]？夫天地之大，士民之众，竭精驰说，并进辐凑者不可胜数。悉力慕之[18]，困于衣食，或失门户[19]。使苏秦、张仪与仆并生于今之世，曾不得掌故[20]，安敢望侍郎乎？传曰[21]：'天下无害，虽有圣人，无所施才；上下和同，虽有贤者，无所立功。'故曰时异事异。

"虽然，安可以不务修身乎哉？《诗》曰：'鼓钟于宫，声闻于外[22]。''鹤鸣九皋，声闻于天[23]。'苟能修身，何患不荣？太公体行仁义，七十有二，乃设用于文、武，得信厥说；封于齐，七百岁而不绝[24]。此士所以日夜孳孳[25]，修学敏行而不敢怠也。譬若鹡鸰[26]，飞且鸣矣。传曰：'天不为人之恶寒而辍其冬，地不为人之恶险而辍其广，君子不为小人之匈匈而易其行。天有常度，地有常形，君子有常行。君子道其常，小人计其功。《诗》云："礼义之不愆，何恤人之言[27]？"''水至清则无鱼，人至察则无徒。冕而前旒，所以蔽明；黈纩充耳，所以塞聪[28]。'明有所不见，聪有所不闻。举大德，赦小过，无求备[29]于一人之义也。'枉而直之，使自得之；优而柔之，使自求之；揆而度之，使自索之[30]。'盖圣人之教化如此，欲其自得之。自得之，则敏且广矣。

"今世之处士[31]，时虽不用，块然[32]无徒，廓然[33]独居，上观许由[34]，下察接舆[35]，计同范蠡[36]，忠合子胥[37]，天下和平，与义相扶。寡偶少徒，固其宜也。子何疑于予哉？若夫燕之用乐毅[38]，秦之任李斯[39]，郦食其[40]之下齐，说行如流，曲从如环；所欲必得，功若丘山，海内定，国家安，是遇其时者也。子又何怪之邪？

"语曰：'以管窥天，以蠡测海，以筳[41]撞钟，岂能通其条贯，考其文理，发其音声哉？'犹是观之[42]，譬由鼱鼩之袭狗，孤豚之咋虎[43]，至则靡耳[44]，何功之有？今以下愚而非处士，虽欲勿困，固不得已。此适足以明其不知权变[45]，而终惑于大道也。"

注 ① 难（nàn）：诘问。 ② 苏秦、张仪：都是战国时代的纵横家。纵横家讲合纵、连横之术。合纵即联合六国以抗秦，连横即六国联合以事秦。苏秦、张仪凭借三寸不烂之舌，游说于七国君主之间，以博取荣华富贵。壹：同"一"。当：遇上。 ③ 都：居。 ④ 子大夫：犹“大夫先生”，指东方朔。子是古代对男子的敬称。大夫，东方朔所任官职太中大夫的简称。 ⑤ 服膺：记在心里。释：放下。这里指忘怀。 ⑥“官不”二句：侍郎，侍从在皇帝左右的郎官。戟是一种兵器，秦汉时代的中郎、侍郎、郎中等郎官都要执戟侍从宿卫宫门，故郎官亦称执戟。这里是形容东方朔官位低微。 ⑦ 意者：想来，料想。遗行：过失，不检点的行为。 ⑧ 同胞之徒：亲兄弟们。 ⑨ 东方先生：东方朔自称。 ⑩ 故：同“固”，原本，本来。 ⑪ 力政：同“力征”，大肆征战。相擒以兵：指以武力互相兼并。十二国：指鲁、卫、齐、宋、楚、郑、燕、赵、韩、魏、秦、中山。未有雌雄：未分强弱。 ⑫ 震慑（zhé）：震惊畏惧。 ⑬ 动发：举动，发动。 ⑭ 动：劳动，这里有驱使、役使之意。 ⑮ 抗：举。 ⑯“用之”二句：虎，比喻有权有势、令人敬畏的人。鼠，比喻卑微可怜、无权势的人。 ⑰ 前后：这里作动词，意为“进退”。 ⑱ 之：指天子的恩德。 ⑲ 失门户：丧失家庭，指被杀戮。 ⑳ 掌故：汉代掌管礼乐制度等的故事（管档案、查事例）的小官，级别很低。 ㉑ 传曰：凡引用古书上的话都可以泛称为“传曰”。以下所引数句出处不详。 ㉒“鼓钟”二句：出自《诗经·小雅·白华》。 ㉓“鹤鸣”二句：出自《诗经·小雅·鹤鸣》。 ㉔“太公”六句：太公，本姓姜，从其封姓吕，名尚，字子牙。传说他垂钓于渭水之滨，为出猎到此的周文王所遇，与语大悦，同载而归，尊之为师。当时他已七十二岁。文王死，武王立，又重用吕尚，终于灭商，建立了周朝。体行，身体力行。设用，大用。文、武，指周文王、周武王。信，同“申”，这里意为实践施行。七百岁而不绝，自太公封于齐到田和篡齐，大约七百年。 ㉕ 孳（zī）孳：勤勉貌。 ㉖ 鹡鸰（jí líng）：鸟名。这种鸟飞则鸣叫。 ㉗“传曰”以下所引数句见《荀子·天论篇》。原文作：“天不为人之恶寒也辍冬，地不为人之恶辽远也辍广，君子不为小人之匈匈也辍行。天有常道矣，地有常数矣，君子有常体矣。君子道其常而小人计其功。《诗》曰：‘礼义之不愆，何恤人之言兮？’此之谓也。”匈匈，同“汹汹”，争辩吵闹的声音。“礼义”二句：未被采入《诗经》，是逸诗。愆（qiān），过错，失误。恤，忧虑，担心。 ㉘“水至”六句：为孔子语，见《大戴礼记·子张问入官》。冕，古代帝王、诸侯、卿大夫所戴的礼帽。旒（liú），古代冕冠前后悬挂的珠串。明，指视力。黈（tǒu）纩（kuàng），黄色的丝绵。 ㉙ 无求备：不求全责备。 ㉚“枉而”六句：为孔子语，见《大戴礼记·子张问入官》。枉，弯曲。优而柔之，意为优厚宽和地对待他。揆而度之，意为仔细揣摸他的心理。 ㉛ 处士：有才德而隐居不仕的人，这里也包括像东方朔自己那样有德才而未得到重用的人。 ㉜ 块然：孤独貌。㉝ 廓然：空寂貌。 ㉞ 许由：尧时的一个隐士，尧让天下给他，他坚辞不受。㉟ 接舆：与孔子同时的隐士，曾唱歌讥笑孔子热衷于政治。 ㊱ 范蠡（lí）：春秋时越王勾践的谋臣，帮助勾践刻苦图强，兴越灭吴，功成后辞去官职，改名陶朱公，经商致富，漫游江湖以终。 ㊲ 子胥：伍员（yún），字子胥，春秋时吴国大夫，曾帮助阖闾刺杀吴王僚，夺取王位，振兴吴国，国势逐渐强大，不久又攻破楚国。吴王夫差时，他反对夫差答应越国求和，渐被疏远，终于被赐自尽。㊳ 乐毅：燕昭王的臣子，受燕昭王重用，曾大破齐国，攻下七十余城。 ㊴ 李斯：秦国丞相，曾辅佐秦始皇灭六国，统一天下。 ㊵ 郦食其（lì yì jī）：秦汉之际人，曾在秦末农民战争中为刘邦献计献策，楚汉战争中，又为刘邦游说齐王田广，田广因而放松了守备，被汉军攻下七十余城。 ㊶ 筳（tíng）：细竹枝。㊷ 犹是观之：由此看来。 ㊸“譬由”二句：譬由，譬犹，犹如。鼱鼩（jīng qú），地鼠，尾短体小。豚（tún），小猪。咋（zé），亦作“齰”，啃咬。鼱鼩袭狗、孤豚咋虎都是比喻以小犯大，以弱犯强，不自量力。 ㊹ 至则靡耳：碰到就只有倒下而已。一说靡通“糜”，溃烂之意。 ㊺ 权变：变通。

《答客难》属于对问体，虽未名之为赋，实际上却是赋的一种特殊格式。这种格式肇始于宋玉的《对楚王问》。《文心雕龙·杂文》云：“自《对问》以后，东方朔效而广之，名为《客难》。”它进一步吸取了战国游士说辞铺陈排比，在对答中说服别人的形式特点，内容上有较强的思辨色彩，风格上更多地沾染了汪洋恣肆的纵横家风。《答客难》以其形式上的创新，促使了一系列同类赋作的诞生，赋这一种新兴体式也因之更加繁荣起来了。

《文选》将宋玉的《对楚王问》作为对问的代表作，而以东方朔的这篇《答客难》为设论之首。实质上，二者同属对问体。刘勰在《文心雕龙·杂文》中指出，对问这一体式的特点，“乃发愤以表志，身挫凭乎道胜，时屯寄于情泰，莫不渊岳其心，麟凤其采，此立本之大要也”。《答客难》就较典型地体现了这些特点。

作者东方朔为人放荡诙谐，他胸怀大志，却得不到重用，沉沦下僚，心中郁抑，就写了这篇对问体赋，假设有客就此诘难，而加以辩驳，由此求得心理平衡和自我慰藉。在答辞中，东方朔以苏秦、张仪、乐毅、李斯等人为例，分析了这些人昔日功成名就而自己今天却郁郁不得志的原因，指出其根源在于是否“遇其时”，从而阐述了时异则事异，不能执古衡今的深刻道理；并强调无论在什么时世，处于何种境遇，君子都应该注意修身养性，不要斤斤计较功名得失，始终保持宁静自得的心态，只有不通权变、不明大道的人，才会提出此赋开头的那种问难。

在进行辩驳时，此赋展现了谨严的结构和清晰的层次。第一段是引子，客人开始发起问难。第二段以下为东方朔的答辩。第三段阐述时异则事异，此一时，彼一时的道理，而以古与今的对照，突出时世的不同。第四段则重点突出古和今的相同点，即不管何时何地，都必须注意勤勉修身，不可稍有懈怠。在论辩方式上，则以多次引证经典语录从而加强说服力为特点。第五段进一步指出，士之用与不用，根本在于时之遇与不遇。

这在很大程度上取决于社会历史发展的态势，大可不必为此大惊小怪。第六段则反唇相讥，嘲笑客的非难不仅毫无道理，而且恰恰表现出其不明事理，目光短浅，与答辩开头“东方先生喟然长息，仰而应之”一句相照应，明确表达了作者对“客难”的讥嘲和鄙夷的态度。这些无疑是为我们了解那个时代知识分子的境遇和心态提供了生动的材料。

这篇赋气势酣畅，风格雄辩畅达，显然受了战国游士说辞的影响。文中的铺陈排比，蝉联而下，尤易造成理直气壮的声势。除了对照、引证等修辞手法外，作者还善于使用对偶和设喻。第三段实际上是由古与今、彼与此两大对比构成，大量对偶句则包含了许多句式上的对比，如“绥之则安，动之则苦；尊之则为将，卑之则为虏；抗之则在青云之上，抑之则在深渊之下，用之则为虎，不用则为鼠”等。这些句式和语气都具有典型的战国游士说辞的色彩。至于设喻，则“用之则为虎，不用则为鼠”，“譬由鼱鼩之袭狗，孤豚之咋虎”，“说行如流，曲从如环”等，都是新奇而贴切的。

在东方朔之后，东汉扬雄《解嘲》、班固《答宾戏》，三国陈琳《应讥》，西晋庾敳《客咨》，东晋郭璞《客傲》，乃至唐代韩愈《进学解》等，都是祖述东方朔的《答客难》，即此可见这篇赋的血脉绵延多么长远。（程千帆　程章灿）

管晏列传

司马迁

管仲夷吾者，颍上人也[①]。少时常与鲍叔牙[②]游，鲍叔知其贤。管仲贫困，常欺鲍叔，鲍叔终善遇之，不以为言。已而鲍叔事齐公子小白，管仲事公子纠[③]。及小白立为桓公，公子纠死，管仲囚焉。鲍叔遂进管仲[④]。管仲既用，任政于齐，齐桓公以霸，九合诸侯，一匡天下，管仲之谋也。

管仲曰：“吾始困时，尝与鲍叔贾，分财利多自与，鲍叔不以我为贪，知我贫也。吾尝为鲍叔谋事而更穷困，鲍叔不以我为愚，知时有利不利也。吾尝三仕三见逐于君，鲍叔不以我为不肖[⑤]，知我不遭时也。吾尝三战三走，鲍叔不以我为怯，知我有老母也。公子纠败，召忽死之，吾幽囚受辱，鲍叔不以我为无耻，知我不羞小节而耻功名不显于天下也。生我者父母，知我者鲍子也。”鲍叔既进管仲，以身下之。子孙世禄于齐，有封邑者十余世，常为名大夫。天下不多[⑥]管仲之贤而多鲍叔能知人也。

管仲既任政相齐，以区区之齐在海滨，通货积财，富国强兵，与俗同好恶。故其称[⑦]曰：“仓廪实而知礼节，衣食足而知荣辱，上服度[⑧]则六亲固。”“四维[⑨]不张，国乃灭亡。”“下令如流水之原，令顺民心。”故论卑而易行。俗之所欲，因而予之；俗之所否，因而去之。其为政也，善因祸而为福，转败而为功。贵轻重，慎权衡。桓公实怒少姬，南袭蔡[⑩]，管仲因而伐楚，责包茅不入贡于周室[⑪]。桓公实北伐山戎，而管仲因而令燕修召公之政[⑫]。于柯之会，桓公欲背曹沫之约，管仲因而信之，诸侯由是归齐[⑬]。故曰：“知与之为取，政之宝也[⑭]。”管仲富拟于公室，有三归[⑮]，反坫[⑯]，齐人不以为侈。管仲卒，齐国遵其政，常强于诸侯。后百余年而有晏子焉。

晏平仲婴者，莱之夷维人也[⑰]。事齐灵公、庄公、景公，以节俭力行重于齐。既相齐，食不重肉，妾不衣帛。其在朝，君语及之，即危言；语不及之，即危行。国有道，即顺命；无道，即衡命。以此三世显名于诸侯。

越石父[⑱]贤，在缧绁中。晏子出，遭之途，解左骖赎之，载归。弗谢，入闺。久之，越石父请绝，晏子戄然，摄衣冠谢曰：“婴虽不仁，免子于厄，何子求绝之速也？”石父曰：“不然。吾闻君子屈于不知己而伸于知己者。方吾在缧绁中，彼不知我也。夫子既已感寤而赎我，是知己；知己而无礼，固不如在缧绁之中。”晏子于是延入为上客。晏子为齐相，出，其御之妻从门间而窥其夫。其夫为相御，拥大盖，策驷马，意气扬扬，甚自得也。既而归，其妻请去。夫问其故，妻曰：“晏子长不满六尺，身相齐国，名显诸侯。今者妾观其出，志念深矣，常有以自下者。今子长八尺，乃为人仆御，然子之意自以为足，妾是以求去也。”其后夫自抑损。晏子怪而问之，御以实对，晏子荐以为大夫。

太史公曰：吾读管氏《牧民》《山高》《乘马》《轻重》《九府》[⑲]，及《晏子春秋》[⑳]，详哉其言之也。既见其著书，欲观其行事，故次其传。至其书，世多有之，是以不论，论其轶事。管仲世所谓贤臣，然孔子小之[21]。岂以为周道衰微，桓公既贤，而不勉之至王，乃称霸哉？语曰：“将顺其美，匡救其恶，故上下能相亲也[22]。”岂管仲之谓乎？方晏子伏庄公尸哭之，成礼然后去[23]，岂所谓“见义不为无勇[24]”者耶？至其谏说，犯君之颜，此所谓“进思尽忠，退思补过[25]”者哉！假令晏子而在，余虽为之执鞭，所忻慕焉。

注 ① 管仲夷吾：管仲（？—前645），字夷吾，春秋齐国颍上（今属安徽）人。初事公子纠，后相齐桓公，辅佐桓公成就霸业。 ② 鲍叔牙：即鲍叔，春秋齐国人。 ③“已而”两句：公元前686年，齐襄公昏庸无道，齐将乱，管仲、召忽从公子纠奔鲁，鲍叔从公子小白奔莒。纠、小白均为齐襄公弟。 ④“及小白”三句：公元前686年，齐襄公被杀，纠与小白争先回国即位。鲁国发兵送纠回齐，并使管仲袭击小白归路，射中小白带钩。小白佯死，使鲁国延误纠的归期，得以先回国即位，即齐桓公。桓公大败鲁军，鲁国被迫杀死纠。召忽自杀，管仲被囚禁。 ④ 鲍叔遂进管仲：桓公即位后，使鲍叔为宰，他力辞不就，推荐管仲执政。桓公借口解射钩之恨，要鲁国押送管仲回齐。管仲返齐后，桓公任为相。 ⑤ 不肖：不贤。 ⑥ 多：赞美。 ⑦ 称：称述。指管仲在《管子》一书中的论述。 ⑧ 上：在上者，君主。服：服御，享用。度：有限度。 ⑨ 四维：指礼、义、廉、耻。 ⑩“桓公实怒”二句：少姬，齐桓公夫人，蔡国人。桓公曾与少姬在苑囿乘舟，少姬故意荡舟，桓公惊惧，怒而遣少姬回母家，但未断绝关系，蔡人却让少姬改嫁，桓公发兵袭蔡。蔡国，建都上蔡（今河南上蔡西南），后迁新蔡（今属河南）一带。 ⑪“管仲”二句：《左传·僖公四年》载，齐桓公伐楚，使管仲责之曰：“尔贡包茅不入，王祭不共，无以缩酒。”包茅，束成捆的菁茅草，古代祭祀时用以滤酒去渣。 ⑫“桓公”二句：山戎，又称北戎，古代北方民族，居于今河北省东部，春秋时代常威胁齐、郑、燕等邻国安全。山戎攻燕时，齐桓公曾出兵伐山戎救燕。召公，一作邵公、召康公。西周初人，姬姓，名奭。因封地在召，故称召公。武王灭纣，被封于北燕。官为太保，曾与周公分陕而治，陕以西由他治理。 ⑬“于柯之会”四句：鲁庄公十二年（前682），齐桓公攻鲁，约鲁庄公会于柯（今山东阳谷县东），庄公的侍从曹沫（亦作曹刿）以匕首劫桓公，逼他订立盟约，退还侵占的鲁国土地。桓公后欲背约，因管仲进言，终退还鲁国失地，以示信用。 ⑭“知与之”二句：见《管子·牧民》。 ⑮ 三归：台名。汉刘向《说苑·善说》：“管仲故筑三归之台，以自伤于民。” ⑯ 反坫：反爵之坫。坫为放置酒杯的土台，在两楹之间。互敬酒后，将空杯反置坫上，为周代诸侯宴会之礼。 ⑰“晏平仲婴”二句：晏婴（？—前500），字平仲，春秋时夷维（今山东高密）人。父弱死，继任齐卿，历仕灵公、庄公、景公三世。莱，古国名，在今山东黄县东南，公元前567年为齐所灭。 ⑱ 越石父：春秋时晋国人，有贤名。时因冻饿，为人奴。 ⑲《牧民》《山高》《乘马》《轻重》《九府》：皆《管子》篇名。《管子》为战国时齐稷下学者托名管仲所作。其中

《牧民》《乘马》等篇存有管仲遗说。《轻重》等篇对经济问题阐述较多。⑳《晏子春秋》:旧题春秋齐晏婴撰，实系后人依托并采缀晏子言行而作。㉑孔子小之:《论语·八佾》有“管仲之器小哉”语。㉒“将顺其美”三句:见《孝经·事君》。㉓“方晏子”二句:事见《左传·襄公二十五年》。㉔“见义”句:《论语·为政》:“见义不为，无勇也。”㉕“进思”二句:见《孝经·事君》。

《史记》的列传，通常是正文叙事，后加论赞，《伯夷列传》则通篇以议论为主，篇末没有论赞;《管晏列传》形式上没有《伯夷列传》那样特殊，但叙事极力概括，而抒情谈话独多，写法也很特别。

管仲和晏婴，是春秋时齐国的两个名相，其生平行事和言论，见于《管子》《晏子春秋》《左传》《国语》等书的，材料丰富，可写者多。《管晏列传》对于有关两人的著作（非尽出本人之手)，只提书名和若干篇名，而于管仲略为摘引《牧民》篇的几句重要言论，其余以“详哉其言之也”一笔带过。因为著作既在，无烦详细介绍，《史记》对于老子、庄子、孟子、荀子的著作，也是这样处理。文中说:“既见其著书，欲观其行事，故次其传。”似乎要详写两人的行事，其实不然，对两人行事写得很概括，取严舍多。

传文的第一段，介绍管仲的出身。着重写他因鲍叔牙的推荐而任齐桓公之相的事，为后文管仲详谈他和鲍叔的关系作发端;于管仲的煌煌相业，则以“任政于齐，齐桓公以霸，九合诸侯，一匡天下，管仲之谋也”几句带论断性的、概括性极强的话了之。头绪集中，笔力极劲健。

第二段，集中显示了本文的特点。借管仲之口，尽量抒发存在于他与鲍叔之间的典型的人生知遇之情。“分财”多取而非“贪”，为人“谋事”陷于“穷困”而非“愚”，“三仕”都被逐而非“不肖”，作战退走而非“怯”，被囚降事新主而非“无耻”，管仲的一连串不容易为人原谅、得人理解的行动，鲍叔都能原谅，都能理解，丝毫不动摇对管仲的信赖，其见事之明，知人之深，真是别无可求，不能有加。在阶级社会中，人与人之间，充满计较利害、变换冷暖的情态，文中写鲍叔的对待管仲，真能使旧时一般缺乏援助、需要友谊的人，读了都感极而下泪。鲍叔知人，可令一般人如此感动，则管仲之高呼“生我者父母，知我者鲍叔也”，自是出诸血诚，丝毫没有过分，一样令人共鸣，令人激动。文中这段抒情的谈话，都用排比之笔，重叠、连贯地写下来，恻怆悲凉，顿挫摇曳，情韵绵邈，一反上段的劲炼之概，使文章节奏变换，交错多姿。鲍叔之贤，得管仲相业而彰；管仲之污，得鲍叔智慧而除。司马迁在文中叙事那样节约笔墨，而放手去载管仲的抒情之言，目的固然是为了在管晏传中附写鲍叔，起合传中又有附传的微妙作用，因而后文又连带介绍鲍叔的子孙后世，并下一句抑管扬鲍、倒置历史人物的通常地位的断语："天下不多管仲之贤而多鲍叔能知人也"。实际上其思想感情的根源，是司马迁因李陵事下狱受刑，得不到任何亲戚朋友的援助，任何朝廷显贵的主持公道的深切、惨痛的感受。有了这种根源，他往往自觉地或不自觉地在《史记》中抒发重视友谊、重视患难相助的感情。《游侠列传》中的"且缓急人之所需也"等议论写得那样哀痛；本传这段话又写得这样凄切动人，难道是没有来历的吗？本文写法的打破列传叙事的轻重主次、虚实详略的常规；它属历史传记而却突出抒情因素；它不正面写鲍叔，而鲍叔的形象却高大动人：原因也在于此。

第三段，笔调又变化，以议论带叙述，近于今人的所谓"以论带史"。它用作者的评论及管仲自己的言论，带来对于管仲相业成功原因的补叙。目的主要不在表彰管仲一人，而在提供带有普遍意义的历史经验，供人借鉴。在史传中注意提供有意义的政治、经济等方面的经验教训，又是《史记》重大的思想价值之一。司马迁有儒家思想，又善于汲取道家思想中的重自然、重顺应民心的合理因素。他在《货殖列传》中，曾发挥极具卓见的发展经济的"因势利导"的思想；在本段中，又着重总结管仲相齐的"下令如流水之原，令顺民心"，"善因祸而为福，转败而为功"的成功的政治经验。本段写完管仲的事迹，带出"后百余年而有晏子焉"一句，显示两人的类同关系，为后面介绍晏婴事迹作承转，也是《史记》的常用手法。

第四段开始写晏婴，也以极简练的笔墨概括其生平。段中着重揭示晏婴的"节俭力行"与"危言危行"两种行谊，由于有重点，故叙述虽简而晏婴为人的特点很分明。本文的第二段可见《史记》不避琐细，善于用繁的功夫；这段和第一段，又可见《史记》善于驾驭重大，善于用简的功夫。

第五段又不避琐细，选择两个生动事例，写晏婴的知人和谦逊。其中"志念深矣"一句，借晏婴驾车人妻子的口，表现晏婴的大臣和思想家的重要品质，极为深刻。越石父与晏婴的对答，驾车人与晏婴的对照，着墨无多，生动且具有戏剧性。对史事本身的善于选择和剪裁，此史笔之所以工；描写的富有生动性，此文学价值之所以高。往往一事而兼具两善如此段，则《史记》之多多过人也固宜。

最后一段为论赞，多用反问句跌宕生姿，此亦《史记》所擅长。“假令晏子而在，余虽为之执鞭，所忻慕焉。”一结以自卑口气，备致对晏婴的倾倒之情，牵扯自己，真是出人意外的神来之笔。然幽默之中，固含有无限的体会世味辛酸、渴望知人之贤的悲痛心情。了解司马迁的为人和经历，才能领会这句话的严肃的思想与感情的分量。

这篇列传叙事简洁而生动，突出抒情和议论，特色显著。清人评为“通篇无一实笔，纯以清空一气运旋”。所谓“无一实笔”，当然不能以形迹论，谁也知道叙事处即是“实笔”；审其用意，乃强调文章以抒情、议论之“虚”，运叙事之“实”，故觉“清空一气”，为史传文中所少见。（陈祥耀）

廉颇蔺相如列传

司马迁

廉颇者，赵之良将也。赵惠文王十六年[①]，廉颇为赵将，伐齐，大破之，取阳晋[②]，拜为上卿，以勇气闻于诸侯。蔺相如者，赵人也，为赵宦者令缪贤舍人[③]。

赵惠文王时，得楚和氏璧[④]。秦昭王闻之，使人遗赵王书，愿以十五城请易璧。赵王与大将军廉颇、诸大臣谋：欲予秦，秦城恐不可得，徒见欺；欲勿予，即患秦兵之来。计未定，求人可使报秦者，未得。宦者令缪贤曰：“臣舍人蔺相如可使。”王问：“何以知之？”对曰：“臣尝有罪，窃计欲亡走燕。臣舍人相如止臣，曰：‘君何以知燕王？’臣语曰：‘臣尝从大王与燕王会境上，燕王私握臣手，曰：“愿结友。”以此知之，故欲往。’相如谓臣曰：‘夫赵强而燕弱，而君幸于赵王，故燕王欲结于君。今君乃亡赵走燕，燕畏赵，其势必不敢留君，而束君归赵矣。君不如肉袒伏斧质请罪，则幸得脱矣。’臣从其计，大王亦幸赦臣。臣窃以为其人勇士，有智谋，宜可使。”于是王召见，问蔺相如曰：“秦王以十五城请易寡人之璧，可予不？”相如曰：

“秦强而赵弱，不可不许。”王曰：“取吾璧，不予我城，奈何？”相如曰：“秦以城求璧而赵不许，曲在赵；赵予璧而秦不予赵城，曲在秦。均之二策，宁许以负秦曲。”王曰：“谁可使者？”相如曰：“王必无人，臣愿奉璧往使。城入赵而璧留秦；城不入，臣请完璧归赵。”赵王于是遂遣相如奉璧西入秦。

秦王坐章台[⑤]见相如。相如奉璧奏秦王。秦王大喜，传以示美人及左右，左右皆呼万岁。相如视秦王无意偿赵城，乃前曰：“璧有瑕，请指示王。”王授璧，相如因持璧却立，倚柱，怒发上冲冠，谓秦王曰：“大王欲得璧，使人发书至赵王，赵王悉召群臣议，皆曰：‘秦贪，负其强，以空言求璧，偿城恐不可得。’议不欲予秦璧。臣以为布衣之交尚不相欺，况大国乎！且以一璧之故逆强秦之驩，不可。于是赵王乃斋戒五日，使臣奉璧，拜送书于庭。何者？严大国之威以修敬也[⑥]。今臣至，大王见臣列观[⑦]，礼节甚倨；得璧，传之美人，以戏弄臣。臣观大王无意偿赵王城邑，故臣复取璧。大王必欲急臣，臣头今与璧俱碎于柱矣！”相如持其璧睨柱，欲以击柱。秦王恐其破璧，乃辞谢固请，召有司案图[⑧]，指从此以往十五都予赵。相如度秦王特以诈，佯为予赵城，实不可得，乃谓秦王曰：“和氏璧，天下所共传宝也。赵王恐，不敢不献。赵王送璧时，斋戒五日，今大王亦宜斋戒五日，设九宾于廷[⑨]，臣乃敢上璧。”秦王度之，终不可强夺，遂许斋五日。舍相如广成传[⑩]。相如度秦王虽斋，决负约不偿城，乃使其从者衣褐，怀其璧，从径道[⑪]亡，归璧于赵。

秦王斋五日后，乃设九宾礼于廷，引赵使者蔺相如。相如至，谓秦王曰：“秦自缪公[⑫]以来二十余君，未尝有坚明约束[⑬]者也。臣诚恐见欺于王而负赵，故令人持璧归，间至赵矣。且秦强而赵弱，大王遣一介之使至赵，赵立奉璧来；今以秦之强，而先割十五都予赵，赵岂敢留璧而得罪于大王乎？臣知欺大王之罪当诛，臣请就汤镬[⑭]。唯大王与群臣孰计议之！”秦王与群臣相视而嘻[⑮]。左右或欲引相如去，秦王因曰：“今杀相如，终不能得璧也，而绝秦、赵之驩，不如因而厚遇之，使归赵。赵王岂以一璧之故欺秦邪！”卒廷见相如，毕礼而归之。

相如既归，赵王以为贤大夫，使不辱于诸侯，拜相如为上大夫[⑯]。秦亦不以城予赵，赵亦终不予秦璧。

其后秦伐赵，拔石城[17]。明年，复攻赵，杀二万人。秦王使使者告赵王，欲与王为好，会于西河外渑池[18]。赵王畏秦，欲毋行。廉颇、蔺相如计曰："王不行，示赵弱且怯也。"赵王遂行，相如从。廉颇送至境，与王诀曰："王行，度道里会遇之礼毕，还，不过三十日；三十日不还，则请立太子为王，以绝秦望。"王许之，遂与秦王会渑池。秦王饮酒酣，曰："寡人窃闻赵王好音，请奏瑟！"赵王鼓瑟。秦御史前，书曰："某年月日，秦王与赵王会饮，令赵王鼓瑟。"蔺相如前曰："赵王窃闻秦王善为秦声，请奏盆缻[19]秦王，以相娱乐。"秦王怒，不许。于是相如前进缻，因跪请秦王。秦王不肯击缻。相如曰："五步之内，相如请得以颈血溅大王矣！"左右欲刃相如，相如张目叱之，左右皆靡。于是秦王不怿，为一击缻。相如顾召赵御史书曰："某年月日，秦王为赵王击缻。"秦之群臣曰："请以赵十五城为秦王寿。"蔺相如亦曰："请以秦之咸阳为赵王寿。"秦王竟酒，终不能加胜于赵。赵亦盛设兵以待秦，秦不敢动。

既罢，归国，以相如功大，拜为上卿，位在廉颇之右[20]。廉颇曰："我为赵将，有攻城野战之大功，而蔺相如徒以口舌为劳，而位居我上。且相如素贱人，吾羞，不忍为之下。"宣言曰："我见相如，必辱之！"相如闻，不肯与会。相如每朝时，常称病，不欲与廉颇争列。已而相如出，望见廉颇，相如引车避匿。于是舍人相与谏曰："臣所以去亲戚而事君者，徒慕君之高义也。今君与廉颇同列，廉君宣恶言，而君畏匿之，恐惧殊甚。且庸人尚羞之，况于将相乎！臣等不肖，请辞去。"蔺相如固止之，曰："公之视廉将军孰与秦王[21]？"曰："不若也。"相如曰："夫以秦王之威，而相如廷叱之，辱其群臣；相如虽驽，独畏廉将军哉！顾吾念之，强秦之所以不敢加兵于赵者，徒以吾两人在也。今两虎共斗，其势不俱生。吾所以为此者，以先国家之急，而后私仇也！"廉颇闻之，肉袒负荆[22]，因宾客至蔺相如门谢罪。曰："鄙贱之人，不知将军宽之至此也。"卒相与驩，以刎颈之交。

是岁，廉颇东攻齐，破其一军。居二年，廉颇复伐齐幾[23]，拔之。后三年，廉颇攻魏之防陵、安阳[24]，拔之。后四年，蔺相如将而攻齐，至平邑[25]而罢。其明年，赵奢破秦军阏与[26]下。

赵奢者，赵之田部吏也。收租税而平原君[27]家不肯出租，奢以法治之，杀平原君用事者九人。平原君怒，将杀奢。奢因说曰：“君于赵为贵公子。今纵君家而不奉公，则法削；法削则国弱；国弱则诸侯加兵。诸侯加兵，是无赵也，君安得有此富乎！以君之贵，奉公如法，则上下平；上下平则国强；国强则赵固；而君为贵戚，岂轻于天下邪！”平原君以为贤，言之于王。王用之治国赋，国赋大平，民富而府库实。

秦伐韩，军于阏与。王召廉颇而问曰：“可救不？”对曰：“道远险狭，难救。”又召乐乘[28]而问焉，乐乘对如廉颇言。又召问赵奢，奢对曰：“其道远险狭，譬之犹两鼠斗于穴中，将勇者胜。”王乃令赵奢将，救之。

兵去邯郸三十里，而令军中曰：“有以军事谏者死！”秦军军武安[29]西。秦军鼓噪勒兵[30]，武安屋瓦尽振。军中候有一人言急救武安，赵奢立斩之。坚壁[31]，留二十八日不行，复益增垒。秦间来入，赵奢善食而遣之。间以报秦将，秦将大喜曰：“夫去[32]国三十里而军不行，乃增垒，阏与非赵地也！”赵奢既已遣秦间，乃卷甲而趋之[33]，二日一夜至。令善射者去阏与五十里而军。军垒成，秦人闻之，悉甲而至。军士许历请以军事谏。赵奢曰：“内之！”许历曰：“秦人不意赵师至此，其来气盛，将军必厚集其阵以待之。不然，必败。”赵奢曰：“请受令！”许历曰：“请就铁质之诛！”赵奢曰：“胥后令邯郸[34]！”许历复请谏，曰：“先据北山上者胜，后至者败。”赵奢许诺，即发万人趋之。秦兵后至，争山，不得上；赵奢纵兵击之，大破秦军。秦军解而走[35]，遂解阏与之围而归。

赵惠文王赐奢号为马服君[36]，以许历为国尉[37]。赵奢于是与廉颇、蔺相如同位。

后四年，赵惠文王卒，子孝成王立。七年，秦与赵兵相距长平[38]，时赵奢已死，而蔺相如病笃，赵使廉颇将攻秦。秦数败赵军，赵军固壁不战。秦数挑战，廉颇不肯。赵王信秦之间。秦之间言曰：“秦之所恶，独畏马服君赵奢之子赵括为将耳。”赵王因以括为将，代廉颇。蔺相如曰：“王以名使括，若胶柱而鼓瑟[39]耳。括徒能读其父书传，不知合变也。”赵王不听，遂将之。

赵括自少时学兵法，言兵事，以天下莫能当。尝与其父奢言兵事，奢不能难，然不谓善。括母问奢其故，奢曰："兵，死地也，而括易言之。使赵不将括即已，若必将之，破赵军者必括也！"及括将行，其母上书言于王曰："括不可使将！"王曰："何以？"对曰："始妾事其父，时为将。身所奉饭饮而进食者以十数，所友者以百数；大王及宗室所赏赐者尽以予军吏士大夫；受命之日，不问家事。今括一旦为将，东向而朝，军吏无敢仰视之者；王所赐金帛，归藏于家，而日视便利田宅，可买者买之。王以为何如其父？父子异心，愿王勿遣！"王曰："母置之，吾已决矣！"括母因曰："王终遣之，即有如不称，妾得无随坐乎？"王许诺。

赵括既代廉颇，悉更约束，易置军吏。秦将白起闻之，纵奇兵，佯败走，而绝其粮道，分断其军为二，士卒离心。四十余日，军饿，赵括出锐卒自搏战。秦军射杀赵括。括军败，数十万之众遂降秦，秦悉阬之。赵前后所亡凡四十五万。明年，秦兵遂围邯郸，岁余，几不得脱。赖楚、魏诸侯来救，乃得解邯郸之围。赵王亦以括母先言，竟不诛也。

自邯郸围解五年，而燕用栗腹[40]之谋，曰："赵壮者尽于长平，其孤未壮。"举兵击赵。赵使廉颇将，击，大破燕军于鄗[41]，杀栗腹，遂围燕。燕割五城请和，乃听之。赵以尉文[42]封廉颇为信平君，为假相国。

廉颇之免长平归也，失势之时，故客尽去；及复用为将，客又复至。廉颇曰："客退矣！"客曰："吁！君何见之晚也！夫天下以市道交，君有势，我则从君；君无势则去。此固其理也，有何怨乎？"居六年，赵使廉颇伐魏之繁阳[43]，拔之。

赵孝成王卒，子悼襄王立，使乐乘代廉颇。廉颇怒，攻乐乘，乐乘走。廉颇遂奔魏之大梁。其明年，赵乃以李牧为将而攻燕，拔武遂、方城[44]。

廉颇居梁久之，魏不能信用。赵以数困于秦兵，赵王思复得廉颇，廉颇亦思复用于赵。赵王使使者视廉颇尚可用否。廉颇之仇郭开多与使者金，令毁之。赵使者既见廉颇，廉颇为之一饭斗米，肉十斤，被甲上马，以示尚可用。赵使还报王曰："廉将军虽老，尚善饭；然与臣坐，顷之，三遗矢矣！"赵王以为老，遂不召。

楚闻廉颇在魏，阴使人迎之。廉颇一为楚将，无功，曰："我思用赵人！"廉颇卒死于寿春[45]。

李牧者，赵之北边良将也。常居代雁门[46]，备匈奴。以便宜置吏，市租皆输入莫府，为士卒费。日击数牛飨士，习射骑，谨烽火，多间谍，厚遇战士。为约曰："匈奴即入盗，急入收保，有敢捕虏者，斩！"匈奴每入，烽火谨，辄入收保，不敢战。如是数岁，亦不亡失。然匈奴以李牧为怯，虽赵边兵亦以为吾将怯。赵王让李牧，李牧如故。赵王怒，召之，使他人代将。

岁余，匈奴每来，出战；出战数不利，失亡多，边不得田畜。复请李牧。牧杜门不出，固称疾。赵王乃复强起使将兵，牧曰："王必用臣，臣如前，乃敢奉令。"王许之。

李牧至，如故约。匈奴数岁无所得，终以为怯。边士日得赏赐而不用，皆愿一战。于是乃具选车得千三百乘，选骑得万三千匹，百金之士[47]五万人，彀者十万人，悉勒习战，大纵畜牧，人民满野。匈奴小入，佯北不胜，以数千人委之。单于闻之，大率众来入。李牧多为奇陈，张左右翼击之，大破杀匈奴十余万骑。灭襜褴[48]，破东胡，降林胡，单于奔走。其后十余岁，匈奴不敢近赵边城。

赵悼襄王元年[49]，廉颇既亡入魏，赵使李牧攻燕，拔武遂、方城。居二年，庞煖[50]破燕军，杀剧辛[51]。后七年，秦破赵，杀将扈辄[52]于武遂城，斩首十万。赵乃以李牧为大将军，击秦军于宜安[53]，大破秦军，走秦将桓齮[54]。封李牧为武安君。居三年，秦攻番吾[55]，李牧击破秦军，南距韩、魏。

赵王迁七年[56]，秦使王翦攻赵，赵使李牧、司马尚[57]御之。秦多与赵王宠臣郭开金，为反间，言李牧、司马尚欲反。赵王乃使赵葱及齐将颜聚代李牧。李牧不受命。赵使人微捕得李牧，斩之。废司马尚。后三月，王翦因急击赵，大破，杀赵葱，虏赵王迁及其将颜聚，遂灭赵。

太史公曰：知死必勇；非死者难也，处死者难[58]。方蔺相如引璧睨柱，及叱秦王左右，势不过诛；然士或怯懦而不敢发。相如一奋其气，威信敌国，退而让颇，名重太山：其处智勇，可谓兼之矣！

注 ① 赵惠文王十六年：公元前283年。 ② 阳晋：齐邑，故址在今山东郓城西。 ③ 宦者令：宫中宦官的首领。舍人：王公贵官的侍从宾客、亲近左右。 ④ 楚和氏璧：楚人卞和得玉璞先后献给楚厉王、武王，琢玉的匠人都说是石头，王以为诳，先后断去其左右脚。文王立，卞和抱璞哭于山中，王使琢玉的匠人剖璞，得宝玉，因命为和氏璧。事见《韩非子·和氏篇》。 ⑤ 章台：秦离宫名，故址在今陕西长安县，渭水南岸。 ⑥"严大国"句：敬畏大国的威严而表明尊敬的心情。 ⑦ 列观：一般的台观，不是举行重大典礼的地方。这里指章台。 ⑧ 有司：职有专司的官吏。案图：依照地图。 ⑨ 设九宾于廷：当时外交上最隆重的礼仪，由傧相九人依次传呼接引上殿。 ⑩ 广成传：宾馆名。传，传舍，宾馆。 ⑪ 径道：小路。 ⑫缪公：缪，同"穆"。穆公即秦穆公，春秋五霸之一。 ⑬ 坚明约束：坚决明确地遵守信约。 ⑭ 镬：大锅。 ⑮ 嘻：这里指苦笑声。 ⑯ 上大夫：古官名，周王室及诸侯各国，卿以下有大夫，分上、中、下三等。 ⑰ 石城：赵邑名，故城在今河南林县西南。 ⑱ 渑池：古城名，一作黾池，因南有黾池得名，在今河南渑池西。 ⑲ 盆缻：盛酒的瓦器，秦人敲击作为唱歌的节拍。 ⑳ 右：这里指上位。 ㉑"公之视"句：你们看廉将军比秦王怎么样？ ㉒ 负荆：背着荆条表示愿受责打，古代表示认错服罪。 ㉓ 幾：古地名，在今河北大名东南。 ㉔ 防陵：古地名，在今河南安阳南。安阳：古地名，在今河南安阳东南。 ㉕ 平邑：赵邑名，在今河南南乐东北平邑村。 ㉖ 阏与：战国时韩邑，后属赵；故城在今山西和顺西北。 ㉗ 平原君：赵胜，战国四公子之一，因封于东武（今山东武城西北），故称为平原君。 ㉘ 乐乘：赵将，曾因功封为武襄君。 ㉙ 武安：赵邑，故城在今河北武安。 ㉚ 鼓噪：击鼓呐喊。勒兵：治军。此指操练人马。 ㉛ 坚壁：坚守营垒。 ㉜ 去：离开。 ㉝ 卷甲而趋之：脱下铠甲轻装奔袭敌人。 ㉞ 胥后令邯郸：等待邯郸随后来的命令。胥，同"须"，等待。赵奢既赞赏许历的进谏，又不便改变其军令，故用缓词，说等待日后凯旋邯郸，由赵王发落。 ㉟ 解而走：被打散逃跑。 ㊱ 马服君：以马服山为赵奢封号。马服山在今邯郸西北。 ㊲ 国尉：官名，职位仅次于将军。 ㊳ 长平：赵邑，在今山西高平西北。 ㊴ 胶柱而鼓瑟：柱为琴瑟上支弦的小木。鼓瑟成调，先须转柱调弦，若胶柱则不能定音，就弹不成曲调了。比喻赵括死读兵书，不会活用。 ㊵ 栗腹：时为燕相。曾鼓动燕王乘危伐赵，事见《史记·燕召公世家》。 ㊶ 鄗（hào）：赵邑，在今河北柏乡北。 ㊷ 尉文：邑名，在赵国西北境，今地不详。 ㊸ 繁阳：魏邑，在今河南内黄东北。 ㊹ 武遂：燕邑，在今河北徐水。方城：燕邑，在今河北固安南。 ㊺ 寿春：楚地，即今安徽寿县。 ㊻ 代：古国名，战国时其地属赵国。雁门：赵郡名，在今山西西北一带。 ㊼ 百金之士：曾荣获百金赏赐的勇士。 ㊽ 襜（dān）褴：当时少数民族所建国名，在代国的北面。 ㊾ 赵悼襄王元年：公元前244年。 ㊿ 庞煖：赵将，素与剧辛交好。剧辛为燕伐赵，被他所杀。 51 剧辛：赵人，后仕燕为将。 52 扈辄：赵将。 53 宜安：赵邑，在今河北藁城西南。 54 桓齮（yǐ）：秦将，曾杀扈辄。 55 番（pān）吾：赵邑，在今河北平山南。 56 赵王迁七年：公元前229年。 57 司马尚：赵将，时与李牧同御王翦。李牧死，被罢黜废免。 58"知死"三句：知道自己将死而泰然处之，必定是大勇之人。死并非难事，难的是从容地对待死。

本篇合传与附传兼备，以写廉颇、蔺相如为主，后面附有赵奢、赵括、李牧等人的事迹。通过这五人的传略，反映了赵国从赵惠文王到赵王迁七十年间的兴亡史，同时也反映出如何使用人才的问题；强调了君主善于举贤授能，知人善任，国家就强盛，君主若良莠不分，忠奸不辨，国家就败亡的主题。

全文主要写了四个有名的故事，即“完璧归赵”“渑池之会”“廉蔺交欢”及“长平之战”。文章以双起法开篇，同时推出廉颇与蔺相如，而后又单写蔺相如，将廉颇的悬念留给了读者。写蔺相如，则先借缪贤之口，道出其平时为人的性格，推崇其临机处事的智谋，为下文张本。接着才开始“完璧归赵”的故事。“完璧归赵”一事不见于《战国策》，司马迁当另有所据。整段文字写来紧凑有力，情景细腻逼真。喜怒见于色，须眉见于形，可谓理明而辞畅。短短的数语，就将紧张、危险的场面，勇敢机智的人物形象表现得淋漓尽致，不禁使人由其文而想见其人，设想其事。其中尤以持璧睨柱一段最为精彩。接下来写秦王斋戒后相如徒手晋见，及今读之，犹不禁让人为之捏一把冷汗。但作者行文却从容不迫，由相如的一席话立刻将紧张的局势化为轻松，干戈化为玉帛，最后“毕礼而归之”。写来入情入理，不着痕迹；读来令人荡气回肠，时觉有一段激越悠扬的乐音回荡在心灵深处。“渑池之会”的情景则如戏，如电影。这一段文字留给读者以广阔的想象空间。那紧张危险、激动人心的场面，历历如在目前；那舌剑唇枪、互不相让的口战，仿佛就在耳旁。在这里，描写的已不是宴饮的好会，而是两国人才、智慧、勇气的决斗，是一处没有硝烟的战场。作者用他那如椽巨笔生动而富于戏剧性地刻画了蔺相如灵活机智，不畏强暴，据理力争的英雄形象。行文紧张刺激，历历如见。在“廉蔺交欢”中，廉颇才开始正式登场。在这里，作者的写法是两人并重。先写蔺相如度量宽宏，先公后私的襟怀，次写廉颇识大局，勇于改过的勇气。在当时，廉颇以百战功勋，国家重臣，齿德兼隆的身份，向蔺相如这位后起之秀负荆请罪，可知作者突出表现的是廉颇之勇气，用笔实胜过对蔺相如之宽容的刻画，廉颇性格中真率、憨直的一面也跃然纸上。“长平之战”着重于成败之由、得失之故。作者以无可辩驳的事实说明君主能否知人善任，关系到一个国家兴亡。宋代洪迈说：“赵括之不宜为将，其父以为不可，母以为不可，大臣以为不可；秦王知之，相应侯知之，将白起知之，独赵王以为可。故用之而败。”（《容斋随笔》卷二）长平之战的教训是惨痛的，但赵国君主仍不引以为戒，依然偏听偏信，终使廉颇报国无门，客死异邦；李牧蒙受冤屈，惨遭刑戮。赵王自断手足，自毁长城，其国不灭，难矣！

司马迁通过这四个故事成功地塑造出几个性格鲜明的人物形象。首先，司马迁善于在矛盾冲突中表现人物。他写蔺相如，主要通过完璧归赵、渑池之会、廉蔺交欢三个重要情节表现蔺相如的智勇。这三个故事反映了两种矛盾。一是秦赵之间的矛盾，一是廉蔺之间的矛盾。第一个矛盾也是主要矛盾，促成了蔺相如得以表现他的大智大勇，使赵国取得一个又一个胜利，他自己的地位也由一个普通门客提升为上卿，位在廉颇之右。这样，秦赵两国之间矛盾发展的结果，又构成了将相之间矛盾的前因，随秦赵矛盾的暂时缓和，廉蔺之间的矛盾突出了。但主要矛盾的始终存在，蔺相如的高瞻远瞩及廉颇的刚直敦厚使得廉蔺之间的矛盾终于得以消解。司马迁就在这两个矛盾的展开中完成了他理想中典型的儒家将相的形象塑造。其次，司马迁还善于在对比中显示人物的个性。所谓个性，就是这个人区别于其他人的独特的性格，这种区别也只有在对比中才能鲜明地表现出来。如蔺相如对强秦的英勇无畏与对廉颇的谦让退避；廉颇对蔺相如的前倨与后恭；蔺相如的大智大勇与秦王的色厉内荏；赵奢用兵之明与赵括纸上谈兵；众人对赵括的明察与赵王对赵括的不察……这些对比，就像画家用了鲜明的色彩一样，使人的感观出现强烈的反差，作者所要表现的形象就强烈地留在读者的脑海里了。

另外，司马迁也是塑造典型的大师。他笔下的每一个传记都有一个生命，他所有的素材都为之而组织。他尽可能去创造、去维护、去发扬这一生命。从某种意义上来说，司马迁可谓一个出色的摄影师，他总是选取最好的镜头，捕捉最完美的瞬间。在同一景色里，他会为他们拍合影，但更多的是特写。他能准确地把握作品的重心，由于这重心而构成了整个作品的完整。在这种意味上，他又是一个卓越的肖像画家，也是一个优异的雕刻家。同时，他也像一个大音乐家一样，在他的作品里奏着独有的旋律。而这旋律，使他的文章有着无比的韵味。在他精心谱写的旋律的起承转合处，可以强烈地体会到司马迁对结构是何等地惨淡经营而又挥洒自如，匠心独运。在本文所写的众人中，廉颇为赵国宿将，而死于最后。故行文以廉颇为经，以蔺相如、赵奢、赵括、李牧为纬，对这些人的记述详备，而对廉颇反而简略。于此最见司马迁意匠之妙。在叙次诸人时，又以廉颇缨络其间，前后一线相承，不致散漫。李牧最晚出，而死于廉颇之后，故司马迁先安排李牧与廉颇事迹相关之处，再详细叙李牧之事，中间再次点出廉颇，尽得参差之法。在这里，司马迁为增加文字结构之美，已把廉颇作为一种重复的事项，让他的出现就像一种旋律，又像建筑长廊中的列柱似的，构成一种连绵回环的气势。在文章的末尾，太史公的评又留有独特的余韵，令人读后掩卷深思。从这一点上，可以看出司马迁不仅构筑了结构宏大的《史记》纪传体例，而且在结构的每一细节上他更是精雕细刻，极尽巧匠之能事。

本文的语言，无论是叙事，还是对话，都达到极高的境界。其叙事语言奇而韵。所谓奇，就是自秦文的矫健而变为疏荡淡远；所谓韵，就是经楚辞的洗礼，使疏荡处不流于偏枯躁急。其对话语言极为贴切与传神，起到叙事语言所无法替代与企及的功效。整篇文字笔酣墨饱，神完气足，令人把玩不已！（安平秋　李　宇）

报任少卿书

司马迁

太史公牛马走[①]司马迁再拜言。少卿足下：曩者辱赐书，教以顺于接物[②]、推贤进士为务。意气勤勤恳恳，若望[③]仆不相师，而用流俗人之言，仆非敢如此也。仆虽罢驽[④]，亦尝侧闻长者之遗风矣。顾自以为身残处秽[⑤]，动而见尤，欲益反损，是以独郁悒而与谁语。谚曰："谁为为之？孰令听之？"盖钟子期死，伯牙终身不复鼓琴[⑥]，何则？士为知己者用，女为说己者容[⑦]。若仆，大质[⑧]已亏缺矣，虽才怀随、和[⑨]，行若由、夷[⑩]，终不可以为荣，适足以见笑而自点[⑪]耳。书辞宜答，会东从上来[⑫]，又迫贱事，相见日浅，卒卒无须臾之间[⑬]，得竭至意。今少卿抱不测之罪，涉旬月，迫季冬；仆又薄从上雍[⑭]，恐卒然不可为讳[⑮]，是仆终已不得舒愤懑以晓左右，则长逝者[⑯]魂魄私恨无穷。请略陈固陋，阙然久不报，幸勿为过！

仆闻之："修身者，智之符[⑰]也；爱施者，仁之端也；取与者，义之表也；耻辱者，勇之决也；立名者，行之极也。"士有此五者，然后可以托于世而列于君子之林矣。故祸莫憯[⑱]于欲利，悲莫痛于伤心，行莫丑于辱先，诟莫大于宫刑。刑余之人，无所比数[19]，非一世也，所从来远矣。昔卫灵公与雍渠同载[20]，孔子适陈；商鞅因景监见，赵良寒心[21]；同子参乘，袁丝变色[22]：自古而耻之。夫以中材之人，事有关于宦竖，莫不伤气，而况于慷慨之士乎？如今朝廷虽乏人，奈何令刀锯之余，荐天下豪俊哉！仆赖先人绪业[23]，得待罪辇毂下[24]，二十余年矣。所以自惟[25]：上之不能纳忠效信，有奇策才力之誉，自结明主；次之又不能拾遗补阙[26]，招贤进能，显岩穴之士[27]；外之又不能备行伍，攻城野战，有斩将搴旗之功；下之不能积日累劳，取尊官厚禄，以为宗族交游光宠。四者无一遂，苟合取容，无所短长之效，可见如此矣。向者，仆常厕下大夫[28]之列，陪外廷[29]末议，不以此时引维纲，尽思虑；今以亏形为扫除之隶，在阘茸[30]之中，乃欲仰首伸眉，论列是非，不亦轻朝廷、羞当世之士耶！嗟乎嗟乎！如仆尚何言哉！尚何言哉！

且事本末未易明也。仆少负不羁之行，长无乡曲之誉，主上幸以先人之故，使得奏薄伎，出入周卫[31]之中。仆以为戴盆何以望天，故绝宾客之知，亡室家之业，日夜思竭其不肖之才力，务一心营职，以求亲媚于主上，而事乃有大谬不然者。夫仆与李陵[32]，俱居门下，素非能相善也，趣[33]舍异路，未尝衔杯酒，接殷勤之余欢。然仆观其为人：自守奇士，事亲孝，与士信，临财廉，取与义，分别有让[34]，恭俭下人[35]；常思奋不顾身，以徇国家之急。其素所蓄积也，仆以为有国士之风。夫人臣出万死不顾一生之计，赴公家之难，斯以奇矣。今举事一不当，而全躯保妻子之臣，随而媒孽[36]其短，仆诚私心痛之！且李陵提步卒不满五千，深践戎马之地，足历王庭[37]，垂饵虎口，横挑强胡，仰亿万之师，与单于连战十有余日，所杀过半当[38]，虏救死扶伤不给。旃裘[39]之君长咸震怖，乃悉征其左右贤王，举引弓之人，一国共攻而围之。转斗千里，矢尽道穷，救兵不至，士卒死伤如积；然陵一呼劳，军士无不起，躬自流涕，沫血饮泣，更张空拳[40]，冒白刃，北向争死敌者。陵未没时，使有来报，汉公卿王侯，皆奉觞上寿。后数日，陵败书闻，主上为之食不甘味，听朝不怡；大臣忧惧，不知所出。仆窃不自料其卑贱，见主上惨怆怛悼，诚欲效其款款之愚。以为李陵素与士大夫绝甘分少[41]，能得人死力，虽古之名将，不能过也。身虽陷败，彼观其意，且欲得其当[42]而报于汉；事已无可奈何，其所摧败，功亦足以暴[43]于天下矣。仆怀欲陈之而未有路，适会召问，即以此指，推言陵之功，欲以广主上之意，塞睚眦[44]之辞；未能尽明，明主不晓，以为仆沮贰师，而为李陵游说，遂下于理[45]。拳拳之忠，终不能自列，因为诬上，卒从吏议。家贫，货赂不足以自赎；交游莫救，左右亲近，不为一言。身非木石，独与法吏为伍，深幽囹圄[46]之中，谁可告愬者！此真少卿所亲见，仆行事岂不然乎？李陵既生降，陨[47]其家声；而仆又佴之蚕室[48]，重为天下观笑，悲夫悲夫！事未易一二为俗人言也。

仆之先，非有剖符丹书之功，文史星历，近乎卜祝之间，固主上所戏弄，倡优所畜，流俗之所轻也。假令仆伏法受诛，若九牛亡一毛，与蝼蚁何以异？而世又不与能死节者，特以为智穷罪极，不能自免，卒就死耳。何也？素所自树立使然也。人固有一死，或重于泰山，或轻于鸿毛，用之所趋异也。太上不辱先，其次不辱身，其次不辱理色[49]，其次不辱辞令，其次屈体受辱，其次易服[50]受辱，其次关木索、被棰楚受辱，其次剔毛发、婴金铁受辱，其次毁肌肤、断肢体受辱，最下腐刑极矣！传曰："刑不上大夫[51]。"此言士节不可不勉励也。猛虎在深山，百兽震恐；及在槛阱之中，摇尾而求食：积威约之渐也。故士有画地为牢，势不可入；削木为吏，议不可对：定计于鲜[52]也。今交手足，受木索，暴肌肤，受榜箠，幽于圜墙之中。当此之时，见狱吏则头枪地[53]，视徒隶则正惕息，何者？积威约之势也。及以至是，言不辱者，所谓强颜耳，曷足贵乎！且西伯，伯也，拘于羑里[54]；李斯，相也，具于五刑[55]；淮阴，王也，受械于陈[56]；彭越、张敖，南面称孤，系狱抵罪[57]；绛侯诛诸吕，权倾五伯，囚于请室[58]；魏其，大将也，衣赭衣，关三木[59]；季布为朱家钳奴[60]；灌夫受辱于居室[61]。此人皆身至王侯将相，声闻邻国，及罪至罔加，不能引决自裁，在尘埃之中，古今一体，安在其不辱也！由此言之：勇怯，势也；强弱，形也。审矣，何足怪乎？夫人不能早自裁绳墨之外，以稍陵迟[62]，至于鞭箠之间，乃欲引节[63]，斯不亦远乎！古人所以重施刑于大夫者，殆为此也。

夫人情莫不贪生恶死，念父母，顾妻子；至激于义理者不然，乃有所不得已也。今仆不幸，早失父母，无兄弟之亲，独身孤立，少卿视仆于妻子何如哉？且勇者不必死节，怯夫慕义，何处不勉焉。仆虽怯懦欲苟活，亦颇识去就之分矣，何至自沉溺缧绁之辱哉！且夫臧获婢妾，由能引决，况仆之不得已乎？所以隐忍苟活，幽于粪土之中而不辞者，恨私心有所不尽，鄙陋没世[64]，而文采不表于后世也。

古者富贵而名摩灭，不可胜记，唯倜傥非常之人称焉。盖文王拘而演《周易》[65]；仲尼厄而作《春秋》；屈原放逐，乃赋《离骚》[66]；左丘失明，厥有《国语》[67]；孙子膑脚，兵法修列[68]；不韦迁蜀，世传《吕览》[69]；韩非囚秦，《说难》《孤愤》[70]；《诗》三百篇，大抵圣贤发愤之所为作也。此人皆意有所郁结，不得通其道，故述往事，思来者[71]。乃如左丘无目，孙子断足，终不可用，退而论书策以舒其愤，思垂空文以自见。仆窃不逊，近自托于无能之辞，网罗天下放失旧闻，略考其行事，综其终始，稽其成败兴坏之纪，上计轩辕，下至于兹，为十表，本纪十二，书八章，世家三十，列传七十，凡百三十篇，亦欲以究天人之际[72]，通古今之变，成一家之言。草创未就，会遭此祸，惜其不成，是以就极刑而无愠色。仆诚以著此书，藏诸名山，传之其人通邑大都，则仆偿前辱之责，虽万被戮，岂有悔哉！然此可为智者道，难为俗人言也。

且负下未易居[73]，下流多谤议[74]。仆以口语[75]遇此祸，重为乡党所笑，以污辱先人，亦何面目复上父母丘墓乎？虽累百世，垢弥甚耳！是以肠一日而九回，居则忽忽若有所亡，出则不知其所往，每念斯耻，汗未尝不发背沾衣也。身直为闺阁之臣[76]，宁得自引于深藏岩穴耶？故且从俗浮沉，与时俯仰，以通其狂惑。今少卿乃教以推贤进士，无乃与仆私心剌谬乎？今虽欲自雕琢，曼辞[77]以自饰，无益，于俗不信，适足取辱耳！要之死日，然后是非乃定。书不能悉意，略陈固陋，谨再拜。

注 ① 太史公：即太史令。此为司马迁自谓。牛马走：谓如牛马一样供人驱使，犹言仆人，为司马迁自谦之词。 ② 接物：待人接物。 ③ 望：抱怨。 ④ 罢：同“疲”。驽（nú）：驽马，跑不快的马。罢驽，喻人疲弱，才能低下。 ⑤ 身残处秽：指身遭腐刑，处于受污辱的可耻地位。 ⑥ 钟子期、伯牙：春秋楚国人。伯牙善鼓琴，志在高山流水。钟子期精于音乐，闻而知之。子期死，伯牙谓世无知音者，遂绝弦破琴，终身不再鼓琴。事见《吕氏春秋·本味》。 ⑦ 说：通

“悦”。容：修饰打扮。 ⑧ 大质：身体，体质。 ⑨ 随、和：指随侯珠、和氏璧，均为天下至宝。喻指美好的才德。 ⑩ 由、夷：指许由、伯夷，均为古代品行高洁的贤士。 ⑪ 自点：自污。点，玷污，污辱。 ⑫ 东从上来：指随汉武帝从东方回长安。 ⑬ 卒（cù）卒：匆促。间：间隙。 ⑭ 薄：迫。雍：古县名，在今陕西凤翔南。本春秋雍邑，秦曾建都于此。汉武帝常至此祭祀天神。 ⑮ 不可为讳：不可避忌，指任安不可避免要被处死。 ⑯ 长逝者：死者，指将死的任安。 ⑰ 符：符信，凭据。 ⑱ 憯（cǎn）：同“惨”。 ⑲ 比数：同列，相提并论。 ⑳ 卫灵公：春秋时卫国国君，名元，公元前534—前493年在位。雍渠：卫灵公宠爱的宦官。 ㉑ 商鞅：战国时政治家，卫国人，公孙氏。名鞅，亦称卫鞅。景监：秦孝公宠幸的太监。商鞅因景监推荐而被秦孝公重用。赵良：秦国的贤士。 ㉒ 同子：指汉文帝时的宦官赵谈。司马迁避父讳，故称同子。袁丝：即袁盎（丝为其字），汉文帝时以直谏名重朝廷。 ㉓ 绪业：遗业。 ㉔ 待罪辇毂下：谦词，指在皇帝周围做官。 ㉕ 惟：思。 ㉖ 拾遗补阙：为皇帝补救过失，指讽谏。 ㉗ 岩穴之士：古时隐士多山居，故称岩穴之士。 ㉘ 下大夫：太史令官禄六百石，位为下大夫。 ㉙ 外廷：即外朝。汉代朝官分内朝官和外朝官。汉武帝以侍中、常侍、给事中等近臣组成内朝，参与国家大事决策。丞相为首的外朝为执行一般政务的机关。 ㉚ 阘茸（tà róng）：卑贱。 ㉛ 周卫：宿卫周密，这里指宫禁。 ㉜ 李陵：西汉陇西成纪（今甘肃秦安）人，字少卿，名将李广之孙。善骑射。武帝时任骑都尉。曾率兵出击匈奴，战败投降。 ㉝ 趣：同“趋”。 ㉞ 分别有让：指待人接物能分别尊卑长幼，恪守礼节，有谦让的品德。 ㉟ 下人：指甘居人下。 ㊱ 媒孽：即媒糵。媒，酒母；糵，酒曲。酝酿之意，比喻构陷诬害，酿成其罪。 ㊲ 王庭：《文选》李善注：“单于所居之处，号曰王庭。” ㊳过半当：超过一半。 ㊴ 旃（zhān）裘：毡制之衣，为匈奴所穿用。这里指匈奴。 ㊵卷：弩弓。李陵矢尽，故张空弓。 ㊶ 绝甘分少：拒绝接受甘美之物，能将仅有的少量东西分给别人。 ㊷ 当：相当，指抵罪之功。 ㊸ 暴（pù）：显露。 ㊹ 睚眦（yá zì）：怒目而视。这里指怨忿。 ㊺ 理：古代的司法机关。 ㊻ 囹圄（líng yǔ）：监狱。 ㊼ 隤（tuí）：同“颓”，败坏。 ㊽ 佴（èr）：相次，随后。蚕室：狱名，宫刑者所居之室。《后汉书·光武帝纪下》注：“蚕室，宫刑狱名。宫刑者畏风，须暖，作窨室蓄火如蚕室，因以名焉。” ㊾ 理色：道理，脸面。 ㊿ 易服：改穿囚服。 51 传：指《礼记》。语出《礼记·曲礼上》：“礼不下庶人，刑不上大夫。刑人不在君侧。” 52 定计：事先打算。鲜：鲜明，明确。 53 枪地：即抢地，头触地。 54 西伯：指周文王。商末周初周族领袖，姬姓，名昌。商纣时为西伯，一度被纣囚禁于羑里（今河南汤阴北）。 55 李斯：秦丞相，后被赵高陷害，腰斩于市。五刑：古代五种刑罚，指墨（脸上刺字）、劓（割鼻）、刖（断足）、宫刑、大辟（死刑）。 56 淮阴：即汉淮阴侯韩信，曾封楚王。公元前201年，有人上书告信欲谋反，高帝用陈平计，伪称将游云梦，会诸侯于陈（今河南淮阳），信至，令用刑具锁缚。械：锁缚手足的刑具。 57 彭越：字仲，汉初昌邑（今山东金乡西北）人。封梁王。后被告发谋反，为刘邦所捕，下狱被杀。张敖：汉初大梁（今河南开封西北）人。张耳子，嗣其父为赵王。因赵相贯高等谋刺高祖，被捕下狱。南面称孤：称王。 58 绛侯：即周勃。勃以功封绛侯。吕后死后，与陈平诛杀吕产、吕禄等人，迎立文帝，任右丞相。后被人诬告，一度下狱。请室：请罪之室，即囚禁有罪官吏的牢狱。 ㊾ 魏其：即窦婴。婴以功封魏其侯。后因与丞相田蚡交恶，被纠劾拘禁于都司空衙门的狱中。赭衣：囚衣。三木：加在犯人颈、手、足上的刑具。 ㊿ 季布：汉初楚人，任侠有名，项羽曾使率兵数围困刘邦。项羽败后，刘邦以千金悬赏捉拿，他匿于濮阳周氏家。后接受周氏之计，髡钳（古代刑罚，剃去头发，用铁圈束颈）为奴，卖身给鲁国游侠朱家。 (61) 灌夫：曾为燕相。因辱骂丞相田蚡，被拘禁于居室。居室：汉官署名，属少府，为拘禁犯人的处所。 (62) 陵迟：同“陵夷”，衰落。(63) 引节：守节自杀。 (64) 没世：终身。 (65) 文王拘而演《周易》：相传周文王被纣囚于羑里，推演伏羲所画的八卦为六十四卦，成为《周易》。 (66)“屈原放逐”二句：战国楚大诗人屈原因遭靳尚等人诬陷，被流放，作《离骚》。 (67)“左丘失明”二句：春秋时鲁国史官左丘明失去视力后著《国语》。 (68)“孙子膑脚”二句：孙子即孙膑，战国初军事家。他被庞涓处以膑刑（剜去膝盖骨），后撰写了《孙膑兵法》。 (69)“不韦迁蜀”二句：吕不韦本商人，后为秦相，尊为相国。以罪免职，被迁往蜀地。曾命门客编撰《吕氏春秋》。《吕览》即《吕氏春秋》。(70)“韩非囚秦”二句：韩非，战国末思想家、法家代表人物。曾建议韩王变法图强，不见用。后出使秦国，李斯忌其才，入狱自杀。《说难》《孤愤》为其所作篇名。 (71)“述往事”二句：《文选》李善注：“言故述往前行事，思令将来人知己之志。” (72) 究天人之际：探究天地自然与人类社会的关系。 (73) 负下：处低下的地位。未易居：不容易生活。 (74) 下流多谤议：指自己居于下游容易遭到诽谤。(75) 口语：指为李陵辩解。 (76) 直：同“值”，当。闺阁之臣：指宦官一类的官职。(77) 曼辞：美饰之辞。

这是我国古典文学史上第一篇富于抒情性的长篇书信。据书中“会东从上来”及“薄从上雍”二事，司马迁写这封信，在汉武帝太始四年（前93）冬。致书的对象任少卿，名安，这时下狱。旧说，安这次下狱被处死。然据王国维《太史公行年考》，任安诛死，是坐戾太子案，当在征和二年（前91），褚少孙在《史记·田叔列传》后面补叙任安事，载武帝语：“任安有当死之罪甚众，吾尝活之。”则太始四年之狱，安或再遇赦，后死于北军护军使者任内。任安下狱前，司马迁任中书谒者令，掌“领赞尚书，出入奏事”，职属宫廷机要，安要他“推贤进士”，为朝廷荐举人才。司马迁自以为前数年因李陵事下狱，受过“腐刑”，是莫大的耻辱，不配做这种事。在信中，引证古今，抒发愤懑，对当时的现实及其自身的遭遇，都有深刻的反映。文长一千三百余字，可分为六大段：首尾两段述复信延迟原因及复信时的心情；第二段述不配“推贤进士”的缘故；第三段述为李陵事下狱的经过；第四段述忍辱受刑；第五段述如何完成《史记》的写作。书中主要内容，有如下四个方面：

其一，反映了司马迁的光辉性格和封建统治者的一些恶劣行为。司马迁在书中称赞“慷慨之士”和“倜傥非常之人”，他自己正是地地道道的这种人。因为这样，他对受“腐刑”的耻辱，极为强调，认为“大质已亏”，“在阘茸之中”，至于“无可比数”，“虽累百世，垢弥甚耳”；如再“仰首伸眉，论列是非”，不但无地自容，而且“轻朝廷，羞当世之士”，绝不能再做什么“推贤进士”之事。越是强调自己受刑后的卑贱，越见出作者的倔强与对屈辱的不能容忍。他认为在受刑前理应“引决自裁”，不该苟且偷生，受此屈辱。这充分表现他性格的刚烈。他所以受此耻辱，又是出于正直敢言和对朝廷的忠诚。当李陵兵败投降匈奴的事件发生，在朝廷“大臣忧惧，不知所出”，“全躯保妻子之臣”及平时对李陵有“睚眦”之怨的人一片“媒孽其短”的声中，他挺身而出，说了一些公道话。李陵降敌，有失民族气节；但在当时，他的遭遇却又值得同情。司马迁与李陵无私交，然观察李陵平时的为人，“有国士之风”；兵败前的忠勇苦战，确有“出万死不顾一生”之概，情状感人。李陵之败，本来为汉武帝宠妃李夫人之兄贰师将军李广利所误，主要责任在彼。司马迁要武帝考虑李陵平日的为人及此次作战情况，略观动静。武帝袒护李广利，以为司马迁的发言，是“沮贰师”，即有伤李广利。遂如《史记》所载，“族陵母妻子”，断陵赎罪之路；并下司马迁于狱，施以酷刑，以泄私愤。这些，反映了司马迁性格的另一光辉侧面，并反映了汉武帝的处事不公、威福无常，以及朝官权贵的势利和无能。

其二，反映了封建刑狱制度的黑暗、残酷。汉初，原有纳钱谷可以赎罪和拜爵之举，司马迁受处分，“家贫，货赂不足以自赎；交游莫救，左右亲近，不为一言”。入狱后，以其性格的慷慨刚烈，也不免要“见狱吏则头枪地，视徒隶则正惕息”。他进而从周文王（西伯）、李斯、韩信（淮阴侯）、彭越、张敖、周勃（绛侯）、窦婴（魏其侯）、季布、灌夫等人入狱和受刑的事，指出在刑罚、狱官、狱卒的“积威约之势”的驱迫下，这些著名人物，包括自己在内，同样屈身受辱，“言不辱者，所谓强颜耳”！这除了涉及人情冷暖和皇帝的“左右亲近”的畏怯之外，主要反映封建刑狱制度的黑暗和残酷。

其三，在我国文学史上，最早提出了“发愤著书”的理论。司马迁认为“腐刑”之辱不可忍，但书中却又指出自己碰到时，是“就极刑而无愠色”。为什么呢？这是因为他又认为死“或重于泰山，或轻于鸿毛”，当时未对祖国和人民做出志所久存、力所能及的重要贡献，轻意一死，“轻于鸿毛”；他的顽强的历史责任感不容许他这样做，他只得付出巨大的代价，咬着牙根忍受下来。他以自己的痛苦实践，并总结了周文王、孔子、屈原、左丘明、孙膑、吕不韦、韩非等人在患难中或残废中著书，以及“《诗》三百篇，大抵圣贤发愤之所为作也”的大量事例，提出了发愤著书、患难著书的理论。这在我国文学史上是首创的，对于我国文学的发展，是有积极的推动作用的。

其四，揭露封建帝王对待史官的态度和自己写作《史记》的情况。书中揭露史官并不为封建帝王所重视，成为“主上所戏弄，倡优所畜”的职务。但作者担任史官，并不因受到这种待遇而消沮，他意识到史官责任的重大，立志要为祖国写出第一部规模宏伟、全面而有系统的通史，这就是他忍死忍辱，而用血泪、生命换来的《史记》一书。他艰辛地“网罗天下放失旧闻，略考其行事，综其始终，稽其成败兴坏之纪”，要把《史记》写成能够“究天人之际，通古今之变，成一家之言”的著作。实践证明，他坚强的意志和辛苦的劳动，使他达到这种目的，《史记》终于成为我国一部空前的、具有丰富史料、卓越史识，并有极高文学价值的伟大著作。书中这些话，对于我们理解《史记》这一部伟大著作，是很有帮助的。

书中所表达的这些思想内容，无疑都是可贵的。更为难能的，是作者能以非凡的文学才能，把这些思想内容，写得震撼人心，具有巨大的感染力。这种感染力，主要来自文章的激情和气势。司马迁既具有过人的激烈、慷慨和正义感强的性格，又有对于封建制度、封建统治的黑暗面的深切感受，对自己受刑以后的愤懑的长期郁积，对人生态度和历史责任感的反复思考，自然要在心中熔成一股火山下面的洪流、烈焰般的激情。一旦遇到写信的机会，又自然要迸喷而出，让这股洪流、烈焰去发放无限的光热。这就使文章无论是叙事或议论，都成为带着血泪、充满悲愤的控诉，成为抒情诗化的最强音，力量所至，飙扫涛卷。这种气势力量，又通过文章的语言形式，主要表现于如下的三个方面：

其一，急言极论，接连倾泻。书中历叙士德的五种表现，自己受“腐刑”之辱的“无所比数”，自己出仕后的种种矛盾，李陵的为人及其苦战情况，朝廷对于李陵事件的反应，各种刑罚的耻辱性的比较，历史上著名人物受罚就刑的态度，历史上发愤著书的事例，《史记》的内容和写作意图，或连类而及，或对比相触，都是一事接着一事，一例接着一例，思绪涌发，语不中断，用重叠、排比的句式，一气倾泻而下，既显得内容洋溢充实，又显得气势浩荡强盛。

其二，磅礴感情，起伏盘旋。书中所写，以忍辱受刑、忍痛著书的感情为主。这种感情，四面磅礴，不断起伏、沁透于各段之中，特别在首尾两段，更是呼应盘旋，贯注到底。这更使文章的主旋律的力量周遍伸张，始终不懈，更加强了文章的气势。

其三，在奔放中又极尽曲折、顿挫的能事。这篇文章，从整体上看，是一气倾泻的；但每叙一事或每发一议，又往往是层次多而转接自然，以奔放的气机挟曲折的思路以行。这种曲折，既不伤文章的奔放气势，相反的又以顿挫的力量加强了它。如第一段自“若望仆不相师”至“而与谁语”，“何则”至“适足以见笑而自点耳”；第三段自“仆少负不羁之行”至“而事乃有大谬不然者”，自“其素所蓄积也”至“私心痛之”；第四段，自“与蝼蚁何以异”至“用之所趋异也”，自“当此之时”至“曷足贵乎”；第五段自“少卿视仆于妻子何如哉”至“况仆之不得已乎”……凡此之类，不胜备举，都是层次转折既多，机调又奔放直下，顿挫有加，而气势更旺的。

由于如上的特色，故整篇文章，以其过人的丰富、强烈、奔放的思想感情，形成卓绝千古的浩荡雄伟的气势。宋真德秀评为“跌宕奇伟”；清方苞评为“如山之出云，如水之赴壑，千态万状，变化于自然，由其气之盛也。后来惟韩退之《答孟尚书书》类此”；林云铭评为“通篇淋漓悲壮，如泣如诉，自始至终，似一气呵成”；浦起龙评为“沉雄激壮，如江海之气，横空上出，摩荡六虚”：都颇能得其气概。（陈祥耀）

毛诗序　　毛　亨

《关雎》①，后妃之德也，风之始也，所以风天下而正夫妇也。故用之乡人焉②，用之邦国焉③。风，风也，教也；风以动之，教以化之。

诗者，志之所之也。在心为志，发言为诗。情动于中而形于言，言之不足，故嗟叹之；嗟叹之不足，故永歌之；永歌之不足，不知手之舞之，足之蹈之也。

情发于声，声成文谓之音。治世之音安以乐，其政和；乱世之音怨以怒，其政乖；亡国之音哀以思，其民困。故正得失，动天地，感鬼神，莫近于诗。先王以是经夫妇，成孝敬，厚人伦，美教化，移风俗。

故诗有六义焉，一曰风[④]，二曰赋[⑤]，三曰比[⑥]，四曰兴[⑦]，五曰雅[⑧]，六曰颂[⑨]。上以风化下，下以风刺上，主文而谲谏[⑩]，言之者无罪，闻之者足以戒，故曰风。至于王道衰，礼义废，政教失，国异政，家殊俗，而变风变雅作矣。国史明乎得失之迹，伤人伦之废，哀刑政之苛，吟咏情性，以风其上，达于事变而怀其旧俗者也。故变风发乎情，止乎礼义。发乎情，民之性也；止乎礼义，先王之泽也。是以一国之事，系一人之本，谓之风；言天下之事，形四方之风，谓之雅[⑪]。雅者，正也，言王政之所由废兴也。政有小大，故有小雅焉，有大雅焉。颂者，美盛德之形容，以其成功告于神明者也。是谓四始[⑫]，诗之至也。

然则《关雎》《麟趾》[⑬]之化，王者之风，故系之周公。南，言化自北而南也[⑭]。《鹊巢》《驺虞》[⑮]之德，诸侯之风也，先王之所以教，故系之召公。《周南》《召南》[⑯]，正始之道，王化之基。是以《关雎》乐得淑女以配君子，忧在进贤，不淫其色；哀窈窕[⑰]，思贤才，而无伤善之心焉。是《关雎》之义也。

注 ① 关雎：《诗·国风·周南》首篇篇名，所以后来说是“风之始也”。旧说《关雎》诗写后妃事，指的是周文王妃太姒。 ② 用之乡人焉：据《仪礼·乡饮酒礼》，乡大夫行乡饮酒礼时，以《关雎》合乐。《正义》解释为“令乡大夫以之教其民也”。 ③ 用之邦国焉：据《仪礼·燕礼》，诸侯行燕礼燕饮其臣子及宾客时，歌乡乐《关雎》。《正义》解释，为“令天下诸侯以之教其臣也”。④ 风：总括其意，当有风化、风俗和讽刺三义。 ⑤ 赋：郑玄注《周礼·春官·大师》（下同）说：“赋之言铺，直铺陈今之政教善恶。”但后人大都认为只是“直书其事”“体物写意”的表现手法。 ⑥ 比：郑玄解为“见今之失，不敢斥言，取比类以言之”。后人大都认为是明比的手法。 ⑦ 兴：郑玄解为“见今之美，嫌于媚谀，取善事以喻劝之”。后人大都认为兴有即物起兴，用作发端，或有意，或无意；有意者用意较为隐晦。 ⑧ 雅：郑玄解为“言今之正者以为后世法”。近人梁启超《释四诗名义》解作夏声，即中原正声云。 ⑨ 颂：郑玄解为“颂今之德，广以美之”。清阮元《释颂》认为是舞诗，近人王国维《说周颂》考其乐曲速度较为舒缓。 ⑩ 谲谏：隐约曲折地劝谏而不直率以言。 ⑪“是以一国之事”六句：据《正义》，一人之本和言天下之事者，都是指作诗之人。一人者，用一人之心，来表一国之心；又总天下之心，由一人以达之。 ⑫ 四始：《正义》引郑玄答张逸云：“风也，小雅也，大雅也，颂也，此四者，人君行之则为兴，废之则为衰。”又引《郑笺》：“始者，王道兴衰之所由。”其后异说颇多，不具列。 ⑬《麟趾》：即《麟之趾》，《诗·国风·周南》中最后的诗篇。 ⑭ 南，言化自北而南也：《毛传》：“谓其化从岐周被江、汉之域也。” ⑮《鹊巢》《驺虞》：《鹊巢》是《诗·国风·召南》中的首篇。《驺虞》是《诗·国风·召南》中最后的诗篇。 ⑯《周南》《召南》：清马瑞辰《毛诗传笺通释》说：“周、召分陕，以今陕州之陕原（今河南三门峡市陕州区）为断，周公主陕东，召公主陕西。乃诗不系以陕东陕西而各系以南者，南盖商世诸侯之国名也。”宋程大昌《考古编》认为南是乐歌。近人郭沫若《甲骨文字研究·释南》又考定南为一种乐器，孳乳为曲调之名。 ⑰ 哀窈窕：哀即“爱”。郑玄训“衷”，殊欠妥。扬雄解“善心为窈，善容为窕”。

《诗经》作为一部古代的诗歌总集流传到汉代，已经成为一种具有各种不同派别的学问。齐（辕固生所传）、鲁（申公所传）、韩（韩婴所传）三家诗都立于学官，成为官学，三者全属今文学派。毛诗后起，属古文学派，其学直到汉末，还不曾被官家承认而只通过私学在社会上流传，但不意却能独步于后世。齐、鲁两家，各以地名称学，可见系当时的地方学派；韩、毛两家，各以姓氏称学，可见均系一家之言的学说。但这四家诗学，都同属汉代的学风，其解《诗》虽大相径庭，可是在推断方法上出手却如出一辙。班固《汉书·艺文志》论三家说诗，“咸非其本义”，于毛诗，则称其“自谓子夏所传”。“自谓”两字，微意可窥。班固所谈，不同一般经生之拘迂，确有其独特之识见在。

毛诗的传授源流相传为：孔子删诗授卜商（即子夏），商为之序，后来递相授受到荀卿，荀卿授鲁国毛亨，亨作《故训传》，授赵国毛苌。时人称亨为大毛公，苌为小毛公，故称《毛诗》。汉末郑玄为之作笺，唐孔颖达等又因郑笺作《正义》。到清代，马瑞辰著《毛诗传笺通释》三十二卷，除纠孔之失外，颇多创见。陈奂著《诗毛氏传疏》三十卷，又舍郑用毛，发挥义蕴颇多。惟郑虽不尽遵毛，实亦别有所得，王国维《玉谿生年谱会笺序》曾论及之。可见各家都各有短长，不可执一而取，务宜择善而从才是。以上诸书，当是研究汉代《诗经》学的最重要的参考书。

据魏源的《齐、鲁、韩、毛异同论》说，三家诗都有序而亡佚，唯《毛诗序》独存。这里所录的为列于《国风》首篇《关雎》题下的一篇序言。旧日选文，自萧统《文选》始，都是这样选录的，可是其中也有大小序的论断之别。如《文选·毛诗序》《十三经注疏诗序》等，以“《关雎》，后妃之德也”至“用之邦国焉”，名《关雎序》，称“大序”，以下称“小序”，这原本于汉人相承之说。唐陆德明《经典释文》则恰好与之相反，而以“诗者，志之所之也”至“是谓四始，诗之至也”，谓之“大序”；其各序一诗之由者，谓之“小序”，后来宋人大都相承此说。唐成僎《毛诗指说》又以各诗序文第一句称为“小序”，以后文字都属“大序”。孔颖达《毛诗正义》又以《关雎》前列诸文皆为“大序”。今既选此节全文，自当以孔氏为准，无暇与其他异说辩难。

序中所说的“《关雎》，后妃之德也”，“《关雎》《麟趾》之化”等，自然是汉人穿凿附会上去的东西，与作诗的本意无涉。譬如同一首《关雎》，毛诗以为美诗，三家诗又以为刺诗，《韩诗外传》卷五又以为美诗，与《内传》不同。忽美忽刺，漫无定准。当然，在人世间原不乏丑恶的现象和美好的憧憬，作为反映社会现实的诗自不免有美有刺，但如果把所有的诗都说成是非美即刺，就未免将文学的表现看得过于政治化和简单化了。这种立论自然是不足为训的，不过，正如恩格斯在《致康·施米特》（1890 年 10 月 27 日）中所说：“他们的产物，包括他们的错误在内，就要反过来影响全部社会发展。”（见《马克思恩格斯全集》第三十七卷第 489 页）比如，后世许多深文周纳的文字狱，甚至旧红学中的索隐派，似乎都与这套说诗的方法有牵连。这也就是我们务必要对这种错误的说法加以深究的原因。

此序之论除有此弊之外，可取之说有三：

首先是对诗的认识问题。闻一多在《歌与诗》一文中，曾考出“志”有“记忆”“记录”“怀抱”三个意义，以证“志”即是“诗”。这是就语源来立说的。但随着社会的变迁和字义的变化，汉代所说的“志”，已是诗人的“情志”了。一方面，在心为“志”，因“情”动于中而发言为诗，言之不足固可嗟叹咏歌、手舞足蹈，以取其“发乎情”之真；但另一方面，却也不是任情之所之的，必须有所节制而能“止乎礼义”，这就是要达到诗之善。

其次是对诗所反映的内容偏重于社会性和政治性方面。即认为从诗可以观政知世，用诗可以教民化俗。这个观点在序中是极为明确地阐明了的。

第三是论诗的艺术功用，说“正得失，动天地，感鬼神，莫近于《诗》”。这里从诗的思想作用谈到了艺术特性，这也就触及了美的问题。至于说到《诗》的六义，这里虽然只解释了“风”“雅”“颂”三义，可也涉及体和用的问题。“主文而谲谏”云云，就很突出地指出了刺上之“风”的艺术特色。

《诗序》的作者问题，历来是聚讼纷纭的。《四库全书总目提要》卷十五论《诗序二卷》，参考诸说，“定序首二句，为毛苌以前经师所传，以下续申之词，为毛苌以下弟子所附”，态度比较谨慎。后崔述《读风偶识·通论诗序》，始根据《后汉书·儒林传》之意，坐实为卫宏所著。然其绪说实本诸前人，纵手笔出自卫宏，也是裒辑之功为多。如“言志”之说，本之《尚书·尧典》；“声成文”诸语，本之《礼记·乐记》；“六义”之说，本之《周礼·春官·大师》。或小易其字句，或删节以成文。崔述称美它“章法井然，首尾完密”云云，其实全然未必。文中脉络不贯，卯榫不接之处，初按即知，即使汉前之文，也没有这么紊乱的。如次段言“情动于中而形于言”，三段言“情发于声，声成文谓之音”；言与歌，声与音，彼此间接榫就欠妥。又如四段言诗之六义，只释其三，致使后人于赋、比、兴之说，遂多异词。再如四段言风，却未说雅，忽又言及变风、变雅，随即又释及变风而不及变雅，接着再释雅，而变雅仍告阙如。还有如末段“然则《关雎》《麟趾》之化”云云，像是《二南》的总批，而措语亦失伦次。“南，言化自北而南也”，宜置于“王化之基”以后，始有总结之意。“是以《关雎》乐得淑女以配君子”云云，亦似《关雎》之总批或小序，其用当与首段同，撮合一处，反而会更合适。

由此可见，这当是采摭众说而弥纶未安之作，不著作者之名，或即此欤？（刘衍文）

苏武传　　班　固

武字子卿，少以父任，兄弟并为郎[①]，稍迁至栘中厩监[②]。时汉连伐胡，数通使相窥观。匈奴留汉使郭吉、路充国等前后十余辈[③]。匈奴使来，汉亦留之以相当。

天汉元年[4]，且鞮侯单于初立[5]，恐汉袭之，乃曰："汉天子，我丈人行也。"尽归汉使路充国等。武帝嘉其义，乃遣武以中郎将使持节送匈奴使留在汉者[6]；因厚赂单于，答其善意。武与副中郎将张胜及假吏[7]常惠等，募士、斥候[8]百余人俱。既至匈奴，置币遗单于。单于益骄，非汉所望也。

方欲发使送武等，会缑王[9]与长水虞常等谋反匈奴中——缑王者，昆邪王[10]姊子也，与昆邪王俱降汉，后随浞野侯[11]没胡中——及卫律[12]所将降者，阴相与谋劫单于母阏氏[13]归汉。会武等至匈奴，虞常在汉时，素与副张胜相知，私候[14]胜曰："闻汉天子甚怨卫律，常能为汉伏弩射杀之。吾母与弟在汉，幸蒙其赏赐。"张胜许之，以货物与常。

后月余，单于出猎，独阏氏、子弟在。虞常等七十余人欲发，其一人夜亡，告之。单于子弟发兵与战，缑王等皆死，虞常生得。单于使卫律治其事。张胜闻之，恐前语发，以状语武。武曰："事如此，此必及我。见犯乃死，重负国！"欲自杀，胜、惠共止之。虞常果引张胜。单于怒，召诸贵人议，欲杀汉使者。左伊秩訾[15]曰："即谋单于，何以复加？宜皆降之。"单于使卫律召武受辞[16]，武谓惠等："屈节辱命，虽生，何面目以归汉！"引佩刀自刺。卫律惊，自抱持武，驰召毉[17]。凿地为坎，置熅火，覆武其上，蹈其背以出血。武气绝，半日复息。惠等哭，舆[18]归营。单于壮其节，朝夕遣人候问武，而收系张胜。

武益愈，单于使使晓武，会论虞常，欲因此时降武。剑斩虞常已，律曰："汉使张胜谋杀单于近臣，当死。单于募降者赦罪。"举剑欲击之，胜请降。律谓武曰："副有罪，当相坐。"武曰："本无谋，又非亲属，何谓相坐？"复举剑拟之，武不动。律曰："苏君！律前负汉归匈奴，幸蒙大恩，赐号称王，拥众数万，马畜弥山，富贵如此。苏君今日降，明日复然。空以身膏草野，谁复知之！"武不应。律曰："君因我降，与君为兄弟，今不听吾计，后虽欲复见我，尚可得乎！"

武骂律曰："女为人臣子，不顾恩义，畔主背亲，为降虏于蛮夷，何以女为见！且单于信女，使决人死生，不平心持正，反欲斗两主，观祸败！南越杀汉使者，屠为九郡[19]；宛王杀汉使者，头县北阙[20]；朝鲜杀汉使者，即时诛灭[21]。独匈奴未耳！若知我不降明，欲令两国相攻。匈奴之祸，从我始矣！”律知武终不可胁，白单于。单于愈益欲降之，乃幽武，置大窖中，绝不饮食。天雨雪，武卧啮雪，与旃[22]毛并咽之，数日不死。匈奴以为神，乃徙武北海上无人处，使牧羝，羝乳[23]乃得归。别其官属常惠等，各置他所。

武既至海上，廪食不至，掘野鼠、去草实而食之。仗汉节牧羊，卧起操持，节旄尽落。积五六年，单于弟於靬王弋射海上[24]。武能网纺缴[25]，檠[26]弓弩，於靬王爱之，给其衣食。三岁余，王病，赐武马畜、服匿、穹庐[27]。王死，后人众徙去。其冬，丁令[28]盗武牛羊，武复穷厄。

初，武与李陵俱为侍中[29]。武使匈奴明年，陵降，不敢求武。久之，单于使陵至海上，为武置酒设乐。因谓武曰：“单于闻陵与子卿素厚，故使陵来说。足下虚心欲相待，终不得归汉，空自苦亡人之地，信义安所见乎？前长君为奉车[30]，从至雍棫阳宫[31]，扶辇下除，触柱折辕，劾大不敬，伏剑自刎，赐钱二百万以葬。孺卿从祠河东后土[32]，宦骑与黄门驸马[33]争船，推堕驸马河中，溺死[34]，宦骑亡；诏使孺卿逐捕，不得，惶恐饮药而死。来时，太夫人已不幸，陵送葬至阳陵[35]。子卿妇年少，闻已更嫁矣。独有女弟[36]二人，两女一男，今复十余年，存亡不可知。人生如朝露，何久自苦如此！陵始降时，忽忽如狂，自痛负汉，加以老母系保宫[37]，子卿不欲降，何以过陵！且陛下春秋高[38]，法令亡常，大臣亡罪夷灭者数十家，安危不可知，子卿尚复谁为乎？愿听陵计，勿复有云！”

武曰：“武父子亡功德，皆为陛下所成就，位列将[39]，爵通侯[40]，兄弟亲近，常愿肝脑涂地。今得杀身自效，虽蒙斧钺汤镬，诚甘乐之。臣事君，犹子事父也；子为父死，亡所恨。愿勿复再言！”

陵与武饮数日，复曰：“子卿壹听陵言。”武曰：“自分已死久矣！王必欲降武，请毕今日之驩，效死于前！”陵见其至诚，喟然叹曰：“嗟乎，义士！陵与卫律之罪，上通于天！”因泣下沾衿，与武决去。陵恶自赐武，使其妻赐武牛羊数十头。

后陵复至北海上，语武：“区脱捕得云中生口[41]，言太守以下吏民皆白服，曰上崩。”武闻之，南乡号哭，欧血，旦夕临数月。

昭帝即位数年，匈奴与汉和亲。汉求武等，匈奴诡言武死。后汉使复至匈奴，常惠请其守者与俱，得夜见汉使，具自陈道。教使者谓单于，言天子射上林[42]中，得雁，足有系帛书，言武等在某泽中。使者大喜，如惠语以让单于。单于视左右而惊，谢汉使曰："武等实在。"于是李陵置酒贺武曰："今足下还归，扬名于匈奴，功显于汉室。虽古竹帛所载，丹青所画，何以过子卿！陵虽驽怯，令汉且贳[43]陵罪，全其老母，使得奋大辱之积志，庶几乎曹柯之盟[44]，此陵宿昔[45]之所不忘也！收族陵家，为世大戮，陵尚复何顾乎？已矣，令子卿知吾心耳！异域之人，壹别长绝！"陵起舞，歌曰："径万里兮度沙幕，为君将兮奋匈奴。路穷绝兮矢刃摧，士众灭兮名已隤[46]。老母已死，虽欲报恩将安归！"陵泣下数行，因与武决。单于召会武官属，前已降及物故，凡随武还者九人。

武以始元六年[47]春至京师。诏武奉一太牢谒武帝园庙[48]。拜为典属国[49]，秩中二千石[50]；赐钱二百万，公田二顷，宅一区。常惠、徐圣、赵终根皆拜为中郎，赐帛各二百匹。其余六人老，归家，赐钱人十万，复终身。常惠后至右将军，封列侯，自有传。武留匈奴凡十九岁，始以强壮出，及还，须发尽白。

武来归明年，上官桀、子安与桑弘羊及燕王、盖主谋反[51]。武子男元与安有谋，坐死。初，桀、安与大将军霍光争权[52]，数疏光过失予燕王，令上书告之。又言苏武使匈奴二十年，不降，还，乃为典属国。大将军长史无功劳[53]，为搜粟都尉[54]，光颛权自恣。及燕王等反诛，穷治党与。武素与桀、弘羊有旧，数为燕王所讼[55]，子又在谋中，廷尉奏[56]请逮捕武。霍光寝其奏[57]，免武官。

数年，昭帝崩。武以故二千石与计谋立宣帝[58]，赐爵关内侯[59]，食邑三百户。久之，卫将军张安世荐武明习故事[60]，奉使不辱命，先帝以为遗言。宣帝即时召武待诏宦者署[61]，数进见，复为右曹典属国[62]。以武著节老臣，令朝朔望，号称祭酒[63]，甚优宠之。武所得赏赐，尽以施予昆弟、故人，家不余财。皇后父平恩侯、帝舅平昌侯、乐昌侯[64]、车骑将军韩增、丞相魏相、御使大夫丙吉，皆敬重武。

武年老，子前坐事死，上闵之。问左右："武在匈奴久，岂有子乎？"武因平恩侯自白："前发匈奴时，胡妇适产一子通国，有声问来，愿因使者致金帛赎之。"上许焉。后通国随使者至，上以为郎。又以武弟子为右曹。武年八十余，神爵二年[65]病卒。

甘露三年[66]，单于始入朝[67]。上思股肱之美[68]乃图画其人于麒麟阁[69]，法其形貌，署其官爵、姓名。唯霍光不名[70]，曰“大司马大将军博陆侯，姓霍氏”；次曰“卫将军富平侯张安世”；次曰“车骑将军龙頟侯韩增”；次曰“后将军营平侯赵充国”；次曰“丞相高平侯魏相”；次曰“丞相博阳侯丙吉”；次曰“御史大夫建平侯杜延年”；次曰“宗正阳城侯刘德”；次曰“少府梁丘贺”；次曰“太子太傅萧望之”；次曰“典属国苏武”。皆有功德，知名当世，是以表而扬之，明著[71]中兴辅佐，列于方叔、召虎、仲山甫[72]焉。凡十一人，皆有传。自丞相黄霸、廷尉于定国、大司农朱邑、京兆尹张敞、右扶风尹翁归及儒者夏侯胜等，皆以善终，著名宣帝之世，然不得列于名臣之图，以此知其选矣。

赞[73]曰：李将军恂恂如鄙人[74]，口不能出辞[75]，及死之日，天下知与不知皆为流涕，彼其中心诚信于士大夫也[76]。谚曰：“桃李不言，下自成蹊。”此言虽小，可以喻大。然三代之将，道家所忌，自广至陵，遂亡其宗，哀哉！孔子称：“志士仁人，有杀身以成仁，无求生以害仁[77]”，“使于四方，不辱君命[78]。”苏武有之矣。

注 ①“少以父任”二句：因父亲职位之故而得任官。汉代官员年俸二千石以上，其子弟可以父荫为郎。苏武父苏建曾为代郡太守，以功封平陵侯，苏武与兄苏嘉、弟苏贤都被任用为郎。郎，官名，皇帝近侍。 ②稍迁：逐步升迁。栘（yí）：木名，即唐棣。汉宫廷中有栘园。厩监：管理马厩的官员，掌管栘园中鞍马、鹰犬和射猎用具。 ③“匈奴留汉使”句：汉武帝于元封元年（前110）统兵十八万以临北边，使郭吉晓谕乌维单于。郭吉见单于，言多威胁之意。单于怒，扣留郭吉，迁辱北海之上。元封四年秋，匈奴使至汉，因病服药而死，汉使路充国送其丧归，单于以汉杀匈奴贵使，扣留路充国。 ④天汉元年：即公元前100年。天汉为汉武帝年号（前100—前97）。 ⑤“且鞮”句：且鞮（jū dī）侯单于，乌维单于之弟。原为左大都尉，乌维单于死，子詹师庐立，年少，号为儿单于。儿单于在位三年而死，其子年少，匈奴乃立其叔（乌维单于弟）右贤王句黎湖为单于，句黎湖在位一年而死，由其弟且鞮侯继位。 ⑥中郎将：官名。节：使臣所持信物，以竹为杆，长八尺，上缀三重牦牛尾为装饰，故又称旄节。 ⑦假吏：临时充任为吏者。 ⑧募士：招募来的士卒。斥候：侦察人员。 ⑨缑（gōu）王：匈奴的一个亲王。 ⑩昆邪（hún yē）王：匈奴的一个亲王。据《汉书·匈奴传》，元狩二年（前121）夏，张骞、李广等击匈奴，单于怒昆邪王居西方而被杀被虏甚多，欲召诛之，昆邪王恐而降汉，缑王亦随之同降。 ⑪ 浞（zhuó）野侯：即赵破奴，太原人，早年亡命匈奴，后归国，为霍去病军司马。太初二年（前103）春，率二万骑出击匈奴，被俘投降，全军皆沦陷于胡。后又逃归汉，因罪灭族。 ⑫ 卫律：其父为长水胡人，生长于汉。与协律都尉李延年相善，以李举荐出使匈奴；将还时，李因罪全家被捕，卫律奔降匈奴，被封为丁零王。 ⑬ 阏氏（yān zhī）：匈奴王后的称号。 ⑭ 私候：私访。 ⑮ 左伊秩訾（zī）：匈奴王号，有左右之分。 ⑯ 受辞：受审。 ⑰ 毉：古"医"字。 ⑱ 舆：抬着。 ⑲"南越"二句：汉武帝元鼎五年（前112），南越王相吕嘉杀南越王及汉使，武帝遣将讨伐。次年，平定南越，抓获吕嘉，在其地设置九郡。 ⑳"宛王"二句：汉武帝曾派使者至大宛国求良马，大宛不与，又截杀汉使于归途。太初元年（前104）汉武帝派李广利征大宛，四年，大宛诸贵族杀国王毋寡。李广利携毋寡首级归京师，悬挂在汉朝的宫阙下。县，通"悬"。 ㉑"朝鲜"二句：开封二年（前109），汉武帝派涉何出使朝鲜，涉何派御者刺死伴送自己的朝鲜人，伪称杀死朝鲜将领，被武帝封为辽东东部都尉。朝鲜发兵杀死涉何。武帝再派兵攻朝鲜，次年，朝鲜尼溪相参杀朝鲜王右渠，降汉。 ㉒ 旃（zhān）：通"毡"，毡毯。 ㉓ 羝（dī）乳：指公羊生小羊。乳，生育。 ㉔ 於靬（wū jiān）王：且鞮侯单于之弟。弋射：射猎。 ㉕ 网：结网。纺缴（zhuó）：纺出箭尾所系的丝绳。 ㉖ 檠（qíng）：矫正弓弩的器具，此处用作动词。 ㉗ 服匿：盛酒酪的瓦器，小口广腹方底。穹庐：圆顶的大帐篷。 ㉘ 丁令：又作丁灵、丁零，匈奴族的一支。 ㉙ 侍中：官名，汉时为列侯以下至郎中的加官（由他官兼任者），侍从皇帝左右，掌管乘舆服物。 ㉚ 奉车：奉车都尉，掌管皇帝所乘的车。 ㉛ 雍：春秋时为秦都，在今陕西凤翔县南，汉代置雍县。棫（yù）阳宫：本秦宫，在雍县东北。 ㉜ 孺卿：苏武弟苏贤的字。祠：祭祀。河东：汉郡名，治所在今山西夏县西北。后土：土地神。 ㉝ 宦骑：充当皇帝骑从的宦官。黄门驸马：皇帝的骑侍。 ㉞ 溺死：淹死。 ㉟ 阳陵：汉县名，治所在今陕西咸阳市东北。 ㊱ 女弟：妹。 ㊲ 保宫：汉少府属官，其官署，有时也用作系囚之所。本名居室，武帝太初元年更名为保宫。 ㊳ 春秋高：年老。 ㊴ 位列将：指苏武父苏建曾为右将军，苏武本人为中郎将。 ㊵ 爵通侯：指苏建封平陵侯。 ㊶ 区（ōu）脱：同"欧脱"。匈奴语称边境的屯戍或守望之处为"区脱"。云中：郡名，治所在今内蒙古托克托东北。生口：指俘虏。 ㊷ 上林：汉上林苑，皇帝游猎之地，司马相如曾作《上林赋》。 ㊸ 贳（shì）：宽恕。 ㊹ 曹柯之盟：春秋时，齐军伐鲁，鲁庄公的大将曹沫三战皆败，庄公献遂邑地以求和，与齐盟于柯。盟时，曹沫执匕首劫齐桓公，迫使其归还所侵之地。此句谓自己本有如同曹沫劫齐桓公之类折服敌国的愿望。 ㊺ 宿昔：往日。 ㊻ 隤（tuí）：毁，破坏。 ㊼ 始元六年：公元前81年。始元为汉昭帝年号。 ㊽ 太牢：以一牛、一豕、一羊为祭品。园：陵寝，帝后的葬地。庙：祀祖先之处所。 ㊾ 典属国：官名，掌管少数民族事务。 ㊿ 秩：官秩。中二千石：汉代二千石的官秩按俸禄大小，分为中二千石、二千石、比二千石三等，中二千石官秩最高。 51 上官桀：字少叔，上官为复姓。武帝末拜左将军，封安阳侯，与霍光、金日磾（mì dī）同受武帝遗诏，辅佐昭帝。其子安，昭帝时拜车骑将军。桑弘羊：武帝末为御史大夫。燕王：刘旦，武帝第三子。盖主：

武帝长女，昭帝姊。其夫封为盖侯，故称盖长公主，又称盖主。此谋反之事指上官桀等人欲杀霍光，废昭帝，立燕王，事败，被杀，燕王与盖主自杀。 ⑤² 霍光：字子孟，霍去病异母弟，武帝时为奉车都尉，昭帝时任大司马大将军，封博陆侯，昭帝死后迎立昌邑王刘贺为帝，不久即废，又迎立宣帝，前后执政二十年。 ⑤³ 大将军长史：大将军的辅佐官员，此指杨敞，他是霍光的属官。 ⑤⁴ 搜粟都尉：亦称治粟都尉，属大司农（掌管租税钱谷盐铁的长官）。 ⑤⁵ 讼：上书为人申诉。燕王曾多次上书，言朝廷待遇不公，苏武官位太低。 ⑤⁶ 廷尉：主管司法的官员。 ⑤⁷ 寝其奏：不将廷尉欲捕苏武的奏章发下。寝，搁置，扣压。 ⑤⁸“武以”句：宣帝，汉武帝曾孙刘询。昭帝死后，昌邑王刘贺即位，因其荒淫，霍光等人废贺而立宣帝。此句谓苏武以前任二千石官职的身份，参与谋立宣帝之举。 ⑤⁹ 关内侯：秦汉时封爵名，有称号而无统辖的土地。 ⑥⁰ 张安世：字子孺，武帝时御使大夫张汤之子，昭帝时任右将军、光禄勋，封富平侯。与霍光策立宣帝，为大司马。明习故事：熟习朝章典故。 ⑥¹ 待诏：等待皇帝宣诏。宦者署：宦者令的衙署。 ⑥² 右曹：加官的一种，由任其他职务的官员兼任。 ⑥³“令朝”二句：令苏武只在每月的初一和十五朝见皇帝，其余时间不必上朝，敬称他为祭酒。祭酒，指德高望重的老人。古代重大宴会或祭享时，必推一年高德重者举酒先祭，称为祭酒。 ⑥⁴ 平恩侯：指宣帝后父许广汉。平昌侯：宣帝母王夫人之兄王无敌。乐昌侯：王无敌之弟王武。 ⑥⁵ 神爵二年：即公元前 60 年。神爵为汉宣帝年号。 ⑥⁶ 甘露三年：即公元前 51 年，甘露为汉宣帝年号。 ⑥⁷ 单于始入朝：指呼韩邪单于称臣于汉，时匈奴内乱，呼韩邪单于为争取汉朝帮助，遂入汉称臣。 ⑥⁸ 股肱（gōng）之美：指辅佐大臣的功绩。股，大腿。肱，胳膊。 ⑥⁹ 麒麟阁：在汉未央宫中。 ⑦⁰ 唯霍光不名：因霍光为三世重臣，政绩昭著，故不书其名以示尊敬。 ⑦¹ 明著：明确地指出。 ⑦² 方叔、召虎、仲山甫：皆辅佐周宣王中兴的功臣。 ⑦³ 赞：史传文中的作者评论。因苏武传在《李广苏建列传》中，故“赞”中先言李广、李陵，再及苏武。 ⑦⁴ 恂恂：诚谨貌。鄙人：乡野之人。 ⑦⁵ 口不能出辞：不善于言辞。 ⑦⁶“彼其”句：谓他的忠实诚笃能得士大夫信任。 ⑦⁷“志士”三句：《论语·卫灵公》：“子曰：志士仁人，无求生以害仁，有杀身以成仁。” ⑦⁸“使于”二句：《论语·子路》：“子曰：行己有耻，使于四方，不辱君命，可谓士矣。”

公元前三世纪末期，中国出现了统一的大帝国——秦，北方也形成了奴隶制国家——匈奴，南北对峙，战争不断。由于秦末农民起义，汉族统治者无暇顾及民族战争，汉初以来，匈奴领袖冒顿单于以其“控弦之士”三十余万，东败东胡，北服丁零，西逐大月氏，使“诸引弓之民，并为一家”，不断南侵。汉高祖刘邦率部亲征，却在公元前 202 年被围于平城，不得已只能忍辱和亲。经四朝六十多年尤其是文景之治的休养将息之后，汉武帝凭借雄厚的国力，屡对匈奴用兵，经过几次大战役，匈奴力量渐弱，汉朝北方农业区所受威胁解除，到汉武帝统治后期，匈汉间虽还有战争，但规模已远不如前。由于汉朝国力之强，早先的和亲政策改为恩威兼施，遂有派使以示亲善之举，在表面修好的背后，其实质是乘机窥探对方的虚实。《苏武传》一开始就写道："时汉连伐胡，数通使相窥观。匈奴留汉使郭吉、路充国等前后十余辈。匈奴使来，汉亦留之以相当。"遂将苏武出使匈奴置于这一背景中，同时为塑造苏武的形象准备下严酷的历史环境。

作为史传文学，《苏武传》详细记述了苏武羁留匈奴十九年的遭遇和归汉后的晚境。在历史事件的叙述和人物形象的刻画上，作者采取了前者略、后者详的处理原则，从而突现了人物的性格光彩。全文可分为三部分：第一部分写苏武出使匈奴，因事被扣，不屈服于威胁利诱，坚持民族气节，被遣于北海牧羊。第二部分写李陵以旧友身份陈述苏武家中变故，并自道真情，劝降苏武，苏武不为所动，终得回归祖国，行前李陵相送，剖明心迹。第三部分写苏武晚年遭遇，附载麒麟阁图画功臣之事。前两部分，层次分明，笔触丰满，刻画出苏武的爱国志士形象。

在《苏武传》中，首先值得称道的是班固善于以对照、映衬的艺术手法，来塑造主人公的形象，在言与行的比照烘托中，见出人物的正邪之别。这对照、映衬分见于敌我两个营垒，出现于不同场合。

其一，在出使匈奴之初，与副使张胜的对照。当苏武完成了送留汉匈奴使、厚赂单于的任务，正欲归汉之时，适遇缑王与虞常谋反匈奴的突发事件，副使张胜与虞常有旧，卷入其中。因谋泄事发，虞常被捕，张胜知难于隐瞒，只得告之苏武。苏武料此事必牵连自己，有负于国，欲自杀而被张胜、常惠所止。在单于使卫律召苏武受辞之时，苏武深责自己屈节辱命，引刀自刺，未死而得救。苏武伤愈之后，紧接着就是"会论虞常"和再度逼降。虞常被斩，张胜心惊，当卫律"举剑欲击"之时，"胜请降"。反观苏武，在卫律"复举剑拟之"的生死关头，却是"不动"。作为副使，张胜背着苏武行事，置两国关系于不顾，欲贪功而陷于虞常谋反之事，累及苏武，在匈奴的威逼之下，贪生请降。而苏武在得知真情后，首先想到的是"见犯乃死，重负国"，"虽生，何面目以归汉"，立下竭忠尽节之志，自杀未果，更不为敌方剑刃相加所动。通过与张胜的对照，更可见苏武以死全节、镇静无畏的使臣风度和高贵品质。

其二，在威逼利诱之时，与叛徒卫律的对照。卫律以李延年推荐，出使匈奴，还汉之时，延年因罪全家被捕，卫律逃奔匈奴，被封为丁零王。此次虞常与缑王合谋反叛之事，因涉及张胜，引出“单于使卫律召武受辞”一幕。在剑斩虞常、张胜请降之后，卫律先是以言相逼：“副有罪，当相坐。”苏武据理反驳，卫律理屈词穷，举剑威胁，苏武“不动”。威逼不成，卫律转以利诱来劝降，降之则是“赐号称王，拥众数万，马畜弥山”，拒降则是“空以身膏草野，谁复知之”！但苏武仍是“不应”。卫律见恬不知耻的现身说法不能奏效，又转为威胁：“君因我降，与君为兄弟，今不听吾计，后虽欲复见我，尚可得乎！”对这种无耻之尤的言行，苏武终无法按捺而痛斥卫律。他先是指斥卫律“不顾恩义，畔主背亲”的叛变之举，继而痛责卫律“反欲斗两主，观祸败”，“欲令两国相攻”的阴谋诡计。卫律的骄横无耻、色厉内荏，苏武的坚定镇静、深明大义，使忠奸之别如同冰炭不能相容。

其三，在以情相劝之时，与降将李陵的对照。李陵不同于卫律，他长于骑射，谦让下士，汉武帝以其有乃祖李广之风。陵以五千步卒深入匈奴，杀败单于所将三万骑兵，单于又召八万骑兵攻李陵军。正当汉军且战且退之时，叛徒降匈奴并道出汉军窘况，致使李陵矢尽粮绝，不得已而降。后来汉武帝派公孙敖领兵入匈奴，迎还李陵，但公孙敖无功而还，将李绪教匈奴为兵误为李陵，致使李陵全家被杀，只得长留匈奴。李陵与苏武在汉时俱为侍中，相处素厚。他原来愧见苏武，受单于之使，以“置酒设乐”之举与武相见，道明“说足下”之意，和单于“虚心欲相待”的诚心。他先晓之以“空自苦亡人之地，信义安所见”之理，再动之以情，陈述了苏武出使以来所未知的家庭变故：兄弟屈死、母亲亡故，妻子改嫁，子女走失，继而将心比心，陈述自己初降时的心情，最后又指出汉武帝年事已高、喜怒无常、大臣安危难卜的朝中实况。所说的这些，情理俱在，且陈述委婉，虽心如铁石亦不能不为所动。但是，苏武却置家中命运和个人恩怨于不顾，他所说的“臣事君，犹子事父也”，虽不无愚忠色彩，但为国事甘赴汤镬，不避斧钺，“杀身自效”，坚贞不屈，却闪烁着夺目的思想光芒。在连饮数日之后，仍陈其“必欲降武”，“效死于前”之志，终使李陵赞叹与自责并作，与之泣别。李陵虽有韬略武功之长，但自恃太过，以至兵败投降。苏武并无过人之才，却能在处变置难之时，不负使命，孤忠自誓，大义凛然，这种历久而不变的节操，将国家利益置于个人恩怨之上的高贵品德，较之一时的血气之勇更为难能可贵。在与李陵“喟然叹”“泣下沾衿”的对照中，更见苏武胸襟之广、信念之坚。

此外，《苏武传》又以生动描绘事情经过，具体展现环境与行动，详尽记述人物言论见长。

当缑王、虞常等准备反叛匈奴而事发时，张胜“恐前语发，以状语武”，苏武料知此事必会牵连自己，有负于国，欲自杀而被止。在被召“受辞”之时，苏武再申“屈节辱命”、无面目归汉之意，引刀自刺，文中详记“卫律惊”、召医抢救的过程，以“惠等哭”“单于壮其节”烘托苏武。尤其是“会论虞常”一幕，剑斩虞常、逼降张胜，终于引出欲令苏武屈节的高潮，文中详细记述了卫律以言相逼、以剑威胁、以利相诱的过程，苏武铁骨铮铮，予以痛斥，其思想、形象凸现纸上。李陵劝降又全然不同于卫律逼降，李陵起先“不敢求武”，后奉单于命，“为武置酒设乐”，详言苏武的家庭变故，并惺惺相惜、推己及人地从激起对汉武帝的怨愤，以动摇对汉朝的信念，苏武在表明心迹之后，以“愿勿复再言”却之。一次未成，又“饮数日”，再劝，苏武以“效死于前”相答，其至诚终引出李陵的喟叹、自责、泣下沾衿。在昭帝即位、匈汉和亲之后，对汉廷求取苏武的经过亦记叙颇详，尤其是李陵与苏武诀别时的剖白，读来令人酸楚。

为表现苏武的性格、气节及其始终不渝的爱国精神，文中在记“行”之时又着力于环境描绘。苏武自刺后，被置地坎煴火之上，蹈背出血，气绝复息，充满悲壮色彩。被幽置大窖，断绝饮食，卧而啮雪，与旃毛并咽，困苦中愈显苏武的性格坚强。牧羊北海，掘鼠食为食，仗节操持，节旄尽落，其历久而不变的节操更令人敬仰。

文中塑造人物形象，又得力于记述人物语言。苏武对张胜所说的“见犯乃死，重负国”，对常惠所说的“屈节辱命，虽生，何面目以归汉”，都可见其为坚持民族气节，已立下必死之念。卫律谓之当连坐罪时，苏武据理反驳，剑锋相逼时，不为所动，卫律软硬兼施的失败，正见苏武的过人胆略和斗争艺术。其怒斥卫律，并以汉使在诸国被杀的史实，警戒匈奴，更见其高瞻远瞩。与李陵对答，显然不同于卫律，李陵从苏武的家庭变故，自己初降时的心情，和武帝年高、法令无常、大臣安危难卜三方面劝降，苏武却以少应多，仅从忠君角度却之。初则“愿复勿再言”，继则“王必欲降武，请毕今日之驩，效死于前”，愈见恭敬则愈为冷峻。至临归之时苏李诀别，却只有李陵之言与诗，以李陵的悔与敬，更衬托苏武的节操可钦。在苏武先后与卫律、李陵的对答中，个性化的语言表现出人物的不同特点。苏武的威武不可屈、贫贱不能移、忠心耿耿、大义凛然，卫律的凶残、强横、无耻，李陵的良知未泯、内心充满矛盾与痛苦，都给人留下深刻的印象。

作者以图画麒麟阁功臣之事系于苏武一传，固然见出《汉书》“追述功德，傅会权宠”之短，但以孔子语入“赞”，则体现对苏武的同情和褒扬。正是这种进步的思想倾向，使此传成为史传文学中不可多得的佳篇。（邓乔彬）

登楼赋　　王　粲

登兹楼以四望兮，聊暇日[①]以销忧。览兹宇之所处兮，实显敞而寡仇[②]。挟清漳之通浦兮，倚曲沮之长洲[③]。背坟衍之广陆兮，临皋隰之沃流[④]。北弥陶牧，西接昭丘[⑤]。华实蔽野，黍稷盈畴。虽信美而非吾土兮，曾何足以少留！

遭纷浊而迁逝兮，漫逾纪以迄今。情眷眷而怀归兮，孰忧思之可任！凭轩槛以遥望兮，向北风而开襟。平原远而极目兮，蔽荆山之高岑[⑥]。路逶迤而修迥兮，川既漾而济深。悲旧乡之壅隔兮，涕横坠而弗禁。昔尼父之在陈兮，有归欤之叹音。钟仪[⑦]幽而楚奏兮，庄舄[⑧]显而越吟。人情同于怀土兮，岂穷达而异心！

惟日月之逾迈兮，俟河清其未极[⑨]。冀王道之一平兮，假高衢而骋力。惧匏瓜之徒悬兮，畏井渫之莫食[⑩]。步栖迟以徙倚兮，白日忽其将匿。风萧瑟而并兴兮，天惨惨而无色。兽狂顾以求群兮，鸟相鸣而举翼。原野阒其无人兮，征夫行而未息。心凄怆以感发兮，意忉怛而憯恻[⑪]。循阶除而下降兮，气交愤于胸臆。夜参半而不寐兮，怅盘桓以反侧。

注 ① 暇日：暇，一作“假”，假借。 ② 仇：匹敌。 ③ 漳：漳水。发源于湖北南漳县的蓬莱洞山，东南流经当阳，与沮水会合，成为沮漳河，流入长江。沮：沮水。源出湖北保康县西南，东南流经当阳，与漳水会合，流入长江。 ④ 坟衍：土地高起为坟，广平为衍。皋隰（xí）：皋，水边的高地。隰，低湿地。

⑤“北弥”二句：弥，尽于。陶牧，地名，传说春秋越国陶朱公范蠡葬于此。昭丘，春秋时楚昭王墓。《水经注·沮水》：“沮水又南径楚昭王墓，东对麦城，故王仲宣之赋《登楼》云‘西接昭丘’是也。” ⑥荆山：山名，在今湖北南漳县西南，东南谷地宽广，西北巍峨陡峻，故云“蔽高岑”。岑：小而高的山。⑦钟仪：春秋时楚国的伶人，被郑国俘虏，献给晋国。两年后，晋侯命他弹琴，他弹奏起楚国乐调。 ⑧庄舄（xì）：战国时越国人，在楚国官至大夫，病中思念故国，说话仍发越国语音。 ⑨河清：喻天下太平。《左传·襄公八年》引逸诗：“俟河之清，人寿几何?”古称黄河千年一清，谓时机难遇。 ⑩井渫（xiè）之莫食：井已淘净，却无人汲水喝。比喻有才干，却不被重用。渫，淘井去泥。 ⑪忉怛（dāo dá）、憯（cǎn）恻：均为悲切貌。

这篇赋乃王粲南依刘表时作。汉献帝兴平元年（194），董卓部将李傕、郭汜战乱关中，王粲遂离去长安，南下荆州，投靠刘表。到荆州后，因体貌短小，不为刘表所重，乃作此赋，以抒其流离忧愤之情。王粲作此赋所登之楼，在今湖北当阳境内旧麦城所在地，正当漳、沮二水汇合之处。《水经注·漳水》：“漳水又南径当阳县，又南径麦城东，王仲宣登其东南隅，临漳水而赋之曰：‘夹清漳之通浦，倚曲沮之长洲’是也。”唐诗人罗隐《春日投钱塘元帅尚父二首》第二首末句云“麦城王粲谩登楼”，皆可为明证。旧日当阳城内曾建有仲宣楼，因刘表当时为荆州牧，又多驻在襄阳，故江陵及襄阳两地亦各建有仲宣楼。

此赋可分为三段，首段写登楼所览，次段叙怀乡之情，末段抒身世之惧，遵循主人公情绪的自然发展写来，层次极为明晰。

首段发端二句为全赋的纲领。作者为销忧而登楼览望，由望而触发怀念故乡及忧惧身世之感，终至思绪纷纭激越而不可开释，皆由登览而生。首段重在写登楼所览，先称赏所登之楼“显敞寡仇”，表现出乍一登上的快感，由此乃使望中所见山川原野，尽情收纳眼底。“挟清漳之通浦”以下，凡目力所及，由近至远，序次历历，各撮其要，并包无遗，给人的观感甚觉全面完整。这一切如在大赋家手下，则东南西北，物类纷陈，不知要费多少笔墨。“华实蔽野，黍稷盈畴”二句，总的形容出漳、沮两岸原野夏秋之际一片丰穰景象，极为真切。段末二句束上启下，起着枢纽的作用，以赞赏斯土之美，带发怀乡之情。异土虽美，何足少留，表情与后来建业民谣“宁饮建业水，不食武昌鱼”用意正一致。

次段抒怀念乡土之情。首四句叙说所以流离之故及时间之久，与怀旧情思之殷切。“遭纷浊”三字包容了大量历史事实。回顾献帝初年长安乱象，及作者在《七哀诗》第一首所咏“西京乱无象”云云，至足令人怵目惊心。“漫逾纪”句点明“迁逝”时间之久。一纪为十二年。这句确切地提供了作赋的时间，当是建安十一年（206）。“情眷眷”二句紧承上句言，流徙了那样漫长的时间，当恋恋思归之情激发时，谁能承受得住这种欲归不得的忧愁啊！“凭轩槛”以下几句写在楼上的展望活动，其中一直贯注着怀归的情绪。遥望时面向家乡所在的北方，心目关切的是回乡的水陆程途。然望眼既为荆山高岭所遮蔽，归途的川原又深长难越，于是自然产生“悲旧乡”二句那种涕泗横溢的悲感。最后六句撮举古代圣贤为例证，言怀念乡土，人情所同，不因穷达而异。“尼父”即孔子。孔子困厄于陈时，曾发出“归欤！归欤”的感叹（见《论语·公冶长》）。钟仪为楚国乐官，被俘囚于晋国时，仍以琴弹奏楚国的乐调（见《左传·成公九年》）。越人庄舄为楚国执珪的官，病中思念越国，呻吟着越国的声音（见《史记·陈轸传》）。这六句乃因思归不得，感伤至极，转而自解之辞，以避免招致区区乡井之讥。用此数事，亦可使文章中途气势盘旋凝重，而不致轻滑，接着以“人情”二句收束，显得分外矫健有力。

末段抒写身世之忧，与其遭遇紧相联系。开始六句表白内心忧惧所在，盖因时间大量流逝，而时清难待，但恐虚度一生，而不获骋力于斯世。“匏瓜”句意本于孔子自谓：“吾岂匏瓜也哉，焉能系而不食！”（见《论语·阳货》）以匏瓜之空悬而不为人食用，以喻人之终身虚度而不见用于世。“井渫”句原于《易·井卦》之“井渫不食”，与“匏瓜”句用意一致。“渫”为疏浚之意。以上六句为本段抒情的基因，然现实一切适与愿违。“步栖迟”以下八句，极写其此时耳目所触，无不令人惊心怆怀。“步栖迟”句写楼上览望时的活动情况，就是行行停停地徘徊着。就在这时，太阳掩藏了它的光辉，原野顿呈一片惨黯惶遽的景象，天色物状都富于象征性，反映着人对于现实的感觉。时局还在恶化，原野一片萧条，只有征夫还在为战争而紧张行进着。看到这一切违反素志的场景，怎不令人凄怆！最后四句写登览下来情绪激动的情况，与篇首相对照。登览原为销忧，而终局适得其反，把感情抒发得无比强烈。

这篇赋是建安时代抒情小赋的杰作。它的卓越的艺术成就表现在它的体貌的高度精练；而情思的深厚丰腴，使读者自然而然地感觉其意味深永。它的精练体现在无论是写景、抒情，以至运用典实来比喻其思想感情，都各适分而止，并不多事铺设辞藻，因而其感情表达得极为清晰而易于感人。在赋中，主人公的形象使读者宛然可见。他登览之际，始而舒畅，继而转忧，于是深思徘徊，最后带着激烈的矛盾情绪下楼，终至归去不能成眠。其时间乃由白昼以至晚暮而达到夜半。其情绪则由舒缓而紧张，由单纯而复杂，终至矛盾激烈而不可开释。这一切构成一幅完整的遭乱流离而满怀身世之忧的诗人形象。（胡国瑞）

为袁绍檄豫州

陈 琳

左将军领豫州刺史郡国相守：盖闻明主图危以制变，忠臣虑难以立权。是以有非常之人，然后有非常之事；有非常之事，然后立非常之功。夫非常者，故非常人所拟也。曩者强秦弱主，赵高[①]执柄，专制朝权，威福由己；时人迫胁，莫敢正言，终有望夷之败[②]。祖宗焚灭，污辱至今，永为世鉴。及臻吕后[③]季年，产、禄[④]专政，内兼二军[⑤]，外统梁、赵[⑥]，擅断万机，决事省禁[⑦]，下凌上替，海内寒心。于是绛侯、朱虚[⑧]，兴兵奋怒，诛夷逆暴，尊立太宗[⑨]。故能王道兴隆，光明显融，此则大臣立权之明表也。

司空[⑩]曹操，祖父中常侍[⑪]腾，与左悺、徐璜[⑫]并作妖孽，饕餮[⑬]放横，伤化虐民。父嵩，乞匄携养[⑭]，因赃假位，舆金辇璧，输货权门，窃盗鼎司[⑮]，倾覆重器。操赘阉[⑯]遗丑，本无懿德，犷狡锋协，好乱乐祸。幕府[⑰]董统鹰扬，扫除凶逆[⑱]，续遇董卓[⑲]，侵官暴国，于是提剑挥鼓，发命东夏[⑳]，收罗英雄，弃瑕取用。故遂与操同咨合谋，授以裨师[㉑]；谓其鹰犬之才，爪牙可任；至乃愚佻[㉒]短略，轻进易退，伤夷折衄[㉓]，数丧师徒。幕府辄复分兵命锐，修完补辑。表行东郡，领兖州刺史[㉔]，被以虎文，奖蹴[㉕]威柄，冀获秦师一克之报[㉖]。而操遂承资跋扈，肆行凶忒，割剥元元[㉗]，残贤害善。故九江太守边让，英才俊伟，天下知名，直言正色，论不阿谄，身首被枭悬之诛，妻孥受灰灭之咎。自是士林愤痛，民怨弥重，一夫奋臂，举州同声。故躬破于徐方[㉘]，地夺于吕布[㉙]，彷徨东裔，蹈据无所。幕府惟强干弱枝之义，且不登叛人之党[㉚]，故复援旌擐[㉛]甲，席卷起征[㉜]，金鼓响振，布众奔沮。拯其死亡之患[㉝]，复其方伯[㉞]之位，则幕府无德于兖土之民，而有大造于操也。

后会鸾驾反旆[35]，群虏寇攻，时冀州方有北鄙之警[36]，匪遑离局，故使从事中郎徐勋，就发遣操，使缮修郊庙，翊卫幼主。操便放志专行，胁迁[37]当御省禁；卑侮王室，败法乱纪；坐领三台，专制朝政；爵赏由心，刑戮在口；所爱光五宗，所恶灭三族；群谈者受显诛，腹议者蒙隐戮；百僚钳口，道路以目；尚书记朝会，公卿充员品而已。故太尉杨彪，典历二司[38]，享国极位。操因缘眦睚，被以非罪[39]，榜楚参并，五毒备至；触情任忒，不顾宪网。又议郎赵彦，忠谏直言，义有可纳，是以圣朝含听，改容加饰。操欲迷夺时明，杜绝言路，擅收立杀，不俟报闻。

又梁孝王，先帝母昆[40]，坟陵尊显，桑梓松柏[41]，犹宜肃恭。而操帅将吏士，亲临发掘，破棺裸尸，掠取金宝，至令圣朝流涕，士民伤怀。操又特置发丘中郎将、摸金校尉，所过隳突[42]，无骸不露。身处三公之位，而行桀虏[43]之态，污国虐民，毒施人鬼。加其细政苛惨，科防[44]互设，罾缴[45]充蹊，坑阱[46]塞路，举手挂网罗，动足触机陷。是以兖、豫有无聊[47]之民，帝都有吁嗟之怨。

历观载籍，无道之臣，贪残酷烈，于操为甚。幕府方诘[48]外奸，未及整训，加绪[49]含容，冀可弥缝。而操豺狼野心，潜包祸谋，乃欲摧挠栋梁[50]，孤弱汉室，除灭忠正，专为枭雄。往者伐鼓，北征公孙瓒[51]，强寇桀逆，拒围一年，操因其未破，阴交书命，外助王师，内相掩袭。故引兵造河，方舟北济，会其行人[52]发露，瓒亦枭夷，故使锋芒挫缩，厥图不果。

尔乃大军过荡西山[53]，屠各左校[54]，皆束手奉质，争为前登，犬羊残丑，消沦山谷。于是操师震慑，晨夜逋遁，屯据敖仓[55]，阻河为固，欲以螳螂之斧，御隆车之隧[56]。幕府奉汉威灵，折冲宇宙[57]，长戟百万，胡骑千群，奋中黄育获之士[58]，骋良弓劲弩之势，并州越太行，青州涉济、漯[59]，大军泛黄河而角其前，荆州下宛、叶[60]而掎其后，雷霆虎步，并集虏庭，若举炎火以焫[61]飞蓬，覆沧海以沃熛[62]炭，有何不灭者哉。又操军吏士，其可战者，皆自出幽、冀，或故营部曲，咸怨旷[63]思归，流涕北顾；其余兖、豫之民，及吕布、张扬之遗众[64]，覆亡迫胁，权时苟从，各被创夷，人为仇敌。若回旆方徂，登高冈而击鼓吹，扬素挥[65]以启降路，必土崩瓦解，不俟血刃。

方今汉室陵迟[66]，纲维弛绝，圣朝无一介[67]之辅，股肱[68]无折冲之势，方畿[69]之内，简练之臣，皆垂头搨翼[70]，莫所凭恃，虽有忠义之佐，胁于暴虐之臣，焉能展其节！又操持部曲精兵七百，围守宫阙，外托宿卫，内实拘执，惧其篡逆之萌，因斯而作。此乃忠臣肝脑涂地之秋，烈士立功之会，可不勖哉！

操又矫命称制，遣使发兵。恐边远州郡，过听而给与，强寇弱主，违众旅叛，举以丧名，为天下笑，则明哲不取也。

即日幽、并、青、冀四州并进。书到，荆州便勒见兵，与建忠将军[71]协同声势。州郡各整戎马，罗落[72]境界，举师扬威，并匡社稷，则非常之功于是乎著。其得操首者，封五千户侯，赏钱五千万。部曲偏裨将校诸吏降者，勿有所问。广宣恩信，班扬符赏，布告天下，咸使知圣朝有拘逼之难。如律令[73]。

注 ① 赵高：秦二世时任丞相，专断朝廷，指鹿为马，后杀秦二世，立子婴，不久被子婴所杀。 ② 望夷之败：指赵高逼秦二世自杀于望夷宫。望夷宫以临泾水，可望北夷而命名。故址在今陕西泾阳县东南。 ③ 吕后：汉高祖刘邦的皇后，刘邦死后曾临朝执政。 ④ 产、禄：指吕后的侄儿吕产、吕禄。 ⑤ 二军：指汉代南、北军。南军负责未央宫等处的守卫，北军担任京师的守卫。吕后临朝后，吕产、吕禄掌握南、北军。 ⑥ 外统梁、赵：吕后封吕产为梁王，吕禄为赵王。 ⑦ 省禁：宫禁之中。 ⑧ 绛侯、朱虚：绛侯名周勃，官太尉，平定诸吕作乱，建立殊功。朱虚侯名刘章，协助周勃消灭诸吕。 ⑨ 太宗：指汉文帝刘恒，本封代王，平定吕产等人作乱后，大臣拥戴为帝。 ⑩ 司空：官名，为汉朝廷三公之一。 ⑪ 中常侍：官名，东汉时由宦官充任。 ⑫ 左悺（guàn）、徐璜：人名，皆宦者。左悺曾为小黄门，徐璜曾为中常侍。 ⑬ 饕餮（tāo tiè）：传说中的一种贪食的恶兽，比喻贪婪凶恶的人。 ⑭“父嵩”二句：曹嵩字巨高，曹腾的养子，因不知曹嵩本父姓名，来路不清，所以称之为乞丐携养。匄，同“丐”。 ⑮ 鼎司：鼎古以为三公的象征，鼎司指三公的职位。曹嵩官至太尉，为三公之一，故称之为鼎司。 ⑯ 赘阉：指曹操父曹嵩为曹腾的养子。阉，指宦者。 ⑰ 幕府：借指将帅，此指袁绍。 ⑱ 扫除凶逆：公元 189 年汉灵帝死，少帝即位，大将军何进谋诛宦官。谋泄，何进反被宦官张让等所杀。袁绍引兵大杀宦官，不论老小，一律处死。此句即言此事。 ⑲ 董卓：陇西人，字仲颖，灵帝时任并州牧。昭宁元年（189），他入据京师，废少帝，立献帝，独揽朝政。袁绍等起兵讨伐，他挟持献帝迁都长安，自为太师，将京都洛阳焚毁。后为王允、吕布所杀。 ⑳ 发命东夏：袁绍以渤海太守为讨董卓盟军首领。渤海在中国东部，故称东夏。 ㉑ 裨师：偏师。 ㉒ 佻（tiāo）：轻佻。 ㉓ 伤夷折衄（nǜ）：伤夷，即伤痍，创伤。折衄，损伤，挫败。 ㉔“表行”二句：袁绍曾举荐曹操为东郡太守、刘公山为兖州，后公山为黄巾军所杀，又举荐曹操为兖州刺史。 ㉕ 蹴（cù）：《文选》李善注：“蹴，成也。” ㉖ 秦师一克之报：春秋时晋国伏兵崤山，大败秦军袭郑的部队，并俘获秦军统帅孟明。孟明被晋释放回国，继续为秦穆公所重用，终于复仇，战胜晋国。 ㉗ 元元：民众。 ㉘ 躬破于徐方：徐方，指徐州。兴平元年（194），曹操征讨徐州牧陶谦，刘备率兵来援，曹操因粮乏撤军。 ㉙ 地夺于吕布：当时曹操与吕布战于濮阳（今属河南），曹操战败。陈宫叛变，迎吕布，曹操所属郡县都响应。 ㉚ 登：加强、增大。叛人：指吕布。 ㉛ 擐（huàn）：穿。 ㉜ 席卷起征：史载无袁绍亲征吕布之事。 ㉝ 拯其死亡之患：《文选》李善注引谢承《后汉书》：“操围吕布于濮阳，为布所破。投绍，绍哀之，乃给兵五千人，还取兖州。” ㉞ 方伯：泛称地方长官，此指刺史。 ㉟ 鸾驾反旆：指汉献帝从长安返回洛阳。旆（pèi），旌旗。 ㊱ 冀州方有北鄙之警：指公孙瓒率众攻打袁绍北面疆土。 ㊲ 胁迁：指建安元年（196）曹操迎献帝由洛阳迁都于许事。 ㊳ 典历二司：杨彪曾代董卓为司空，又代黄琬为司徒。 ㊴ 被以非罪：曹操以杨彪图谋更立天子，劾以大逆。 ㊵“又梁孝王”二句：先帝指汉景帝刘启。梁孝王（刘武）与汉景帝为同母兄弟。母昆，同母昆弟。 ㊶ 桑梓：为古代住宅旁常栽的两种树木，后用以喻故乡。松柏：古人墓地种松柏作为标识。 ㊷ 隳（huī）突：冲撞毁坏。 ㊸ 桀虏：凶暴虏掠。 ㊹ 科防：条律禁令。 ㊺ 罾缴（zēng zhuó）：罾，捕鸟兽用的网。缴，系在箭上的生丝绳，射鸟用。这里比喻到处都有危险，即下文“举手挂网罗”之意。 ㊻ 坑阱：陷阱。 ㊼ 无聊：生活穷困，无所依赖。 ㊽ 诘：问罪。 ㊾ 绪：思。 ㊿ 栋梁：隐指袁绍。 ⑤① 北征公孙瓒：公孙瓒，字伯珪，汉末辽西令支人，曾任辽东属国长史，后割据幽州，与袁绍连年混战。袁绍北征公孙瓒，事在建安三、四年间。 ⑤② 行人：使者。 ⑤③ 大军过荡西山：大军，指袁绍部队。荡西山，指平定黑山军于毒等。 ⑤④ 屠各左校：屠各，匈奴部族名。左校，指左校郭太贤。 ⑤⑤ 敖仓：敖，地名，在今河南荥阳西北。秦代筑谷仓于敖，故称敖仓。 ⑤⑥ 隆车之隧：隆车，很多车。隧，旋转，此言车队前进。 ⑤⑦ 折冲宇宙：折冲，本为挫败敌方战车。冲为一种战车。此言抵御、抗击。宇宙，天地。 ⑤⑧ 中黄育获：指中黄伯、夏育、乌获，都是古代大力勇猛之士。 ⑤⑨“并州”二句：袁绍以其外甥高幹为并州刺史，以长子袁谭为青州刺史。此言高幹将越太行起兵，袁谭将率兵渡过济水和漯水来会合。济漯（tà），指济水和漯水。 ⑥⓪ 荆州下宛、叶：刘表时为荆州刺史，与袁绍结盟。言刘表部队从宛、叶出发。宛，地名，在今河南南阳。叶，地名，在今河南叶县南。 ⑥① 焫（ruò，又读 rè）：烧。 ⑥② 熛（biāo）：燃烧。 ⑥③ 怨旷：怨恨离别之久。 ⑥④ 吕布、张扬之遗众：曹操于建安三年（198）杀吕布并其军。张扬，字稚叔，云中人，董卓以为建义将军，建安四年，为属将杨丑所杀，眭固又杀丑，曹操杀眭固并其军。 ⑥⑤ 素挥：即白旗。挥，通“徽”，旗、幡。 ⑥⑥ 陵迟：衰颓。 ⑥⑦ 一介：一个。 ⑥⑧ 股肱：本为大腿和上臂，此以喻帝王左右辅助得力的臣子。 ⑥⑨ 方畿：指皇帝直接统治区。 ⑦⓪ 揚翼：谓鸟垂翅，表现垂头丧气的神态。 ⑦① 建忠将军：即张绣。他以功封建忠将军，时投靠刘表，在宛与曹操对抗。 ⑦② 罗落：分布排列。 ⑦③ 如律令：按法令执行。汉代诏书或檄文结尾多用此语。

《三国志·王粲传》载："（陈）琳避难冀州，袁绍使典文章。袁氏败，琳归太祖。太祖谓曰：'卿昔为本初移书，但可罪状孤而已，恶恶止其身，何乃上及父祖邪？'琳谢罪，太祖爱其才而不咎。"险些给陈琳带来杀身之祸的移书，就是这篇《为袁绍檄豫州》；而使陈琳显露才华，获得曹操赏识的檄文，也是这篇《为袁绍檄豫州》。

建安四年（199），袁绍统领十余万大军攻汉献帝的都城许（今河南许昌），起兵时让陈琳起草这篇檄文晓谕当时任左将军豫州刺史的刘备，希望他反曹，与己联合。

檄文一开头就气宇不凡，陈琳没有就事论事，而是先立本文的总纲，即"盖闻明主图危以制变，忠臣虑难以立权。是以有非常之人，然后有非常之事；有非常之事，然后立非常之功"。在国家危难之时，要采取权变的方法，一切都不能循规蹈矩，墨守成规是成就不了大事业的。当时曹操已据有挟天子以令诸侯的有利形势，所以陈琳就将袁绍这次征讨称为挽救危难、粉碎篡逆的非常之举，以此作为号召。

为了使这一总纲有根有据，有说服力，有号召力，陈琳引用了历史上一反一正两件历史事实。一是赵高挟持秦二世，"时人迫胁，莫敢正言"，终于酿成了二世被迫自杀的望夷宫事件，并导致秦朝的覆亡。这是一个惨痛的历史教训。二是吕后末年，吕产、吕禄等专权，汉代几至易姓，但在周勃、刘章等人"兴兵奋怒"的努力下，终于诛诸吕，立文帝，安定了汉室。这是一个成功的例证，"大臣立权之明表也"，希望刘备来效法。选取这一历史事例，可以说十分贴切地联系着当时的现实：周勃诛诸吕时身为太尉，而袁绍当时"为太尉转为大将军"，相当周勃的地位。朱虚侯刘章是汉代的宗室，而刘备正好也是汉宗室。陈琳正是通过这一历史事件希望袁绍、刘备携手，重演灭贼扶汉这幕剧。

檄文的第一段以赵高、诸吕影射曹操，提出中心论点；从第二段开始，则展开对曹操的实质性揭露和公开声讨。《文心雕龙·檄移》谈到檄移这种文体时说："奋其武怒，总其罪人；惩其恶稔之时，显其贯盈之数；摇奸宄之胆，订信慎之心。"要求将敌人的恶贯满盈进行彻底的揭露，暴露于光天化日之下，使他陷于孤立，闻风丧胆。陈琳抓住对曹操的揭露和声讨这一重点，由曹操的出身、参加讨董卓义军、作兖州刺史、擅权朝纲等重要时期从纵的方面进行揭露，显示他"承资跋扈，肆行凶忒，割剥元元，残贤害善"是一贯的；而且，随着权力的增强，地位的提高，为害亦越演越烈，竟至“擅收立杀，不俟报闻”，发掘梁孝王的陵墓，怀有不臣之心；又“持部曲精兵七百，围守宫阙，外托宿卫，内实拘执，惧其篡逆之萌，因斯而作”。凡所言都有事实为据，十分有说服力，将曹操名为汉相实为汉贼的面目揭露无余。在揭露曹操残暴、不忠的同时，也揭露他的不义。檄文历叙袁绍和曹操的关系：曹操是由袁绍提携起来的，在以后的多次战争中，每当曹操遭遇危险，莫不由于袁绍的救助，才得以转危为安，恢复实力，袁绍是曹操的大恩人。但曹操不仅知恩不报，反而恩将仇报，当袁绍代表朝廷征讨公孙瓒时，曹操竟暗中与公孙瓒相勾结，企图危害袁绍，削弱汉室。通过对曹操不忠、不义、不道的深刻揭露，袁绍此举为君、为国、为民的正义性就显示出来了，这正是檄文所要达到的客观效果。

《文心雕龙·檄移》评论本文“抗辞书衅，皦然露骨”，就是指对曹操的无情揭露，但同时又批评本文所称“奸阉携养，章密太甚；发丘摸金，诬过其虐”，认为陈琳对曹操父祖的揭露有点多余，说曹操置发丘中郎将、摸金校尉专门从事挖墓掘坟是夸大不实之词。那么，檄文中该不该写曹操的出身，暴露其“赘阉遗丑”呢？如结合当时的背景，还是应该写的。东汉末年，宦官、外戚的斗争几经翻覆，当时士大夫中的清流差不多都是反对宦官专权的。汉末又是一个极讲究门第出身的社会，袁绍出身“四世三公”的家庭，门生故吏遍天下，在汉末的政治动乱中袁绍又扮演了诛杀宦官的急先锋角色，陈琳这样写对于争取士大夫中清流的支持应该说是有作用的。究竟曹操有没有设置发丘中郎将、摸金校尉，史无记载，但以情理推测，当有过此举。因为檄文是写给刘备的，曹、刘是同时代的人，如果无中生有，不仅达不到揭露曹操的目的，反而会引起刘备的反感，所以还不能因史无记载，就断言陈琳“诬过其虐”。

为了达到让刘备弃曹从袁的目的，仅指出孰为正义并不够，还需对双方实力、军事情势进行分析，使之明其利害，专一从己。檄文指出袁绍是乘胜之师，兵多将广。幽州、青州刺史都是袁绍的儿子，并州刺史是袁绍的外甥，他们一定会与袁绍本部冀州军团结一致，奋勇作战。荆州刘表是袁绍的同盟，形成对曹军的前后夹击。而曹操的部队，嫡系军队“怨旷思归，流涕北顾”；收编吕布、张扬的部队则人心尚未归顺，“人为仇敌”，强弱之势十分明显，最后希望刘备“举师扬威，并匡社稷”，并公布立功的奖赏及投降不问的优待政策。作者对刘备可以说是晓之以理，动之以情，明之以利害。

本文大都以骈偶句构成，齐整凝练，不仅有着形式整饬之美，且能增加文章的气势，便于口耳相传，扩大影响。语言丰富，全文二千多字，除称谓之外，基本上没有重复使用的语词；叙述也很形象，如表示袁绍军队的威力，用“若举炎火以焫飞蓬，覆沧海以沃熛炭”等，给人极深印象。（叶晨晖）

魏晋南北朝文

让县自明本志令

曹　操

孤始举孝廉[1]，年少，自以本非岩穴知名之士[2]，恐为海内人之所见凡愚。欲为一郡守[3]，好作政教以建立名誉，使世士明知之。故在济南[4]，始除残去秽[5]，平心选举[6]，违忤诸常侍[7]。以为强豪所忿，恐致家祸[8]，故以病还。

去官之后，年纪尚少，顾视同岁[9]中，年有五十，未名为老，内自图之：从此却去[10]二十年，待天下清，乃与同岁中始举者等耳。故以四时归乡里，于谯[11]东五十里筑精舍，欲秋夏读书，冬春射猎，求底下[12]之地，欲以泥水自蔽，绝宾客往来之望，然不能得如意。

后征为都尉[13]，迁典军校尉[14]，意遂更欲为国家讨贼立功，欲望封侯作征西将军，然后题墓道言"汉故征西将军曹侯之墓"，此其志也。而遭值董卓之难[15]，兴举义兵[16]。是时合兵能多得耳，然常自损，不欲多之。所以然者，多兵意盛，与强敌争，倘更为祸始。故汴水之战[17]数千，后还到扬州[18]更募，亦复不过三千人。此其本志有限也。

后领兖州[19]，破降黄巾三十万众。又袁术僭号[20]于九江[21]，下皆称臣，名门曰建号门，衣被皆为天子之制，两妇预争为皇后。志计已定，人有劝术使遂即帝位，露布天下[22]。答言："曹公尚在，未可也。"后孤讨禽其四将[23]，获其人众，遂使术穷亡解沮，发病而死[24]。及至袁绍据河北[25]，兵势强盛，孤自度势，实不敌之。但计投死为国，以义灭身，足垂于后。幸而破绍[26]，枭[27]其二子。又刘表[28]自以为宗室，包藏奸心，乍前乍却，以观世事，据有当州[29]。孤复定之，遂平天下。身为宰相[30]，人臣之贵已极，意望已过矣。今孤言此，若为自大，欲人言尽，故无讳耳[31]。设使国家无有孤，不知当几人称帝，几人称王。

或者人见孤强盛，又性不信天命之事，恐私心相评，言有不逊之志[32]，妄相忖度，每用耿耿[33]。齐桓、晋文[34]所以垂称至今日者，以其兵势广大，犹能奉事周室[35]也。《论语》云[36]："三分天下有其二，以服事殷，周之德可谓至德矣。”夫能以大事小也。昔乐毅走赵[37]，赵王欲与之图燕，乐毅伏而垂泣，对曰：“臣事昭王，犹事大王；臣若获戾，放在他国，没世然后已，不忍谋赵之徒隶[38]，况燕后嗣乎?”胡亥之杀蒙恬[39]也，恬曰：“自吾先人及至子孙，积信于秦三世矣。今臣将兵三十余万，其势足以背叛，然自知必死而守义者，不敢辱先人之教以忘先王也。”孤每读此二人书，未尝不怆然流涕也。孤祖、父以至孤身[40]，皆当亲重之任，可谓见信者矣；以及子桓兄弟[41]，过于三世矣。孤非徒对诸君说此也，常以语妻妾，皆令深知此意。孤谓之言：“顾我万年之后，汝曹皆当出嫁，欲令传道我心，使他人皆知之。”孤此言皆肝鬲之要[42]也。

所以勤勤恳恳叙心腹者，见周公有《金縢》[43]之书以自明，恐人不信之故。然欲孤便尔委捐所典兵众，以还执事[44]，归就武平侯国[45]，实不可也。何者？诚恐己离兵为人所祸也。既为子孙计，又己败则国家倾危，是以不得慕虚名而处实祸，此所不得为也。前朝恩封三子为侯，固辞不受；今更欲受之[46]，非欲复以为荣，欲以为外援为万安计。孤闻介推[47]之避晋封，申胥[48]之逃楚赏，未尝不舍书而叹，有以自省也。奉国威灵，仗钺征伐，推弱以克强，处小而禽大。意之所图，动无违事，心之所虑，何向不济，遂荡平天下，不辱主命，可谓天助汉室，非人力也。然封兼四县，食户三万，何德堪之！江湖未静，不可让位；至于邑土，可得而辞。今上还阳夏、柘、苦三县[49]户二万，但食武平万户，且以分损[50]谤议，少减孤之责[51]也。

注 ① 孤：《左传·僖公四年》传注：“孤、寡、不谷，诸侯谦称。”东汉末州牧和刺史割据，多自称孤。建安中曹操官司空，手令也多自称孤。孝廉：两汉郡国推举的被称为孝悌清廉的人，是官僚的后备人选。 ② 岩穴知名之士：隐居山间有名望的人士。岩穴，山洞。 ③ 郡守：州郡太守，国相也相当于郡守。 ④ 济南：东汉王国名。治在今山东济南东。 ⑤ 除残去秽：除豪猾去奸吏。 ⑥ 平心选举：指推选茂才、孝廉公正，不受请托。 ⑦ 常侍：即宦官掌权的人，桓帝时有张让、王甫、曹节等十常侍。 ⑧ 恐致家祸：怕导致全家受祸害。 ⑨ 同岁：同年举孝廉的人。 ⑩ 却去：度过。 ⑪ 谯：谯县，故治在今安徽亳县西。⑫ 底下：同“低下”。 ⑭ 都尉：武官名，汉末有关都尉及右扶风及京兆虎牙都尉，此指中平元年置八关都尉。 ⑭ 典军校尉：中平五年（188）灵帝置西园八校尉，宦官蹇硕为上军校尉，袁绍为中军校尉，曹操为典军校尉。 ⑮ 董卓之难：董卓，临洮人，是西北军队将领，大将军何进召他入京师除宦官。宦官杀了何进，袁术也杀掉宦官二千余人。卓入京，自命为相国，废灵帝，立献帝。⑯ 义兵：初平元年（190），关东州郡起义兵讨董卓，推渤海太守袁绍为盟主，曹操行奋武将军。 ⑰ 汴水之战：指曹操与董卓将徐荣战于荥阳（今河南荥泽县西）之汴水。 ⑱ 扬州：东汉扬州包括九江、庐江、会稽、吴郡、豫章、丹阳六郡。《三国志·武帝纪》："刺史陈温、丹阳太守周昕与兵四千人。" ⑲ 后领兖州：初平三年（192），青州黄巾破兖州，曹操被推为兖州牧。破黄巾，受降卒三十余万。兖州，当今河北省西南部、山东省西北部地区，东汉治所在山东濮县东。⑳ 僭(jiàn) 号：非分地称帝。 ㉑ 九江：东汉九江郡，包括今安徽寿春、合肥、当涂等地。治在寿春。 ㉒ 露布天下：即公开告示天下。诏书不加封缄叫露布，此处用为动词。 ㉓ 讨禽其四将：建安二年曹操讨杀袁术大将桥蕤、李丰、梁纲、乐就四人。禽，也指被围后被杀的，不指生擒，见《文史》1978 年 4 期《禽字解》。 ㉔ 发病而死：建安四年六月袁术穷困病死于寿春江亭。 ㉕ 袁绍据河北：初平二年（191）袁绍领冀州牧。冀州，当今河北省地，在黄河之北。㉖ 幸而破绍：建安五年（200）袁绍进军官渡，曹操兵力不及袁绍强大，用来降的袁氏谋士许攸计，袭乌巢，烧袁军粮草，于是大败袁军。 ㉗ 枭（xiāo）：斩首示众。 ㉘ 刘表：高平（在今山东邹县西南）人，西汉鲁恭王之后，所以说他自以为宗室。 ㉙ 据有当州：据有所在之州，即荆州，刘表是当时的荆州牧。㉚ 身为宰相：建安十三年六月，废三公官，立丞相一人，以曹操为丞相。㉛"欲人言尽"二句：谓人情都希望别人把话说尽，所以我也不隐讳什么。㉜ 不逊之志：即不顺之心，谓篡汉位。 ㉝ 每用耿耿：常常因此忧虑。 ㉞ 齐桓、晋文：春秋时齐桓公小白，晋文公重耳，是五霸之二。 ㉟ 周室：东周王朝。㊱《论语》云：这是《论语·泰伯篇》上的话，是讲周文王是纣臣，虽占有天下三分之二，还服事殷王朝。 ㊲ 乐毅走赵：乐毅，燕昭王将，曾攻下齐国七十余城，后被田单离间，逃到赵国。曹操所引，未详出自何书。 ㊳ 徒隶：刑徒奴隶。 ㊴ 蒙恬：秦始皇大将，祖父蒙骜事秦武王。父蒙武事秦庄襄王，三世为将。他和公子扶苏将兵三十万守长城。被秦二世胡亥所杀。以下事见《史记·蒙恬传》。 ㊵"孤祖"句：指中常侍曹腾、太尉曹嵩和他自己。 ㊶ 子桓兄弟：指曹丕、曹植等，曹丕字子桓。 ㊷ 肝鬲之要：心腹中最重要的话。鬲，同"膈"，横膈膜。 ㊸《金縢》：《尚书》篇名，记周公把为武王祈祷而病愈的祷书，藏于铜封缄的柜中。周公被流言而出居东方，后成王打开金縢，才明白周公心迹。㊹ 执事：朝廷执政人。 ㊺ 武平侯国：建安元年曹操迎献帝都许昌，封为武平侯，武平，故城在今河南鹿邑县西北。 ㊻ 今更欲受之：次年即建安十六年据《三国志》注引《魏书》，封三子，植为平原侯，据为范阳侯，豹为饶阳侯。㊼ 介推：即介之推，春秋晋公子重耳逃亡时的从行者，晋文公即位，他逃避封赏，隐于绵山，传说晋文公焚山逼他出来，竟被烧死。 ㊽ 申胥：即申包胥，楚大夫。伍员以吴兵灭楚，他求救于秦得复国，楚昭王要封赏他，他逃避不受。㊾ 阳夏（jiǎ）、柘、苦（hù）三县：阳夏，即今河南太康县。柘，即今河南柘城县。苦，汉县名，故城在今河南鹿邑县东。 ㊿ 分损：减少。 (51) 责：罪责。

本文原见《三国志·魏武帝纪》裴松之注引《魏武故事》。《三国志·武帝纪》注引《魏书》，说曹操文武并施，"手不舍书，昼则讲武策，夜则寻经传。登高必赋，及造新诗"，又说他也擅长音乐和草书。而他的文章，直抒胸臆，情畅气爽，理直事确，是很具有风骨的。无论是短篇还是长文，无论是赞扬还是嘲讽，其语言运用，都很精妙，总的看来，是高于当时文人的。本文正是他的代表作。

本文写于建安十五年冬在邺城建立铜雀台时期，主要是针对当时有关于他将篡汉的流言，表明态度，表示自己本来的志向很低，现在扫平了袁绍、刘表等，位为丞相，已超过所望，又何况三世受汉厚恩，从不想代汉为帝；但也不能放弃兵权，使自己和子孙为虚名而受实祸。言外之意，则是保证自身是不会取汉而代之的。他自比周文王有三分之二的天下，还尊奉纣王，那么将来由于时势的必然，自会由他的儿子代汉，这是不言而喻的。可见，这篇文章写得自然是既坦率而又含蓄的。文中历写自己的生平，很善于反映他某个时期的心理状态，既生动而又极详实。

第一段（第一自然段）写曹操初举孝廉及为济南相时期的潜在想法和所受到的打击。曹操灵帝熹平三年（174）举孝廉，才二十岁，所以文中说"年少"。"自以本非岩穴知名之士，恐为海内人之所见凡愚"，他自己认为不是隐居岩穴的知名人士，怕被海内名人看成平凡愚蠢之辈。而实际上，他表露的正是他因出身阉宦养子后代感到不光彩的心态。"欲为一郡守，好作政教以建立名誉"，表白自己志愿只在做一个太守官，好好搞政教来建立名誉。他以作济南相（济南王国的相，相当于一个郡的太守）为例。灵帝光和末年，他迁济南相，王国管辖十几个县，县的官长多依附贵戚，赃污狼藉，他奏免了八个。"除残去秽"就是指这件事而言。"平心选举"是说王国推荐孝廉茂才等，不徇权势。他认为由于上述原因，得罪了诸常侍（宦官），最后"以为强豪所忿，恐致家祸"，所以托病还洛阳。这一段是写他的最初志愿只在做个好郡守，树立好名誉。

第二段（第二自然段）则写他在洛阳，四时都回谯县（今安徽亳州），建立精舍，想秋夏读书，冬春弋猎。他还想"求底下之地，欲以泥水自蔽，绝宾客往来之望"。他的心里琢磨着与他同时举孝廉的人，有的年已五十，自己想等待二十多年，天下清平再出来做官，也不过才五十岁，可是这个想法又落空了。《三国志·武帝纪》引《魏书》说曹操"恐为家祸，遂乞留宿卫，拜议郎。常托疾病，辄告归乡里，筑室城外，春夏习读书传，秋冬弋猎，以自娱乐”。但这种意愿为什么不能达到呢？这是因为冀州刺史王芬等发动了一场叛乱未遂，而西北金城郡边章、韩遂等也起兵叛乱，兵众有十余万。由此曹操被征为都尉迁典军校尉，打算西征。

第三段（第三自然段）写为典军校尉时的志愿。无疑，他是想讨平金城郡边章、韩遂的叛兵后自己可以做到征西将军并封侯。而他说用以题墓道，则是为了说明他是以此为最高目标的。但世事不由人，文章转入“遭值董卓之难，兴举义兵”，随后又写到起兵时的心理。当时他不愿多招募兵马，恐怕成为强敌打击的对象，以此说明自己意在平董卓，也没有抱什么更大野心。

第四段（第四自然段）突出表现自己扫定天下的功绩。初平三年（192），曹操领兖州牧，破降青州黄巾三十余万，奠定了军事力量的基础。“袁术僭号于九江”，指建安二年（197），袁术称帝号于九江郡治寿春（今属安徽），因畏惧曹操，没有敢告示天下。文章写袁术两妇预争为皇后，人有劝他真即帝位，他却说：“曹公尚在，未可也。”逼真地画出袁术畏操的面目，也反映出自己的雄才大略。“后孤讨禽其四将，获其人众，遂使术穷亡解沮，发病而死”，是叙述同年九月，进攻袁术，袁术渡淮逃走，曹操讨杀他留守的桥蕤、李丰等四将，袁术称帝的野心破灭，建安四年病死于寿春江亭的一段史实。曹操的劲敌，公开想称帝的是袁绍，本文叙述自己大破袁绍时说：“及至袁绍据河北，兵势强盛，孤自度势，实不敌之。但计投死为国，以义灭身，足垂于后。幸而破绍，枭其二子。”这里概括了前后八年的史实：建安五年（200）操四十五岁，十月大败袁绍于官渡；七年再进军官渡，袁绍死。十年又攻冀州杀袁谭；十二年兵出卢龙塞，辽东太守公孙康杀袁尚，袁氏势力全被消灭。由于操挟天子出政令，扫平叛乱，所以自称“投死为国，以义灭身”，即为国不顾死，仗义而弃身。他认为自己名声“足垂于后”。这就是他扫平群雄时的志愿。下面讲到刘表，则是突出汉室宗亲有称帝野心的。他认为刘表是“乍前乍却，以观世事”的人物，即忽进忽退，窥伺群雄成败，据有一州之地而从中渔利。他述及建安十三年刘表死，刘琮降，“遂平天下”。那么，“身为宰相，人臣之贵已极，意望已过矣”，已达到志愿的极限，还有什么可言呢？但他自己却知道功大已到难以酬赏地步，上面所举的事例足以说明汉室没有他，就不能存在，“不知当几人称帝，几人称王”。于是他针对这一情况而提出问题，自作解答。

曹操所自明的本志，其实也不是一成不变的。从作一好郡守到征西将军封侯，这是一个变化；董卓之乱，不放弃募少量军队来定乱，又是一个变化；平定天下之后，身为宰相，又是一个变化。但是他认为自己的志愿始终有限制，没有超出为汉王朝效忠的范围。所以第五段讲自己在平定了割据各方，本身发展为最强有力的势力之后，针对篡汉的流言日兴的情况，自己感激三世受汉室厚恩所立下的本志。

这一大段，包括第五、第六两个自然段。第一个层次是讲流言：人们看到自己力量强大了，又不相信帝王有什么天命，私下会在心里议评我有篡汉的意图，常为此而忧虑。那么如何回答这一很多人心里存在的问题呢？第二个层次，就是用历史往事作证验来回答。一是学周文王，三分天下已有了二分，自己还事奉商王纣，这是一件被称颂为至德的事迹；二是以乐毅、蒙恬受国恩不肯背叛其主，特别是以蒙恬三世受秦恩，虽兵力强大也不叛秦为例，说明自己和他们有同感。第三个层次是说明自己为什么这样诚诚恳恳地讲内心的话呢？那是因为自己不能交出兵权，导致汉王朝和自己子孙受祸。如果曹操没有了实力，当然会有别人篡汉，而事实上自己也没有后退之路。第四个层次，又讲从前谦虚，朝廷封三子为侯，拒不接受；现在愿意接受了，他们可以领兵在外作外援，这表示形势已发生根本变化。最后一层则盛夸自己的威力和智慧，认为是天助“汉室”，非人力所致。这是示意能镇压一切反对自己的人。“江湖未静，不可让位”，但为了表明本志仍有限制，便推辞了朝廷给予的阳夏、柘、苦三县户口两万的租赋，来表示依旧忠于汉室的意思。

从文中自比周文王看，他和子孙都不能放弃政权，那么代汉自然是曹丕的事了。文章逻辑清楚，一点也不虚伪，但讲得也还是够含蓄的。《魏志·武帝纪》注引《魏氏春秋》说曹操对夏侯惇说过：“若天命在吾，吾为周文王矣。”与本文所讲的想法是完全一致的。他本人并不像袁绍、袁术那样头脑简单，急于篡汉，成为众矢之的；同时也是要留下不背叛恩主的形象，为子孙后代着想。从形势分析，可以推知，到曹丕一定代汉，也是势所必然。许劭评他为“治世之能臣，乱世之奸雄”，确是一点也不错的。建安十六年，《三国志》注引《魏书》说，这年封曹植为平原侯，曹据为范阳侯，曹豹为饶阳侯。每人食户口五千的租赋，也是从曹操让出的部分分派的，和本文中所讲的一致。而次子曹丕却不受汉封爵，作他的世子，就是准备代汉的。

本文的艺术特点之一，是深入社会心理，能反映个人心态。如“自以本非岩穴知名之士，恐为海内人之所见凡愚。欲为一郡守，好作政教以建立名誉”，“待天下清，乃与同岁中始举者等耳”，写自己的深层心理逼真。又如“曹公尚在，未可也”写袁术心理，“包藏奸心，乍前乍却，以观世事”写刘表心理，“恐私心相评，言有不逊之志”写朝廷中一些人们的心理，等等，都很深刻。本文的艺术特点之二是叙事既自然又生动。他讲兴举义兵时自己是这样想的：“是时合兵能多得耳，然常自损，不欲多之。……后还到扬州更募，亦复不过三千人。”一点也没有矫饰之处。他讲袁术称帝，“两妇预争为皇后”一段，也很切合袁术为人。文章又特别写自己常把本心告妻妾说：“顾我万年之后，汝曹皆当出嫁，欲令传道我心，使他人皆知之。”也很富于人情味。但在他死前的《遗令》中，却不再提这一想法，并没有让姬妾改嫁。艺术特点之三是风骨兼备，文中四言短句多具骨力，像“除残去秽，平心选举，违忤诸常侍”，“后孤讨禽其四将，获其人众，遂使术穷亡解沮，发病而死”，“妄相忖度，每用耿耿”，“推弱以克强，处小而禽大。意之所图，动无违事，心之所虑，何向不济”，“江湖未静，不可让位”等，都豪气洋溢，骨力挺拔。而有些用较长的句子叙事，又很带有感情，像“求底下之地，欲以泥水自蔽，绝宾客往来之望”，“设使国家无有孤，不知当几人称帝，几人称王”，“孤每读此二人书，未尝不怆然流涕也”，“孤此言皆肝鬲之要也”，“是以不得慕虚名而处实祸，此所不得为也”，“未尝不舍书而叹，有以自省也”，都是曲折表现内心感情，顿挫抑扬，使文章具有风力。（王达津）

前出师表　　诸葛亮

先帝创业未半而中道崩殂[①]，今天下三分，益州[②]疲弊，此诚危急存亡之秋也。然侍卫之臣不懈于内，忠志之士忘身于外者，盖追先帝之殊遇，欲报之于陛下也。诚宜开张圣听，以光先帝遗德，恢弘志士之气；不宜妄自菲薄，引喻失义[③]，以塞忠谏之路也。

宫中府中[④]，俱为一体，陟罚臧否，不宜异同[⑤]。若有作奸犯科及为忠善者，宜付有司论其刑赏，以昭陛下平明之理；不宜偏私，使内外异法也。侍中、侍郎郭攸之、费祎、董允等[6]，此皆良实，志虑忠纯，是以先帝简拔以遗陛下。愚以为宫中之事，事无大小，悉以咨之，然后施行，必能裨补阙漏，有所广益。将军向宠，性行淑均[7]，晓畅军事，试用于昔日，先帝称之曰能，是以众议举宠为督[8]。愚以为营中之事，悉以咨之，必能使行阵和睦，优劣得所。亲贤臣，远小人，此先汉所以兴隆也；亲小人，远贤臣，此后汉所以倾颓也。先帝在时，每与臣论此事，未尝不叹息痛恨于桓、灵也[9]。侍中、尚书、长史、参军[10]，此悉贞良死节之臣，愿陛下亲之信之，则汉室之隆，可计日而待也。

臣本布衣，躬耕于南阳[11]，苟全性命于乱世，不求闻达于诸侯。先帝不以臣卑鄙，猥自枉屈，三顾臣于草庐之中，咨臣以当世之事，由是感激，遂许先帝以驱驰。后值倾覆，受任于败军之际，奉命于危难之间，尔来二十有一年矣[12]！先帝知臣谨慎，故临崩寄臣以大事也[13]。受命以来，夙夜忧叹，恐托付不效，以伤先帝之明。故五月渡泸，深入不毛[14]。今南方已定[15]，兵甲已足，当奖率三军，北定中原[16]，庶竭驽钝，攘除奸凶，兴复汉室，还于旧都。此臣之所以报先帝而忠陛下之职分也。至于斟酌损益，进尽忠言，则攸之、祎、允之任也。愿陛下托臣以讨贼兴复之效，不效则治臣之罪，以告先帝之灵。若无兴德之言，则责攸之、祎、允等之慢，以彰其咎。陛下亦宜自谋，以咨诹善道，察纳雅言，深追先帝遗诏[17]，臣不胜受恩感激。

今当远离，临表涕零，不知所言。

注 ①先帝：蜀汉先主刘备。备于吴蜀夷陵之战大败后的次年章武三年（223）病死，年六十三岁。旧时称皇帝之死为“崩”或“殂”（cú）、“殂落”。 ②益州：汉武帝所置十三刺史部之一，此指蜀汉疆域，相当于今四川、云南和贵州一部分。 ③引喻：称引和比喻。失义：失却义理。此指说话不合道理。 ④宫中府中：后主建兴元年（223）命诸葛亮开府治事（《华阳国志》定为建兴二年事），自辟僚属。宫中，指侍奉皇帝的官员。府中，指丞相府的属官。 ⑤陟（zhì）：升官。臧：善。否（pǐ）：恶。异同：偏义复词，侧重于“异”。 ⑥“侍中”句：侍中、侍郎，皆为皇帝的侍从官。郭攸之，字演长，南阳（今属河南）人，当时任侍中。附见于《三国志·蜀志·董允传》。裴松之注引《楚国先贤传》谓郭“以器业知名于时”。费祎（yī），字文伟，江夏鄳（méng，故城在今河南罗山县西）人，当时任侍中。《蜀志》有传。董允，字休昭，南郡枝江（今属湖北）人，当时任黄门侍郎。《蜀志》有传。 ⑦ 向宠：襄阳宜城（今属湖北）人。刘备时为牙门将。夷陵之战失败，唯向宠所部独无损失，故刘备称之曰“能”。《蜀志》有传，附《向朗传》后。淑均：良善公正。 ⑧ 督：中部督，掌管禁卫军。 ⑨ 桓：后汉桓帝刘志（147—167 年在位）。灵：灵帝刘宏（168—189 年在位）。桓帝先信任外戚梁冀，后又宠信宦官，下诏逮捕反对宦官的李膺等二百余人，兴起党锢之祸。灵帝即位，宦官继续专政，党锢之祸复起，朝政腐败，导致黄巾大起义。 ⑩ 侍中、尚书、长史、参军：侍中，指郭攸之、费祎。尚书，协助皇帝处理政事的官员，指陈震。震字孝起，南阳人，建兴三年拜尚书。《蜀志》有传。长史，主管丞相府文书簿籍的属官，指张裔。裔字君嗣，蜀郡成都人，此时以射声校尉领留府长史。《蜀志》有传。参军，丞相府属官，指蒋琬。琬字公琰，零陵湘乡（今属湖南）人，建兴元年迁参军，此时与长史张裔统留府事。《蜀志》有传。 ⑪ 布衣：平民。躬耕于南阳：诸葛亮在襄阳城西二十里之隆中亲自耕种以待时，襄阳时属南阳郡。 ⑫“后值倾覆”四句：倾覆，指建安十三年（208），刘备在当阳长坂被曹操击溃，逃奔夏口（今湖北武汉）。后派诸葛亮赴东吴与孙权约，共御曹操，败操于赤壁。自“倾覆”至此上表之建兴五年整二十年；从建安十二年三顾草庐算起，为二十一年。 ⑬“临崩”句：章武三年春，刘备于永安（白帝城，今四川奉节）病危，召诸葛亮于成都，托以后事。 ⑭ 泸：泸水，今金沙江。不毛：未经开发的地方。“毛”指五谷及其他农作物。南方酷热，五月渡泸，极言其艰苦。 ⑮ 南方已定：蜀后主建兴元年，云南地区越巂郡高定元、益州郡雍闿（后为孟获）、牂柯郡朱褒等发动变乱，诸葛亮以新遭先主之丧，未便用兵。三年春，亮率众南征，其秋悉平。 ⑯ 中原：指曹魏。 ⑰ 先帝遗诏：《三国志·蜀志·先主传》裴松之注引《诸葛亮集》，载先主遗诏付后主，中有“勿以恶小而为之，勿以善小而不为”等语。

诸葛亮并不是一个文学家，而所著《出师表》却成为千古传诵的文学名篇。诚如宋代大文豪苏轼所说：“诸葛孔明不以文章自名，而开物成务之姿，综练名实之意，自见于言语。至《出师表》，简而尽，直而不肆，大哉言乎，与《伊训》《说命》相表里，非秦汉以来以事君为悦者所能至也。”（见《乐全先生文集叙》）一篇不到八百字的短文，看似平实无奇，竟受到后人如此高度的赞扬，其原因何在呢？

毋庸讳言，封建社会里的士大夫们看重《出师表》，自有其政治标准。他们往往着眼于文中表露的忠君思想，予以突出的鼓吹，借以树立他们心目中的道德人伦的规范，是我们所不取的。但撇开这一层，我们仍不能不承认，这是一篇耐人咀嚼的好文章，有其自身不可磨灭的价值。它的特点可以用“理周情切，志尽文畅”八个字加以概括。

所谓理周，并非指文中讲了许多道理，而是说文章的立论很切合实际，针对性强，一字一句都落到实处，不作空泛之议，因而所讲的道理就显得有说服力，逻辑谨严，充分体现了政治家的优良文风。

此文写于后主建兴五年（227）诸葛亮率师北伐中原之际，而作者却把笔墨集中在修明内政这一点上。前半对后主进谏，直接谈朝政问题，后半自己述志，亦是落脚到劝刘禅“咨诹善道，察纳雅言”上来。为什么这样写呢？因为北伐曹魏、统一天下，是蜀汉建国以来的既定方针，而为了争取北伐的胜利，事前也作了一系列准备工作。这些都是本已明了的事，不必赘言。诸葛亮放心不下的，是他率领大军出征后的国内政治。他考虑到，只有把内部政局稳定下来，才能有巩固的后方，也才能为前线军事斗争提供可靠的保证。这就是为什么他在临行前呈上的《出师表》里，反复叮咛修明内政，而无一字涉及军事方略的缘故。于此亦可见出文章的有为而发，不尚空言。

再来看修明内政的问题是怎样提出来的。这一问题的提出，离不开整个国家所面临的形势与任务。文章开宗明义指出：蜀汉先帝刘备开创的事业并未成就，天下仍处在分裂割据之中，而蜀国自身由于连年战争，国力疲弊，确实到了危急存亡的关头。这一起，起得突兀有力，好比在人背上猛击一掌，令人警醒，从而正视眼前的危机。这样，修明内政才有其必要性和迫切性。那么，情况是否一团乌糟呢？也不然。文章在“然”字下笔锋一转，列举“侍卫之臣不懈于内，忠志之士忘身于外”，说明文臣武将都还追念先帝的恩遇，忠心耿耿地为国效力，上下协同，人心可用，这是蜀国当前拥有的最大的资本，也是修明内政的可行性所在。有了必要，又有了可能，改良政事势在必行；而根据蜀国物力贫乏、士气有余的特点，这一努力自宜着眼于进一步调动人的积极性，所以文章接下来用正反对举的形式提出劝谏时，便把注意力放到“恢宏志士之气”、开通“忠谏之路”上面来，是完全顺理成章的。开首这一节话语不多，而能从大形势的分析导引出修明内政的要求，真有高屋建瓴、势如破竹的气概。

至于修明内政的具体措施，作者也说得很实在。一是内廷（宫中）与外廷（府中）须一视同仁，不能刑赏偏私、内外异法。史称刘禅嬖昵小人，听用宦官，可见诸葛亮的这一劝谏并非无的放矢。二是推举郭攸之、费祎、董允等贤臣主持朝中政事，又荐任将军向宠掌管卫戍营队，后方的军、政大权交付在可靠的人手里，国事就不致发生紊乱。三是以先前汉的兴隆与后来汉的倾败为鉴戒，规劝后主要“亲贤臣，远小人”，信用眼下任职的一批贞良死节之士，才有可能实现兴复汉室、一统天下的大计。几点建议都很具体着实，可以施行，而且围绕着一个中心，便是“亲贤臣，远小人”，不仅体现了诸葛亮关于修明内政、恢宏士气的主张，亦且切中后主刘禅自身的弱点，有鲜明的针对性和切实的指导性。这些都显示了文章议事落到实处而产生的巨大逻辑力量，确实当得起苏轼所谓“开物成务”“综练名实”的赞誉。

把道理说透，是一篇议论文的基本要求，但光能以理喻人，不能以情动人，仍不算上乘文字。诸葛亮早岁得到刘备知遇，后又受命托孤，辅佐刘禅，他同蜀汉两代君主之间的情谊非比一般，因而在远行告别时的进言中，自然饱和着感情色彩，读来特别感人。

文章的感情因素，较多地集中在后半部分，即作者述志之中。自“臣本布衣”以下，诸葛亮对个人一生的行事，作了简略的回顾。三顾茅庐，临危受命，突出刘备对自己的殊识；而平定南方，北伐中原，则表明自己对蜀汉政权的尽忠。这些情事的叙述，由于一一发自肺腑，尽管只是平平实实道来，自有一种动人心弦的力量。而反思创业之艰难，继成之不易，重提兴复之大业，君臣之职分，除了表白自己竭诚图报的心意外，同时也起着激励后主为光大先帝遗业而勤心国事的作用。本文这种披肝沥胆、痛切陈情的作风，很容易使人联想起屈原所写的《离骚》，尽管它们在表现形式上差别悬殊。清人丘维屏以“明白剀切中百转千回，尽去《离骚》幽隐诡幻之迹而得其情”来评说本文，是切中肯綮的。

当然，感情的表露并不局限于文章的后半部分。如一开头两句“先帝创业未半，而中道崩殂”，就有“百感交集”之慨。全文凡十三处提到“先帝”，时时不忘先帝的遗业、遗德、遗言、遗诏，足见情深志笃。而反复使用“宜”“不宜”“诚宜”字样，亦显示出叮咛周至、不厌其烦的心意。清浦起龙说：“伊尹频称先王，武乡频引先帝，其圣贤气象兼骨肉恩情，似老家人出外，丁宁幼主人，言言声泪兼并。”（《古文眉诠》卷三十七）确能捕捉住文章的神气。

说理与陈情的完美结合，理周而又情切，便产生了本文在表情达意上的能尽、能畅的功能，形成质朴无华、明白透彻的语言风格。《文心雕龙·章表》篇在列举章表这类文体的典范作品时，曾以“志尽文畅”四个字来形容本文的特点，并以之与孔融《荐祢衡表》的“气扬采飞”相对照，认为它们“虽华实异旨，并表之英也”。可见在章表这类文体中，

《出师表》属于质直明畅而较少修饰的一路，诵读全文当可自见。不过，这并不意味着文章绝无文采。由于语言自然气势的作用，文中出现了不少排偶句，如“侍卫之臣不懈于内，忠志之士忘身于外”，“苟全性命于乱世，不求闻达于诸侯”，“受任于败军之际，奉命于危难之间”以及“亲贤臣，远小人，此先汉所以兴隆也；亲小人，远贤臣，此后汉所以倾颓也”等，增强了文章的感情色彩。至于一些词语的组合，如“妄自菲薄”“引喻失义”“陟罚臧否”“作奸犯科”“裨补阙漏”“斟酌损益”等，也往往能在简练的形式中得到鲜明、生动的表达效果，有的还流衍为成语、格言。但这类藻采主要来自自然语势，而非出于人工矫饰，所以并不给人以工巧琢炼或矜才使气的感觉，也并不损害文章质直明畅的整体风格。看来，苏轼所说的“简而尽，直而不肆”是能够把握住分寸的。

政治家的文章需要有政治家的风度，以今天的眼光来品味诸葛亮的《出师表》，似乎可以着重从这个角度加以领略。（蒋哲伦）

后出师表　　诸葛亮

先帝虑汉、贼[1]不两立，王业不偏安[2]，故托臣以讨贼也。以先帝之明，量臣之才，故知臣伐贼，才弱敌强也。然不伐贼，王业亦亡；惟坐而待亡，孰与伐之？是故托臣而弗疑也。臣受命之日，寝不安席，食不甘味。思惟北征，宜先入南[3]。故五月渡泸[4]，深入不毛，并日而食。臣非不自惜也，顾王业不得偏全于蜀都[5]，故冒危难以奉先帝之遗意也，而议者谓为非计。今贼适疲于西[6]，又务于东[7]，兵法乘劳[8]，此进趋之时也。谨陈其事如左：

高帝[9]明并日月，谋臣渊深，然涉险被创[10]，危然后安。今陛下未及高帝，谋臣不如良、平[11]，而欲以长计取胜，坐定天下，此臣之未解一也。刘繇、王朗[12]各据州郡，论安言计，动引圣人，群疑满腹，众难塞胸，今岁不战，明年不征，使孙策[13]坐大，遂并江东，此臣之未解二也。曹操智计殊绝于人，其用兵也，仿佛孙、吴[14]，然困于南阳[15]，险于乌巢[16]，危于祁连[17]，逼于黎阳[18]，几败北山[19]，殆死潼关[20]，然后伪定[21]一时耳。况臣才弱，而欲以不危而定之，此臣之未解三也。曹操五攻昌霸[22]不下，四越巢湖不成[23]，任用李服[24]而李服图之，委夏侯[25]而夏侯败亡，先帝每称操为能，犹有此失，况臣驽下，何能必胜？此臣之未解四也。自臣到汉中[26]，中间期年耳，然丧赵云、阳群、马玉、阎芝、丁立、白寿、刘郃、邓铜等及曲长、屯将[27]七十余人，突将无前[28]。赍、叟、青羌[29]散骑、武骑一千余人，此皆数十年之内所纠合四方之精锐，非一州之所有；若复数年，则损三分之二也，当何以图敌？此臣之未解五也。今民穷兵疲，而事不可息；事不可息，则住与行劳费正等。而不及今图之，欲以一州之地，与贼持久，此臣之未解六也。

夫难平者，事也。昔先帝败军于楚[30]，当此时，曹操拊手，谓天下以定。然后先帝东连吴、越[31]，西取巴、蜀[32]，举兵北征，夏侯授首[33]，此操之失计而汉事将成也。然后吴更违盟，关羽毁败[34]，秭归蹉跌[35]，曹丕称帝[36]。凡事如是，难可逆见。臣鞠躬尽力[37]，死而后已；至于成败利钝，非臣之明所能逆睹[38]也。

注 ① 汉：蜀汉自称。贼：指曹魏。 ② 偏安：指帝王不能统治全国，偏据一方以自安。 ③ 入南：指建兴三年（225）诸葛亮深入南中，平定四郡事。 ④ 泸：泸水，古水名，一名泸江水，指今雅砻江下流及金沙江会合雅砻江以后一段。⑤ 蜀都：指成都。 ⑥ 贼适疲于西：指建兴六年（228）春，诸葛亮初出祁山（今甘肃礼县东）时，曹魏西部的南安、天水、安定三郡叛魏应蜀。 ⑦ 又务于东：指建兴六年秋，东吴陆逊击败魏大司马曹休于石亭（今安徽潜山东北）事。⑧ 乘劳：趁敌军疲惫之机。 ⑨ 高帝：指汉高祖刘邦。 ⑩ 涉险被创：刘邦曾多次亲临战地，多次被困受伤。 ⑪ 良、平：张良、陈平，为刘邦的谋士和重臣。⑫ 刘繇（yóu）：字正礼，东汉末年任扬州刺史，后被袁绍逼至曲阿（今江苏丹阳），兴平二年（195）为孙策击败。王朗：字景兴，东汉末年任会稽（今浙江绍兴）太守，孙策率军渡江时，他兵败投降。 ⑬ 孙策：字伯符，孙坚之子，孙权之长兄。坚死后，策收拾残部依附袁术，兴平二年（195）渡江进据江东地区，奠定了孙吴政权的基础，后遇刺身亡。 ⑭ 孙、吴：指春秋战国时的军事家孙武和吴起。 ⑮ 困于南阳：建安二年（197）曹操进军宛城（汉时南阳郡治所，今河南南阳），张绣设计偷袭曹营，操中流矢，长子昂亡于战事。 ⑯ 险于乌巢：建安五年（200），官渡之战中，袁绍屯粮乌巢（今河南延津东南），兵多粮足，操军困乏危急，遂夜袭乌巢，焚其粮草，歼其主力，方转危为安。 ⑰ 危于祁连：事不详。据《通鉴》胡三省注，此祁连可能指邺城（今河北磁县东南）附近的祁山。建安九年（204）曹操围邺，由祁山还邺途中，险为袁绍的将领审配所设伏兵射中。 ⑱ 逼于黎阳：建安七年（202）五月，袁绍死，其子谭、尚固守黎阳（今河南浚县东北）。九月，操攻黎阳，连战不克。次年，操转攻邺，谭又引兵逼迫其后。 ⑲ 几败北山：事不详。可能指建安二十四年（219），曹、刘争夺汉中，三月，曹操自长安出斜谷，军至阳平北山（今陕西勉县西），刘备因险拒守。操于五月引军还归长安。 ⑳ 殆死潼关：建安十六年（211），曹操与马超、韩遂战于潼关，将北渡黄河，遇马超军，避于舟中，追骑沿岸射击，箭如雨下。脱险后，操曰："今日几为小贼所困乎！" ㉑ 伪定：指曹氏统一北方，僭称国号。 ㉒ 昌霸：一称昌豨。建安四年（199），东海郡昌霸叛，郡县数万兵归附刘备。 ㉓ 四越巢湖不成：曹操驻合肥以重军，南隔巢湖，与驻屯濡须口的孙吴对峙，操始终未能越过巢湖。 ㉔ 李服：不详。据《通鉴》胡三省注："李服，盖王服也。"建安四年（199），车骑将军董承受献帝衣带中密诏，与长水校尉种辑、将军吴子兰、王服和刘备等合谋诛操。事泄，董、吴、王被杀。 ㉕ 夏侯：指夏侯渊，曹操的大将。建安二十年（215）曹操东征张鲁，留夏侯渊屯守汉中。建安二十四年（219），刘备出兵汉中，夏侯渊被蜀将黄忠击杀。 ㉖ 汉中：郡名，治所在今南郑。 ㉗ 曲长、屯将：军队中的将领。 ㉘ 突将：冲锋突阵的勇将。无前：无敌。 ㉙ 賨（cóng）、叟、青羌：蜀军中少数民族的兵士。 ㉚ 败军于楚：建安十三年（208），曹操南征刘表。表死，子琮投降。操即追击刘备，于当阳长坂坡大败之。当阳古属楚地，故云。 ㉛ 东连吴、越：指建安十三年（208），赤壁之战中刘备派诸葛亮至江东，与孙权联合抵御曹操。 ㉜ 西取巴、蜀：建安十六年（211）益州牧刘璋恐曹操袭己，听张松计，迎刘备入蜀。后备与璋有隙，刘备自葭萌（今四川广元西南）进击益州，诸葛亮、张飞等平定白帝、江州、江阳等地，刘备进围成都，璋出降，刘备遂占有巴蜀地区。 ㉝ 授首：被杀。事见注㉕。 ㉞"吴更"二句：赤壁之战后，刘备领荆州牧。建安十六年刘备入蜀时，留关羽镇守荆州。刘备既得益州，孙权欲复得荆州，双方于建安二十年（215）议定共据荆州。二十四年（219），孙权乘关羽北攻曹魏时，袭击关羽后方，取江陵，掳其家属。关羽还军南下，途遭陆逊截击，羽及子平被杀，孙吴遂独占荆州。 ㉟ 秭归蹉跌：刘备忿恨孙吴袭击荆州，于章武元年（221）亲率步卒伐吴，破吴军于秭归（今属湖北）。次年，出夷道，为吴将陆逊以火攻败于猇（xiāo）亭，刘备还秭归，收合残兵，驻屯白帝。蹉跌，失坠。 ㊱ 曹丕称帝：公元220年，曹操亡，其子丕废献帝自立，改国号为魏。 ㊲ 尽力：一作"尽瘁"。 ㊳ 逆睹：预料的意思。

《后出师表》是历代传诵的名篇，同时又是一篇著作者有争议的文章。这篇文章未见载于晋陈寿所进原编《诸葛亮集》，而出自三国时吴人张俨的《默记》（见《三国志·诸葛亮传》裴松之注引《汉晋春秋》），后世颇有人怀疑其真实可靠性，但历来仍将它视为《前出师表》的姐妹篇，宋司马光奉敕编集《资治通鉴》时亦将此表全文照录。而"鞠躬尽瘁（力），死而后已"二句，则成为诸葛亮为国事竭尽心力的千古名言。

细细玩味，前、后两表所依据的现实，所反映的问题，所喻指的对象，所论述的旨趣并不相同，于是在写法乃至风格上也就有明显的差别。

就写作年代而言，后表作于蜀汉建兴六年（228），与前表相距仅一年，但蜀汉帝国面临的形势却起了变化。一年前，正当诸葛亮率师第一次北伐中原。北伐是蜀汉的既定国策，事前又做过长时期的准备，所以对那次军事行动朝廷上下都无异言，而诸葛亮需要反复叮嘱的也只限于后方的巩固问题。可是，首次出征并未取得预期的成果，在小有获胜之后，前锋马谡溃败于街亭，迫使蜀汉大军不得不放弃已占有的土地而退守汉中。事隔一年，而今又提出第二次北伐，自然会引起各方面的疑虑与质询。《后出师表》便在这样的背景下写成的。因此，拿后表与前表相比较：前表的主题在内政，后表的重心则转到了军事方略；前表的说话对象是后主刘禅，后表的针对性则指向"议者"（持反对意见的人）。这也就决定了前表的基调是规劝和陈情，而后表则转变为论辩与驳难，其间当然也阐述了作者的正面见解。

由此可以领会后表在文章组织上的安排。它不像前表那样以劝谏和述志作为基本内容，却是从"破"与"立"两个方面来表述自己的主张，从而形成全文的三段式结构：即立论、驳论、结论三个有机部分。

开篇立论，通过三方面的陈述来实现。首先，以先帝的遗命，即蜀汉的既定国策为依据，揭示了"汉贼不两立，王业不偏安"的基本原则，证明出师北伐的必要性。这一基本原则不可能动摇，作者的论证就有了权威性，于是成为文章的大前提。值得注意的是，作者并不停留于一般地演绎这个大前提，而是把它同具体的政治形势结合起来考察，指出在敌强我弱的力量对比之下，"不伐贼，王业亦亡；惟坐而待亡，孰与伐之"。这就使文章的立论摆脱了纯道义说教的迂腐色彩，建筑在审时度势的坚实基础上，体现了政治家文风的特色。接着，作者回顾自己受命以来的所作所为，"寝不安席，食不甘味"，"深入不毛，并日而食"，种种努力都是为了"奉先帝之遗意"，进一步说明北伐的势在必行。而后，又对眼下曹魏政权两面受敌，"适疲于西，又务于东"的不利情况作了分析，力主抓住这一大好时机用兵进取。就这样，由远至近，一层层阐明了当前再次出师北伐的理由，为全文确立了基点。

光正面立论不够，还需要就"议者"的质询作出回答，于是转入驳论。驳论的主要目的是要解除人们的思想顾虑，即蜀国新败之后，再次伐魏，是否太担风险的问题。针对这一疑虑，文章一连举了六件事实进行辩驳，大致可归纳为三组。前两例属历史的事实。一是汉高祖刘邦，尽管他高明出众，谋臣精良，在创业过程中也仍然要“涉险被创，危然后安”。二是汉末割据州郡的刘繇、王朗，只会“论安言计，动引圣人”，不敢冒险犯难，从事征战，结果为别人所兼并。两个事例一正一反，共同说明了举大业必须冒危难，不能“坐定天下”的道理，这是反驳的第一层次。中间两例举敌方的事实。先说曹操才智过人，善于用兵，但也经历了“困”“险”“危”“逼”“几败”“殆死”等一连串磨难，始争得暂时的安定，自己怎能“不危而定”。再说曹操素以能干著称，打仗亦多次遭受失败与挫折，自己又“何能必胜”。表面看来，这两个事例所包含的意思和前面差不多，实际上进了一层。前面只是一般地解说“危然后安”的道理，这里则显然针对第一次北伐的失利加以辨析，所以列举曹操困顿、挫败的情节不厌其详，并且处处联系自己作比较申述，这是反驳的第二层次。后面两例举我方的事实。从军事实力看，几十年间积聚起来的精兵良将，随着岁月的消逝将逐渐减损。再从经济实力看，迁延不决的战事造成“民穷兵疲”，攻与守“劳费正等”。种种迹象表明，战争宜于速决，不宜持久，这更是决策北伐的重要根据。从一般道理说到具体战役，再到当前国情，六件事实不是漫然征引，而是构成逐层深入的系列，显示出谨严的逻辑性。前人评议这段文字“顿挫抑扬，反复辩论，似是平列，而文义实由浅入深，一气贯注”（清余诚《重订古文释义新编》），是有见地的。

立论、驳论皆已完成，至结论部分似可顺流而进，一锤定音了。可是，文章到这里却起了新的波澜。作者用“夫难平者，事也”一句感喟，引出深一层的反思。想当年，曹操削平群雄，以为天下大定，不料赤壁一战败于吴蜀联军，出现了三国鼎立的局面。又看蜀汉建国后，事业蒸蒸日上，更谁知荆州失守、伐吴败绩，几乎一蹶不振。由此作者得出的结论是：凡事成败利钝，难以预计，自己唯有“鞠躬尽力，死而后已”。这似乎是一个“低调”的结束语，和我们期望中的豪言壮词不那么一致，但联系作者一生在逆境中坚持奋斗，苦苦支撑大局的立身行事来看，则又是他实实在在的誓言，是他竭诚尽智报效国事的忠贞不贰的表白，所以能流传千古，使后人景仰不已。

总之，《后出师表》剀切务实，有为而发，立论远大，文风晓畅，与《前出师表》如出一辙。但由于论说的题旨不一，它也形成了自身的特点。比如行文上不像前表那样娓娓陈说，舒卷自如，而显得辩难迭起，议论风发。这不仅使它在篇章结构上更为严密，更加条理分明，也使它在语言表达上更有气势，更见慷慨沉雄。尤其是驳论部分的六个“臣之未解”，但作反诘，不下按断，在整饬的布局中寓有疏宕激越之气，逐层地引向高峰，这种表现形式是《前出师表》所未曾见的。所以，如果我们将前表看作“理”和“情”的完美结合，那么，本文则更多地显现为“理”和“气”的统一，即在说理充分的前提下所产生的气势健旺。当然，这是一种自然的气势，远不像后世文人的一味逞才使气。（蒋哲伦）

典论·论文　　曹　丕

文人相轻，自古而然。傅毅之于班固，伯仲之间耳，而固小之。与弟超书曰：“武仲以能属文，为兰台令史，下笔不能自休[①]。”夫人善于自见，而文非一体，鲜能备善。是以各以所长，相轻所短。里语曰：“家有弊帚，享之千金。”斯不自见之患也。

今之文人，鲁国[②]孔融文举，广陵[③]陈琳孔璋，山阳[④]王粲仲宣，北海[⑤]徐幹伟长，陈留[⑥]阮瑀元瑜，汝南[⑦]应玚德琏，东平[⑧]刘桢公幹：斯七子者，于学无所遗，于辞无所假，咸以自骋骥騄于千里，仰齐足而并驰[⑨]。以此相服，亦良难矣。盖君子审己以度人，故能免于斯累而作《论文》。

王粲长于辞赋，徐幹时有齐气[⑩]，然粲之匹也。如粲之《初征》《登楼》《槐赋》《征思》，幹之《玄猿》《漏卮》《圆扇》《橘赋》，虽张、蔡[⑪]不过也。然于他文，未能称是。琳、瑀之章表书记，今之隽也。应玚和而不壮，刘桢壮而不密。孔融体气高妙，有过人者，然不能持论，理不胜辞[⑫]，以至乎杂以嘲戏。及其所善，扬、班[⑬]俦也。

常人贵远贱近，向声背实，又患闇于自见，谓己为贤。

夫文本同而末异，盖奏议宜雅，书论宜理，铭诔尚实，诗赋欲丽：此四科不同，故能之者偏也。唯通才能备其体。

文以气为主；气之清浊有体，不可力强而致。譬诸音乐，曲度虽均，节奏同检[⑭]；至于引气不齐，巧拙有素，虽在父兄，不能以移子弟。

盖文章经国之大业，不朽之盛事。年寿有时而尽，荣乐止乎其身。

二者必至之常期，未若文章之无穷。是以古之作者，寄身于翰墨，见意于篇籍，不假良史之辞，不托飞驰之势，而声名自传于后。故西伯幽而演《易》[15]，周旦显而制《礼》[16]，不以隐约而弗务，不以康乐而加[17]思。

夫然，则古人贱尺璧而重寸阴，惧乎时之过已。而人多不强力，贫贱则慑于饥寒，富贵则流于逸乐，遂营目前之务，而遗千载之功。日月逝于上，体貌衰于下，忽然与万物迁化，斯志士之大痛也！

融等已逝，唯干著《论》[18]，成一家言。

注 ① 下笔不能自休：下笔没完没了。这是笑其为文冗长，缺少剪裁。 ② 鲁国：在今山东西南部。 ③ 广陵：治今江苏扬州西北。 ④ 山阳：今山东邹城。 ⑤ 北海：治今山东昌乐。 ⑥ 陈留：今河南开封。 ⑦ 汝南：今河南汝南。 ⑧ 东平：今山东东平。 ⑨“咸以”二句：意即谓他们都能各逞其才，各不相让。骥騄（lù）：良马。 ⑩ 齐气：古代齐国其俗文体舒缓，言徐幹为文亦染有这种地方习气。 ⑪ 张、蔡：东汉张衡、蔡邕。 ⑫ 理不胜辞：指词美而理不足。 ⑬ 扬、班：汉代扬雄、班固。 ⑭ 检：法度。 ⑮ 西伯幽而演《易》：相传周文王姬昌被纣拘于羑里，因推演《易》象而成书。西伯，谓西方诸侯之长。纣尝赐文王弓矢斧钺，使得专征伐，为西伯。 ⑯ 周旦显而制《礼》：姬诵即位为周成王，年幼而由叔父周公姬旦摄政。相传周公曾依据周的官制而作《周礼》。但据后人考证，《周易》与《周礼》的成书，大致都要在春秋末期和战国年间。 ⑰ 加：转移。 ⑱ 著《论》：徐幹有《中论》二十二篇，今存二十篇。

《典论·论文》是曹丕的专著《典论》中的一篇。《典论》一书，据《隋书·经籍志》著录，共有五卷。《魏志》载明帝太和四年（230）二月戊子，曾将它刻石立于庙门之外和太学，凡六碑。清严可均《全三国文》考证：“唐时石本亡，至宋而写本亦亡。”只有《自叙》见载于裴松之注，《论文》见收于《文选》而能完好无缺。又据《艺文类聚》卷十六《赞述太子表》，知成书尚在为太子时。又观《论文》中有“融等已逝”的话，可见成书已在汉献帝建安末期。然而这时事实上曹丕的文学时代已经开始了。

鲁迅先生在《魏晋风度及文章与药及酒之关系》一文中，曾说曹丕的一个时代，可以说是“文学的自觉时代”。那么，曹丕写的《典论·论文》，可以说是文学自觉时代中文学批评的自觉表现了。

在这以前的文学批评，最早的只有片言只语，如《论语》中孔子的论诗。稍后，或则裒辑成篇，如卫宏的《毛诗序》；或则限于一篇一书，如班固的《离骚序》、王逸的《楚辞章句》诸序等。而能较广泛地对当时的作家做出比较评论的，不能不推曹丕这一篇为最早了。

这篇“自觉的”批评中涉及了许多问题，而这些问题又大都是“自觉”而得的，如文人相轻、贵远贱近、审己度人、体裁不能兼善、七子评价、文章本末、文章功用以及怎样来完成千载之功等问题。文章不长，但涉及的问题却很广泛。那么，其中究竟哪个问题才是主要的呢？

对此，古往今来，论者往往各取所需，各有所得。其中最能一语破的的莫过于五臣中的吕向了，他说：“有此篇，论文章之体也。”

什么才是文章之体呢？按照曹丕的看法，这“体”字似乎包含有本末两层意思。他以为：“夫文本同而末异”。“本”即是指“体气”。他说：“文以气为主；气之清浊有体”。这是分而言之，为“主”即是为“本”。又说：“孔融体气高妙”。这是合而言之。以气和体气论文，即创于曹丕，指的当是作家特有的风格表现。这种风格表现，于社会习尚、师承关系及作家的个人素质都有一定的关系。从他所说“至于引气不齐，巧拙有素，虽在父兄，不能以移子弟”看来，则似以素质为其主要一面。

“末”即是指体裁。体裁之异即在：“奏议宜雅，书论宜理，铭诔尚实，诗赋欲丽：此四科不同，故能之者偏也。唯通才能备其体。”章学诚《文史通义·内篇一·诗教上》曾说：“后世之文，其体皆备于战国。”这些不同的体裁，经过两汉的繁荣与发展，经曹丕提供了大量观摩比较的实例，使他对它们各自的规律有了较多的认识和体会，为他的“四科八体”说的提出创造了条件。就当时的时代水平来说，在体裁特征的艺术把握上，曹丕的这篇文章，已可说是独具只眼的概括总结了。

在曹丕看来，知道了“本”和“末”的异同，自然就能审己度人，可以克服自古以来“文人相轻”的恶习，也自然能对当代作家的长短作出恰当和公正的评论了。他所评论的与他同时的“建安七子”，总的来说，是“于学无所遗，于辞无所假”的。这就是说，他们都同样有学问，有创造才能。而且“咸以自骋骥騄于千里，仰齐足而并驰”。但这是不是说他们之间只是各有短长，不能轩轻呢？表面上看来，好像的确是如此，可是如果我们稍稍用心推敲一番，就会觉得这里面大有玩味之处了。

有部中国文学批评史说曹丕独重徐幹之文，对孔融则说他“‘不能持论，理不胜辞’，不免有些微词了”，似乎把孔融贬得最低。是不是如此呢？细按一番，恰好与此相反：在七子中，他对孔融的评价最高；其器重徐幹，却有着另外的原因。

先说孔融。要知道曹丕是主张“文以气为主”的。在论气中，徐幹则“时有齐气”；应玚则“和而不壮”，刘桢则“壮而不密”；《与吴质书》中又说：“公幹时有逸气，但未遒耳。”王粲呢？同书中曾“惜其体弱，不足起其文”。论这些人的体气，都有不足之处；而唯独对于孔融，说他“体气高妙”。试问还有哪个褒词的分量能及得上“高妙”这个词！何况曹丕在将七子中的一些人与古人相比时，于王粲和徐幹，只说他们写得好的辞赋“虽张、蔡不过也”；而于孔融，则称他“及其所善，扬、班俦也”。我们知道，在古人的心目中，张衡和蔡邕，在文学史的地位上，一般是及不上扬雄和班固的。从曹丕的比拟里，我们就很清楚他的尺度了。再从《后汉书·孔融传》中“魏文帝深好融文辞”，“募天下有上融文章者辄赏以金帛”等语，更可得一佐证。由此可见，曹丕说孔融“不能持论”，不过是指其于“末”之不能兼善，而比之王粲、徐幹之只擅词赋，“然于他文，未能称是”；比之陈琳、阮瑀之只有章表书记为隽；则孔融之兼善者还是较多的。这样看来，怎能说曹丕对孔融独有“微词”呢！

再说徐幹。《典论·论文》末尾特别提了他一句，在《与吴质书》中，议论得尤多：“观古今文人，类不护细行，鲜能以名节自立。伟长独怀文抱质，恬淡寡欲，有箕山之志，可谓彬彬君子矣。著《中论》二十余篇……此子为不朽矣。”由此则可以看出，曹丕对当时一般的“文人无行”颇感不满（在这一点上他可没有“审己度人”），而认为徐幹的人品却是值得赞美的。对于他的立言有所成就尤为敬慕。我们知道，处于社会动乱，经学衰微的魏晋之际，要想立言以成一家之说的风气是非常盛行的。曹丕于此一直心向往之，故于徐幹的《中论》，一提再提。也正是这种心情，促成了他自己的《典论》之作，而这与他从“文以气为主”的艺术角度来评价徐幹的文章是不相干的。有些人把这两相混淆起来，于是产生了以为曹丕对徐幹艺术评价最高的错觉，而忘记了《典论·论文》早就说徐幹和王粲于词赋外，他文皆“未能称是”这一主要的论断了。

从曹丕的论“体”里，我们可以理解到，他所说的雅、理、实、丽等，都是体裁的特定要求；他所说的清、浊、和、壮、密和高妙等，都是指的体气之性。其中，清和浊是先天素质所形成；和与壮，则既有先天又有后天的成分在。齐气和不密、未遒等，则又后天重于先天，即可以通过努力逐步加以克服的。正因如此，壮而不密的刘桢要比和而不壮的应玚为优；具有齐气的徐幹亦得与体弱的王粲相匹。正是这种先天和后天，体气和体裁的彼此交相影响，就形成了文人创作的各有偏至的特色。

《典论·论文》之论，由人及文，因为文是人的创作；由末及本，因为本唯由末以得见。由此再及于文之用。这也是顺理成章的事。

有不少人说，曹丕论文章之用，也不过是从《左传》“三不朽”中“立言不朽”的命题引申来的，其中并没有多大新意，这大概算不了什么“自觉”吧？诚然，在春秋以后，司马迁《报任少卿书》也提到“鄙没世而文采不表于后”，“思垂空文以自见”，但都没有像曹丕那样把被扬雄说成“雕虫篆刻，壮夫不为”的词赋，也列入“经国之大业，不朽之盛事”中，这难道不算是一种大胆的突破吗？

近代章炳麟《国故论衡》中有一篇《论式》，谓魏、晋之文：“守己有度，伐人有序，和理在中，孚尹（采色）旁达，可以为百世师矣。”从《典论·论文》的结构、层次和表现艺术来看，它既不晦涩难明，又不浮泛词费，有什么话，就说什么话，而且又能说得很有分寸，说得美好，诚有如章氏之所言。

最后我们还要指出：知道“文非一体，鲜能备善”的道理后，是否“文人相轻”的习气，就可完全改变过来了呢？那又未免把这问题看得太简单了。在曹丕那个时代，也许可以这么说，可是后来当知这里面还有许多曲折和复杂的因素，诸如社会方面的派别问题、文艺思潮、人生观、世界观、艺术观、个人爱好等，都会有很大的关系。这是知人论世者不能不加以考虑的。(刘衍文)

洛神赋　　曹　植

黄初三年[①]，余朝京师，还济洛川。古人有言，斯水之神，名曰宓妃。感宋玉对楚王神女之事，遂作斯赋。其词曰：

余从京域，言归东藩[②]。背伊阙，越轘辕，经通谷，陵景山[③]。日既西倾，车殆马烦。尔乃税驾乎蘅皋，秣驷乎芝田，容与乎阳林，流眄乎洛川[④]。于是精移神骇，忽焉思散[⑤]，俯则未察，仰以殊观，睹一丽人，于岩之畔。乃援御者而告之曰：“尔有觌于彼者乎？彼何人斯，若此之艳也！”御者对曰：“臣闻河洛之神，名曰宓妃，然则君王之所见也，无乃是乎？其状若何？臣愿闻之。”

余告之曰：其形也，翩若惊鸿，婉若游龙，荣曜秋菊，华茂春松。仿佛兮若轻云之蔽月，飘飖兮若流风之回雪。远而望之，皎若太阳升朝霞；迫而察之，灼若芙蕖出渌波。秾纤得衷，修短合度。肩若削成，腰如约素。延颈秀项，皓质呈露。芳泽无加，铅华弗御。云髻峨峨，修眉联娟。丹唇外朗，皓齿内鲜。明眸善睐，靥辅承权[⑥]。瑰姿艳逸，仪静体闲。柔情绰态，媚于语言。奇服旷世，骨象应图。披罗衣之璀粲兮，珥瑶碧之华琚。戴金翠之首饰，缀明珠以耀躯。践远游之文履，曳雾绡之轻裾[⑦]。微幽兰之芳蔼兮，步踟蹰于山隅。

于是忽焉纵体，以遨以嬉。左倚采旄，右荫桂旗。攘皓腕于神浒兮，采湍濑之玄芝[⑧]。余情悦其淑美兮，心振荡而不怡。无良媒以接欢兮，托微波而通辞。愿诚素之先达兮，解玉佩以要之。嗟佳人之信修兮，羌习礼而明诗。抗琼珶以和予兮，指潜渊而为期[⑨]。执眷眷之款实兮，惧斯灵之我欺。感交甫之弃言兮，怅犹豫而狐疑[⑩]。收和颜而静志兮，申礼防以自持。

于是洛灵感焉，徙倚彷徨。神光离合，乍阴乍阳[⑪]。竦轻躯以鹤立，若将飞而未翔。践椒涂之郁烈，步蘅薄而流芳[⑫]。超长吟以永慕兮，声哀厉而弥长。

尔乃众灵杂遝，命俦啸侣[⑬]。或戏清流，或翔神渚，或采明珠，或拾翠羽。从南湘之二妃，携汉滨之游女。叹匏瓜之无匹兮，咏牵牛之独处[⑭]。扬轻袿之猗靡兮，翳修袖以延伫[⑮]。体迅飞凫，飘忽若神。陵波微步，罗袜生尘。动无常则，若危若安。进止难期，若往若还。转眄流精，光润玉颜。含辞未吐，气若幽兰。华容婀娜，令我忘餐。

于是屏翳收风，川后静波，冯夷鸣鼓，女娲清歌[⑯]。腾文鱼以警乘，鸣玉鸾以偕逝[⑰]。六龙俨其齐首，载云车之容裔[⑱]。鲸鲵踊而夹毂，水禽翔而为卫[⑲]。于是越北沚，过南冈，纡素领，回清阳[⑳]。动朱唇以徐言，陈交接之大纲。恨人神之道殊兮，怨盛年之莫当。抗罗袂以掩涕兮，泪流襟之浪浪。悼良会之永绝兮，哀一逝而异乡。无微情以效爱兮，献江南之明珰。虽潜处于太阴，长寄心于君王。忽不悟其所舍，怅神宵而蔽光[21]。

于是背下陵高[22]，足往神留。遗情想像，顾望怀愁。冀灵体之复形，御轻舟而上溯。浮长川而忘反，思绵绵而增慕。夜耿耿而不寐。沾繁霜而至曙。命仆夫而就驾，吾将归乎东路。揽騑辔以抗策，怅盘桓而不能去。

注 ① 黄初三年：公元222年。黄初为魏文帝曹丕年号。据本传和《赠白马王彪》序言，曹植到京城朝拜文帝在黄初四年（223），此赋可能故意不写明真实时间。② 东藩：东方藩国。当时曹植封鄄城王，其地在京城洛阳东北。③ 背：离开。伊阙：山名，在洛阳南。轘（huán）辕：山名，在今河南偃师县东南。通谷：谷名，在洛阳城南五十里。陵：升。景山：山名。④ 税驾：解马卸车。蘅皋：长有杜蘅的水边。秣：喂养。芝田：种植芝草之田，一说为地名。阳林：地名。流眄（miǎn）：纵目而视。⑤"精移神骇"二句：神思恍惚，忽然思绪散乱。⑥ 睐（lài）：旁视。靥（yè）辅：两颊上的酒窝。权：通"颧"，面颊。⑦ 珥（ěr）：珠玉耳饰，此处作动词用，即佩戴。瑶、碧：均为美玉。华琚：有花纹的佩玉。文履：有花纹的鞋。绡（xiāo）：生丝织的帛。裾：衣襟，此指襟边。⑧ 采旄：彩色旗（杆上有旄牛尾装饰）。桂旗：桂枝为杆的旗。攘：捋。浒：水边。湍濑：急流。玄芝：黑色灵芝。⑨ 要：约。抗：举。琼珶（dì）：美玉名。和：答。期：会。⑩ 款实：真诚。交甫：郑交甫。传说他行于汉水之滨，遇一仙女，目而挑之，女遂解佩与之。交甫行数步，佩玉不见；回视其女，也消失不见。弃言：失信。⑪ 徙倚：低徊。阴：暗。阳：明。⑫ 竦：耸立。椒涂：长着花椒的路。薄：草木丛生处。⑬ 杂遝（tà）：众多。命俦啸侣：呼朋唤侣。⑭ 匏（páo）瓜：星名，在牵牛星东。无匹：没有配偶。⑮ 袿（guī）：女子上衣。猗靡：随风飘动状。翳：遮蔽。延伫：久立。⑯ 屏翳：风神。川后：水神。冯夷：河伯。⑰ 腾：传告。警乘：警卫车乘。⑱ 俨：庄严。容裔：闲暇自得状。⑲ 毂（gǔ）：车轮中心承轴接辐部分，此指车子。⑳ 沚：水中小洲。素领：白皙的颈项。清阳：眉目清秀状。㉑ 宵：同"消"。蔽光：隐没光彩。㉒ 背：离。陵：登。

黄昏日落之际，最容易勾起人们坎坷途路的愁绪；而平生的种种向往和追求，也常会如烟如云地涌现眼前，化作惆怅难寻的幻梦。

名传千古的《洛神赋》，描述的景象就正如此。此赋的诞生，虽然因了作者"流眄"洛川的触动，并且受到了宋玉《神女赋》的感发；但它的真正起因，也许正是曹植经历了苍黄翻覆的宫廷风云之变，在崎岖山坂的颠簸和悲忧交瘁的沉思间，所做的一场绮丽清梦？

这清梦的展现很美，而且因了"辞采华茂，骨气奇高"的曹植的浪漫之思，特别带有飘忽变幻和情意缱绻的韵致。而照亮了整个梦境和牵动了作者不尽思情的中心人物，便是传说中的美丽洛神——“宓妃”。

《洛神赋》的构思和写法，显然带有摹拟《神女赋》的痕迹。不过，因为《神女赋》是叙“梦”之作，笔底多带“梦”的特点。曹植此赋却不明言是梦，而将它处理为似乎真是作者身历的奇事，故起笔便是平中孕奇的氛围创造：“西倾”的红日，辉映着“车殆马烦”的主人公穿山过谷；长长的车影，缓缓移动在崎岖的山坂上。接着便来到长满蘅草的川边，——洛水到了，辘辘的车音顿时消歇。只留下主仆二人，欣喜地伫立川岸，向着暮霭沉沉的远山眺望。平平的叙述，正与陶渊明《桃花源记》叙“武陵人”的行舟之始一样，奇境的显现在事前竟一无征兆。

但也正是在此刻，恰如云烟之突敛，作者刹那间目睹了一幕终生难忘的景象：一位俏丽的女子，已无声无息地现身于川上的山岩之间！由于文中对此丽人的现形，先就渲染了作者“精移神骇，忽焉思散”的异常情状；之后又暗示出同在川边的御者，对此景象却一无所见，更使这丽人即洛神的显现，变得蹊跷而神奇！

当作者落笔描摹所见洛神的形貌时，仿佛立志要与宋玉笔下的巫山神女争辉似的：虽然也重在展示她那照人的神采和明艳的姣容，采用了“荣曜秋菊，华茂春松”，“皎若太阳升朝霞”，“灼若芙蕖出渌波”的排喻，和“云髻峨峨，修眉联娟。丹唇外朗，皓齿内鲜。明眸善睐，靥辅承权”的点染；但细心的读者一眼即可看出，宋玉的描摹一发即收，更带印象式的“梦”境特点和飘忽之感。曹植则不同，因为不是写“梦”，看得也较真切，故更重视云蒸霞蔚的彩笔雕画，使形象更觉明丽而纤毫毕现。最明显的不同在于：曹植表现洛神，不像巫山神女那样只在庭墀、宫帷间现身，而是安排在涣涣洛水和峨峨川岩之间，因此就有了更广大的活动空间，以展示洛神的动态风貌和性格特点：“其形也，翩若惊鸿，婉若游龙”；“仿佛兮若轻云之蔽月，飘飖兮若流风之回雪”；“忽焉纵体，以遨以嬉。左倚采旄，右荫桂旗。攘皓腕于神浒兮，采湍濑之玄芝”。以飘流舒卷的“轻云”、翩翩飞旋的雪花，比拟洛神衣袂飘拂、轻盈欲举的体态，有多形象！而“采旄”“桂旗”的烘托，“神浒”“湍濑”的辉映，又把她的天真妩媚之情，传写得多么动人！正是这些出色的描摹，使洛神的性格表现，带有了曹植的个性特色：与巫山神女的娴丽、雅静不同，在美丽的洛神身上，似乎透露着更多的热情、大胆和天真之性。

也许正因如此，主人公“托微波而通辞”，“解玉佩以要之”，向洛神转达眷眷之情时，她的反应也远比巫山神女率真——不仅爽快地答应了下来，而且“抗琼珶以和予兮，指潜渊以为期”，表达了相当真切的倾慕和痴心。而一旦感觉到对方对自己的怀疑时，情绪之激荡也格外令主人公惊心：“于是洛灵感焉，徙倚彷徨。神光离合，乍阴乍阳。竦轻躯以鹤立，若将飞而未翔。……超长吟以永慕兮，声哀厉而弥长。”神光的忽隐忽现，身躯的竦立若飞，表现出洛神的身心受到了多大的打击；那哀哀长吟的凄厉之音，包含着这位身遭猜忌的女神多少痛苦和不平！

最令人惊异的，是作者描述洛神痛苦情状时的突然转笔；文中由此展出了“众灵杂遝，命俦啸侣”的一派欢乐景象：这些无忧无虑的快活神灵，或游戏于清波之间，或回翔于川渚之上，采摘着蚌中的“明珠”，争拾着翠鸟的美羽，显得何其逍遥！人之哀乐已不能相通，神之感情竟也如此隔膜——在这样的热闹、欢乐之境中，表现洛神悄然“延伫”、举袖掩面的悲叹之情，正有王夫之所说的“以乐景写哀”的强烈反衬效果（《薑斋诗话》）。而况陪伴这孤寂洛神的，又是泪洒斑竹、沉身湘水的“二妃”，踯躅汉水、只与郑交甫有“解佩”一晤之缘的“游女”——她们当年的酸辛悲剧，不都在无声地诉说着此刻洛神悲剧重演的绵绵伤情么？

全赋写到洛神的率众离去，正与屈原《离骚》抒写主人公悲怆远逝的景象，有异曲同工之妙：“于是屏翳收风，川后静波，冯夷鸣鼓，女娲清歌。腾文鱼以警乘，鸣玉鸾以偕逝。六龙俨其齐首，载云车之容裔……”真是车仗雍容、如火如荼，表现出洛神的随从何其繁盛和富丽。然而，此刻归去的洛神，却再不像她显现时那样爽朗无忧、天真欢快。虽然她还是那样美丽，那样“华容婀娜”“丹唇外朗”，但一颗纯真热情的心，却因了主人公的猜忌、人神的“道殊”而破碎了！她是带着不尽的幽怨和哀伤，在“抗罗袂以掩涕兮，泪流襟之浪浪”中逝去的。这一幕景象，正如朱冀评论《离骚》结尾一节的描述一样，“极凄凉中偏写得极热闹，极穷愁中偏写得极富丽”（《离骚辨》），更牵动读者的叹惋欷歔之情。然而，这位多情的女神，就是在哀伤之中，仍未割舍对主人公的眷恋和倾心：“无微情以效爱兮，献江南之明珰。虽潜处于太阴，长寄心于君王”——这就是她在神影消散、光彩隐没的刹那，留下的最凄切的心愿。由于作者那充满怅意的收笔，洛神的倩影至今似还袅袅不绝地飘忽在洛川的云水苍茫之间。

洛神宓妃在传说中，并不是一位令人敬仰的女神。在屈原的《离骚》和《天问》中，也因此被作为“信美无礼”、与河伯有着暧昧关系的形象描述的。但在曹植笔下，却进行了根本的改造，成了一位美丽、热情，虽遭猜忌仍不变其缱绻痴心的正面形象，这是颇耐人寻味的。作为一位同样怀有美好的追求，志在报效社稷、“流惠下民”，而多次遭受谗言的倜傥之士，曹植是不是在洛神悲剧中投入了自己的影子？如果这一猜测成立，那么，在《洛神赋》中做着清绮之“梦”的，与其说是主人公（“余”），不如说是现身岩畔的洛神了：正是她，身当“盛年”，满怀“爱”心，希冀着有与“君王”一遇的“良会”之期，却在无端的猜忌中梦消神灭，永归“太阴”。这绵绵不绝的悲情离怨，似乎也正是曹植朝会京师，猝遇任城王曹彰被害，自己也险遭厄运的悲愤之情的幻化——弗洛伊德说：“梦境是愿望的达成。”而美丽热情的洛神——曹植，即使是在“梦”中，也仍未达成效“爱”社稷的“微”愿：这是不是在《洛神赋》那恍惚迷离之辞背后所包含着的最令作者叹伤的深沉意蕴呢？（潘啸龙）

与山巨源绝交书

嵇　康

康白：足下昔称吾于颍川，吾常谓之知言①。然经②怪此意尚未熟悉于足下，何从便得之也？前年从河东还，显宗、阿都说足下议以吾自代③；事虽不行，知足下故不知之。足下傍通，多可而少怪④；吾直性狭中，多所不堪，偶与足下相知耳。间闻足下迁，惕然不喜，恐足下羞庖人之独割，引尸祝以自助，手荐鸾刀，漫之膻腥⑤。故具为足下陈其可否。

吾昔读书，得并介之人⑥，或谓无之，今乃信其真有耳。性有所不堪，真不可强。今空语同知有达人，无所不堪，外不殊俗，而内不失正⑦，与一世同其波流，而悔吝不生耳。老子、庄周，吾之师也，亲居贱职⑧；柳下惠、东方朔，达人也，安乎卑位⑨。吾岂敢短⑩之哉！又仲尼兼爱，不羞执鞭⑪；子文无欲卿相，而三登令尹⑫。是乃君子思济物⑬之意也。所谓达能兼善而不渝，穷则自得而无闷⑭。以此观之，故尧、舜之君世⑮，许由之岩栖⑯，子房之佐汉⑰，接舆之行歌，其揆一也[18]。仰瞻数君，可谓能遂其志者也。故君子百行，殊途而同致，循性而动，各附所安。故有处朝廷而不出，入山林而不反之论[19]。且延陵高子臧之风[20]，长卿慕相如之节[21]，志气所托，不可夺也[22]。吾每读尚子平、台孝威传，慨然慕之，想其为人[23]。加少孤露，母兄见骄[24]，不涉经学。性复疏懒，筋驽肉缓，头面常一月十五日不洗；不大闷痒，不能沐也。每常小便而忍不起，令胞中略转乃起耳[25]。又纵逸来久，情意傲散，简与礼相背[26]，懒与慢[27]相成，而为侪类见宽[28]，不攻其过。又读庄、老，重增其放[29]。故使荣进[30]之心日颓，任实[31]之情转笃。此由禽鹿，少见训育[32]，则服从教制；长而见羁，则狂顾顿缨，赴蹈汤火；虽饰以金镳，飨以嘉肴，逾思长林而志在丰草也。

阮嗣宗口不论人过[33]，吾每师之，而未能及。至性过人，与物无伤，唯饮酒过差耳[34]。至为礼法之士所绳，疾之如仇，幸赖大将军保持之耳[35]。吾不如嗣宗之资，而有慢弛之阙[36]；又不识人情，闇于机宜；无万石之慎，而有好尽之累[37]，久与事接，疵衅日兴[38]，虽欲无患，其可得乎？又人伦有礼[39]，朝廷有法，自惟[40]至熟，有必不堪者七，甚不可者二：卧喜晚起，而当关呼之不置[41]，一不堪也。抱琴行吟，弋钓草野，而吏卒守之，不得妄动，二不堪也。危坐一时，痹[42]不得摇，性[43]复多虱，把搔无已，而当裹以章服[44]，揖拜上官，三不堪也。素不便[45]书，又不喜作书，而人间多事，堆案盈机[46]，不相酬答，则犯教伤义，欲自勉强，则不能久，四不堪也。不喜吊丧，而人道以此为重，已为未见恕者所怨，至欲见中伤者；虽瞿然[47]自责，然性不可化，欲降心顺俗[48]，则诡故不情[49]，亦终不能获无咎无誉[50]，如此五不堪也。不喜俗人，而当与之共事，或宾客盈坐，鸣声聒耳，嚣尘臭处[51]，千变百伎[52]，在人目前，六不堪也。心不耐烦，而官事鞅掌[53]，机务[54]缠其心，世故繁其虑，七不堪也。又每非汤武而薄周、孔，在人间不止，此事会显，世教所不容[55]，此甚不可一也。刚肠疾恶，轻肆直言，遇事便发，此甚不可二也。以促中小心[56]之性，统此九患，不有外难，当有内病，宁可久处人间邪？又闻道士遗言，饵术黄精[57]，令人久寿，意甚信之。游山泽，观鱼鸟，心甚乐之。一行作吏，此事便废，安能舍其所乐而从其所惧哉！

夫人之相知，贵识其天性，因而济之。禹不逼伯成子高，全其节也[58]；仲尼不假盖于子夏，护其短也[59]；近诸葛孔明不逼元直以入蜀[60]，华子鱼不强幼安以卿相[61]。此可谓能相终始，真相知者也。足下见直木必不可以为轮，曲者不可以为桷[62]，盖不欲以枉其天才[63]，令得其所也。故四民有业，各以得志为乐，唯达者为能通之；此足下度内耳。不可自见好章甫，强越人以文冕也[64]；己嗜臭腐，养鹓雏以死鼠也[65]。吾顷学养生之术，方外[66]荣华，去滋味，游心于寂寞，以无为为贵。纵无九患[67]，尚不顾足下所好者。又有心闷疾，顷转增笃，私意自试，不能堪其所不乐。自卜已审[68]，若道尽途穷则已耳。足下无事冤之[69]，令转于沟壑[70]也。吾新失母兄之欢，意常凄切。女年十三，男年八岁，未及成人，况复多病，顾此悢悢[71]，如何可言。今但愿守陋巷，教养子孙；时与亲旧叙离阔，陈说平生。浊酒一杯，弹琴一曲，志愿毕矣。足下若嬲之不置[72]，不过欲为官得人，以益时用耳。足下旧知吾潦倒粗疏，不切事情[73]，自惟亦皆不如今日之贤能也。若以俗人皆喜荣华，独能离之，以此为快；此最近之，可得言耳。然使长才广度，无所不淹，而能不营，乃可贵耳。若吾多病困，欲离事自全，以保余年，此真所乏耳。岂可见黄门而称贞哉[74]！若趣欲共登王途[75]，期于相致，时为欢益，一旦迫之，必发其狂疾。自非重怨，不至于此也。野人有快炙背而美芹子者，欲献之至尊，虽有区区之意，亦已疏矣[76]。愿足下勿似之。其意如此，既以解[77]足下，并以为别[78]。嵇康白。

注 ①颍川：指山涛的叔父山嵚（qīn）。古代常以某人的任职地名、籍贯、官名作为他的代称。山嵚曾为颍川太守。山涛曾向山嵚称说嵇康不愿出仕，嵇康认为可谓相知之言。 ②经：常常。 ③“前年”二句：河东，指山西境内黄河以东地区。显宗，公孙崇的字。阿都，吕安小名阿都，字仲悌，与嵇康为至交。④“足下”二句：指山涛处事圆滑，善于应变，多所许可，少所责怪的世故态度。⑤“恐足下”四句：《庄子·逍遥游》：“庖人虽不治庖、尸祝不越樽俎而代之矣。”庖人，厨师。尸祝，指祭祀中执祭版对神主祝祷的人。荐，举。鸾刀，指环上有铃的刀。 ⑥并介之人：并，指能兼济天下；介，指耿介孤直。这两种品性是相互排斥，不能统一的，故下句说“或谓无之”，再下一句“今乃信其有”是一句反话，用来讽刺山涛。 ⑦“今空语”四句：达人，通达世理的人。外，指外表。内，指内心。 ⑧亲居贱职：老子曾为周朝的守藏史，庄周曾为宋国漆园吏，都是小官。 ⑨“柳下惠”三句：柳下惠曾作鲁国士师，管狱讼之事；东方朔在汉武帝时为郎官，职位卑下。 ⑩短：轻视。 ⑪“仲尼”二句：《论语·述而》：“子曰：‘富而可求也，虽执鞭之事，吾亦为之。’” ⑫“子文”二句：

《论语·公冶长》:“令尹子文,三仕为令尹,无喜色;三已之,无愠色。”这二句意为令尹子文不把卿相名位作为自己追求的目标,故能于进退超然。 ⑬ 济物:济世。 ⑭“所谓”二句:意为孔子和子文才是所谓“达则兼善天下”而始终不变其志,“穷则独善其身”而能自得无闷的人。“达则兼善天下”语出《孟子·尽心》;“遁世无闷”语出《易经·乾传》。 ⑮ 君世:为君王于世。 ⑯ 许由:古代传说中的高洁之士,相传尧让天下于他,他不受,而到箕山下去隐居。岩栖:指栖宿于山岩之中。 ⑰ 子房:张良的字。张良曾辅佐刘邦,建立汉朝。⑱“接舆”二句:接舆,春秋时楚国的隐士。《论语·微子》:“楚狂接舆歌而过孔子,曰:‘凤兮!凤兮!何德之衰!往者不可谏,来者犹可追,已而,已而!今之从政者殆而!’孔子下,欲与之言,趋而避之,不得与之言。”其揆一也:揆,原则,道理。以上诸人出处行为虽然不同,而各从其志,原则是一致的。⑲“故有”二句:《韩诗外传》卷五:“朝廷之人为禄,故入而不出;山林之士为名,故往而不返。” ⑳“延陵”句:延陵(今江苏武进),春秋时吴国季札曾居其地,这里即以延陵代替季札。吴君诸樊死,将立季札,季札引曹宣公死后,诸侯欲立子臧,子臧拒不接受的故事,表示学子臧来推辞继位。 ㉑“长卿”句:《史记·司马相如传》:“相如(字长卿)既学,慕蔺相如之为人,更名‘相如’。”蔺相如,战国时赵人,曾以“完璧归赵”一事闻名。 ㉒“志气”二句:季札和司马相如二人各自景慕子臧和蔺相如的节概,因而寄托了自己的志向,这是不能强加改变的。而山涛要自己出来做官,改变自己的初志,也是难以办到的。㉓“吾每读”三句:尚子平,后汉人,据李善注《文选》引《英雄记》,曾为县功曹,后弃官归家,入山砍柴为生。台孝威,名佟,据《后汉书·逸民传》,他隐居武安山,凿穴为居,采药为业。 ㉔“加少”二句:孤露,指幼年丧父;母兄见骄,即为母兄所溺爱而骄纵。 ㉕“令胞中”句:让尿在膀胱中略略转动而将胀出时才起身去小便。 ㉖“简与礼”句:简,简慢,这里意为举止随便。㉗ 慢:傲慢。 ㉘ 见宽:被宽容。 ㉙ 放:放荡。 ㉚ 荣进:做官求荣。㉛ 任实:放纵任性。 ㉜“此由”二句:由,同“犹”。禽,同“擒”。少,从小。 ㉝ 阮嗣宗:即阮籍,嗣宗为其字。《晋书》称他“发言玄远,口不臧否人物”。 ㉞ 与物无伤:待人接物,没有伤害之心。过差:即过度。 ㉟“至为礼法”三句:绳,绳削,这里指弹劾、纠正人的过失。大将军,指司马昭。保持,保护。李善注引孙盛《晋阳秋》:“何曾于太祖(司马昭)坐,谓阮籍曰:‘卿任性放荡,败礼伤教,若不革变,王宪岂得相容!’谓太祖:‘宜投之四裔、以絜王道。’太祖曰:‘此贤素羸病,君当恕之。’”保护了阮籍。 ㊱ 慢弛之阙:傲慢懒散的缺点。 ㊲“无万石”二句:万石,指汉朝石奋,他历事高祖、文帝、景帝,以谨慎著称,在人前“如不能言者”。他和四个儿子皆俸二千石,故景帝称之为万石君。好尽,即毫不忌讳,尽情而言。 ㊳ 疵衅:缺点和罪过。 ㊴ 人伦有礼:人伦旧指君臣、父子、夫妇、兄弟、朋友之间的关系。由这些关系便会产生一些道德规范,合乎这些规范的便谓之“有礼”。 ㊵ 惟:思。 ㊶ 当关:守门小吏。不置:不停。 ㊷ 痹(bì):麻痹。 ㊸ 性:通“身”。 ㊹ 章服:即官服。 ㊺ 不便:不习,不善于。 ㊻ 机:同“几”,书案。 ㊼ 瞿然:恐惧貌。㊽ 降心顺俗:压抑自己傲散的心意,随顺世俗。 ㊾ 诡故不情:违背本性,是自己所不情愿的。 ㊿ 无咎无誉：即无荣无辱。 ㉛ 嚣尘臭处：嚣尘，喧杂多尘；臭处，秽气所集。均指官府所在。 ㉜ 千变百伎：指仕途中人各种钩心斗角的伎俩。 ㉝ 鞅掌：繁忙纷扰貌。 ㉞ 机务：官府要务。 ㉟"又每非汤武"四句：汤武，指商汤和周武王取代夏、商。周、孔，指周公、孔子建立礼教。当时司马懿父子以汤武自命，借维护礼教，诛锄异己。非汤武薄周孔，实际上是反对司马氏的篡魏，嵇康终于因此遭杀害。人间，相对隐居而言，指出仕。此事，指非汤武薄周孔之事。世教，正统礼教。 ㊱ 促中小心：心胸狭隘。 ㊲ 饵术黄精：道家中有服食派，认为久服术（zhú，草名，山蓟）与黄精，均可轻身延年。饵，服食。 ㊳"禹不逼"二句：逼，逼迫。传说中三代时的贤者伯成子高，尧舜时立为诸侯，至夏禹时辞去诸侯而归耕，禹往见之，子高告以今世德衰，耕而不顾。见《庄子·天地篇》。 ㊴"仲尼"二句：盖，雨具。孔子将行，遇雨，门人告诉他子夏（卜商，子夏为其字）有雨具，孔子说："商之为人也，甚吝于财，吾闻与人交，推其长者，违其短者，故能久也。"于是不向卜商借用。 ㊵"诸葛"句：元直，徐庶的字。他与诸葛亮为友，同事刘备，后其母为曹操所获，因别备而归操，未随备入川，参与建立蜀汉。 ㊶"华子鱼"句：子鱼，华歆的字。幼安，管宁的字。两人同学，魏明帝时华歆为太尉，推举管宁，诏以为大中大夫，宁固辞不受。 ㊷ 桷（jué）：屋上承瓦的木条，它是直的，曲木不能用来做桷子。 ㊸ 枉：屈。天才：指本性。 ㊹"不可"二句：章甫，殷代冠名。文冕，饰有图纹的漂亮帽子。越，今福建、浙江一带。《庄子·逍遥游》："宋人资章甫而适诸越，越人断发文身，无所用之。" ㊺"己嗜"二句：《庄子·秋水》："鹓雏发南海而飞于北海，非梧桐不止，非练实不食，非醴泉不饮。于是鸱得腐鼠，鹓雏过之，仰而视之曰：'吓！'"言外之意，不要因为自己喜欢做官而勉强别人也来做官。 ㊻ 外：鄙弃、排斥。 ㊼ 九患：指上文七不堪和二甚不可。 ㊽ 自卜已审：自己已考虑十分明确。 ㊾ 无事冤之：平白无故地使我冤屈。 ㊿ 转于沟壑：指死亡。 (71) 悢（liàng）悢：悲恨。 (72) 嬲（niǎo）之不置：纠缠不放。 (73) 不切事情：不愿接触世事。 (74)"岂可"句：黄门，指宦官。宦官不淫乱，不能称为贞洁；喻自己不慕荣华是因为缺乏才量，不能以为就高尚。 (75) 趣（cù）：急于。登王途：即入仕。 (76)"野人"四句：《列子·杨朱》："宋国有田父，常衣缊黂（yùn fén，用乱麻作絮的冬衣），仅以过冬。暨春东作，自曝于日，不知天下之有广厦隩室，绵纩狐貉，顾谓其妻曰：'负日之暄（暖，即炙背），人莫知者，以献吾君，将有重赏。'里之富室告之曰：'昔人有美戎菽（葫豆）、甘枲茎（苍耳）、芹萍子者，对乡豪称之。乡豪取而尝之，蜇于口，惨于腹。众哂而怨之，其人大惭。'"区区，微小而诚恳之意。疏，远，不切合事理。 (77) 解：解喻。 (78) 别：指绝交。

本文是嵇康的著名散文，他用辛辣的笔触，满腔愤慨地抨击了司马懿父子的残暴，提出了"非汤武而薄周孔"的政治见解，并因此而被杀害，是一篇战斗性极强而艺术水平很高的文章。

司马懿父子欲夺曹魏政权，残酷地诛锄异己。史称司马懿诛曹爽，

“支党皆夷三族，男女无少长，姑姊妹女子之适人者皆杀之”。到了他的儿子司马昭，更是处心积虑夺取政权。幼稚的高贵乡公曹髦忍耐不下去了，想率手下的数百僮仆去讨伐司马昭，司马昭得知，命令“太子舍人成济抽戈犯跸，刺之，刃出于背”，杀了年仅二十的高贵乡公。司马氏父子这样以血腥手段夺取政权，连他们的后人晋明帝听到王导说到他的祖先所作所为时，也说：“若如公言，晋祚安得长远?”

山涛与嵇康都是“竹林七贤”中的人物，原来是好朋友。但是山涛并不是真心当隐士，老死山林。他年轻时就曾对他的妻子说：“忍饥寒！我后当作三公，但不知卿堪公夫人不耳?”后来因为他与宣穆后（司马懿的妻子）有中表亲，夤缘这个裙带关系，当上了司马家的官，景元二年（261）当上了吏部郎的要职。这时，他为了稳固自己的地位，不但忠心耿耿地效忠于司马昭，而且和司马家的重要军政官吏裴秀、钟会（时任司隶校尉）“并申款昵”，而钟会正是在景元中杀害嵇康的关键人物。

在高贵乡公甘露年间，司马昭篡夺曹魏政权的野心已是路人皆知的了。嵇康当然知道司马懿如何诛曹爽以及景元元年成济杀害高贵乡公的惨状。而景元二年山涛升任吏部郎，其后又要举嵇康以自代。吏部郎的职责是为司马氏准备登基的官员，不干伤天害理的事是不能作的。因此，“刚肠疾恶”的嵇康对“非吏非隐”（孙绰语）的山涛，忍无可忍，如箭在弦上，不得不发，奋笔写下了《与山巨源绝交书》。

信的第一段是谈写信缘起，嵇康用“偶于足下相知耳”一句提起作纲，说明自己与山涛并不是真相知，山涛是显宦，“多可而少怪”；而自己则是“直性狭中”，“多所不堪”，在处世态度上走的是两条不同的道路，最后则以“越俎代庖”的故事，用“手荐鸾刀，漫之膻腥”作结，暗示山涛干的事与“屠刀”“腥膻”有关，而自己则不愿干那样的玩意儿，用以引起下文。

第二段叙述自己疏懒成性，不愿居庙堂为官。前半段谈人生旨趣。“老子、庄周，吾之师也，亲居贱职；柳下惠、东方朔，达人也，安乎卑位。”安于贱职卑位，是老子的处世哲学。因此，他要求山涛让自己“循性而动，各附所安”。结末则以“不涉经学”表示了对儒家的轻蔑，用“头面常一月十五日不洗”，“每常小便而忍不起，令胞中略转乃起耳”，表明了他自己连头也懒得洗，尿也懒得解，岂堪尸居庙堂为吏。笔势至此已渐奔放，嬉笑怒骂之势已成，为深入发展下段预备下契机。

第三段具体地提出了“必不堪者七，甚不可者二”，开拓了上段的论点。先举阮籍“口不论人过”，似扬实抑，似褒实贬。阮籍在司马残酷诛锄异己、夺取政权方面，曾经卖过力，受过司马懿从中事郎的官，在高贵乡公之难后，他还得到了提升，封关内侯。这说明他已因效劳于司马氏进入了权力内圈。因此虽“为礼法之士所绳，疾之如仇”，但大将军（即司马昭）不能不保持之。而嵇康自称“不如嗣宗之资，而有慢弛之阙”。正是表明他自己不愿学阮籍，甘愿“不识人情，闇于机宜”。中段明确提出“人伦有礼，朝廷有法”，自己是学老庄的人，对于这维护统治的礼、法，有七不堪忍受，于人生兴趣、日常生活方式上说明自己无法来担任官吏。在“七不堪”之后更提出“两不可”，明确说出自己的政治见解和政治态度是“非汤武而薄周孔”，是“刚肠疾恶，轻肆直言”。这下可捅到了马蜂窝。原来中国古代凡在政治上想篡权夺位的人，莫不用汤武、周公来掩饰自己的篡权行为，莫不以顺天应人，效法成汤、周武自居，这是他们夺取政权的理论根据和遮羞布。司马昭杀了高贵乡公之后，也还以“欲遵伊周之权”，“安社稷之难”来为自己辩解；阮籍为郑冲写的《劝晋王笺》，便是用“昔伊尹有莘氏之媵臣耳，一佐成汤，遂荷阿衡之号；周公藉已成之势，据既安之业，光宅曲阜，奄有龟蒙”这样的话来歌颂司马昭而获荣升并得以善终的。两相对比，无怪乎“非汤武而薄周礼”这句话触怒了司马昭，他迫不及待地要杀害嵇康了。

最后一段重复了第二段提出的“性有所不堪，真不可强”，要求山涛要像诸葛亮那样“不逼元直以入蜀”，像华歆那样“不强幼安以卿相”，态度似稍委婉；然而又提出“不可自见好章甫，强越人以文冕”；“己嗜臭腐，养鹓雏以死鼠”，借《庄子·秋水》中的寓言故事，把高官比作腐鼠，鸱嗜腐鼠，正如山涛之流要想做官；而把自己则比作鹓雏，非梧桐不止，非练实不食，非醴泉不饮，不愿意像山涛那样不择木而栖，不择主而事，再一次严正地申明了自己的政治标准，坚定地提出了不同流合污，与前文紧相照应。中段叙述自己的家世，“新失母兄之欢，意常凄切。女年十三，男年八岁，未及成人，况复多病，顾此悢悢，如何可言”！于嬉笑怒骂之余，插入这段文情并茂的文字，使文章跌宕多姿，摇曳有致。这是作者情感的真实流露与处理文章的高度技巧。最后又系以“见黄门而称贞”，说明自己不慕荣华，是本性短于此，又恢复了恣肆淋漓、玩世不恭的态度，使文章保持了讽刺且富有战斗性的本色。

嵇康的人品很高，其文亦如其人。《与山巨源绝交书》是他的代表作，最能显露他的高超品性和卓越的才华。刘勰《文心雕龙》说："嵇康《绝交》，实志高而文伟"，真是一语破的。（龙　晦）

陈情表　　李　密

臣密言[①]：臣以险衅[②]，夙遭闵凶[③]。生孩六月，慈父见背；行年四岁，舅夺母志。祖母刘愍臣孤弱[④]，躬亲抚养。臣少多疾病，九岁不行，零丁孤苦，至于成立。既无叔伯，终鲜兄弟，门衰祚薄，晚有儿息。外无期、功强近之亲[⑤]，内无应门五尺之僮[⑥]，茕茕孑立，形影相吊。而刘夙婴疾病，常在床蓐[⑦]，臣侍汤药，未曾废离。

逮奉圣朝，沐浴清化[⑧]。前太守臣逵察臣孝廉[⑨]，后刺史臣荣举臣秀才，臣以供养无主，辞不赴命。诏书特下，拜臣郎中[⑩]，寻蒙国恩，除臣洗马[⑪]。猥以微贱[⑫]，当侍东宫[⑬]，非臣陨首所能上报。臣具以表闻，辞不就职。诏书切峻，责臣逋慢[⑭]。郡县逼迫，催臣上道；州司临门[⑮]，急于星火。臣欲奉诏奔驰，则刘病日笃；欲苟顺私情，则告诉不许：臣之进退，实为狼狈[⑯]。

伏惟圣朝以孝治天下[⑰]，凡在故老，犹蒙矜育[⑱]，况臣孤苦，特为尤甚。且臣少事伪朝[⑲]，历职郎署[⑳]，本图宦达，不矜名节[㉑]。今臣亡国贱俘，至微至陋，过蒙拔擢，宠命优渥，岂敢盘桓，有所希冀。但以刘日薄西山，气息奄奄，人命危浅，朝不虑夕。臣无祖母，无以至今日；祖母无臣，无以终余年；母孙二人，更相为命，是以区区不能废远[㉒]。

臣密今年四十有四，祖母刘今年九十有六，是臣尽节于陛下之日长，报刘之日短也。乌鸟私情，愿乞终养。臣之辛苦，非独蜀之人士及二州牧伯所见明知[㉓]，皇天后土实所共鉴[㉔]。愿陛下矜愍愚诚[㉕]，听臣微志，庶刘侥幸保卒余年[㉖]。臣生当陨首，死当结草[㉗]。臣不胜犬马怖惧之情[㉘]，谨拜表以闻。

注 ① 臣密言：意即"臣李密奏道"。这是旧时作表章的开头格式。　② 险衅

(xìn)：艰难祸罪。 ③ 夙（sù）：早时。闵凶：忧患不幸。 ④ 愍（mǐn）：悲痛，怜惜。 ⑤ 外：指自己一房之外的亲族。期（jī）：穿一周年孝服的人。功：穿大功服（九个月）、小功服（五个月）的亲族。强近：勉强算得接近的。⑥ 五尺：汉制五尺约相当于今三尺多。 ⑦ 蓐：草褥子。 ⑧ 沐浴清化：受到清明政治教化的熏陶。 ⑨ 前：以前。太守臣逵：太守名逵的，下句"刺史臣荣"句法亦同。孝廉：汉代始兴郡国每年考察举荐孝廉（有孝行廉洁之士），州举秀才，魏晋沿用这种选举制度。 ⑩ 拜：任命。郎中：官名，相当于后代诸司之长。⑪ 除：任官，除去旧官就新官。洗马：汉为太子属官，晋以后改掌图籍。⑫ 猥：鄙，自谦之词。 ⑬ 当侍：充当侍奉。东宫：太子所居之宫。 ⑭ 逋慢：逃避、怠慢上命。 ⑮ 州司：州官，指地方官。 ⑯ 狼狈：喻进退两难。⑰ 伏惟：俯想，下级对上级的恭敬用语。 ⑱ 矜育：怜惜养育。 ⑲ 伪朝：对晋朝称被灭的蜀国。 ⑳ 历职郎署：一直升迁至郎官衙署任职。李密曾任蜀国尚书郎。 ㉑ 矜：自夸。 ㉒ 区区：拳拳，勤勤之心。废远：废弃奉养而远离祖母。㉓ 辛苦：苦处。二州牧伯：梁州、益州的长官，指逵、荣。 ㉔ 皇天后土：对天地的敬称。 ㉕ 矜愍：怜惜。 ㉖ 保卒：安然而终。 ㉗ 结草：《左传·宣公十五年》载，晋大夫魏武子临死，嘱其子颗杀武子爱妾为殉葬。颗未杀而改嫁之。后魏颗与秦将杜回战，颗见一老人结草绊倒杜回，回因此被擒。颗夜梦结草老人曰："我即妾之父，特来报君不杀之心。"后以"结草"喻死后报恩。 ㉘ 犬马怖惧之情：谦卑之辞。谓对国君如犬马之惧怕主人一样。

李密从小赖祖母刘氏抚养成人，故侍刘十分孝顺。《晋书·孝友传》将他名列首位，誉之"以孝谨闻"。泰始三年（267），晋武帝召为太子洗马，他以祖母年老多病无人奉养，辞不赴命。但因他曾仕蜀汉，而今亡国贱俘，故深恐晋武帝疑己怀念旧朝以矜名节，招致大逆不道的罪名，于是饱含血泪上了这篇《陈情表》。"武帝览表，嘉其诚款，赐奴婢二人，使郡县供祖母奉膳。至性之言，自尔悲恻动人。"（清吴楚材、吴调侯《古文观止》）

要想得到皇帝真正相信并谅解自己不奉诏的苦衷，就必须首先动之以深情，方能喻之以大义。故首段先从幼年坎坷不幸的遭遇说起，一下子把对方也带进一种悲怆酸楚的环境氛围中，以激起人皆有之的恻隐之心。开篇伊始，便用"臣以险衅，夙遭闵凶"八字总起，不仅高度概括，而且耸人听闻。往下即分两层具体描述如何"险衅""闵凶"：从"生孩六月"至"至于成立"，写其幼年的伶仃孤苦，全靠祖母的"躬亲抚养"；从"既无叔伯"至"未尝废离"，写其成年之后的缺亲少故，年老多病的祖母全靠他赡养侍奉。前一层着重突出"孤弱"二字。先写"孤"：出生六个月，慈父就死去；刚满四岁，舅父就强迫其母改嫁，使她不能守节抚孤，这就很自然地点出全赖祖母抚养的大恩。再写“弱”：从小多病，九岁还不能走路，这也是因“孤”而贫困、悒郁的恶果。这就含蓄地表明祖母抚养他这孤弱之人至于成人自立，是何等艰难不易！也就为后文“臣无祖母，无以至今日”，作了有力铺垫。后一层着重突出“无人侍亲”。先写“无人”：三代独脉单传，故“既无叔伯，终鲜兄弟”；家门衰微，福气稀薄，很晚才有儿子，太小不济事；外无亲族，内无童仆，孤单无依地独立生活，唯有自己形体和影子互相安慰。这几句不仅突出了独支门户、孤独凄凉的家境，起到以情动人的作用，而且也是“奉亲养老，舍我其谁”的有力证据。故接以“而”字自然转到“侍亲”问题上：祖母刘氏早已为疾病所缠绕，常年卧床不起，对他有养育大恩的祖母正需孙儿尽孝之时，他又怎能不侍候汤药，离她而去呢！这就为后文“祖母无臣，无以终余年”，作了有力铺垫。总之，本段无论写自己幼年孤弱，还是写祖母“夙婴疾病”，皆是为后文“母孙二人，更相为命，是以区区不能废远”这一不奉诏的原因，预作铺垫的。

有了这段悲恻感人的遭遇作基础，故第二段接叙朝廷屡次征召催逼、自己辞不赴命、进退两难的处境，就不致使皇帝感到突然，误解他傲慢抗命了。本段先分别以“逮”“寻”两个时间副词领起，连叙两次征召，一次“辞不赴命”，一次“辞不就职”，原因皆是供养祖母之事无人主持(供养无主)，与首段呼应。而耐人寻味的是两次陈情之前先冠以恭敬之辞：一曰“逮奉圣朝，沐浴清化”，再曰“寻蒙国恩，除臣洗马”，皆表现出皇恩浩荡，感恩戴德之意。而其态度十分谦卑：“猥以微贱”，“非臣陨首所能上报”。这种诚惶诚恐，肝脑涂地亦难报圣恩之情，恰好极大地满足了皇帝的权威欲和虚荣心。然后再叙“诏书切峻”，“郡县逼迫”，“州司临门”，接二连三的催逼，使自己陷入进退两难的矛盾心境：想奉诏奔驰入朝，而祖母病情日益沉重；想苟且顺从私情，向州县申诉苦衷，又不被允许。这种先恭维皇恩，再申诉委屈，自然比直陈委屈更易打动“圣心”。本段连用“察臣”“举臣”“拜臣”“除臣”到“责臣”“催臣”，不仅文法错落，显出由弛而张的逐步紧迫情势，同时也体现出先恭维皇恩浩荡，后申诉委屈矛盾的心理层次。

如果说前两段重在叙事中动之以深情，那么三、四段则重在陈情中喻之以大义了。第三段先摆出“圣朝以孝治天下”的大道理，是“以子之矛，攻子之盾”的写法。史载司马昭死，晋武帝司马炎坚持为父行三年丧礼，即位时又下令“诸郡中正以六条举淹滞”。其中，二曰“孝敬尽礼”，三曰“友于兄弟”（《晋书·武帝纪》），均属孝悌，在荐贤的六条标准中就占了两条。司马氏集团标榜纲常名教本属虚伪，但李密严肃恭敬地摆出其施行纲领来为自己“辞不赴命”辩护，却不失为最有力的武器。接着宕开一笔，举出“凡在故老，犹蒙矜育”的普遍事实，再进一层到“况臣孤苦，特为尤甚”的特殊情况，逻辑严密，外柔内刚，可谓有理有节。行文至此，似应摊牌直说了，然而却以“且臣”一转，用曲折委婉的语气说明自己当初仕蜀，本为谋取官职显达，并不想自命清高，考虑什么名誉节操。这是作者怕晋武帝疑其不事二主、不肯真心归服所用的曲笔。再进一步说明自己不过是“亡国贱俘”，却受到皇帝过分的提拔，恩命如此优厚，已经是受宠若惊了，怎敢徘徊不进，存有更高的想望呢？这就再次满足了晋武帝希望看到降臣诚惶诚恐、感激涕零的那种虚荣心态。然后才以“但”字一转，正式说明自己不能奉诏的原因：祖母风烛残年，如迫近西山的落日，生命垂危，无人送终，强调“臣无祖母，无以至今日；祖母无臣，无以终余年”这一“更相为命”的关系，也是全文所论不能奉诏的主旨，既与首段的遭遇、二段的矛盾相呼应互证，又水到渠成地提出“是以区区不能废远”的明确答复。本段融情于理，情深理透，连用“凡在”“况臣”“且臣”“今臣”“但以”“是以”等词语，曲折而层次条贯，圆转而情理皆宜。作者意犹未尽，在末段又提出解决忠孝矛盾的办法，使皇帝心甘情愿地批准其请求。先以两个年龄数字对比，说明报国日长，尽孝日短，表明孝不碍忠；接以乌鸦长大后寻食反哺老鸦的生动比喻说明养老送终乃人之天性；再举出“蜀之人士及二州牧伯”“皇天后土”来证明自己的愚诚苦衷，表明此心天日可鉴、人神共察，对皇帝所奏绝对忠诚，决无半句虚言。最后恳求钦准自己请求，则将来活着定当尽忠效死，死后亦当感恩图报。信誓旦旦，情辞恳切，如金石掷地有声，纵铁石心肠，焉得不为之动容！

本文之所以成为千古传诵名篇，首先在于直摅真情至性，不假雕饰，以陈情统摄叙事、说理，一一从肺腑汩汩流出，故能情深理切，动人心弦，催人泪下。其次是造语平实而生动，少有典故和藻饰；虽多四言排句，而少有对仗，偶用对仗，如“既无叔伯”二句，“外无期、功”二句，也都自然浑朴，决无斧斤痕迹；且每段均间用一些散文奇句，形成骈散结合，整齐而错综，流畅而婉转之势。所以它是介乎散文与骈文之间的过渡文体，由于缘情挥洒，故具有行云流水、天真自然之妙。（熊　笃）

思旧赋并序　　向 秀

余与嵇康、吕安居止接近①。其人并有不羁②之才，然嵇志远而疏③，吕心旷而放④，其后各以事见法⑤。嵇博综技艺⑥，于丝竹特妙⑦。临当就命⑧，顾视日影，索琴而弹之。余逝将西迈⑨，经其旧庐。于时日薄虞渊⑩，寒冰凄然。邻人有吹笛者，发声寥亮⑪。追思曩昔⑫游宴之好，感音而叹，故作赋云。

将命适于远京兮⑬，遂旋反而北徂⑭。济黄河以泛舟兮，经山阳之旧居⑮。瞻旷野之萧条兮，息余驾乎城隅。践二子⑯之遗迹兮，历穷巷之空庐。叹《黍离》之愍周兮⑰，悲《麦秀》于殷墟⑱。惟古昔以怀今兮⑲，心徘徊以踌躇。栋宇存而弗毁兮，形神逝其焉如⑳。昔李斯之受罪兮，叹黄犬而长吟㉑。悼嵇生之永辞兮，顾日影而弹琴。托运遇于领会兮，寄余命于寸阴㉒。听鸣笛之慷慨兮，妙声绝而复寻㉓。停驾言其将迈兮，遂援翰而写心㉔。

注 ① 吕安：字仲悌，东平（今属山东）人。居止：即居住地。他们同住山阳，时作竹林之游。 ② 不羁：不可羁绊，此以比喻人材超轶，不可以常规羁束。③ 志远而疏：志意高远而疏略于人事。 ④ 心旷而放：心胸开旷而不拘守礼法。⑤ 以事见法：因事被处死。此指嵇康、吕安被司马昭杀害。 ⑥ 博综技艺：指各种技艺集于一身。 ⑦ 丝竹：弦管乐器。此言嵇康艺术才能是多方面的，但音乐尤其见长。 ⑧ 就命：即终命。 ⑨ 逝将西迈：逝将，即去。西迈，指西往，即往洛阳。 ⑩ 日薄虞渊：太阳快要落山。 ⑪ 寥亮：嘹亮。 ⑫ 曩昔：从前。⑬ 将命：奉命。适：往。远京：指洛阳。 ⑭ 北徂（cú）：向北去，指归河内。⑮ 山阳旧居：山阳在今河南焦作市境内。即向秀与嵇康、吕安作竹林之游所在地。 ⑯ 二子：指嵇康、吕安。 ⑰ 叹《黍离》之愍周兮：《黍离》为《诗经·王风》中的一篇。《诗序》："黍离，闵（同愍）宗周也，周大夫行役，至于宗周，过故宗庙宫室，尽为禾黍，闵周室之颠覆，彷徨不忍去，而作是诗也。"⑱ 悲《麦秀》于殷墟：《史记·宋微子世家》："箕子朝周，过故殷虚（墟），感宫室毁坏，生禾黍，箕子伤之，乃作《麦秀》之诗以歌咏之。"这里引用两个故事来寄托魏晋易代的感慨。 ⑲ 惟：思。古昔：承上文，指《黍离》和《麦秀》二事。今：指嵇、吕。 ⑳ 栋宇存而弗毁兮，形神逝其焉如：言嵇康旧宅犹在，而其人的形体和精神到哪里去了呢？栋宇，指嵇康的旧居。焉如，何往。㉑"昔李斯"二句：《史记·李斯列传》载李斯临刑时，顾谓其子曰："吾欲与若复牵黄犬俱出上蔡东门，逐狡兔，岂可得乎？" ㉒"托运遇"二句：指嵇康通达死生祸福之理，故对遭到杀害能从容镇定，将自己的余生寄托在弹琴的顷刻之间。㉓"听鸣笛"二句：鸣笛，指序文所说"邻人有吹笛者"，与序文相呼应。妙声，指嵇康往日的琴音，嵇康虽然死了，他的琴声却因邻人吹笛得到再现。寻，续。㉔“停驾言其将迈兮”二句：谓停下的车子就要动身走了，在将离未离之际，我只好用笔来抒写心中的郁积和感慨。言，语助词。

向秀是“竹林七贤”之一。他亲眼目睹司马昭拉拢了山涛，又以“非汤武而薄周孔”之由杀了嵇康，因此吓破了胆。为了避免司马昭的残害，他“应本郡计入洛”。司马昭问他：“闻有箕山之志，何以在此?”这本已够挖苦他的了。向秀非常巧妙地答：“巢、许狷介之士，未达尧心，岂足多慕?”这样既替自己入竹林作隐士以后又出而求官的矛盾行为解嘲，同时又将司马昭吹捧为尧舜，算是混了过去。以后他作了散骑侍郎的官，用“在朝不任职，容迹而已”的方法，得到了“卒于位”的成效，和阮籍一样保全了首领。

向秀虽然逃脱了司马政权的残害，然而眼见自己的好友嵇康、吕安以莫须有的罪名被杀，因而在本非素志赴洛求官返程之际，路过自己和嵇康、吕安一同住过的山阳旧居，当然会有人琴俱亡之痛。在念曹魏政权之飘摇，伤旧友之先亡的气氛之中，也会联系到自己，有一些身世苍茫之感。因为入仕之后，在狡诈凶残的司马政权统治下，他对自己的未来捉摸不定：谁能想象那种乱世会为自己安排一个什么样的命运?

因此，写作本赋时，向秀的内心是伤感的；但他又不能一一明说，怕得罪司马昭，故行文比较隐晦含蓄，在论及嵇、吕诸人时，不免有些游移、曲护，有时感情还受到压抑。这是必须明白指出的，否则就不能准确理解本赋的思想内涵。

赋前的序文，点明了与嵇、吕居止接近的关系。作者对嵇、吕是有真实情感的，称赞了他们“并有不羁之才”，赞扬嵇的“志远”和吕的“心旷”，然而他们却遭到很大的冤屈，被司马昭杀害。但他不敢用“见杀”这些字眼，而以“见法”回避了冤屈的政治问题。既称“见法”，当然嵇、吕必有不是之处。故于嵇提出“疏”，于吕提出“放”，这样来避免刺激司马昭。序文后部分“邻人有吹笛者，发声寥亮，追思曩昔游宴之好，感音而叹，故作赋云”，说明自己只是“追思曩昔游宴之好”，是一般的“忆旧”之作，力图掩盖追念嵇康、吕安的政治内容。这是作者想以“淡淡的悲哀”，来压抑内心深沉的悲痛，故为“曲笔”的结果。

在赋里也体现了这种情况，刚写了“叹《黍离》之愍周兮，悲《麦秀》于殷墟。惟古昔以怀今兮，心徘徊以踌躇”，似乎在以古射今，借周宗尽为禾黍，殷朝被灭亡，故墟播种麦子，麦子的长势很好，正如后文所说“惟古昔以怀今”，似乎将大有一番伤古吊今之文，但马上又补上两句“栋宇存而弗毁兮，形神逝其焉如”，又折回到一般的悼亡的故辙上来。

紧接上文，“昔李斯之受罪兮，叹黄犬而长吟。悼嵇生之永辞兮，顾日影而弹琴”，把自己的好友冤屈而死，比作历史上颇有恶名的李斯，这是颇难以一下理解的。《文心雕龙·指瑕》：“若夫君子拟人必于其伦，而崔瑗之诔李公，比行于黄虞；向秀之赋嵇生，方罪于李斯。与其失也，虽宁僭无滥。然高厚之诗，不类甚矣。”乍看起来，刘勰的怀疑，颇有道理；然而细心考究那段史实，了解司马氏的残酷，文网的周密深刻，对本文处理嵇康时的乍前乍却，无不闪烁其词，不难看出这个李斯受罪的比譬也是为了逃脱司马氏阴谋而用的一种“自晦”，这是保全自己所采用的一种手段，否则我们就会相信刘勰的批评是真的了。

最末六句中，头两句“托运遇于领会兮，寄余命于寸阴”，把一个绝大的冤屈诿诸“运遇”，这里面包含了作者内心的悲痛和无声的愤怒，与对司马氏的讨伐和申斥；中二句“听鸣笛之慷慨兮，妙声绝而复寻”，由邻人之笛，想到故友之琴：寥亮的笛声和好友的悠扬琴韵没有两样，似乎好友嵇康仍然在弹琴，然而故人的踪迹莫寻，他被杀害了，这是多么令人伤感的啊！最后两句表明作者驾起车子就要走了，又将踏上征途，只好在十分感怆的心情下提起笔来，将自己追悼好友之情写下，仍回到一般的悼亡的笔意上来。

全文不长，然而要真正理解，必须把握当时的恶劣政治环境。极深沉的悲哀用十分委婉的笔调来倾泻，这需要高超的艺术技巧，本文作者在这方面是很成功的。（龙　晦）

酒德颂　　刘　伶

有大人先生，以天地为一朝，万期为须臾[①]，日月为扃牖，八荒[②]为庭衢。行无辙迹，居无室庐，幕天席地，纵意所如。止则操卮执觚，动则挈榼提壶[③]，唯酒是务，焉知其余；有贵介公子[④]，搢绅处士[⑤]，闻吾风声，议其所以。乃奋袂攘襟，怒目切齿，陈说礼法，是非锋起。先生于是方捧罂承槽[⑥]，衔杯漱醪[⑦]，奋髯踑踞[⑧]，枕麴藉糟[⑨]，无思无虑，其乐陶陶。兀然[⑩]而醉，豁尔而醒。静听不闻雷霆之声，熟视不睹泰山之形。不觉寒暑之切肌，利欲之感情。俯观万物扰扰，焉如[⑪]江汉之载浮萍。二豪侍侧[⑫]，焉如蜾蠃之与螟蛉[⑬]。

注 ① 期（jī）：指周年。《书·尧典》："期，三百有六旬有六日，以闰月定四时成岁。"伪孔传："匝四时曰期。"须臾：犹言片刻。 ② 八荒：八方荒远之地。③ 卮、觚、榼、壶：均为古代盛酒的器具。 ④ 贵介：即尊贵，《左传·襄公二十六年》："夫子为王子围，寡君之贵介弟也。"注："介，大也。" ⑤ 搢（jìn）绅：搢，插也。绅是大带。搢绅即插笏于带间，古代用以指仕宦者。处士：指未仕或不仕的人。 ⑥ 承槽：槽是酿酒之器。捧罂承槽即捧着瓮子去接酒。 ⑦ 醪：古代的浊酒，衔杯漱醪，即端着杯子喝酒。 ⑧ 踑踞：即箕踞，古时无椅凳，坐于席上，坐则跪，行则膝前，不管坐或在席间行，均以足向后为敬。若伸两足，则手据膝，其状若箕，被认为傲慢无礼之容。奋髯踑踞，指大人先生听到贵介公子、搢绅处士的陈说礼法之后，对之鄙弃不屑一顾的神态。 ⑨ 麴：指酿酒的发酵物即酒母。糟：指未清带滓的酒。枕麴藉糟即沉溺于酒。 ⑩ 兀然：昏沉貌。⑪ 焉如：即乃如。下句同。 ⑫ 二豪：指贵介和处士。 ⑬ 蜾蠃（guǒ luǒ）：一种青色细腰蜂，寄生产卵于螟蛉幼虫体内，吸取为养料，蜾蠃后代即从螟蛉幼虫体内孵出，古人误以为代养桑虫之子。此处指贵介和处士听到大人先生议论之后，受到了感化，正如蜾蠃之变螟蛉。

刘伶也是"竹林七贤"之一，《晋书》本传说他"与阮籍、嵇康相遇，欣然神解，携手入林"，可见他与嵇、阮的政治见解、人生态度是相同的。本传又说他"尝为建威参军，泰始初对策，盛言无为之化。时辈皆以高第得调，伶独以无用罢，竟以寿终"。泰始是晋武帝的年号，可见得他比嵇、阮都活得长。在对策里他没有阿谀世主，而是坚守老庄"无为"的基本哲学，以"无用"作自己的防身手段，躲过了凶残的司马氏的魔掌。他的文章传世不多，史学家范文澜说"刘伶一生只作一篇《酒德颂》"，这话似乎并不过分。

在曹魏之际，思想界大体可分为两部分，一部分拥护礼法，以司马家族为首，加上他的重臣何曾、王祥；另一部分则是深疾礼法之士，提倡老庄虚无之学，放浪形骸，"竹林七贤"则是这派人的代表。

《酒德颂》假定以"大人先生"为一方，这种人胸襟阔大，以为从开天辟地到如今只不过是一个早上的事，一万年只不过是一刹那间；日月为门窗，八荒为庭院街道。他行路不用驾车，居住无需房屋，以青天为幕，大地作席，逍遥自在，也就能“唯酒是务，焉知其余”。这种人无疑是刘伶心目中的达人雅士，按照他的见解，这种人人品最高、最超脱，是刘伶等人追求的理想境界。而另一方则为“贵介公子”“搢绅处士”，他们坚持自己维护礼法的政治标准，一听到“大人先生”在“唯酒是务，焉知其余”，便要暴跳如雷，奋袂攘襟，怒目切齿，一种“卫道士”的姿态令人讨厌地呈现在人们眼前。文章用两种截然相反的政治观与人生观的对比引入，真是开门见山，一语破的，丝毫没有矫揉造作的气息。

接着笔锋一转，写“大人先生”答复“贵介公子”“搢绅处士”的攻击。他是以一种什么态度对待这些怒目切齿、奋袂攘襟的俗物呢？是以“捧罂承槽，衔杯漱醪，奋髯踑踞，枕麴藉糟”的态度来回答他们的攻击的，这和阮籍以大醉六十日拒绝司马昭为其子司马炎求婚于籍的策略是一样的。史载伶“尝醉，与俗人相忤，其人攘袂奋拳而往，伶徐曰：‘鸡肋不足以安尊拳。’其人笑而止”。可见他应用阮籍“软对抗”的方式甚精，在十分黑暗残酷的暴政之下，他用这种方法保全了自己。颜延之咏刘伶诗“韬精日沉饮，谁知非荒宴。颂酒虽短章，深衷自此见”，正说破了这个道理。

作品随后叙述大醉后的物我两忘，“静听不闻雷霆之声，熟视不睹泰山之形。不觉寒暑之切肌，利欲之感情”，正与陶渊明的《饮酒二十首》“不觉知有我，安知物为贵。悠悠迷所留，酒中有深味”是一样的，在刘伶叙述物我两忘的境界面前，贵介公子、搢绅处士也受了感化。

“竹林七贤”的作品，除阮籍、嵇康有反抗的精神，气象峥嵘，敢于与统治者犯难，有些值得称道的外，其他作品多颓唐厌世，能为后人借鉴的不多。刘伶是中国文人好酒的代表，因此他以后的诗人莫不盛谈饮酒，好像没有酒就没有诗，在这方面他的影响是巨大和深远的。（龙　晦）

隆中对

陈　寿

亮躬耕陇亩[①]，好为《梁父吟》[②]。身长八尺，每自比于管仲、乐毅[③]，时人莫之许也。惟博陵[④]崔州平、颍川徐庶元直[⑤]与亮友善，谓为信然。

时先主屯新野[⑥]。徐庶见先主，先主器[⑦]之，谓先主曰："诸葛孔明者，卧龙也，将军岂愿见之乎？"先主曰："君与俱来。"庶曰："此人可就见[⑧]，不可屈致[⑨]也。将军宜枉驾顾之[⑩]。"

由是先主遂诣亮，凡三往，乃见。因屏[⑪]人曰："汉室倾颓[⑫]，奸臣窃命[⑬]，主上蒙尘[⑭]。孤不度[⑮]德量力，欲信[⑯]大义于天下；而智术短浅，遂用猖蹶[⑰]，至于今日。然志犹未已，君谓计将安出？"

亮答曰："自董卓[⑱]已来，豪杰并起，跨州连郡者不可胜数。曹操比于袁绍[⑲]，则名微而众寡。然操遂能克绍，以弱为强者，非惟天时，抑亦人谋也。今操已拥百万之众，挟天子以令诸侯，此诚不可与争锋。孙权[⑳]据有江东，已历三世，国险而民附，贤能为之用，此可以为援而不可图也。荆州北据汉、沔[㉑]，利尽南海，东连吴会[㉒]，西通巴蜀，此用武之国，而其主[㉓]不能守，此殆天所以资将军，将军岂有意乎？益州[㉔]险塞，沃野千里，天府[㉕]之土，高祖[㉖]因之以成帝业。刘璋[㉗]闇弱，张鲁[㉘]在北，民殷国富而不知存恤，智能之士思得明君。将军既帝室之胄[㉙]，信义著于四海，总揽英雄，思贤如渴，若跨有荆、益，保其岩阻，西和诸戎，南抚夷越，外结好孙权，内修政理；天下有变，则命一上将将荆州之军以向宛、洛[㉚]，将军身率益州之众出于秦川[㉛]，百姓孰敢不箪食壶浆[㉜]以迎将军者乎？诚如是，则霸业可成，汉室可兴矣。"

先主曰："善！"于是与亮情好日密。

关羽、张飞等不悦，先主解之曰："孤之有孔明，犹鱼之有水也。愿诸君勿复言！"羽、飞乃止。

注 ①躬耕陇亩：亲自参加田间劳动。 ②梁父吟：古歌曲名。也作"梁甫吟"。梁父，山名，在泰山下。《梁父吟》言人死葬此山，为挽歌，歌词悲凉慷慨。 ③管仲、乐毅：管仲，名夷吾，春秋时齐桓公的国相，辅佐齐桓公成就霸业。乐毅，战国时燕昭王的名将，曾统率燕、赵、韩、魏、楚五国联军攻齐，连陷七十余城。 ④博陵：东汉郡名，治所在今河北蠡县南。 ⑤颍川徐庶元直：徐庶，字元直，颍川人。颍川，东汉郡名，治所在今河南禹县。 ⑥先主：指刘备。新野：今河南新野县。 ⑦器：器重。 ⑧就见：往其所居之处拜见。 ⑨屈致：屈节招致，犹言召来。 ⑩枉驾：即屈驾。驾，车马。顾：拜访。 ⑪屏(bǐng)：命人退避的意思。 ⑫倾颓：衰败。 ⑬奸臣窃命：指曹操盗用皇帝的名义。 ⑭ 蒙尘：专指皇帝遭难出奔，东汉都城本在洛阳，曹操将汉献帝迁至河南许昌。 ⑮ 度：衡量。 ⑯ 信：同“伸”。 ⑰ 猖蹶：失败颠陨之意。 ⑱ 董卓（？—192）：陇西临洮（今甘肃岷县）人，字仲颖。本为凉州豪强，曾任并州牧。少帝即位，大将军何进欲除宦官，他被召率兵入京。旋废少帝，立献帝，独揽朝政，曹操、袁绍等起兵讨伐，他挟持献帝迁都长安，纵火焚京都洛阳周围数百里。后为王允、吕布所杀。 ⑲ 袁绍（？—202）：东汉末汝南汝阳（今河南商水西北）人，字本初。曾为讨董卓的盟主，占有冀、青、并、幽四州，为当时割据军阀中力量最强者，官渡之战中败于曹操，不久病死。 ⑳ 孙权（182—252）：字仲谋，吴郡富春（今浙江富阳）人。继承父坚、兄策所奠定的基业，割据长江中下游，是三国时吴国的建立者。 ㉑ 沔（miǎn）：沔水。古代通称汉水为沔水。据《水经注》，北源出自今陕西留坝西一名沮水者称沔，西源出自今宁强北者为汉，二源合流后通称沔水或汉水。 ㉒ 吴会（kuài）：东汉时分会稽郡为吴、会稽二郡，合称“吴会”。包括今江苏南部和浙江北部地区。 ㉓ 其主：当时的荆州牧是刘表。 ㉔ 益州：汉十三州之一，地在今四川省。 ㉕ 天府：指自然条件优越，地势险要，物产丰富的地区。 ㉖ 高祖：指刘邦。 ㉗ 刘璋（？—219）：字季玉，三国江夏竟陵（今湖北潜江西北）人。当时为益州牧。 ㉘ 张鲁：字公祺，沛国丰县（今属江苏）人。张陵之孙，世为天师道教主。据汉中，自号“师君”。后为曹操所破，投降曹操。 ㉙ 帝室之胄：刘备是景帝之子中山靖王刘胜的后代。胄，后代。 ㉚ 宛、洛：地名，今河南南阳市和洛阳市。 ㉛ 秦川：秦国故地，今陕西、甘肃省秦岭以北平原地带。 ㉜ 箪（dān）：用竹或苇制成的盛物器具。壶浆：用壶装着酒浆。

《隆中对》选自《三国志·诸葛亮传》的开头部分，标题为后人所加。

文章一开始简单地叙述了诸葛亮隐居隆中（在今湖北襄阳西），继而点出他“每自比于管仲、乐毅，时人莫之许也”。好的诗文都有“眼”，这一句就是本文的“眼”。管仲、乐毅是春秋、战国时有名的将相。管仲辅齐桓公成就霸业；乐毅为战国时燕昭王报齐仇，几至灭掉齐国。诸葛亮自比于管仲、乐毅，是在他“躬耕陇亩”之时。一介村夫竟如此自大，当然不被时人的舆论所赞许，形成了主观客观的反差和矛盾，在读者的头脑中产生悬念，文章亦据此而展开。

“惟博陵崔州平、颍川徐庶元直与亮友善，谓为信然。”在“时人莫之许也”的情况下，有两位友人赞许，从侧面表现了诸葛亮的才干，但并未消除人们的悬念：是崔州平和徐庶因为“与亮友善”的关系才“信然”，还是诸葛亮真正有管、乐之才？这句插叙在初步表现诸葛亮的才干的基础上，为下文徐庶推荐诸葛亮的情节发展作了铺垫。读者头脑中的悬念在情节发展中又与刘备对诸葛亮的十分看重，亲自登门，还“凡三往”形成强烈的对比。这一对比，既突出了刘备不为舆论所左右的“思贤如渴”的形象，也使文章在起伏中推进。

诸葛亮既自比于管、乐，他决不是一个隐居避世之人。处于汉末动乱的时代，人才普遍受到重视，同时也为人才择主而事提供了机遇。从下文诸葛亮对刘表的分析评价（他认定刘表是个“不能守”的庸主）看，他的“躬耕陇亩”可能带有避世待时的性质。而刘备屯兵新野，在荆州大地出现，则为有识之士发挥作用提供了机遇（“荆州豪杰归先主者日益多”）。徐庶主动“见先主”，可看作是诸葛亮出场的问路石。“先主器之”四字说明刘备确实是位“思贤如渴”的人，而“器之”的实际内容是对徐庶的真正尊重，对徐庶的言听计从。当徐庶推荐诸葛亮，刘备立即表示接纳，他让刘备“宜枉驾顾之”，刘备“遂诣亮，凡三往”。对谋臣的极端信任和尊重是管仲、乐毅所以成就事业的关键所在。自比于管仲、乐毅的诸葛亮，他要选择一个理想的人来实现抱负。他除了通过徐庶来了解刘备的为人，还以“凡三顾，乃见”亲自对刘备进行考验，可见诸葛亮对自己出处的慎重。当刘备“凡三往”时，诸葛亮尚未露庐山真面目，“时人莫之许也”的印象在读者的心中依然存在，也就是作者所安排的悬念仍在起作用，直到将诸葛亮的对答读完，读者心里的疑窦才冰融雪消，悬念才得到很好的回答。

刘备和诸葛亮的一问一答是本文的中心，通过对话显示出这两个人物的思想性格。刘备所问的是“欲信大义于天下”的大计，可见刘备是以复兴汉室为己任的英雄；诸葛亮的回答亦非权宜之计，而是指导今后若干年行动的纲领，是帝王之师所具有的高瞻远瞩。他为刘备规划了分三步走的切实可行的策略。他分析了曹操战胜袁绍，以弱胜强，足见曹操卓越的个人才能，且已经“拥百万之众，挟天子以令诸侯，此诚不可与争锋”。孙权“国险而民附”，“可以为援而不可图也”。近期的主攻方向是地理位置重要，“其主不能守”的荆州。第二步是夺取益州，“刘璋闇弱”存在着可以夺得的有利因素。有了荆、益两州作根据地，然后“西和诸戎，南抚夷越，外结好孙权，内修政理”，静以待变，实现消灭曹操并进一步统一全国的第三步计划。一个“躬耕陇亩”的人竟对全国的形势了如指掌，对当时政坛人物的个性特点如数家珍，至此这位“自比于管仲、乐毅”的人庐山真面目才显示出来，崔州平徐庶的“信然”才是正确的，“时人莫之许也”是对诸葛亮的不了解或有眼不识泰山，初步完成了对诸葛亮形象的塑造。

刘备和诸葛亮的谈话是在“屏人”以后的两人密谈，刘备称善之后顿开茅塞而“与亮情好日密”。关羽、张飞尚如时人辈对诸葛亮的雄才大略一无所知。陈寿写了两人“不悦”，必待刘备说了“孤之有孔明，犹鱼之有水也”，不悦才止。这一细节的补充，正是本文行文的严密处。

本文虽是节录，亦能相对独立。它围绕着“自比于管仲、乐毅，时人莫之许也”这个文眼，安排悬念，引人入胜；又通过人物自己的行动和语言塑造形象；行文生动严密，从而成为脍炙人口的名篇。（叶晨晖）

文　赋　　陆　机

余每观才士之所作，窃有以得其用心。夫放言遣辞，良多变矣。妍蚩好恶，可得而言。每自属文[①]，尤见其情。恒患意不称物，文不逮意，盖非知之难，能之难也。故作《文赋》以述先士之盛藻[②]，因论作文之利害所由，他日殆可谓曲尽其妙。至于操斧伐柯，虽取则不远[③]，若夫随手之变[④]，良难以辞逮。盖所能言者，具于此云。

伫中区以玄览[⑤]，颐情志于《典》《坟》[⑥]。遵四时以叹逝，瞻万物而思纷；悲落叶于劲秋，喜柔条于芳春。心懔懔以怀霜，志眇眇而临云。咏世德之骏烈，诵先人之清芬；游文章之林府，嘉丽藻之彬彬。慨投篇而援笔[⑦]，聊宣之乎斯文。

其始也，皆收视反听[⑧]，耽思傍讯[⑨]，精骛八极[⑩]，心游万仞。其致也，情曈昽[⑪]而弥鲜，物昭晳[⑫]而互进。倾群言之沥液[⑬]，漱六艺[⑭]之芳润。浮天渊以安流，濯下泉而潜浸。于是沉辞怫悦[⑮]，若游鱼衔钩而出重渊之深；浮藻联翩，若翰鸟缨缴而坠曾[⑯]云之峻。收百世之阙文，采千载之遗韵；谢[⑰]朝华于已披，启夕秀于未振；观古今于须臾，抚四海于一瞬。

然后选义按部，考辞就班[⑱]，抱景者咸叩，怀响者毕弹[⑲]。或因枝以振叶，或沿波而讨源；或本隐以之显，或求易而得难；或虎变而兽扰，或龙见而鸟澜；或妥帖而易施，或岨峿[⑳]而不安。罄澄心以凝思，眇[21]众虑而为言。笼天地于形内，挫万物于笔端。始踯躅于燥吻，终流离于濡翰。理扶质以立干，文垂条而结繁。信情貌之不差，故每变而在颜；思涉乐其必笑，方言哀而已叹。或操觚[22]以率尔，或含毫而邈然。

伊兹事[23]之可乐，固圣贤之所钦。课虚无以责有，叩寂寞而求音。函绵邈于尺素，吐滂沛乎寸心。言恢之而弥广，思按之而愈深。播芳蕤之馥馥，发青条之森森。粲风飞而猋竖，郁云起乎翰林[24]。

体有万殊，物无一量。纷纭挥霍[25]，形难为状。辞程才以效伎[26]，意司契[27]而为匠。在有无而僶俛[28]，当浅深而不让。虽离方而遁员，期穷形而尽相。故夫夸目[29]者尚奢，惬心者贵当，言穷者无隘，论达者唯旷。诗缘情而绮靡，赋体[30]物而浏亮。碑披文以相质[31]，诔缠绵而凄怆。铭博约而温润，箴顿挫而清壮。颂优游以彬蔚，论精微而朗畅。奏平彻以闲雅，说炜晔而谲诳[32]。虽区分之在兹，亦禁邪而制放。要辞达而理举，故无取乎冗长。

其为物也多姿，其为体也屡迁。其会意也尚巧，其遣言也贵妍。暨[33]音声之迭代，若五色之相宣。虽逝止之无常，固崎锜而难便[34]。苟达变而识次[35]，犹开流以纳泉。如失机而后会，恒操末以续颠。谬玄黄之秩序，故淟涊[36]而不鲜。

或仰逼于先条[37]，或俯侵于后章[38]；或辞害而理比[39]，或言顺而义妨。离之则双美，合之则两伤。考殿最[40]于锱铢，定去留于毫芒。苟铨衡[41]之所裁，固应绳其必当。

或文繁理富，而意不指适[42]。极无两致，尽不可益。立片言而居要，乃一篇之警策。虽众辞之有条，必待兹而效绩。亮功多而累寡，故取足而不易[43]。

或藻思绮合，清丽芊眠。炳若缛绣，凄若繁弦。必所拟之不殊，乃闇[44]合乎曩篇。虽杼轴[45]于予怀，怵他人之我先。苟伤廉而愆义，亦虽爱而必捐。

或苕[46]发颖竖，离众绝致。形不可逐，响难为系。块[47]孤立而特峙，非常音之所纬。心牢落而无偶，意徘徊而不能揥[48]。石韫玉而山辉，水怀珠而川媚。彼榛楛[49]之勿剪，亦蒙荣于集翠[50]。缀《下里》于《白雪》[51]，吾亦济夫所伟。

或托言于短韵，对穷迹而孤兴。俯寂寞而无友，仰寥廓而莫承。譬偏弦之独张，含清唱而靡应。

或寄辞于瘁音[52]，言徒靡而弗华。混妍蚩而成体，累良质而为瑕。象下管[53]之偏疾，故虽应而不和。

或遗理以存异，徒寻虚而逐微。言寡情而鲜爱，辞浮漂而不归。犹弦幺而徽急[54]，故虽和而不悲。

或奔放以谐合，务嘈囋[55]而妖冶。徒悦目而偶俗，故声高而曲下。寤《防露》与《桑间》[56]，又虽悲而不雅。

或清虚以婉约，每除烦而去滥。阙大羹之遗味，同朱弦之清氾[57]。虽一唱而三叹，固既雅而不艳。

若夫丰约之裁，俯仰之形，因宜适变，曲有微情。或言拙而喻巧，或理朴而辞轻；或袭故而弥新，或沿浊而更清；或览之而必察，或研之而后精。譬犹舞者赴节以投袂[58]，歌者应弦而遣声。是盖轮扁所不得言[59]，亦非华说[60]之所能精。

普辞条与文律，良余膺之所服。练[61]世情之常尤，识前修之所淑。虽浚发于巧心，或受吹[62]于拙目。彼琼敷与玉藻，若中原之有菽。同橐籥[63]之罔穷，与天地乎并育。虽纷蔼[64]于此世，嗟不盈于予掬。患挈缾[65]之屡空，病昌言之难属。故踸踔[66]于短韵，放庸音以足曲。恒遗恨以终篇，岂怀盈而自足。惧蒙尘于叩缶，顾取笑乎鸣玉。

若夫应感[67]之会，通塞之纪，来不可遏，去不可止。藏若景[68]灭，行犹响起。方天机[69]之骏利，夫何纷而不理？思风发于胸臆，言泉流于唇齿。纷葳蕤以馺遝[70]，唯毫素之所拟。文徽徽[71]以溢目，音泠泠[72]而盈耳。及其六情底滞[73]，志往神留，兀若枯木，豁若涸流。揽营魂以探赜[74]，顿精爽而自求。理翳翳[75]而愈伏，思轧轧[76]其若抽。是以或竭情而多悔，或率意而寡尤。虽兹物之在我，非余力之所勠[77]；故时抚空怀而自惋，吾未识夫开塞之所由。

伊兹文之为用，固众理之所因。恢万里而无阂，通亿载而为津。俯贻则于来叶[78]，仰观象乎古人。济文武于将坠，宣风声[79]于不泯。涂[80]无远而不弥，理无微而弗纶。配沾润于云雨，象变化乎鬼神。被金石[81]而德广，流管弦而日新。

注 ①属（zhǔ）文：写作。谓连缀字句而成文章。 ②盛藻：指优秀的作品。③“操斧”二句：柯，斧柄。则，法则，标准。操斧伐柯，持斧伐木为柯，谓就近取法。《诗经·豳风·伐柯》：“伐柯伐柯，其则不远。”其则不远，是说标准就在近前。 ④随手之变：指临文之际随时出现的变化。 ⑤中区：即区中，人世间。玄览：深察。 ⑥颐：颐养，陶冶。《典》《坟》：《三坟》《五典》的省称，传说中我国最古的书籍。这里泛指古代书籍。 ⑦慨投篇而援笔：有所感慨，就把所阅读的作品放在一边，提起笔准备写作。 ⑧收视反听：谓无视无闻，集中思想。 ⑨耽思：深思，专心研究。傍讯：多方探求。 ⑩八极：八方极远之处。⑪曈昽（tóng lóng）：由暗而渐明貌。 ⑫昭晢（zhé）：清晰，明白。 ⑬沥液：点滴，指文籍的精华。 ⑭六艺：指六经，即《易》《诗》《书》《礼》《乐》《春秋》。 ⑮怫（fú）悦：难出貌，指吐辞艰涩。 ⑯曾：同“层”。 ⑰谢：弃。 ⑱按部、就班：指安排文义，组织章句。 ⑲“抱景”二句：景，同“影”。雷琳、张杏滨《赋抄笺略》云：“物之有形者，叩之以求其形；物之有声者，弹之以尽其声。” ⑳岨峿（jǔ yǔ）：不相合，抵触。 ㉑眇（miào）：同“妙”。 ㉒觚（gū）：即木简，古代用以书写。 ㉓伊：发语词。兹事：指写作之事。 ㉔翰林：文坛。 ㉕挥霍：轻捷迅疾貌。 ㉖程：同“呈”，显示。伎，技艺，才能。 ㉗司契：谓文词能确切传情达意。 ㉘僶俛（mǐn miǎn）：勤勉。㉙夸目：炫耀。 ㉚体：形状，这里作动词，意为描写，描摹。 ㉛碑披文以相质：质，实质，事实。《文选》李善注：“碑以叙德，故文质相半。” ㉜炜晔（wěi yè）：光明貌。谲诳：指语言奇诡而有诱惑力。 ㉝暨（jì）：及，到。㉞崎锜（qí yǐ）：不安。便（pián）：适宜，安适。 ㉟次：次序。 ㊱淟涊（tiǎn niǎn）：污秽。 ㊲逼：侵迫。先条：此指上文。 ㊳后章：此指下文。㊴比：从，和顺。 ㊵殿最：古代考核军功或政绩，以上等为最，下等为殿。这里指文辞的高下。 ㊶铨衡：衡量轻重的器具。 ㊷適（dí）：主，指主旨。㊸易：改变。 ㊹闇（àn）：暗。 ㊺杼轴：织布机上的梭子和筘子。本指组织经纬而成布，这里喻诗文的组织、构思。 ㊻苕：苇花。 ㊼块：孤独。㊽揥（dì）：去，弃。 ㊾榛楛（zhēn hù）：丛生的杂木，这里喻指平庸的语句。㊿翠：指翠鸟。 51《下里》：即《下里巴人》，指俚俗歌谣。《白雪》：即《阳春白雪》，指高雅歌曲。 52瘁音：哀苦憔悴之音，指病弱、不刚健的言词。53象：如同。下管：古代举行大祭等仪式，在堂下吹奏管乐，故称管乐为下管。54幺：细小。徽：同“挥”，弹奏。 55嘈囋（zá）：嘈杂，语声繁碎。 56《防露》：古曲名。谢庄《月赋》：“徘徊《房露》，惆怅《阳阿》。”李善注云：“《防露》，盖古曲也。《文赋》曰：‘寤《防露》与《桑间》，又虽悲而不雅。’‘房’与‘防’古字通。”《桑间》：指桑间、濮上之音。《礼记·乐记》：“桑间、濮上之音，亡国之音也。”《汉书·地理志》：“卫地有桑间、濮上之阻，男女亦亟聚会，声色生焉，故俗称郑、卫之音。”当为古代情歌。 57阙：同“缺”。大羹：不和五味的肉汁，为古代祭祀时所用。朱弦：古代乐器上的深红色丝弦。氾（fàn）：浮。《礼记·乐记》：“清庙之瑟，朱弦而疏越，一唱而三叹，有遗音者矣。大飨之礼，尚玄酒而俎腥鱼，大羹不和，有遗味者矣。” 58赴节：跟随音乐的节奏、节拍。投袂（mèi）：甩袖起舞。 59轮扁所不得言：《庄子·天道》：“轮扁曰：

‘臣也以臣之事观之。斲轮徐则甘而不固，疾则苦而不入。不徐不疾，得之于手而应于心，口不能言，有数存焉于其间。臣不能以喻臣之子，臣之子亦不能受之于臣。是以行年七十而老斲轮。’” ⑥⓪ 华说：华美的言辞。 ⑥① 练：熟悉。 ⑥② 蚩（chī）：同“蚩（嗤）”，讥笑。 ⑥③ 橐籥（tuó yuè）：古代冶炼用以鼓风吹火的用具。犹今之风箱。 ⑥④ 纷葳：纷繁。 ⑥⑤ 挈（qiè）缾：缾，也作“瓶”。《左传·昭公七年》：“虽有挈瓶之知，守不假器。”注云：“挈缾，汲者，喻小知。” ⑥⑥ 踸（chěn）踔（chuō）：跛行貌。引申为迟滞、支绌。 ⑥⑦ 应感：交相感应。 ⑥⑧ 景：同“影”。 ⑥⑨ 天机：天赋的悟性，指文思。 ⑦⓪ 葳蕤（wēi ruí）：草木茂盛貌，引申为盛多。馺遝（sà tà）：前后相继不断，引申为盛多。 ⑦① 徽徽：灿烂。 ⑦② 泠泠（líng）：形容声音清越。 ⑦③ 六情：指喜、怒、哀、乐、爱、恶。底滞：停滞。 ⑦④ 营魂：指心灵、精神。赜（zé）：精微，深奥。 ⑦⑤ 翳（yì）翳：深晦不明貌。 ⑦⑥ 轧（yà）轧：一本作“乙乙”。文思难出貌。 ⑦⑦ 戮（lù）：勉力。 ⑦⑧ 贻则：遗留法则。来叶：将来，后世。 ⑦⑨ 风声：风教。 ⑧⓪ 涂：道路。 ⑧① 金石：指钟鼎碑碣等。

在我国古代文学理论批评史上，陆机的《文赋》是一篇里程碑式的作品。对创作的全过程进行系统的探讨，采用赋的体裁动情地形象地写出，这在文学理论批评史上是破天荒的，也是仅见的。这就决定了《文赋》不仅是一篇具有独特价值的理论文章，而且也是一篇值得欣赏的优美的文学作品。

《文赋》洋洋洒洒，有小序和正文，长达一千七百多字，涉及的文学问题极多。研读《文赋》，如进入深山大泽，山光水色迎面扑来，令人目不暇接。新颖的见解，动人的警策，流走的意象，华艳的辞采，令人击节称赏。但要对全篇作宏观的把握，从繁富中看到单纯，从杂多中见出统一，则不能不从小序入手。

小序是赏览《文赋》必经的唯一门户。作者的命意所在与全文的基本内容，序中都有清楚的说明。陆机认为，写作中常见的问题无非是“意不称物”与“文不逮意”。他以“才士之所作”作为研究的对象，找出作品“妍蚩好恶”的原因，目的在于在正确理论的指导下，有朝一日能够“曲尽其妙”，写出优秀的作品。关于《文赋》的内容，他概括为两句话：“述先士之盛藻，因论作文之利害所由。”前一句话，并不是说《文赋》要正面论述历代作家的优秀作品，而是指在论述写作过程时所揭示的规律性现象是从“先士之盛藻”中总结出来的，具体指的是《文赋》第一段到第五段所论的内容。后一句话，“因”字后省去代词“之”，所说“因之”，也就是“依据先士之盛藻”，但不同于前五段的正面论述，而是从“利”与“害”两个方面的正反对比中阐明写好与写坏的原因，具体指的是第六段以后的主要内容。可见，尽管《文赋》貌似庞杂，但只要重视作者在小序中的提示，便可纲领在握，虽多而不见其乱了。小序不仅有提纲挈领的作用，其中的一些理论观点也很值得重视。如说“妍蚩好恶，可得而言”，认为导致作品好坏是有规律可循的。在古代写作学史上，这是第一次自觉地将研究写作作为一门科学来对待。又如说“恒患意不称物，文不逮意”，表明作者对写作规律的探讨，是注意到了客体与主体（物与意）、内容与形式（意与文）两个不同的层面，而且是把写作作为一个由物而意、由意而文纵向展开的系统过程来研究的。这又为科学的写作论的创建，指明了基本的研究内容与研究方法。此外，如“至于操斧伐柯，虽取则不远，若夫随手之变，良难以辞逮”以及“非知之难，能之难也”等说法，说明写作学研究的是写作的一般规律，而写作则是一门实践性的学科，是一种能力。对写作规律的认识（“知”）固然有助于写好文章，但并不能代替变化无穷的写作实践（“能”），也就是“能与人规矩，不能使人巧”（《孟子·尽心下》）的意思。这思想也是深刻的。后世有的作家、理论家，或者根本否定探讨写作规律对于指导写作的意义，或者相反，将写作规律视为写好文章的万灵良药，则又不免各执一是，远不如陆机的看法来得通达。

关于《文赋》的正文，无论是结合创作过程的叙述，正面展示前人艺术经验的前一部分，或是专论作文之利害所由的后一部分，各自都有着丰富的内容与精彩的笔墨。让我们跨过小序这道门槛，对《文赋》这一理论大厦本身进行一番较为具体的察看。

关于前一部分，对创作过程的论述，作者是从文思的酝酿说起的。怎样引起文思呢？一方面要“伫中区以玄览”，对自然界进行观察以触发文思，另一方面要“颐情志于《典》《坟》”，通过读书以颐养文情。直到“慨投篇而援笔”，这一阶段才告结束。主张观察自然而不及于社会现象，是有所不足的；但陆机主张读书，则是很有见地的看法。后来杜甫所说“读书破万卷，下笔如有神”（《奉赠韦左丞丈二十二韵》），韩愈主张“游之乎《诗》《书》之源”（《答李翊书》），“沉浸酞郁，含英咀华”（《进学解》），柳宗元提倡多读书以“取道之原”并“旁推交通而以为之文”（《答韦中立论师道书》），与陆机的看法正是一脉相承的。后人或只讲读书，或只重生活，未免失之偏颇，都是无助于作家的创作的。

有了“投篇而援笔”的创作冲动以后，便进入到构思的阶段。第二段即论构思。“其始也”等五句，指明构思之初应专心一志，让想象空前活跃，神与物游，以捕捉表现的对象。从“其致也”到这一段结束，主要写构思时文意与物象逐步变得明晰以至表现为文字的具体情状。对于词语的运用，提出创新的要求，主张采用前人从未使用过的“阙文”“遗韵”，比之于开花，不愿成为早晨已开的花朵，宁可化作傍晚将开的蓓蕾。

获得文意之后，便进入到表现的阶段，探讨谋篇布局，将文意转化为文辞的问题。这就是第三段所论。作者认为，一篇文章的具体写法是各式各样的：有的先树要领，有的则最后点明主题；有的从含蓄处落笔，有的则从浅近处写起；段落之间，有的主次搭配得好，有的搭配不好；字句的选定，有的恰如其分，有的则用词不当，显得生硬（以上见“或因枝以振叶”等八句）。这即是小序中“放言遣辞，良多变矣”的意思。同时，作者还提出了必须遵循的原则：“理扶质以立干，文垂条而结繁。”思想内容是文章的主体，应该根据思想内容的需要选定文词。他还提出了选定文词（“选义”“考辞”）的原则：“抱景者咸叩，怀响者毕弹。”指出应在广泛比较的基础上精心选择，并应注意文字的形象性（“抱景者咸叩”）与音乐性（“怀响者毕弹”）。

第四段谈行文乐趣。指出创作是一种创造性的劳动，借助想象可以无中生有，于寂然无声处听到声音，一旦写成文章，其乐无穷。第五段深入一层谈到客观世界森罗万象，即所谓“体有万殊”，而作家又各有才性，观察万物不可能有一个统一的标准，即所谓“物无一量”，这就必然表现为千姿百态的作品面貌。作者指出：“虽离方而遁员（圆），期穷形而尽相。”即使偏离写作的规矩，但只要做到“穷形尽相”，极尽物态与人情，也就达到了写作的目的。在这一段中，还谈到不同才性的作家各有好尚（见“故夫夸目者尚奢”等四句），各种不同的文体各有特点（见“诗缘情而绮靡”等十句），但对于写成的作品都应有“辞达而理举”的共同要求，即文辞要畅达，思想内容要充实。

从第六段开始，转入对“作文之利害所由”的论述。先用五个段落（第六至第十段落），论述作文利害的关键。首先提到的是构思和遣词的总原则：“其会意也尚巧，其遣言也贵妍。”构思讲究巧，用词追求妍。所谓“妍”，在陆机的文学思想中，除了词采美，还包括声韵美在内。因而在意巧辞妍的总原则之后，紧接着谈到的声韵美的问题（第六段），以及其他几个有关作文利害的关键问题：熔裁（第七段）、警策（第八段）、独创（第九段）、秀句（第十段）。独创和熔裁作为文章成败的关键问题是不难理解的——步人后尘，拾人牙慧，肯定是等而下之的败笔；“或仰逼于先条，或俯侵于后章”，一篇之中，前后段落互相矛盾；“或辞害而理比，或言顺而义妨”，一句之中，或句与句之间，辞意不相谐调；如果无炉锤与裁剪之功，无疑也是不可能成为一篇佳作的。是否讲究声韵美，为什么也是写作成败的关键问题呢？凡文章都有一个声韵美问题，陆机据以立论的“先士之盛藻”，主要是诗歌一体，声韵美对于诗歌尤为重要。节奏的快慢，韵位的疏密，字句的平仄，韵字的调类，以至声母（辅音）的清浊与韵母（元音）的开合，无不与所抒之情息息相关。沈约说：“妙达此旨，始可言文。”（《宋书·谢灵运传论》）对于音韵美的作用尽管不无夸大，但也足见其在诗文创作中非同一般的重要性了。那么，陆机为什么又把警策、秀句作为作文利害的关键问题呢？陆机心目中的“警策”，是指处于重要位置上的片言只语（“立片言而居要，乃一篇之警策”）。后人解释说：“凡文章必有一段或数语为一篇之精神所团聚处，或为一篇之精神所发源处。”（陈柱《讲陆士衡文赋自记》）可见是指表现中心思想的句子，与后人心目中的警句并不是一回事。大体上相当于警句的句子，刘勰称之为“秀”句；“秀”是杰出的意思，“秀也者，篇中之独拔者也”（《文心雕龙·隐秀》）。陆机将秀句比喻成开放的花朵（“苕发”）与竖起的禾穗（“颖竖”），有着与普通字句不同的独特风神（“离众绝致”）。警策与秀句，有时可能相统一，如“海内存知己，天涯若比邻”（王勃《送杜少府之任蜀川》），既体现了全诗的中心思想，是警策，又是篇中最杰出的一联，无疑是秀句。但像“裙拖六幅湘江水，鬓耸巫山一段云”（李群玉《杜丞相悰筵中赠美人》），可称之为秀句，却说不上是警策。可知秀句的范围要大于警策，凡警策都是秀句，而秀句却不一定就是警策。警策的重要性在于：“虽众辞之有条，必待兹而效绩。”尽管文从字顺，条理井然，但还有待于画龙点睛的警策突出主题，使全篇纲领昭畅。秀句在篇，有如“石韫玉而山辉，水怀珠而川媚”，与平凡的字句相映成趣，使文章增色。重视警策与秀句，表现了作者的艺术辩证法的思想，他是注意到了主要与次要之间（警策与其他文字之间）、杰出与平庸之间（秀句与常音之间）的辩证统一的关系的。

从第十一段到第十五段，是论述“作文之利害所由”的另一个层次。上一层次论述作文利害的关键，主要是从正面建树的角度提出构思遣词的总原则以及声律、独创、熔裁、警策、秀句等问题；这一层次主要是批评写作中常见的缺点，以音乐作比，逐层剥进，指出五种文病：“譬偏弦之独张，含清唱而靡应”，篇幅太小，不足以成文；“象下管之偏疾，故虽应而不和”，虽然篇幅较长，但段落间不够谐调；“犹弦幺而徽急，故虽和而不悲”，虽然谐调了，但违背事理，缺乏真情，并不动人；“寤《防露》与《桑间》，又虽悲而不雅”，虽然能够以情动人了，但放纵感情，投合世俗的口味，说不上高雅；“虽一唱而三叹，固既雅而不艳”，虽然已堪称高雅，但过于清淡质朴，说不上繁富艳丽。其中两见的“悲”字，并不局限于悲哀的感情，而是扩展一步，泛指动人。这一用法，在前代屡见，如《韩非子·十过》篇记师旷论乐提到的“悲”，《淮南子·齐俗训》指出弦乐器是“悲之具”，以及王充在《论衡·自纪》篇中所说的“师旷调音，曲无不悲”，几个“悲”字，都是动人的意思。在对五种文病的批评中，同时表露了作者对艺术美的理想追求：应、和、悲、雅、艳，即要丰富、谐调、动人、雅正、华艳。如果仔细寻绎作者的论述，不难发现他心目中的艺术美，并不仅仅关系到形式方面的因素，如文病一的篇幅，文病二的谐调，文病五的华艳，而且与思想是否纯正、感情是否真实、情趣是否高尚有关，如文病三批评“遗理以存异”“言寡情而鲜爱”，文病四批评“徒悦目而偶俗，故声高而曲下”。这表现了陆机作为一个艺术家对于艺术的心领神会，也表现了他作为一个文艺理论家的高瞻远瞩。

《文赋》的最后四段，即从第十六段到第十九段，是前面两大部分——论述创作过程的规律性与“作文之利害所由”的补充性的笔墨。如果将前面十五段称为正论，末四段则可称为余论。第十六段说明写作是一种实践，与临场发挥有关，即小序中“随手之变，良难以辞逮”的意思。作者既示人以规矩，又指示人不要为规矩所束缚，应在“因宜适变”中去求巧。第十七段自谦不足，慨叹为文不易，佳篇难得。这是现身说法，进一步说明小序中“非知之难，能之难也”的意思。这两段的安排颇见巧思：上一段排除了以为学了《文赋》便可写出好文章的误解，下一段避免了可能招致的眼高手低、爱教训别人的责难。至此，全文的意思已相当完整。第十八段论感兴，即灵感思维。这本是写作中时而会遇到的关系写作成败的重要问题，但由于作者无法揭示灵感思维的奥秘，不便与论述规律性现象的“述先士之盛藻，因论作文之利害所由”的本论放在一起，因而置于篇末，单独提出来讨论。这一段的文字极为优美，作者的感情流注于笔端，极为生动形象地写出了文思通塞的情况。看来作者写这一段文字时，正是灵感来袭之际，“思风发于胸臆，言泉流于唇齿”，因而落笔字字珠玑，洒墨满纸琳琅。尤其值得称道的是，他指明了灵感思维的重要性及其通塞的情状，开创了研究灵感思维的新领域，对后人的研究起到了“导夫先路”的重要作用。最后一段论文章的作用，指出了文章可将道德教化传诸久远。这也正是作者写作《文赋》以探讨写作规律的出发点与归结点，所以正好用来收束全篇。

以上大体上勾画了《文赋》正文的轮廓。其实《文赋》不仅在总体上脉络分明，而且段落之内以至字句之间也都是细针密线，极少罅漏的。如第一段，以“伫中区以玄览，颐情志于《典》《坟》”，提出通过观察与读书以引起文思这一纲领，然后以“遵四时”等四句具体阐说观察，以“咏世德”等四句具体阐说读书。如何观察？提出了时、空两个方面。时间上要“遵四时”，要遵循春夏秋冬四季不断观察；空间上要“瞻万物”，将所有的自然现象都作为观察的对象。“遵四时”与“瞻万物”各起什么作用呢？一是“叹逝”，惋惜时光的流逝；一是“思纷”，引起纷纭的思绪。在泛说“四时”“万物”“叹逝”“思纷”的基础上，接着又举例式地进一步具体说明：“悲落叶于劲秋，喜柔条于芳春。”以“劲秋”与“芳春”说“四时”，以“落叶”与“柔条”说“万物”，以一“悲”与一“喜”具体写出“叹逝”与“思纷”的感情。在阐说读书以引起文思的四句中，前两句指书籍文章的思想内容方面，后两句指艺术形式方面。“咏世德之骏烈”，是说要涵咏书中所写的历代道德高尚的人做出的大功业；“诵先人之清芬”，是说要讽诵所写前人美好的思想品德。“游文章之林府，嘉丽藻之彬彬”，则是从艺术形式的角度着眼，提倡多读文采斐然的佳作，注意学习内容充实而又辞采华丽的作品。在观察与读书这两部分之间，插入“心懔懔以怀霜，志眇眇而临云”，说明观察与读书时应该怀抱高洁的心志。这一段的最后两句，是说通过观察与读书终于培养了文思，便开始进入“投篇而援笔”的具体写作过程。文章也就随着转到论述构思情况的第二段。

《文赋》的理论贡献，不在于深，而在于新。陆机不仅创建了创作理论的体系，还在想象（第二段）、灵感（第十八段）、风格（第五段）、体裁（第五段）、声律（第六段）、独创（第二段、第九段）等一系列问题上有新的开拓。这对于后来刘勰进一步建立严整的文学理论体系，写出《文心雕龙》，具有十分重要的意义。清章学诚在《文史通义·文德》中说："刘勰氏出，本陆机氏说而昌论文心。"是一点也不夸大的说法。陆机在《文赋》中倡导"妍"（第六段）与"艳"（第十五段），有的论者便据以认为《文赋》的理论是形式主义、唯美主义的。这一看法并不符合《文赋》的实际。陆机十分重视文学的社会历史作用，为此专门写下一段文字（第十九段）加以论述。他的创作发生论是建立在感物的基础上的，倡导的是文能逮意与意能称物的写作路线。在作品内部，他还明确提出了"理扶质以立干，文垂条而结繁"的以理为主、文与理相结合的主张。陆机提倡"妍"与"艳"，重视艺术形式，强调音韵动听，词采华美，并不是《文赋》的局限，相反，这是文学逐渐繁荣以后文学自身独立意识的觉醒，是文学发展过程中的规律性的现象，反映了陆机对文学特点认识的深化，对于提高六朝文学的艺术性是有促进作用的。而六朝文学的艺术成就，又是唐诗繁荣发展的重要前提条件之一。至于六朝文学的形式主义与唯美主义的弊病，那是另一回事，陆机是不能任其咎的。

与其他古代文学理论批评的论著相比较，《文赋》在表现上具有抒情性与形象性相结合的显著特色。作者用的不是冷笔，而是热笔，笔调充满感情，富有诗意。如谈行文乐趣（第四段），论构思（第二段），说灵感（第十八段），作者如身临其境，写得笔飞墨舞，神采飞扬。有时作者干脆采用第一人称的口吻描述或议论，如"缀《下里》于《白雪》，吾亦济夫所伟"（第十段）、"虽兹物之在我，非余力之所勠；故时抚空怀而自惋，吾未识夫开塞之所由"（第十八段）。"普辞条与文律"一段（第十七段）自谦不足，更是全用第一人称写成。作者如对亲朋好友，娓娓而谈，令人倍感亲切。陆机在《文赋》中就指出过："言寡情而鲜爱，辞浮漂而不归。"他本人的情况恰好相反。他对写作一道甘苦备尝，对写作中的是非得失态度鲜明，因而虽是理论文章，仍能写得极富于情韵，神气充盈，生动感人。与抒情性相共生的，是形象性。《文赋》虽是一篇论说文，但并不采用抽象的逻辑推理，而是采用形象地再现的方式。具体写法多种多样：有时以具体写抽象，以部分代全体，如以"悲落叶于劲秋，喜柔条于芳春"写"遵四时以叹逝，瞻万物而思纷"。清刘熙载所谓"以鸟鸣春，以虫鸣秋"（《艺概·诗概》），指的正是这一类写法。有时则借助比喻，如论获得了文意以后，进入表现阶段时的情况："于是沉辞怫悦，若游鱼衔钩而出重渊之深；浮藻联翩，若翰鸟缨缴而坠曾（层）云之峻。"以钓起深渊中衔钩之鱼比喻遣辞的艰难，以飞鸟被箭迅速坠落比喻行文的顺畅，说明无论难易，都应精心探求，以使词与意相称。陆机还特别喜欢用音乐比喻写作，一半以上段落中都有这一类比喻，如"凄若繁弦"（第九段），"譬偏弦之独张"（第十一段）等。至若"譬犹舞者赴节以投袂，歌者应弦而遣声"（第十六段），更是以音乐、舞蹈同时作比了。文学与音乐以至舞蹈，都是艺术的创造。以音乐舞蹈作比，引譬连类，浮想联翩而来，有助于加深对文学的感性印象。有时，作者还采用拟人化的手法以加强作品的形象性。如"辞程才以效伎，意司契而为匠"（第五段），意思是文词如乐伎，充分表演，任人挑选；文意如同匠人，根据命意的需要，决定对词句的取舍。此外，还借助典故以加强作品的形象性。如"是盖轮扁所不得言，亦非华说之所能精"（第十六段），以《庄子·天道》中轮扁斲轮的典故，说明写作时"随手之变，良难以辞逮"的可以意会而难以言传的情形。

抒情性与形象性相结合，这就是《文赋》虽是一篇理论文章却显得文采斐然、情韵动人的主要原因。但另一方面，也不能不看到，运用赋的体裁与富于文学性的写法，对于充分展开理论的论证是有所影响的，《文赋》在后世引起的种种争议，与它本身缺乏应有的概念的明晰性，多少是有些关系的。（陈志明）

钱神论[1]　　鲁　褒

有司空公子[2]，富贵不齿[3]，盛服而游京邑，驻驾平市里[4]。顾见綦母先生，班白而徒行[5]。公子曰："嘻！子年已长矣，徒行空手，将何之乎？"先生曰："欲之贵人。"公子曰："学《诗》乎？"曰："学矣。""学《礼》乎？"曰："学矣。""学《易》乎？"曰："学矣。"公子曰："《诗》不云乎：'币帛筐篚，以将其厚意，然后忠臣嘉宾，得尽其心[6]。'《礼》不云乎：'男贽玉帛禽鸟，女贽榛栗枣脩[7]'。《易》不云乎：'随时之义大矣哉[8]！'吾视子所以，观子所由[9]，岂随世哉！虽曰已学，吾必谓之未也。"先生曰："吾将以清谈[10]为筐篚，以机神[11]

为币帛。所谓‘礼云礼云，玉帛云乎哉’[12]者已。”

公子拊髀[13]大笑曰：“固[14]哉，子之云也！既不知古，又不知今。当今之急，何用清谈！时易世变，古今易俗，富者荣贵，贫者贱辱。而子尚质，而子守实，无异于遗剑刻船[15]，胶柱调瑟[16]。贫不离于身名，誉不出乎家室，固其宜也！

“昔神农氏没，黄帝、尧、舜，教民农桑，以币帛为本[17]。上智先觉变通之，乃掘铜山，俯视仰观，铸而为钱。故使内方象地，外圆象天[18]。大矣哉！

“钱之为体[19]，有乾有坤[20]。内则其方，外则其圆。其积如山，其流如川。动静有时，行藏有节[21]。市井便易[22]，不患耗折[23]。难朽象寿[24]，不匮象道[25]。故能长久，为世神宝。亲爱如兄[26]，字曰孔方。失之则贫弱，得之则富强。无翼而飞，无足而走。解严毅[27]之颜，开难发之口。钱多者处前，钱少者居后。处前者为君长，在后者为臣仆。君长者丰衍而有余，臣仆者穷竭而不足。《诗》云：‘哿矣富人，哀此茕独[28]。’岂是之谓乎！

“钱之为言泉[29]也，百姓日用，其源不匮，无远不往，无深不至。京邑衣冠[30]，疲劳讲肆[31]，厌闻清谈，对之睡寐。见我家兄，莫不惊视。钱之所祐，吉无不利。何必读书，然后富贵！昔吕公欣悦于空版[32]，汉祖克之以嬴二[33]。文君解布裳而被锦绣[34]，相如乘高盖而解犊鼻[35]。官尊名显，皆钱所致。空版至虚，而况有实！嬴二虽少，以致亲密。由是论之，可谓神物。无位而尊，无势而热，排朱门，入紫闼[36]。钱之所在，危可使安，死可使活。钱之所去，贵可使贱，生可使杀。是故忿诤[37]辩讼，非钱不胜；孤弱幽滞[38]，非钱不拔；怨仇嫌恨，非钱不解；令问[39]笑谈，非钱不发。

“洛中朱衣[40]，当途[41]之士，爱我家兄，皆无已已。执我之手，抱我终始，不计优劣，不论年纪。宾客辐辏[42]，门常如市。谚云：‘钱无耳，可闇[43]使。’岂虚也哉？又曰：‘有钱可使鬼。’而况于人乎？子夏云：‘死生有命，富贵在天。’[44]吾以死生无命，富贵在钱。何以明之？钱能转祸为福，因败为成，危者得安，死者得生。性命长短，相禄[45]贵贱，皆在乎钱，天何与[46]焉？天有所短，钱有所长。四时行焉，百物生焉，钱不如天；达穷开塞，赈贫济乏，天不如钱。若臧武仲[47]之智，下庄子[48]之勇，冉求[49]之艺，文之以礼乐[50]，可以为成人矣[51]。今之成人者何必然？唯孔方而已。

“夫钱，穷[52]者能使通达，富者能使温暖，贫[53]者能使勇悍。故曰：君无财，则士不来；君无赏，则士不往。谚曰：‘官无中人[54]，不如归田。’虽有中人，而无家兄，何异无足而欲行，无翼而欲翔？使才如颜子[55]，容如子张[56]。空手掉臂[57]，何所希望？不如早归，广修农商。舟车上下[58]，役使孔方。凡百君子，同尘和光[59]，上交下结，名誉益彰。”

黄铜中方[60]，叩头对曰：“仆自西方庚辛[61]，分王诸国[62]，处处皆有，长沙越嶲[63]，仆之所守。黄金为父，白银为母，铅为长男，锡为适妇[64]。伊[65]我初生，周末时也，景王尹世[66]，大铸兹也[67]。贪人见我，如病得医，饥飨太牢[68]，未之逾也。”

注 ①《钱神论》：选自清严可均《全晋文》卷一一三。《晋书》卷九四、《艺文类聚》卷六六、《初学记》卷二二、《太平御览》卷八三六均有节录，异文颇多。②司空公子：作者假托的人名。③不齿：不与同列，表示极为鄙视。④平市里：作者假托的地名。⑤“顾见”二句：綦（qí）母先生，作者假托的人名。班白，即斑白，头发花白。徒行，步行。⑥币帛：缯帛，古人馈赠用的礼品。筐：方形盛物的竹器。篚（fěi）：圆形盛物的竹器。“币帛”四句出《诗经·小雅·鹿鸣》小序。将：行。⑦“男贽”二句：贽（zhì），古人初次进见尊长者所持礼品。《左传·庄公二十四年》：“男贽，大者玉帛，小者禽鸟，以章物也；女贽，不过榛、栗、枣、脩，以告虔也。”榛（zhēn）：其果似栗而小。脩：干肉。今本《礼记》无此二句。⑧“随时”句：随时之义，随时势而变通。语出《周易·随卦》：“天下随时，随时之义大矣哉！”⑨“吾视”二句：所以，所为，指言行举止。所由，所从，指经过的道路。语出《论语·为政》：“视其所以，观其所由，察其所安。”⑩清谈：清雅的言谈。⑪机神：高妙的玄理。⑫“礼云”二句：礼难道仅是指玉帛等礼物而说的吗？语出《论语·阳货》。⑬拊（fǔ）髀：手拍大腿。⑭固：固执，顽固。⑮遗剑刻船：即刻舟求剑，比喻拘泥成法而不讲实际。典出《吕氏春秋·察今》。⑯胶柱调瑟：用胶把弦柱粘住，则鼓瑟者无从调节声音。比喻拘泥固执，不知变通。典出《史记·赵奢传》。⑰本：根本。⑱“内方”二句：古人认为地方天圆。象，象征。⑲体：形状。⑳有乾有坤：《易经》八卦的乾、坤二卦。乾之象为天，坤之象为地。㉑行藏有节：指钱币的流通和贮藏有一定的法度。㉒市井便易：在市场上做买卖便于交易。㉓耗折（shé）：消耗亏损。㉔难朽象寿：像长寿难以衰老。㉕不匮（kuì）象道：像大自然运行不息，不会缺乏。㉖亲爱如兄：《晋书》作“亲之如兄”。此据《艺文类聚》。㉗严毅：严厉刚正。㉘“哿（gě）矣”二句：富人犹可，孤苦伶仃的人就十分可哀。语出《诗经·小雅·正月》。“茕”作“惸（qióng）”。 ㉙ 泉：古代钱币的名称。谓其“流行如泉”（《汉书·食货志》颜师古注）。 ㉚ 京邑衣冠：京城里的士大夫。 ㉛ 讲肆：讲学的地方。《晋书》作“讲肄”。此据《艺文类聚》。 ㉜“昔吕公”句：吕公，汉吕后之父。版，进见时用的名帖。刘邦为亭长时，不持一钱往贺吕公，名帖上却写“贺万钱”。吕公迎为上宾，并把女儿嫁给他。事见《史记·高祖本纪》。 ㉝“汉祖”句：克，同“刻”，铭记。赢，多。刘邦为小吏时奉差咸阳，吏皆送三百钱，独萧何送五百钱。刘邦铭记萧何多赠二百钱，称帝后多封萧何食邑二千户。事见《史记·萧相国世家》。 ㉞“文君”句：文君，卓文君，西汉临邛大富商卓王孙之女。她夜奔司马相如，同驰归成都。相如家贫，文君久之不乐，遂返临邛，与相如卖酒，文君当垆。卓王孙以为耻，不得已分财产与之，文君有钱百万，又穿上锦绣衣裳。事见《史记·司马相如列传》。 ㉟“相如”句：相如，司马相如，字长卿，西汉辞赋家。高盖：高车。犊鼻：犊鼻裈（kūn），短裤，或谓围裙，状如犊鼻。相如与文君同返临邛卖酒，文君当垆，相如着犊鼻裈，与保佣杂作、涤器于市。卓王孙分财产与文君后，遂回成都买田舍，致富。 ㊱“排朱门”二句：朱门，指富豪之家。紫闼（tà），指帝王宫廷。 ㊲ 诤：同“争”，争执。 ㊳ 幽滞：指失意不得进仕的人。 ㊴ 令问：问候。 ㊵ 洛中：洛阳。朱衣：泛指权贵。 ㊶ 当途：当道，当权。 ㊷ 辐辏（còu）：指四方宾客聚集到一处。 ㊸ 闇（àn）：同“暗”。 ㊹“子夏”三句：孔子的学生，姓卜，名商，字子夏。“死生”二句：出自《论语·颜渊》。 ㊺ 相禄：享有福禄的面相。 ㊻ 与（yù）：参与。 ㊼ 臧武仲：春秋时鲁国大夫臧孙纥，有智谋。 ㊽ 卞庄子：春秋时鲁国大夫，以勇力著名。 ㊾ 冉求：孔子的学生冉有，有才艺。 ㊿ 文之以礼乐：用礼乐来加以修饰。 (51) 成人：德才兼备的人，即完人。语出《论语·宪政》：“子曰：‘若臧武仲之知，公绰之不欲，卞庄子之勇，冉求之艺，文之以礼乐，亦可以为成人矣。’” (52) 穷：困厄，不得志。 (53) 贫：贫弱，软弱。 (54) 中人：君主身边有权势的人。 (55) 颜子：即颜回，孔子的学生，孔子屡称其有才德。 (56) 子张：即颛（zhuān）孙师，孔子的学生，貌美。 (57) 空手掉臂：空手摇动臂膀，指空手无钱。 (58) 上下：指来往。 (59) 同尘和光：即“和光同尘”。语出《老子》：“和其光，同其尘。”这里指与尘俗混同，随波逐流。 (60) 黄铜中方：铜钱，这里指钱神。 (61) 庚辛：古时把天干与五行相配合表示方位。庚在五方中属西；庚、辛在五行中属金；金在五行中代表西方。故钱自称来自西方庚辛。 (62) 分王诸国：分往诸国称王。 (63) 越嶲（suǐ）：地名，故地在今四川西昌市。 (64) 適（dí）妇：嫡长子妻。適，同“嫡”。 (65) 伊：句首语气词。 (66) 景王：周景王（前544—前520在位）姬贵。尹世：治世。 (67) 大铸兹也：周景王时，患钱轻，更铸大钱。事见《国语·周语》。兹，此指钱。 (68) 太牢：古代宴会或祭祀时并用牛、羊、猪三牲，称太牢。

西晋元康之世，朝政昏暗，“纲纪大坏”，贪财成风，贿赂公行。金钱作为货币的万能神力，日益为世人所认识，同时出现了三四篇同名之作揭露金钱的神力。其中最著名的当推鲁褒的这一篇。它对金钱的神力从不同侧面作了淋漓尽致的揭露，对日益堕落的社会风气进行了猛烈的抨击，嬉笑怒骂，冷嘲热讽，堪称六朝文章中一篇奇文。

这篇文章通篇设为问答，敷衍成章。题目虽名曰“论”，但实为赋体。作者假托司空公子和綦母先生的对话，揭示当时社会风气大变，指出当时“时易世变，古今易俗”，作为钱神产生的背景。而后借司空公子之口，叙述钱的历史，交代金钱的来历；描述钱的形体，交代名为孔方的原由；分述钱的特性，交代人的贫富、强弱在于钱之有无、多少，以此作为揭露金钱神力的引子。

接着，作者就集中笔力，对金钱的巨大神力从不同角度进行了深刻而有力的揭露。其一，学而优则仕原是儒者传统的人生道路。但自金钱来到人间后，做官就不靠知识了。文章列举了大量的史实，说明如今“官尊名显，皆钱所致”。金钱主宰着一切：危安、死活、贵贱、生杀等，都取决于钱。它可以“排朱门，入紫闼”，通关节，买人情，使人“无位而尊，无势而热”，办任何事情，都非钱不可。金钱成了万能的神，知识贬值，已一文不值。因而作者愤激地说：“何必读书，然后富贵！”其二，“死生有命，富贵在天”原是儒家传统的观念，但由于钱的法力无边，作者提出了“死生无命，富贵在钱”。钱是万物的异化形式，它可以使万物互相转化：祸转为福，败转为成，危转为安，死转为生。甚至“性命长短，相禄贵贱”，也在于钱，而不在天。作者把钱和天的力量作了一番比较，认为“天有所短，钱有所长”，结论是“天不如钱”。钱的力量超过了主宰一切的上天，成了宇宙间至高无上的神。人格的完美，依照儒家观点，必须具有仁、义、智、勇、礼、乐等条件。现在由于钱可使丑变成美，使卑贱变成高贵，使罪过变成正义，因而完人的条件，亦“唯孔方而已”，钱成了左右人格的动力。其三，俗话说：“朝中无人莫做官”，但时至西晋，朝中有人而无钱也仍然做不到官。“虽有中人，而无家兄，何异无足而欲行，无翼而欲翔?”即使此人才貌超群，空手摇臂，无钱送礼，也仍然做不到官。但只要有钱，就可以买到权势，做上高官。可见钱的神通广大，法力无边了。这些论述对金钱的神力是何等大胆的揭发，又是何等犀利的解剖！这在当时是十分难能可贵的。

与此同时，作者还对世人追逐金钱的丑态作了形象的描绘。一些清高的读书人听儒者讲学或玄学清谈，都深感无味，昏昏欲睡，而“见我家兄”则“莫不惊视”，精神振奋：唯一能刺激他们神经的只有一个“钱”

字。至于那些当朝权贵更是嗜钱如命，“爱我家兄，皆无已已。执我之手，抱我终始”。“执”和“抱”，活画出这伙钱癖的丑恶嘴脸。西方谚语说：“金钱无臭味。”他们对钱也是“不计优劣，不论年纪”，只要是钱，就如蝇逐臭，唯钱是求。文章结尾作者通过钱神的自白，揭示钱之为神，“处处皆有”；爱钱之癖，古已有之。回应前文，收束全篇。

《钱神论》除开头司空公子和綦母先生的对话运用散体，句式长短参差不齐，而后则以简短的四字句为主，在工整的四字句中，亦间杂以三、六、九字句，句式排比整齐而又有变化，骈散相间，错落有致。文中用韵，也形式多变，或两句一押韵，如“使才如颜子，容如子张。空手掉臂，何所希望？不如早归，广修农商。舟车上下，役使孔方”；或四句一换韵，如“动静有时，行藏有节。市井便易，不患耗折。难朽象寿，不匮象道。故能长久，为世神宝”，读来韵律和谐，铿锵有力。

这篇文章问世后，“疾时者共传其文”；“孔方兄”的称号更是不胫而走，流播后世。明人袁宏道《读〈钱神论〉》诗云：“闲来偶读《钱神论》，始识人情今亦古；古时孔方比阿兄，今日阿兄胜阿父。”清人叶承宗更“敷衍《钱神论》”而作杂剧《孔方兄》针砭时弊。这些拟作皆缘于鲁褒的《钱神论》，可见其影响之深远。（丰家骅）

《兰亭集》序

王羲之

永和九年，岁在癸丑。暮春之初，会于会稽山阴之兰亭，修禊事[①]也。群贤毕至，少长咸集。此地有崇山峻岭，茂林修竹；又有清流激湍，映带左右，引以为流觞曲水，列坐其次。虽无丝竹管弦之盛，一觞一咏，亦足以畅叙幽情。是日也，天朗气清，惠风和畅。仰观宇宙之大，俯察品类之盛，所以游目骋怀，足以极视听之娱，信可乐也。

夫人之相与，俯仰一世。或取诸怀抱，悟言一室之内；或因寄所托，放浪形骸之外。虽趣舍万殊，静躁不同，当其欣于所遇，暂得于己，快然自足，不知老之将至。及其所之既倦，情随事迁，感慨系之矣。向之所欣，俯仰之间，已为陈迹，犹不能不以之兴怀；况修短随化，终期于尽？古人云：“死生亦大矣[②]”，岂不痛哉？每览昔人兴感之由，若合一契，未尝不临文嗟悼，不能喻之于怀。固知“一死生”为虚诞，“齐彭殇”为妄作[③]。后之视今，亦犹今之视昔，悲夫！故列叙时人，录其所述。虽世殊事异，所以兴怀，其致一也。后之览者，亦将有感于斯文。

注 ① 修禊（xì）：古代民俗，于农历三月上旬的巳日至水滨游浴采兰，以驱不祥，叫做修禊。曹魏之后固定在三月三日，又常以羽觞盛酒置溪水中，觞触岸停止时，坐于近处之人即应取觞饮酒，名曰曲水流觞之饮。 ② 死生亦大矣：《庄子·德充符》引孔子语。 ③ 一死生，齐彭殇：庄子认为人生前死后都存于所谓的“大块”之中，生与死实质一样。又认为殇子与寿达八百岁的彭祖相比，二者等同无别。分见《庄子》之《大宗师》及《齐物论》篇。

王羲之精于书法，又富于文才，刘宋人评其文章“高爽有风气，不类常流”（《世说新语·赏誉》注引《文章志》）。这篇《〈兰亭集〉序》，是其传世作品之最佳者。

兰亭，为东晋会稽郡治山阴（今浙江绍兴市）城西南郊名胜。其地有湖，“湖南有天柱山，湖口有亭，号曰兰亭”（《水经注·渐江水》）。东晋建立后，南渡之中原士族在山水清丽之会稽广置园田别墅。风景幽绝的兰亭，遂成为王羲之、谢安等名流宴集流连之地。穆帝永和九年（353），五十一岁的王羲之时任会稽内史（相当于郡太守）。三月三日，他邀集友人谢安、孙绰等四十余人聚于兰亭，作曲水流觞之饮。当时要求与会者每人作四言、五言诗各一首。之后，王羲之将诸人名爵及诗作一一记录，并作序一篇，记述其事并抒写内心感触。此序即《〈兰亭集〉序》。

全文分两大部分。前半部分叙兰亭宴集情景，乃是实写。这部分以一“乐”字为基调。起笔先叙宴集之时令、地方及事由，笔调从容沉稳。接写与会人士。“群贤”二字非浮泛之奉承，是表明诸人与己意气相投，否则虽有良辰美景亦不足为乐。下面再叙兰亭地理环境及景物，主体是山水。其山如何？“崇”与“峻”只是本色形容，而“茂林修竹”四字遂赋予山岭盎然生气。其水如何？“清”与“激”亦为本色形容，而“映带左右”四字方使流水神采飞动。清波之上，一只只盛满旨酒的羽觞飘来；人们胸中，一阵阵畅叙怀抱的话语流出。此时，作者与众人均为自然之美所陶醉，以致感到人为的管弦之声亦属多余。再下描述当日天气。“是日也”三句具承上启下之功用。就承上而言，山水姿容如此清丽，人们心情如此欣快，均与晴和之天气相关。就启下而言，由“天”“气”而及于下文之“宇宙”，显得紧密而自然。最后写宴集之感受。仰观宇宙，俯察万物，是极视觉之娱；竹木萧萧，流水潺潺，是尽听觉之乐。但这愉悦之情，仅以“信可乐也”四字表出，仍然保持笔势之从容沉稳，可谓“乐而不淫”。

这一部分层次清晰，外在的特色则是简练。作者“模山范水”，真是惜墨如金。但简练常人亦可做到，其内在的特色，还在于其格调之淡雅。三月江南，想那山间水渚，该有多少鲜花吐艳，真是“姹紫嫣红开遍”！但在此处，这些浓艳之物却不见姿影，得寓作者之目者，唯山、水、林、竹、天、风而已。即使绘竹，亦只言其修而弃其绿；写水，亦只言其清而弃其碧。一切过于浓厚之色不用，这是色调的淡雅。兰亭宴集，可谓良辰、美景、赏心、乐事四美齐臻，但作者之喜悦不过分不逾度，笔势始终从容沉稳，这是心境的淡雅。晋人对王羲之其人的情性，有“清鉴贵要”之评（《世说新语·赏誉》）。文字格调之淡雅，正是作者情性的体现。

后半部分抒发宴集之后的感触，是为虚写。这部分则以一个“悲”字为基调。上文方言乐，此处忽言悲，表面看来突兀，实际却不难理解。兰亭聚饮，自是乐事，然有聚必有散，世间“没有不散的筵席”。聚会难而短，分散易而长。这种欢聚难常的感触已经使人情绪低落；而由聚散再想到人生之短促，死生的悬隔，更令人悲从中来。其实，在中国古典文学作品中，描述聚会之欢乐后，因感人生无常而转入悲伤，并不自《〈兰亭集〉序》始。汉武帝行幸河东，中流与群臣欢饮，自作《秋风辞》云：“横中流兮扬素波，箫鼓鸣兮发棹歌。欢乐极兮哀情多，少壮几时奈老何！”东汉《古诗十九首》之四云：“今日良宴会，欢乐难具陈。……人生寄一世，奄忽若飙尘。”魏文帝《与朝歌令吴质书》叙在南皮与吴质等人宴游之欢之后云：“乐往哀来，怆然伤怀。余顾而言：‘斯乐难常。’足下之徒，咸以为然。”西晋石崇《金谷诗叙》，亦先叙众人宴集之乐，接着以“感性命之不永，惧凋落之无期”作结。可见至少从汉魏以降，聚散生死这股悲凉之雾，始终笼罩着文学家的心灵。《〈兰亭集〉序》的由乐转悲，亦就不足为怪了。后世有人以此怀疑此序非王羲之所作，是没有道理的。

这部分文字的特色，在于作者将其悲伤之思的产生，写得回环曲折，感动人心。首先从兰亭聚会，联想到现今人们彼此相处，时间非常短促。而相处的方式亦不相同：好静者常在内室清谈，好动者喜在山林遨游。虽然人们情趣不同，相聚方式各异，但都具有共同之处，这就是遇到喜欢的事物就心满意足，不知老之将至，等到对所遇事物产生厌倦，感情随事物之变化而变化时，无尽的感慨就产生了。先前喜欢的事物，转瞬变为陈旧的过去，这已经不能不令人感慨万分，更何况随着世界的变化，任何人都难免一死呢！孔子早就说死和生是大事，此种情况岂不使人悲伤！以上一层，是说与作者同时代人情感的变化。接着，作者眼光上移至古昔。他从古人留下的文章看到：古人亦为人生变化而兴叹生悲，这和当今人的情况完全契合无异。古今一律使人嗟叹，而古人文章中的悲凉情绪更令人伤感，这使作者心胸久久不能开解。既然古今一例为人生无常而兴叹生悲，可见庄周所谓的死生一样、寿夭等同的说法，乃是虚妄难信之辞。下面，作者又将眼光移至未来。他推想将来之人其情感变化必和古今之人相同。及至将来，现今一切即为陈迹；将来之人，亦将临今人之文而感伤，如此无情的变迁再次引起作者的悲叹。至此，其笔势一收，顺势点明其记录诸人名爵、诗作，以及作序之旨：既然人生变化如此迅速，此次宴集有关情况就应详细记录下来，以免湮没不彰，同时也使将来之人，能够了解我心中的感触。这部分文字从兰亭宴集发端兴感，从今人及于古人，再及于后人，最后回到兰亭宴集而收笔，舒卷自如，辞气畅达。在深沉的慨叹之中，暗含着对人生的眷恋和热爱，从而与上文的乐生之旨契合无间了。

两晋时期，骈俪藻饰之风已经盛行。《〈兰亭集〉序》在修辞上不尚藻饰，不堆砌故实；在句法上骈散兼行而以散句为主，这种素朴自然的形式与其内容构成了和谐的统一，确实是一篇“不类常流”的佳作。

王羲之曾以其精妙绝伦的书法书写此文，其真迹虽然不传，但从后人的摹本仍可领略其神采。其书其文，将永远受到世人的珍视与喜爱。（方北辰）

桃花源[1]记

陶渊明

晋太元[2]中，武陵[3]人捕鱼为业，缘溪行，忘路之远近。忽逢桃花林，夹岸数百步，中无杂树，芳草鲜美，落英[4]缤纷，渔人甚异之。复前行，欲穷其林。

林尽水源[5]，便得一山。山有小口，仿佛若有光，便舍船从口入。

初极狭，才通人。复行数十步，豁然开朗。土地平旷，屋舍俨然[6]，有良田、美池、桑竹之属。阡陌[7]交通，鸡犬相闻。其中往来种作，男女衣著，悉如外人[8]；黄发垂髫[9]，并怡然自乐。见渔人，乃大惊，问所从来，具答之。便要[10]还家，设酒杀鸡作食。村中闻有此人，咸[11]来问讯。自云先世避秦[12]时乱，率妻子邑人来此绝境，不复出焉，遂与外人间隔。问今是何世，乃不知有汉[13]，无论魏、晋[14]。此人一一为具言所闻[15]，皆叹惋。余人各复延[16]至其家，皆出酒食。停数日，辞去。此中人[17]语云："不足[18]为外人道也。"

既出，得其船，便扶向路[19]，处处志[20]之。及郡[21]下，诣[22]太守，说如此[23]。太守即遣人随其往，寻向所志[24]，遂迷，不复得路。南阳刘子骥[25]，高尚士也，闻之，欣然规往[26]，未果[27]，寻病终。后遂无问津[28]者。

注 ① 桃花源：相传在今湖南桃源县西南十五公里处。《常德府志》："县西南三十里，乌头村南，即桃源洞，为秦人避乱处。"大约在南朝齐梁时即以此地为《桃花源记》所写的仙境。梁任安贫《武陵记》曾述及。 ② 太元：东晋孝武帝司马曜年号（376—396）。 ③ 武陵：郡名，治所在今湖南常德。 ④ 落英：落花。一说为初开之花。 ⑤ 林尽水源：言桃花林尽头即桃花溪源头。 ⑥ 俨然：整齐貌。 ⑦ 阡陌：田间小路，南北为阡，东西为陌。 ⑧ 外人：指桃源外的世人。 ⑨ 黄发垂髫（tiáo）：老人和儿童。髫，儿童垂以为饰的头发。 ⑩ 要（yāo）：通"邀"。 ⑪ 咸：都，全。 ⑫ 秦：秦朝（前221—前207）。 ⑬ 汉：汉朝（前206—后8为西汉，25—220为东汉）。 ⑭ 魏：三国时的魏国（220—265）。晋：晋代（265—316为西晋，317—420为东晋）。 ⑮"此人"句：言渔人为桃源中人细说所知道的世间历史变化。 ⑯ 延：邀引。 ⑰ 此中人：指桃花源中人。 ⑱ 不足：不必，不可。 ⑲ 扶：缘，沿着。向路：旧路，指来时的路。 ⑳ 志：作标记。 ㉑ 郡：指武陵郡。 ㉒ 诣：往，到。 ㉓ 说如此：说了像前面写的这些情景。 ㉔ 寻向所志：寻找回来时所作的标记。 ㉕ 南阳：今河南南阳。刘子骥：名驎之，好游山水。曾至衡山采药，深入忘返，见涧岸有两石仓，一闭一开，因水深难渡，欲还而迷路，幸遇伐木者指路乃得还。后闻石仓有仙丹，欲再往，已不知其所在（见《晋书·隐逸传》）。陶渊明可能闻知其事，有所联想，因将其写入本文，不必实有。 ㉖ 规往：计划前往。 ㉗ 未果：没有实现。㉘ 问津：访求。

在中国，素有"山川以人而胜"的传统，所谓"美不自美，因人而彰"，"地不自胜，惟人则鸣"。王勃之于滕王阁，李白之于敬亭山，崔颢之于黄鹤楼，柳宗元之于永州，范仲淹之于岳阳楼，欧阳修之于醉翁亭，苏轼之于黄冈赤壁，莫不如此。但他们写的都是实景，而桃源仙境却是虚构出来的。以一篇诗文虚构一个仙境而令游人神魂颠倒，在中外都是少有的。武陵桃源，原是鲜为人知的荒僻之地，自陶渊明作《桃花源诗并记》以后，始为文人墨客所重，梁陈之际已有诗人涉足山溪，探寻灵秘。至唐代开元天宝年间，桃花源忽名声大噪，甚至引起朝廷的关注。天宝七年，诏令“三十户蠲免税赋，永充洒扫，守备山林”。此后，游者日众，成为人皆慕趋的风景胜地，吟咏之作也历代赓续不绝。

陶渊明为什么要虚构桃源仙境？这要从他的时代和思想说起。东晋末年，陶渊明家乡江州（今江西九江）一带，由于战乱频仍，民不聊生，“至乃男不被养，女无匹对，逃亡去就，不避幽深”（《晋书·刘毅传》）。及至晋宋易代，人民逃亡情形更为严重。《宋书·荆州蛮传》说：“宋民赋役严苦，贫者不复堪命，多逃亡入蛮”，因“蛮无徭役，强者又不供官税”。这些史实便是虚构桃源仙境的历史背景和社会基础。从思想来说，陶渊明受道家思想影响很深，并又追慕阮籍无君无臣、无富无贵的社会理想，接受过鲍敬言的无君论思想，素怀高洁，久慕淳风，眷爱丘山，厌恶官场，曾以羲皇上人自谓，幻想做无怀氏、葛天氏之民。这些思想意识积聚起来便成为其虚构仙境的思想根源。《晋书》本传说陶渊明自以曾祖为晋世宰辅而“耻复屈身后代”，故何文焕说他是以“避宋之怀”写桃源人避秦之事，也可作为剖析其创作动机的参考。

从中国文学史的角度考察，桃源故事的出现也是一个十分惹人注目的奇异现象。其流传之广，影响之大，是一般诗文所难以企及的。探究其原因，固然与它的艺术成就有密切关系，但也与我们民族的文学理想、审美心理有着不可分割的联系。在桃花源中，人与人之间、人与自然之间都表现为和谐的、完美的统一。没有压迫，没有纷争，没有忧伤，处处恬静、和乐，人人敦厚、纯朴。这正是倍感人生苦难，充满忧患意识的古代诗人梦寐以求的理想境界，也是灾难深重的古代人民要求作家表现和赞美的理想社会。陶渊明生活在东晋末年，经历过刘裕篡晋的动乱，深切体验到社会的黑暗和人生的忧苦。从当时的文学倾向来说，他可以像同代诗人那样寄言上德，托意玄珠，沉溺于追步松乔，羽化登仙。但是，与人民有着深厚感情，对社会人生有着深刻认识的陶渊明不肯这样做。他没有长生的梦幻，也不想借助于玄谈游仙去求得解脱，而是以现实的态度去对待人生。

他离开污浊的官场，长隐田园，过着躬耕自食，贫寒简朴的生活。《桃花源记》所构造的图景，正是艺术地反映了他逃禄归耕，经过农村生活体验以后所产生的生活理想。尽管在剥削制度下不可能有如此的化外世界，但在人民的心中它是应该有的。早在三千年前，《诗经·硕鼠》已在强烈地呼唤着这人间的乐土。应该说，《桃花源记》与《硕鼠》在思想倾向上是一脉相承的，都表现出对剥削的厌恨，对君权的否定，故宋王安石《桃源行》说："儿孙生长与世隔，虽有父子无君臣。"

陶渊明作诗，擅长白描，文体省净，语出自然，如大匠运斤，毫无斧凿之痕。金元好问谓之"一语天然万古新，豪华落尽见真醇"。《桃花源记》也具有这种艺术风格。它虽是虚构的世外仙境，但由于采用写实手法，虚景实写，给人以真实感，仿佛实有其人，真有其事。全文以武陵渔人行踪为线索，像小说一样描述了溪行捕鱼、桃源仙境、重寻迷路三段故事。第一段以"忘""忽逢""甚异""欲穷"四个相承续的词语生动揭示出武陵渔人一连串的心理活动。"忘"字写其一心捕鱼，无意于计路程远近，又暗示所行已远。其专注于一而忘其余的精神状态，与"徐行不记山深浅"的妙境相似。"忽逢"与"甚异"相照应，写其意外见到桃花林的惊异神情，又突出了桃花林的绝美景色。"芳草鲜美，落英缤纷"两句，乃写景妙笔，色彩绚丽，景色优美，仿佛有阵阵清香从笔端溢出，造语工丽而又如信手拈来。第二段先以数语描述发现仙境经过。"林尽水源，便得一山"，点明已至幽迥之地；"山有小口，仿佛若有光"，暗示定非寻常去处。渔人的搜寻目光、急切心情也映带出来。及至通过小口狭道，写到"豁然开朗"，又深有柳暗花明的韵致。进入桃源仙境之后，先将土地、屋舍、良田、美池、桑竹、阡陌、鸡鸣犬吠诸景一一写来，所见所闻，历历在目。然后由远而近，由景及人，描述桃源人物的往来种作、衣着装束和怡然自乐的生活，勾出一幅理想的田园生活图景。最后写桃源人见到渔人的情景，由"大惊"而"问所从来"，由热情款待到临别叮嘱，写得情真意切，洋溢着浓郁的生活气息。第三段先写渔人在沿着来路返回途中"处处志之"，暗示其有意重来。"诣太守，说如此"，写其违背桃源人"不足为外人道也"的叮嘱。太守遣人随往的"不复得路"和刘子骥的规往不果，都是着意安排的情节，明写仙境难寻，暗写桃源人不愿"外人"重来。对桃源仙境，世俗之人寻访无着也不再问津了，而陶渊明自己却从来没有停止过追求，在《桃花源诗》的结尾处就剖露了"愿言蹑轻风，高举寻吾契”的心愿。他以桃源人为志趣相合的契友，热切期望与之共同生活于桃花源中。

陶渊明成功地运用了虚景实写的手法，使人感受到桃源仙境是一个真实的存在，显示出高超的叙事写景的艺术才能。但《桃花源记》的艺术成就和魅力绝不仅限于此，陶渊明也不仅仅是企望人们确认其为真实的存在。所以，在虚景实写的同时，又实中有虚，有意留下几处似无非无，似有非有，使人费尽猜想也无从寻求答案的话题。桃源人的叮嘱和故事结尾安排的“不复得路”“规往未果”等情节，虚虚实实，惝恍迷离，便是这些话题中最堪寻味之笔。它所暗示于世人的是似在人间非在人间，不是人间胜似人间，只可于无意中得之而不可于有意中求之，似乎与“此中有真意，欲辨已忘言”有着某种微妙的内在联系。这虚渺灵奥之区始终蒙着一层神秘的面纱，“借问游方士，焉测尘嚣外”，世人是难以揭晓的。它的开而复闭，渔人的得而复失，是陶渊明有意留下的千古之谜，“惹得诗人说到今”。可是，他又在《桃花源诗》中透露了一点消息，说“一朝敞神界”之所以“旋复还幽蔽”，乃是因为“淳薄既异源”！原来桃源民风淳厚，人间世风浇薄，唯恐“使武陵太守至焉，化为争夺之场”（苏轼《和桃花源诗序》），玷污了这块化外的净土，即使像刘子骥那样的人间高尚之士，也得不到一睹仙境的机缘。

一千多年来，在中国诗人心中，桃源仙境始终是美好的，令人向往的，具有永恒的魅力。尽管唐代韩愈说“桃源之说诚荒唐”，子虚乌有，可是古代诗人宁信其有而不愿信其无，总是怀着虔诚的心理和美好的愿望去寻求那梦中的温馨。他们“不疑灵境难闻见”，只怪自己“尘心未尽思乡县”（王维《桃源行》），“尘心如垢洗不去”（刘禹锡《桃源行》）。也许，愈是神秘愈能叩动诗人的心扉，所以尽管“仙家一出寻无踪”，“只见桃花不见人”，不得不带着“恨满桃花一溪水”的惆怅离去，也还是魂牵梦随，津津乐道，难以忘情。因为它不同于一般的乌托邦的社会学说，而是一种理想，一种美的象征。（臧维熙）

五柳先生传　　陶渊明

先生不知何许[①]人也，亦不详其姓字。宅边有五柳树，因以为号焉。闲静少言，不慕荣利。好读书，不求甚解[②]。每有会意[③]，便欣然忘食。性嗜酒，家贫，不能常得。亲旧知其如此，或置酒而招之。造[④]饮辄尽，期在必醉。既醉而退，曾不吝情[⑤]去留。环堵萧然[⑥]，不蔽风日。短褐穿结[⑦]，箪瓢[⑧]屡空，晏如[⑨]也。常著文章自娱，颇示己志。忘怀得失，以此自终[⑩]。

赞[⑪]曰：黔娄之妻[⑫]有言，不戚戚[⑬]于贫贱，不汲汲[⑭]于富贵。其言兹若人之俦乎？衔觞[⑮]赋诗，以乐其志，无怀氏之民欤？葛天氏之民欤[⑯]？

注 ① 何许：何处。 ② 甚解：太深刻的理解。 ③ 会意：心得体会。陶渊明《与子俨等疏》说："开卷有得，便欣然忘食。"与此同义。 ④ 造：来到。 ⑤ 吝情：感情上计较。 ⑥ 环堵：四周墙壁。萧然：空空无物。 ⑦ 褐：粗麻布。穿结：衣服穿孔补绽。 ⑧ 箪（dān）：竹制食器。瓢：饮器。 ⑨ 晏如：安然。 ⑩ 自终：自己过完一辈子。 ⑪ 赞：史传体例，是史官评论传主的结语。 ⑫ 黔娄之妻：黔娄，春秋时鲁国的高士，不求仕进，独善其身。下引两句，各本都作黔娄的话，无"之妻"二字。按此二句见《列女传》，是黔娄妻所说，应作"黔娄之妻"。 ⑬ 戚戚：忧愁。 ⑭ 汲汲：竭力求取。 ⑮ 衔觞：口衔酒杯，指饮酒。 ⑯ 无怀氏、葛天氏：传说是上古帝王，当为原始氏族部落首领。这里指上古原始纯朴社会阶段，是作者的社会理想寄托。

这是一篇用史传体写的自传性散文。五柳先生实即作者陶渊明自己。史传是由史官撰写的，实录行状，见美见刺，褒善贬恶，作出评论，留芳遗臭，千古永垂。而作者俨然以史官立场、春秋笔法来为自己立传。如果不是诡谲寓言，那就是坦然自信。所以本文明显的特点是思想明确，形象鲜明。

传主五柳先生是个隐士，来路不明，姓氏不传。这并非姑隐其名，也不是隐士必须的特征，因为郡望、籍贯和姓字都可以杜撰，自古以来，隐士而为名士者也不乏其人。作者的用意在于蔑视门阀士族所倚重的郡望、阀阅、士姓；根本不在乎，索性不要了。为了便于称呼，就以住宅边五棵柳树作为称号；由于受到尊敬，因而人们称他先生；这正是姓氏字号最初的来历和习尚，也在淳朴的社会中获得尊重。所以这依史传体例开头介绍传主的姓字籍贯，便有明确的对立于门阀世俗的思想倾向，显出鲜明的性格特征。

东晋盛行清德玄谈，以隐矫名、以谈炫荣的假隐士不少，其实是走捷径的利禄之徒。五柳先生是真隐士，“遁世无闷”，淡漠世事，不尚玄谈，不爱荣华富贵，所以文静不多言谈。但他有自己的爱好：“好读书”，“性嗜酒”。隐士是士，也是读书人，爱好读书是本分，理所当然。不同于世俗的是，他读书不是为了做官求荣利，不必适应官府标准，无须牵强附会，穿凿曲解。他按自己的理解来读书，所以每当有心得体会，“便欣然忘食”。他是从古圣贤作者求取真知，精神上获得充实和鼓舞，守志励节。至于魏晋名士风流的饮酒，在他则是本性的嗜好，爱喝而已，既不标榜，更不风流，反而因为贫穷，窘相毕露，有酒就喝，一醉方休，根本不管别人的礼貌态度。所以他的饮酒，任性而旷达，不矫情，不放肆，获得亲友的理解和宽容。

真隐士是贫士，不能安贫乐道，是坚持不了的。五柳先生几乎赤贫，住房破漏，衣服破旧，饮食不继，却安然自在，而且还写文章抒怀述志，自得其乐。这样的生活，他满足了，心里踏实，没有追求也没有失落，没有苦闷与烦恼。显然，他不是儒家贤人颜回的安贫乐道，而是乐于老、庄的自然无为、返朴归真的道，跟虚伪丑恶的门阀荣利决裂。不过他的态度比较平和，只是“颇示己志”，似不揭露丑恶，因而显得冲淡自然。诚如鲁迅所说，丑恶多了，看惯了，众所周知，也不值一提了。这恰是东晋时代的特色。

思想明确，形象鲜明，是作者采取史传体写作所必须的。史传有赞，撰者以史官立场表明褒贬。本传的赞十分明确地归结出五柳先生的两个主要特点：一是不愁贫贱也不求富贵，二是怡然自乐，返朴归真，希望过先民生活。这也正是传立行状的取舍准则和传文层次结构的安排原则，因而选材典型，行文简洁，风格平淡朴实，意味深长，百读不厌。（倪其心）

归去来兮辞并序　　陶渊明

余家贫，耕植不足以自给。幼稚盈室，缾[①]无储粟，生生所资[②]，未见其术。亲故多劝余为长吏，脱然有怀，求之靡途[③]。会有四方之事[④]，诸侯以惠爱为德，家叔以余贫苦，遂见用于小邑。于时风波未静，心惮远役，彭泽去家百里，公田之利，足以为酒，故便求之。及少日，眷然有归欤[⑤]之情。何则？质性自然，非矫厉[⑥]所得，饥冻虽切，违己交病。尝从人事，皆口腹自役[⑦]。于是怅然慷慨，深愧平生之志。犹望一稔，当敛裳宵逝[⑧]。寻程氏妹丧于武昌，情在骏奔，自免去职。仲秋至冬，在官八十余日。因事顺心，命篇曰《归去来兮》。乙巳岁[⑨]十一月也。

归去来兮，田园将芜胡不归？既自以心为形役[⑩]，奚惆怅而独悲！悟已往之不谏，知来者之可追。实迷途其未远，觉今是而昨非。舟遥遥[⑪]以轻飏，风飘飘而吹衣。问征夫以前路，恨晨光之熹微。

乃瞻衡宇，载欣载奔。僮仆欢迎，稚子候门。三径[⑫]就荒，松菊犹存。携幼入室，有酒盈樽。引壶觞以自酌，眄庭柯以怡颜。倚南窗以寄傲，审容膝之易安。园日涉以成趣，门虽设而常关。策扶老以流憩，时矫首而遐观[⑬]。云无心以出岫，鸟倦飞而知还。景翳翳以将入，抚孤松而盘桓。

归去来兮，请息交以绝游！世与我而相违，复驾言兮焉求？悦亲戚之情话，乐琴书以消忧。农人告余以春及，将有事于西畴。或命巾车，或棹孤舟。既窈窕以寻壑，亦崎岖而经丘。木欣欣以向荣，泉涓涓而始流。善万物之得时，感吾生之行休。

已矣乎，寓形宇内复几时！曷不委心任去留[⑭]，胡为乎遑遑兮欲何之？富贵非吾愿，帝乡不可期。怀良辰以孤往，或植杖而耘耔[⑮]。登东皋以舒啸，临清流而赋诗。聊乘化以归尽[⑯]，乐夫天命复奚疑！

注 ① 缾，同“瓶”，瓦瓮。 ② 生生：维持生计。前一“生”作动词，后一“生”是名词。资：凭借。 ③ 脱然：舒畅貌。有怀：产生出仕之念。靡途：无门路。 ④ 四方之事：指地方势力的争势夺权。 ⑤ 归欤：归家的叹息。《论语·公冶长》：“子在陈曰：‘归欤，归欤！’” ⑥ 矫：假。厉：勉强。 ⑦ 口腹自役：为糊口饱腹而役使自己。 ⑧ 稔（rěn）：谷物成熟之期。一稔即一年（古代谷物一年成熟一次）。敛裳：收拾行装。宵逝：连夜离去。 ⑨ 乙巳岁：指晋安帝义熙元年（405）。 ⑩ 心：本心夙志。形役：为形体（所需）而役使。 ⑪ 遥遥：即“摇摇”。 ⑫ 三径：指小路，借用汉代蒋诩隐居后，在家宅前竹林中开“三径”，只与隐士求仲、羊仲二人游息的典故。 ⑬ 策：拄。扶老：鸠杖。流憩（qì）：周游、休息。矫首：抬头。 ⑭ 委心：随心。去：死。留：生。 ⑮ 植杖：把手杖直插在田边。耘：除草。耔：在苗根培土。 ⑯ 聊：姑且。乘化：随应大化（自然界）。

逆江而行的一叶扁舟上，站立着从彭泽弃官归家的诗人陶渊明。猎猎的江风，吹得他衣袂飘拂。此刻，他的心境正如那轻轻摇漾的小舟，既惆怅，又快意：想起以往的几度出仕，“皆口腹自役”，有违平生向往自由的情性，便不免爽然若失；仰对江天，想到终于从“迷途”返回，从此冲破官场的羁绊，就又欣然开怀。遥远的山村，似正有一个热切的声音在呼唤：“归来！归来！”而浪花飞溅的舟上，他那颗激动的心，也分明作出了殷殷的回应：“归去来兮，田园将芜胡不归？”这就是本文开篇所化生的情景：亲切而饱含人生哲理的自语，伴着“遥遥以轻飏”的浪舟，在读者眼前展开了一个何其清缈的诗一般画境！

大约因为心情急切，诗人的归程画面转换得也快：他刚才还在轻飏的舟上迎风伫立，转眼间又出现在“晨光熹微”的山路之上。“百里”之遥本应驾轻就熟，却偏还要一次次“问征夫以前路”；待到“乃瞻衡宇”，这位已届中年的诗人，竟又像年轻人一样奔跑起来。文中正是以这一连串画面的变换，把诗人的归家之情表现得分外浓烈。你从那“风飘飘”“舟遥遥”的快风轻帆，从“恨晨光之熹微”“问征夫以前路”的可笑情态，以及“载欣载奔”的异常举止上感受到的，不正是一颗迫不及待、欢欣“骏奔”之心的跳荡？

故乡的亲人又何尝不是如此。虽说离家才八十余日，童仆稚儿一听说诗人到来，早已惊喜地迎候门前；诗人襟怀高洁，平生爱与“松菊”为友，而今它们在萧萧风日中，竟还生机蓬勃，仿佛也在为友人归来微笑低语。这欢欣随着诗人的“携幼入室”展开，终于在“有酒盈樽”的合家欢宴中推向高潮。三盏两杯过后，微醺的诗人不免有些忘形——“引壶觞以自酌”，免去了仆人侍候的俗节，任他自饮自酌岂不痛快？“眄庭柯以怡颜”，在醉眼乜斜中一瞥庭中高树，那景象是不是也多了一重可爱的朦胧？而后，倚窗而立，渐渐神畅气傲；还视狭小的居室，虽然环堵萧然，较之于大衙高府，愈觉得“晏如”可亲。何况还有后园，可供日日漫步遐观呢！这一节抒写初到家中的欢乐心境，全从家人迎候、把盏饮宴的情景中传达。那阶前的菊色、松影，席间飘溢的酒香，家人的欢语浅酌，和诗人“眄”柯、“倚”窗的忘形之态，在文中交织成了一种多么亲切的氛围，一片多么和悦的情韵！

而后出现在读者眼前的，已是诗人在园中沉思、“流憩”的身影。园虽有“门”，却因少有俗人造访而“常关”，自当更觉清幽；人虽未老，却也可扶杖而步，姑且体味一下老翁的悠闲。时或举首远眺，可以看到朵朵白云，正从淡青的远峰间悠悠飘出；联翩的鸟雀，在外飞倦了，也都纷纷归栖于苍茫的山林。已是夕阳落山时分，诗人却还在园中的“孤松”前抚思、流连——他是从那“出岫”的白云之态中，领略了与汲汲奔走仕途绝然不同的自由生活之哲理；还是在倦飞的鸟雀之栖中，体悟到了值得依恋的人生归宿之真谛？这体味因了“无心”“知还”二语的点示，便使眼前之景染上了某种哲理意味，把读者引向了远为深邃和高妙的境界。

想必诗人自己也为这种境界陶醉了，因此在下笔之间，情不自禁再次发出了“归去来兮，请息交以绝游”的呼告。息交绝游、断绝与官场中人的来往，这生活在许多人看来，未免显得孤寂黯淡，但诗人却感到，其中自有极大的兴味。文中接着所展开的，正是诗人对未来生活无限憧憬的虚境：早晚间有亲人问暖嘘寒的“情话”，寂寞中亦可借诵书弹琴“消忧”；春天来了，近邻的农人将会关切地相告：“该是去西坡地耕种的时节了。”人们常说陶渊明的诗文看似平淡，其实蕴含着浓浓的情趣。这几句如数家常的娓娓之语，正飘散着诗人村居生活的多少淳美气息和盎然情味！

村居之乐当然远不止于此。农作之余，诗人还可以自由游赏。“或命巾车，或棹孤舟”，在幽深的山溪、“崎岖”的丘壑中独来独往。那山必是朗润润的，树木也都蓬勃婀娜，一片新绿，刚刚解冻的小溪在山石间淙淙而流。漫步在这万物生长、自由适性的世界中，诗人的身心简直就与大自然融成一片了，怎能不发出“善万物之得时，感吾生之行休”的感叹？初读这后一句，似乎表现了一种乐尽哀来之悲。其实，这是诗人在领略到大自然的真美之后，所发出的由衷赞美和不能及早皈依自然的惋惜之叹。正因为如此，诗人在结尾一节才一再自问：“寓形宇内复几时”？“胡为乎遑遑欲何之”？问语中包含着对以往迷误的几多感慨，又透露着回归家园的几多欣慰。当年遑遑奔走仕途的怅惘，而今已为跳出尘网的意外喜悦所取代，更为对未来生活的美好展望所否定。此刻，诗人的心境是那样朗畅、明净，再无一丝尘翳：他仿佛看到自己正在“良辰”的月光下信步独往，或者披着一身晨曦在田间“植杖耘耔”；村东的高地上可听到他敞怀舒心的啸音，清莹的山溪中将映出他“临流赋诗”的身影。《归去来兮辞》之结尾，正以如此富于情致的景象，将对未来生活的展望，推向更淡远、更令人憧憬的境界，而留下了让人含咏不尽、萦耳不息的意趣和声韵。

读过陶渊明田园诗的人们，大约都能深切地感受到其清淡平远的描述中所包含着的一股浓浓的意趣。《归去来兮辞》不是田园诗，而是一篇记述诗人解职归田的抒怀之赋，并带有相当多的叙事成分。但由于它将议论、叙事与抒情极为和谐地交融在一起，善于在如画的情景展现中，着重表现诗人那洒落的胸怀、高洁的志趣和意兴，因此具有了诗一样的境界和淳挚动人的情致。在这里，诗人的情性与家乡自然的美好景物构成了一个和谐的统一体；心灵的淳朴和自由，外化在清纯、幽远而富于生机的岫云、归鸟、丘壑、林泉中，伴随着亲戚的情话、悠扬的琴声和邻人亲切的告语汩汩而流，自能造出苏东坡所称叹的那种“妙”境和“奇趣”。宋陈师道《后山诗话》以为，“渊明不为诗，写其胸中之妙尔”。《归去来兮辞》又何尝不是如此！（张　巍）

雪　赋　　谢惠连

岁将暮，时既昏，寒风积，愁云繁。梁王不悦，游于兔园[1]。乃置旨酒，命宾友[2]，召邹生，延枚叟，相如末至[3]，居客之右。俄而微霰零，密雪下，王乃歌《北风》于卫诗，咏《南山》于周雅[4]，授简于司马大夫曰：“抽子秘思，骋子妍辞，侔色揣称，为寡人赋之！”

相如于是避席[5]而起，逡巡[6]而揖，曰：“臣闻雪宫建于东国[7]，雪山[8]峙于西域，岐昌发咏于来思[9]，姬满申歌于《黄竹》[10]。《曹风》以麻衣比色[11]，楚谣以幽兰俪曲[12]。盈尺则呈瑞于丰年，袤丈则表沴以阴德[13]。雪之时义远矣哉！

“请言其始，若乃玄律穷，严气升[14]，焦溪涸，汤谷凝，火井灭，温泉冰，沸潭无涌，炎风不兴[15]，北户墐扉，裸壤垂缯[16]。于是河海生云，朔漠飞沙，连氛累霭[17]，掩日韬霞，霰淅沥而先集，雪纷糅而遂多。

“其为状也，散漫交错，氛氲[18]萧索，蔼蔼浮浮，瀌瀌奕奕[19]，联翩飞洒，徘徊委积[20]。始缘甍而冒栋[21]，终开帘而入隙。初便娟于墀庑[22]，末萦盈[23]于帷席。既因方而为珪[24]，亦遇圆而成璧[25]。眄隰则万顷同缟[26]，瞻山则千岩俱白。于是台如重璧，逵似连璐[27]，庭列瑶阶[28]，林挺琼树，皓鹤夺鲜，白鹇失素，纨袖惭冶，玉颜掩姱[29]。若乃积素未亏，白日朝鲜，烂兮若烛龙[30]，衔耀照昆山。尔其流滴垂冰，缘霤承隅[31]，粲兮若冯夷，剖蚌列明珠[32]。

“至夫缤纷繁骛之貌，皓旰皦絜之仪[33]；回散萦积之势，飞聚凝曜之奇。固展转而无穷，嗟难得而备知。若乃申娱玩之无已，夜幽静而多怀，风触楹而转响，月承幌而通晖，酌湘吴之醇酎[34]，御狐貉之兼衣，对庭鹍[35]之双舞，瞻云雁之孤飞，践霜雪之交积，怜枝叶之相违，驰遥思于千里，愿接手而同归。”

邹阳闻之，懑然[36]心服，有怀妍唱，敬接末曲。于是乃作而赋《积雪之歌》。歌曰：“携佳人兮披重幄，援绮衾兮坐芳缛。燎薰炉兮炳明烛，酌桂酒兮扬清曲。”又续而为《白雪之歌》，歌曰：“曲既扬兮酒既陈，朱颜酡[37]兮思自亲。愿低帷以昵[38]枕，念解佩而褫绅[39]。怨年岁之易暮，伤后会之无因。君宁见阶上之白雪，岂鲜耀于阳春。”

歌卒，王乃寻绎吟玩，抚览扼腕[40]，顾谓枚叔，起而为乱[41]。乱曰：“白羽虽白，质以轻兮；白玉虽白，空守贞兮。未若兹雪，因时兴灭，玄阴[42]凝不昧其洁，太阳曜不固其节。节岂我名，洁岂我贞，凭云升降，从风飘零。值物赋象，任地班形[43]。素因遇立，污随染成。纵心皓然，何虑何营。”

注 ① 梁王：指梁孝王刘武。《汉书·文三王传》：“于是孝王筑东苑，方三百余里。”兔园：即东苑。 ② 宾友：宾客与朋友。古代诸侯多养门客，不授以官职而处以宾友之位。《荀子·尧问》：“中蘬之言曰：‘诸侯自为得师者王，得友者霸，得疑者存，自为谋而莫己若者亡。’” ③ 邹：指邹阳。枚：指枚乘。相如：指司马相如。 ④“王乃歌”二句：《诗·邶风·北风》：“北风其凉，雨雪其雱。”邶、鄘、卫均相近，而邶、鄘不知何时并于卫。它们所咏多卫事，故可以《卫风》称之。《诗·小雅·信南山》：“上天同云，雨雪雰雰。”二诗均咏雨雪，故《雪赋》用之。 ⑤ 避席：离开座位。 ⑥ 逡（qūn）巡：退后。 ⑦ 雪宫：《孟子·梁惠王下》：“齐宣王见孟子于雪宫。”赵注：“雪宫，离宫之名也，宫中有苑囿台池之饰，禽兽之饶。”东国：指齐国。齐国在山东，居全国境域之东。 ⑧ 雪山：指天山。 ⑨ 岐昌：岐，周人之所居。昌，指周文王姬昌。《诗·小雅·采薇》：“昔我往矣，杨柳依依。今我来思，雨雪霏霏。”“来思”即取其中二字，以示与雪相关。 ⑩ 姬满：周穆王名满，周人姬姓。《穆天子传》五：“日中大寒，北风雨雪，有冻人，天子作诗三章以哀民。曰：‘我徂黄竹。’”故名《黄竹歌》。 ⑪ 麻衣比色：《诗·曹风·蜉蝣》：“蜉蝣掘阅，麻衣如雪。”麻衣色白如雪，故云。 ⑫“楚谣”二句:《古文苑》卷二宋玉《讽赋》:“乃更于兰房之室，止臣其中，中有鸣琴焉，臣援而鼓之，为《幽兰》《白雪》之曲。”楚谣，指《讽赋》。《广雅·释诂》四:“俪，偶也。”俪曲指以幽兰与白雪相偶而为曲。⑬ 袤:长，引申为丈，深雪至丈。沴（lì）:不和。《汉书·五行志》中:“气相伤，谓之沴。沴犹临莅，不和意也。”阴阳家以雨雪为阴，象征阴道、臣道。据阴阳家的见解，深雪至丈是严重的不和之气所引起。这意味着要产生女主，或以臣代君。 ⑭ 玄律穷，严气升:古代历法家以冬代表北方，照五行家的看法，黑色主运（也就是玄色主运）。一年冬尽，黑色主运的规律至此已告结束。又《礼记·月令》:“孟冬之月，天气上腾，地气下降。”天气上腾，即严气升。⑮“焦溪”六句:焦溪、汤谷、温泉、沸潭都是温泉，多因靠近火山或因泉中矿质放出热量，水温较当地一年的平均气温为高，一般不易随冬夏温度之差异而变化。这里作者以夸张的手法，写焦溪干涸，汤谷结冰，强调它们在严寒的冬季也受了影响。火井（在今四川自贡）不会因气候变化而熄灭，沸腾的泉水也不会腾涌；炎风指热带的热风，更与北温带的冬天无关。这些均与自然景观不符。这里用的是夸张手法，不可拘泥字面去理解。 ⑯ 北户:与“裸壤”对文，为国名。《尔雅·释地》:“觚竹、北户、西王母、日下，谓之四荒。”《吴都赋》:“开北户以向日。”刘渊林注:“曰南人北户，犹曰北人南户也。”其地当在今越南。越南炎热，到冬天也要将柴扉涂上泥土以保暖，仍是用的夸张手法。裸壤:旧注引《东夷传》:“倭国东四千余里，裸人国也。” ⑰ 霭:即“靄”，云貌。《集韵·泰韵》:“霭，靄或省。” ⑱ 氛氲:盛貌。 ⑲ 蔼蔼:通靄靄，云盛貌。浮浮:行貌。瀌（biāo）瀌:雨雪盛貌。奕奕:盛貌。蔼蔼浮浮言下雪时彤云飞动；瀌瀌奕奕言雪下得很大。 ⑳ 委积:聚集。 ㉑ 甍（méng）:屋脊。冒:覆盖。㉒ 便（pián）娟:回旋飞舞貌。墀庑（chí wǔ）:墀指台阶或台阶上的空地。庑，堂下。 ㉓ 萦盈:雪委回之貌。 ㉔ 因方而为珪:珪，古代玉名，上圆或尖，下方形。言雪落在方形的器物上，就堆积成方形，雪色白如玉，故如珪玉。 ㉕ 遇圆而成璧:璧，平圆的玉。雪落在圆形的器物上，就堆积成圆形，像璧似的。㉖ 眄（miàn）:斜视。隰（xí）:低湿的地方。缟（gǎo）:古时的一种白色绢。㉗ 逵:四通八达的道路。《尔雅·释宫》:“九达谓之逵。”璐:美玉。 ㉘ 瑶:美玉。阶:台阶。 ㉙“纨袖”二句:纨（wán），古代白色细生绢。纨袖，与玉颜对举，指代穿着素洁的女子。冶，装饰艳丽。姱（kuā），美好。这两句话都是赞美雪的洁白美丽，使白皙姣美的姑娘感到惭愧，不敢夸耀。 ㉚“烂兮”句:言雪的光洁。烛龙，《山海经·大荒北经》:“西北海之外，赤水之北，有章尾山，有神，人面蛇身而赤，直目正乘，其瞑乃晦，其视乃明。不食，不寝，不息，风雨是谒，是烛九阴，是谓烛龙。”近人研究这种现象，或认为是北极光。 ㉛ 缘霤承隅:谓雪结了冰，悬挂在屋檐滴水处和屋的四角。霤（liù），屋檐滴水之处。㉜“粲兮”二句:言雪凝结成冰之后，到处都是光洁的珍珠，好像河神冯夷把河里的蚌蛤全都剖开来陈列。 ㉝ 皓皔（hàn）:明亮。曒絜:同“皦洁”，皎洁。皓皔曒絜，即明亮而洁白。仪:指仪态。 ㉞ 酌湘吴之醇酎:指湖南酃湖和吴兴乌程所重酿的醇酒，二酒均很有名。 ㉟ 鹍（kūn）:鸟名。《楚辞·九辩》:“鹍鸡啁哳而悲鸣。”洪兴祖补注云:“鹍鸡，似鹤，黄白色。” ㊱ 懑（mèn）然:

惭貌。《庄子·天地》："子贡瞒然惭，俯而不对。" ㊲ 酡（tuó）：同"酡"，指喝酒后脸色变红。 ㊳ 昵（nì）：亲近。 ㊴ 褫（chǐ）：脱去。绅：大带。 ㊵ 扼腕：以一手握另一手腕，表示惋惜。 ㊶ 乱：辞赋篇末总括全篇要旨的文句。㊷玄阴：指冬月。 ㊸任地班形：任，因。班，布，铺。言雪因地形而铺盖大地。

《雪赋》是一篇清新婉丽的赋作，采用汉人假设主客陈说事物的方式，以梁王为主，司马相如、邹阳、枚乘为宾，引出作赋的设辞，描绘雪这一大自然的奇观。此赋当时就以"高丽见奇"，与谢庄《月赋》同为六朝小赋的名篇。

《雪赋》可以分为四段。

第一段即第一自然段，假设主客陈说事物，叙述汉梁王雪天游兔园，置酒召宾友，使司马相如为赋的情形。

第二段包括第二、三、四、五四个自然段，由司马相如"避席而起，逡巡而揖"，应命为赋转入赋题正文。在第二自然段中，先举出一些雪的典故，如雪宫、雪山、《小雅·采薇》《曹风·蜉蝣》……并模仿《易经》常用的"豫之时义大矣哉"，"颐之时义大矣哉"的感叹句式，在举了一串雪的故事之后，以赞叹口气说："雪之时义远矣哉!"其意思说："下雪的意义可真来得深远啊!"

第三自然段描述下雪前的严寒至下雪渐多的情景。"玄律穷，严气升"是指下雪的时令，下雪几乎都在冬天。"玄律穷"，指冬季十二月，日月星辰运行到了此月皆周匝还于故处，各自走完了它们一年应走的旅程："肃"，据郑玄注说是隆冬"严急之气"，到了冬天，天气变得严酷，一年即将完毕，正是下雪的时节。以下举焦溪、汤谷、火井、温泉、沸潭、炎风六例。从它们的命名来看，都应是温度很高的，但到了下雪的时节，它们都走向反面。在这样严寒的时节，人们也"北户墐扉"，连裸人国为了保温，也垂缯御寒，都作了防寒保温的准备。下面六句则是叙述下雪的情景，"于是河海生云，朔漠飞沙"，只有朔北的寒风怒吼才会使天气变得更冷，才可以使"连氛累霭，揜日韬霞"，先下的是淅沥的雨夹雪，终于密集的大雪也随之而来了。

第四自然段写得十分清丽，是全赋最精彩的段落。由初期雪的"氛氲萧索，蔼蔼浮浮"变为"联翩飞洒，徘徊委积"，由"开帘而入隙"变为"万顷同缟"，"千岩俱白"，一幅素裹银装的壮观场面呈现在我们的眼前。

雪覆盖着大地，使得“台如重璧，逵似连璐，庭列瑶阶，林挺琼树”，仿佛到了一个素光炫耀的仙境。是嫦娥的广寒宫呢？抑或是西王母的瑶池呢？但都难以和它相比。紧接四句从反面衬写。“皓鹤夺鲜，白鹇失素，纨袖惭冶，玉颜掩姱”，皓鹤、白鹇、纨袖、玉颜都是人间最白净美丽的，然而都为之黯然失色。这种艺术手法曾为以后文学家所仿效，“蝉噪林逾静，鸟鸣山更幽”，“美人庭前坐，羞落数朵花”，都是继承这种反衬手法。最后六句是描写太阳出来的雪景。

第五自然段叙述各种情况和各种方式的赏雪，以及由它们引起的各种情感。“若乃申娱玩之无已，夜幽静而多怀，风触楹而转响，月承幌而通晖，酌湘吴之醇酎，御狐貉之兼衣”，说明赏雪有时在幽静的夜里，有时有风，有时还有明月，穿着狐貉的皮衣，饮着湘、吴的美酒，这样来赏月，自然就有各种不同的感情，自然会“怜枝叶之相违，驰遥思于千里”了。

第三段即第六自然段，叙写邹阳作《积雪之歌》与《白雪之歌》两歌，使第一自然段中的“召邹生，延枚叟”得到呼应，也使他们有了着落。插入这两首楚辞式的歌词后，全赋便呈现错落变化。谢庄的《月赋》同样也是以这样的方式转入收笔的。

第四段即第七自然段是乱辞，对雪的性质以哲理的眼光加以概括。白羽质轻而白，白玉质坚而白，但是它们都是固定不变的，都不如白雪之白，随着时间的推移，可以兴起无形，消释无踪：冬天的严凝并不能掩盖它的洁白，太阳的照耀它也可以融化。洁与节都不是雪的自身所具有，它只不过“凭云升降，从风飘零。值物赋象，任地班形”。一切随大自然的规律而变化，遇着素洁的东西就变为纯净，遇着肮脏的东西就变成污秽。它并没有什么用心，对万物一视同仁，人亦应像雪一样“乘化以归尽”，不须思虑营求于其间。使人读了此赋，除了欣赏绚丽多姿的雪景之外，顿有一种飘逸清新的感觉，思想得到净化，享受到一种超然、宁静的美。这段文字显然是用老庄思想作基调的。

《文心雕龙·明诗》云：“宋初文咏，体有因革，庄老告退，而山水方滋。”谢惠连正是南朝宋初的人，但老庄思想并未如刘勰所说完全告退，而是巧妙地融于美丽的大自然中。他是老庄初步告退、山水方滋的一个不可缺少的中间环结，值得研究南北朝文学者的注意。距惠连约百年光景，北周的刘璠也作了一篇《雪赋》，无论构思、布局和遣词造句都学谢惠连

的《雪赋》，不过篇幅较短，手法的创新、艺术的造境也远远不及谢惠连所作。（龙　晦）

王子猷[①]雪夜访戴

刘义庆

王子猷居山阴[②]，夜大雪，眠觉，开室，命酌酒，四望皎然。因起彷徨，咏左思《招隐诗》[③]，忽忆戴安道[④]。时戴在剡[⑤]，即便夜乘小船就之。经宿方至，造门不前而返。人问其故，王曰："吾本乘兴而行，兴尽而返，何必见戴？"

注 ① 王子猷：王徽之字子猷，王羲之之子。　② 山阴：旧县名，治今浙江绍兴。　③ 左思：西晋著名诗人。其《招隐诗》写隐居田园之趣。　④ 戴安道：戴逵字安道，东晋著名文士，当时隐居不仕。　⑤ 剡（shàn）：今浙江嵊州。

本文选自《世说新语·任诞》。

王徽之作为东晋名门贵胄，曾身居显位，又负一时才名。不过他既没有留下什么可以称说的政绩，也没有留下什么不朽的文字。《晋书》是为他立传的，标名青史，这又是很大的荣耀。但他的传记的内容，竟只是史官从《世说新语》中采拾来的几则琐细的故事，如他暂居别人家空宅，便令人种竹，声称"何可一日无此君"，以及上面这则"雪夜访戴"之事。读史至此，令人易生疑惑：这样的琐事，也值得堂而皇之地载入史册吗？

《晋书》修撰于唐初，那是一个门阀士族政治势力开始衰退却又依然保持着崇高声望的时代，东晋名士的风采在唐人心目中尤其是值得羡慕的典范。其实到了晚唐的杜牧，犹在诗中写下"自古南朝多旷达，可怜东晋最风流"（《润州二首》其一）这样满怀向往之情的句子。而一说到"东晋风流"，只要是读过些古书的，恐怕没有人不知道王子猷种竹、访戴之事。这几乎成了历史上士族文化、士族人生姿态的象征。如此说来，这些琐细的故事就不能视为无足道的了。

人在世间生存，大多情况下是受功利愿望支配，受社会一般行为标准制约的，我们暂且把这称为"日常生活程序"。但人还有同这不甚谐调乃至相背离的一面，那就是人的自由的自然的天性，它跃出于日常生活秩序的情态，我们可称之为“兴”。“兴”这东西容易给人带来麻烦，古训“三思而行”，就是要人凡事不要受一时兴致的蛊惑。譬如一个悭吝之人在酒兴中会豪情大发，作出一掷千金的许诺，日后为了赖账而又不失面子，那要懊悔好几天；倘是真的已经当场“掷”出了，那就够悔恨一辈子了。但一个人倘事事都盘算得很精明，永远也不受情绪的影响，那也真是绝无趣味：不仅在别人看来面目可厌，在自己也活得难过。所以，人既是顺俗的，又是向往脱俗的。

东晋是中国历史上士族势力最强大的时代，特别像王谢那样的高门，拥有不受皇权影响的社会地位和财富，他们的子弟凭着血统的高贵，便可以安享尊荣，这是一个真正的贵族阶层。贵族制度当然有它不合理的一面，但那些名门贵胄也因此获得了相当程度的尊严和自由——因为他们无求于人，不需要看别人的颜色行事。而尊严和自由，其实是人的天性所要求的东西。在后来贵族消失、皇权强化的时代，一般读书人为了混一点可怜的功名利禄，连走路的脚步、说话的声气都得小心谨慎；然而即使如此，危险依然存在。这种扭曲的、受压迫的生命状态使他们对六朝贵族的显为自由舒展的生命状态生出无限企羡，那是很自然的事情。“东晋风流”的历史价值，就在于它所显示的人生的可能性。

王子猷雪夜访戴所表现出的，还不仅是任由情兴的名士风度，它还由此生发为一种具有唯美情调的人生姿态。山阴那个“四望皎然”的雪夜，对酒的王子猷遥望室外晶莹纯净的世界，在寂寞清寒中究竟体悟了什么呢？这里有微妙而不可言说的感受。于是油然吟出《招隐诗》的句子，想起隐士避俗而任其本真的高怀，想起隐居在风景如画的剡县的戴逵，想到如此良夜，二人对酌，漫话古今的雅趣。一条船便在这雪夜里驶出了。

“兴味”这东西很奇怪。倘若它是在情投意合者之间共同地产生的，它就是如空气一样弥漫着的氛围；倘若你拿它向一个不在场的人说明——哪怕是情投意合者，它就会在刹那间消失无踪，只剩下毫不相干的辞语干瘪瘪地挂在嘴边，成为再滑稽再愚蠢也不过的怪物。所以只要王子猷一脚踩进戴逵的家门，他就只有把这一次造访解释成具有某种现实理由的行动，因而既然他是“乘兴而行”，就必然要“兴尽而返”，这才不至于把他的“兴”——在雪夜里升起的生命的美感包括想象中友朋相对的谐和破坏掉。“雪夜访戴”并非是有目的的行为，它的意趣只在路途中。那在曹娥江上穿过杳渺的夜色的行程，是完全摆脱日常生活程序、使生命在某个特异的时空中融入自然而转化为一支无声而曼妙的音乐的过程。

这确实是一个琐细的故事，但它却有一种动人之处。即使我们可以拿另外的事实来说明东晋名士未必真的那么高雅，他们仍然有很多庸俗可笑的地方，但在这个故事发生的时刻，生命终究呈现了自由的、唯美的、不假借任何“意义”而自我完足的姿态。（骆玉明）

刘伶病酒

刘义庆

刘伶[①]病酒，渴甚，从妇求酒。妇捐酒毁器，涕泣谏曰：“君饮太过，非摄生[②]之道，必宜断之。”伶曰：“甚善！我不能自禁，唯当祝鬼神自誓断之耳。便可具酒肉。”妇曰：“敬闻命。”供酒肉于神前，请伶祝誓。伶跪而祝曰：“天生刘伶，以酒为名。一饮一斛，五斗解酲。妇人之言，慎不可听！”便引酒进肉，隗然[③]已醉矣。

注 ① 刘伶：字伯伦，西晋沛国（今安徽濉溪县）人。魏末曾为建威参军。纵酒放诞，蔑视礼法，为“竹林七贤”之一。 ② 摄生：养生。 ③ 隗（wěi）然：倾颓貌。

本文选自《世说新语·任诞》。

熟悉刘伶的都知道：此公名列“竹林七贤”之一，长得“容貌甚陋”，却以“好酒”驰名天下。他一生“唯酒为务”，只要一见到酒，便“奋髯箕踞，枕麴藉糟”，非拼个酩酊大醉不可。据说他“终其世”只做了一篇文章，也与“酒”有关——那就是传诵至今的《酒德颂》。本篇所记叙的，便是刘伶“好酒”生涯中的一个片断，或者说，一幕令人捧腹的家庭笑剧。

幕布拉开的时候，刘伶正患着酒“病”——大约昨夜又喝了个昏天黑地，此刻醒来，还渴得要命。旁人口渴，要的是水；唯独此公解渴，也还得靠酒。

可是他到处找不到杯中之物。原来是他夫人动了气，一怒之下把酒都倒了，连喝酒家什也一并砸毁。这下刘伶可惨了，只好再求夫人发慈悲。文中的“从妇求酒”四字，不可轻易放过：那简直把刘伶低三下四、死乞白赖地缠着夫人要酒的神态，全都画活了。

接着便见泪水涌上了刘夫人眼眶："君饮太过，非摄生之道，必宜断之。"看来这夫人心中之气未平，又已生出一片爱怜之情。所以"必宜断之"虽近乎命令，刘伶听来却一点也不感到严厉，故回答得也干脆："很好！我这就断酒——只是我怕管不住自己，须得到鬼神那里发誓求佑才行。——你快去准备酒肉吧！"这便引出了刘夫人同样庄重的应诺："敬闻命。"只此三字，妇人那收泪而喜、满心欢悦的笑影，已浮现其中，记叙得也真绘声绘形！

场景转移，已在酒肉供奉的神前——看来刘夫人虽曾"捐酒毁器"，其实还颇留有余"酒"，这便是妇人有心计处。此刻刘伶的心境不知如何，但脸色肯定是虔诚极了：你看他真就"跪"到神前，口中念念有词起来："天生刘伶，以酒为名。一饮一斛，五斗解酲。"这开初几句听去倒也全是真话：他本就是个"天生"酒鬼，以酒为命的嘛！接着该说到断酒了。盯视一旁的刘夫人，想必正喜孜孜等着下文呢。谁知——"妇人之言，慎不可听！"这是什么话？刘夫人大吃一惊，这边刘伶则已赶紧"引酒进肉"，"跪"在神前就大喝大嚼起来。待到刘夫人缓过神来，想要拦阻，刘伶早又醉成一团，瘫倒在地了……

一幕"断"酒之誓，就这样变成了令人忍俊不禁的笑剧。其可笑处全在刘伶"渴"急使诈，连严厉的夫人也给骗了。这骗局早在刘伶回答"甚善"的时候，大约已在他闪烁不定的眼光中泄露，可惜刘夫人泪眼未干，未能识破。当着刘夫人急急忙忙准备酒肉之际，刘伶一定在心里窃笑不已吧？此篇行文之妙，正在于始终不动声色，只将人物的语言、行动，稍加叙述和勾勒，便将这幕笑剧逼真地展现在眼前。诙谐的情趣，借助于格外庄重的语气描摹和"跪"神发誓的细节刻画，由此收到了意想不到的效果。一位嗜酒如命的酒鬼形象，带着刘伶所特有的风神，嬉笑着走到了读者面前。明人胡应麟称赞《世说新语》："读其语言，晋人面目恍然生动，而简约玄远，真致不穷。"从"刘伶病酒"，读者即可窥其"恍然生动"之一斑。

不过，读了这则记载，恐怕还不能一笑了之。像刘伶这样的名士，竟然在纵酒放诞中了其一生，究竟是什么原因？按照他《酒德颂》所说，好像是不满意于"贵介公子""搢绅处士"之流的"陈说礼法，是非锋起"，是有意以此放诞之行，来与"礼法"作对似的。但酗酒到了

《名士传》所说的“常乘鹿车，携一壶酒，使人荷锸随之。云：‘死便掘地以埋’”的地步，这生涯也实在可悲了。倘若不是魏晋之际政治的黑暗，知识之士惨遭迫害而人人自危，又何至于此！刘伶便是这旧时代埋葬的一位悲剧人物。在他那可笑的荒诞言行背后，我们不是听到了类似于阮籍那“率意独驾，不由径路，车迹所穷，辄恸哭而反”的苦闷叹息和哭泣之音么？（张　巍）

芜城赋

鲍　照

　　泝迆[1]平原，南驰苍梧涨海[2]，北走紫塞雁门[3]。柂以漕渠[4]，轴以昆岗[5]。重江复关之隩，四会五达之庄。当昔全盛之时，车挂轊，人驾肩，廛闬扑地[6]，歌吹沸天。孳货盐田，铲利铜山。才力雄富，士马精妍。故能侈秦法，佚周令，划崇墉，刳浚洫，图修世以休命。是以板筑雉堞[7]之殷，井幹烽橹[8]之勤，格高五岳，袤广三坟[9]，崪若断岸，矗似长云。制磁石以御冲，糊赪壤以飞文[10]。观基扃之固护，将万祀而一君。出入三代，五百余载，竟瓜剖而豆分。

　　泽葵依井，荒葛罥涂。坛罗虺蜮[11]，阶斗麏鼯[12]。木魅山鬼，野鼠城狐。风嗥雨啸，昏见晨趋。饥鹰厉吻，寒鸱吓雏。伏虣藏虎，乳血飧肤[13]。崩榛[14]塞路，峥嵘古馗[15]。白杨早落，塞草前衰。棱棱霜气，蔌蔌风威。孤蓬自振，惊沙坐飞。灌莽杳而无际，丛薄纷其相依。通池[16]既已夷，峻隅[17]又以颓。直视千里外，唯见起黄埃。凝思寂听，心伤已摧。若夫藻扃黼帐[18]，歌堂舞阁之基，璇渊碧树[19]，弋林[20]钓渚之馆，吴蔡齐秦之声，鱼龙爵马之玩，皆薰歇烬灭，光沉响绝。东都妙姬，南国丽人，蕙心纨质，玉貌绛唇，莫不埋魂幽石，委骨穷尘，岂忆同舆[21]之愉乐，离宫[22]之苦辛哉？

　　天道如何，吞恨者多，抽琴命操[23]，为芜城之歌。歌曰：边风急兮城上寒，井径灭兮丘陇残[24]。千龄兮万代，共尽兮何言！

注 ① 泝迆（mǐ yǐ）：地势相连渐平貌。　② 苍梧：汉代郡名，治所在今广西梧州市。涨海：古海名，相当于我国南海至爪哇海一带。　③ 紫塞：指长城。雁门：

郡名，治所在今山西北部。 ④ 漕渠：此指古代邗沟，即今江苏江都至淮安的一段运河。 ⑤ 昆岗：又名昆仑岗、广陵岗，广陵城建置其上。 ⑥ 廛闬（chán hàn）扑地：居民房屋紧凑相连。廛，居民区。闬，里门。扑地，遍地。 ⑦ 板筑：古代筑墙，先在两块木板中间填上土，再夯结实，叫作板筑。雉堞：城上女墙。 ⑧ 井幹（hán）：井上木栏，此借喻城楼。烽橹：瞭望烽火的望楼。 ⑨ 三坟：指汝河、淮河、黄河三条河的流域。 ⑩“制磁石”句：《三辅黄图》：“阿房宫以磁石为门，怀刃者止之。”冲，突也。“糊赪壤”句：谓以红泥将城墙涂成彩色的纹饰。 ⑪ 虺蜮：（huǐ yù）：毒蛇和短狐。 ⑫ 阶斗麏鼯（jūn wú）：阶前麏和飞鼠在厮斗。麏：似鹿而小。 ⑬ 虣：古文“暴”字。“伏暴”不可通，或谓当依《说文》作“虓”，音“觅”，白虎也。乳血飧肤：以血为乳，以肉为飧。⑭ 崩榛：倒下的树木。榛，丛生的树木。 ⑮ 古馗（kuí）：古道。馗，同“逵”。⑯ 通池：城濠。 ⑰ 峻隅：高城。 ⑱ 藻扃（jiōng）：雕花的门。黼（fǔ）帐：绣花帐。 ⑲ 璇（xuán）渊：玉池。碧树：玉树。 ⑳ 弋林：射鸟的地方。㉑ 同舆：皇帝命后妃同车，表示宠爱。 ㉒ 离宫：皇帝的行宫，此指失宠后妃所居的冷宫。 ㉓ 抽琴命操：取琴作曲。 ㉔ 井径：田间小路。丘陇：坟墓。

芜城即广陵（今江苏扬州）。它作为淮左名都，从西汉初年吴王刘濞在此建都以来，地方经济有了发展。在南北朝初期，成为南北交通枢纽，最为富盛。但在宋文帝末，却在十年中间先后两次遭到严重破坏。先是元嘉二十七年（450）十二月，魏太武帝拓跋焘率军追击大败南逃的宋军，在回军路上，曾在广陵地区大肆屠戮：“丁壮者即加斩截，婴儿贯于槊上，盘舞以为戏。春燕归巢于林木。”（《资治通鉴·宋纪八》）接着是大明三年（459），宋孝武帝刘骏的弟弟竟陵王刘诞（时任南兖州刺史）据广陵反叛，刘骏派沈庆之领兵进攻。城破后，下诏广陵城中士民无大小，悉命杀之，经沈庆之请，五尺童子以下得以保全，其余男子皆死，丁壮被杀者有三千多人。不到十年，经过这两次战乱，广陵繁华荡尽，庐舍丘墟，凄惨荒凉。大明三年，鲍照正客江北，刘诞乱平不久，他即来到广陵。时创痕犹新，血迹尚在，他目睹惨状，悲从中来，感发而为《芜城赋》。因为重点是写荒凉了的广陵，所以称为芜城。这就是这篇赋的创作背景。全文可分为三段。

第一段，写广陵的地理形势，昔日的繁华以及城池的兴废。开头至“四会五达之庄”是这一段的第一层。广陵城深藏在纵横交会的江河关口之间，交通极为便利，四通八达的大道与各地相连。寥寥数语，就将这座名城的地理轮廓，简要地勾画了出来。从“当昔全盛之时”到“竟瓜剖而豆分”为这一段的第二层，描写广陵昔日的繁华以及城池的兴废。首句以“当昔全盛之时”领起，接着描绘广陵街市熙熙攘攘喧嚣热闹的情景。歌乐之声，响入云霄，一派都会的繁华景象。广陵的财力雄富天下，煮海为盐，开山采铜，是它的两大经济命脉。“故能”以下写城池的兴建。由于广陵物产丰饶，人才济济，客观条件相当优越。所以，城市的建置，超过了周、秦法令制度规定的规模，城墙坚实高大，城池既阔又深。从“是以”起，具体描绘广陵城的建造情形。城池建造得非常坚固，无怪乎一些君主以为可以子孙万代，长保富贵了。谁知从刘濞筑城算起，仅仅经过汉、魏、晋三代，不过五百余年，竟然崩颓毁坏得不成样子。末三句笔力遒劲，急转直下，既收束了上文，又自然地过渡到下文。

第二段写广陵昔日的繁华荡尽无遗。它和第一段的第二层紧相呼应。那里主要是从广陵的城市建置和市人的生活来描画广陵的繁华，这里则从这两方面来展现它的荒芜。从“泽葵依井”到“心伤已摧”是第一层，描绘作者登城时见到的荒凉残破的景象。他先连用二十个四字句，对荒城进行细致的描绘。井边长满青苔，道路爬满葛藤，坛堂庭院也都成为怪禽异兽的场所。特别是在风雨飘潇、黄昏凌晨的时候，更可以听到鬼怪狐鼠的凄厉叫声，看到它们频繁出没。还有各种鸟兽，在这里肆其所能，争夺食物。这儿的草木，早早地就干枯零落。寒气凛冽，冷风瑟瑟，蓬草在空中飘转，沙土四处飞扬。这块禽兽的乐园实在太荒凉了。接着则用六句总写广陵城池的颓坏陈废。草木丛生，无边无际；极目千里，只有尘土漫天飞扬。这种情景，令人伤心至极！从“若夫藻扃黼帐”到“离宫之苦辛哉”是第二层，写广陵盛时的豪华生活一去不复返。以“若夫”二字领起，既紧承上文，又有更进一层的意思。华丽堂皇的殿阁，精美豪奢的装饰，供娱乐的渔猎场所，荟萃在这里的各地音乐，百戏伎艺，一切都无影无踪，永远销声匿迹了。还有后宫里来自南北各地的佳人，花容月貌，聪慧伶俐，现在都一律被葬身于九泉之下。这一段在骈偶的基础上，参差变化较大。同时，作者在夸张描写之后，用“皆”“莫不”等字词，使所写的一切都囊括无遗，笔力饱满，淋漓尽致。

第三段，抒发作者的感慨。面对着荒芜的广陵，遥想它昔日的繁华，作者感到人世沧桑，反复无常，人们的主观愿望难以得到满足，多数只能含恨以终。他为此创作了《芜城之歌》。歌词极写广陵的隳废残破，人的凄凉悲怆的感觉，以及华屋山丘的慨叹，与前文“将万祀而一君”呼应。用几句诗来结束全文，是赋中常见的形式，作用多是抒发感慨。本文歌词的题目又为这篇赋点题，则不多见。

这篇赋作于广陵两次战乱以后，其“废池乔木”的荒凉景象是作者亲眼所见。它不是一般意义上的登临览胜吊古之作，而主要是一篇抚迹生悲、感事伤时的现实主义作品。何焯说此赋是针对刘骏剿杀刘诞的内乱，“照盖感事而赋也”（《义门读书记》）。近代的林纾也说：“文不敢斥言世祖（刘骏）之夷戮无辜，亦不言竟陵（刘诞）之肇乱，入手言广陵形胜及其繁盛，后乃写其凋敝衰飒之形，俯仰苍茫，满目悲凉之状溢于纸上，真足以惊心动魄矣。”（《林纾评点古文辞类纂》）都指出了这一点。广陵在当时是江北重镇，它的盛衰可说是国家兴亡的缩影。痛惜它的衰落，无疑寄寓着作者对国家前途命运的深刻隐忧，这就是此赋的主旨所在。

《芜城赋》是一篇历来传诵的名作。此赋的艺术特色首先是对比手法的运用。赋的作意是痛惜广陵的荒凉残破，但并未直接落笔，而是先描绘一番昔日“全盛之时”的繁盛情形，为下文写荒芜蓄势，然后提笔一转，折到写当今上来。这样，一盛一衰的两种情景紧紧扣合，形成强烈的对照。清人许梿说：“从盛时极力说入，总为‘芜’字张本，如此方有势有力。”（《六朝文絜笺注》）可说是深有会心，十分精到的评论。此外，第二段极力夸张形容昔日的统治者豪华奢侈的生活，而以“皆薰歇烬灭，光沉响绝”，“莫不埋魂幽石，委骨穷尘”等语一一给予全盘抹倒，昔盛今衰的对比效果也是很强烈的。

夸张手法的运用是此赋的又一特色。赋中写盛时“车挂轊，人驾肩，廛闬扑地，歌吹沸天”；衰时“白杨早落，塞草前衰”，“直视千里外，唯见起黄埃”等很多句子，无不都是极尽夸张形容之能事的。清人姚鼐说：“驱迈苍凉之气，惊心动魄之辞，皆赋家之绝境也。”（《古文辞类纂》）他是体会到了这一点的。文中的极意夸张，将盛衰之间的悬殊拉大到了顶点，因而使得对比效果达到了极致。所以，赋中的对比和夸张紧密结合，夸张又是为对比服务的。

借景抒情，情景交炼，也是此赋的艺术特色。不管是写广陵的繁盛还是它的衰落，作者都是以饱含着感情的笔调写的。他不仅善于将描绘景色和直接抒情相配合，而且善于在行文中选炼恰当的字词，以加强感情色彩的表达。如“观基扃之固护，将万祀而一君”，“竟瓜剖而豆分”，“直视千里外，唯见起黄埃”，“岂忆同舆之愉乐，离宫之苦辛哉”，等等，都是这样的例子。另外，作者在命题立意上也颇具匠心。文中的一切描写莫不是为了表现一个“芜”字，而它又处处切合“城”字，没有一点多余的笔墨，十分精警洗练。正是因为鲍照这篇赋太出名了，后人竟以“芜城”作为广陵的别称。获得如此巨大成功的作品，在文学史上是不多见的。（李廷先　王锡九）

月　赋　　谢　庄

陈王初丧应、刘[1]，端忧多暇。绿苔生阁，芳尘凝榭。悄焉疚怀[2]，不怡中夜。乃清兰路，肃桂苑；腾吹[3]寒山，弭盖秋阪[4]。临浚壑而怨遥，登崇岫而伤远。于时斜汉左界[5]，北陆南躔[6]；白露暧[7]空，素月流天。沉吟齐章[8]，殷勤陈篇[9]。抽毫进牍，以命仲宣[10]。

仲宣跪而称曰：“臣东鄙幽介[11]，长自丘樊[12]，昧道懵学，孤奉明恩。

“臣闻沉潜既义，高明既经[13]，日以阳德，月以阴灵[14]。擅扶光于东沼[15]，嗣若英于西冥[16]。引玄兔于帝台[17]，集素娥于后庭[18]。朒朓[19]警阙，朏魄示冲[20]。顺辰通烛，从星泽风[21]。增华台室[22]，扬采轩宫[23]。委照而吴业昌，沦精而汉道融[24]。

“若夫气霁地表，云敛天末；洞庭始波，木叶微脱。菊散芳于山椒，雁流哀于江濑[25]。升清质[26]之悠悠，降澄辉之蔼蔼。列宿[27]掩缛，长河[28]韬映；柔祇[29]雪凝，圆灵[30]水镜；连观霜缟[31]，周除冰净[32]。君王乃厌晨欢，乐宵宴；收妙舞，弛清县[33]；去烛房，即月殿；芳酒登[34]，鸣琴荐[35]。

“若乃凉夜自凄，风篁[36]成韵。亲懿[37]莫从，羁孤递进[38]。聆皋禽之夕闻[39]，听朔管之秋引[40]。于是丝桐练响[41]，音容选和[42]；徘徊《房露》，惆怅《阳阿》[43]。声林虚籁[44]，沦池灭波[45]。情纡轸[46]其何托？愬[47]皓月而长歌。

“歌曰：‘美人迈[48]兮音尘阙，隔千里兮共明月。临风叹兮将焉歇？川路长兮不可越。’歌响未终，余景就毕，满堂变容，回遑[49]如失。又称[50]歌曰：‘月既没兮露欲晞[51]，岁方晏[52]兮无与归；佳期可以还，微霜沾人衣。’”

陈王曰："善。"乃命执事[53]，献寿羞璧[54]。"敬佩玉音[55]，复之无斁[56]。"

注 ① 陈王：指曹植，曹操之子。兄丕代汉为魏帝，封植为陈王。应、刘：指应玚、刘桢，与王粲等七人被后人称为建安七子，都是曹植的朋友。作者假设这时应、刘二人刚去世不久，曹植闲居抑郁。 ② 悄焉：忧愁貌。疚怀：伤心。③ 腾吹：奏乐。吹，管乐。 ④ 弭：停止。盖：指车。阪：山坡。 ⑤ 汉：银汉，银河。左界：东方。古人坐北朝南，左为东方。 ⑥ 北陆：星名，二十八宿之一，位在北方。躔（chán）：太阳的运行。夏至太阳偏北，冬至太阳偏南。北陆南躔是说太阳已从北边向南运行。这是秋冬之际的天象。 ⑦ 暧：浓云遮蔽貌。⑧ 齐章：指《诗经·齐风》中吟咏明月的"东方之月兮"。 ⑨ 殷勤：反复吟诵。陈篇：指《诗经·陈风》中描写月光的《月出》。 ⑩ 仲宣：王粲字。⑪ 鄙：偏边的地方。王粲是山阳高平（今山东邹城）人，故自称东鄙之人。幽：幽暗。介：孤独。 ⑫ 丘樊：山林。 ⑬"沉潜"二句：沉潜，指地。高明，指天。义、经，意为按照自然规律形成。此处把天经地义拆成两句，是说天地按其规律形成以后。 ⑭"日以"二句：古人认为，太阳属阳性，月亮属阴性，各自以其属性，显示品格。 ⑮ 擅：拥有。扶：扶桑，神话中日出之处。东沼：指东海。 ⑯ 若英：若木的花。若木在神话中为日落之处。冥：幽谷。 ⑰ 玄兔：黑兔，神话认为月中有兔。帝：天帝。 ⑱ 素娥：嫦娥。后庭：帝王的宫廷。⑲ 朒（nǜ）：古人称夏历月初月亮在东方出现为朒。朓（tiǎo）：古人称夏历月底月亮在西方出现为朓。 ⑳ 朏（fěi）魄：新月的光亮。冲：谦冲。 ㉑"顺辰"二句：辰，十二时辰。通烛，照耀天下。泽，雨水。古人认为月与某些星相遇，即兆示风雨的来临。 ㉒ 增华：指月光照耀。台室：三台星座。 ㉓ 扬采：指月光照耀。轩宫：轩辕星座。 ㉔"委照"二句：委，这里意为投射。照，光照，指月光。吴业，三国时东吴的帝业。传说东吴时，吴氏梦月入怀，而生开创帝业的孙策。沦，指月光照射。精，光彩，指月亮。西汉时，有李氏女因梦月入怀，而生西汉元帝皇后。融，昌明。这两句是说月神显灵，能生女成为皇后，生子创建大业。 ㉕ 山椒：山顶。濑（lài）：流过沙石上的急水。 ㉖ 清质：月亮清美的姿容。 ㉗ 列宿（xiù）：众多的星座。 ㉘ 长河：指银河。 ㉙ 柔祇（qí）：指地。祇，地神。 ㉚ 圆灵：圆的神灵，指天。古人认为天是圆的。 ㉛ 观（guàn）：高大华丽的楼台。连观：一排排楼台。 ㉜ 除：台阶。冰净：冰一样明净。 ㉝ 弛：停止。县：通"悬"。古代的打击乐器均悬挂于支架上，如编钟。清县：指清妙的音乐。 ㉞ 登：进，送上。 ㉟ 荐：奉献，指弹琴。 ㊱ 风篁：风吹竹林。 ㊲ 亲懿：犹"懿亲"，至亲。 ㊳ 羁孤：羁旅孤客。递进：接踵而至。 ㊴ 皋禽：鹤。闻：传扬。《诗经·小雅·鹤鸣》："鹤鸣于九皋，声闻于野。" ㊵ 朔管：羌笛，泛指北方少数民族所用的乐器。秋引：秋天凄怆的曲调。㊶ 丝桐：指琴。琴以丝为弦，以桐木作身。练：选定。响：指曲调。 ㊷ 音容：指琴曲的风格。和：指风格和谐。 ㊸《房露》《阳阿》：均为古曲名。徘徊、惆怅：形容人们为幽怨怅惘的乐曲所感动。 ㊹ 声林：风声作响的树林。籁：自然的声音。　㊺ 沦池：泛起涟漪的池水。　㊻ 纡轸（yū zhěn）：深愁隐痛。　㊼ 愬(sù)：同“诉”。　㊽ 迈：远。　㊾ 回遑：彷徨。　㊿ 称：吟唱。　(51) 晞(xī)：干。　(52) 晏：晚。　(53) 执事：办事人员，指仆从之类。　(54) 献寿：向人献礼祝寿。羞：进献。璧：平圆形，中心有孔的玉器。　(55) 玉音：优美珍贵的言辞，指王粲描写赞美月光的话。　(56) 复：反复吟诵。斁（yì）：厌倦。

汉梁孝王兔园里的文人和建安时代的邺下七子，是赋史上两个引人注目的创作群体，他们的流风遗韵给后人留下了深刻的印象。谢庄在《月赋》中假设“初丧应（玚）、刘（桢）”的陈王曹植与王粲等人赏月吟诗的故事，正如谢惠连在《雪赋》中虚构梁孝王与邹阳、枚乘、司马相如等人置酒赋雪一样，表露了后代赋家对前辈的文采风流的歆羡之情。当然，更直接也是更主要的，这些虚构的人物故事起着贯穿和结构全文的作用。

在一般人的眼里，谢庄的《月赋》都被看作是一篇抒情小赋。而实际上，它是一篇叙事赋兼抒情赋。更准确地说，它是通过虚构曹植与王粲等赏月吟诗的故事情节，借以展开对月光的清丽以及沐浴在月光当中的人们的情思的描写，在叙事中透出怨遥伤远之意，使叙事与抒情二者巧妙地融合起来。这可以说是《月赋》构思布局的奇巧之处，也正是其结构形式上的特点之一。从总体上看，叙事是表，抒情是里；叙事是宾，抒情是主；叙事是骨干，而抒情是血肉；叙事是形式，而抒情是目的。在这个意义上说，《月赋》确是一篇抒情赋。

《月赋》清雅秀美，这种风格显然适合赋中所描绘的秋月景象。另一方面，这种风格的形成，又与作者所采取的特殊的视角和手法有关。《月赋》是赋史上第一篇专门写月的赋作，在此前的诗赋作品中，或局部，或全体，或片断，或通篇，描摹月夜、月色、月景的篇什已不罕见，要想出奇制胜，后来居上，并不是一件容易的事。谢庄大胆地接受了文学史提出的挑战，他在状写月光时，遗貌取神，即不拘泥于描写月的形状、月光、色彩，而着力作侧面的摹绘、景物的烘托和气氛的渲染。“若夫气霁地表，云敛天末；洞庭始波，木叶微脱。菊散芳于山椒，雁流哀于江濑”六句，写晴朗的地表，澄澈的天际，洞庭的微波，秋叶的零落，菊花的芬芳，流雁的哀鸣，似乎远离月的主题，实际上都为月轮升空起到了铺垫、衬托的作用。其中“洞庭始波，木叶微脱”二句，化用屈原《九歌·湘夫人》“洞庭波兮木叶下”语意，而笔触更见细腻。接下来数句，写皎洁的月光，所用笔法相似。“列宿掩缛，长河韬映；柔祇雪凝，圆灵水镜；连观霜缟，周除冰净”六句，都是从侧面或对面落笔的，用笔极力追求轻灵流丽。如果我们对比一下赋中的第三、四两段，就会发现：第三段写月，多穿插神话、典故以及历史传说，显得比较质实；而第四段就显得空灵多了。清人许梿评《月赋》“无一字说月，却无一字非月，清空澈骨，穆然可怀”（《六朝文絜》），主要也就是针对这一段而言的。第三段中穿插典故及神话传说，这在骈赋中是很常见的；而且，在深化月的历史背景，展示其文化意味方面，这一段也与赋的其他部分有机地联系起来了。

在营造秋月的意境上，《月赋》的手法是相当经济而高妙的。句式以骈为主，而杂以散句，显得整齐而有变化。在词汇的使用上，尽量选择那些色彩比较柔和、声音比较浏亮、含意比较准确的字和词来造句遣词，展开细腻的描绘。例如，“洞庭始波，木叶微脱”，就属于色彩比较柔和的一类；“悠悠”“蔼蔼”等，属于声音比较浏亮的一类；“散芳”“流哀”等，属于含意比较准确的一类。诸如此类，都体现了作者的匠心。

这篇赋写月神采飞动，用笔柔和细腻，风格柔美清澄，读来诗意盎然。而这种诗意，更集中体现在篇末所系的两首歌诗中。赋中系诗滥觞自《楚辞》中的乱辞，但一篇赋中系以二诗的并不多见。《月赋》中篇末的两首歌诗，一首歌咏明月，一首歌咏落月，感叹岁月流逝，再致怨遥伤远之意，情思绵邈，韵味悠永；既总结全篇，又与篇首“沉吟齐章，殷勤陈篇”相呼应，反映了此赋结构的精巧完整，并昭示南朝赋风在总体上走向诗化的大趋势。（程千帆　程章灿）

北山移文　　孔稚珪

钟山之英，草堂之灵，驰烟驿路，勒移山庭。夫以耿介拔俗之标，潇洒出尘之想，度白雪以方洁，干青云而直上，吾方知之矣。若其亭亭物表，皎皎霞外，芥千金而不眄，屣万乘其如脱，闻凤吹于洛浦[①]，值薪歌于延濑[②]，固亦有焉。岂期终始参差，苍黄翻覆，泪翟子之悲，恸朱公之哭[③]，乍回迹以心染，或先贞而后黩，何其谬哉！呜呼！尚生不存，仲氏既往[④]，山阿寂寥，千载谁赏！

世有周子，隽俗之士，既文既博，亦玄亦史。然而学遁东鲁，习隐南郭[5]，偶吹草堂，滥巾北岳，诱我松桂，欺我云壑，虽假容于江皋，乃缨情于好爵。其始至也，将欲排巢父，拉许由，傲百氏，蔑王侯。风情张日，霜气横秋。或叹幽人长往，或怨王孙不游[6]。谈空空于释部[7]，核玄玄于道流[8]。务光何足比，涓子不能俦[9]。及其鸣驺入谷，鹤书赴陇，形驰魄散，志变神动。尔乃眉轩席次，袂耸筵上，焚芰制而裂荷衣[10]，抗尘容而走俗状。风云凄其带愤，石泉咽而下怆，望林峦而有失，顾草木而如丧。

至其纽金章，绾墨绶，跨属城之雄，冠百里之首。张英风于海甸，驰妙誉于浙右。道帙长殡，法筵久埋。敲扑喧嚣犯其虑，牒诉倥偬装其怀。琴歌既断，酒赋无续。常绸缪于结课，每纷纶于折狱。笼张、赵于往图，架卓、鲁于前箓[11]，希踪三辅豪，驰声九州牧[12]。

使我高霞孤映，明月独举，青松落[13]阴，白云谁侣？涧户摧绝无与归，石径荒凉徒延伫。至于还飙入幕，写雾出楹，蕙帐空兮夜鹄怨，山人去兮晓猿惊。昔闻投簪逸海岸，今见解兰缚尘缨。于是南岳献嘲，北垄腾笑，列壑争讥，攒峰竦诮。慨游子之我欺，悲无人以赴吊。故其林惭无尽，涧愧不歇，秋桂遗风，春萝罢月，骋西山之逸议，驰东皋之素谒。

今又促装下邑，浪栧上京，虽情投于魏阙，或假步于山扃。岂可使芳杜厚颜，薜荔无耻，碧岭再辱，丹崖重滓，尘游躅于蕙路，污渌池以洗耳。宜扃岫幌，掩云关，敛轻雾，藏鸣湍，截来辕于谷口，杜妄辔于郊端。于是丛条瞋胆，叠颖怒魄，或飞柯以折轮，乍低枝而扫迹。请回俗士驾，为君谢逋客[14]！

注 ①“闻凤吹”句:《列仙传》:“王子乔，周灵王太子晋也。好吹笙作凤鸣，常游于伊、洛之间。” ②“值薪歌”句:《文选·北山移文》吕向注:“苏门先生游于延濑，见一人采薪，谓之曰：‘子以终此乎?’采薪人曰：‘吾闻圣人无怀，以道德为心，何怪乎而为哀也。’遂为歌二章而去。” ③“泪翟子”二句:《淮南子·说林训》:“杨子见歧路而哭之，为其可以南可以北。墨子见练丝而泣之，为其可以黄可以黑。”翟子，墨翟。朱公，杨朱。 ④“尚生”二句:《后汉书·逸民·向长传》:“向长字子平（注:“《高士传》‘向’字作‘尚’。”）河内朝歌人也。隐居不仕。……建武中，男女娶嫁既毕，敕断家事，勿相关当，如我死也。于是遂肆意与同好北海禽庆，俱游五岳名山，竟不知所终。”仲氏，《后汉书·仲长统传》:“仲长统字公理，山阳高平人也。……每州郡命召，辄称疾不就。常以为凡游帝王者，欲以立身扬名耳。而名不常存，人生易灭，优游偃仰，可以自娱。欲卜居清旷，以乐其志。" ⑤ 学遁东鲁：《庄子·让王》："鲁君闻颜阖得道之人也，使人以币先焉。颜阖守陋闾，苴布之衣而自饭牛。鲁君之使者至，颜阖自对之。使者曰：'此颜阖之家与？'颜阖对曰：'此阖之家也。'使者致币，颜阖对曰：'恐听谬而遗使者罪，不若审之。'使者还，反审之，复来求之，则不得已。故若颜阖者，真恶富贵也。"习隐南郭：《庄子·齐物论》："南郭子綦隐几而坐，仰天而嘘，嗒焉似丧其耦。"文中所谓"学遁""习隐"，是说周子只是学习隐遁者的姿态。 ⑥ 王孙：指隐士。《楚辞·招隐士》："王孙游兮不归，春草生兮萋萋。" ⑦ 空空：佛教般若学说，认为一切皆空。空是假名，假名亦空，故称空空。《大智度论》卷四六："何等为空空？一切法空，是空亦空，非常非灭故。"释部：佛家典籍。 ⑧ 玄玄：《老子》："玄之又玄，众妙之门。"道家用以形容"道"的深远微妙。道流：道家。 ⑨ 务光：《列仙传》："务光者，夏时人也。殷汤伐桀，因光而谋，光曰：'非吾事也。'汤得天下，已而让光，光遂负石沉窾水而自匿。"涓子：《列仙传》："涓子者，齐人也。好饵术，隐于宕山。" ⑩ 芰制、荷衣：屈原《离骚》："制芰荷以为衣兮，集芙蓉以为裳。"此指隐士的衣服。⑪ 张：西汉张敞，拜胶东相，有治绩，擢守京兆尹。赵：西汉赵广汉，为阳翟令，以治行尤异，迁京辅都尉，守京兆尹。卓：东汉卓茂，为密县令，人纳其训，吏怀其恩，数年教化大行，道不拾遗。鲁：东汉鲁恭，拜中牟令，专以德化为治，不任刑罚。笼：笼盖。往图：过去的记载。架：同"驾"，超越。箓：簿籍。⑫ 三辅：汉代称京兆尹、左冯翊、右扶风为三辅。三辅豪，治理三辅的能吏。九州牧：天下各处的地方长官。 ⑬ 落：遗留、剩余。 ⑭ 谢：辞绝。逋客：逃亡者，指周子，谓其从退隐的山林中逃亡。

《北山移文》是南朝骈文中的一篇名作。北山，即钟山，因在建康城（南朝京都，今江苏南京市）北，故名。移文，古代官府文书的一种，旨在晓喻或责备对方。本篇借用这一文体，假托北山山灵口吻，对周颙表面爱好栖隐、实际贪求官位的行为予以揭露和鞭挞。文中的周子，是指当时著名文人周颙。《文选》吕向注说：周颙初隐居钟山，"后应诏出为海盐县令，欲却过此山。孔生（孔稚珪）乃假山灵之意移之，使不许得至"。但考《南齐书·周颙传》，颙曾为剡令、山阴县令，未尝为海盐县令；一生仕宦不绝，未尝有隐而复出之事。他在钟山立隐舍，系在中央朝廷任职时供假日休憩之用。吕向之说，与正史记载不合，不足凭信。本文实际是一篇游戏文章，故其中所言不一定合于事实。魏晋南北朝时代，游戏文学颇为发达，作品众多，故《文心雕龙》有《谐隐》专篇着重论述这类文章。孔稚珪与周颙均在朝廷任职，又都擅长文学，是文酒之交。孔稚珪为人富有风趣。本文就是作者在当时游戏文学发达的历史背景下，借用移文这一形式，和朋友开开玩笑的。

文章首段一开始指出：钟山和周子所居草堂的神灵，为了谴责周子的行为，刻这篇移文于山庭。接着以对照手法，描写世间有真假两种隐士。真隐士为人耿介有节操，超脱世俗，与白雪青云比高洁，视千金之重为草芥，万乘之尊如敝屣。假隐士则是不能始终如一，反复无常，其心被利禄所染，不能保持节操。如果墨翟、杨朱看到他们的所作所为，一定会悲痛哭泣。作者慨叹像尚子平、仲长统这样高洁之士已经不在，世间真隐士少假隐士多，致使美丽的山林非常寂寥，长期无人赏识。描写两种隐士，主旨是揭露批评假隐士的反复无常，为下文直接描写周子作张本。写真隐士的高洁和蔑视爵禄，是作为一种陪衬，对照出假隐士的虚伪和庸俗。全段富于抒情气息。开头“钟山之英”四句，运用短促的四字句，语调沉重，仿佛透露着钟山和草堂英灵的愤怒情绪。下面具体描写中，穿插了“吾方知之矣”，“固亦有焉”，“何其谬哉”等感叹语句，逐步渲染着赞美真隐士，批评假隐士的感情。又结以“尚生不存”四句，把这种感情引到了高峰。

第二段描写周子由隐居而出山。周子博学能文，不失为流俗中特出的士人。他学习隐居，表面装得像隐遁东鲁的颜阖和南郭子綦那样，过着清贫的生活。他带着隐士头巾居于北山草堂，欺骗山中的松桂云壑，实际内心牵挂爵禄。他初至北山时，气概不可一世，把古代著名隐士巢父、许由以至百家名士、王公大人等都不放在眼里，还慨叹没有幽人佳士与之作伴。他在草堂谈玄讲佛，议论风生，其风度连古代隐士务光、涓子都不能比拟。可是，当朝廷使者带着征召文书，乘着车马来到山中时，周子为之“形驰魄散，志变神动”，立刻显现假隐士的原形。他高兴得在席间筵上眉目飞扬，衣袖耸举，很快撕毁了隐士服装，露出一副尘俗之相。接着作者以拟人化手法，写山中风云、泉石、林峦、草木等目击周子变节行为，为之愤怒凄怆，若有所失。本文长于夸张手法，中间两段尤为突出。本段写周子隐居时的昂扬意气，写他准备应诏出山时的庸俗神态和行为，写山中景物的悲愤感情，都出以夸张的笔墨，形象鲜明生动。

第三段写周子出山做官和北山寂寥蒙耻的情状。周子接受朝廷委任，佩带了官员所用的铜印和黑色绶带，在海滨地区浙右绍兴一带做方圆约百里大的一县之长（周颙曾为山阴令、剡令），名声很响。他平时忙于听取诉讼、决断案子、惩办犯人、考核官吏等公务，隐居时的那种谈玄讲佛、弹琴唱歌、饮酒赋诗的风雅韵事一概抛弃了。周子做官很有政绩，几欲凌驾汉代张敞、赵广汉、卓茂、鲁恭等那些著名地方官吏之上。在周子忙于公务的同时，北山却是非常凄清冷落。高霞、明月等美景，无人作伴；涧户石径，无人憩息；山中一片寂寥，徒闻夜鹄悲鸣，晓猿惊啸。北山出了个“解兰缚尘缨”的假隐士，于是附近的南岳、北垄等都加以讥诮，使北山蒙垢含耻，惭愧非常，山中秋桂春萝，对着风月良辰，也是心情沉重而不能舒展。这一段和上一段一样，也运用了夸张手法，写得具体生动。下半写北山凄凉和蒙耻部分，尤觉语言精警，色彩鲜明，富有诗情画意。相传宋代王安石诵此篇，特别赏爱“使我高霞孤映”四句，认为奇绝，是很有见地的。从结构上说，下半写北山的蒙垢含耻和凄凉怨愤，为末段拒绝周子再度来临作好了铺垫。

末段写北山担心周子重来，决心挡驾，点明了移文的主旨。周子从地方进京，可能要重来北山游憩，这样将使山中芳草、崖岭等再度受辱。北山英灵决定闭山门，藏美景，在谷口郊端截住周子的车马，不让他入山。在山神的意志感召下，山中丛丛草树，怒气填膺，决心回俗士之车，谢绝离山出仕的逋逃客。本段写得虎虎有生气，充分表达了北山的愤怒心情和断然行动。结尾“请回俗士驾”两句，义正辞严，笔力劲健，与开头“钟山之英”四句互相呼应，有力地点明了写作这篇移文的主旨。

六朝时代，由于老庄出世思想流行，贵族文人们在江南秀丽的山林环境中，往往爱好过隐居生活；但他们又不免贪恋官爵和荣华富贵。这种退隐与出仕的矛盾，在一部分文学作品中也有所反映。《文心雕龙·情采》所谓“志深轩冕，而泛咏皋壤”，就是批评当时文人那种心爱官爵而又吟咏山林之乐的虚假文风。如上所述，本篇虽是作者对友人开开玩笑的游戏文章，但在客观上反映了当时一部分文人醉心做官、言行不一的精神面貌，具有一定的认识意义。

本文的艺术成就很高。它写人写景，善于运用艳丽多姿的语言，描绘得形象鲜明生动，富有感染力。写真隐士，是度白雪、干青云、芥千金、屣万乘，其高洁之态跃然纸上。写周子的行为神态，更为具体生动。例如“形驰魄散”以下，只短短六句，就使热衷功名富贵的假隐士原形毕露。文中用拟人法写山林景色和情绪，尤觉绚烂多姿。写怨愤则是“风云凄其带愤”等，写凄清则是“高霞孤映”等，写惭愧则是“林惭无尽”等，无不色彩缤纷，耀人眼目。在刻画人物、景物时，除多用夸张笔墨外，还善于运用对比手法。第一段以真隐士与假隐士对比，显示出假隐士的可鄙。第二段以周子原先的意气和接受征聘时的举动对比，显示出周子的庸俗虚伪。第三段以周子的得意热闹和北山的失意凄凉对比，显示出周子的负心。这样对比来写，更加突出了周子作为假隐士的丑恶面目，达到了谴责对方的目的。

全文富于抒情气味。它构思奇巧，假托山灵口吻抒写，把山中山峦草木等都拟人化，便于抒发种种感情。再穿插了“涧户摧绝无与归”，“蕙帐空兮夜鹄怨”等类似七言诗的句子，更显得诗味浓郁。本文运用辞赋体裁，除句尾押韵外，还注意句中平仄协调，音韵铿锵。无论是意境或语言，都使人如读一篇优美的抒情诗。

南朝骈文流行，本文也采用骈体，除重视辞藻、用典外，特别注意对偶的工巧。全文用了许多四言句、六言句（这是骈文最常用的句式），对偶整齐工致。此外更穿插运用了若干三言、五言、七言句；除对偶句外，还穿插了少数散句。这样就使文章于整齐中具有流动的韵致，避免了一般骈文容易发生的呆板之病。短句节奏较紧促，长句较舒缓，交错使用，宜于表现不同的情景和感情。例如“将欲排巢父，拉许由，傲百氏，蔑王侯。风情张日，霜气横秋”诸句，句短而语气紧急，很好表现了周子的高昂气概。又如“蕙帐空兮夜鹄怨，山人去兮晓猿惊。昔闻投簪逸海岸，今见解兰缚尘缨”诸句，句长而语气舒缓摇曳，很好表现了北山哀怨怅惘之情。

《北山移文》卓越的艺术成就，标志着南朝骈文艺术达到了高峰。

（王运熙　施绍文）

恨　赋

江　淹

试望平原，蔓草萦骨，拱木敛魂。人生到此，天道宁论！于是仆本恨人，心惊不已，直念古者，伏恨而死。

至如秦帝按剑，诸侯西驰，削平天下，同文共规[①]。华山为城，紫渊为池[②]。雄图既溢，武力未毕。方驾鼋鼍以为梁，巡海右以送日[③]。一旦魂断，宫车晚出[④]。

若乃赵王既虏，迁于房陵[5]。薄暮心动，昧旦神兴。别艳姬与美女，丧金舆及玉乘。置酒欲饮，悲来填膺，千秋万岁，为怨难胜。

至如李陵降北，名辱身冤，拔剑击柱，吊影惭魂。情往上郡，心留雁门[6]。裂帛系书[7]，誓还汉恩。朝露溘至[8]，握手何言！

若夫明妃去时，仰天太息。紫台[9]稍远，关山无极。摇风忽起，白日西匿。陇雁少飞，代云寡色。望君王兮何期，终芜绝兮异域。

至乃敬通见抵[10]，罢归田里。闭关却扫，塞门不仕。左对孺人，顾弄稚子。脱略公卿，跌宕文史。赍志没地，长怀无已。

及夫中散下狱，神气激扬。浊醪夕引，素琴晨张。秋日萧索，浮云无光。郁青霞之奇意，入修夜之不旸[11]。

或有孤臣危涕，孽子坠心[12]。迁客海上，流戍陇阴。此人但闻悲风汩起，血下沾衿；亦复含酸茹叹，销落湮沉。

若乃骑叠迹，车屯轨；黄尘匝地，歌吹四起。无不烟断火绝，闭骨泉里。

已矣哉！春草暮兮秋风惊，秋风罢兮春草生。绮罗毕兮池馆尽，琴瑟灭兮丘垄平。自古皆有死，莫不饮恨而吞声！

注 ① 同文共规：统一文字和制度。《史记·秦始皇本纪》：秦始皇统一天下后，“一法度衡石丈尺，车同轨，书同文字”。 ②“华山”二句：华山，在陕西东部。贾谊《过秦论》：“践华为城，因河为池。”紫渊，水名。司马相如《上林赋》：“独不闻天子之上林乎？左苍梧，右西极，丹水更其南，紫渊径其北。” ③“方驾”二句：鼋，大鳖。鼍，扬子鳄。梁，桥。李善注引《纪年》：“周穆王三十七年，大起九师，东至于九江，叱鼋鼍以为梁。”海右，右，西；古人设想有西海。《列子·周穆王》记穆王驾八骏马，至昆仑山，见西王母，西观日之所入。此两句言秦始皇雄图未已，继续扩展。 ④ 宫车晚出：古代臣子不便直言皇帝死亡，因以宫车晚出代指。《史记·范雎列传》：“宫车一日晏驾。”《集解》引韦昭曰：“凡初崩为晏驾者，臣子之心犹谓宫车当驾而晚出。” ⑤ 房陵：今湖北房县。⑥ 上郡、雁门：皆汉北方郡名。上郡治所在肤施（今陕西榆林东南）。雁门郡治所在善元（今山西右玉南）。 ⑦ 裂帛系书：原为苏武故事，作者移用于李陵。苏武出使匈奴被扣，牧羊北海上十九年。昭帝即位，匈奴与汉和亲。汉使至匈奴，原苏武属吏常惠夜见汉使，“教使者谓单于，言天子射上林中得雁，足有系帛书，言武等在某泽中”。使者据以责问单于，苏武因得以回国。见《汉书·苏建传》附《苏武传》。 ⑧ 朝露溘至：《汉书·苏武传》：李陵谓苏武曰：“人生如朝露，何久自苦如此？”颜师古注：“朝露见日则晞（干燥），人命短促亦如之。”溘，忽然。 ⑨ 紫台：即紫宫，皇帝所居。杜甫《咏怀古迹》之三咏王昭君事：“一去紫台连朔漠。” ⑩敬通：即冯衍，京兆杜陵（今陕西西安市东南）人。初从更始帝刘玄起兵，后归光武帝，为曲阳令，迁司隶从事。衍有谋略，善辞赋，常遭权臣谗毁。后以交通外戚免官。“西归故郡，闭门自保，不敢复与亲故通”（《后汉书》本传）。见抵：被排挤。 ⑪青霞之奇意：犹青云之奇志，谓其志高。入修夜之不旸：修夜，长夜。旸，明。此句意指死亡。《汉书·外戚传》载汉武帝所作李夫人赋：“释舆马于山椒兮，奄修夜之不阳。” ⑫“孤臣”二句：孤臣，失势疏远的臣子。孽子，贱妾所生的庶子。《孟子·尽心上》：“独孤臣孽子，其操心也危，其虑患也深。”李善注引《字林》曰：“心当云危，涕当云坠。江氏爱奇，故互文以见义。”

不知有多少人，曾对彩虹般的一生，许下过种种美好的期愿。而当大限来临，不得不向如烟的往事投去最后一瞥时，又有谁能平静地告慰自己，这一生已诸愿皆了，无愧无怨？在江淹看来，人生的哲学大约就是这样：不仅充满了“黯然销魂”的别离，而且总要带给人们抱恨终身的余痛。否则，为什么他要在《别赋》之外，又作此弥漫着不尽“恨”意的奇赋？

这人生之“恨”，平时往往隐藏不露；非要等到饮泣吞声、命捐梦断的刹那，才会以惊心折骨的力度，震荡每一个衔恨离世的魂魄。《恨赋》正是抓住这一特点，开篇即在读者眼前，猛然展开了平原上“蔓草萦骨，拱木敛魂”的累累坟茔。此刻，这里再没有烂漫的野花，也落尽了翩飞的枯叶，只剩下一切繁嚣过后的死一般沉寂。但经了作者一笔“直念古者，伏恨而死”的堕泪叩问，你不分明听到了，那冷月照耀下的每一座坟垅，都振响起了千古幽魂含恨地下的凄凄号嗟？由此引出下文对不同身份的古人的“恨”事铺叙，便造出了一种幽魂隐现、史事缥缈的奇异氛围。

首先涌现的是雄心勃勃的天下征服者嬴政。文中仅以“秦帝按剑，诸侯西驰”八字，就将他的威严和功业，表现得气势非凡。当他“削平天下，同文共规”，建立起从未有过的大一统帝国时，以往的五帝三王，谁不在他的光芒笼盖之下？当他充满信心地预言大秦的天下，将二世、三世至于万世时，谁又会想到他竟也有征服不了的对手——死亡？令他自豪的万里长城，阻拦过匈奴的铁骑，却阻拦不住生命的流逝。不管他有着怎样的抱负和雄心，也不管他怎样虔诚地访道求仙，死神还是冲破了他的禁闼。文中在大笔渲染秦皇“驾鼋鼍”“巡海右”的壮盛场面后，便折笔倒澜，推出他“一旦魂断，宫车晚出”的溘然死亡。这便是作者用横扫六合式的雄劲笔力，所抒写的不能长享天下的帝王之“恨”。

足以与帝王之恨相并的，还有凡庸之主的失国之恨。文中紧接着涌出的，正是那位被秦皇夺了江山的赵王迁。他失却了往昔那“艳姬与美女”“金舆及玉乘”的繁华，被流放到房陵，思念故国，作《山水之讴》，使闻之者也都流涕痛哭（见《淮南子·泰族训》）。其思、其恨，竟也如滚滚而去的江水，“千秋万岁”哀咽不尽了！

昏黄的月色中，也还可见到叱咤武将的身影逡巡，也还可听到绝域孤女的凄怆咽泣。那便是武帝时代被俘匈奴的李陵，和元帝时代远嫁塞外的明妃（王昭君）。一位曾经志在“经万里兮度沙漠，为君将兮奋匈奴”（李陵《别歌》）的国士，终于兵败名隤，沦为屈身事敌的降臣，心中的耻辱和痛苦，显然是难以言传的。所以，作者抒写李陵的遗恨，笔墨也极为苍凉。读者从“拔剑击柱，吊影惭魂”，“朝露溘至，握手何言”数句中所感受到的，不正是一种冤辱不洗、于国有愧，直到死去也难可告语的无言之恨么？抒写明妃之恨，笔致却又不同：那一声长长的“仰天太息”，吐露着一位孤弱女子不得不远嫁和亲的多少哀愁。这哀愁由于“紫台稍远，关山无极。摇风忽起，白日西匿”的大漠暮景的烘托，便愈加凄切而悠远。昭君那望断乡关的遗恨，至今似还在月夜弥漫！

你自然还想了解才人名士的命运——他们旷达、潇洒，该没有平生恨事了吧？那就请追随作者的目光，从塞外转向汉魏时代的柴扉、林下。首先出现的是那位“年九岁能诵诗，二十而博通群书”的冯衍（字敬通）。他身怀“凌云之志”，却因为得罪过刘秀，只能“罢归田里”。赋中写他“左对孺人（妻子），顾弄稚子”，待客不以公卿为意，读书恣纵于文史之间，那景象何其洒脱！但他内心又何尝没有“自伤不遭”“不得舒其所怀”的凄悲（见冯衍《自论》）。人生不得行胸怀，虽寿百岁，犹为夭也。这位冯衍，分明只有壮志不酬、潦倒没世之恨，又哪有半点出岫之云的悠然？至于那位酣畅竹林、“非汤武而薄周孔”的嵇康，虽也自称“愿守陋巷，教养子孙……浊酒一杯，弹琴一曲，志愿毕矣”，但在魏晋之交的黑暗世界，竟连这样的微愿也实现不了，最后还是被司马氏杀了。赋中虽只展现了他临刑前“秋日萧索，浮云无光”的惨淡之景，字里行间分明还回应着嵇康绝命前的一声恨恨嗟叹：“《广陵散》从此绝矣！”又哪还有往昔“手挥五弦，目送归鸿”的飘逸？

世上的恨事当然还不止这些。在幽幽月夜的坟垄间，伴随着冯衍、嵇康隐去的，也还有“迁客海上，流戍陇阴”的孤臣孽子，还有曾经“骑叠迹，车屯轨”的达官贵人。他们或“含酸茹叹”了半生，或“歌吹”欢娱了一世，最后终竟都带着未完之愿、不尽之兴，而“烟断火绝，闭骨泉里”了——这就是江淹所描述的人生恨事，或者说，是他从无数古人身上体悟的人生哲理。这体悟是那样深切地惊骇了作者，以至在赋之收尾，更以浓重的抒情笔墨，将这种恨意融入了“春草生”“秋风惊”的四时交替中，“池馆尽”“丘垄平”的岁月沧桑中，蓬蓬勃勃地笼盖了自古及今的茫茫世界！那一笔“自古皆有死，莫不饮恨而吞声”的结语，也因此如一声夜钟，带着全赋所渲染的无限恨意，穿透时间、空间，久久震颤在千古读者的心上！

为了渲染生命之遗恨，江淹竟将多彩的人生描述得如此惨淡，这无疑显得偏颇了些。但知道了南朝的世道充满了倾轧争夺，人们在兵戈扰攘中随时可以丧身，“伏恨而死”，江淹此赋便是那个时代的一曲悲歌，也便不以为怪。从艺术表现上看，你毕竟还得承认，《恨赋》具有很强烈的艺术感染力。江淹善于“以诗为赋”，所以他的赋作往往具有诗一样的激情和意境。《恨赋》的选材看似信手拈来，其实经过了精心的选择：中间所叙六类不同的人生之恨，或为帝王、列侯，或为名将、宫女，或为才人名士，两两相对，毫不重复。作者的描述也绝不就事论事，常常能举一人而概众，传微意于言外。读者从秦皇的遗恨中，自然会联想到与之类似的唐宗宋祖；从赵王的悲怨中，想到那“故国不堪回首月明中”的李后主、宋徽宗。这样由古及今，由此及彼，自能令人于掩卷之余感叹不尽。

《恨赋》的运笔也颇高明。起句单用一韵，便觉警动非常（李元度《赋学正鹄》）。中间抒写六人六事，写来也各见风神：述雄主则“秦帝按剑”，写降将则“吊影惭魂”，叙明妃之出塞则“仰天太息”，貌嵇康之下狱则“神气激扬”。作者还善于造境，如“置酒欲饮，悲来填膺”（赵王）、“陇雁少飞，代云寡色”（明妃）、“秋日萧索，浮云无光”（嵇康）等，均以特定景物映衬，将种种人生恨意渲染、烘托得愈加浓烈。特别需要指出的是，作者的语言，也能适应不同人物的性格风貌，而施用不同的色彩和力度。正如一位评论家称叹的，“（叙）帝王之恨简劲，列侯之恨激昂，名将之恨慷慨，美人之恨凄绝，名士之恨洒脱，高人之恨淋漓。……如高渐离之筑，刘越石之笳，变徵之声，几能裂云”。令人不禁怀疑：莫非江郎真有一支五彩神笔，否则，又何以能写出如此动人的奇赋？（张　巍）

别赋　江 淹

黯然销魂[①]者，唯别而已矣。况秦吴兮绝国[②]，复燕宋[③]兮千里。或春苔兮始生，乍秋风兮暂起。是以行子[④]肠断，百感凄恻。风萧萧兮异响，云漫漫而奇色。舟凝滞[⑤]于水滨，车逶迟[⑥]于山侧。棹容与而讵前[⑦]，马寒鸣而不息[⑧]。掩金觞而谁御[⑨]，横玉柱而沾轼[⑩]。居人[⑪]愁卧，怳[⑫]若有亡。日下壁而沉彩，月上轩[⑬]而飞光。见红兰之受露，望青楸之罹霜[⑭]。巡层楹[⑮]而空掩，抚锦幕而虚凉。知离梦之踯躅，意[⑯]别魂之飞扬。

故别虽一绪[⑰]，事乃万族[⑱]。至若龙马银鞍，朱轩绣轴[⑲]，帐饮东都[⑳]，送客金谷[㉑]。琴羽张兮箫鼓陈[㉒]，燕赵歌兮伤美人[㉓]。珠与玉兮艳暮秋，罗与绮兮娇上春。惊驷马之仰秣，耸渊鱼之赤鳞[㉔]。造[㉕]分手而衔涕，感寂寞而伤神。

乃有剑客惭恩[㉖]，少年报士[㉗]。韩国赵厕[㉘]，吴宫燕市[㉙]。割慈忍爱[㉚]，离邦去里[㉛]。沥泣[㉜]共诀，抆血[㉝]相视。驱征马而不顾，见行尘之时起。方衔感于一剑[㉞]，非买价于泉里[㉟]。金石震而色变，骨肉悲而心死。

或乃边郡未和，负羽[㊱]从军。辽水[㊲]无极，雁山[㊳]参云，闺中风暖，陌上草薰[㊴]。日出天而耀景[㊵]，露下地而腾文[㊶]。镜朱尘之照烂[㊷]，袭青气之烟煴[㊸]。攀桃李兮不忍别，送爱子兮沾罗裙。

至如一赴绝国[㊹]，讵相见期[㊺]。视乔木[㊻]兮故里，决北梁兮永辞[㊼]。左右[㊽]兮魂动，亲宾兮泪滋。可斑荆兮赠恨[㊾]，惟樽酒兮叙悲。值秋雁兮飞日，当白露兮下时。怨复怨兮远山曲[㊿]，去复去兮长河湄[51]。

又若君居淄右[52]，妾家河阳[53]。同琼珮[54]之晨照，共金炉[55]之夕香。君结绶[56]兮千里，惜瑶草之徒芳[57]。惭[58]幽闺之琴瑟，晦高台之流黄[59]。春宫闷此青苔色[60]，秋帐含兹明月光，夏簟[61]青兮昼不暮，冬釭[62]凝兮夜何长。织锦曲[63]兮泣已尽，回文诗[64]兮影独伤。

傥有华阴上士[65]，服食还山[66]。术既妙而犹学，道已寂而未传[67]。守丹灶而不顾[68]，炼金鼎[69]而方坚。驾鹤上汉[70]，骖鸾腾天[71]，暂游万里，少别千年。惟世间兮重别，谢主人兮依然[72]。

下有芍药之诗[73]，佳人之歌[74]，桑中卫女[75]，上宫陈娥[76]。春草碧色，春水渌波[77]，送君南浦[78]，伤如之何！至乃秋露如珠，秋月如珪[79]，明月白露，光阴往来。与子之别，思心徘徊。

是以别方[80]不定，别理千名[81]，有别必怨，有怨必盈[82]，使人意夺神骇，心折骨惊。虽渊、云[83]之墨妙，严、乐[84]之笔精，金闺之诸彦[85]，兰台[86]之群英，赋有凌云之称[87]，辩有雕龙之声[88]，谁能摹暂离之状[89]，写永诀之情者乎！

注 ① 黯然：神情忧伤，容颜失色。销魂：失魂落魄，精神涣散。　② 秦吴：指周代秦国和吴国，一在今陕西，一在今江浙，故云“绝国”，谓隔绝不通的国家。③ 燕宋：周代燕国在今河北北部，宋国在今河南东部，相距遥远。　④ 行子：离家外出的游子、旅人，此处指丈夫。　⑤ 凝滞：遇阻困顿。　⑥ 逶迟：行缓慢貌。　⑦ 棹：船桨，指行船。容与：形容行进徐缓。讵前：怎么前进，意即前进很慢。　⑧ 不息：不能喘息，呼吸困难。　⑨ 御：用，指饮酒。　⑩ 横：横放，意为搁置不弹。玉柱：琴柱，指琴。沾轼：泪落在车前横木上。　⑪ 居人：指在家的妻室。　⑫ 怳：同“恍”，恍惚。　⑬ 轩：门窗。　⑭ 楸：楸树，落叶乔木。罹：遭受。　⑮ 楹：厅堂前部的柱子。层楹指一间间高楼。　⑯ 意：想。⑰ 一绪：同一情绪。　⑱ 事：指离别的具体现象。万族：万类，指各种各样情况。⑲ 朱轩：指贵官所乘红色车厢。绣轴：指有锦绣帷幕的车子。　⑳ 帐饮：古时贵官显达出行，送别时在城郊水边设帐饯饮，敬酒祝行。这句用典故。汉宣帝时，太子太傅疏广和侄子疏受一起告老还乡，公卿大夫为他们在长安城东门外设帐饯饮，送行车辆数百。东都：《汉书·疏广传》云：“设祖道供帐东都门外。”注引苏林曰：“长安东都门也。”实指长安城东门，并非长安城有“东都门”，也不指东汉都城洛阳的“东都”。　㉑ 金谷：指晋石崇在洛阳西北金谷涧的别墅金谷园。晋惠帝元康六年（296），石崇在金谷园送王诩回长安，举行盛大宴会。　㉒ 羽：舞者所执鸟羽，为舞具，与琴为乐器相对。琴、羽为二物。张：亦如下文之“陈”。陈：陈列，也指演奏。　㉓ 燕赵歌：古时传言燕国、赵国多出歌舞乐伎美女。这句是说燕赵乐妓美女歌唱悲伤动人。　㉔“惊驷马”二句：《韩诗外传》载，“昔伯牙鼓琴而渊鱼出听，瓠巴鼓瑟而六马仰秣”，是说古代音乐家俞伯牙、瓠巴二人演奏琴瑟超妙，使深潜的鱼浮出水面来听，吃着草料的马仰头欣赏。此用来形容音乐动听。惊，惊动。耸，耸起。秣，马料。赤鳞，鱼鳞变红，夸张形容鱼激动。　㉕ 造：临，到。　㉖ 惭恩：受恩未报，感到惭愧。　㉗ 报士：替人报仇之士。　㉘ 韩国：齐国侠士聂政，受韩国严仲子百金结交，感知遇而替他到韩国去刺杀仇人侠累后自尽。赵厕：战国时，豫让受晋国智伯礼遇，智伯被赵襄子灭亡，豫让改名换姓，装成罪奴，隐藏在赵国宫中厕所，伺机刺赵襄子，为智伯报仇。　㉙ 吴宫：春秋时，刺客专诸为吴国公子光在宴会上，用藏在鱼腹中的匕首刺杀吴王僚，自己当场被杀。燕市：战国时卫国荆轲在燕国街市上与朋友饮宴歌唱，后受燕太子丹的厚遇，受遣刺杀秦王不成，被秦王杀死。　㉚ 割慈：割断父母慈爱。忍爱：忍心离别妻子儿女。　㉛ 邦：国家。里：乡里。　㉜ 沥泣：

流泪哭泣。 ㉝ 抆(wěn)血:眼泪流尽,继之以血,所以擦血。形容极度悲伤。㉞ 衔感:满含感激之情。一剑:指以剑术为恩人报仇,以报答恩情。 ㉟ 买价:买取声价。泉里:黄泉下,指赴死地。 ㊱ 负羽:背着弓箭。 ㊲ 辽水:即今辽河,在辽宁省。 ㊳ 雁山:指今山西北部雁门山。辽水、雁山都喻指从军出征的北方边塞。 ㊴ 陌上:指家乡田野小道。薰:散发香气。以上二句形容家乡和平光景。 ㊵ 耀景:光辉照耀。景,日光。 ㊶ 腾文:形容露珠依附草木闪烁光彩。 ㊷ 镜:映照。朱尘:尘土。照烂:明亮。 ㊸ 袭:笼罩。青气:春天雾气。烟煴:迷漫貌。 ㊹ 绝国:隔绝遥远的国家,指远方异国。 ㊺ 讵相见期:哪会有重逢再见的日期。以上二句用战国时音乐家雍门周说孟尝君的话:"臣之所能令悲者,无故生离,远赴绝国,无相见期。" ㊻ 乔木:古以乔木为故乡标志。王充《论衡·佚文》:"睹乔木知旧都。" ㊼ 北梁:指诀别地点。李善《文选注》引《楚辞》:"济江海兮蝉蜕,决北梁兮永辞。" ㊽ 左右:指仆从。 ㊾ 班荆:荆草铺地,席荆而坐。《左传·襄公二十六年》载,楚国伍举与声子友好,伍举离郑奔晋,在郑国郊外遇见声子也前往晋国,两人"班荆相与食",商谈归楚之事。这里是说可以席荆相谈,但只会增添伤感。赠:通"增"。 ㊿ 曲:山角。 51 湄:水边。 52 君:尊称丈夫。淄右:淄水西边。淄水在今山东省。 53 妾:妻子自称。河阳:黄河北面。 54 琼珮:美玉的佩饰。 55 金炉:指薰香的铜香炉。 56 结绶:佩结绶带官印,指做官。 57 瑶草:一种香草,妻子自喻青春年华。徒芳:白白浪费芳香。 58 惭:指对琴有愧,无心弹琴。 59 晦:使帐帷减色变灰暗。高台:指闺楼。流黄:指黄色绢丝的帐帷。 60 春宫:义同"春闺",五臣本作"春闺"。閟(bì):关闭。青苔色:无人来往,台阶一片青苔颜色,即谓长满青苔。 61 簟(diàn):竹席。 62 釭(gāng):灯。 63 织锦曲:前秦苻坚时,秦州刺史窦滔被流放流沙,他的妻子苏蕙把思念之情织锦为回文旋图诗寄给他。 64 回文诗:一种诗体,排列文字,正反竖横斜读,都成诗章,故称"回文"。此即指苏蕙诗。 65 傥:倘使。华阴:华阴山即华山,在今陕西华阴南。上士:得道之士。 66 服食:吃丹药。还山:一作"还仙"。 67 寂:寂静无声,道家悟道的境界。《老子》二十五章:"寂兮寥兮,独立而不改。"未传:未获真传。68 丹灶:道家炼丹的炉灶。不顾:专心不旁顾。 69 金鼎:炼金为丹的鼎。70 汉:云汉,银河,指天上。相传仙人王子乔驾鹤上天。 71 骖(cān):原为拉车的骖马,此用作动词,拉车。骖鸾:鸾拉的乘车。相传神仙洪崖先生乘鸾车。72 谢:辞别。依然:依恋不舍貌。 73 芍药之诗:指《诗经·郑风·溱洧》。其中说:"维士与女,伊其相谑,赠之以芍药。"是男女相爱的情歌。 74 佳人之歌:指汉代李延年诗:"北方有佳人,绝世而独立,一顾倾人城,再顾倾人国。"赞美绝代佳人,此用以表示爱慕美人的情恋。 75 桑中:指《诗经·鄘风·桑中》。诗中"期我乎桑中,要我乎上宫,送我乎淇之上矣"之语,写男女约会。卫女:卫国女子,指《桑中》的女主人公。鄘与卫相近,故称。 76 上宫:即《桑中》所说上宫,是约会地点。陈娥:陈国美女子。陈与卫亦邻近,故称。77 渌波:清澈的水波。 78 南浦:南边水口。《九歌·河伯》:"子交手兮东行,送美人兮南浦。"后用作男女送别之处。 79 珪:古代玉制礼器,圆形。 80 别方:离别的地方、去向。 81 别理:离别的原因、道理。千名:繁多名目。 82 必盈：指伤怨发展到极点才了。　⑧3 渊：汉代赋家王褒，字子渊。云：汉代赋家扬雄，字子云。　⑧4 严：汉代作家严安。乐：汉代作家徐乐。　⑧5金闺：指汉代皇宫的金马门，是文臣学士待诏的地方。彦：俊才。　⑧6 兰台：汉代皇宫藏书处。⑧7 凌云之称：汉武帝读司马相如的《大人赋》，十分赞赏，“飘飘有凌云之气”。此用其事，表示写赋才能极高。　⑧8 雕龙之声：战国时驺衍、驺奭善辩，有谈天衍、雕龙奭之称。此用其事，形容词令如辩，声誉甚高。　⑧9 谁：一作“讵”。摹：描写。

《别赋》与《恨赋》一样是江淹赋的代表作，也是南朝齐、梁间抒情赋的代表作。不难看到，它的特点不是作者抒发自己的离愁别绪，而是描写人间种种离别的情景。实际上，它的写法是铺陈离别其事其情的咏物赋，不仅描写，而且议论。作者的情感，与其说是伤感的同情，不如说是无奈的感慨，而且相当清醒。所以在思想上，作者把人间离别悲伤作为一种普遍存在的人之常情，叙述不同的离别现象，描写不同离别悲伤的感情特色、气氛及程度，并不对离别原因、背景及结果作出政治、社会的褒贬。在这方面，它具有齐、梁时代的一般特点，感慨多于不平，议论止于人情，比较委婉，比较软弱。而在艺术上，则力求精湛，讲究骈俪、融典、声韵和词藻。正是在这方面，它足以代表齐、梁时代的特点和成就。

本赋的结构类似议论文。开宗明义，点出题目，列出论点：“黯然销魂者，唯别而已矣。”指出离别的距离远、时间长，更加悲伤。然后概述一般离别的双方，游子和思妇的处境与心情。接着便列举公卿、侠士、从军、去国、宦游、成仙、情恋等各类离别悲伤情景。最后归结到离别悲伤的深重，以至难以形容。显然，这是从一般到特殊的列论，结构简明，层次清楚，在写作上便于对具体的类型进行具体描写，而本文的精彩恰在于此。

作者善于从不同方面对各类离别悲伤进行特征的描写。一般离别发生在游子离家、思妇空闺的情境。“行子肠断”是离开亲爱者与熟悉的生活环境，登上旅程，涉水越山，暑夏寒冬，一切陌生、奇异、无聊，引起孤独落寞的思念，“百感凄恻”。“居人愁卧”是生活环境依旧，丈夫离开了，忍受孤独空虚的煎熬，时光消逝，朝思暮想，一切熟悉、感伤、思愁，百无聊赖，“怳若有亡”。对行居双方的心理描写都采取人物对处境及时令光景的感受。旅途山水是变动的，空闺光景是习常的。变动有新鲜感，习常有亲切感，然而因为离别的失落感，全都变得黯然失色，无精打采。这样的描写是细致的，表现是富有特征的。

同样，对各类特殊的离别情境，作者也分别其各自特点，突出描写某一侧面，表现富有特征的离情。公卿饯别，设帐祖饮，贵客群集，歌舞绮丽，“惊驷马之仰秣，耸渊鱼之赤鳞”，音乐十分动人，几乎成了盛大宴会娱乐。只是到了临别一刻，才悲伤地“感寂寞而伤神”。剑客侠士的复仇诀别，则是风云变色的慷慨赴义，不顾亲情与生死，呈现一种悲壮气氛。从军卫国的离别，则是另一番笔墨，只用两句写北边山水，在阻远隔绝中显得阔大；又用两句写攀桃李，送爱子，泪沾罗裙，仍然是写送“爱人”即征夫，不是母亲送子之词。《吴声歌曲·懊侬歌》有“爱子好情怀”句，正用“情人”之意。而中间六句写景物，渲染出家乡和乐，风光绚烂，充满温情，避开正面描写离别悲伤，更不触及慷慨赴死的爱国壮心，而委婉显出从军保卫家乡和乐生活的意义，突出家人的理解和爱心。他如出使异国，突出故国乡亲的思愁悲绪；宦游离别，侧重于闺妇的寂寞蹉跎及无望期盼；修道成仙的长逝，不无诙谐地点出凡心的依恋；私情苦恋则以春情秋思衬托。作者力求写出不同离怨的不同特征，不仅事不同，而且情不同，境不同，因而读来不类同，不重复，各有一种滋味，也有不同启迪。

善于抓住特征，善于选择素材，还必须有相应的语言艺术技巧，方可描写出色。这是一篇骈赋，首先要求通篇骈对精巧整饬，又必须运用参差灵活的句法使文章语调句序活泼不呆板。同时，由于类型描写，集中一点，字句不宜多，选词必须精练，含意才能丰富，而又要传声绘色的文采，因此要词藻又不要堆砌，要用典故又不可艰僻。应当说，作者的语言艺术造诣使本文成功地做到了：骈对精整，文句活泼，词采绚丽，用典得当，而且声韵铿锵，和谐动听。

齐、梁骈文基本形成四六句的格式。本文除通篇四六为主的骈对句之外，很注意四六句的搭配运用、虚词和语气词的调节作用以及句子的语法结构变化。例如“况秦吴兮绝国”四句，去掉虚词、语气词，便是四言四句：“秦吴绝国，燕宋千里，春苔始生，秋风暂起。”加了“况”“复”“或”“乍”及“兮”字，主要不是句意明确与否，而是语气情调明显了，变得舒缓沉重，抒情色彩浓厚了。一般地说，四言句在中古汉语中结构紧凑，比较简洁斩截，本文多用于论叙；六言句则多转折，比较舒缓流走。本文主要是描述，所以用六言句多，并且句子结构灵活变化，造成语调抑扬、节奏活泼的艺术效果。如“日下壁而沉彩”二句是主谓结构，语调是

“日下壁——而——沉彩”；下接“见红兰之受露”二句是省略主语的动宾结构，语调是“见——红兰——之——受露”；两两相对而语调抑扬，效果显然。正因注意效果，本文起结用散句以增强气势，中间也屡用楚歌的三三兮字句，而且在四六搭配上，不拘泥于固定的四四六六或四六四六的格式，因情取式，因势造句，往往连用六字对句而变化句式，需要时也用一色的排句。

词采绚丽是本文显著特色和成就。词汇丰富是写作骈文必须的条件，无论顺对逆对，正对反对，都要求适当的词汇，并且在对仗中显出文采。本文并不堆砌词藻，而是准确使用适当的词语进行叙事述情，传声绘色，因而在描写不同特征的离别情景中，自然而然地显出丰富多彩的词藻。如写行子居人的离愁，一是旅途山水，一是闺中光景，各用清词丽语描述出来，便形成两相对衬的画幅。词语是构成形象的材料和手段，其功能如同颜色、音响及光线，不在多，而在恰当。事实上，本文有不少词语是重复的，屡次出现，但由于使用适当，各尽其职，令人不觉重复，却有文采。例如日、月，有“日下壁而沉彩，月上轩而飞光”；“日出天而耀景，露下地而腾文”；“值秋雁兮飞日，当白露兮下时”；“春宫閟此青苔色，秋帐含兹明月光”；“秋月如珪，明月白露”等，写时令光景，词语、材料不免相同，关键在于使用适当。其他传声绘色的词语也这样。

用词语熔铸典故，是文学语言精练的重要修辞手段。本文用典同样显示了作者的语言修养。本文用典很多，方式不同，但很少用僻典，不用生典，也不追求旧典翻新。作者只是要求精练和适当。有的运用熟典，一读便知，而熔炼精当。如“惊驷马之仰秣，耸渊鱼之赤鳞”，用“伯牙鼓琴而渊鱼出听，瓠巴鼓瑟而六马仰秣”的故事，见于《韩诗外传》《荀子》及《淮南子》等典籍，是熟典，涵意是形容音乐动听，这里同其涵意，而以“惊”“耸”二字突现动听的用意，避免直用形容音乐动听的词语，使文章词采丰富而表现生动。有的熟典只是点出即止，例如“韩国赵厕，吴宫燕市”，分别指春秋战国的刺客聂政、豫让、专诸、荆轲，其人其事久传习知，所以点出其事发生场所，不予陈述，读者从上下文联系便明白。再如“织锦曲兮泣已尽，回文诗兮影独伤”，以及“芍药之诗，佳人之歌，桑中卫女，上宫陈娥。春草碧色，春水渌波，送君南浦，伤如之何”等，都是点出典故，化于文章，用意明显，却使文采增辉，形象鲜明。

在南朝文坛，在古代文学史上，齐、梁是诗赋艺术跃进的时代。江淹是以善于摹拟和艺术出色著称的代表作家。虽然历来评论都对江淹善于摹拟不无微词，甚至有嘲弄他“江郎才尽”的传说，说他的文采是从郭璞或张华那里得来的，自己并无才华和创造，没有独特的风格；但是江淹自己则申明，摹拟是学习前人艺术的一条途径，一种方法，应当学习前人各种艺术经验，吸取不同风格（见《杂体诗三十首序》）。他对于诗赋语言艺术技巧确乎认真钻研，造诣很高。《别赋》及《恨赋》其实就是显示他艺术素养和才华的文章，应当说，本文也的确是一篇文采焕发的好作品。（倪其心）

与陈伯之书

丘　迟

迟顿首。陈将军足下：无恙，幸甚，幸甚！

将军勇冠三军，才为世出，弃燕雀之小志，慕鸿鹄以高翔。昔因机变化，遭遇明主，立功立事，开国称孤[①]，朱轮华毂，拥旄万里[②]，何其壮也！如何一旦为奔亡之虏[③]，闻鸣镝而股战，对穹庐以屈膝，又何劣邪！

寻君去就之际，非有他故，直以不能内审诸己，外受流言，沉迷猖獗[④]，以至于此。圣朝赦罪责功，弃瑕录用，推赤心于天下，安反侧于万物，将军之所知，不假仆一二谈也。朱鲔涉血于友于[⑤]，张绣剚刃于爱子[⑥]，汉主不以为疑，魏君待之若旧。况将军无昔人之罪，而勋重于当世。夫迷途知返，往哲是与；不远而复[⑦]，先典攸高。主上屈法申恩，吞舟是漏；将军松柏不翦，亲戚安居，高台未倾，爱妾尚在。悠悠尔心，亦何可言！

今功臣名将，雁行有序，佩紫怀黄，赞帷幄之谋；乘轺建节，奉疆埸之任，并刑马作誓，传之子孙。将军独靦颜借命，驱驰毡裘之长，宁不哀哉！夫以慕容超之强，身送东市[⑧]；姚泓之盛，面缚西都[⑨]。故知霜露所均，不育异类；姬汉旧邦，无取杂种。北虏僭盗中原，多历年所，恶积祸盈，理至焦烂。况伪孽昏狡，自相夷戮，部落携离，酋豪猜贰。方当系颈蛮邸，悬首藁街。而将军鱼游于沸鼎之中，燕巢于飞幕之上，不亦惑乎！

暮春三月，江南草长，杂花生树，群莺乱飞。见故国之旗鼓，感平生于畴日，抚弦登陴，岂不怆悢！所以廉公之思赵将⑩，吴子之泣西河⑪，人之情也，将军独无情哉？

想早励良规，自求多福。当今皇帝盛明，天下安乐。白环西献⑫，楛矢东来⑬。夜郎滇池，解辫请职；朝鲜昌海，蹶角受化⑭。唯北狄⑮野心，掘强沙塞之间，欲延岁月之命耳。中军临川殿下，明德茂亲，总兹戎重⑯。吊民洛汭，伐罪秦中⑰。若遂不改，方思仆言。聊布往怀，君其详之。丘迟顿首。

注 ① 开国称孤：开建邦国。孤，王侯自称。502年4月萧衍称帝后，陈伯之“进号征南将军，封丰城县公，邑二千户”（《梁书·陈伯之传》），并依旧任江州刺史。晋以后封爵，自郡公至县男，皆冠以“开国”之号。 ② 拥旄万里：拿着朝廷颁发的旄节，号令一方。《文选》李善注引荀悦《汉纪》有“今之州牧，号为万里”的说法。 ③ 奔亡之虏：逃亡投敌分子。502年，疑心很重的陈伯之，受野心分子褚暅等人的蛊惑，叛梁降魏（详《通鉴·天监元年》及《梁书·陈伯之传》）。 ④ 猖獗：倾覆、失败。 ⑤ 朱鲔涉血于友于：朱鲔（wěi），王莽末年绿林军将领，曾劝更始帝刘玄杀害光武帝刘秀之兄伯升。后刘秀攻洛阳，鲔坚守。刘秀令岑彭劝降，鲔曰：“大司徒公被害，鲔与其谋，诚知罪深，不敢降耳。”刘秀复令彭往说：“夫建大事不忌小怨，今降，官爵可保，况诛罚乎？”遂降。友于：兄弟。 ⑥ 张绣剚刃于爱子：《三国志·魏书·武帝纪》：“（建安）二年，公到宛，张绣降，既而悔之，复反。公与战，军败，为流矢所中，长子昂、弟子安民遇害。四年冬十一月，张绣率众降，封列侯。” ⑦ 不远而复：《易·复》：“不远复，无祇悔，元吉。”《正义》：“不远复者，是迷而不远即能复也。无祇悔元吉者，祇，大也，既能速复，是无大悔，所以大吉。” ⑧ 慕容超：十六国时南燕君主。刘裕北伐，生擒之，解赴建康斩首。东市：原为汉代长安处决犯人之处，后泛指刑场。 ⑨ 姚泓：十六国时后秦君主。刘裕伐泓，长驱入关。王镇恶克长安，生擒姚泓，斩于建康。西都：长安。 ⑩ 廉公之思赵将：廉颇，赵之良将。赵悼襄王立，使乐乘代廉颇。廉颇怒，攻乐乘，遂奔魏，魏不能信用。赵王思复得廉颇，颇亦思复用于赵。然因使者之言以为老，遂不召。廉颇入楚为楚将，无功，曰：“我思用赵人。”见《史记·廉颇蔺相如列传》。 ⑪ 吴子之泣西河：吴起治西河之外，王错谮之于魏武侯，武侯使人召之。吴起至于岸门，止车而望西河，泣数行下，曰：“西河之为秦取不久矣，魏从此削矣。”见《吕氏春秋·长见》，又见于《观表》篇。 ⑫ 白环西献：《竹书纪年》卷上载帝舜有虞氏时，“西王母来朝，献白环、玉玦”。 ⑬ 楛矢东来：《国语·鲁语下》：“仲尼曰：‘昔武王克商，通道于九夷、百蛮，使各以其方贿来贡，使无忘职业。于是肃慎氏贡楛矢、石砮，其长尺有咫。’”此两条引用典故，言梁朝之盛明。 ⑭ 夜郎滇池，解辫请职：古夜郎国在今贵州桐梓东。汉武帝元鼎六年（前111），夜郎王始倚南越，南越已灭，夜郎遂入朝。古滇池国，在今云南昆明一带。汉武帝元封二年（前109）以兵临滇，滇王举国降，以为益州郡。《史记·西南夷列传》称夜郎、滇等民“皆魋结（椎髻）”，巂、昆明“皆编发”。解辫请职谓改易风俗，服于中朝，请求封职。朝鲜昌海，蹶角受化：汉武帝元封三年（前108），定朝鲜，为乐浪、临屯、玄菟、真番四郡。昌海：即昌蒲海，一名蒲昌海，又名盐泽，去玉门、阳关三百余里，广阔三百里。此言其附近诸国。蹶角受化谓以额角叩地，表示归顺。梁武帝萧衍甫即位，即封高句骊王高云为车骑大将军，百济王余大为征东大将军，见《梁书·武帝纪》。 ⑮ 北狄：指北魏。古代对北方民族称狄。⑯“中军临川殿下”三句：《梁书·武帝纪》：“（天监四年）冬十月丙午北伐，以中军将军扬州刺史临川王（萧）宏都督北讨诸军事。” ⑰ 洛汭：洛水入黄河处，在河南洛阳、巩县一带。秦中：今陕西中部地区。当时均属北魏。

《与陈伯之书》是一篇优美的骈体书信，系丘迟晚年之作。丘迟今存文章十三篇（见严可均辑的《全梁文》），诗十一首（见逯钦立辑的《先秦汉魏晋南北朝诗》）。明人张溥认为，使丘迟能在文学史上站得住，“其最有声者，与陈将军伯之一书耳！”（《汉魏六朝百三名家集题辞》）

一封书信产生了明显的政治作用，招降了八千叛军，这在历史上是罕见的。其中复杂的历史因素，有待于认真探讨。但是，它在文学上的成就，我们似乎可以从“尽言”和“尽情”两个方面加以认识。

丘迟的同辈人刘勰（与迟同游于萧宏之门），在《文心雕龙·书记》篇里，对自汉以来的书札作了理论分析。他举出其中的优秀作品，如司马迁的《报任安书》、东方朔的《难公孙宏书》、杨恽的《报孙会宗书》、扬雄的《答刘歆书》，虽然风采各异，但都具有感情充沛、气魄雄伟的特点。刘勰十分强调这些名家在书简写作上能自出机杼，灌注情感（“并杼轴乎尺素，抑扬乎寸心”）。刘勰进而总结书札“本在尽言，言以散郁陶，托风采”。如何“散郁陶”呢？应该文字畅达，发抒情性，曲尽心声（“故宜条畅以任气，优柔以怿怀。文明从容，亦心声之献酬也”）。

“尽言”和“尽情”是互为依存的，以理服人，以势导人，离不开以情动人。而以情动人，总是有待于透彻的说理和敏锐的时势分析。应该说，在这个水平上看《与陈伯之书》，总是会有教益的。

从“尽言”来说，作者丘迟如仅以老朋友身份率直地向陈伯之进忠告，显然也是可行的，但必须审时度势，洞察隐情，打开对方的心扉。应该注意到，写这封信的时候（梁武帝天监五年即公元506年三月），形势有微妙的变化。前一个月，陈伯之打败了南方名将昌义之而威震江淮，而本月份北魏咸阳王元禧的儿子元翼等三贵胄投奔梁朝，使集结洛口的北伐军平添声色。此时此刻，有利因素和不利因素都显示了重要意义，如何将“劝降书”写得得体，能打动对方，的确是不容易的。

信是从肯定陈伯之的才干写起的。“勇冠三军”，“慕鸿鹄以高翔”等词色很重的奖借话头，不能看成虚美，是为“昔因机变化”作铺垫的。丘迟充分肯定了陈伯之四年以前随梁武帝萧衍引兵进围建康，消灭南齐东昏侯暴虐统治之举。但是，细按史书，陈伯之当年的起义是颇为犹豫的，说穿了，他是萧衍逼降的（逼降的经过，具详《通鉴·中兴元年（公元501 年）》）。然而，参与讨伐东昏侯，毕竟是陈伯之政治生涯中最“光彩”的一页。没有对这一页的充分肯定，就树立不起陈伯之重新归义的信心与决心。然而，揄扬之笔也不能突兀生硬，总得有前因倚托。因此，“勇冠三军”云云虽稍嫌过誉，但把它放在“遭遇明主，立功立事，开国称孤，朱轮华毂，拥旄万里”这一段有滋有味的回顾之前，就特别中听，显得顺理成章。写到这里，再将过去的明智、显赫，与今日“闻鸣镝而股战，对穹庐以屈膝”的卑怯加以对比，真使人愧煞，悔煞，难以自容。过去的评笺家，只从章法上着眼，认为这是一种“擒纵之法”，实质上这更是在“尽言”，是“言以散郁陶”，是对老朋友肝肠内热的开导，给老朋友解思想疙瘩。

信的第三段先是分析陈伯之失误的原委。“寻君去就之际，非有他故，直以不能内审诸己，外受流言，沉迷猖獗，以至于此。”针对陈伯之多疑的性格弱点，这一段剖析事理很细，很有层次。

陈伯之是一个“目不知书”、草莽起家的乱世英雄，在扰攘的齐梁之际，他发迹了。公元 494 年，他还是平西将军王广之军前的部将，过了四年就独当一面，升任冠军将军、骠骑司马，在淝口一带与北魏抗衡。再过一年即被东昏侯大用，为江州刺史都督前锋诸军事，据寻阳以拒梁武（萧衍），而寻阳则是齐朝西面的重镇。在齐、梁建康决战之际，他的确是举足轻重的大人物了。当萧衍逼降他的时候，他“犹怀两端”，直到萧衍大军压境，他才杀了新蔡太守席谦“束甲请罪”。而他作了萧衍的江州刺史不到一年，就由“自疑”而投奔北魏去了。这个“自疑”是陈伯之性格中最突出之点，也是他反复无常的内在原因。政局急剧动荡，使军阀们最重视保存实力，计较眼前利害，陈伯之的反复与此有直接关系。丘迟紧紧抓住陈伯之“自疑”的性格特点，“抑扬乎寸心”，解陈伯之的思想疙瘩，可谓深中肯綮。天监元年（502），陈伯之“沉迷猖獗”，叛梁降魏，第一位的原因至少是“不能内审诸己”（自己没有主见），同时也不能忽视“流言”的蛊惑作用。对于朋友的这个严重的历史问题，如有意回避，则进言就不真诚，对方必难以置信；如过于追究个人责任，这个“草莽英雄”也会产生对立情绪，听不进忠告。只有这样设身处地、推心置腹的分辨是非，才显得出老朋友之间“肝胆相照”的友谊。关于陈伯之的“沉迷猖獗”，《梁书·陈伯之传》的记载是清楚的：彼时有个野心分子褚緭，在建康钻谋不到好职位，看到“陈伯之拥强兵在江州……有自疑意”，于是就跑到江州撺掇陈伯之。而陈的亲信邓缮、戴永忠“并乘伯之愚闇，恣行奸险”。而恰在这时，注目江州的梁武帝萧衍，又派陈伯之的儿子陈虎牙从京城到江州“私戒伯之”（《通鉴》），并委派替换邓缮的人，于是矛盾激化了，陈伯之在一群策反者的包围下，作出了投降北魏的决定。丘迟在这桩历史公案面前是非清楚，诘责极有分寸。信中持论如此正，陈义如此高，自会令人心折。然而，丘迟的“尽言”尚不止此，他要把陈伯之疑惧的根子挖出来。信的第三段接着极论梁朝宽大政策，远引历史著名事例，近举陈伯之切身私事，反复设譬，层层论证，就是这个用意。对比刘秀、曹操不念旧恶，“将军无昔人（朱鲔、张绣）之罪，而勋（指讨东昏侯）重于当世”，就很有说服力；引证《易经》上“不远而复”的话，强调“迷途知返”，就有理论根据。真心话自与真感情相伴而至，丘迟语重心长地告诉陈伯之，“将军松柏不翦，亲戚安居，高台未倾，爱妾尚在”，陈伯之牵肠挂肚的事释然于心，自会相信“主上屈法申恩，吞舟是漏”是真的。这样理惬情真的劝说，对方不能不动心，不能不考虑。

第四段进一步剀切地陈述现实的利害，“尽言”“尽情”又有所深入：而今梁朝君臣相得，荣华富贵可以“传之子孙”的情景，是陈伯之衷心向往的。而侧身异族的危殆，不论从历史和现实讲都是严峻的；何况“伪孽昏狡，自相夷戮，部落携离，酋豪猜贰”都是可以复按的事实。光说北魏宣武帝元恪即位以来，统治中枢的激烈政争就够怵目惊心了。公元501年宣武帝的叔叔咸阳王元禧图谋起兵被杀。公元504年北海王元详遭权臣高肇之忌，被囚暴卒。推前几年（497）因孝文帝迁都洛阳，血案迭起：太子元恂，贵胄元业、元隆、元超，大臣穆泰等相继被杀。由于南北对峙，边境上常有叛降之事发生，而公元505年竟有三个北魏重要人物降梁：正月，骁骑将军镇守合肥的夏侯道迁降梁。二月，氐王杨集起、杨集义叛魏，断汉中粮道。十一月，益州刺史王足奔梁（均见《通鉴》天监四年）。接触这些敏感的事实，陈伯之会有一种“鱼游于沸鼎之中，燕巢于飞幕之上”的危机感，不能不认真自谋。

第五段宕开笔墨写“杂花生树，群莺乱飞”的迷人醉人的江南春景，和第三段“高台未倾，爱妾尚在”的温馨生活联系起来，怎能不使陈伯之动归首之情？紧承这一段朴素优美的写景文字，接踵而来的是回肠荡气的抒情排句“见故国之旗鼓，感平生于畴日，抚弦登陴，岂不怆悢”，把感情推向高潮。人们历来激赏“暮春三月，江南草长”等四句，认为这是写活了江南暮春绮丽的风光。人们也承认这写景名句有强烈的移情作用。然而，似乎还应该注意到，这些写景名句，只有如此这般地镶嵌在《与陈伯之书》里，才显出非凡的动魄悦魂的力量。人们眷恋故土的感情是沁透心脾的。中唐诗人刘商在他颇负盛名的乐府诗《胡笳十八拍》第六拍中写道：“怪得春光不来久，胡中风土无花柳。”南方旖旎的花柳春光，对羁留北土的蔡文姬当然是不堪回首的。晚唐诗人钱珝在他的七绝《春恨》之一里写道：“负罪将军在北朝，秦淮芳草绿迢迢。高台爱妾魂消尽，始得丘迟为一招。”把陈伯之的故国之思理解得较全面，既包括故土的眷恋，也有亲人的萦怀。丘迟的信从这两个方面较深地触动了陈伯之的思绪，一定程度上扣开了叛将的心扉。

第六段既是必不可少的收束，也有一点宣传势头。夸张梁朝的“盛德”服四夷，是空泛一些，但特别提示此次身膺北伐重任的是临川王萧宏殿下，却值得玩索。萧宏此次挂帅，不仅因他是梁武帝萧衍之弟，“明德茂亲”，来头不小；尤其在“北人”眼里有不寻常的反响：“器械精新，军容甚盛，北人以为百数十年所未之有”（《梁书·太祖五王传》）。陈伯之自然是“北人”中之一员，他对萧宏北伐将会有怎样的反响，丘迟秉笔时一定有过掂量。

必须看到，丘迟写这封信具有权威身份。丘迟的这种权威身份，陈伯之是明确意识到了。时代略晚于丘迟的历史学家刘璠（510—568），在《梁典》里记述：“帝（萧衍）使吕僧珍寓书于陈伯之，丘迟之辞也。伯之归于魏，为通散常侍。”（转引自《文选》李善注）这一条史料值得重视，它明确告诉我们：《与陈伯之书》是梁武帝萧衍授意吕僧珍让丘迟起草的。吕僧珍是梁武帝的亲信大臣，梁武帝受禅后他是“散骑常侍，入直秘书省，总知宿卫。天监四年冬，大举北伐，自是军机多事，僧珍昼直中书省，夜还秘书”（《梁书·吕僧珍传》）。丘迟有了皇帝的承诺和谅解，代表皇帝而又以老朋友的情谊，草拟这封“尽言”“尽情”的书札。陈伯之驻军寿阳，首当北伐大军“吊民洛汭，伐罪秦中”之冲，接到这封情至意切而有权威的书信，怎能不幡然来归呢？（魏明安）

答谢中书[1]书

陶弘景

山川之美，古来共谈。高峰入云，清流见底。两岸石壁，五色交辉；青林翠竹，四时俱备。晓雾将歇，猿鸟乱鸣；夕日欲颓，沉鳞竞跃。实是欲界[2]之仙都。自康乐[3]以来，未复有能与其奇者。

注 ① 谢中书：谢微，《梁书·文学传》作“谢征”，字元度，曾任豫章王记室兼中书舍人，中书郎。 ② 欲界：指人世。佛家有三界之说，欲界是有七情六欲的众生所居的人间。 ③ 康乐：谢灵运袭封康乐公，平生最喜登临山水。

《答谢中书书》是陶弘景俊赏山林、心灵净化之后所写。它是六朝书札名篇，与吴均的《与宋元思书》可称双璧。谢中书即谢微，与陶弘景皆卒于大同二年（536）。谢微任中书舍人的后限是公元526年，任中书郎在公元532年，都在陶弘景七十岁以后。故此篇当为陶弘景晚年所作。

这篇骈文山水小札，引起后世选家的普遍注意，是因它清丽明净而富于含蕴，与充斥在齐、梁文坛上那些繁缛浮艳、内容空虚的骈体文大异其趣，也与作者早年所写的《寻山志》（《艺文类聚》卷三六）、《答虞中书书》（《艺文类聚》卷三七）等追求形似，“窥情风景之上，钻貌草木之中”（《文心雕龙·物色》）的作品迥然不同。

陶弘景早年游历访道时足迹遍及江浙的名山胜水，三十七岁退隐茅山，后在江南佳丽的山水中度过了四十四个春秋。《答谢中书书》中凝聚了他激赏江南山林的情韵。这情韵，首先表现为作者山水意识的强烈与深湛。“山川之美，古来共谈”，看似平平叙说，实则包孕很广。自从孔子说了“智者乐水，仁者乐山”（《论语·雍也》）以后，山水在人们的眼里常有性格的隐现。接着庄周更讲了“山林与！皋壤（原野）与！使我欣欣然而乐与”（《庄子·知北游》），“大林丘山之善于人也（所以适于人），亦神者不胜（也是因为心神舒畅无比的缘故）”（《庄子·外物》）等审美意识更浓的话。魏晋南北朝时期大批隐士肥遁山林后，亦在佳山水中寻求启示。可见谈“山川之美”的话题自古就很多。文章一开头引起读者思索，这效果很不一般。

抓住江南山林的特征，用简洁空灵的笔墨来写，这是《答谢中书书》突出的优点。“高峰入云”的磅礴气势在北方也能看到，但在同一个景观里，又相伴着“清流见底”直视无碍的澄澈之美，在北方就难以见到。

写山林景色的瑰丽，作者只用了两组对偶句共十六个字，即“两岸石壁，五色交辉；青林翠竹，四时俱备”，已显得活脱精到，引人遐想。南宋人邓椿在他的《画继》里曾指出：“世徒知人之有神，而不知物之有神。”山林的“神”（本质特征），高明的作家艺术家总有独特的感受。陶弘景以形写神，在他笔下茅山中一年到头“青林翠竹”已使人欣悦不置，更有谁领略过，在清流两岸壁立千仞的高峰之上，常年色彩变幻莫测。这奇幻瑰丽的色彩，当然是大自然奥秘的生命之彩，它的奇情壮采和迷离多变的性格，作者用“五色交辉”来形容，可谓恰到好处。而如果用工笔刻镂，即使做到“情必极貌以写物，辞必穷力而追新”（《文心雕龙·明诗》），也难免拖沓板滞，存形而略神。多种色彩奇妙的调谐而又变动不居，正是山林的逸趣神韵所在，然而这却是最难着笔之处。陶弘景用视觉形象和动感都很强的“五色交辉”四字来点染，自会引起读者对绚烂的山林形象的种种联想与记忆，在记忆里呈现的奇伟与色彩因人而异，具有无比的丰富性。这种能激起读者审美活动的活脱笔触，可称“字外之奇”（萧衍《观钟繇书法十二意》）。陶弘景又是书法家，他与梁武帝萧衍讨论钟王书法的文字俱在（见萧衍《答陶弘景书》及陶弘景《与梁武帝启》），颇能显示他的艺术见解，这一点可存而不论。但陶弘景在书法艺术上讲究空间布白之美，和文学创作上用笔空灵是一致的。通过文字诱发读者的联想，虚实相生，形成字外的意境，让读者丰富的想象补充作者的艺术空白，正是本文成功之笔。

写了茅山中一年四时之美后，作者又用两组并列对偶句写一日之美：“晓雾将歇，猿鸟乱鸣；夕日欲颓，沉鳞竞跃。”如果说写茅山一年四时之美是以静见动：静到能窥见大自然的奥秘，大自然生命之律动是通过“交辉”的色彩奉献给作家的，那么，茅山中一日之美则是以动见静：天刚麻麻亮，“晓雾将歇”，花叶上露珠还未照上太阳时，山林就开始了欢唱，

“猿鸟乱鸣”。这“乱”字有声繁悦耳，使人迷惑，动人心魄的意思。而到了“夕日欲颓”、金乌西栖之后，鱼儿避开了“鹰瞵鹗视”的威胁，此际竞跃腾欢，尽情享受空气中弥漫的芳馨。总之，从早到晚，山林中正是由于猿的柔声啼唤，鸟的恣意鸣啭和鱼的欢腾竞跃而显得格外静谧幽美。

从结构上看，《答谢中书书》从富有审美意味的两句开头，接着有两个不同时空层次的描写，以静现动，以动见静，写出了茅山美的性灵。至此出声赞叹：“实是欲界之仙都（实在是人间天堂呀）。”就是应有之笔。接着以反接收束全篇，深憾于自谢灵运以来竟无人妙赏此佳山水，一唱三叹，摇曳生姿，文章虽短而含蕴不尽。

以骈文的主要特征来看，《答谢中书书》或许不是很严饬的。四四四四的句式对属虽工，但基本上不用典藻饰。音律上平节和仄节的交替，也不完全合律。但它好就好在骈散兼行，散文的疏宕流畅之美和骈文的整炼之美结合得很好。谋篇见巧思，用语清丽含蓄，诗化了意境。

李兆洛在《骈体文钞》卷三十《答谢中书书》末批曰：“亦应尚有起讫。”认为它不是完篇。这是对书信体应该“尽言”（《文心雕龙·书记》）一点理解得过死，认为只有洋洋洒洒才算“尽言”，殊不知“文明从容，亦心声之献酬也”（同上），写信向对方把心里的话说透了，即算“尽言”。《答谢中书书》虽只六十八个字，但它已把作者幽栖山林俊赏妙悟之情趣写出来了。谢中书即谢微，出身名门，为谢朓的从侄孙，深得梁武帝萧衍之倚重。《梁书·文学传》说他：“年位尚轻，而任遇已重”。他很有才华，曾当殿赋诗三十韵，二刻便就，“其辞甚美，高祖（萧衍）再览焉”。这样一位锋芒早露、官运亨通的晚辈（谢少陶四十四岁），其骄矜自负自不待言，而陶弘景摒弃客套直抒胸臆的答书（谢的报书今已佚），愈益显出他这位“山中宰相”（《南史·陶弘景传》）的气度。（魏明安）

三　峡[1]

郦道元

自三峡七百里中，两岸连山，略无阙处。重岩叠嶂，隐天蔽日，自非亭午夜分，不见曦月。至于夏水襄陵，沿溯阻绝。或王命急宣，有时朝发白帝，暮到江陵[2]，其间千二百里，虽乘奔御风，不以疾也。

春冬之时，则素湍绿潭，回清倒影。绝𪩘多生怪柏，悬泉瀑布，飞漱其间，清荣峻茂，良多趣味。每至晴初霜旦，林寒涧肃，常有高猿长啸，属引凄异，空谷传响，哀转久绝。故渔者歌曰："巴东[③]三峡巫峡长，猿鸣三声泪沾裳。"

注 ① 三峡：瞿塘峡、巫峡、西陵峡的总称，在长江上游四川东部、湖北西部一带。据今人考证，郦道元足迹未至南方，其文实出自南朝宋盛弘之的《荆州记》。② 白帝：城名，在今四川奉节县东边山上。江陵：县名，今属湖北。　③ 巴东：郡名，东汉末置，治所在鱼复（今四川奉节东）。地控三峡之险，为蜀汉东部门户。

在诗人、画家的眼中，流动的江河，挺峙的山峦，都是有生命的。他们常与明月对饮，同清风闲谈，故出现在笔下的山水草木，也大多清新可爱，带着许多灵气。就如北魏的郦道元，他以地理学家的目光探寻自然，又以文学家的心灵感受自然，因此他的《水经注》虽是一部地理学巨著，又同时能带给人们以艺术上的莫大享受。《三峡》正是其中最具魅力的篇章之一。它仿佛是一轴瑰奇多彩的山水画长卷，令人于赏观之际不胜惊奇，不胜喜悦！

你看它开头几笔，多像是潇洒泼墨的大写意："自三峡七百里中，两岸连山，略无阙处。重岩叠嶂，隐天蔽日"。作者的视线，在无限空阔的天地间扫过，而后从上到下，又从下到上，大笔勾勒磅礴七百里的三峡全景：那耸峙两岸的群峰，拔地而起的叠嶂，便连绵疾走，瞬息之间占据了天空，遮蔽了云日。它们的涌现，简直使整个世界都黯然失色了，天地是三峡的，连"曦（日）月"也只有在"亭午（正午）夜分"，才能进入其中。

不过高山总需有流水陪衬，才显得灵气十足。至于伟岸雄峻的三峡，就更需汹涌飞驰的一江急流了。作者接着选取的，恰正是震荡三峡的浩浩"夏水"：椽笔方落，夏水即已"襄陵"（水凌于高陵之上）。那是三峡水势最盛的夏日，它滚滚滔滔，奔腾咆哮，正与两岸沉默的高山相应，为三峡带来了蓬勃的活力。而阻塞水道，漫过高陵的迅猛，又使三峡于雄峻之中，增添了几分惊险壮奇的声色。令人惊异的是，作者并没有去直接描摹江水的惊涛拍岸，江行的风波险恶；而是想落天外，在波峰浪尖之上，虚拟了一叶扁舟，让它击波逐浪，与“王命急宣”的使者骏骑相比。结果是“朝发白帝，暮到江陵”，一千二百里的行程，“虽乘奔御风，不以（如）疾也”。只八个字，便在路遥、时短、行速的比较中，显示了三峡之流无可凌逾的湍急！而虚拟中小舟和使者的出现，又赋予了雄奇的自然以无限的生命力，作者的运笔奇思，真是妙不可言。难怪后世李白，竟也因之触动灵感，写出了“朝辞白帝彩云间，千里江陵一日还”（《早发白帝城》）的名句。

三峡之美，虽以山高水急为主要特征，但也不仅仅如此。在它七百里的山山水水中，还回转着无尽的俊姿秀影。恰似一条曲折漫长的彩色画廊，一弯一转之间，向你展现的，都是令人流连的绝美画境。就说是“春冬之时”吧，三峡深幽隽逸，别是一种清奇秀脱的模样：你看那碧绿的潭水，浮漾着峰峦花树的倒影；而那些“吸翠霞而夭矫”的怪柏，把根扎在悬崖峭壁上，倾斜着躯干，真是情态百出。还有那些挂在山崖上的大大小小瀑布，正带着欢畅的笑声，从高处飞冲而下。面对着这种水清、树荣、山峻、草茂的幽秀景象，你是否也要与作者一起，发出“良多趣味”的感叹呢？

至于那些雨后初晴的秋日，或是霜花满天的早晨，三峡却又另有一番风致了：山野间寒静肃穆，仿佛含着深愁似的。寂寂的山谷之间，又常有“高猿长啸”，啸声绵长，凄凉怪异，加以“空谷传响”，很久才消失。它所带给你的，该是一脉何其缠绵的愁思！这种种惆怅和哀愁，又被作者巧妙地绾结到那一曲“猿鸣三声泪沾裳”的古朴渔歌中去，听来便愈加余音缠绕，令你神思萧散而泪水涔涔了。

细细涵咏，这篇短短的文字，竟把三峡之美，表现得何等神奇！它的山旋水转、四季变换和奇境迭出，究竟给了作者以多少画之笔意、诗之灵感呵？作者笔下的三峡，简直就是一位魁伟入云的奇男子：盛夏的奔放和热情，春冬的俊逸和闲远，秋日的忧伤和啸叹，构成了它多么丰满而多姿多态的性格。这就是绵延大江七百余里的三峡！它仿佛一直在等待着人们发现它，认识它，以至于天荒地老，亿万千年。只是到了作者的眼中、笔下，它的雄峻神奇、秀美俊逸和豪放深情，才第一次得到了欣喜惊人的表现，激起了读者的诧愕高妙的赞叹、遐想。面对着这位拥有一襟山岚的友人的到来，倘若三峡有知，恐怕也要“惊知己于千古”了。（张　巍）

与宋元思书　　吴　均

风烟俱净，天山共色，从流飘荡，任意东西。自富阳至桐庐一百许里[①]，奇山异水，天下独绝。水皆缥碧，千丈见底；游鱼细石，直视无碍。急湍甚箭，猛浪若奔。夹岸高山，皆生寒树。负势竞上，互相轩邈，争高直指，千百成峰。泉水激石，泠泠作响；好鸟相鸣，嘤嘤成韵。蝉则千转不穷，猿则百叫无绝。鸢飞戾天者，望峰息心；经纶[②]世务者，窥谷忘反。横柯上蔽，在昼犹昏；疏条交映，有时见日。

注 ① 富阳：县名，在今浙江杭州西南部，以县城位于富春江之北而得名。富春江沿岸为著名风景区。桐庐：县名，在今浙江杭州西南部、富春江沿岸。　② 经纶：筹划治理。

这是吴均写给友人的一封信，现存为节文。宋元思，一作朱元思，其人不详。吴均在这封信中，生动而简练地描写了富阳、桐庐一带富春江上的优美景色，抒写了向往自然、厌弃尘俗的心情。

“风烟俱净，天山共色”二句，以对句发端，从大处着笔，写登舟纵目的总体感受。江上风平浪静，烟光尽扫，两岸山色无垠，远与天接，视野是何等开阔，心情又是何等舒展！这正是一个秋高气爽、游目骋怀的大好时节。这两句景语孕情，大气包举，可谓善于发端。“从流飘荡，任意东西”，进一步抒写江上放舟、对景陶醉的那种自由解脱的情态。这种无定点的审美观照，正说明山光水色纷至沓来，令人目不暇接，人在大自然的美景面前仿佛变得身不由己了。这种随任式的态度，却正是自由的审美心态的独特表现方式。“自富阳至桐庐一百许里，奇山异水，天下独绝。”至此点明舟行路线。富阳在富春江下游，桐庐则在其上游，因而作者是溯江而上。这一百里左右的水路，也是富春江的最佳游程，作者用“奇山异水，天下独绝”来概括，极尽其赞叹、倾倒之情。行文至此为第一小段，是概览性的总写。

下文即承“奇山异水”而分写之。先逐层写水：“水皆缥碧，千丈见底；游鱼细石，直视无碍。”这是写江水深而清澈，以至水中游鱼，江底细石，皆历历可见。游动的鱼儿，目光很难追踪，江底的细石，通常更不易看得分明。然而作者却说“直视无碍”，那么这一江碧琉璃的晶莹澄澈，不用说是何等令人惊叹了。面对这表里俱澄澈的明镜般的江水，人的心灵也仿佛变得透明而无杂质了。这一层意思作者虽然没有说，却是可以自然联想到的。这几句写江水的明净可爱，大体是一种静态美（游鱼的动态，不过是江水明净的一种陪衬而已）。接着两句“急湍甚箭，猛浪若奔”，则开出另一境界。原来富春江也有急流险滩，它在让你领略柔和明净的风姿外，还以其奔腾湍急的波涛给人一种气势磅礴的美感。由静态而转为动态，舟行景换，可见江上风光丰富多彩。这是就“水”的一面着笔，写来姿态横生。次写“山”：“夹岸高山，皆生寒树。负势竞上，互相轩邈，争高直指，千百成峰”，写来气势非凡。两岸的高山都长着耐寒的树木，可见山色之青葱；这连绵的群山，在作者的视觉感受中不止是静穆崇高的，却还是奔放活跃的，它们仿佛在互比高低，使劲往上耸，正是这相互竞争，才形成了千百座形状不一的奇峰。这是用审美移情的眼光，写山势之高、之奇，化静为动，使人感受到大自然那种强烈的生命节奏。

以上为第二小段，分写山水之奇异，着重从视觉感受一面落笔。下文转换角度，着重写听觉感受：“泉水激石，泠泠作响；好鸟相鸣，嘤嘤成韵。蝉则千转不穷，猿则百叫无绝。”山泉声，鸟鸣声，蝉声，猿声，声调各异，自成天籁，这是一部大自然的协奏曲，多么令人心旷神怡！工整的骈语，联翩而至，语言形式本身的韵律美，更加强了所描写音响的天然韵律美，两者可谓水乳交融了。

接着从写景而转到抒写身历其境的内心感受：“鸢飞戾天者，望峰息心；经纶世务者，窥谷忘反。”那种像鹰一样具有高飞冲天的雄心的人，见了这样的高峰，也要死了超越山峰的心；那些为经营世务而奔走忙碌的人，看见这幽谷的美景，也要流连忘返。这是说优美的山水，足以使热心世务、企盼仕途腾达的人也产生隐居之想。触景生情，从审美感受引向仕途进退的人生态度的变化，进一步烘托出山水巨大的诱人魅力。文意至此似已具足，下面“横柯上蔽，在昼犹昏；疏条交映，有时见日”四句，是写山谷中树木蔽天，景象幽深，阳光只偶尔从疏枝叶隙间漏射下来。这境界是异常清冷的，热衷世务者至此自然要冷下心来。因而这四句不妨看作对上文的一种补充渲染。

这封书信短小隽永，而层次井然，写景抒情，均极简练生动。以四言句式为主，多用骈句，韵律感很强，宛如一首韵味盎然的诗，千百年来脍炙人口，不愧为六朝山水小品的上乘之作。（吴战垒）

《诗品》序　　钟　嵘

（一）

气之动物，物之感人，故摇荡性情，形诸舞咏。照烛三才，晖丽万有[①]。灵祇[②]待之以致飨，幽微藉之以昭告。动天地，感鬼神，莫近于诗。

昔《南风》之辞[③]，《卿云》之颂[④]，厥义敻矣。夏歌曰"郁陶乎予心[⑤]"，楚谣曰"名余曰正则[⑥]"，虽诗体未全，然是五言之滥觞也。逮汉李陵，始著五言之目矣[⑦]。古诗眇邈，人世难详[⑧]，推其文体，固是炎汉之制，非衰周之倡也。自王、扬、枚、马之徒[⑨]，词赋竞爽，而吟咏靡闻。从李都尉迄班婕妤，将百年间，有妇人焉，一人而已[⑩]。诗人之风，顿已缺丧。东京二百载中，惟有班固《咏史》[⑪]，质木无文。降及建安[⑫]，曹公父子[⑬]，笃好斯文；平原兄弟[⑭]，郁为文栋；刘桢、王粲[⑮]，为其羽翼。次有攀龙托凤，自致于属车者[⑯]，盖将百计，彬彬之盛，大备于时矣。尔后陵迟衰微，迄于有晋。太康[⑰]中，三张、二陆、两潘、一左[⑱]，勃尔复兴，踵武前王[⑲]，风流未沫，亦文章之中兴也。永嘉[⑳]时，贵黄老，稍尚虚谈[㉑]。于时篇什，理过其辞，淡乎寡味。爰及江表[㉒]，微波尚传，孙绰、许询、桓、庾诸公诗[㉓]，皆平典似《道德论》[㉔]，建安风力尽矣。

先是郭景纯[㉕]用隽上之才，变创其体；刘越石[㉖]仗清刚之气，赞成厥美。然彼众我寡，未能动俗。逮义熙中，谢益寿[㉗]斐然继作。元嘉中，有谢灵运[㉘]，才高词盛，富艳难踪，固已含跨刘、郭，陵轹潘、左。故知陈思为建安之杰，公幹、仲宣为辅；陆机为太康之英，安仁、景阳为辅；谢客为元嘉之雄，颜延年为辅[㉙]。斯皆五言之冠冕，文词之命世也。

夫四言，文约易广，取效《风》《骚》，便可多得。每苦文繁而意少，故世罕习焉。五言居文词之要，是众作之有滋味者也，故云会于流俗。岂不以指事造形，穷情写物，最为详切者邪？故诗有六义焉：一曰兴，二曰比，三曰赋。文已尽而意有余，兴也；因物喻志，比也；直书其事、寓言写物，赋也。宏斯三义，酌而用之，幹之以风力，润之以丹采，使咏之者无极，闻之者动心，是诗之至也。若专用比兴，则患在意深，意深则词踬。若但用赋体，则患在意浮，意浮则文散。嬉成流移[30]，文无止泊，有芜漫之累矣。

若乃春风春鸟，秋月秋蝉，夏云暑雨，冬月祁寒，斯四候之感诸诗者也。嘉会寄诗以亲，离群托诗以怨。至于楚臣去境[31]，汉妾辞宫[32]；或骨横朔野，或魂逐飞蓬；或负戈外戍，杀气雄边；塞客衣单，孀闺泪尽；又士有解佩出朝，一去忘反；女有扬蛾入宠，再盼倾国[33]：凡斯种种，感荡心灵，非陈诗何以展其义，非长歌何以骋其情？故曰："《诗》可以群，可以怨[34]。"使穷贱易安，幽居靡闷，莫尚于诗矣。

故词人作者，罔不爱好。今之士俗，斯风炽矣。才能胜衣[35]，甫就小学[36]，必甘心而驰骛焉。于是庸音杂体，各各为容。至使膏腴子弟，耻文不逮，终朝点缀，分夜呻吟。独观谓为警策，众睹终沦平钝。次有轻薄之徒，笑曹、刘[37]为古拙，谓鲍照羲皇上人[38]，谢朓[39]今古独步。而师鲍照，终不及"日中市朝满[40]"，学谢朓，劣得"黄鸟度青枝[41]"。徒自弃于高明，无涉于文流矣。

观王公搢绅之士，每博论之余，何尝不以诗为口实。随其嗜欲，商榷不同，淄渑并泛[42]，朱紫相夺[43]，喧议竞起，准的无依。近彭城刘士章[44]，俊赏之士，疾其淆乱，欲为当世诗品，口陈标榜。其文未遂，嵘感而作焉。昔九品论人[45]，《七略》裁士[46]，校以宾实，诚多未值。至若诗之为技，较尔可知，以类推之，殆均博弈。

方今皇帝[47]，资生知之上才，体沉郁之幽思，文丽日月，学究天人，昔在贵游[48]，已为称首。况八纮既奄[49]，风靡云蒸[50]，抱玉者联肩，握珠者踵武[51]。固以瞰汉魏而不顾，吞晋宋于胸中。谅非农歌辕议，敢致流别。嵘之今录，庶周旋于闾里，均之于谈笑耳。

（二）

序曰：一品之中，略以世代为先后，不以优劣为铨次。又其人既往，其文克定；今所寓言，不录存者。

夫属词比事[52]，乃为通谈。若乃经国文符，应资博古[53]；撰德驳奏，宜穷往烈[54]。至乎吟咏情性，亦何贵于用事？"思君如流水[55]"，既是即目；"高台多悲风[56]"，亦唯所见；"清晨登陇首[57]"，羌无故实；

“明月照积雪[58]”，讵出经史。观古今胜语，多非补假[59]，皆由直寻。颜延、谢庄[60]，尤为繁密，于时化之。故大明、泰始[61]中，文章殆同书钞。近任昉、王元长等[62]，词不贵奇，竞须新事。尔来作者，寖以成俗。遂乃句无虚语，语无虚字，拘挛补衲，蠹文已甚。但自然英旨，罕值其人。词既失高，则宜加事义，虽谢天才，且表学问，亦一理乎！

陆机《文赋》，通而无贬；李充《翰林》[63]，疏而不切；王微《鸿宝》[64]，密而无裁；颜延论文[65]，精而难晓；挚虞《文志》[66]，详而博赡，颇曰知言：观斯数家，皆就谈文体，而不显优劣。至于谢客集诗[67]，逢诗辄取；张隲《文士》[68]，逢文即书：诸英志录，并义在文，曾无品第。嵘今所录，止乎五言。虽然，网罗今古，词人殆集。轻欲辨彰清浊，掎摭利病，凡百二十人[69]。预此宗流者，便称才子。至斯三品升降，差非定制，方申变裁，请寄知者尔。

（三）

序曰：昔曹、刘殆文章之圣，陆、谢为体贰之才，锐精研思，千百年中，而不闻宫商[70]之辨，四声[71]之论。或谓前达偶然不见，岂其然乎！

尝试言之：古曰诗颂，皆被之金竹[72]，故非调五音，无以谐会。若“置酒高殿上”，“明月照高楼”[73]，为韵之首。故三祖之词[74]，文或不工，而韵入歌唱。此重音韵之义也，与世之言宫商异矣。今既不被管弦，亦何取于声律耶？

齐有王元长者，常谓余云：“宫商与二仪[75]俱生，自古词人不知之。惟颜宪子[76]乃云‘律吕音调’，而其实大谬。唯见范晔、谢庄[77]，颇识之耳。”常欲造《知音论》，未就而卒。王元长创其首，谢朓、沈约扬其波[78]。三贤咸贵公子孙，幼有文辩。于是士流景慕，务为精密，襞积细微，专相凌架。故使文多拘忌，伤其真美。余谓文制，本须讽读，不可蹇碍，但令清浊通流，口吻调利，斯为足矣。至平上去入，则余病未能，蜂腰鹤膝[79]，闾里已具。

陈思赠弟[80]，仲宣《七哀》[81]，公幹思友[82]，阮籍《咏怀》[83]，子卿“双凫”[84]，叔夜“双鸾”[85]，茂先寒夕[86]，平叔衣单[87]，安仁倦暑[88]，景阳苦雨[89]，灵运《邺中》[90]，士衡《拟古》[91]，越石感乱[92]，景纯咏仙[93]，王微风月[94]，谢客山泉[95]，叔源离宴[96]，鲍照戍边[97]，太冲《咏史》[98]，颜延入洛[99]，陶公《咏贫》[100]之制，惠连《捣衣》[101]之作：斯皆五言之警策者也。所谓篇章之珠泽[102]，文采之邓林[103]。

注 ① 三才：天、地、人。万有：万物。 ② 灵祇：灵，天神。祇，地神。 ③《南风》：《韩非子·外储说左上》："昔者舜鼓五弦之琴，歌《南风》之诗而天下治。"诗云："南风之薰兮，可以解吾民之愠兮；南风之时兮，可以阜吾民之财兮。" ④《卿云》：指《卿云（即"庆云"）歌》。《尚书大传》："舜将禅禹，于时俊乂百工，相和而歌《卿云》。帝乃倡之曰：'卿云烂兮，纠缦缦兮。日月光华，旦复旦兮。'"后人多指其伪。 ⑤ 郁陶乎予心：见《书·夏书·五子之歌》。 ⑥ 名余曰正则：见《楚辞·离骚》。 ⑦"逮汉李陵"二句：《文选》有李陵《与苏武诗》三首。《文章缘起》："五言诗，创于汉骑都尉李陵《与苏武诗》。"历代学者多认为是后人伪托。 ⑧"古诗"二句：古诗，指《古诗十九首》及其他同题诗。人，指"古诗"的作者；世，指"古诗"的写作年代。 ⑨ 王、扬、枚、马：王褒、扬雄、枚乘、司马相如，皆汉代赋家。 ⑩"从李都尉"四句：李都尉，指李陵。班婕妤，汉成帝婕妤（女官）。《玉台新咏》载其《怨诗》一首（《文选》题为《怨歌行》），恐系魏代伶人伪托。有妇人，指班婕妤。一人，指李陵。 ⑪ 班固《咏史》：班固有《咏史》，见《文选·永明九年策秀才文》注。⑫ 建安：汉献帝年号，公元196—220年。文学史上的"建安"，多指汉末包括魏初。 ⑬ 曹公父子：指曹操及其子曹丕。 ⑭ 平原兄弟：指曹植及其异母弟白马王曹彪。曹植曾封平原侯。 ⑮ 刘桢、王粲："建安七子"中的二人。刘桢字公幹，王粲字仲宣。 ⑯"次有"二句：龙、凤，指君王，此指曹氏父子。属车，侍从之车。 ⑰ 太康：晋武帝年号，公元280—289年。 ⑱ 三张：张载与弟张协、张亢。二陆：陆机与弟陆云。两潘：潘岳与其侄潘尼。一左：左思。 ⑲ 踵武前王：屈原《离骚》："及前王之踵武。"踵，追。武，迹。此谓继建安之盛况。⑳ 永嘉：晋怀帝年号，公元307—313年。 ㉑ 黄老：黄帝与老子，二人为道家所奉的始祖，用以称代道家。虚谈：清谈，专谈玄理。 ㉒ 江表：古地区名，指长江以南地。从中原人看来，地在长江之外，故称"江表"。东晋都建康（今江苏南京），故以江表代称东晋。 ㉓ 孙绰：东晋玄言诗代表作家。许询：东晋著名玄言诗人。桓：桓温。庾：庾亮。二人诗今不存。一说桓指桓伟，庾指庾友、庾蕴，三人均有《兰亭诗》，但其声望地位似均不足以称"公"。 ㉔《道德论》：阐述道家思想的论文。三国魏何晏、夏侯玄、阮籍都写过此题的文章，今不存。㉕ 郭景纯：晋郭璞，《游仙诗》为其代表作。 ㉖ 刘越石：刘琨，今存诗四首。㉗ 义熙：东晋安帝年号，公元405—418年。谢益寿：名混，字叔源，小字益寿，谢安之孙。其诗清新，长于写景。 ㉘ 元嘉：南朝宋文帝年号，公元424—453年。谢灵运：南朝宋著名诗人，小名客儿，故又称"谢客"。 ㉙ 安仁：潘岳字。景阳：张协字。颜延年：颜延之字。 ㉚ 嬉成流移：嬉，轻浮。流移，油滑。㉛ 楚臣去境：楚臣，指屈原。去境，被放逐。 ㉜ 汉妾辞宫：汉妾，指王昭君。昭君出塞和亲辞别汉宫。 ㉝"女有"二句：蛾，蛾眉。《汉书·外戚传》："孝武李夫人，本以倡进。初夫人兄延年……侍上，起舞歌曰：‘北方有佳人，绝世而独立。一顾倾人城，再顾倾人国。宁不知倾城与倾国，佳人难再得。’上叹息曰：‘善，世岂有此人乎?’平阳主因言延年有女弟，上乃召见之，实妙丽善舞，由是得幸。” ㉞“《诗》可以群”二句:《论语·阳货》:“诗可以兴，可以观，可以群，可以怨。”群，群居相切磋；怨，讽刺朝政。 ㉟胜（shēng 升）衣：儿童稍长，体力足以承受得起成人衣服的重量。 ㊱小学:《汉书·食货志》:“八岁入小学，学六甲五方书计之事。” ㊲曹、刘：曹植、刘桢。 ㊳鲍照：南朝齐著名诗人。羲皇上人：言伏羲时代以上的人。陶渊明《与子俨等疏》:“常言五六月中，北窗下卧，遇凉风暂至，自谓是羲皇上人。”此句谓轻薄之徒尊崇鲍照之地位。 ㊴谢朓：南朝齐著名诗人。 ㊵日中市朝满：鲍照《代结客少年场行》诗句。 ㊶黄鸟度青枝：南朝齐虞炎《玉阶怨》诗句。劣得：仅得。㊷淄渑：二水名。在今山东省境内。相传二水味异，合则难辨。并泛：混合在一起。 ㊸朱紫相夺:《论语·阳货》:“恶紫之夺朱也。”朱为正色，紫为杂色。夺，代替。 ㊹彭城刘士章：刘绘，字士章，南朝齐彭城（今江苏徐州）人。《诗品》列入下品。 ㊺九品论人:《汉书·古今人表》列九等之序，曰上上、上中、上下、中上、中中、中下、下上、下中、下下，以位置古今人物。 ㊻《七略》裁士:《汉书·艺文志》载，刘歆总群书而奏《七略》，有《辑略》《六艺略》《诸子略》《诗赋略》《兵书略》《术数略》《方技略》，为我国最早的目录学著作。此指分七类以划分作家。 ㊼方今皇帝：指梁武帝萧衍。 ㊽昔在贵游：指萧衍称帝前和另外一些文士的交游。《梁书·武帝纪》:“（齐）竟陵王（萧）子良开西邸，招文学，高祖与沈约、谢朓、王融、萧琛、范云、任昉、陆倕等并游，号曰八友。”世称“竟陵八友”。 ㊾八纮既奄：八纮，八方。奄，包有。此指萧衍做了皇帝，包有天下。 ㊿风靡云蒸:《易·乾·文言》:“云从龙，风从虎。”谓有许多人才出来辅佐。 (51)抱玉、握珠：皆谓有才华的文人。曹植《与杨德祖书》:“人人自谓握灵蛇之珠，家家自谓抱荆山之玉。” (52)属词比事:《礼记·经解》:“属词比事，《春秋》教也。”谓组织词句，排比事实。 (53)经国文符，应资博古：有关国家大事的文书，应该通晓古事，旁征博引去写作。(54)撰德驳奏，宜穷往烈：撰述名人德行和驳议、奏疏等文章，应该尽量称引古人的功业。 (55)思君如流水：徐幹《室思》诗句。 (56)高台多悲风：曹植《杂诗》句。 (57)清晨登陇首:《北堂书钞》卷一五七引晋张华诗:“清晨登陇首，坎壈行山难。岭阪峻阻曲，羊肠独盘桓。” (58)明月照积雪：谢灵运《岁暮》诗句。(59)补假：补缀、假借，谓借用前人语句典故，补缀成诗。 (60)颜延：颜延之。谢庄：字希逸。二人皆南朝宋文学家。 (61)大明：宋孝武帝年号，公元 457—464 年。泰始：宋明帝年号，公元 465—471 年。 (62)任昉：南朝梁文学家。王元长：名融，南朝齐文学家。 (63)李充《翰林》：李充，东晋初人。《隋书·经籍志》总集类著录其《翰林论》三卷，为文学评论之作。书已亡佚，严可均《全晋文》辑存其佚文八则。 (64)王微《鸿宝》：王微，南朝宋人。《隋书·经籍志》杂家类著录有《鸿宝》十卷，不著撰人，其书已佚。 (65)颜延论文：颜延之《庭诰》中有论文之语，又《太平御览》亦引录其有关文学言论数则。 (66)挚虞《文志》:《晋书·挚虞传》:“虞撰《文章志》四卷。”论作家文体，理甚惬当，为世所重。

今佚。 ⑥⑦ 谢客集诗:《隋书·经籍志》总集类有谢灵运《诗集》五十卷、《诗集钞》十卷、《诗英》九卷,俱佚。 ⑥⑧ 张隲《文士》:《隋书·经籍志》杂传类著录张隐《文士传》五十卷。“隐”当作隲,形近而误。书今佚。 ⑥⑨ 百二十人:陈振孙《直斋书录解题》:“《诗品》三卷,梁记室参军钟嵘仲伟撰。以古今作者为三品而评之,上品十一人,中品三十九人,下品六十九人。”按下品实收七十二人,共一百二十三人。此云“百二十人”,系举成数而言。 ⑦⓪ 宫商:五音的名称,这里是四声的代用语。 ⑦① 四声:平、上、去、入。 ⑦② 金竹:金属和竹做的乐器。此指音乐。 ⑦③ 置酒高殿上:曹植《箜篌引》诗句。明月照高楼:曹植《七哀》诗句。 ⑦④ 三祖:指魏武帝曹操,太祖;魏文帝曹丕,高祖;魏明帝曹睿,烈祖。 ⑦⑤ 二仪:《易·系辞上》:“是故易有太极,是生两仪。”二仪即两仪,指天、地。 ⑦⑥ 颜宪子:即颜延之。宪子是其谥号。 ⑦⑦ 范晔:南朝宋史学家、文学家,《后汉书》作者。其《狱中与诸甥侄书》云:“性别宫商,识清浊,斯自然也。观古今文人,多不全瞭此处。纵有会此者,不必从根本中来,言之皆有实证,非为空谈。年少中,谢庄最有其分。” ⑦⑧“王元长创其首”二句:谓王融、沈约等提倡四声八病之说。《宋书·文学·陆厥传》:“永明(南齐武帝年号,公元483—493年)末,盛为文章。吴兴沈约、陈郡谢朓、琅邪王融以气类相推毂,汝南周颙善识声韵。约等文皆用宫商,以平上去入为四声,以此制韵,不可增减,世呼为永明体。”沈约,南朝梁文学家。 ⑦⑨ 蜂腰鹤膝:沈约等人提出诗歌创作上八病(平头、上尾、蜂腰、鹤膝、大韵、小韵、旁纽、正纽)中的两种。 ⑧⓪ 陈思赠弟:陈思王曹植有赠异母弟曹彪诗,即《赠白马王彪》。 ⑧① 仲宣《七哀》:王粲有《七哀诗》。 ⑧② 公幹思友:刘桢有《赠徐幹诗》,为思友之作。 ⑧③ 阮籍《咏怀》:阮籍字嗣宗,三国魏诗人,“竹林七贤”之一。有《咏怀》诗八十二首。 ⑧④ 子卿“双凫”:《古文苑》载苏武《别李陵诗》有“双凫俱北飞,一凫独南翔”之句;“子卿(苏武)”疑为“少卿(李陵)”之误。 ⑧⑤ 叔夜“双鸾”:嵇康字叔夜,三国魏文学家,“竹林七贤”之一。其《赠秀才》诗有“双鸾匿景曜,戢翼太山崖”之句。 ⑧⑥ 茂先寒夕:张华字茂先。其《杂诗》有“繁霜降当夕”之句,下又云“重衾无暖气,挟纩如怀冰”,“寒夕”括其诗意。 ⑧⑦ 平叔衣单:何晏字平叔,三国魏文学家,其“衣单”诗已佚。 ⑧⑧ 安仁倦暑:潘岳字安仁。其《在怀县作》诗有“初伏启新节,隆暑方赫羲。朝想庆云兴,夕迟白日移。挥汗辞中宇,登城临清池。凉飙自远集,轻襟随风吹”等句,故曰“倦暑”。 ⑧⑨ 景阳苦雨:张协《杂诗》有云:“云根临八极,雨足洒四溟。霖沥过二旬,散漫亚九龄。阶下伏泉涌,堂上水衣生。洪潦浩方割,人怀昏垫情。……”是所谓“苦雨”诗。江淹《杂体诗》中有《拟张黄门协苦雨》一题。 ⑨⓪ 灵运《邺中》:谢灵运有《拟魏太子邺中集诗八首》并序。 ⑨① 士衡《拟古》:陆机有《拟古诗》十二首。 ⑨② 越石感乱:刘琨有《扶风歌》《重赠卢谌》,皆“感乱”之作。江淹《杂体诗》中有《拟刘太尉琨伤乱》一题。 ⑨③ 景纯咏仙:郭璞有《游仙诗》十九首。 ⑨④ 王微风月:王微有集十卷已佚,其“风月”诗亦不传。 ⑨⑤ 谢客山泉:谢灵运以山水诗著名,此以“山泉”代称所作。或谓“谢客”当指谢朓、谢庄或谢瞻,疑不能明也。 ⑨⑥ 叔源离宴:谢混字叔源。其《送二王在领军府集诗》末二句云:“乐酒辍今辰,离端起来日。”“离宴”当指此。 ⑰ 鲍照戍边：鲍照有《代出自蓟北门行》，为咏戍边之作。 ⑱ 太冲《咏史》：左思有《咏史诗》八首。 ⑲ 颜延入洛：颜延之有《北使洛》诗。 ⑳ 陶公《咏贫》：陶渊明有《咏贫士》诗七首。 ⑳ 惠连《捣衣》：南朝宋文学家谢惠连有《捣衣诗》。 ⑳ 珠泽：《穆天子传》：“天子北征，舍于珠泽。”郭璞注：“此泽出珠，因名之云。”此言篇章富润如珠泽。 ⑳ 邓林：《列子·汤问》：“夸父不量力，欲追日影，逐之于隅谷之际……道渴而死。弃其杖，尸膏肉所浸，生邓林。邓林弥广数千里焉。”此以邓林喻文采荟萃之地。

作为“百代诗话之祖”，钟嵘《诗品》“深从六艺溯流别”“思深而意远”（章学诚《文史通义·诗话》），与刘勰《文心雕龙》堪称六朝文学批评史上的双璧。作为我国第一部诗论著作，《诗品》所揭示的诗歌史观、批评标准、诗歌发生论和方法论，在我国诗歌史和美学史上有重要地位。而这些诗歌理论，除上中下三品品语外，主要表现在《〈诗品〉序》中。《〈诗品〉序》，是钟嵘美学思想的代表，是《诗品》进行诗歌评论的理论纲领。

最早的《〈诗品〉序》，如《梁书·钟嵘传》所引，是从“气之动物，物之感人”到“庶周旋于闾里，均之于谈笑耳”的一段文字，即文中（一）的那部分。而文中（二）实为上品小序或后序；文中（三）是中品的小序或后序。在宋末至元的流传过程中，由于经过三卷本——一卷本——三卷本的版式变化，使原来的上品后序误与中品品语相连；中品后序误与下品品语相连，最后变成了“中品序”和“下品序”。这就是《四库全书》所说，《诗品》“分为上、中、下三品，每品之首，各冠以序”的情况。这种将“诗品序”误为“上品序”，“上品后序”误为“中品序”，“中品后序”误为“下品序”的做法，明显存在不合理的地方。故清人何文焕刻《历代诗话》，索性将不能致辨的三品序以三品前汇集起来一并刻于卷首。目前通行本有两种：一种是三序分置三品品语前，一种是三序合一置于卷首。这两种序言的位置都是错误的。本文为叙述的方便，仍将三序合一列论，仅以（一）、（二）、（三）标识加以区别，而略去考证部分和位置不同带来某些意义差别的论述。

《〈诗品〉序》的酝酿写作，大约在天监初年，完成则在天监十七年（518）沈约死后，前后大致经过十几年时间。《诗品》和《〈诗品〉序》的写作，主要鉴于三点情况：一是汉末盛行起来的五言诗，经过三百五十多年的发展，已蔚为大观，作为表达情感思想的载体，它在形式上的优势已十分明显。二是当时诗风盛炽，“终朝点缀，分夜呻吟”使诗歌充满“庸音杂体”，尤以“王公搢绅之士”谈诗，“随其嗜欲，商榷不同。淄渑并泛，朱紫相夺”，以致形成“喧议竞起，准的无依”的情况令人不可容忍。三是当时的文学评论著作，如陆机的《文赋》，李充的《翰林》，王微的《鸿宝》，乃至张隲的《文士》，谢灵运的集诗，都“就谈文体，不显优劣”，“诸英志录，并义在文，曾无品第”。这使钟嵘决心“辨彰清浊，掎摭利病”，参考《七略》裁士，九品论人的方法写作一部《诗品》，并把自己的文学观和美学观阐述清楚。

《〈诗品〉序》即（一），主要阐述了这样几个问题：

首先是诗歌发生论。从“气之动物，物之感人”至“动天地，感鬼神，莫近于诗”，“若乃春风春鸟”至“莫尚于诗矣”，除说明诗的功用外，主要阐述了诗歌的发生问题。钟嵘认为：诗之发生，是人有感情需要发泄，而人的感情，又是外界客观事物作用于主观心灵的结果。外物作用分两种：一是客观自然。由四季变换引起自然万物代谢触动人的情思，这就是“春风春鸟，秋月秋蝉，夏云暑雨，冬月祁寒，斯四候之感诸诗者也”。二是社会生活。由社会生活中的悲欢离合，种种遭际触发人的哀怨心理和英雄失路的慷慨，这就是“楚臣去境，汉妾辞宫；或骨横朔野，或魂逐飞蓬；或负戈外戍，杀气雄边；塞客衣单，孀闺泪尽”，“士有解佩出朝，一去忘反；女有扬蛾入宠，再盼倾国”的情形。值得注意的是：“汉妾”“孀闺”“扬蛾入宠”等，都是以女子哀怨心理和她们内心的情绪天地为例证的，因此更具感染力。

第二阐述了自《南风》之辞、《卿云》之颂以来的五言诗史。时代经历了夏歌、楚谣、汉、东京二百载、建安、晋、太康、永嘉、江表、义熙、元嘉，直至“方今”的阶段；人物有屈原、李陵、班婕妤、班固、三曹、七子、孙绰、许询、郭璞、刘琨、谢混、谢灵运，直至梁武帝萧衍等人，把时代与诗人交织在一起，论述诗体的产生、演变、发展、风格上的变化和由历代著名诗人代表的诗歌主流。其中以“逮”“始”“推”“固是”“非”“自”“从”“惟有”“降及”“尔后”“迄于”“爰及”“先是”“故知”等发端连接词值得注意，它们仿佛是一根绳索，不仅贯穿起时代与诗人，表现了作者的评价，且一气到底，把千年诗史概括殆尽而不给人以重复之感，兼得清刚的文气和顿挫转换之妙。

第三阐述了作为新兴载体的五言诗形式。四言诗的衰落是因为它“文繁而意少”，五言的兴盛是因为这种形式“指事造形，穷情写物，最为详切”，是“众作之有滋味者”。钟嵘指出：诗的“六义”，其中“赋、比、兴”方法仍适用于五言诗。同时，对汉儒赋、比、兴的定义又作了新的阐释。尤其把“兴”释为“文已尽而意有余”，从吟咏情性和审美的角度去把握，表现出一种新的创造精神。与这种创造精神关联的是，作为方法论，作诗“若专用比兴，患在意深，意深则词踬”，但若专用赋体，又“患在意浮，意浮则文散”，故此三义，应“酌而用之”。这是一个重要的创作原则。

第四针对五言诗写作庸音杂体，越写越滥的时尚提出批评，表明自己继承彭城刘士章的初衷写作《诗品》，为世人树立准的和理论标准的决心。

作为“上品后序”和“中品后序”，（二）、（三）是前“诗品序”的补充（现已作为广义的《〈诗品〉序》的一部分）。自“一品之中，略以世代为先后”至“今所寓言，不录存者”，及“嵘今所录”至“预此宗流者，便称才子”应为撰例。上品后序，即（二）主要解释上品十二人，为何无一齐、梁诗人的原因。在阐明近世诗人任昉、王元长等“词不贵奇，竞须新事”缺点的同时，表明了自己的诗学观。即：作为抒情的诗歌作品，不同于“经国文符”，“应资博古”；也不类似“撰德驳奏”，“宜穷往烈”，不需要故实和经史，只要“思君如流水”式的直寻和“高台多悲风”式的即目。“自然英旨”“直寻”的“真美”——乃是钟嵘最高的美学理想。中品后序，即（三）主要解释当代文学巨匠沈约为何仅列于中品的原因。通过对沈约、谢朓、王元长在诗歌音律上“务为精密，襞积细微，专相陵架。故使文多拘忌，伤其真美”的做法提出批评的同时，确立了自己诗歌音律美学。末段“陈思赠弟”至“文采之邓林”，应为全书的赞论或总跋，是“结言于四字之句，盘桓乎数韵之辞，约举以尽情，昭灼以送文”（《文心雕龙·颂赞》）的总括之辞。从全书章法结构看，《〈诗品〉序》首论诗歌发生，次述五言诗之纲领，末举五言诗警策佳篇以示诗界法程，结构谨严而论之有序。

与同时人刘勰的《文心雕龙》相比较，除整体上刘勰重视教化，钟嵘重视抒情；《文心雕龙》理论系统更强而《〈诗品〉序》在美学更有突破创新外，在语言、文风上亦存在很大差异。刘勰论宋初文咏“俪采百字之偶，争价一句之奇；情必极貌以写物，辞必穷力而追新”，对这一倾向语带微词，而《文心雕龙》却正是用“俪采百字之偶”的形式写成的，且颇有“争价一句之奇”，“穷力追新”的倾向，文章写得极为宏丽。钟嵘也能写这种漂亮文章，《南史·钟嵘传》说钟嵘做衡阳王元简记室时，曾作《瑞室颂》旌表居士何胤，“辞甚典丽”。但钟嵘写《诗品》，用的却是长短参差，自由活泼的散文形式。也许他认为理论文章不宜逞弄才藻，逞弄才藻的结果，便使文章有拘忌蹇碍的可能，而清新刚健、灵活自如的散文才更适宜说理，更能与他所标举的美学观相契合。刘勰用骈体写体大思精的理论问题是一种创造，钟嵘用轻松活泼、刚健清新的散文品评诗歌，同样是一种创造。从而给我们留下的，不仅有深邃的文学思想，精彩纷呈的美学理论，更有文体表达上的楷模作用和敢于突破的创新精神。（曹　旭）

《哀江南赋》序　　庾　信

粤以戊辰之年，建亥之月，大盗移国，金陵瓦解[①]。余乃窜身荒谷[②]，公私涂炭；华阳奔命，有去无归[③]。中兴道销，穷于甲戌[④]。三日哭于都亭，三年囚于别馆[⑤]。天道周星，物极不反[⑥]。傅燮之但悲身世，无处求生[⑦]；袁安之每念王室，自然流涕[⑧]。昔桓君山之志事，杜元凯之平生，并有著书，咸能自序[⑨]。潘岳之文采，始述家风；陆机之辞赋，先陈世德[⑩]。信年始二毛，即逢丧乱，藐是流离，至于暮齿[⑪]。《燕歌》远别，悲不自胜[⑫]；楚老相逢，泣将何及[⑬]！畏南山之雨，忽践秦庭[⑭]；让东海之滨，遂餐周粟[⑮]。下亭漂泊[⑯]，高桥羁旅[⑰]。楚歌非取乐之方，鲁酒无忘忧之用[⑱]。追为此赋，聊以记言。不无危苦之辞，唯以悲哀为主[⑲]。

日暮途远，人间何世[⑳]！将军一去，大树飘零[㉑]；壮士不还，寒风萧瑟[㉒]。荆璧睨柱，受连城而见欺[㉓]；载书横阶，捧珠盘而不定[㉔]。钟仪君子，入就南冠之囚[㉕]；季孙行人，留守西河之馆[㉖]。申包胥之顿地，碎之以首；蔡威公之泪尽，加之以血[㉗]。钓台移柳，非玉关之可望；华亭鹤唳，岂河桥之可闻[㉘]！

孙策以天下为三分，众才一旅；项籍用江东之子弟，人唯八千。遂乃分裂山河，宰割天下[㉙]。岂有百万义师，一朝卷甲，芟夷斩伐，如草木焉[30]！江淮无涯岸之阻，亭壁无藩篱之固。头会箕敛者，合纵缔交；锄櫌棘矜者，因利乘便[31]。将非江表王气，终于三百年乎[32]？是知并吞六合，不免轵道之灾[33]；混一车书，无救平阳之祸[34]。呜呼！山岳崩颓，既履危亡之运；春秋迭代，必有去故之悲。天意人事，可以凄怆伤心者矣！况复舟楫路穷，星汉非乘槎可上；风飙道阻，蓬莱无可到之期[35]。穷者欲达其言，劳者须歌其事[36]。陆士衡闻而抚掌，是所甘心；张平子见而陋之，固其宜矣[37]！

注 ① 粤：同“曰”，发语辞。戊辰：梁武帝太清二年（548）。建亥之月：十月。大盗移国：语见《后汉书·光武帝纪赞》，谓王莽篡位，此指侯景作乱。侯景于太清二年八月举兵反，十月攻陷建康（即金陵，今江苏南京），梁武帝饿死台城。侯景先立简文帝萧纲，继立豫章王萧栋，旋又废萧栋自立。后为梁将陈霸先、王僧辩所败，被部将所杀。 ② 荒谷：《左传·桓公十三年》：“莫敖缢于荒谷。”杜预注：“荒谷，楚地。”在今湖北江陵县西。此借指江陵。《北史·庾信传》：“侯景作乱，梁简文帝命信率宫中文武千余人，营于朱雀航。及景至，信以众先退。台城陷后，信奔于江陵。” ③“华阳”二句：华阳，指江陵。江陵在华山之南，山南为阳，故称。奔命，指奉命出使。建康陷落后，梁元帝萧绎在江陵自立。承圣三年（554），命庾信出使西魏，是年十一月，西魏攻陷江陵，元帝被杀，庾信从此被羁留北方，故曰“有去无归”。 ④“中兴”二句：中兴，指梁元帝即位，平侯景之乱。嗣后被杀。道销，国运销亡。 ⑤“三日”二句：《晋书·罗宪传》：宪为蜀守永安城，“知刘禅降，乃率所统临于都亭三日。”临，哭。都亭，外城的驿亭。上句用此典，借喻自己对梁亡的哀痛。三日是虚指，言其多。《左传·昭公二十三年》：“晋人来讨，叔孙婼如晋，晋人执之。……乃馆诸箕。”箕，晋国别都，在今山西蒲县东北。馆，这里意为隔离软禁。引用此典故，取其出使被囚这一层意思。三年也是虚指，非实数。 ⑥“天道”二句：意谓照上天的道理，岁星（或称太岁、木星、周星）每十二年绕天一周，周而复始。但现在“物极不反”，梁朝自江陵败后，至今不能复兴。《鹖冠子·环流》：“物极则反，命曰环流。”言事物发展到极点则向自身的反面转化。庾信则反其意而用之。 ⑦“傅燮”二句：《后汉书·傅燮传》载：傅燮字南容，汉阳太守。王国、韩遂等围攻汉阳，城中兵少粮尽。其子幹劝他弃郡归乡，将来别辅明主。傅燮慨然而叹：“世乱不能养浩然之志，食禄又欲避其难乎？吾行何之，必死于此！”遂麾左右进兵，临阵战殁。这两句用的是傅燮悲叹自己的遭遇，及“吾行何之，必死于此”之意。 ⑧“袁安”二句：《后汉书·袁安传》：袁安字邵公，官司徒。和帝时，“安以天子幼弱，外戚擅权，每朝会进见，及与公卿言国家事，未尝不噫呜流涕”。这两句悲叹梁朝的覆亡。 ⑨“昔桓君山”四句：《后汉书·桓谭传》：“桓谭字君山。著书言当世行事二十九篇，号曰《新论》。”《晋书·杜预传》：“杜预字元凯。既立功之后，从容无事，乃耽思经籍，为《春秋左氏经传集解》。”志事，有志于事业。自序，叙述自己生平的文章。 ⑩“潘岳”四句：潘岳，字安仁，西晋诗人，作有《家风诗》。《世说新语·文学》：“潘因此遂作《家风诗》。”刘孝标注：“岳《家风诗》载其宗祖之德，及自戒也。”陆机，字士衡，西晋文学家，其祖父陆逊、父陆抗均为东吴名将。机有《祖德赋》《述先赋》，述其祖先功德。 ⑪“信年”四句：二毛，头发斑白。丧乱，指梁朝的变故，侯景攻陷台城为公元549年，庾信三十七岁；西魏陷江陵为554年，庾信四十二岁，正值中年，故头发已花白。藐，通“邈”，远。暮齿，晚年。 ⑫“《燕歌》”二句：《燕歌行》，乐府平调曲名。以曹丕所作二首为最早，言时序迁换，行役不归，妇人怨旷无所诉也。燕（yān 烟），地名。《北史·王褒传》：“褒曾作《燕歌》，妙画塞北寒苦之状，元帝及诸文士并和之，而竟为凄切之辞。”以为西魏入侵，元帝出降之征验。庾信亦有和作一篇。此言作者远别故国，悲不自胜。 ⑬“楚老”二句：《列子·周穆王》：“燕人生于燕，长于楚，及老而还本国。过晋国，同行者诳之，指城曰：‘此燕国之城。’其人愀然变容。指社曰：‘此若（你）里之社。’乃喟然而叹。指舍曰：‘此若先人之庐。’乃涓然而泣。指垅曰：‘此若先人之冢。’其人哭不自禁。”此言思念故国，唯有悲泣。 ⑭“畏南山”二句：《列女传·贤明传·陶答子妻》：“妾闻南山有玄豹，雾雨七日而不下食者，何也？欲以泽其毛而成文章也，故藏而远害。”忽，匆匆。秦庭，指西魏都城长安，旧为秦地。此两句说，自己本有隐居远害之志，然国事危急，不得不匆匆出使西魏。 ⑮“让东海”二句：《史记·齐太公世家》：“（齐康公）十九年，田常曾孙田和始为诸侯，迁康公海滨。”此指宇文觉篡代西魏建立北周的事，但作者这里不说篡代而说“让”（禅让）。庾信在北周做官，故不直言篡夺。这也是庾信所亲历的一件大事，不在赋本文范围之内，故在序里带叙一笔。“遂餐周粟”，反用伯夷、叔齐耻食周粟事，点出他在北周做官。“北周”与“姬周”也是巧合。而上句不说“篡”而说“让”（禅让），是饰美之词，也可见他用字的苦心。 ⑯“下亭”句：《后汉书·独行·范式传》：“孔嵩辟公府，之京师，道宿下亭，盗共窃其马。”这句说途中之狼狈。 ⑰高桥：《后汉书·逸民·梁鸿传》：梁鸿“至吴（今江苏苏州），依大家皋伯通，居庑下（堂下周围的廊屋），为人赁舂”。高桥，一作“皋桥”，在苏州阊门内。这句说自己在他乡作客，寄人篱下。 ⑱“楚歌”二句：《史记·留侯世家》：汉高祖欲废太子，立戚夫人子赵王如意。张良定计请商山四皓辅太子，高祖认为太子羽翼已成，很难动摇，以告戚夫人。“戚夫人泣。上（高祖）曰：‘为我楚舞，吾为若楚歌。’……歌数阕，戚夫人嘘唏流涕，上起去，罢酒。”鲁酒，鲁国所酿的酒。《庄子·胠箧》：“鲁酒薄而邯郸围。”唐陆德明《经典释文·庄子音义》引汉许慎注《淮南子》（《缪称训》）云：“楚会诸侯，鲁、赵俱献酒于楚王，鲁酒薄而赵酒厚。楚之主酒吏求酒于赵，赵不与。吏怒，乃以赵厚酒易鲁薄酒，奏之。楚王以赵酒薄，故围邯郸（赵国都城）也。”后世遂以鲁酒为薄酒。这两句说，楚歌只会引起悲泣，鲁酒无解忧之用。 ⑲“不无”二句：嵇康《琴赋》：“称其材干，则以危苦为上；赋其声音，则以悲哀为主。” ⑳“日暮”二句：《史记·伍子胥列传》：“吾日暮途远，吾故倒行而逆施之。”索隐：“譬如人行，前途尚远，而日势已暮。”人间世，《庄子·人间世》王先谦集解云：“谓当世也。”这两句说，人事变化无常，不知目前又是怎样一个世界，而自己已经日薄西山，路途尚远，难以为力了。 ㉑“将军”二句：《后汉书·冯异传》：“每所止舍（歇息），诸将并坐论功，异常独屏（退避）树下，军中号曰‘大树将军’。”这两句与原出典无关，只借用其字面，说自己离开了江陵后，梁朝便飘摇零落了。将军，作者自指。 ㉒“壮士”二句：《史记·刺客列传》：荆轲入秦谋刺秦王，在易水边作歌曰：“风萧萧兮易水寒，壮士一去兮不复还。”喻自己出使西魏，将不复还。 ㉓“荆璧”二句：《史记·廉颇蔺相如列传》载：赵惠文王得楚（即“荆”）和氏璧，秦昭王闻之，愿以十五城易璧，赵王遂使蔺相如奉璧入秦。秦王大喜，传以示美人及左右。相如见秦王无意以城与赵，“乃前曰：‘璧有瑕，请指示王。’王授璧，相如因持璧却立，倚柱，怒发上冲冠，谓秦王曰：‘……臣观大王无意偿赵王城邑，故臣复取璧。大王必欲杀臣，臣头今与璧俱碎于柱矣！’相如持其璧睨柱，欲以击柱，秦王恐其破璧，乃辞谢，固请，召有司案图，指从此以往十五都予赵”。这两句说蔺相如出使秦国，不曾被秦王欺侮，而自己出使西魏却被拘留而不得归。 ㉔“载书”二句：《史记·平原君列传》：“平原君与楚合从，言其利害，日出而言之，日中不决。毛遂按剑历阶而上。”责楚王。“楚王曰：‘唯唯，诚若先生之言，谨奉社稷而以从。’毛遂谓楚王之左右曰：‘取鸡狗马之血来！’毛遂奉铜盘而跪进之。楚王曰：“王当歃血而定从，次者吾君，次者遂。’遂定从于殿上。”载书，盟书。珠盘，诸侯盟誓用器，以盛牛耳。这两句反用毛遂故事，说自己出使西魏没有完成使命。 ㉕“钟仪”二句：《左传·成公七年》载：楚子重伐郑，囚钟仪，献于晋，晋人囚之于军府。九年，“晋侯观于军府，见钟仪问之曰：‘南冠而絷者谁也？’有司对曰：‘郑人所献楚囚也。’使税之。召而吊之。再拜稽首。问其族，对曰：‘伶人也。’使与之琴，操南音。……文子曰：‘楚囚，君子也。……君盍归之，使合晋、楚之成。’公从之，重为之礼，使归求成”。这两句以钟仪自比，言己本楚人，而羁留魏、周，如南冠之囚，且不得释归，连楚囚也不如。 ㉖“季孙”二句：《左传·昭公十三年》载，诸侯盟于平丘，晋侯不准鲁昭公与盟，并逮捕其卿季孙意如，带回晋国。后欲释放，而季孙欲得盟会相送之礼然后去，使得晋国方面感到为难。辗转设法叫叔鱼去劝季孙，说听见官吏们讲“将为子除馆于西河”，准备在西河造房子把你安置在那里，怎么办？西河是晋的西部边境，离鲁国更远，季孙害怕远，就赶紧回去了。行人，使者。这两句以季孙自比，说自己出使西魏，不得南归，而被留于长安。 ㉗“申包胥”四句：《左传·定公四年》载，吴伐楚，攻入郢都（楚都，今湖北江陵北十里之纪南城）。楚大夫申包胥至秦请救兵，“立，依于庭墙而哭，日夜不绝声，勺饮不入口七日”。终于感动秦哀公答应出兵。申包胥在地下叩了九个头表示感谢，这才坐下。刘向《说苑·权谋》：“蔡威公闭门而泣，三日三夜，泣尽而继之以血，曰：‘吾国且亡！’”这里说自己未能感动西魏，使梁免于灭亡，对梁亡非常伤心。 ㉘“钓台”四句：钓台在武昌西北。移，应作“栘”，杨树。玉关，玉门关。华亭，在今上海市松江县境，为陆机家乡。陆机被害之前说：“华亭鹤唳，岂可复闻乎？”河桥是陆机被害的地方，在今河南境内。这一联说，故国的树木不是羁留在北方的人所能望见；故国的鸟鸣自己也听不到了。 ㉙“孙策”六句：孙策字伯符。《三国志·吴志·孙策传》：“（袁）术表策为折冲校尉，兵才千余，骑数十匹，宾客愿从者数百人。”又《陆逊传》：“昔桓王（孙策卒后追谥长沙桓王）创基，兵不一旅，而开大业。”言孙策兵少。《史记·项羽本纪》：籍字羽，随其季父起事反秦，“举吴中兵，使人收下县（吴郡四周诸县），得精兵八千人”。亦言其兵不多。贾谊《过秦论》：“秦有余力而制其弊，追亡逐北，伏尸百万，流血漂橹。因利乘便，宰割天下，分裂河山。”这几句说孙策、项羽只用极少兵力就能割据一方。此引用江东英雄故事，以反衬下文“百万义师，一朝卷甲，芟夷斩伐，如草木焉”的不堪。㉚“岂有”四句：《南史·侯景传》：“初，援兵至北岸，众号百万，百姓扶老携幼，以候王师。才过淮便竞剥掠，征责金银，列营而立，互相疑贰。邵陵王纶、柳仲礼（均梁将帅，下同）甚于仇敌，临城公大连、永安侯确逾于水火，无有斗心。”故诸将出战，连战连败。直至侯景陷台城，援兵并散。《侯景传》又载：“先是景每出师，戒诸将曰：‘吾破城邑，净杀却，使天下知吾威名。故诸将以杀人为戏笑。’”这是说侯景像除草伐木一样地屠杀兵士和人民。㉛“头会”四句：《史记·张耳陈余列传》：“头会箕敛，以供军费。”言家家按人头数出谷，以簸箕来装。此指下层官吏。下句见贾谊《过秦论》：“以致天下之士，合从（纵）缔交，相与为一。”锄耰（yōu），农具。棘矜，矛戟的柄。此指用低劣武器的人民。此句并下句亦见于《过秦论》。这里是说下层官吏和人民，并乘梁朝衰弱混乱之机，起兵夺了梁朝天下。㉜“将非”二句：江表，江南，这里专指金陵。《史记·高祖本纪》载秦始皇常曰“东南有天子气”。此言江表王气将终，意即梁朝气数将尽。自孙权建都建邺起，至东晋、宋、齐至梁亡，共二百九十二年，三百年是举其成数。㉝“是知”二句：并吞六合，即兼并天下。轵道之灾，《史记·高祖本纪》：“沛公兵遂先诸侯至霸上，秦王子婴素车白马，系颈以组，封皇帝玺符节，降轵道旁。”轵道，在今陕西西安市东北。㉞“混一”二句：指统一天下。《晋书·怀帝本纪》：永嘉五年（311），匈奴族刘聪攻陷洛阳，迁怀帝于平阳（今山西临汾），七年遇害。又《愍帝本纪》：建兴四年（316）刘曜陷长安，迁愍帝于平阳，五年遇害。这两联运用历史事实，说明统一全国的王朝也会有崩溃的一天，梁朝如此，亦不足怪。㉟“况复”四句：星汉，天河。槎，竹木筏。张华《博物志》载，有人居住海边，每年八月见海上有浮槎去来，从不失期，他便乘槎而去，到达天河，与河边牵牛人问答，又如期而归。后世诗文以乘槎指登天。此反用其意，言自己走投无路，没有归宿。“风飙”二句：《史记·封禅书》载，东海有三神山，去人不远，但船只将至，则被风引开，终不能到达。此二句以回风阻路，蓬莱不可到达比喻自己的无处投奔。㊱“穷者”二句：《晋书·王隐传》：“盖古人遭时则以功达其道，不遇则以言达其才。”《公羊传·宣公十五年》何休注：“劳者歌其事。”此两句说想写此赋以表达心中想说的话，记下自己的遭遇。㊲“陆士衡”四句：陆机，字士衡。《晋书·左思传》：“初，陆机入洛，欲作此（三都）赋，闻思作之，抚掌而笑，与弟云书曰：‘此间有伧父欲作《三都赋》，须（等待）其成，当以覆酒瓮耳。’及思赋出，机绝叹伏，以为不能加也，遂辍笔。”《后汉书·张衡传》：“衡乃拟班固《两都》，作《二京赋》因以讽谏，精思傅会，十年乃成。”《艺文类聚》卷六十一：“昔班固睹世祖（汉光武帝）迁都于洛邑，惧将必逾溢制度，不能遵先圣之正法也，故假西都宾盛称长安旧制，有陋洛邑之议，而为东都主人折礼衷以答之。张平子薄而陋之，故更造（造《二京赋》）焉。”张衡，字平子。此一联为谦抑之词，意谓自己这篇赋作得不好，被人轻视，理所当然。

本文作于庾信晚年，是《哀江南赋》前的序文。题目“哀江南”取自《楚辞·招魂》中“魂兮归来哀江南”句。作者自伤身世，眷怀故国，作赋以寄托乡关之思。赋中记梁朝一代兴亡，叙个人家世盛衰与一己之飘零。这篇序文概括了全赋大意，着重说明创作的背景和缘起，虽属赋的有机组成部分，却可独立成篇，为六朝骈文的佳制。

开篇十八句，以极精练的语言概括了作者一生中的三件恨事。首六句叙侯景之乱，金陵沦落，自己逃匿江陵，朝野无不惨遭涂炭，次六句叙西魏兵起，江陵失陷，自己出使无归，故国中兴无望。再六句写被扣西魏，国破家亡，自己心情如东汉傅燮临难之时，但悲身世，无处求生；又像东汉袁安念及国事，潸然泪下；因此想仿效桓谭、杜预、潘岳、陆机等古人，作赋写序，从而水到渠成地交代了作赋的缘由。“信年始二毛”以下转写身世之悲。庾信是著名诗人庾肩吾之子。庾氏本为名门望族，但到庾信这一代家道中衰。他中年即遭丧乱，晚年流落异方，屈身仕周，愧恨萦心，歌不能为乐，酒不能解忧。作者凄咽絮语，泪随墨挥，一片惨痛之情自肺腑出。结末“不无危苦之辞，唯以悲哀为主”，直白地表明全赋以悲家国沦丧为主调。

第二段追述出使西魏不仅无功，反而被拘的过程，抒写羁留异国的悲愤和对江南故国的怀念。首六句用冯异、荆轲两典，兴起出使西魏，有往无归的喟叹。接着反用蔺相如完璧归赵和毛遂定盟而还的故事，自伤使命不成。作者伤叹年已高而归途远，只能像君子钟仪那样，做一个戴着南冠的楚囚；像行人季孙那样，留住在西河的别馆，其悲痛惨烈，不减于申包胥求秦出兵时的叩头于地，头破脑碎；也不减于蔡威公国亡时的痛哭泪尽，继之以血。末联四句以不见钓台移柳，不闻华亭鹤唳，比喻自己怀念故国而不可见。这一段中，在古代忠臣良将义士的故事中，饱含着作者立功无望、仕周无奈、忠于故国、思乡难归的复杂感情，悲苦欲绝的苦衷和暮年凄凉的境况宛然可见。

末段感叹梁朝的腐败而亡和人民的惨遭杀戮。开端以孙策、项羽靠少数兵力崛起，终能剖分山河，割据天下的史实，与梁朝百万军队，竟然一朝卷甲溃败，以致西魏长驱直入，杀戮平民如割草摧木，构成强烈的对比。不仅使文势因此而起伏跌宕，而且述古用以讽今，暗含对梁朝腐败怯懦的批评之意。作者对代梁而起的南朝陈是有些敌对情绪的，出于门阀思想的局限，他看不起寒族出身的陈霸先，称这些地位微贱者暗中勾结，乘虚而入，终于篡梁自立，使梁绝统，江南一带的帝王之气，历经三百年而归于终结。“是知并吞六合”以下，以秦及西晋虽一统天下，却终归覆亡的史实，抒发春秋更替、兴亡变迁的感慨。作者认为梁亡既是天意又是人事，虽不无委运于天的宿命思想，但又认识到正是梁朝士族腐朽，同室操戈，引狼入室，亡国惨祸也就不可避免了。这正如他在赋文中所云：“若江陵之中否，乃金陵之祸始；虽借人之外力，实萧墙之内起。”深刻的历史教训，令作者痛心疾首。序文结末几句，又由“念王室”转入“悲身世”。故国不复存在，自己觍颜仕北，虽然眷恋故人、故土，但如同舟船无路，银河不是乘筏驾船所能上达；风狂路阻，海中仙山也无到达的希望。欲归无奈，还乡无望，处于日暮途穷，于是，“穷者欲达其言，劳者须歌其事”，也就是说国事之慨，穷者之忧，必须一吐为快。这种创作原则，标志着庾信后期已经走向现实主义的创作道路。

这篇序文悲亡国，叙家世，抒哀思，感情深挚动人。全篇以骈文写成，多用典故来暗喻时世，表达自己悲苦欲绝的隐衷。庾信学问渊博，文中使事用典，博观约取，熔铸史料，如同己出。首先是用典大多贴切传神，如用战国时毛遂说服楚王与赵定盟和春秋时申包胥赴秦求解吴难的典实，表现自己赴西魏约盟通好，以求摆脱来自外部的威胁；用“华亭鹤唳，岂河桥之可闻”两句，以陆机临刑悲叹故乡风物的不可见，表明自己身处异国，永远不能与江南故国相见的深切悲哀等，无不切情切境。其次是运用典故的方法多变：有正用的，如“袁安之每念王室，自然流涕”，“壮士不还，寒风萧瑟”等；也有反用的，如“让东海之滨，遂餐周粟”等。

骈文要求字句两两成对，运用不当易流于刻板划一。庾信此序在句式运用上极为灵活，既有双句对句，也有单句对句，对句的长短错落，造成音节整齐、和谐可诵的效果。庾信晚年作品清新老成，颇多激楚之声，悲凉之调。本文中郁勃哀婉之气流注于字里行间，在用事排偶、敷藻调声的外壳下，复杂的感情如海底潜流，回旋倒折，又如地下岩浆，奔突激荡，自有一种一反南朝骈文柔弱纤秀的力度。这固然与作者家国俱亡的心灵创伤有关，同时也是运思沉着、用笔刻峭的结果。杜甫说：“庾信平生最萧瑟，暮年诗赋动江关”（《咏怀古迹》之一），“庾信文章老更成，凌云健笔意纵横”（《戏为六绝句》之一）。庾信此序能挺立文苑，长绿不凋，是其萧瑟的生平使然，也是他的那枝凌云健笔使然。（顾伟列）

隋唐五代文

代李敬业传檄天下文　　骆宾王

伪临朝武氏者，人非温顺，地实寒微。昔充太宗下陈，尝以更衣入侍[1]。洎乎晚节，秽乱春宫[2]。密隐先帝之私，阴图后庭之嬖。入门见嫉，蛾眉不肯让人；掩袖工谗，狐媚偏能惑主[3]。践元后于翚翟[4]，陷吾君于聚麀[5]。加以虺蜴[6]为心，豺狼成性，近狎邪僻，残害忠良，杀姊屠兄，弑君鸩[7]母。神人之所共疾，天地之所不容。犹复包藏祸心，窥窃神器[8]。君之爱子，幽之于别宫；贼之宗盟，委之以重任。呜呼！霍子孟[9]之不作，朱虚侯[10]之已亡。燕啄皇孙[11]，知汉祚之将尽；龙漦帝后，识夏庭之遽衰[12]。

敬业皇唐旧臣，公侯冢子。奉先君之成业，荷本朝之厚恩。宋微子[13]之兴悲，良有以也；桓君山[14]之流涕，岂徒然哉！是用气愤风云，志安社稷。因天下之失望，顺宇内之推心，爰举义旗，誓清妖孽。南连百越[15]，北尽三河[16]，铁骑成群，玉轴[17]相接。海陵红粟[18]，仓储之积靡穷；江浦黄旗[19]，匡复之功何远。班声[20]动而北风起，剑气冲而南斗[21]平。喑呜则山岳崩颓，叱咤则风云变色。以此制敌，何敌不摧；以此攻城，何城不克！

公等或家传汉爵[22]，或地协周亲[23]，或膺重寄于爪牙[24]，或受顾命于宣室[25]。言犹在耳，忠岂忘心？一抔之土未干[26]，六尺之孤[27]安在！傥能转祸为福，送往事居[28]，共立勤王之勋，无废旧君之命，凡诸爵赏，同指山河[29]。若其眷恋穷城，徘徊歧路，坐昧先几之兆[30]，必贻后至之诛[31]。请看今日之域中，竟是谁家之天下！移檄州郡，咸使知闻。

注 ①“昔充”二句：下陈，后列，指地位较低的宫妃。武则天曾为太宗才人。更衣，宴会休息时更换衣服，暗用卫子夫因汉武帝更衣入侍得幸的典故。　②“洎乎”二句：晚节，犹言后来。秽乱春宫，指高宗为太子时入侍太宗，武后即与之有暧昧关系。春宫，东宫，太子所居之宫。　③“掩袖”二句：指武则天用阴谋陷害王皇后事：她自己弄死亲生女婴而诬陷于王皇后，高宗下诏废王皇后，立她为皇后。 ④ 元后：正宫皇后。翚翟（huī dí）：五色野雉。皇后的礼服上有翚翟图案花纹。 ⑤ 聚：犹“共”。麀（yōu）：母鹿。聚麀，两头公鹿共同占有一头母鹿。 ⑥ 虺蜴（huǐ yì）：毒蛇和蜥蜴。 ⑦ 鸩（zhèn）：毒鸟，羽毛有毒，浸酒饮之即死。此指以毒酒害人。 ⑧ 神器：指帝位。 ⑨ 霍子孟：西汉霍光，子孟为其字。曾以大司马大将军辅佐昭帝，拥立宣帝。 ⑩ 朱虚侯：汉高祖之孙刘章，封朱虚侯。曾与陈平、周勃合谋诛诸吕外戚，迎立汉文帝。 ⑪ 燕啄皇孙：汉成帝后赵飞燕，于后宫有子者皆杀之，时有“燕飞来，啄皇孙”的童谣。⑫“龙漦”二句：龙漦（lí），龙吐的唾沫。传说夏末有二龙降于庭，夏帝以木盒封漦，传至周厉王时，始开盒，漦流于庭，入于后宫，一宫女感而怀孕，生一女，即褒姒。后为幽王王后，致西周乱政亡国。 ⑬ 宋微子：名启，殷纣王的庶兄，封于宋，故名。殷亡，微子朝周，过殷都废墟，作《麦秀歌》以寄故国之悲。⑭ 桓君山：桓谭字君山，东汉人。因疏陈时弊谪六安郡丞，郁郁不乐而死。⑮ 百越：泛指今南方沿海地带。 ⑯ 三河：河东、河内、河南，古代帝王建都的中原之地。 ⑰ 玉轴：指船。轴，通“舳”。 ⑱ 海陵：今江苏泰州市，唐代属扬州。红粟：陈年的米。 ⑲ 江浦：指东南一带。黄旗：旧说，紫盖黄旗，象征帝王一统的气象。 ⑳ 班声：马声。 ㉑ 南斗：即斗宿。斗宿和牛宿是吴地星空的分野。 ㉒ 家传汉爵：有世代传袭的爵位。因汉初王侯封爵，故借汉说唐代的功臣后裔。这里指异姓官员。 ㉓ 地协周亲：身份地位合于至亲。这里指宗室官员。 ㉔ 重寄：寄托重任。爪牙：指节制一方的将帅。 ㉕ 顾命：皇帝临死的遗命。宣室：汉未央宫殿室名，此是借用。 ㉖ 一抔（póu）之土：指高宗陵墓。一抔，犹一掬。未干：高宗下葬才一个多月，故云。 ㉗ 六尺之孤：指嗣位的新君李显。无父之子曰孤。 ㉘ 送往事居：往，死者，指高宗；居，生者，指中宗。 ㉙ 同指山河：共指山河以为凭信。 ㉚ 先几之兆：事前的朕兆。这句说，看不清事先的预兆。 ㉛ 后至之诛：迟迟不响应者定按军法从事。《周礼·大司马》：“比军众，诛后至者。”

弘道元年（683），唐高宗死去，太子李显即位（中宗），武则天临朝称制；翌年即废中宗为庐陵王，改立第四子李旦为帝（睿宗），实囚之于宫。武后大权在握，改东都洛阳为神都，悉改百官名称，积极筹建武周王朝。李唐宗室旧臣与武后集团长期以来的权利斗争更趋尖锐。李敬业是唐朝开国功臣英国公李勣（本姓徐，因有功赐姓李）的长孙，曾任太仆少卿、眉州刺史，这年因事谪柳州司马，便与其弟敬猷联络薛璋、唐之奇、杜求仁及客居扬州的骆宾王等人，于九月在扬州以恢复中宗帝位为号召，发动武装暴动，旬日之间便云集十万余人。敬业自称匡复府上将、领扬州大都督。骆宾王为艺文令，写下了这篇声讨武后的檄文。

武则天是中国历史上唯一的女皇帝，有卓越的政治才能，贞观之治的统一强盛在她手里得到切实巩固，对历史颇多贡献；但她为了夺权称帝，残酷杀戮异己，株连太广，连做了太子的亲生儿子李弘、李贤，因有才能也被她先后杀害，更不必说大批忠于李唐的朝臣地方官了。过去对这篇讨武檄文的评价，或因肯定武后历史功绩而否定骆宾王，或因强调封建正统而拔高骆宾王的“忠义大节”（如明末追谥宾王为“文忠”，清雍正时又为其建忠孝祠），其实皆失之片面。檄文中固有维护李唐王朝的正统观念，但更主要的则是他长期侘傺失志、身受迫害压抑，而对武后政权不满的爆发。在此六年前（678），他因受诬陷“坐赃”而被捕下狱，在《狱中书情通简知己》中就公然声称“莫言韩长儒，长作不然灰”；出狱后作《畴昔篇》，又感愤“谗言巧佞傥无穷”；公元680年，除临海县丞，因才高位卑受人奚落而“怏怏失志，弃官而去”（《旧唐书》本传），而他的个性又是“天生一副侠骨，专喜欢管闲事，打抱不平，杀人报仇，革命，帮痴心女子打负心汉”（闻一多《宫体诗的自赎》）。此时恰好身处政治暴风雨中心的扬州，故李敬业起兵，正好为他提供了一个喷发胸中积郁愤懑的机会。这是作者写作本文时的心态。檄文中的情绪也反映了当时一批人怀念贞观、永徽之治，反感武后残暴的共同心态。

作为军用文书的檄文，本篇确实达到了“事昭而理辨，气盛而辞断”（《文心雕龙·檄移》）的要求。首段历数武氏罪恶昭彰，警醒李唐社稷面临生死存亡之秋，为兴兵讨武铺垫了充足的理由，可谓“事昭而理辨”；次段接写敬业举义之名正言顺和兵威强盛之必胜无疑，可谓“气盛而辞断”；末段号召京、藩文武响应，示之以大义，动之以刑赏，更是理直气壮，慷慨果断。

而每段内部的层次章法，也无不体现出这些特点。

首段分两层：先历数武氏之罪不容诛，紧扣首句一个“伪”字（篡位不合法、非正统）：论本性，无妇人应有的谦和温顺；论出身，是个贫寒微贱的木材商家庭；论资历，仅是太宗后宫排在后列的才人，以更衣之便得幸；论品行，她先与太子淫乱，后为掩盖曾为太宗才人之迹而削发为尼，以图高宗后宫嬖幸……这是纵向揭其根底之“伪”。然后写其对帝、后、臣、属所犯罪行：对嫔妃心怀嫉妒，以色媚取专宠；对皇帝巧言进谗加以迷惑，陷高宗于父子共妻的乱伦中；诬陷王皇后自己取而代之；亲近许敬宗、李义府等邪僻佞臣；残害长孙无忌、褚遂良等忠臣义士；杀害兄长、侄儿侄女等亲属；害死皇帝和皇后；特别是野心勃勃，妄想篡夺皇位，废中宗为庐陵王，囚睿宗于宫中，大封诸武党羽，委以重任……这是从横向斥其篡逆之"伪"。第二层先以"呜呼"领起，前两典感叹王佐之臣已被杀尽，讥刺现有朝臣中再无霍光、刘章那样辅弼良臣了；后两典以汉成帝后赵飞燕、周幽王妃褒姒为喻，直斥武后是亡国灭君的祸根，说明李唐社稷危在旦夕。这就为下段正写兴兵讨武、匡扶唐室之刻不容缓，作了有力铺垫。

次段亦分两层，先写起兵之正义：说敬业乃功臣、宗室后裔，出身高贵，理当义不容辞，肩负匡复重任；接以宋微子、桓谭二典比喻敬业乃宗室不忘故国、失爵谪居外地的忧国之情，故志安社稷，乃应天顺民之壮举。第二层写其兵威之壮：从控制地盘之广、兵马战船之众、粮草储备之丰，东南帝气之旺、兵威士气之高等多方面铺张扬厉，说明天时、地利、人和均占优势，必然攻无不克，战无不胜。整段从道义之正和实力之强两方面来争取人心，理直气壮，慷慨磅礴，具有很强的号召力和凝聚力。

末段针对敌方先示之以大义：前四句晓谕在朝诸君，皆厚蒙国恩重托，不论宗室异姓，讨逆义不容辞；接以"一抔之土未干，六尺之孤安在"诘问，激发故君之思和新君之危，是动之以深情。再以"凡诸爵赏，同指山河"正面饵之以赏赐；以不察征兆，"后至之诛"怵之以刑罚。末句"请看今日之域中，竟是谁家之天下"，气势磅礴，充满必胜信心，成为后世经常引用的警句。通篇雄文劲采，足以鼓舞斗志；事彰理辩，足以折服人心。难怪武后看罢也赞叹其才，而怪宰相"何得失如此人"了（《酉阳杂俎》卷一）。

本篇通体骈四俪六，不仅句式整饬而略显错综（四四四四、四四六六、六四六四、四六四六参差成趣；每句中的音步变化如四字句有二二结构，有一三结构；六字句有三三、三一二、二二二、二四、四二等结构），平仄相对而低昂有致（如"入门见嫉"四句，一三两句、二四两句平仄完全相反对应），对仗精工而十分自然（如"南连百越"对"北尽三河"，"海陵红粟"对"江浦黄旗"，不仅词性、句法结构相对，而且方位、地名、颜色等事类也相对），用典贴切委婉而不生硬晦涩（如用霍子孟、朱虚侯、赵飞燕、褒姒、宋微子、桓君山等典故），词采华艳赡富而能俊逸清新；尤其难得的是，无论叙事、说理、抒情，都能运笔如舌，挥洒自如，有如神工巧铸，鬼斧默运，虽经锻炼而成，却似率然信口。音节美，文情美达到了高度统一，堪称声文并茂的佳品；与六朝某些堆砌典故藻饰、晦涩板滞、略无生气的骈体文，自有霄壤之别；而与王勃的《滕王阁序》，堪称骈文的双璧。

李敬业的举义，终被武则天的三十万大军彻底打垮了，骆宾王从此也“亡命不知所之”（《新唐书》本传），然而他的这篇檄文却传诵千古，具有不朽的艺术价值。（熊　笃）

秋日登洪府滕王阁饯别序

王　勃

豫章故郡，洪都新府[1]。星分翼轸，地接衡庐[2]。襟三江而带五湖[3]，控蛮荆而引瓯越[4]。物华天宝，龙光射牛、斗之墟[5]；人杰地灵，徐孺下陈蕃之榻[6]。雄州雾列，俊采星驰[7]。台隍枕夷夏之交，宾主尽东南之美[8]。都督阎公之雅望，棨戟遥临[9]；宇文新州之懿范，襜帷暂驻[10]。十旬休假[11]，胜友如云；千里逢迎，高朋满座。腾蛟起凤，孟学士之词宗；紫电青霜，王将军之武库[12]。家君作宰，路出名区[13]；童子[14]何知，躬逢胜饯。

时维九月，序属三秋[15]；潦水[16]尽而寒潭清，烟光凝而暮山紫。俨骖騑于上路，访风景于崇阿[17]。临帝子之长洲，得天人之旧馆[18]。层台耸翠，上出重霄；飞阁翔丹，下临无地[19]。鹤汀凫渚[20]，穷岛屿之萦回；桂殿兰宫，即冈峦之体势[21]。披绣闼，俯雕甍[22]：山原旷其盈视，川泽纡其骇瞩[23]。闾阎扑地，钟鸣鼎食之家[24]；舸舰迷津，青雀黄龙之轴[25]。云销雨霁，彩彻区明[26]。落霞与孤鹜齐飞，秋水共长天一色[27]。渔舟唱晚，响穷彭蠡[28]之滨；雁阵惊寒，声断衡阳[29]之浦。

遥襟甫畅，逸兴遄飞[30]。爽籁发而清风生，纤歌凝而白云遏[31]。睢园绿竹，气凌彭泽之樽[32]；邺水朱华，光照临川之笔[33]。四美具，二难并[34]。穷睇眄于中天[35]，极娱游于暇日。天高地迥，觉宇宙[36]之无穷；兴尽悲来，识盈虚之有数[37]。望长安于日下，目吴会于云间[38]。地势极而南溟深，天柱高而北辰远[39]。关山难越，谁悲失路之人；沟水相逢，尽是他乡之客[40]。怀帝阍而不见，奉宣室以何年[41]？嗟乎！时运不齐，命途[42]多舛；冯唐易老，李广难封[43]。屈贾谊于长沙，非无圣主[44]；窜梁鸿于海曲，岂乏明时[45]？所赖君子见机，达人知命[46]。老当益壮，宁移白首之心；穷且益坚，不坠青云之志[47]。酌贪泉而觉爽，处涸辙以犹欢[48]。北海虽赊，扶摇可接，东隅已逝，桑榆非晚[49]。孟尝高洁，空余报国之情；阮籍猖狂，岂效穷途之哭[50]？

勃，三尺微命，一介书生[51]。无路请缨，等终军之弱冠[52]；有怀投笔，慕宗悫之长风[53]。舍簪笏于百龄，奉晨昏于万里[54]。非谢家之宝树，接孟氏之芳邻[55]。他日趋庭，叨陪鲤对[56]；今晨捧袂，喜托龙门[57]。杨意不逢，抚凌云而自惜[58]；钟期相遇，奏流水以何惭[59]？呜呼！胜地不常，盛筵难再；兰亭已矣，梓泽丘墟[60]。临别赠言[61]，幸承恩于伟饯；登高作赋，是所望于群公。敢竭鄙诚，恭疏短引[62]；一言均赋，四韵俱成[63]。请洒潘江，各倾陆海云尔[64]。

注 ①“豫章”二句：豫章，汉郡名，治南昌（今市）。洪都：指洪州。唐武德五年（622）改豫章郡为洪州，治豫章（今江西南昌）设都督府，故称“洪都新府”。 ②“星分”二句：翼轸，星宿名。古代天文家根据天上星宿的位置划分地面相应的区域，称为“分野”。豫章古属楚地，为翼、轸二星的分野。衡庐，指衡州的衡山（在今湖南衡山县西）和江州的庐山（在今江西北部）。这里代指两山所在的衡州和江州地区。 ③“襟三江”句：襟三江，以三江为衣襟。三江，指太湖的支流松江、娄江、东江，因豫章在三江的上游，如衣之襟，故称。带五湖，以五湖为衣带。五湖，指太湖、鄱阳湖、青草湖、丹阳湖、洞庭湖，因在豫章周围，如衣带束身，故称。 ④“控蛮荆”句：蛮荆，指楚地，古称楚国为“荆蛮”，即今湖南、湖北一带。瓯越，指今浙江省，境内有瓯江，古为越国，故称。 ⑤“物华”二句：物华天宝，物的光华焕发为天上的宝气。龙光，指宝剑的光辉。牛、斗，二星宿名。墟，所在之处。据《晋书·张华传》，晋初，牛、斗二星之间常有紫气照射，因问精通天象的雷焕，焕称此是宝剑之精，上通于天，剑当藏于丰城。于是张华补焕为丰城令，命他寻找。焕到任后，掘狱屋，入地四丈余，得一石匣，内有宝剑二，一名龙泉，一名太阿。后宝剑入水化为双龙。 ⑥“人杰”二句：人杰地灵，人物有俊杰地方有灵秀之气。徐孺，名穉（zhì），字孺子，东汉时豫章南昌名士，德行为时人所景仰。据《后汉书·徐穉传》，陈蕃为豫章太守时，不接待宾客，只为徐穉特设一榻，徐去后即将榻挂起不用。 ⑦“雄州”二句：雄州，大州。雾列，形容繁华。雾，喻浓密、盛多。俊采，指有才之士。星驰，形容人才之多如流星飞驰。 ⑧“台隍”二句：台隍，亭台、城堑。枕，据。夷，指荆楚少数民族地区。夏，华夏地区，指古扬州。交，接壤之处。尽东南之美，指包括东南一带所有的人才。尽，穷尽。 ⑨“都督”二句：阎公，当时洪州的都督姓阎。雅望，崇高的声望。棨（qǐ）戟，有衣套的木戟，这里指大官出行时作前导的一种仪仗。 ⑩“宇文”二句：宇文，复姓宇文的新州（治今广东新兴）刺史，名不详。懿范，美好的榜样。襜（chān）帷，车上四旁的帷幕，借指车驾。 ⑪ 十旬休假：适逢十日一旬的假期。唐时官吏逢十休假。 ⑫“腾蛟”四句：腾蛟起凤，形容才华如蛟龙腾空，凤凰起舞。《西京杂记》载，相传董仲舒梦蛟龙入怀，作《春秋繁露》。扬雄作《太玄经》，梦口吐凤凰，飞集书上。孟学士，名不详。词宗，文辞的宗匠。紫电青霜，古宝剑名。《古今注》载，吴大帝孙权有六柄宝剑，其二名紫电。《西京杂记》载，汉高祖刘邦曾用剑斩白蛇，剑刃上常若霜雪。王将军，名不详。武库，武器仓库。这里显示王将军的威武。 ⑬“家君”二句：家君，家父。宰，县官。出，过。名区，名胜之地，指洪州。 ⑭ 童子：犹言小辈，王勃自称。 ⑮“时维”二句：时，时序。维，乃，是。三秋，指季秋九月。 ⑯ 潦（lǎo）水：雨后的积水。⑰“俨骖騑”二句：俨，通“严”，整治。骖騑（cān fēi），指驾车的马。崇阿，高大的山陵。 ⑱“临帝子”二句：帝子，帝王之子，指滕王李元婴。长洲，指滕王阁前的沙洲。天人，出类拔萃的人，犹言天上人，这里指滕王。旧馆，指滕王阁。 ⑲ 无地：犹言看不见地面，形容位置高渺。 ⑳“鹤汀”句：鹤汀，鹤所栖止的水边平地。凫（fú）渚，野鸭聚处的小洲。 ㉑“即冈峦”句：即，依着。体势，形势。 ㉒“披绣闼”二句：披，开。绣闼（tà），绘饰华美的门。雕甍（méng），雕饰的屋脊。 ㉓ 骇瞩：使人见了感到惊骇。 ㉔“闾阎”二句：闾阎，里巷的门，这里借指房屋。扑地，遍地。钟鸣鼎食：古代贵族鸣钟列鼎而食，这里喻豪富大族。 ㉕“舸舰”二句：舸（gě）舰，指大船。迷津，塞满渡口。迷，通“弥”。青雀黄龙之轴，装饰精美的雀舫龙舟。轴，通“舳”，船尾把舵处，这里代指船。 ㉖“彩彻”句：彩，光彩，指日光。彻，通“贯”。区，指天空。 ㉗“落霞”二句：出于庾信《马射赋》：“落花与芝盖同飞，杨柳共春旗一色。”鹜（wù）：野鸭。 ㉘ 彭蠡：古大泽名，即今鄱阳湖。 ㉙ 衡阳：今属湖南省，相传雁飞到衡阳就不再南飞，等到春天才归。衡山有回雁峰。 ㉚“遥襟”二句：遥襟，远怀。逸兴，超逸的兴致。遄（chuán），迅速。 ㉛“爽籁”二句：爽籁，管子参差不齐的排箫。纤歌，音调柔细的歌。凝，指歌声缭绕。㉜“睢园”二句：睢（suī）园，即汉梁孝王刘武的睢阳（古县名，治今河南商丘市南）菟园。梁孝王曾在园中聚集文士饮酒赋诗。彭泽，指陶渊明，他曾任彭泽令。 ㉝“邺水”二句：邺，古邑都名，在今河北临漳县境，是曹魏兴起的地方。曹植曾在此作过《公宴诗》，诗中有“秋兰被长坂，朱华冒绿池”句。朱华，荷花。临川，郡名，治今江西临川市。这里代指谢灵运，他曾任临川内史，《宋书》本传说他：“文章之美，江左莫逮。” ㉞“四美”二句：四美，指良辰、美景、赏心、乐事。二难，指贤主、嘉宾难得同时在一起。 ㉟ 穷睇眄（dì miǎn）：极目远望。中天：长天。 ㊱ 宇宙：《淮南子·原道训》高诱注：“四方上下曰‘宇’，古往来今曰‘宙’，以喻天地。” ㊲“识盈虚”句：盈虚，消长，指变化。数，命运。 ㊳“目吴会”二句：日下，指京都。封建社会以帝王比日，因将皇帝所在之地为日下。吴会，地名，秦汉会稽郡治在吴县，郡县连称为吴会，即今江苏苏州市。 ㊴“地势”二句：南溟，南海。天柱，古代神话中昆仑山有铜柱，高入天，称为天柱。北辰，北极星，这里喻指国君。 ㊵“关山”四句：失路，比喻不得志。沟水相逢，比喻偶然相遇，聚散无定。“沟”一作“萍”。 ㊶“怀帝阍”二句：帝阍（hūn），天帝的守门人，这里借指朝廷。宣室，汉未央宫前殿正室。贾谊被贬长沙后，汉文帝召他回长安，曾在此接见他。 ㊷ 命途：命运。㊸“冯唐”二句：冯唐，西汉人，文、景帝时不被重用，武帝时求贤良，冯唐被推举，但年已九十余，不能复为官。李广，西汉名将，屡建战功，但终身未能封侯。 ㊹“屈贾谊”二句：贾谊，西汉文帝时人，曾受排挤被贬长沙。圣主，指汉文帝。 ㊺“窜梁鸿”二句：窜，逐走。梁鸿，东汉人，曾作《五噫歌》讽刺朝廷，得罪章帝，避居齐鲁、吴中。海曲，海隅，滨海之地。明时，政治清明之时。 ㊻“所赖”二句：见机，识时务。达人，通达事理的人。 ㊼“老当”四句：老当益壮，《后汉书·马援传》：“丈夫为志，穷当益坚，老当益壮。”青云之志，喻志向高远。 ㊽“酌贪泉”二句：贪泉，泉名，传说在今广州北二十里的石门，传说人饮此泉则会变贪，但晋代廉吏吴隐之饮此水后，操守愈坚定。涸（hé）辙，干涸的车辙，比喻穷困的境遇。《庄子·外物》有车辙中鲋鱼求活的寓言。 ㊾“北海”四句：赊（shē），远。扶摇，一种自下而上的巨风。“北海”二句典出《庄子·逍遥游》：“鹏之徙于南冥也，水击三千里，抟扶摇而上者九万里。”东隅，日出处，比喻早年的时光。桑榆，日落处，比喻未来的日子。“东隅”二句典出《后汉书·冯异传》：“失之东隅，收之桑榆。” ㊿“孟尝”四句：孟尝，字伯周，东汉会稽上虞人。曾任合浦太守，以廉洁著称，后因病隐居。桓帝时，虽有人多次荐举，终不见用。阮籍，字嗣宗，晋代名士。《晋书·阮籍传》载，阮籍不满于世，佯作狂放，常驾车外出，行不由径，路不通时，就痛哭而返。 51“三尺”二句：三尺微命，指地位卑微。一介，一个。 52“无路”二句：请缨，据《汉书·终军传》，终军武帝时出使南越，自请“愿受长缨，必羁南越王而致之阙下”，时年二十余岁。弱冠，古代男子二十岁行冠礼，一般称二十岁左右的人为弱冠。 53“有怀”二句：投笔，指东汉班超投笔从军事。宗悫（què），南朝宋人，少年时曾向叔父表示“愿乘长风破万里浪”。后封洮阳侯。 54“舍簪笏”二句：簪笏，古代官员用的冠簪、手版，这里借指官职。百龄，百年，犹指一生。奉晨昏，古代侍奉父母的礼节，即晚间侍奉父母就寝，早晨向父母请安。 55“非谢家”二句：谢家之宝树，比喻好子弟。据《晋书·谢安传》，谢安曾问子侄们：为何人们都希望子弟好？其侄谢玄回答：“譬如芝兰玉树，欲使其生于庭阶耳。”孟氏之芳邻，据说孟轲的母亲为教育儿子而三迁择邻。 56“他日”二句：趋庭，指接受父教。《论语·季氏》记孔鲤曾“趋而过庭”，接受父亲孔子的教诲。趋，小步快走，表示恭敬。鲤，孔鲤，孔子之子。对，庭对，指接受教诲。 57“今晨”二句：捧袂（mèi），举起双袖，向长者表示恭敬。龙门，喻声望高的人的门第。《后汉书·李膺传》：“（膺）以声名自高，士有被其容接者，名为登龙门。”龙门即禹门口，在今山西河津和陕西韩城市东北。黄河至此，两岸峭壁对峙，形如门阙，故名。辛氏《三秦记》：“河津一名龙门，大鱼积龙门数千不得上，上者为龙，不上者（鱼），故云曝鳃龙门。” 58“杨意”二句：杨意，即杨得意。汉武帝时为狗监，曾向武帝推荐司马相如。凌云，司马相如曾作《大人赋》，武帝读后大悦，“飘飘有凌云之气”。 59“钟期”二句：钟期，即钟子期，春秋时楚人，善听琴。伯牙鼓琴，时而志在高山，时而志在流水，钟子期都能理解，后人因以“高山流水”比喻知音。 60“兰亭”二句：兰亭，东晋王羲之等曾在兰亭宴集，故址在今浙江绍兴。梓泽，西晋石崇金谷园的别名，故址在今河南洛阳市西北。 61 赠言：临别时用正言相勉励，这里指写这篇序文。 62 恭疏短引：恭敬地写这篇小序。 63“一言”二句：一言，指诗一首。均赋，每人作诗一首。四韵，八句四韵诗。王勃有《滕王阁诗》："滕王高阁临江渚，佩玉鸣鸾罢歌舞。画栋朝飞南浦云，珠帘暮卷西山雨。闲云潭影日悠悠，物换星移几度秋。阁中帝子今何在？槛外长江空自流。" ㉞"请洒"二句：潘江陆海，钟嵘《诗品》："陆（机）才如海，潘（岳）才如江。"这里用来形容众宾客的文才。云尔，语气助词，用于句尾表示全文的结束。

滕王阁为唐永徽四年（653）高祖子滕王李元婴为洪州都督时所建，以封号为名，故址在今江西南昌市赣江滨。上元二年（675）九月，王勃往南海省亲，途中路经洪州，逢都督阎公在滕王阁大宴宾客，遂在宴会上挥毫写成此《秋日登洪府滕王阁饯别序》（简称《滕王阁序》）。这篇临别赠言虽为即兴之作，但堪称古代骈文中的精品。在严格的骈体形式束缚下，作者充分发挥骈文特有的表现手段，熔对偶、声韵、事典、辞藻于一炉，又运散文之气于骈偶之中，严整中呈行云流水之势。

全文层层扣题，文思缜密，运思谋篇，无不统于题目之下。第一段历叙洪州地势之雄伟、物产之珍异、人才之杰出、宾主之尊贵，扣题中"洪府"二字。第二段由趋名楼，登高阁，写到近览楼阁之壮丽，远眺山川之胜景，展示出一幅流光溢彩的滕王阁秋景图，扣题中"秋日""登滕王阁"六字。第三段正面写滕王阁宴会，由参与宴会的逸兴，引出人生遇合的感慨，扣题中"饯"字。第四段自叙遭际，说明有幸躬逢盛会，自当应命作序，扣题中"别"字，复出"饯"字。

统观全文，由地及人，由人及景，由景及情，步步递进，紧扣题意。文因饯别而作，但对于宴会之盛仅略叙数笔带过，而倾全力写登阁所见之景，因景而生之情，这就脱去了一般饯别文章颂扬、应酬的窠臼，辟出了自家蹊径。

作者善用灵活多变的笔法描写山容水态，表现楼台壮观，从而把读者带入身临其境的审美境地。

其一，色彩变化之美。"潦水尽而寒潭清，烟光凝而暮山紫"，这两句不囿于静止的画面色彩，而着力表现水光山色的色彩变幻：寒潭之水因积水退尽而一片清明；傍晚的山峦因暮霭笼罩而呈紫色。上句设色淡雅，下句设色浓重，在色彩的浓淡对比中，突出秋日景物的特征，被前人誉为"写尽九月之景"。

其二，远近错落之美。作者笔下，诸般景物纷至沓来，依次展现，既各尽其美，又有层次的远近变化。"鹤汀凫渚"四句写滕王阁周围景物，是近景；“山原旷其盈视”二句写山峦、平原的广阔和川流、湖泽的迂回，是中景：“云销雨霁”以下则是水天浩淼的远景。笔墨由近及远地铺展开去，把远近景物编织在一起，组成一幅富有层次感和纵深感的全景图。

其三，上下浑成之美。“层台耸翠，上出重霄；飞阁翔丹，下临无地”，这四句由两组镜头剪辑而成：上有层台碧瓦攒刺云霄，下有飞架的阁道丹彩欲流，借视角的俯仰变化，使上下相映成趣，突出了危楼高耸的壮观。“落霞与孤鹜齐飞，秋水共长天一色”更是写景名句，青天碧水，天水相接，上下浑然一色；彩霞自上而下，孤鹜自下而上，相映增辉，构成一幅色彩明丽而又上下浑成的绝妙好图。

其四，虚实相映之美。作者登高临远，不仅骋目八方，而且思接千里。文中既实写目见之景，又发挥想象，构想出目力难及之景。“渔舟唱晚”四句，即凭借听觉联想，用虚写手法传达远在“彭蠡之滨”“衡阳之浦”的渔歌和雁声。如此虚实相间地模山范水，既使读者对景物有具体的感受，又引导读者开拓视野，展开联想，登山临水，视通万里。

在着意铺叙景色之美后，作者以腾挪跌宕的笔势，述志言情，由逸游的豪兴，陡引出宇文新州及自己途路坎坷的感慨，表白了报国无门却壮志不坠的执着态度。“望长安于日下”四句，明写南、北，暗藏东（云间）、西（昆仑），抒写远离京城、失意流落之情，接着从关山难越，念及英雄失路，连用屈原、贾谊、冯唐、李广四人的典故，借历代怀才不遇的人物，表达有志难伸的悲慨，同时也流露“时运不齐，命途多舛”的消极情绪。至“所赖”一提，振起全篇。“老当益壮”几句，勉励宇文新州莫因年华易逝和处境困顿而自暴自弃，片言居要，为全篇警策。接着再用《庄子·逍遥游》典，以大鹏作比，表明扶摇直上九霄的凌云之志；用《汉书·冯异传》“失之东隅，收之桑榆”的成句，表示早年虽然失意，但拯时济世的信心并未泯灭。同时又反用“贪泉”“涸辙”和阮籍之典，说明处困顿而清操不移，逆境中壮志弥坚。作者正是自如地驱遣历史典故，以跌宕之笔述志言情，事典繁多但贴切达意，气势充畅而语约意丰，展示了抑扬升沉的情感发展轨迹，披露了交织于内心的失望与希望、痛苦与追求、失意与奋进的复杂感情。

唐初的骈体文还有齐、梁余风，“绨句绘章”，以形式上的华美掩盖内容上的空虚。王勃此文却用骈体表现了比较丰富的内容，流露了作者的真情实感，具有很强的艺术感染力。历史上的滕王阁虽已不复存在，但它

的名字依然留在人们的记忆中，为祖国的江山增辉，这不能不归功于王勃的这篇千古传诵的名篇。（顾伟列）

与韩荆州书

李 白

白闻天下谈士相聚而言曰：“生不用封万户侯，但愿一识韩荆州。”何令人之景慕，一至于此耶！岂不以有周公之风，躬吐握之事，使海内豪俊，奔走而归之，一登龙门①，则声誉十倍。所以龙盘凤逸之士，皆欲收名定价于君侯②。君侯不以富贵而骄之，寒贱而忽之，则三千宾中有毛遂，使白得颖脱而出，即其人焉。

白陇西③布衣，流落楚汉。十五好剑术，遍干诸侯；三十成文章，历抵卿相。虽长不满七尺，而心雄万夫。王公大人，许与气义。此畴曩④心迹，安敢不尽于君侯哉！

君侯制作⑤侔神明，德行动天地，笔参造化，学究天人。幸愿开张心颜，不以长揖见拒。必若接之以高宴，纵之以清谈，请日试万言，倚马可待。今天下以君侯为文章之司命，人物之权衡，一经品题，便作佳士；而君侯何惜阶前盈尺之地，不使白扬眉吐气，激昂青云耶！

昔王子师为豫州⑥，未下车即辟荀慈明，既下车又辟孔文举。山涛作冀州⑦，甄拔三十余人，或为侍中、尚书⑧，先代所美。而君侯亦一荐严协律⑨，入为秘书郎⑩；中间崔宗之、房习祖、黎昕、许莹之徒，或以才名见知，或以清白见赏。白每观其衔恩抚躬，忠义奋发，以此感激，知君侯推赤心于诸贤腹中，所以不归他人，而愿委身国士。倘急难有用，敢效微躯。

且人非尧舜，谁能尽善？白谟猷⑪筹画，安能自矜。至于制作，积成卷轴，则欲尘秽视听，恐雕虫小技，不合大人。若赐观刍荛⑫，请给纸墨，兼之书人。然后退扫闲轩，缮写呈上。庶青萍、结绿，长价于薛、卞之门。幸推下流，大开奖饰，惟君侯图之！

注 ① 龙门：《艺文类聚》引《三秦记》：“河津一名龙门，大鱼积龙门数千不得上，上者为龙，不上者（鱼）。”地在今陕西韩城与山西河津间。 ② 君侯：对尊贵者的敬称。 ③ 陇西：郡名，秦昭襄王时置，隋初废。辖境在今甘肃陇西一带。 ④ 畴曩：往日。 ⑤ 制作：著作。 ⑥ 豫州：古州名，东汉时治所在今安徽亳州市。 ⑦ 冀州：古州名，晋时治所在今河北高邑西南。 ⑧ 侍中：官名，魏晋时职责为顾问应对，系清要之官。尚书：官名，魏晋时掌群臣章奏。 ⑨ 协律：协律郎，掌管音乐的官，隶属于太常寺。 ⑩ 秘书郎：掌管图书收藏及校写的官，隶属于秘书省。 ⑪ 谟猷（mó yóu）：谋画。 ⑫ 刍荛（chú ráo）：向人陈述意见的谦词。

李白的散文现存几十篇，数量不多，但有的也写得很好。本文便是他散文中的名篇。

本文约写于唐玄宗开元二十一年（733）左右。这时李白寓家于安州（治所在今湖北安陆），漫游今湖北、湖南一带，广事交游，渴望获得仕进机会，施展抱负，因此写了这封信给韩荆州。韩荆州，即韩朝宗，此时正任荆州大都督府长史兼襄州刺史、山南东道采访处置使，是荆襄地区的高级行政长官。他乐于识拔后进，为时人推重，所以李白写了这封自荐书给他，希望得到援引。

本文开头借谈士之口，说他们不想封万户侯，但愿认识韩荆州，赞美韩朝宗对士人具有强大的吸引力。后世“识荆”一语，即源于此，成为人们拜见贤者、初次相识的雅语。接着，李白以西周时周公旦“躬吐握”和东汉李膺使后进“登龙门”两个典故，说明海内豪俊之士奔走归附韩朝宗的原因。相传周公为了不怠慢来谒见的士人，“一沐三握发，一饭三吐哺”（《韩诗外传》）；东汉李膺以维持纲常名教为己任，后进之士被他认真接待的，名为“登龙门”，犹如鱼跃上龙门，化而为龙，成为不平凡的人物。接着又说：韩朝宗如能不以己之富贵骄人，不以人之贫贱而轻忽之，则李白就能如战国时毛遂那样，在三千门客中脱颖而出。毛遂是赵国平原君的门客，他向平原君自荐，在赵、楚两国谈判中立了功。颖脱，指锥子放在袋中，其颖（尖头）立刻破袋而出，比喻贤士的才能必然迅速显现。这一段着重赞美韩朝宗能礼贤下士，把他和周公、李膺相比，可谓称颂备至。这种颂美从不少士人的谈论中引出，显得很自然，并不使人感到是阿谀奉承。后面再从平原君的故事中，很自然地表达了自荐的心情和要求。

第二段简单介绍自己的经历和才能。李白出生于蜀中，自称为西凉武昭王李暠之后代（见《上安州裴长史书》），李暠是陇西成纪人，又是汉代名将李广的十六世孙，故此处说是陇西布衣。这时他流寓于今湖北省汉水流域一带（战国时属楚地，故称楚汉）。他十五岁爱好击剑，三十岁文章写得很有成就，凭着其文武才能，遍谒诸侯（指各地地方长官）和王公卿相，冀求援引。那些达官贵人也承认他的气节道义很好。李白在另一篇文章《上安州裴长史书》中曾谈到，他早年时曾与蜀中友人吴指南同游楚地，指南死于洞庭湖滨，李白素服恸哭，临时葬指南于湖侧。数年后从金陵一带归来，又筹措经费，把指南安葬于江夏城（今湖北武昌）东。这便是他重视气节、道义的一个例子。段末说：这是他平时的心情和行为，希望韩朝宗能够了解。李白在本文中介绍自己的经历、才能和性格特点颇为简括，在《上安州裴长史书》中则有较详细的叙述，读者可以参看。

第三段进一步希望韩朝宗能够认识自己的才能而加以任用。先是颂扬韩朝宗的德行、学问、文章都好；意为他具备这么好的修养，能够识拔贤能之士是不言而喻的。接着希望韩朝宗要气度宽宏，不因自己的长揖不拜而拒予接待。长揖，拱手自上而至极下，是古代宾主以平等身份相见时所行的礼。他要求韩朝宗不但不拒绝接待，而且要优厚款待，这样他的文才便能充分发挥出来。据说东晋时大臣桓温北征，半路上要写一篇露布（公告），叫幕下文士袁宏倚立在马前起草。袁宏手不停挥，很快写满七张纸，而且写得相当好（见《世说新语·文学》）。此处用这一典故来说明自己文思敏捷、才能出众。（李白的文才确是非常敏捷的，故杜甫有“敏捷诗千首”的诗句称赞他。）接着又说：今天大家认为你韩朝宗是衡量文章、人物的权威人士，一经你的好评，便称佳士。你何必吝惜阶前盈尺之地，不让我李白像袁宏那样倚马草文，一展文才，扬眉吐气，直上青云呢？李白颂扬韩朝宗，希望他赏识自己的才能而加以任用；但他对韩朝宗没有显示出一点卑躬屈膝的样子，而是长揖不跪拜。（李白《忆襄阳旧游赠马少府巨》诗中也有“高冠佩雄剑，长揖韩荆州”之句。）这里充分显示了他“平交王侯”的气概。《古文观止》编者评云：“此段正写己愿识荆州，却绝不作一分寒乞态，殊觉豪气逼人。”说得颇为中肯。

第四段推开一步，补充说明自己要求归附韩朝宗的原因。先是说，从前东汉王允做豫州刺史，任用了贤士荀爽、孔融；西晋山涛做冀州刺史，甄拔三十余人，有的在朝廷做了侍中、尚书等官，为前人所赞美。接着就说韩朝宗也荐举了协律郎严某为秘书郎，还有崔宗之、房习祖等人，有的富有才学，有的行为清白，都被赏识荐用。李白看到他们衔恩图报，忠义奋发，因此心情激动，知道韩朝宗对贤士能推心置腹，所以决心归附于他。国士，全国推尊仰慕之士，这里是对韩朝宗的美称。段末表示，倘逢急难之际，自己愿为之献身，表现出诗人满腔报国的热忱。这里急难是指战乱等关系国运的大事。安史之乱爆发，李白出山参与永王李璘幕府；他临终前不久，还打算以老病之身参加李光弼军队，讨伐安史余孽（见《李太尉大举秦兵百万出征东南懦夫请缨冀申一割之用半道病还留别金陵崔侍御》诗），都表现出他敢效微躯的举动和精神。

最后一段说自己愿呈献文章，求得对方赏识。先是说人不会尽善尽美，关于政治方面的谋划主张，不敢自夸，至于诗文，写得颇多，积成卷轴，这类雕虫小技，如果对方不嫌弃而愿赐观，则请给与纸墨等文具，还有抄写人员，就可认真抄写呈上。青萍，宝剑名。结绿，美玉名。春秋时越国人薛烛和楚国人卞和，一个善于识剑，一个善于识玉。结尾意思说：宝剑美玉依靠良工的鉴别，方能增长声价；自己地位不高，也要靠韩朝宗大加奖励称誉，才有光明前途啊！唐代读书人的习尚，欢喜把自己的诗文等作品写在卷子上呈献给达官贵人或文坛前辈，希望获得他们的赏识，从而猎取功名。李白也准备把文章呈献给韩朝宗。李白在政治才能上也颇自负，曾自称“怀经济之才”（《为宋中丞自荐表》），并常以东晋名臣谢安自比。本段说“白谟猷筹画，安能自矜”，比较谦逊，可能是他没有写什么政治性论文，能向韩朝宗呈献的都是一些文学性诗文的缘故。

本文和李白的某些诗篇一样，充分表现了他自负和傲岸的性格。他写信要求韩朝宗赏识自己，所以更是着重称述自己。首段以毛遂自比，说明其才能超过众人；接着说自己能文有武，心雄万夫，讲究气节道义，文才更是卓越敏捷；结尾说准备呈献所作诗文：自负不凡的高昂气概，贯穿全篇。李白不但自负，而且兀傲。对那些达官贵人，李白希望他们援引，但他不肯为此而卑躬屈膝，所谓“安能摧眉折腰事权贵”（《梦游天姥吟留别》）；而是要以平等之礼节结交。他对韩朝宗是长揖不拜，对当时另一名人李邕，李白赠诗给他说，“宣父犹能畏后生，丈夫未可轻年少”（《上李邕》），要李邕学习孔子，知道后生可畏，不要看轻自己这个年轻人。李白这种傲岸和自负的气质，在本文中紧密结合，随处流露，而在第三段中表现尤为突出，在要求“扬眉吐气，激昂青云”的语句中达到了顶峰。由于生动地展示了自负、傲岸的性格特征，诗人的形象在本文中可说跃然纸上。

文中对韩朝宗也是颂扬备至。先是以周公、李膺相比，赞美他礼贤下士；接着又说他德行、才学都极好；继而又说他已经荐举了一批佳士。这种颂扬，目的是说明韩朝宗必能赏识、荐举自己，为本文自荐这一主题服务。颂扬对方，称述自己，两条线索在文中很好配合，交叉进行，起了打动对方的作用。

本文语言特色，是夸张而又流畅奔放。文中不论颂扬对方，称述自己，都出以夸张笔墨，充分显示出诗人的浪漫气质。全篇语言明快流畅，句子长短错综，自然奔放，富有气势，很好表现了诗人的豪迈性格与胸襟。前三段末尾，都使用了感情洋溢的感叹语句，“使白得颖脱而出，即其人焉”，“安敢不尽于君侯哉”，“不使白扬眉吐气，激昂青云耶”，各自在上文具体描述基础上进行小结，做到声情摇曳，增加了艺术感染力。（王运熙　施绍文）

春夜宴诸从弟桃李园序　　李　白

夫天地者，万物之逆旅[①]；光阴者，百代之过客。而浮生若梦，为欢几何？古人秉烛夜游，良有以也。况阳春召我以烟景，大块[②]假我以文章。会桃李之芳园，序天伦之乐事。群季俊秀，皆为惠连[③]；吾人咏歌，独惭康乐[④]。幽赏未已，高谈转清。开琼筵以坐花，飞羽觞而醉月。不有佳作，何伸雅怀？如诗不成，罚依金谷酒数[⑤]。

注 ① 逆旅：客舍。　② 大块：大自然。　③ 惠连：南朝宋文学家谢惠连，与其族兄谢灵运并称“大小谢”。　④ 康乐：南朝宋文学家谢灵运，谢玄孙，袭封康乐公。　⑤ 金谷酒数：晋石崇宴客洛阳金谷涧中，赋诗不成者罚酒三觞。

这篇散文小品，洋溢着诗情画意，像一首优美的诗，长期以来，家弦户诵，脍炙人口。明代大画家仇英还把它转化为视觉形象，绘成图画，流传至今。

从题目看，这是一篇记事文。记事文，一般要包含六个要素：Who（何人）、When（何时）、Where（何地）、What（何事）、How（如何）、Why（为何）。题目即回答了四个要素：什么人？作者与诸从弟。什么时候？春夜。什么地方？桃李园。干什么？宴饮。这已经在很大程度上泄露了主题。一看题目就知道文章的基本内容，又怎能引人入胜呢？然而一读全文，就立刻被那强烈的艺术魅力所吸引，陶醉于美的享受。原因在于：作者结合剩下的两个要素，对已见于题目中的四个要素作了进一步的、独特的回答，从而展现了情景交融、景美情浓的艺术天地。

全文是以议论开头的："夫天地者，万物之逆旅；光阴者，百代之过客。而浮生若梦，为欢几何？古人秉烛夜游，良有以也。"《古文观止》的编者说这是"点'夜'字"，即回答了"何时"。这固然是对的；但不仅如此，更重要的，还在于回答了另一个要素——"为何"。白天满可以"宴"，为什么要"夜"宴呢？就因为"浮生若梦，为欢几何"，所以要及时行乐，连夜间都不肯放过。及时行乐的思想在我们看来是消极的，但在封建社会的某些知识分子和达官贵人中却是普遍存在的。《古诗十九首》有云："生年不满百，常怀千岁忧。昼短苦夜长，何不秉烛游？"曹丕《与吴质书》有云："少壮真当努力，年一过往，何可攀援？古人思秉烛夜游，良有以也。"作者在行文上的巧妙之处，就表现在他不去说明自己为什么要"夜"宴，只说明"古人秉烛夜游"的原因，而自己"夜"宴的原因，已和盘托出，无烦词费。

"阳春召我以烟景，大块假我以文章"，这是万口传诵的名句。《古文观止》的编者说它"点'春'字"，即与第一段"点'夜'字"结合，照应题目，回答了"何时"。这当然不算错；但不仅如此。它用一个表示进层关系的连词"况"承接第一段，进一步回答了"为何"。"浮生若梦，为欢几何"，因而应该"夜"宴；更何况这是春季的"夜"，"阳春"用她的"烟景召唤我"，"大块（天地）"把她的"文章"献给我，岂容辜负！因而更应该"夜"宴。其所以成为名句，就由于它的确佳妙。第一，只用几个字就体现了春景的特色。春天的阳光，暖烘烘，红艳艳，多么惹人喜爱！"春"前着一"阳"字，就把春天形象化，使人身上感到一阵温暖，眼前呈现一片红艳。春天地气上升，花、柳、山、水，以及其他所有自然景物，都披绡戴縠，分外迷人。那当然不是绡縠，而是弥漫于空气之中的袅袅轻烟。"景"前着一"烟"字，就展现了这独特的画面。此后，"阳春烟景"，就和作者在《黄鹤楼送孟浩然之广陵》一诗中所创造的"烟花三月"一样，成为人们喜爱的语言，一经运用，立刻唤起对春天美景的无限联想。至于把天地间的森罗万象叫作"文章"，也能给人以文采炳焕、赏心悦目的感受。第二，这两个句子还把审美客体拟人化。那"阳春”是有情的，她用美丽的“烟景”召唤我；那“大块”也是有情的，她把绚烂的“文章”献给我。既然如此，作为审美主体的“我”又岂能无情！自然主客拥抱，融合无间了。

“会桃李之芳园”以下是全文的主体，兼包六个要素，而着重写“如何”。这一点很重要。试想，与诸从弟夜宴，如果是为了饯别，那就会出现“醉不成欢惨将别，别时茫茫江浸月”（白居易《琵琶行》）的场面，或“今宵酒醒何处，杨柳岸晓风残月”（柳永《雨霖铃》）的景象，未免大败人意。如今幸而并非如此。“会桃李之芳园”，不是为了饯别，而是为了“序天伦之乐事”。这一句，既与第一段“为欢几何”里的“欢”字相照应，又赋予它以特定的具体内容。这不是别的什么“欢”，而是“序天伦之乐事”的“欢”。看来，作者与从弟们分别很久了。作为封建社会里的“浮生”，难得享天伦之乐啊！如今，不但相会了，而且相会于流芳溢彩的桃李园中，阳春既召我以烟景，大块又假我以文章，此时此地，“序天伦之乐事”，真是百倍的欢乐！当然，“天伦之乐事”，不同的人有不同的“序”法。那么，作者和他的从弟们是什么样的人呢？南朝著名诗人谢灵运的族弟谢惠连工诗文，擅书画，作者便说“群季（诸弟）俊秀，皆为惠连”。以谢惠连比他的几位从弟，不用说就以谢灵运自比了。“吾人咏歌，独惭康乐”，不过是自谦罢了。人物如此俊秀，谈吐自然不凡。接下去的“幽赏未已，高谈转清”，虽似双线并行，实则前宾后主。“赏”的对象，就是前面所写的“阳春烟景”“大块文章”和“桃李芳园”；“谈”的内容，主要是“天伦乐事”，但也可以包括“赏”的对象。“赏”的对象那么优美，所以“赏”是“幽赏”；“谈”的内容那么欢乐，所以“谈”是“高谈”。在这里，美景烘托乐事，幽赏助长高谈，从而把欢乐的激情推向高潮。

“开琼筵以坐花，飞羽觞而醉月”两句，集中写“春夜宴桃李园”，这是那欢乐的浪潮激起的洪峰。“月”乃“春夜”之月，“花”乃“桃李”之花。兄弟相会，花月交辉，幽赏高谈，其乐无穷，于是继之以开筵饮宴。“飞羽觞”一句，实在写得好！《汉书·外戚传》引班婕仔赋云：“酌羽觞兮销忧。”颜师古注采用孟康的解释：“羽觞，爵也。作生爵形，有头，尾，羽翼。”爵，是酒器的名称；而在古代，“爵”字又与“雀”字相通。所谓“作生爵形”，就是其酒器的形状像活的雀儿，有头，有尾，有羽翼。正因为有羽翼，所以又称“爵”为“羽觞”。班婕仔独自借酒浇愁，“觞”虽有“羽”，却只能“酌”，不能“飞”。李白从“羽”字着想，生动地用了个“飞”字，就把兄弟们痛饮狂欢的场景表现得淋漓尽致。

痛饮固然可以表现狂欢，但光痛饮，就不够“雅”。他们都是诗人，痛饮不足以尽兴，就要作诗。于是以“不有佳作，何伸雅怀”等句结束了全篇。《古文观止》的编者说：“末数语，写一觞一咏之乐，与世俗浪游者迥别。”是相当中肯的。

开头以“浮生若梦”等句引出夜宴，在今天看来，思想境界当然不高，但在李白却有其社会原因。况且，开头一段，不过是为了引出下文；而其中的“欢”字，又为全文定下了基调。“况”字以下，写景如画，充满着春天的生机；叙事如见，洋溢着健康的欢乐。意境是崇高的，格调是明朗的。诵读全文，并不会滋生“浮生若梦”的消极情绪，却能于获得艺术享受的同时提高精神境界，热爱自然，热爱人生。

结尾的“如诗不成，罚依金谷酒数”，用的是石崇《金谷诗序》（《全晋文》卷三三）的典故。李白的这篇序，从体裁、题材上看，也与《金谷诗序》相似。而《金谷诗序》却说“感性命之不永，惧凋落之无期”，情调很悲凉。其他同类作品，如王羲之的《〈兰亭集〉序》，前面虽说“仰观宇宙之大，俯察品类之盛，所以游目骋怀，足以极视听之娱，信可乐也”，结尾却“临文嗟悼，不能喻之于怀”，发出“悲夫”的慨叹。孙绰的《三月三日兰亭诗序》（《全晋文》卷六一）也说“乐与时去，悲亦系之”，与王序如出一辙。陶渊明的《游斜川诗序》亦然：“悲日月之既往，悼吾年之不留”，调子是低沉的。直到初唐的游宴诗文，仍跳不出这种老套子。王勃的《滕王阁序》，不是也有“呜呼！胜地不常，盛筵难再；兰亭已矣，梓泽丘墟”的感慨吗？李白同样写游宴，却完全摆脱了“既喜而复悲”的陈套，给人以乐观情绪的感染。与古人的同类作品相比，本篇确是别开生面，“自是锦心绣口之文”。（霍松林）

吊古战场文　　李　华

浩浩乎平沙无垠，敻[①]不见人。河水萦带，群山纠纷[②]。黯兮惨悴，风悲日曛[③]。蓬断草枯，凛若霜晨；鸟飞不下，兽铤[④]亡群。亭长告余曰："此古战场也，常覆三军，往往鬼哭，天阴则闻。"

伤心哉，秦欤汉欤，将近代欤？吾闻夫齐魏徭戍[5]，荆[6]韩召募。万里奔走，连年暴露。沙草晨牧，河冰夜渡。地阔天长，不知归路。寄身锋刃，腷臆[7]谁诉？秦汉而还，多事四夷[8]。中州耗斁[9]，无世无之。古称戎夏[10]，不抗王师。文教失宣[11]，武臣用奇[12]。奇兵有异于仁义，王道[13]迂阔而莫为。

呜呼噫嘻！吾想夫北风振漠，胡兵伺便。主将骄敌，期门[14]受战。野竖旄旗，川回组练[15]。法重心骇，威尊命贱[16]。利镞穿骨，惊沙入面；主客相搏，山川震眩；声析江河，势崩雷电。至若穷阴凝闭[17]，凛冽海隅；积雪没胫，坚冰在须；鸷鸟休巢，征马踟蹰；缯纩[18]无温，堕指裂肤。当此苦寒，天假强胡，凭陵[19]杀气，以相剪屠。径截辎重，横攻士卒；都尉新降，将军覆没；尸填巨港之岸，血满长城之窟。无贵无贱，同为枯骨，可胜言哉！

鼓衰兮力尽，矢竭兮弦绝，白刃交兮宝刀折，两军蹙兮生死决。降矣哉，终身夷狄；战矣哉，骨暴沙砾！鸟无声兮山寂寂，夜正长兮风淅淅；魂魄结兮天沉沉，鬼神聚兮云幂幂[20]；日光寒兮草短，月色苦兮霜白。伤心惨目，有如是耶！

吾闻之，牧用赵卒，大破林胡[21]；开地千里，遁逃匈奴。汉倾天下，财殚力痡[22]，任人而已，其在多乎？周逐猃狁[23]，北至太原，既城朔方[24]，全师而还。饮至策勋[25]，和乐且闲，穆穆棣棣[26]，君臣之间。秦起长城，竟海为关[27]；荼毒生灵，万里朱殷[28]。汉击匈奴，虽得阴山；枕骸遍野，功不补患[29]。

苍苍蒸民[30]，谁无父母？提携捧负[31]，畏其不寿。谁无兄弟？如足如手。谁无夫妇？如宾如友。生也何恩，杀之何咎？其存其没，家莫闻知；人或有言，将信将疑；悁悁[32]心目，寝寐见之。布奠倾觞，哭望天涯。天地为愁，草木凄悲。吊祭不至[33]，精魂何依？必有凶年[34]，人其流离。呜呼噫嘻！时耶命耶？从古如斯！为之奈何？守在四夷[35]。

注 ① 敻（xiòng）：辽远。 ② 纠纷：杂乱交错。 ③ 曛：昏黄无光。 ④ 铤（tǐng）：疾走。 ⑤ 徭戍：服徭役守边地。 ⑥ 荆：楚国。 ⑦ 腷（bì）臆：情绪郁结。 ⑧ 四夷：泛指汉族以外各少数民族。 ⑨ 耗斁（dù）：损耗败坏。⑩ 戎夏：外族与华夏。 ⑪ 文教：礼乐等典章制度。失宣：不再宣传提倡。⑫ 奇：不正的诡谲之术。 ⑬ 王道：以仁义礼乐治天下的方法。 ⑭ 期门：军营之门。 ⑮ 川回：在平川上来回奔跑。组练：组甲、被练，皆为将士的衣甲服装，借指精锐部队。 ⑯ 威尊命贱：因军威严峻而不得不轻贱生命。 ⑰ 穷阴凝闭：指冬天阴云密布。 ⑱ 缯（zēng）：丝织品。纩（kuàng）：棉絮。 ⑲ 凭陵：侵凌，进逼。 ⑳ 幂（mì）幂：阴惨貌。 ㉑ 大破林胡：李牧守雁门郡大破匈奴，降服林胡（住今张家口以北的少数民族），单于逃走，十余年不敢近赵边城。㉒ 汉倾天下：汉武帝打败匈奴，自文景帝以后积蓄数十年财力耗尽。痡（pū）：疲劳。 ㉓ 猃狁（xiǎn yǔn）：同“玁狁”，即匈奴。 ㉔ 朔方：北方，指宁夏灵武一带。 ㉕ 饮至：凯旋归来告祭祖庙而后饮宴。策勋：把功勋书于竹简而授有功者以官爵。 ㉖ 穆穆：形容帝王仪表端庄。棣棣：形容帝王仪态闲雅。㉗ 关：指山海关。 ㉘ 殷（yān）：赤黑色。 ㉙ 功不补患：得不偿失。 ㉚ 苍苍：指苍天。蒸民：百姓。 ㉛ 提携捧负：携带抱背，指父母对小孩从小的抚育。㉜ 悁（yuān）悁：忧愁。 ㉝ 不至：指因遥死边疆太远，故精魂难归。 ㉞ 凶年：荒年。 ㉟ 守在四夷：四夷各为天子守土，则相安无战争。语出《左传·昭公二十三年》：“古者天子，守在四夷。”

唐天宝十一载（752），李华由伊阙县尉调任监察御史，就在这年或第二年的十一月，他奉诏出使朔方（今宁夏灵武一带）边陲巡按军政（参见《重庆师院学报》1986年2期熊笃《天宝文学编年中的几个问题》对本文作年的考证），目睹边塞大漠飞沙，风雪河冰和战士苦寒景况，遂触景生情，驰骋想象，写下这篇散文名作。

借古讽今，以刺玄宗穷兵黩武，任将非人；悲悯伤悼士卒的惨重阵亡，乃是全文的主旨。天宝年间，由于唐玄宗好大喜功，致使边将轻启边衅，生事邀功，战争频仍，生灵涂炭，军费开支由开元前每年二百万增至一千一百万，“公私劳费，民始痛苦”（《通鉴》）。在西北，天宝八载命哥舒翰强攻吐蕃石堡城，六万多士卒死亡殆尽；九年，高仙芝为邀边功偷袭石国，惨杀老弱，掳其丁壮，掠其金宝，俘杀其国王，导致西域群胡皆叛，引大食来攻；十载，高仙芝征大食惨败，三万人只剩数千残兵逃回；在北陲，天宝九至十一载，安禄山连续大规模征讨契丹，六万人马全军覆灭；在南疆，天宝十至十二载，杨国忠先后遣鲜于仲通，李宓三次征南诏，唐军共死二十多万人……对这种劳民伤财，视士兵生命如蝼蚁的不义战争，进步诗人无不愤怒谴责：李白愤慨“李牧今不在，边人饲豺虎”（《古风》十四）；高适控诉“边兵如刍狗，战骨生尘埃”（《答侯少府》）；

杜甫批评“边庭流血成海水，武皇开边意未已”（《兵车行》）；王昌龄痛挽“纷纷几万人，去者全无生”（《塞下曲》）；刘湾怒斥“死是征人死，功是将军功”（《出塞曲》）；张谓呼吁“安边自合有长策，何必流离中国人”（《代北州老翁答》）……他们从不同侧面唱出了人民厌战的心声，代表了当时的普遍情绪。明乎此，方能正确理解李华在本文中批评“多事四夷”，“中州耗斁”，“文教失宣，武臣用奇”的非战思想，渲染古战场“尸填巨港之岸，血满长城之窟”的悲惨景象，要求“任人而已”，“守在四夷”的安边主张，悲悯“苍苍蒸民”，“杀之何咎”，“布奠倾觞，哭望天涯”的断肠情境，无不与上述诗人所代表的时代呼声同声相应，一脉相承。所以，“吊古”实为讽今；指斥秦汉“荼毒生灵”“功不补患”，实为针砭玄宗好大喜功，穷兵黩武；描写士兵在“积雪”“坚冰”中“堕指裂肤”的苦寒，貌似虚写想象，实乃亲临阴山黄河所见真情……凡此，皆借古讽今的曲意所在。

构思精密，虚实交错，融情于景，夹叙夹议，将写景、叙事、抒情、议论融为一片，思接千载，视通万里，描绘出古战场一幅幅悲凉空旷、惨绝人寰的历史画卷，惊心动魄，摧人肝肺。这乃是本文最突出的艺术成就。全文共分三段：首段（第一自然段）实写古战场的悲凉空旷：浩渺无涯的广漠不见人迹，唯有无声的山川萦绕；天昏地暗，日月无光；悲风卷枯草乱飞，凛冽如霜落之晨；禽鸟惊飞不定，野兽疾走失群……静态则笼罩着死寂愁惨，动态则令人怵目心惊。接叙亭长沉痛的声音：这古战场便是千百万士兵葬身的坟场！“常覆三军”，是一篇之纲；“往往鬼哭，天阴则闻”，则令人想起杜甫与此同时所作《兵车行》中“新鬼烦冤旧鬼哭，天阴雨湿声啾啾”的情景。作者由触景生情，便过渡到下段缘情造境，引出思接千载的悲叹遐想……

第二段（二、三、四自然段），通过想象虚写历代穷兵黩武给广大士兵带来的巨大灾难和惨重后果。三个自然段分四层。先以“伤心哉”三句总吊一笔，“近代”则初露讽今之意。然后从战国时代写起，写初防未战的戍边苦寒。“万里”“连年”，见守边时空之久远；“晨牧”“夜渡”，状夙兴夜寐之苦寒……接着夹议一段战争的原因，以转入重点批判秦汉以来的黩武开边。“无世无之”则再露刺今之意。因秦皇汉武之好大喜功正与玄宗类似，故明白点出：他们都失误于不重视宣传仁义礼乐的文治，而重用武将的诡谲之术，导致边战不息的后果。故第二层接写初战未覆之酷烈，重点谴责主将骄堕轻敌之弊，又使人想起高适《燕歌行》中“战士军前半死生，美人帐下犹歌舞”的讽刺，和王昌龄《出塞》中“但使龙城飞将在，不教胡马渡阴山”的呼吁，其根源在于所任将帅非人。所以漫山遍野的战士来回奔跑，虽然心里害怕，但迫于军法军威，不得不贱视生命以奉法，在惊沙扑面中不顾利箭穿骨冲刺搏斗；金鼓互喧，山川也为之眼花缭乱，江河似乎也将分崩离析。这是用拟人手法移情入景，“使物皆著我之色彩”。第三层以严冬酷寒，杀气弥漫之景，渲染三军正覆之时的惨重：正当阴云密布，寒气逼人，雪没小腿，冰结胡须的严冬，猛禽栖巢不出，战马也踌躇不前，故士兵们手指冻掉，皮肤皲裂；而强胡却凭借这险恶的气候，前来袭击粮草，血洗边防；结果主将战死，副将投降，士兵尸横遍野，血流成河，惨不堪言。以渲染夸张的动态，描写出一幅惨绝人寰的血战图，是对前文“常覆三军”的具体照应。作者意犹未尽，故第四层又倒叙三军欲覆未覆之际进退维谷的矛盾心态和已覆之后的阴森死寂：当激战到鼓竭力衰、箭尽弦绝，白刃相拼、生死决战的时刻，战士们经过一场欲降欲战的心理矛盾斗争之后，终于以身殉国了。此时战场一片万籁俱寂，夜风飒飒，天昏地暗，怨魂聚集的“伤心惨目”的景象，犹如一曲凄绝的挽歌，把惨景哀情的典型描写推向极致。全段都是虚景实写，情景相生；在景物渲染描写中或以感叹抒情领起，或以感伤抒情收结，或于叙事描写中穿插议论，皆错综不可端倪。

第三段（五、六自然段）议论评价历代战争得失，以人道主义抒发痛吊死者，悲悯生者（家属）的悲恸之情。前一层议论：褒周、赵而贬秦、汉，以宾衬主，是非分明。褒赵之良将李牧大破林胡，说明关键在“任人而已，其在多乎”，与前文“主将骄敌”遥相对照，隐刺玄宗用将非人；又反衬下文“汉倾天下”。褒周逐猃狁，则重在说明应以守备为本，不以攻战为先。这与作者在《韩国公张仁愿庙碑铭并序》中，颂张之持重安边，使“匈奴莫敢南视，雷哭而遁”，“天下减征役之半矣”的主张正一以贯之。贬秦汉一在“荼毒生灵”，一在“功不补患”，皆隐刺玄宗的黩兵，这与当时宰相张说“连兵十余年……虽师屡捷，所得不偿所亡”（《通鉴》）的批评，与李白《战城南》中“乃知兵者是凶器，圣人不得已而用之”的思想亦复一致。作者有褒有贬，可见他并非一概反对战争，而重在强调应以守国安民为本。后一层抒情：慨叹天生众民，父母辛勤抚养，谁不想儿子活着？谁不想兄弟、夫妇团聚？而帝王于民之生有何恩惠？民有何罪而驱之被杀？连下数问，悲愤激昂，直斥帝王违反人道，为士兵鸣冤叫屈。接写家人遥望天涯痛哭洒酒，祭奠招魂的凄惨场面，长歌当哭，反复问叹，满纸呜咽，悲痛淋漓。终以“从古如斯”反结秦汉近代，再点“刺今”之意，用“守在四夷”正述自己主张，结出一篇之旨。

综观全文，围绕古战场，三段分写所见、所想、所感，虚实相生，时空交变。在所想中，又紧扣“常覆三军”四字，依序描写三军戍边之苦，初战之烈、结战之惨、战后之寂，叙事层次井然，描写意象生动，抒情真切动人，议论纵横排宕，事、景、情、理达到了高度的有机融合。

其次，在语言风格上也颇具特色。首先是句式整齐而错综，以四言为主，间用五六七言句，或骈或散，或奇或偶，参差错落，变化多姿。长句舒张排宕，短句繁弦促节，“兮”字句一唱三叹。即使四字句中，有的排比兼对偶，如“万里奔走”四句；有的只排不偶，如“秦汉而还”四句。所以，它比通篇四六对偶的骈文更见灵活自由，又比完全长短无规则的散文更见整齐优美。其次，通篇用韵，如首段全押平声真、文韵；次段分用去声遇韵，平声支韵，去声霰韵，平声虞韵，入声屑、锡、陌等韵；末段分用平声虞韵、寒韵，上声有韵，平声支韵等。不仅换韵平仄相间，而且每句中亦大致平仄相间，从而形成和谐拗怒，抑扬顿挫，弛张徐疾等不同声情，恰与每段每节或低回感伤，或激越呼号，或深沉喟叹，或悲痛欲绝的文情变化对应配合，构成声文并茂、荡气回肠的节奏旋律。在修辞上，参差运用“伤心哉”，“呜呼噫嘻”等回肠荡气的感叹句，用“可胜言哉”，“有如是耶”，“谁无父母”，“谁无兄弟”，“谁无夫妇”，“生也何恩，杀之何咎”等情勃力坚的反诘句，用“秦欤汉欤，将近代欤”，“时耶命耶”，“为之奈何”等发人深省的设问句，用“河水萦带”，“凛若霜晨”等生动形象的比喻句，用“山川震眩；声析江河”等铺张扬厉的夸张句，用“天地为愁，草木凄悲”等移情入景的拟人句，用“法重心骇，威尊命贱”等当句、上下句皆珠联璧合的对仗句，用“牧用赵卒”与“汉倾天下”，“周逐猃狁”与“秦起长城”等褒贬鲜明的对比句，用“积雪”“坚冰”，“鸷鸟”“征马”等铺陈展衍的排比句……凡此，不仅使章法多变，文辞华赡，而且使文情跌宕起伏，姿态万千。全文又很少用典故僻字，读来显豁流畅。（熊　笃）

原　道[1]　　韩　愈

博爱之谓仁，行而宜之[2]之谓义，由是而之焉之谓道，足乎己无待于外[3]之谓德。仁与义为定名，道与德为虚位[4]。故道有君子小人，而德有凶有吉。老子之小仁义[5]，非毁之也，其见者小也。坐井而观天，曰天小者，非天小也，彼以煦煦[6]为仁，孑孑[7]为义，其小之也则宜。其所谓道，道其所道，非吾所谓道也。其所谓德，德其所德，非吾所谓德也。凡吾所谓道德云者，合仁与义言之也，天下之公言也。老子之所谓道德云者，去仁与义言之也，一人之私言也。

周道衰，孔子没，火于秦，黄老于汉，佛于晋、魏、梁、隋之间，其言道德仁义者，不入于杨[8]，则入于墨[9]；不入于老[10]，则入于佛。入于彼，必出于此。入者主之，出者奴之，入者附之，出者污之。噫！后之人其欲闻仁义道德之说，孰从而听之？老者曰：孔子，吾师之弟子也。佛者曰：孔子，吾师之弟子也。为孔子者，习闻其说，乐其诞而自小也，亦曰吾师亦尝师之云尔。不惟举之于其口，而又笔之于其书。噫！后之人虽欲闻仁义道德之说，其孰从而求之！甚矣，人之好怪也，不求其端，不讯其末，惟怪之欲闻。古之为民者四[11]，今之为民者六[12]。古之教者处其一[13]，今之教者处其三[14]。农之家一，而食粟之家六。工之家一，而用器之家六。贾之家一，而资焉之家六。奈之何民不穷且盗也？

古之时，人之害多矣。有圣人者立，然后教之以相生养之道。为之君，为之师，驱其虫蛇禽兽而处之中土。寒然后为之衣，饥然后为之食。木处而颠，土处而病也，然后为之宫室。为之工以赡其器用，为之贾以通其有无，为之医药以济其夭死，为之葬埋祭祀以长其恩爱，为之礼以次其先后，为之乐以宣其湮郁，为之政以率其怠倦，为之刑以锄其强梗。相欺也，为之符玺斗斛权衡以信之；相夺也，为之城郭甲兵以守之。害至而为之备，患生而为之防。今其言曰："圣人不死，大盗不止；剖斗折衡，而民不争。"呜呼！其亦不思而已矣。如古之无圣人，人之类灭久矣。何也？无羽毛鳞介以居寒热也，无爪牙以争食也。

是故君者，出令者也；臣者，行君之令而致之民者也；民者，出粟米麻丝，作器皿，通货财，以事其上者也。君不出令，则失其所以为君。臣不行君之令而致之民，民不出粟米麻丝，作器皿，通货财，以事其上，则诛[15]。今其法曰：必弃而君臣，去而父子，禁而相生养之道，以求其所谓清净寂灭者。呜呼！其亦幸而出于三代之后，不见黜于禹、汤、文、武、周公、孔子也；其亦不幸而不出于三代之前，不见正于禹、汤、文、武、周公、孔子也。

帝之与王，其号名殊，其所以为圣一也。夏葛而冬裘，渴饮而饥食，其事殊，其所以为智一也。今其言曰：曷不为太古之无事[16]？是亦责冬之裘者曰曷不为葛之之易也，责饥之食者曰曷不为饮之之易也。

传曰："古之欲明明德于天下者，先治其国；欲治其国者，先齐其家；欲齐其家者，先修其身；欲修其身者，先正其心；欲正其心者，先诚其意。"然则古之所谓正心而诚意者，将以有为也。今也欲治其心而外[17]天下国家，灭其天常，子焉而不父其父，臣焉而不君其君，民焉而不事其事，孔子之作《春秋》也，诸侯用夷礼则夷之，进于中国则中国之。经曰："夷狄之有君，不如诸夏之亡。"《诗》曰："戎狄是膺，荆、舒是惩[18]。"今也举夷狄之法而加之先王之教之上，几何其不胥[19]而为夷也！

夫所谓先王之教者，何也？博爱之谓仁，行而宜之之谓义，由是而之焉之谓道，足乎己无待于外之谓德。其文《诗》《书》《易》《春秋》；其法礼、乐、刑、政；其民士、农、工、贾；其位君臣、父子、师友、宾主、昆弟、夫妇；其服丝麻；其居宫室；其食粟米、果蔬、鱼肉；其为道易明，而其为教易行也。是故以之为己，则顺而祥；以之为人，则爱而公；以之为心，则和而平；以之为天下国家，无所处而不当。是故生则得其情，死则尽其常，郊[20]焉而天神假，庙焉而人鬼飨。曰：斯道也，何道也？曰：斯吾所谓道也，非向所谓老与佛之道也。尧以是传之舜，舜以是传之禹，禹以是传之汤，汤以是传之文、武、周公，文、武、周公传之孔子，孔子传之孟轲，轲之死，不得其传焉。荀与扬也，择焉而不精，语焉而不详。由周公而上，上而为君，故其事行；由周公而下，下而为臣，故其说长。然则如之何而可也？曰：不塞不流，不止不行。人其人，火其书，庐其居[21]，明先王之道以道之，鳏寡孤独废疾者有养也，其亦庶乎其可也！

注 ① 原：推原，论述。道：政治哲学概念。中国哲学史上各派都使用“道”这个概念，但其内涵却各不相同。韩愈的“道”，则是指孔、孟的社会政治伦理。② 行而宜之：行为符合社会客观需要。 ③ 足乎己无待于外：自己感到满足而不需外在的援助。这是说，“德”是个人的内在修养和自我的社会性评价。 ④ 仁与义为定名，道与德为虚位：这两句互相关联。仁与义是社会结构稳定的客观要求，道与德是人自身适应社会结构稳定的客观要求的修养和行为评价，所以，仁与义是因社会要求而定名，而道与德则是待社会性的仁与义来“填充”。在韩愈心中，这两句是一个整体。 ⑤ 小：轻视。《老子》：“大道废，有仁义。”又：“失道而后德，失德而后仁，失仁而后义，失义而后礼。夫礼者，忠信之薄而乱之首。”都可以看出老子对仁义的轻视。 ⑥ 煦煦：本温暖之义，此指个人小恩惠。 ⑦ 孑孑：本孤单之义，此指不关社会痛痒的个人行为。 ⑧ 杨：杨朱，字子居，又称杨子、阳子或阳生，战国魏人，当时著名的学派领袖。 ⑨ 墨：墨翟，鲁人，春秋战国之际著名的思想家，墨家学派的创始人。 ⑩ 老：老聃，老子，春秋战国之际楚人，著名的思想家。 ⑪ 古之为民者四：古时民有士、农、工、贾四类。 ⑫ 六：六类，即士、农、工、贾、佛教僧徒、道教教徒。⑬ 一：指士。 ⑭ 三：指士、僧人、道教徒。 ⑮ 诛：责罚。一说杀，非。 ⑯ 无事：指上古时代无战事、灾异等。《庄子·胠箧》：上古时，“民结绳而用之，甘其食，美其服，乐其俗，安其居，邻国相望，鸡狗之音相闻，民至老死而不相往来”。《老子》“小国寡民”章说法相似。 ⑰ 外：抛开。 ⑱ 戎狄是膺，荆、舒是惩：语见《诗·鲁颂·閟宫》。戎、狄，是古代少数民族的名称。荆、舒是古代楚和楚的属国，中原视楚为边疆少数民族。膺是打击，惩是惩罚。皆尊中原文化而轻四夷之意。需要说明的是，这里的“尊”，只是文化哲学范畴内的，似乎与政治人格关系不大。 ⑲ 胥：相引，相与。 ⑳ 郊：周代于冬至日祭天于南郊称为“郊”。 ㉑ 人其人：前“人”字本为“民”，避唐讳所改。“民其人”即使僧人、道士还俗为民。庐其居：将僧寺、道观改为民宅。

《原道》是韩愈论述社会政治伦理的代表作，力排佛老，独尊儒家仁义道德，维护封建社会结构的安定，维护社会秩序的稳定。

仁、义、道、德，在我们今天看来，带着浓重的封建色彩，但在韩愈当时，却是维系君君臣臣、父父子子社会结构的黏结剂。中唐之际，藩镇割据，宦官专权，朝臣党争，唐王朝尾大不掉，人民备受艰难，恢复仁、义、道、德的活力和调节功能，修补和强化“其文”“其法”“其民”“其位”“其服”“其居”“其食”的生活网络结构，达到封建社会秩序的安定、稳固，未尝不是一项可取的选择。所以韩愈以“原道”为题，首先确定仁、义、道、德的社会命意及其价值。“仁与义为定名，道与德为虚位。故道有君子小人，而德有凶有吉”，为全文的正面论证和反面批驳奠定了基础。韩愈认为，“仁与义”“道与德”是社会生活的维系点，是社会生活中各阶层、各阶级、各等次的人都应该遵循的准则，只是各阶层、各阶级、各等次的人遵循的“仁与义”“道与德”有各自不同的侧重点而已。因为“仁与义”“道与德”包含着不同阶层、不同阶级、不同等次的人的严肃的社会责任与义务，所以，违背“仁与义”“道与德”的观念、行为就是错误的。众所周知，老子反对儒学的“仁义”，而标示“道德”，韩愈以为，老子“小仁义”，其道德观念和韩愈的道德观念是根本不同的，老子的“道德”是“去仁与义”的“一人之私言”，而韩愈的“道德”是“合仁与义”的“天下之公言”。细详后文，此“合仁与义”的“道德”之所以是“天下之公言”，是它标示着上下结构之间的双向调节，即“君臣”之间，要“君君臣臣”；“父子”之间，要“父父子子”。反之，老子的“道德”“去仁与义”，不重视社会上下结构之间的相互关系，因而是“一人之私言”。这种随立随破，将正面论述与反面驳论结合在一起的论述方式，使行文摇曳多姿，变化有致。

在标出老子的“道德”与韩愈主张的“仁与义”“道与德”的原则区别之后，韩愈叙述了我国思想史上一段曲折的历史：周王朝衰微，孔子逝世，战国纷争，统一于秦；秦焚书坑儒，文化思想突变：黄、老盛行于汉，佛教盛行于晋、魏、梁、隋。儒学不兴，人惟好怪。韩愈以一般人“不求其端，不讯其末，惟怪之欲闻”引入道家、佛家、杨朱、墨翟之说为害，重在辟佛、老。首先从经济入手，指佛道两家的出现是社会的沉重负担。“农之家一，而食粟之家六。工之家一，而用器之家六。贾之家一，而资焉之家六。”生产的人少，消耗的人多，人民必定贫困，而社会则必定存在不安定因素，社会结构的稳固性必定受到震撼。所谓“穷且盗”，就是社会安定的破坏性因素。其次，从社会发展的过程，说明君君臣臣社会结构的合理性。韩愈以为，圣人、君、师都是人类在为生存而斗争中出现的，是在为民除害，为民驱虫蛇禽兽，教民“相生养之道”的过程中自然形成的。值得注意的是，韩愈在这里使用了以叙事代议论的方法，说圣人为民设立君主，荐举老师，这君主、老师为民驱除虫蛇禽兽，使人民安处于中原土质深厚的地方以种植谋生。寒，则教之以制衣；饥，则教之以饭食。居于树，易危坠；居于穴，易患病，则教之以盖房建屋。为之礼、乐、刑、政以维持社会生活的正常进行。需要指出的是，人们从洪荒时代逐渐进入文明时代，由初始的文明向更高层次文明的发展，在这个过程中，每一项经验由不自觉到自觉的总结应用，每一件工具由不完备到完备的创造发明，从偶然性的角度看问题，可能出现在某一个具体的“圣人”身上，但从必然性的角度看问题，则是全体人类劳动经验的结晶。韩愈从社会表象看问题，重视“圣人”在社会生活进程中的积极作用，虽不无偏颇，但却看到了具体生活进程的事实，并以这一事实来批驳庄周“圣人不死，大盗不止；剖斗折衡，而民不争”的不负责任的观念。这种以正面事实来驳斥对方反面意见的方法，一方面说明“事实胜于雄辩”的事理，另一方面又使驳论带有强烈的感情色彩，将深刻的哲理思辨过程化为通俗的感性叙述。但是，感性的事实毕竟需要升华，毕竟需要理性的概括，因此，作者在两个层次之间以“是故”关联，导出“君者，出令者也；臣者，行君之令而致之民者也；民者，出粟米麻丝，作器皿，通货财，以事其上者也”的社会政治结构。为了强调这个社会政治结构的正确性，韩愈既从正面提出结论“君者，出令者也……”，又从反面加以论证“君不出令……”，正反结合，不仅行文通畅，而且在气势上有坚不可摧之态。在文气上建立了这种态势之后，高屋建瓴，居高临下，直捣佛教理论体系。众所周知，佛学以“清净”为本，“寂灭”为宗，提倡看破红尘，超脱人世，“弃而君臣，去而父子，禁而相生养之道”；他们梦寐以求的是佛国天堂，嫌恶厌弃的则是纷纷尘世。这在韩愈看来，佛教破坏的恰恰是他梦寐追求的人世社会结构的稳定和维护这个结构稳定的社会政治伦理，而韩愈嫌恶厌弃的超现实的佛国天堂，正是佛教僧徒梦寐以求的理想，两者之间，势如水火。一声“呜呼”，宣泄了势不两立的情绪。“其亦幸而出于三代之后，不见黜于禹、汤、文、武、周公、孔子也；其亦不幸而不出于三代之前，不见正于禹、汤、文、武、周公、孔子也”两句，仅增两字，换两字，便将韩愈对佛学的憎恶、对儒学的厚爱表达得淋漓尽致。

特别需要说明的是，韩愈认为，人类社会生产的发展，生活的繁富，是人类智慧的标志，换句话说，人越聪明，人类的生产越发展，人们享有的生活资料就越繁富，享受的快乐就越多。人们由洪荒时代发展到“夏葛而冬裘”的文明时代，靠的是智慧。从历史传说中的五帝到三王，就是这样一个智慧发展、生产发展、生活繁富的过程。道家责难“曷不为太古之无事”，实际上是要人们返回洪荒的野蛮时代，重过不文明的生活。而韩愈以为，历史是不能逆转的，这就像要求人们冬天不穿裘皮衣服而穿麻葛衣服、饥饿时不吃饭而喝水一样，滑天下之大稽，不会被人们接受的。既然如此，人们怎样才能对付日益繁多的物质而引起的矛盾纷争呢？《原道》

主张加强社会中人的各自的修养，加强社会中人的各自的社会责任感，那么，社会结构就会稳固，天下就一定太平。所谓“古之欲明明德于天下者，先治其国；欲治其国者，先齐其家；欲齐其家者，先修其身；欲修其身者，先正其心；欲正其心者，先诚其意”，就是这个意思。这一段话，原见于《礼记·大学》。“明明德”，就是昭明大德；“齐家”，就是整肃自己的家庭。细细体味，这一段话极富于政治哲理意味。就社会中的个体人而言，凡事从自身做起，诚意、正心、修身。但就社会中的人的群体而言，齐家、治国、“明明德于天下”，就包含了比较丰富的内涵，表现了封建社会结构中的调节功能，而这种调节功能就成为社会结构稳定的黏结剂。“古之所谓正心而诚意者，将以有为也”，就是以天下国家为己任。一“古”一“今”互相关联，从社会道德伦理的角度，批驳佛道“欲治其心而外天下国家”，“灭其天常，子焉而不父其父，臣焉而不君其君，民焉而不事其事”，是韩愈不能接受的。他援引《春秋》《论语》《诗经》诸书，力排“夷狄之法”。以为孔子作《春秋》，诸侯用夷礼，孔子就以夷人视之；诸侯用“中国”之礼，就以“中国”人视之。韩愈极力维护的是中原固有的文化传统和道德伦理传统，虽不无褊狭，但在当时，还应当承认中原文化是最先进的文化，至少与“大汉民族主义”没有什么瓜葛。而在论证方式上，又一改前文的叙事论证为援引论证，援引《礼记》《春秋》《论语》《诗经》，以证明自己的观点合于先圣之论，亦为下文的“道统”伏笔，为建立高层次的社会政治伦理奠定基础。

在完成了思想史、经济、政治、伦理诸方面的论证、批驳之后，韩愈回应前文，重述他的仁、义、道、德的观念，将“其文”“其法”“其民”“其位”“其服”“其居”“其食”的社会网络结构明确标示。确认仁、义、道、德的社会价值是：“以之为己，则顺而祥；以之为人，则爱而公；以之为心，则和而平；以之为天下国家，无所处而不当。”至此，我们可确认韩愈的仁、义、道、德的观念的含意，都带着明显的社会结构双向调节功能。由于前人只注意韩愈在论述过程中的单向叙述，只讲圣人在社会发展中的作用，强调君出令，臣行君令，民出丝麻粟米的单向政令贯通，误以为韩愈的仁、义、道、德偏于确立帝王权威的单向性。其实，“博爱”“行而宜之”都具有双向性，下与上，左与右，都具备等同性，不包含差别性，由“博爱”“行而宜之”所达之“道”，就是社会政治伦理。至于“足乎己无待于外”的个人修养，则是仁、义、道实现的重要保证。这在法制极不健全的专制主义社会里，是极易理解的文化心态。韩愈在完整地表述了自己的观点之后，再一次表示，他的“道”与佛老之“道”是风马牛不相及的两个不同的社会伦理概念。他坚信自己“道统”的正确性。只是周公以前坚持这个“道统”的尧、舜、禹、汤、文、武是帝王，“故其事行”；而周公以后坚持这个“道统”的孔子、孟轲都是人臣，所以就必须反复陈述，才能引起社会重视。至于说“荀与扬也，择焉而不精，语焉而不详”，韩愈有《读荀》一文，说“考其辞，时若不粹”，不粹即不精。又说：“荀与扬，大醇而小疵。”扬雄好为艰深之辞，故云“语焉而不详”。韩愈这样说，则是充分显示他个人的学说上的自信。前文说过，韩愈作文，极重感情，最后又以犀利的笔锋，强烈的感情，摆出兴此必灭彼的誓不两立的态势：“不塞不流，不止不行。人其人，火其书，庐其居”，必灭佛老而后快，真所谓声势夺人，气吞万里。（汤贵仁）

杂说（四）　　韩　愈

世有伯乐[①]，然后有千里马。千里马常有，而伯乐不常有。故虽有名马，只辱于奴隶人之手，骈死于槽枥之间，不以千里称也。

马之千里者，一食或尽粟一石。食马者不知其能千里而食也，是马也，虽有千里之能，食不饱，力不足，才美不外见[②]，且欲与常马等不可得，安求其能千里也！

策之不以其道，食之不能尽其材，鸣之而不能通其意，执策而临之曰：“天下无马。”呜呼！其真无马邪？其真不知马也？

注 ① 伯乐：姓孙名阳，春秋秦穆公时人，以善相马著称。曾荐九方堙为秦穆公相马，认为千里马须“得其精而忘其粗，在其内而忘其外”。事见《淮南子·道应训》。　② 见：通“现”。

这是《杂说》的第四篇。文中以千里马喻杰出的人才，以伯乐喻善于识别人才的当权者。但文章的重点却落在千里马与伯乐的对立面上。这是它的构思立意新颖独特之处。

开头就出人意表，警动非凡。作者不是一般化地论述伯乐对于千里马的重要性，而是别出心裁地推出一个仿佛不合常识的论断："世有伯乐，然后有千里马。"千里马是客观存在，它的有无按说并不取决于伯乐，作者这样耸人耳目地提出问题，自然是要引起读者的思索。紧接着，又指出另一种现象："千里马常有，而伯乐不常有"。这表面上似乎跟开头的论断矛盾，实际上恰恰为它提供了论据。下面"故"字就势一转，把谜底揭开了，也把读者的悬念消除了：正因为伯乐不常有，所以虽有千里马，也只能在根本不识马的奴仆手下受辱，和平庸的马一起默默无闻地老死于马棚，不以千里马著称于世。这就强调指出了，千里马如果不遇伯乐，就实际上不成其为千里马。作者正是在这个意义上使用"然后有千里马"的"有"字的。对于千里马这个特殊事物来说，没有被发现，实际上等于不存在。作者抓住了这个特点，才使开头的那个论断显得分外真实合理、警策非凡，而这个"有"字也确切不可移易。

千里马之所以没有被发现，作者认为跟它"食不饱"有密切关系。因此接下来就抓住千里马的食量问题做文章。作者将千里马的才具与食量联系起来，强调在"食（饲）马者不知其能千里而食"的情况下，它"食不饱，力不足，才美不外见（现）"，连跟平常的马相等也办不到，更不用说日行千里了。"不知"二字，从"伯乐不常有"来，是这一段的眼目。由"不知"引起下文一连串的"不"，层层顶接，极富逻辑力量。然后用"且欲……安求……"的句式，逼进一层，将"不知"所造成的后果淋漓尽致地表现出来。上段还只说"骈死于槽枥之间"，这里则说"且欲与常马等不可得"，意思又深一层。

接下来一段便明显地把重点落在驭马者身上。开头三句，以"食之不能尽其材"承上段，而就势翻出"策之""鸣之"两句，但对此并不再展开论述，读者自可意会。三句用排比句式，一气蝉联，指出对千里马既不懂得正确的驾驭之道，又不能按照它的才具给以充足的食料，而当它鸣叫时又不懂得它的心意。这三个"不"，归根于一个"不知"，已将驭马而不识马的害处揭露得非常充分，下面更进一步，用漫画化手法画出驾驭者愚妄无知而又极主观武断的形象。千里马就在眼前，他却视而不见，执策而临之曰："天下无马。"在讽刺揶揄中流露出意味深长的幽默。最后，是作者对上述现象的强烈感慨。本意是斥责驭者不知马，却故意用摇曳之笔咏叹出之："呜呼！其真无马邪？其真不知马也？"以疑问的口吻来表达肯定的意思，讽刺更辛辣，幽默感也更浓了。

杰出的人才不被当权者所了解与任用，是封建社会的痼疾。这个问题并不新鲜。韩愈这篇文章，好在老问题而有新角度。他不是单纯从身受其害的知识分子出发，诉说一番怀才不遇的委屈与牢骚，也不是一般地论述当权者了解、任用人才的重要性，而是紧紧抓住对人才的发现在某种意义上比人才本身更为重要这个特点，围绕“不知”二字来做文章，从而一方面揭露出居于伯乐之位而无伯乐之识的当权者颟顸无知而又主观武断的丑恶面目，另一方面又揭示出杰出人才被埋没、受屈辱的境遇及其原因，深刻地说明了：不是天下无才，而是缺乏发现人才、了解人才的“伯乐”。千里马的食量和才具，一般的人往往不大注意它们之间的关联，但作者却注意到“千里之能”的发挥有待于食饱力足的客观条件这个事实，从而别有会心地从一个人们容易忽略的角度提出问题，揭示出“食不饱”与“才美不外见”的关系，从而说明对待杰出的人才，应为他们创造一些特殊的条件。这样提出问题，便具有新意，能给人以启示。

文章的另一特点是感情色彩强烈，表达上富于含蕴。作者仕途偃蹇，三度上书宰相而被置之不理，对才士的遭遇有切肤之痛。发而为文，便处处流露出一种强烈的愤郁，对颟顸无知的当权者表示了强烈的鄙视和嘲讽。但在表达时，却不流于一泻无余的斥责怒骂，而是以唱叹之笔含蓄出之。文中多次提到千里马，每一次都笔端饱含感情，而且笔笔都不重复。像“是马也，虽有千里之能，食不饱，力不足，才美不外见，且欲与常马等不可得，安求其能千里也”这个长句，浑浩流转，一气旋折，蕴含着满腔牢骚愤郁，但用的却是抒情笔调。文章的结尾，将强烈的愤郁化为无穷的感慨，更显得蕴蓄有致。前人评道：“起如风雨骤至，结如烟波浩渺。寥寥短章，变态无常。而庸耳俗目，一齐写尽”（清蔡铸《蔡氏古文评注补正全集》），是很准确的。（刘学锴）

师　说　　韩　愈

古之学者必有师。师者，所以传道受业解惑也[①]。人非生而知之者，孰能无惑？惑而不从师，其为惑也，终不解矣。生乎吾前，其闻道也，固先乎吾，吾从而师之；生乎吾后，其闻道也，亦先乎吾，吾从而师之。吾师道也，夫庸知其年之先后生于吾乎？是故无贵无贱，无长无少，道之所存，师之所存也。

嗟乎，师道之不传也久矣，欲人之无惑也难矣！古之圣人，其出人也远矣，犹且从师而问焉；今之众人，其下圣人也亦远矣，而耻学于师。是故圣益圣，愚益愚。圣人之所以为圣，愚人之所以为愚，其皆出于此乎？

爱其子，择师而教之，于其身也，则耻师焉，惑矣！彼童子之师，授之书而习其句读[②]者，非吾所谓传其道解其惑者也。句读之不知，惑之不解，或师焉，或不[③]焉，小学而大遗，吾未见其明也。

巫医、乐师、百工之人，不耻相师。士大夫之族，曰师、曰弟子云者，则群聚而笑之。问之，则曰："彼与彼年相若也，道相似也。"位卑则足羞，官盛则近谀。呜乎！师道之不复可知矣！巫医、乐师、百工之人，君子不齿，今其智乃反不能及，其可怪也欤！

圣人无常师。孔子师郯子[④]、苌弘[⑤]、师襄[⑥]、老聃[⑦]。郯子之徒，其贤不及孔子。孔子曰："三人行，则必有我师。"是故弟子不必不如师，师不必贤于弟子，闻道有先后，术业有专攻，如是而已。

李氏子蟠，年十七，好古文，六艺经传[⑧]，皆通习之，不拘于时，学于余。余嘉其能行古道，作《师说》以贻之。

注 ① 道：指孔孟之道。受：通"授"。业：指以攻读儒家经典为主的学业。惑：指道与业两方面的疑难。　② 句读（dòu）：即"句逗"。文辞语意已尽处为句，语意未尽而须停顿处为读。　③ 不：同"否"。　④ 郯（tán）子：春秋时郯国的君主，据说孔子曾向他请教少皞氏以鸟名官的事。　⑤ 苌（cháng）弘：周敬王时大夫，据说孔子曾向他请教音乐方面的问题。　⑥ 师襄：鲁国乐官，孔子曾向他学琴。　⑦ 老聃（dān）：即老子李耳，孔子曾向他问礼。　⑧ 六艺经传：六经的经文和注解。

这是韩愈著名的论说"师道"的文章。文中虽也正面论及师的作用、从师的重要性和以什么人为师等问题，但重点是批判当时流行于士大夫阶层中的耻于从师的不良风气。唐柳宗元《答韦中立论师道书》说："今之世，不闻有师；有辄哗笑之，以为狂人。独韩愈奋不顾流俗，犯笑侮，收召后学，作《师说》，因抗颜而为师；世果群怪聚骂，指目牵引，而增与为言辞。愈以是得狂名。”可见当时韩愈倡言师道，抗颜为师，是冒着触犯流俗的危险，很需要一些勇气的。就文章的写作意图和主要精神看，这是一篇针对性很强的批驳性论文，只不过没有采用通常的驳论形式而已。

文章的开头一段，先从正面论述师道——从师的必要性和从师的标准（以谁为师）。劈头提出“古之学者必有师”这个论断，紧接着概括指出师的作用：“传道受（授）业解惑”，作为立论的出发点与依据。从“解惑”（道与业两方面的疑难）出发，推论人非生而知之者，不能无惑，惑则必从师的道理；从“传道”出发，推论从师即是学道，因此无论贵贱长幼都可为师，“道之所存，师之所存也”。这一段，层层顶接，逻辑严密，概括精练，一气呵成，在全文中是一个纲领。这一段的“立”，是为了下文的“破”。一开头郑重揭出“古之学者必有师”，就隐然含有对“今之学者”不从师的批判意味。

第二段开头，紧承上段对师道的论述，连用两个语气强烈的感叹句：“嗟乎，师道之不传也久矣，欲人之无惑也难矣！”重笔捩转，总起这一段的批判内容，其势如风雨骤至，先声夺人。接着，就分三层从不同的侧面批判当时士大夫中流行的耻于从师的不良风气。先以“古之圣人”与“今之众人”作对比，指出圣与愚的分界就在于是否从师而学；再以士大夫对待自己的孩子跟对待自己在从师而学问题上的相反态度作对比，指出这是“小学而大遗”的糊涂做法；最后以巫医、乐师、百工不耻相师与士大夫耻于相师作对比，指出士大夫之智不及他们所不齿的巫医、乐师、百工。作者分别用“愚”“惑”“可怪”来揭示士大夫耻于从师的风气的不正常。由于对比的鲜明突出，作者的这种贬抑之辞便显得恰如其分，具有说服力。

在批判的基础上，文章又转而从正面论述“圣人无常师”，以孔子的言论和实践，说明师弟关系是相对的，凡是在道与业方面胜过自己或有一技之长的人都可以为师。这是对“道之所存，师之所存”这一观点的进一步论证，也是对士大夫之族耻于师事“位卑”者、“年近”者的现象进一步批判。

文章的最后一段，交待作这篇文章的缘由。李蟠“能行古道”，就是指他能继承久已不传的“师道”，乐于从师而学。因此这个结尾不妨说是借表彰“行古道”来进一步批判抛弃师道的今之众人。“古道”与首段“古之学者必有师”正遥相呼应。

在韩愈的论说文中，《师说》是属于文从字顺、平易畅达一类的，与《原道》一类豪放磅礴、雄奇桀骜的文章显然有别。但在平易畅达中仍贯注着一种气势。这种气势的形成，有多方面的因素。

首先是理论本身的说服力和严密的逻辑所形成的夺人气势。作者对自己的理论主张高度自信，对事理又有透彻的分析，因而在论述中不但步骤严密，一气旋折，而且常常在行文关键处用极概括而准确的语言将思想的精粹鲜明地表达出来，形成一段乃至一篇中的警策，给人留下强烈深刻的印象。如首段在一路顶接，论述从师学道的基础上，结尾处就势作一总束："是故无贵无贱，无长无少，道之所存，师之所存也。"大有如截奔马之势。"圣人无常师"一段，于举孔子言行为例之后，随即指出："是故弟子不必不如师，师不必贤于弟子，闻道有先后，术业有专攻，如是而已。"从"无常师"的现象一下子引出这样透辟深刻的见解，有一种高瞻远瞩的气势。正如清刘熙载所说："说理论事，涉于迁就，便是本领不济。看昌黎文老实说出紧要处，自使用巧骋奇者望之辟易。"（《艺概·文概》）

其次是硬转直接，不作任何过渡，形成一种陡直峭绝的文势。开篇直书"古之学者必有师"，突兀而起，已见出奇；中间批判不良风气三小段，各以"嗟乎""爱其子""巫医、乐师、百工之人"发端，段与段间，没有任何承转过渡，如三峰插天，兀然峭立，直起直落，了不相涉。这种转接发端，最为韩愈所长，读来自觉具有一种雄直峭兀之势。近代林纾说："大家之文，每于顶接之先，必删却无数闲话，突然而起，似与上文毫不相涉。"（《春觉斋论文》）本篇正是典型的例证。

此外，散体中参入对偶与排比句式，使奇偶骈散结合，也有助于加强文章的气势。（刘学锴）

进学解

韩　愈

国子先生晨入太学，招诸生立馆下，诲之曰："业精于勤，荒于嬉；行成于思，毁于随。方今圣贤相逢，治具毕张，拔去凶邪，登崇畯良。占小善者率以录，名一艺者无不庸，爬罗剔抉，刮垢磨光。盖有幸而获选，孰云多而不扬。诸生业患不能精，无患有司之不明；行患不能成，无患有司之不公。"

言未既，有笑于列者曰："先生欺余哉！弟子事先生，于兹有年矣。先生口不绝吟于六艺[①]之文，手不停披于百家之编。记事者必提其要，纂言者必钩其玄。贪多务得，细大不捐。焚膏油以继晷，恒兀兀以穷年。先生之业，可谓勤矣。抵排异端，攘斥佛老。补苴罅漏，张皇幽眇。寻坠绪之茫茫，独旁搜而远绍。障百川而东之，回狂澜于既倒。先生之于儒，可谓有劳矣。沈浸醲郁，含英咀华。作为文章，其书满家。上规姚、姒[②]，浑浑无涯。周《诰》殷《盘》[③]，佶屈聱牙。《春秋》谨严，《左氏》浮夸。《易》奇而法，《诗》正而葩。下逮《庄》《骚》，太史所录。子云、相如，同工异曲。先生之于文，可谓闳其中而肆其外矣。少始知学，勇于敢为。长通于方，左右具宜。先生之于为人，可谓成矣。然而公不见信于人，私不见助于友。跋前踬后，动辄得咎。暂为御史，遂窜南夷。三为[④]博士，冗不见治。命与仇谋，取败几时。冬暖而儿号寒，年丰而妻啼饥。头童齿豁，竟死何裨！不知虑此，而反教人为！"

先生曰："吁！子来前。夫大木为杗[⑤]，细木为桷[⑥]，欂栌侏儒[⑦]，椳闑扂楔[⑧]，各得其宜，施以成室者，匠氏之工也。玉札、丹砂，赤箭、青芝，牛溲、马勃[⑨]，败鼓之皮，俱收并蓄，待用无遗者，医师之良也。登明选公，杂进巧拙，纡余为妍，卓荦为杰，校短量长，惟器是适者，宰相之方也。昔者孟轲好辩，孔道以明，辙环天下，卒老于行；荀卿守正，大论是弘，逃谗于楚，废死兰陵。是二儒者，吐辞为经，举足为法，绝类离伦，优入圣域。其遇于世何如也？今先生学虽勤而不繇其统，言虽多而不要其中，文虽奇而不济于用，行虽修而不显于众。犹且月费俸钱，岁靡廪粟。子不知耕，妇不知织。乘马从徒，安坐而食。踵常途之促促，窥陈编以盗窃。然而圣主不加诛，宰臣不见斥，非其幸欤！动而得谤，名亦随之。投闲置散，乃分之宜。若夫商财贿之有亡，计班资之崇庳，忘己量之所称，指前人之瑕疵，是所谓诘匠氏之不以杙[⑩]为楹，而訾医师以昌阳[⑪]引年，欲进其豨苓[⑫]也。"

注 ① 六艺：六经，即《诗》《书》《礼》《乐》《易》《春秋》。 ② 姚、姒：虞、夏之姓。 ③ 周《诰》殷《盘》：周《诰》指《尚书》中周代的《大诰》等篇，殷《盘》指《尚书》中殷代的《盘庚》等篇。 ④ 三为：原作"三年"，据《旧唐书·韩愈传》改。 ⑤ 宋（máng）：屋梁。 ⑥ 桷（jué）：方形椽子。⑦ 欂栌（bó lú）：即斗拱，柱上承梁的短木。侏儒：梁上短柱。 ⑧ 椳（wēi）：门臼，用以承门轴。闑（niè）：门中央所树短木。扂（diàn）：门闩。楔（xiē）：门两旁木柱。 ⑨“玉札、丹砂”三句：玉札、丹砂、赤箭、青芝、牛溲、马勃都是药材。玉札、丹砂为矿物，赤箭、青芝为植物，牛溲即牛尿，马勃属真菌。⑩ 杙（yì）：小木桩。 ⑪ 昌阳：即菖蒲，据说久服可延年益智。 ⑫ 豨（xī）苓：猪苓，一种真菌，可治小便不利等。

韩愈《进学解》，旧说作于唐宪宗元和八年（813）。是年韩愈四十六岁，在长安任国子学博士，教授生徒。进学，意谓勉励生徒刻苦学习，求取进步。解，解说，分析。全文假托先生劝学、生徒质问、先生再予解答，故名《进学解》；实际上是感叹不遇、自抒愤懑之作。

文章分三段。第一段是国子先生勉励生徒的话。大意谓方今圣主贤臣，励精图治，注意选拔和造就人才。故诸生只须在“业”和“行”两方面刻苦努力，便不愁不被录用，无须担忧用人部门的不明不公。“业”指学业，读书、作文都属于“业”。“行”指为人行事，所谓“立言”即发表重要见解也属于“行”。韩愈认为这二者是主观修养的重要方面。例如他曾作《五箴》以儆戒自己。其中《游箴》感叹自己少年时学习的劲头和精力很足，而如今年岁大了，便不如少时了；痛心地说：“呜呼余乎！其无知乎！君子之弃，而小人之归乎？”可见他始终念念不忘学业之重。又《行箴》要求自己的言行合乎正义，认为这样做了，便虽死犹生。还说“思而斯得”，要求自己一言一行都须认真思考。可见《进学解》中关于“业”和“行”的教诲都不是泛泛之语，而确是韩愈所执著的立身处世之大端。第二段是生徒对上述教诲提出质问。大意谓先生的“业”“行”均很有成就，却遭际坎坷，则业精行成又有何用呢？先说先生为学非常勤勉，六经诸子无不熟读精研，叙事之文必记其要略，论说之文必究其深义，夜以继日，孜孜不倦；次说先生批判佛、老，力挽狂澜，大有功于儒道；再说先生博取先秦西汉诸家文字之长，写作古文已得心应手；最后说先生敢作敢为，通晓治道，为人处事，可谓有成。这四个方面，一、三相当于“业”，二、四相当于“行”。验之韩愈其他诗文，可知这里生徒所说实际上是韩愈的自我评价。以学而言，他曾说自己“究穷于经传史记百家之说”，“凡自唐虞以来，编简所存……奇辞奥旨，靡不通达”（《上兵部李侍郎书》），并能穷究奥妙，达于出神入化之境。以文而言，他以

"文书自传道，不仗史笔垂"（《寄崔二十六立之》）自许，欲以古文明道，传世不朽。以捍卫儒道而言，他说道统久已不传，即使荀子、扬雄也还有小疵，隐然以上继孟子、振兴儒学自期（见《原道》等文）。以为人行事而言，他自称"矫矫亢亢，恶圆喜方，羞为奸欺，不忍害伤"（《送穷文》），即坚持原则，正直不苟；又颇自负其政治才干，青年时便说已潜究天下形势得失，欲进之于君相（见《答崔立之书》）。这些评价，虽有的受到后人讥评，如有人批评他儒道不纯，但大体说来，他在这几方面确实都相当有成绩。可是其遭遇并不顺遂。下文生徒所说"跋前踬后，动辄得咎"云云，就是概述其坎坷困窘之状。他青年时本以为功名唾手可得，然而经四次进士试方才及第，其后三次于吏部调试，都未能得官，只得走投靠方镇为幕僚的道路。至三十五岁时才被授以四门博士（其地位低于国子博士）之职。次年为监察御史，同年冬即贬为连州阳山（今属广东）县令。三年后始召回长安，任国子博士。当时宪宗新即位，讨平夏州、剑南藩镇叛乱，显示出中兴气象。可是韩愈并未能展其怀抱，却困于谗言诽谤，次年即不得不要求离开长安，到洛阳任东都的国子博士。其后曾任河南县令、尚书省职方员外郎之职，至元和七年四十五岁时又因事黜为国子博士。生徒所谓"三为博士，冗不见治"，即指一为四门博士、两为国子博士而言。冗，闲散之意。博士被视为闲官。不见治，不能表现其治政之才。"头童齿豁"，也是真实情况的写照。韩愈早衰，三十五岁时已自叹齿落发白，作《进学解》时更已发秃力羸，只剩下十来个牙齿在那里摇摇欲坠了。仕途失意和体力衰退，使他愤慨而悲哀。生徒的这一大段话，其实正是他"不平而鸣"，借以一吐其胸中块垒而已。第三段是先生回答生徒的话。先以工匠、医师为喻，说明"宰相之方"在于用人能兼收并蓄，量才录用。次说孟轲、荀况乃圣人之徒，尚且不遇于世；则自己被投闲置散，也没有什么可抱怨。最后说若还不知止足，不自量力，岂不等于是要求宰相以小材充大用吗！这里说自己"学虽勤而不繇其统"云云，显然不是韩愈的由衷之言，实际上是反语泄愤。"动而得谤，名亦随之"，是说自己动辄遭受诽谤，而同时却名声益彰。这就更具有讽刺意味了。这里所谓"名"，主要是指写作和传授"古文"的名声。其《五箴·知名箴》就说过，由于自己文章写得好，又好为人师（其实是宣传"古文"理论），因而招致怨恨。《答刘正夫书》也说："愈不幸独有接后辈名，名之所存，谤之所归也。"据柳宗元《答韦中立论师道书》说，韩愈就是因"奋不顾流俗”，作《师说》，教后学，而遭受谤言，不得不匆匆忙忙离开长安的。至于说孟、荀不遇云云，看来是归之于运命，借以自慰；实际上也包含着对于古往今来此种不合理社会现象的愤慨。他看到不论是历史上还是现实生活中，总是“贤者少，不肖者多”，而贤者总是坎壈不遇，甚至无以自存，不贤者却“比肩青紫”，“志满气得”。他愤慨地问：“不知造物者意竟如何!”（均见《与崔群书》）这正是封建时代比较正直的知识分子常有的感慨。可贵的是韩愈并未因此而同流合污。他说：“小人君子，其心不同。唯乖于时，乃与天通。”（《送穷文》）决心坚持操守，宁可穷于当时，也要追求“百世不磨”的声名。

《进学解》表现了封建时代正直而有才华、有抱负的知识分子的苦闷，批判了不合理的社会现象，具有典型意义，故而传诵不绝。此外，第二段中谈古文写作一节，可供了解其古文理论和文学好尚，也值得注意。其所举取法对象止于西汉，那是因东汉以后文章骈偶成分渐多，与古文家崇尚散体的主张不合之故。所举除儒家经典外，尚有子书《庄子》、史书《史记》以及《楚辞》和司马相如、扬雄的赋、杂文等。这数家作品往往雄深宏伟，奇崛不凡，韩愈好尚正在于此。他曾称屈原、孟轲、司马迁、司马相如、扬雄为“古之豪杰之士”（《答崔立之书》）。这与古文运动前期某些论者片面地将“道”与文学的审美特性对立起来，以至鄙视屈原、宋玉以下作家是很不相同的。

《进学解》以问答形式抒发不遇之感，此种写法古已有之。西汉东方朔作《答客难》，扬雄仿之而作《解嘲》，其后继作者甚多。但《进学解》仍能给人以新鲜感。这与它善于出没变化有关。如第二段先大段铺写先生之能，浩瀚奔放；再以寥寥数语写其不遇之状，语气强烈。其间自然形成大幅度的转折，而全段总的气势是酣畅淋漓的。第三段则平和谦退，似乎火气消尽；而细味之下，又感到有辛酸、无奈、愤懑、嘲讽种种情绪包孕其中，其文气与第二段形成对比。又如通篇使人悲慨，使人深思，但有的地方又似有谐趣。如先生谆谆教诲，态度庄重，而生徒却以嬉笑对之；先生为说服生徒，不得不痛自贬抑，甚至自称盗窃陈编。这些地方见出先生实处于被动，而具有滑稽意味。总之，全文结构虽简单，但其内在的气势、意趣却多变化，耐咀嚼。它之所以使人感到新鲜，又与其语言的形象、新颖有关。如以“口不绝吟”“手不停披”状先生之勤学，以“踵常途之促促，窥陈编以盗窃”形容其碌碌无为，以“爬罗剔抉，刮垢磨光”

写选拔培育人才等，不但化抽象为具体，而且其形象都自出机杼。至于“贪多务得”“细大不捐”“含英咀华”“佶屈聱牙”“同工异曲”“动辄得咎”“俱收并蓄”“投闲置散”等词语，既富于独创性，又贴切凝练，今天都已成为常用成语。又如“业精于勤，荒于嬉；行成于思，毁于随”等，将丰富的人生体验提炼为短句，发人深思，有如格言。在一篇不长的文章中，此类具有独创性的语句却如此之多，实在使人不能不惊叹作者在文学语言方面的创造能力。此外，本文文体系沿袭扬雄《解嘲》，采用押韵的赋体，又大量使用整齐排比的句式，读来声韵铿锵，琅琅上口，也增加了其艺术的魅力。（杨　明）

送董邵南[①]游河北序

韩　愈

燕、赵[②]古称多感慨悲歌之士。董生举进士，连不得志于有司，怀抱利器[③]，郁郁适兹土。吾知其必有合[④]也。董生勉乎哉！

夫以子之不遇时，苟慕义强仁[⑤]者皆爱惜焉；矧燕、赵之士出乎其性者哉！然吾尝闻风俗与化移易，吾恶知其今不异于古所云邪？聊以吾子之行卜之也。董生勉乎哉！

吾因子有所感矣。为我吊望诸君之墓，而观于其市，复有昔时屠狗者[⑥]乎？为我谢曰：“明天子在上，可以出而仕矣！”

注 ① 董邵南：寿州安丰（今安徽寿县）人，韩愈的友人。举进士不第，将游河北，韩愈作此序送行。　② 燕、赵：战国时两个诸侯国。燕国在今河北、辽宁一带，赵国在今河北、山西一带。这里借指当时河北一带。　③ 利器：比喻杰出的才能。　④ 合：遇合。　⑤ 强仁：勉力行仁。　⑥ 屠狗者：以屠狗为业者，旧时喻从事卑贱职业者。《史记·刺客列传》：“荆轲既至燕，爱燕之狗屠及善击筑者高渐离。”

这篇文章寥寥一百五十字，层层转折，意在言外，是历来公认的名作。然而如何疏通句篇，揭示那言外之意，却殊为不易。

题为《送董邵南游河北序》，因而要理解这篇短文，必须弄清“董邵南游河北”是怎么回事以及韩愈对之是否赞成。

当时的河北是藩镇割据的地方。《新唐书·藩镇传》中说："安史乱天下，至肃宗，大难略平，君臣皆幸安，故瓜分河北地付授叛将，护养孽萌，以成祸根。……一寇死，一贼生，讫唐亡百余年，卒不为王土。"韩愈是坚决主张削平藩镇、实现统一的。在他看来，如果有人跑到河北去投靠藩镇，那就是"从贼"，应该鸣鼓而攻之。此其一。

韩愈为了实现唐王朝的统一，很希望统治者延揽人才；但在这一点上，统治者常常使他失望。所以在不少诗文里，替自己、替别人抒发过沉沦不偶的感情。他有一篇《嗟哉董生行》，也是为董邵南写的。其中说："寿州属县有安丰，唐贞元时，县人董生邵南隐居行义于其中。刺史不能荐，天子不闻名声，爵禄不及门。"他在赞扬董生"隐居行义"的同时，对"刺史不能荐"表示遗憾。这位董生"隐居"了一阵子，大约不安于"天子不闻名声"的现状，终于主动出山。但是"举进士"，又"连不得志于有司"。对于他的"郁郁不得志"，韩愈自然是同情的。此其二。

然而这位因"隐居行义"而受到韩愈赞扬的董生，却由于在唐王朝"不得志"，竟然要"游河北"——投奔藩镇去了。当他临行之时，韩愈要写一篇序送他，看来很难措词。赞成他去吧，那就违背了自己一贯的主张；"责以大义"，阻止他去吧，那就变成了"留行"，不合"赠序"的体裁；何况对于"怀抱利器"而无处施展的董生毕竟是同情的，不忍太严厉。

"惟陈言之务去"的韩愈写文章常常因难见巧。这篇短序的构思、造语、布局，就相当巧。

一上来先赞美河北（燕赵）"多感慨悲歌之士"；接着即叙述董生"怀抱利器"而"不得志于有司"，因而要到河北去；然后两相绾合，作一判断："吾知其必有合也"。这很有点为董生预贺的味道。再加上"董生勉乎哉!"仿佛是说：你就要找到出路了，努力争取吧!

作者还嫌不够，又深入一层说：像你这么个怀才不遇的人，只要是"慕义强仁"的人都会爱惜的，何况那些仁义"出乎其性"的"燕赵之士"呢？又将河北赞美一通，为董生贺。意思仿佛是：你的出路的确瞅对了，好好去干吧!

这其实是些反话，所谓"心否而词唯"。

作者在称赞河北时，有意识地埋伏了一个"古"字。为什么说是"埋伏"呢？因为特意在"古"字下用了个"称"字，放了些烟幕，使"古"字隐藏其中，不很显眼。如果不用"称"字，写成"燕、赵古多感慨悲歌之士”，那“古”字就十分突出，等于说“燕赵今无感慨悲歌之士”。这样，下面的文章就不好作。而用一“称”字，就是另一种情况。“古称”云云，即“历史上说”如何如何。历史上说“燕赵多感慨悲歌之士”，则现在可能还是那样，所以先就“古称”落墨，送董生游河北，断言“必有合”。然而“古称”毕竟不同于“今称”。“古称”河北“多感慨悲歌之士”，则现在可能还是那样，也可能不是；因而到底是与不是的问题，终归要提出来。于是用“然”字扳转，将笔锋从“古称”移向现实。不难看出，写“古”正是为了借宾定主，为下文蓄势。

“今”之河北是不是仍“多感慨悲歌之士”呢？在作者心目中，其答案当然是否定的。但他并不立刻否定，却提出一个原则：“风俗与化移易（风俗人情，随着教化的改变而改变）”。既然如此，则河北已被反叛朝廷的藩镇“化”了好些年，其风俗怎能不变？风俗既然变了，变得再没有“感慨悲歌之士”，那么董生到那里去，就未必“有合”。“风俗与化移易”的原则一经提出，分明造成了箭在弦上的形势，眼看要作如上的推论。但作者真像在他的《雉带箭》诗里所说的那样：“将军欲以巧伏人，盘马弯弓惜不发。”只提出”吾恶知（我怎么知道）其今不异于古所云邪”的疑问而不作判断。“今”是不是异于“古”，“聊以吾子之行卜之也”——姑且拿你的此行所遇试试看。

当时的藩镇为了壮大自己的声势，竭力罗致人才。董生到河北去，“合”的可能性很大。如果“合”了，岂不是就证明了“今”之燕赵“不异于古所云”吗？但作者是早有“埋伏”的。他说“燕赵古称多感慨悲歌之士”，又说“感慨悲歌”的“燕赵之士”都仁义“出乎其性”。预言董生与仁义“出乎其性”的人“必有合”，这是褒扬董生。而先“扬”正是为了后“抑”。“风俗与化移易”一句既然点出了当时掌握河北政教的藩镇，而当时的藩镇呢，恐怕连董生（他不能没有忠君观念）也不好说他们仁义“出乎其性”吧！既然如此，那么董生与藩镇“合”，就只能说明他丧失仁义罢了。“聊以吾子之行卜之也”的“卜”，与其说是“卜”燕赵，毋宁说是“卜”董生。“勉乎哉”云者，勉其不可“从贼”也。

作者怕董生不懂，又照应前面的“古”字，提出原为燕国大将，被迫逃到赵国，被封为望诸君，却仍然念念不忘燕国的乐毅来。“为我吊望诸君之墓”，是提醒董生应当妥善处理他和唐王朝的关系。还怕他不懂，进一步照应前面的“古”字，委托他到燕市上去看看还有没有高渐离那样的“屠狗者”；如果有，就劝其入朝效忠。连河北的“屠狗者”都劝其入朝，则对董生的投奔河北藩镇抱什么态度，也就不言自明了。

全文表面上一直是送董生游河北。第一段就“燕、赵古称多感慨悲歌之士”立论，预言董生“必有合”，是送他去；第二段怀疑燕赵的风俗可能变了，但要“以吾子之行卜之”，还是送他去。结尾委托董生吊望诸君之墓、劝谕燕赵之士出仕朝廷，仍然是送他去。总之，的确是一篇送行文字。但送之正所以留之，微情妙旨，全寄于笔墨之外。有些评论者，或说此文是作者希望“董生以仁义化河北”，使之归顺朝廷；或说“董邵南的前途交织着希望和失望”，此文正表现了“封建时代的正直知识分子不能掌握自己的命运”，显然都没有搔到痒处。

这篇文章的主旨是劝阻董邵南游河北，但措辞婉妙，转折不测，内涵十分深广。第一，向往古燕赵的感慨悲歌之士，赞扬他们仁义“出乎其性”；其反面，自然讥刺了当时割据河北的藩镇。第二，劝阻董生游河北，但肯定他是“怀抱利器”的。“怀抱利器”，却“连不得志于有司”，因而到河北去谋出路；这又流露了对“有司”的不满，似乎在指责他们“为渊驱鱼”。第三，董生明明是“不得志于有司”才投奔藩镇的，却委托他劝谕河北的“屠狗者”入朝做官；“屠狗者”如果真的跑到朝廷来，“有司”会让他“得志”吗？在这些地方，作者不仅暗暗责怪“有司”，而且隐隐然向最高统治者敲警钟。从董生的遭遇看，所谓“明天子”其实不很“明”，但作者却希望他“明”。根据历史记载，当时的唐王朝“仕路壅滞”，失意之士纷纷投奔藩镇；而藩镇又“竞引豪杰为谋主”，因而藩镇益强而朝廷益弱。韩愈企图恢复唐王朝大一统局面，因而在给他曾经赞美过的董邵南送行的时候，真是感慨万千！唯其感慨万千，才能写出这样言有尽而意无穷的妙文。

这篇序以“古”“今”分层次，以“吾知”“吾恶知”相呼应，转折出人意外，而脉络又极分明，词约而意丰，文短而气长，确是千古传诵的名篇。（霍松林）

祭十二郎文

韩　愈

年月日[①]，季父愈闻汝丧之七日，乃能衔哀致诚，使建中[②]远具时羞之奠，告汝十二郎之灵：

呜呼！吾少孤，及长，不省所怙，惟兄嫂是依。中年兄殁南方[3]，吾与汝俱幼，从嫂归葬河阳[4]，既又与汝就食江南[5]；零丁孤苦，未尝一日相离也。吾上有三兄[6]，皆不幸早世。承先人后者，在孙惟汝，在子惟吾，两世一身，形单影只，嫂尝抚汝指吾而言曰："韩氏两世，惟此而已！"汝时尤小，当不复记忆；吾时虽能记忆，亦未知其言之悲也。

吾年十九，始来京城[7]。其后四年，而归视汝。又四年，吾往河阳省坟墓，遇汝从嫂丧来葬[8]。又二年，吾佐董丞相幕于汴州[9]，汝来省吾；止一岁，请归取其孥。明年丞相薨，吾去汴州[10]，汝不果来。是年，吾又佐戎徐州[11]，使取汝者始行，吾又罢去[12]，汝又不果来。吾念汝从于东，东亦客也，不可以久；图久远者，莫如西归，将成家而致汝。呜呼！孰谓汝遽去吾而殁乎！吾与汝俱少年，以为虽暂相别，终当久相与处，故舍汝而旅食京师，以求斗斛之禄；诚知其如此，虽万乘之公相，吾不以一日辍汝而就也。

去年孟东野往[13]，吾书与汝曰："吾年未四十，而视茫茫，而发苍苍，而齿牙动摇。念诸父与诸兄，皆康强而早世，如吾之衰者，其能久存乎？吾不可去，汝不肯来；恐旦暮死，而汝抱无涯之戚也。"孰谓少者殁而长者存，强者夭而病者全乎？呜呼！其信然邪？其梦邪？其传之者非其真邪？信也，吾兄之盛德，而夭其嗣乎？汝之纯明，而不克蒙其泽乎？少者强者夭殁，长者衰者而存全乎？未可以为信也。梦也，传之非其真也？东野之书[14]，耿兰之报[15]，何为而在吾侧也？呜呼！其信然矣！吾兄之盛德，而夭其嗣矣！汝之纯明宜业其家者，不克蒙其泽矣！所谓天者诚难测，而神者诚难明矣！所谓理者不可推，而寿者不可知矣！虽然，吾自今年来，苍苍者或化而为白矣，动摇者或脱而落矣。毛血日益衰，志气日益微，几何不从汝而死也！死而有知，其几何离？其无知，悲不几时，而不悲者无穷期矣。汝之子始一岁[16]，吾之子始五岁[17]，少而强者不可保，如此孩提者又可冀其成立邪？呜呼哀哉！呜呼哀哉！

汝去年书云："比得软脚病，往往而剧。"吾曰："是疾也，江南之人，常常有之。"未始以为忧也。呜呼！其竟以此而殒其生乎？抑别有疾而至斯极乎？汝之书，六月十七日也。东野云：汝殁以六月二日。耿兰之报无月日。盖东野之使者不知问家人以月日；如[18]耿兰之报，不知当言月日。东野与吾书，乃问使者，使者妄称以应之耳。其然乎？其不然乎？

今吾使建中祭汝，吊汝之孤与汝之乳母。彼有食可守以待终丧，则待终丧而取以来；如不能守以终丧，则遂取以来。其余奴婢，并令守汝丧。吾力能改葬，终葬汝于先人之兆[19]，然后惟其所愿。

呜呼！汝病吾不知时，汝殁吾不知日；生不能相养以共居，殁不能抚汝以尽哀，敛不得凭其棺，窆不得临其穴。吾行负神明，而使汝夭，不孝不慈，而不得与汝相养以生，相守以死；一在天之涯，一在地之角，生而影不与吾形相依，死而魂不与吾梦相接，吾实为之，其又何尤！彼苍者天，曷其有极！自今已往，吾其无意于人世矣！当求数顷之田于伊、颍[20]之上，以待余年，教吾子与汝子，幸其成；长吾女与汝女，待其嫁，如此而已！呜呼！言有穷而情不可终，汝其知也耶？其不知也耶？呜呼哀哉！尚飨。

注 ① 年月日：指写此祭文的时间。《文苑英华》卷九九三《祭侄老成文》作“贞元十九年五月二十六日”，但下文有“汝之书六月十七日”的话，且祭文又作于闻老成死讯后之七日，故《英华》作“五月”当误。 ② 建中：当是韩愈的家仆。 ③ 中年兄殁南方：韩愈之兄韩会于大历十二年（777）五月，由起居舍人贬为韶州（治所在今广东韶关市）刺史，不久病死，时年四十二岁。 ④ 河阳：今河南孟县西，韩氏先茔所在地。 ⑤ 江南：指宣州（今安徽宣城）。韩氏有别业在宣州。建中二年，因中原兵乱，韩愈全家避居于此。 ⑥ 吾上有三兄：从已有的材料看，韩愈只有长兄韩会、次兄韩介，三兄名不详，或死时尚幼，未及命名。 ⑦ 始来京城：贞元二年（786）韩愈十九岁，离宣州到长安参加进士考试。⑧ 遇汝从嫂丧来葬：韩愈长嫂郑氏于贞元九年死于宣州。贞元十一年，韩愈往河阳祭扫祖坟，正遇十二郎送其母灵柩归葬。 ⑨ 佐董丞相幕于汴州：贞元十二年七月，董晋拜检校尚书左仆射同中书门下平章事、汴州刺史、宣武军节度副大使知节度事、管内支度营田汴宋亳颍等州观察处置等使，任韩愈为观察推官。唐自天宝元年，改左右丞相为左右仆射，故董晋以尚书左仆射有“丞相”之称。汴州，今河南开封。 ⑩ 吾去汴州：《新唐书·韩愈传》：“晋卒，愈从丧出，不四日，汴军乱，乃去。”时为贞元十五年二月。 ⑪ 吾又佐戎徐州：《新唐书·韩愈传》：“依武宁节度使张建封，建封辟府推官。”时张建封为徐州刺史兼武宁军节度使。韩愈于贞元十五年二月末抵徐州，张建封居之于符离睢上，及秋将辞去，建封辟为节度推官。 ⑫ 吾又罢去：韩愈于贞元十六年五月十四日所作《题李生壁》云："余黜于徐州，将西居于洛阳。"韩愈在徐州任节度推官不足一年，大概与张建封不合，故去。 ⑬ 去年孟东野往：孟郊，字东野，与韩愈交谊极厚。去年，贞元十八年。按孟郊于贞元十七年春在长安选官，出任溧阳（今属江苏）县尉。时韩愈亦在京谒选无成，三月东归，有《将归赠孟东野房蜀客》诗。溧阳离宣州不远，故韩愈托其带信给十二郎。孟郊在溧阳尉任二年，而韩愈东归洛阳，十七年冬复赴京选调，授四门博士，迁监察御史，此两年间一直在长安，无由复托孟郊带信。此"去年"二字不可拘泥。 ⑭ 东野之书：十二郎死后，孟郊在溧阳得知，有信告韩愈。 ⑮ 耿兰：当是韩家在宣州的家人，他也给韩愈报十二郎之丧。 ⑯ 汝之子始一岁：十二郎有二子，长韩湘，次韩滂。韩愈于元和十四年（819）正月贬潮州刺史，湘与滂俱从行。同年冬韩愈改袁州刺史，湘、滂随至袁州，滂数月后病死，时年十九岁（见《韩滂墓志铭》），为贞元十八年生，是"始一岁"者为滂。一本"一岁"作"十岁"，则指韩湘。朱熹《昌黎先生集考异》正从作"十岁"本，云："'十'或作'一'。老成二子曰湘，曰滂。滂以季子出继，则湘固宜十岁也。" ⑰ 吾之子始五岁：此指韩愈之长子韩昶，于贞元十五年生于徐州之符离，小名曰"符"。 ⑱ 如：通"而"。唐陆德明《经典释文·序录》谓当时语音之讹，有曰"如、而靡异，邪、也弗殊"。 ⑲ 先人之兆：谓河阳韩氏先茔。 ⑳ 伊、颍：伊河和颍河，均在今河南省境内。

人们不幸失去亲人时，悲痛至极，情之所至，往往呼天抢地，捶胸顿足，甚而至于痛不欲生。《祭十二郎文》就是倾诉此情此景的一篇哀婉动人的文章。文章是身为长辈的韩愈为先逝的晚辈十二郎写的祭文。依常情，老祭少，本身就是一个悲剧；再追思韩氏两代人之间特殊的家庭环境和生活遭际，其悲惨之情就更非寻常可比了。因此，当贞元十九年（803）五月，在长安监察御史任上的韩愈突然得知十二郎病死异乡的噩耗时，如雷轰顶，竟茫然不知所措。直到七天之后，痛定思痛，才以这篇被后世誉为"千年绝调"的祭文倾吐了叔侄间患难与共、生离死别的无限悲伤之情。

文章是按时间顺序写的，首告闻丧以致哀，然后以"吾少孤"一段痛忆家世。原来，韩愈三岁丧父，其后便由长兄韩会及嫂嫂郑夫人抚养。韩愈二兄韩介之次子韩老成，即十二郎，出嗣韩会为子，与韩愈同在韩会夫妇抚育下成长，叔侄情同骨肉，亲如手足。后来，韩会不幸去世，这样，韩氏两代人中，"承先人后者"唯韩愈与十二郎叔侄二人，伶仃孤苦，形影难离。写到这，作者笔锋一顿，忽然忆起嫂夫人郑氏当年因是而发的"韩氏两世，惟此而已"的深长慨叹，情深意惨，苦楚倍增。接下"吾年十九"一段，写作者为了生活南奔北走，叔侄再少见面的情形。特别是后来虽几度相约而十二郎终“不果来”，原以为“俱年少”，“虽暂相别，终当久相与处”，不愁没有再聚的机缘。然而万没料到，“不果来”，而终成死别。这是无法挽回的悔恨，给作者的刺激和打击太深太重了，以致痛呼“诚知其如此，虽万乘之公相，吾不以一日辍汝而就也”，早知今日，悔不当初，但为时已晚，于今只能抱无穷之恨了。这悔恨和自责，是韩愈对十二郎无限深情的自然流露，也是对自己往日为追求功名富贵，“俯首帖耳，摇尾而乞怜”（《应科目时与人书》）的仕途生涯的反省和批判。以上叙早期生活与离阔之情，以叙事为主，间或抒情。

以下“去年孟东野往”及“汝去年书云”两段，陈述闻死讯后将信将疑之状和对死因、死期的追想。写法上虽仍以叙事为线索，但由于所叙之事愈来愈接近死者的末期，笔调愈加低沉，抒情的气息亦愈加浓郁。特别是闻死讯之初那将信将疑、恍惚迷离之状的陈说，更是如泣如诉，悲痛至极，达到了抒情的高峰。前者叙少年时期患难与共的生活和生离死别的情景，是“已然”之事，多在情理和意料之中，故以凄苦悲伤为主调；而此叙死讯之来则如晴天霹雳，是突然的袭击，令人茫然不知所措，盼其“未然”，故以惊愕怀疑为基干。这里值得特别注意的是，作者采用“反差”手法以增强抒情的艺术效果：作者自揣眼花，发白，齿摇，体衰，不能久存；而十二郎少壮康强，且蒙“吾兄之盛德”，理当存全。但事实却偏偏相反，“少者强者夭殁，长者衰者而存全”。事情如此出乎意料，以至顿生真邪梦邪、信也不信也的种种怀疑。然而，事实是无情的，不可移易的，因为“东野之书，耿兰之报”就在身旁。事实确在，彻底打破了原来“梦也”的幻想。幻想破灭，于是情不自禁地向天理、神明、寿命发出了一连串愤愤不平的质疑和冲击！问天无语，问神不应，遂生“几何不从汝而死也”的念头，至此感情的悲愤已至其极。但一想到双方两个幼子，想到对他们的抚养和期望，又不得不回到求生的现实中来。结尾处两个“呜呼哀哉”连用，既表现了思绪的起伏跌宕，又示以神情的无可奈何之状，使读者同坠于悲哀迷惘之中而不觉。

“今吾使建中祭汝”至结尾为最后一大段，叙丧后的安排并进一步抒发与十二郎“生不能相养以共居，殁不能抚汝以尽哀”的内疚和憾恨。结穴仍以抒情为主，与前面相比，不同的是这里突出一个“愧”字，因为两个“不能”“不得”而愧对“神明”，愧对父兄，也愧对夭殁的十二郎。于是痛极生悲，发出“彼苍者天，曷其有极”的呼喊，甚至“无意于人世”，只求“数顷之田”抚养子孙以待余年。

古人写祭文常有一套固定的格式，内容多为对死者生平的追述和赞颂，形式多为骈文或四言韵文。《祭十二郎文》却一破常规，内容上既无赞颂之词，形式上也不用骈文、韵语，而用自由活泼的散文体来抒写无尽的哀思。这是它独辟蹊径之处。然而，它之所以被后人誉为“千年绝调”，主要还在于：

一是行文质朴自然，情深语切，感人至深。苏轼把《祭十二郎文》与《出师表》《陈情表》并举，称其“惨痛悲切，皆出于至情之中，不期然而然也”（清章懋勋《古文析观解》卷五引）。这话不假。通篇叙家人亲情，所取皆“俗情俗事”，且完全是发自肺腑的至性真情，故给人以质朴自然，如泣如诉，仿佛“一面哭一面写，字字是血，字字是泪”的真实而又惨痛的感觉。有人说它“未免俗韵”，其实，感人动人之处正在于此。二是语言运用上的复沓重叠，回环转折，变化多姿。如始写对死讯的将信将疑，以“信邪”“真邪”“梦也”反复申说，用一连串的疑问语气状其迷离惝恍之态，使表达效果倍增。再如同样是自叙衰老的情状，先是“而视茫茫，而发苍苍，而齿牙动摇”，随又“苍苍者或化而为白矣，动摇者或脱而落矣”，语意基本相同，但表达上略加变化，就显得错落有致，生动活泼。同样，最后一段两个“不知”“不能”“不与”句的运用，意亦颇雷同，却给人以变化多姿的感觉。最后还值得一提的是，这篇祭文在语助词的运用上，也颇见功夫。与论说文不同，哀祭的文字不是一气贯注的，尤其是“以痛哭为文章”的《祭十二郎文》，更是在“夹哭夹写”中完成的，这就需要靠助语的穿插缀合以示抑扬顿挫。诚如宋费衮《梁溪漫志》所云：“退之《祭十二郎文》一篇，大率皆用助语。其最妙处，自‘其信然耶’以下，至‘几何不从汝而死也’一段，仅三十句，凡句尾连用‘耶’字者三，连用‘乎’字者三，连用‘也’字者四，连用‘矣’字者七，几于句句用助辞矣！而反复出没，如怒涛惊湍，变化不测，非妙于文章者，安能及此！”（萧澄宇）

鳄鱼文[①]　　韩　愈

维年月日，潮州[②]刺史韩愈，使军事衙推[③]秦济，以羊一猪一，投恶溪[④]之潭水，以与鳄鱼食，而告之曰：

昔先王既有天下，列[⑤]山泽，罔绳擉刃[⑥]，以除虫蛇恶物为民害者，驱而出之四海之外。及后王德薄，不能远有，则江汉之间，尚皆弃之以与蛮、夷、楚、越；况潮，岭海[⑦]之间，去京师万里哉！鳄鱼之涵淹卵育于此，亦固其所。

今天子嗣唐位，神圣慈武，四海之外，六合之内，皆抚而有之；况禹迹所揜，扬州[⑧]之近地，刺史、县令之所治，出贡赋以供天地、宗庙、百神之祀之壤者哉！鳄鱼其不可与刺史杂处此土也。刺史受天子命，守此土，治此民，而鳄鱼睅然不安溪潭，据处食民畜、熊、豕、鹿、獐，以肥其身，以种其子孙，与刺史亢拒，争为长雄；刺史虽驽弱，亦安肯为鳄鱼低首下心，伈伈睍睍[⑨]，为吏民羞，以偷活于此邪！且承天子命以来为吏，固其势不得不与鳄鱼辨。

鳄鱼有知，其听刺史言：潮之州，大海在其南，鲸鹏之大，虾蟹之细，无不容归，以生以食，鳄鱼朝发而夕至也。今与鳄鱼约：尽三日，其率丑类南徙于海，以避天子之命吏。三日不能，至五日；五日不能，至七日；七日不能，是终不肯徙也。是不有刺史，听从其言也；不然，则是鳄鱼冥顽不灵，刺史虽有言，不闻不知也。夫傲天子之命吏，不听其言，不徙以避之，与冥顽不灵而为民物害者，皆可杀。刺史则选材技吏民，操强弓毒矢，以与鳄鱼从事，必尽杀乃止。其无悔！

注 ① 鳄鱼文：通行本为《祭鳄鱼文》。林云铭《韩文起》云："文中只用'告'字，并无'祭'字。故李汉编入杂著，不列祭文卷内。后人不知此意，把题目硬添一'祭'字。今依李本为确。" ② 潮州：州治在今广东潮安。 ③ 军事衙推：刺史属官。 ④ 恶溪：即今潮安的韩江。 ⑤ 列：通"迾"，遮遏。 ⑥ 罔绳擉刃：罔，同"网"。擉（chuò），刺。 ⑦ 岭海：岭即五岭越城、都庞、萌渚、骑田、大庾的总称。海，南海。 ⑧ 扬州：禹分天下为九州，其一扬州。潮州古属于扬州地域。 ⑨ 伈（xǐn）伈：恐惧的样子。睍（xiàn）睍：眯着眼睛看，胆怯害怕的样子。

唐宪宗元和十四年（819）春正月，刑部侍郎韩愈因谏迎佛骨，被贬为潮州刺史。《新唐书》云："初愈至潮州，问民疾苦，皆曰恶溪有鳄鱼，食民畜产且尽，民以是穷。"于是就写了这篇檄文以驱逐鳄鱼。

鳄鱼"冥顽不灵，刺史虽有言，不闻不知也"。这在韩愈的文章中是说得一清二楚的。既然鳄鱼无知，韩愈为什么煞有介事地写这篇文章呢？看来“好游戏”（清李光地《榕村语录》卷五）的韩愈，无非是在借题发挥而已。在指责鳄鱼的背后，我们应该看到有比鳄鱼更为凶残的丑类在。安史之乱以来那些拥兵割据的藩镇大帅，鱼肉百姓的贪官污吏，不是更为祸国殃民吗？所以这篇貌似“游戏文字”的文章，显然寓有鲜明的主题，它因小见大，发人深思，有着严峻的现实意义。

文章开头在点明韩愈以潮州刺史身份派遣下属致祭之后，第一段先回顾漫长的历史，拿先王和后王对比，以阐明鳄鱼得以长期肆虐的原因。古代的圣王统治天下，放火焚烧山野草泽，用绳网利刃来消除“虫蛇恶物为民害者”；但是后王德薄，不能统治远方，连江汉之间都放弃了，何况潮州处在五岭和南海之间，距离京师有万里之遥的地方呢？所以鳄鱼在这里潜伏、繁殖，自然也就是它活动的场所了。先王能为民除害，后王则不能。驱逐鳄鱼，追根穷源，先归咎于后王，这是很有胆识的。对安史之乱以来的唐王朝，韩愈虽不敢直斥，但寓意讽谏，确有空谷传音之妙。再从行文上来看，这是故意放宽一步，为下文蓄势，将合先开，欲擒故纵，这是古文家常用的笔法。

第二段陡然折笔回锋，展开堂堂之阵：以今非昔比晓喻之，以大唐天子、刺史、县令、天地、宗庙、百神震慑之。这就使鳄鱼完全丧失了得以肆虐的依据。“况禹迹所揜”以下，语意更进一步，字字跃动，蝉联如贯珠，一气读下，越显得雄辩有力。直到推出“鳄鱼其不可与刺史杂处此土也”，才揭出一篇之纲。譬如登泰山，攀“紧十八盘”，南天门始赫然在目，以前的“阶崇万级”，均为此铺垫。如果说在这以前是从天子的角度上昭告鳄鱼的话，那么在这以下就是从刺史的职责上阐发议论了：“刺史受天子命，守此土，治此民”，鳄鱼岂敢与刺史抗拒？刺史是受天子之命而来，抗拒刺史就是抗拒天子。对鳄鱼而言，抗拒刺史，将会带来什么严重后果，这是不言而喻的；就刺史而言，为民除害，是其职责。退一步说，即使刺史驽弱，也不肯屈服于鳄鱼，犷犷者岂能听之任之？故“其势不得不与鳄鱼辨”。辨，就是辨明道理，辨清形势。反复晓喻，这就不是“不教而诛”了。值得一提的是，在这段文字里，韩愈顺便给那些在恶势力面前吓得魂不附体的人给予有力的讽刺，意在言外，耐人寻味。

在待之以礼、晓之以理之后，接踵而来的就是凌之以威、绳之以法了。第三段以“鳄鱼有知，其听刺史言”开头，正式堂而皇之地宣布了驱逐鳄鱼的命令。先为鳄鱼指出去路，限定了时间，限期也是宽之又宽，做到仁至义尽。但是，如果七日内不能迁徙呢？文笔又陡起层叠而下："夫傲天子之命吏，不听其言，不徙以避之，与冥顽不灵而为民物害者，皆可杀。"这段判决文字写得极为严正，十分果决，犀利无比，犹如巨石滚动于万仞之峰，其势不可当，最后落到"杀"字上，火光迸发，真有雷霆万钧之力。更有甚者，不仅要杀，而且要斩尽杀绝！诛杀的方法，也写得明明白白，以示有绝对的把握。那些"为民物害者"，对此能不心惊胆战吗？结尾"其无悔"只有三字，戛然而止，尤见峭劲。韩愈有言："气盛则言之短长与声之高下者皆宜。"（《答李翊书》）从他这篇文章来看，确实表现了这一特点。

史载韩愈派人祭过鳄鱼之后，鳄鱼西徙六十里，从此潮州再无鳄鱼为患了。这种传说，自然是无稽之谈，姑妄言之，姑妄听之而已。但是韩愈所表现的为民除害、敢于斗争的精神，却是值得赞扬的。特别是在韩愈被远贬以后，写这种充满讽刺意味的文章，更觉难能可贵。（宋　廓）

与元九书　　白居易

月日，居易白，微之足下：

自足下谪江陵至于今[①]，凡枉赠答诗仅百篇[②]。每诗来，或辱[③]序，或辱书，冠于卷首，皆所以陈古今歌诗之义，且自序为文因缘，与年月之远近也。仆既受足下诗，又谕足下此意，常欲承答来旨，粗论歌诗大端，并自述为文之意，总为一书，致足下前。累岁已来，牵故少暇，间有容隙[④]，或欲为之，又自思所陈，亦无出足下之见，临纸复罢者数四，卒不能成就其志，以至于今。今俟罪[⑤]浔阳，除盥栉食寝外无余事，因览足下去通州日所留新旧文二十六轴[⑥]，开卷得意，忽如会面。心所畜者，便欲快言，往往自疑，不知相去万里也。既而愤悱之气思有所泄，遂追就前志，勉为此书。足下幸试为仆留意一省。

夫文尚矣[⑦]，三才各有文[⑧]：天之文，三光[⑨]首之；地之文，五材[⑩]首之；人之文，六经[⑪]首之。就六经言，《诗》又首之。何者？圣人感人心而天下和平。感人心者，莫先乎情，莫始乎言，莫切乎声，莫深乎义。诗者，根情，苗言，华声，实义[12]。上自贤圣，下至愚呆，微及豚鱼，幽及鬼神，群分而气同，形异而情一，未有声入而不应，情交而不感者。圣人知其然，因其言，经之以六义[13]；缘其声，纬之以五音[14]。音有韵，义有类[15]。韵协则言顺，言顺则声易入；类举则情见，情见则感易交。于是乎孕大含深，贯微洞密。上下通而一气泰，忧乐合而百志熙[16]。五帝三皇所以直道而行[17]，垂拱而理[18]者，揭此以为大柄，决此以为大宝也[19]。故闻“元首明，股肱良”之歌，则知虞道昌矣[20]；闻五子洛汭之歌[21]，则知夏政荒矣。言者无罪，闻者足戒[22]，言者闻者，莫不两尽其心焉。

洎周衰秦兴，采诗官废，上不以诗补察时政，下不以歌泄导人情，乃至于谄成之风动，救失之道缺。于时“六义”始刓[23]矣。

《国风》变为骚辞[24]。五言始于苏、李[25]。苏、李、骚人，皆不遇者[26]，各系其志，发而为文。故“河梁”之句[27]，止于伤别；泽畔之吟[28]，归于怨思：彷徨抑郁，不暇及他耳。然去《诗》未远，梗概尚存。故兴离别，则引双凫一雁[29]为喻，讽君子小人，则引香草恶鸟为比[30]，虽义类不具，犹得风人之什二三焉。于时“六义”始缺矣。

晋、宋已还，得者盖寡。以康乐之奥博，多溺于山水[31]；以渊明之高古，偏放于田园[32]。江、鲍之流[33]，又狭于此。如梁鸿《五噫》之例者[34]，百无一二焉。于时“六义”浸微[35]矣，陵夷[36]矣！

至于梁、陈间，率不过嘲风雪、弄花草而已。噫！风雪花草之物，《三百篇》[37]中，岂舍之乎？顾所用何如耳。设如“北风其凉”[38]，假风以刺威虐也；“雨雪霏霏”[39]，因雪以愍征役也。“棠棣之华”[40]，感华以讽兄弟也。“采采芣苢”[41]，美草以乐有子也：皆兴发于此，而义归于彼。反是者，可乎哉！然则“余霞散成绮，澄江净如练”[42]，“离花先委露，别叶乍辞风”[43]之什，丽则丽矣，吾不知其所讽焉。故仆所谓嘲风雪、弄花草而已。于时“六义”尽去矣。

唐兴二百年，其间诗人不可胜数。所可举者，陈子昂有《感遇》诗二十首[44]，鲍防有《感兴》诗十五首[45]。又诗之豪者，世称李、杜[46]。李之作，才矣奇矣，人不逮矣。索其风、雅、比、兴，十无一焉。杜诗最多，可传者千余首。至于贯穿今古，觍缕格律[47]，尽工尽善，又过于李。然撮其《新安吏》《石壕吏》《潼关吏》《塞芦子》

《留花门》之章，“朱门酒肉臭，路有冻死骨”[48]之句，亦不过三四十首。杜尚如此，况不逮杜者乎？

仆常痛诗道崩坏，忽忽[49]愤发，或食辍哺，夜辍寝，不量才力，欲扶起之。嗟乎！事有大谬者，又不可一二而言，然亦不能不粗陈于左右。

仆始生六七月时，乳母抱弄于书屏下，有指“无”字“之”字示仆者，仆虽口未能言，心已默识；后有问此二字者，虽百十其试，而指之不差。则仆宿昔之缘，已在文字中矣。及五六岁便学为诗，九岁谙识声韵。十五六始知有进士，苦节读书。二十已来，昼课赋，夜课书，间又课诗，不遑寝息矣。以至于口舌成疮，手肘成胝，既壮而肤革不丰盈，未老而齿发早衰白，瞥瞥[50]然如飞蝇垂珠在眸子中也，动以万数。盖以苦学力文所致，又自悲矣。

家贫多故，二十七方从乡赋[51]。既第之后，虽专于科试，亦不废诗。及授校书郎[52]时，已盈三四百首。或出示交友如足下辈，见皆谓之工，其实未窥作者之域[53]耳。自登朝来[54]，年齿渐长，阅事渐多，每与人言，多询时务；每读书史，多求理道[55]。始知文章合为时而著，歌诗合为事而作[56]。是时皇帝初即位[57]，宰府有正人，屡降玺书，访人急病[58]。仆当此日，擢在翰林[59]，身是谏官[60]，月请谏纸[61]，启奏之外，有可以救济人病，裨补时阙，而难于指言者，辄咏歌之，欲稍稍递进闻于上。上以广宸聪[62]，副忧勤[63]；次以酬恩奖，塞言责；下以复[64]吾平生之志。岂图志未就而悔[65]已生，言未闻而谤已成矣。

又请为左右终言之。凡闻仆《贺雨》诗[66]，而众口籍籍[67]，已谓非宜矣。闻仆《哭孔戡》诗[68]，众面脉脉[69]，尽不悦矣。闻《秦中吟》[70]，则权豪贵近者相目而变色矣。闻乐游园寄足下诗[71]，则执政柄者扼腕矣。闻《宿紫阁村》诗[72]，则握军要者切齿矣。大率如此，不可遍举。不相与者，号为沽名，号为诋讦，号为讪谤。苟相与者，则如牛僧孺之戒[73]焉。乃至骨肉妻孥，皆以我为非也。其不我非者，举不过三两人。有邓鲂[74]者，见仆诗而喜，无何而鲂死。有唐衢[75]者，见仆诗而泣，未几而衢死。其余则足下，足下又十年来困踬若此。呜呼！岂“六义”“四始”[76]之风，天将破坏，不可支持耶？抑又不知天之意，不欲使下人之病苦闻于上耶？不然，何有志于诗者不利若此之甚也。

然仆又自思，关东一男子[77]耳，除读书属文外，其他懵然无知；乃至书画棋博，可以接群居之欢者，一无通晓，即其愚拙可知矣。初应进士时，中朝无缌麻之亲[78]，达官无半面之旧，策蹇步于利足之途[79]，张空拳于战文之场[80]。十年之间，三登科第[81]，名入众耳，迹升清贯[82]，出交贤俊，入侍冕旒[83]。始得名于文章，终得罪于文章，亦其宜也。

日者，又闻亲友间说，礼、吏部举选人[84]，多以仆私试赋、判传为准的。其余诗句，亦往往在人口中。仆恧然[85]自愧，不之信也。及再来长安，又闻有军使高霞寓[86]者，欲聘倡妓，妓大夸曰："我诵得白学士《长恨歌》[87]，岂同他妓哉?"由是增价。又足下书云：到通州日，见江馆柱间有题仆诗者，复何人哉？又昨过汉南[88]日，适遇主人集众乐娱他宾，诸妓见仆来，指而相顾曰："此是《秦中吟》《长恨歌》主耳!"自长安抵江西[89]，三四千里，凡乡校、佛寺、逆旅、行舟之中，往往有题仆诗者；士庶、僧徒、孀妇、处女之口，每每有咏仆诗者。此诚雕虫之戏[90]，不足为多，然今时俗所重，正在此耳。虽前贤如渊、云[91]者，前辈如李、杜者，亦未能忘情于其间哉!

古人云："名者，公器，不可以多取。[92]"仆是何者？窃时之名已多。既窃时名，又欲窃时之富贵，使己为造物者，肯兼与之乎？今之迍穷，理固然也。况诗人多蹇。如陈子昂、杜甫，各授一拾遗[93]，而迍剥[94]至死。李白、孟浩然辈，不及一命[95]，穷悴终身。近日孟郊[96]六十，终试协律；张籍五十，未离一太祝[97]。彼何人哉！彼何人哉！况仆之才又不逮彼。今虽谪佐远郡[98]，而官品至第五[99]，月俸四五万，寒有衣，饥有食，给身之外，施及家人，亦可谓不负白氏之子矣。微之，微之，勿念我哉!

仆数月来，检讨囊帙中，得新旧诗，各以类分，分为卷目。自拾遗来，凡所遇所感，关于美、刺、兴、比者，又自武德迄元和[100]，因事立题，题为《新乐府》者，共一百五十首，谓之"讽谕诗"。又或退公独处，或移病闲居，知足保和，吟玩情性者一百首，谓之"闲适诗"。又有事物牵于外，情理动于内，随感遇而形于叹咏者一百首，谓之"感伤诗"。又有五言、七言，长句、绝句，自一百韵至两韵者四百余首，谓之"杂律诗"。凡为十五卷，约八百首。异时相见，当尽致于执事。

微之！古人云："穷则独善其身，达则兼济天下[101]。"仆虽不肖，常师此语。大丈夫所守者道，所待者时。时之来也，为云龙，为风鹏，勃然突然，陈力以出；时之不来也，为雾豹，为冥鸿，寂兮寥兮，奉身而退。进退出处，何往而不自得哉？故仆志在兼济，行在独善，奉而始终之则为道，言而发明之则为诗。谓之讽谕诗，兼济之志也；谓之闲适诗，独善之义也。故览仆诗，知仆之道焉。其余杂律诗，或诱于一时一物，发于一笑一吟，率然成章，非平生所尚者，但以亲朋合散之际，取其释恨佐欢。今铨次之间，未能删去。他时有为我编集斯文者，略之可也。

微之！夫贵耳贱目，荣古陋今[102]，人之大情也。仆不能远征古旧，如近岁韦苏州[103]歌行，才丽之外，颇近兴讽。其五言诗又高雅闲淡，自成一家之体。今之秉笔者谁能及之？然当苏州在时，人亦未甚爱重，必待身后，然后人贵之。今仆之诗，人所爱者，悉不过杂律诗与《长恨歌》以下耳。时之所重，仆之所轻。至于讽谕者，意激而言质；闲适者，思淡而词迂，以质合迂，宜人之不爱也。

今所爱者，并世而生，独足下耳。然千百年后，安知复无足下者出而知爱我诗哉？故自八九年来，与足下小通则以诗相戒，小穷则以诗相勉，索居则以诗相慰，同处则以诗相娱。知吾罪吾[104]，率以诗也。如今年春游城南时，与足下马上相戏，因各诵新艳小律，不杂他篇，自皇子陂归昭国里[105]，迭吟递唱，不绝声者二十里余。樊、李[106]在旁，无所措口。知我者以为诗仙，不知我者以为诗魔。何则？劳心灵，役声气，连朝接夕，不自知其苦，非魔而何？偶同人，当美景，或花时宴罢，或月夜酒酣，一咏一吟，不知老之将至。虽骖鸾鹤游蓬瀛者之适[107]，无以加于此焉，又非仙而何！微之，微之！此吾所以与足下外形骸[108]，脱踪迹[109]，傲轩鼎[110]，轻人寰[111]者，又以此也。

当此之时，足下兴有余力，且欲与仆悉索还往[112]中诗，取其尤长者，如张十八[113]古乐府，李二十[114]新歌行，卢、杨[115]二秘书律诗，窦七、元八[116]绝句，博搜精掇，编而次之，号《元白往还诗集》。众君子得拟议于此者，莫不踊跃欣喜，以为盛事。嗟乎！言未终而足下左转[117]，不数月而仆又继行[118]，心期索然[119]，何日成就，又可为之叹息矣。

又仆尝语足下：凡人为文，私于自是[120]，不忍于割截，或失于繁多。其间妍媸[121]，益又自惑，必待交友有公鉴无姑息者，讨论而削夺之，然后繁简当否得其中矣。况仆与足下，为文尤患其多。己尚病之，况他人乎？今且各纂诗笔[122]，粗为卷第，待与足下相见日，各出所有，终前志焉。又不知相遇是何年，相见在何地，溘然[123]而至，则如之何！微之，微之！知我心哉！

浔阳腊月，江风苦寒，岁暮鲜欢，夜长无睡。引笔铺纸，悄然[124]灯前，有念则书，言无次第，勿以繁杂为倦，且以代一夕之话也。微之，微之！知我心哉！乐天再拜。

注 ① 自足下谪江陵至于今：指元稹从元和五年（810）由监察御史贬为江陵（今属湖北）士曹参军到元和十年这段时间。 ② 仅百篇：近百篇之多。 ③ 辱：谦词，犹言“承蒙”。 ④ 容隙：空闲。 ⑤ 俟罪：指元和十年（815）白居易被贬到浔阳（今九江）任江州司马。 ⑥ 通州：元稹于元和十年改官通州（今四川达州）司马。轴：卷。唐代以前书均手写，卷端有轴，以便舒卷。一轴即一卷。⑦ 尚矣：由来久远。 ⑧ 三才：天、地、人。文：文章。 ⑨ 三光：日、月、星。 ⑩ 五材：即五行，指金、木、水、火、土。 ⑪ 六经：儒家以《诗》《书》《礼》《乐》《易》《春秋》为六经，其中《乐经》在汉代以前就亡失了，流传下来的只有“五经”。 ⑫ 根情，苗言，华声，实义：谓诗应以感情为根，语言为苗，声韵为花，思想为果。 ⑬ 六义：《诗经》有风、雅、颂三种体裁及赋、比、兴三种表现手法，合称六义。 ⑭ 五音：也称五声。指古代音乐上的宫、商、角、徵（zhǐ）、羽，音韵上的唇、齿、喉、舌、牙音等五类发音部位也称五音。 ⑮ 音有韵，义有类：五音有不同的韵律，六义有不同的体裁和表现手法。 ⑯“上下”二句：一气，《旧唐书》作“二气”，指天地之气。泰，通顺。熙，和悦。 ⑰ 五帝：指黄帝、颛顼（zhuān xū）、帝喾（kù）、尧、舜。三皇：指燧人、伏羲、神农。 ⑱ 垂拱而理：意谓不费气力而治理天下。垂拱，垂衣拱手。 ⑲“揭此”二句：揭，高举。柄，武器。决，抓住。大宝，最宝贵的事物。⑳“元首明，股肱良”二句：相传虞舜在位时，天下大治，他和皋陶（yáo）作歌唱和，其中有三句说：“元首明哉！股肱良哉！庶事康哉！”见《尚书·益稷篇》。元首，君主。股肱（gōng），喻辅佐君主的大臣。昌，昌明，兴盛。 ㉑ 五子洛汭（ruì）之歌：相传夏王太康荒淫无道，被羿所逐，他的五个兄弟在洛水边等候他不来，作了五首歌表示怨恨。后人相沿用《五子之歌》作臣子劝诫之辞。《尚书》有《五子之歌》，是一篇伪古文。 ㉒“言者无罪”二句：语出《毛诗·大序》：“言之者无罪，闻之者足以戒。” ㉓ 刓（wán）：削弱。 ㉔《国风》：《诗经》有十五《国风》，是《诗经》的主要部分，因而以《国风》代指《诗经》。骚辞：《楚辞》第一篇为屈原《离骚》，因而以“骚辞”代指《楚辞》。 ㉕ 苏、李：《文选》有苏武、李陵赠答诗，是五言体，实为后人伪作。 ㉖“苏、李、骚人”二句：骚人：泛指诗人。苏武出使匈奴，被扣留十九年，守节不屈，归国后未受重用。李陵战败，投降匈奴。㉗“河梁”之句：指苏、李赠答之诗，李陵《与苏武》诗第三首：“携手上河梁，游子暮何之？徘徊蹊路侧，悢悢不得辞。”㉘泽畔之吟：指屈原的作品。《楚辞·渔父》：“屈原既放，游于江潭，行吟泽畔。”㉙双凫一雁：苏武归国时写诗与李陵留别：“双凫俱北飞，一雁独南翔。”㉚香草恶鸟：王逸《离骚序》：“《离骚》之文，依《诗》取兴，引类譬喻。故善鸟香草以配忠贞，恶禽臭物以比谗佞。”意思是说用香草比喻君子，用恶鸟比喻小人。㉛“以康乐之奥博”二句：康乐，刘宋时著名诗人谢灵运，因袭封康乐公，所以世称谢康乐。他精研玄理，著述丰富，故称“奥博”，所作诗歌偏重描写山水景物。㉜“以渊明之高古”二句：东晋时大诗人陶潜，字渊明，所作诗歌多写田园生活，超逸典雅。㉝江、鲍之流：指六朝著名诗人江淹、鲍照。㉞《五噫（yī）》：东汉诗人梁鸿，路过当时的京城洛阳，对统治者的奢侈生活极为愤慨，作了一首《五噫歌》。㉟浸（jìn）微：渐渐衰微。㊱陵夷：陵与夷皆渐平之意，引申为衰颓。㊲《三百篇》：指《诗经》，共计三百零五篇，后世以整数三百篇代称。㊳“北风其凉”：《诗经·邶风·北风》首句。㊴“雨雪霏霏”：《诗经·小雅·采薇》最后一章中的一句。㊵“棠棣之华”：《诗经·小雅·棠棣》中句子。棠棣，果实像李子的植物。㊶“采采芣苢（fú yǐ）”：《诗经·周南·芣苢》中句子。芣苢，车前子。㊷“余霞散成绮”二句：谢朓《晚登三山还望京邑》诗中的名句。㊸“离花先委露”二句：鲍照《玩月城西门廨中》诗中的名句。㊹陈子昂：字伯玉，初唐著名诗人，今本《陈伯玉集》有《感遇》诗三十八首。㊺鲍防：天宝进士，这里所说的《感兴诗》十五首，已失传。㊻李、杜：指唐代大诗人李白、杜甫。㊼覼（luó）缕格律：覼缕，委曲详尽。格律，体例音律。㊽“朱门酒肉臭”二句：杜甫《自京赴奉先县咏怀五百字》诗中名句。㊾忽忽：草率不经意。㊿瞀（mào）瞀：形容眼睛昏花。51乡赋：即乡试，地方举行的乡贡考试。据记载，白居易于二十八岁时在安徽宣城参加乡贡考试，考取后被送到京城长安参加进士考试。52校书郎：官名，属秘书省，掌管校理内府藏书。53域：门径。54自登朝来：指白居易自从元和三年（808）为左拾遗、翰林学士以来。55理道：指治理天下的道理。56“文章合为时而著”二句：文章应该为反映时代而写，诗歌应该为反映现实而作。这是白居易现实主义诗文创作主张的主要观点。57皇帝初即位：指唐宪宗李纯即位初期。58访人急病：人，即民。急病，疾苦。59擢（zhuó）：提拔。翰林：翰林学士是皇帝的侍臣，可参加商议军国大事，起草诏书。60谏官：向皇帝进行劝谏的官。白居易于元和三年（808），以翰林学士出任左拾遗。拾遗是谏官的一种。61请：领取。谏纸：朝廷所发，为谏官誊写谏书的纸张。白居易《论制科人状》：“臣今职为学士，官是拾遗，日草诏书，月请谏纸。”唐制，谏官每月领谏纸二百张。62宸（chén）聪：皇帝的听察。63副忧勤：帮助皇帝忧民勤政。64复：实现。65悔：指祸事。66《贺雨》诗：白居易于元和四年（809）写《贺雨》诗讽劝皇帝改善人民生活。67籍籍：议论纷纷。68《哭孔戡》诗：孔戡正直不畏权势，有才不得重用，只作了闲官，含冤病死，白居易于元和五年（810）写《哭孔戡》诗悼念他。69脉脉：脸有怒色而口不说。

⑳《秦中吟》：白居易创作的组诗，共十首，与《新乐府》同为“讽谕诗”重要部分。 ㉑ 乐游园寄足下诗：即《登乐游园望》诗。元和五年（810）元稹被贬作江陵士曹参军，白居易作这首诗相赠。扼腕，扼紧手腕，表示痛恨。 ㉒《宿紫阁村》诗：即《宿紫阁山北村》诗，揭露皇家禁卫军公然在京城近郊掠夺人民财物的罪行。 ㉓ 牛僧孺之戒：元和初牛僧孺在对策中，指陈时政，得罪权贵，他和考官都受到处分。白居易有《论制科人状》，所论奏者即指此事。 ㉔ 邓鲂(fáng)：白居易同时的诗人，怀才不遇，贫困而死。 ㉕ 唐衢：白居易同时的诗人，曾应进士第，未被录取，看到贞元、元和时期国事日非，常痛哭流涕，后穷愁而死。 ㉖ 四始：指《诗经》中四个首篇：《国风·关雎》《小雅·鹿鸣》《大雅·文王》《颂·清庙》。 ㉗ 关东一男子：函谷关以东均称关东，白居易是太原人，所以自称“关东一男子”。 ㉘ 缌（sī）麻之亲：缌麻，细麻布，用作古代“五服”中最疏亲属的丧服。这是说在朝廷中连最疏远的亲族都没有。 ㉙“策蹇步”句：蹇（jiǎn），跛脚。全句意为骑着跛脚的马在利于驰骋的大路上竞跑。 ㊱ 卷（quān）：弩弓。《汉书·司马迁传》：“张空卷，冒白刃，北首争死敌。”战文之场：竞赛文章的场所，指考试。 ㊲ 三登科第：指白居易于贞元十六年（800）登进士第，贞元十八年书判拔萃登科，元和元年（806）应“才识兼茂、明于体用”科试，入第四等。 ㊳ 清贯：皇帝的侍从官员。 ㊴ 冕旒（liú）：皇冠叫冕，皇冠上的垂珠叫旒，代指皇帝。 ㊵ 礼、吏部举选人：唐代制度，由礼部主持进士考试，考取后，还要通过吏部考试，才授官职。 ㊶ 恧（nǜ）然：惭愧貌。 ㊷ 军使高霞寓：军使，节度使的异称。高霞寓随高崇文讨伐西川叛将刘辟有功，后为唐、邓、隋节度使。 ㊸ 白学士《长恨歌》：白居易曾任翰林学士，所以称他白学士。《长恨歌》，白居易根据唐玄宗和杨贵妃的故事写成的一首著名长诗。 ㊹ 汉南：指襄阳（今属湖北）。白居易《送冯舍人阁老往襄阳》诗：“莫恋汉南风景好，岘山花尽早归来。” ㊺ 江西：唐朝江南西道的简称。 ㊻ 雕虫之戏：犹雕虫之技，意谓微不足道的技能。汉代扬雄说，辞赋是雕虫小技，大丈夫所不为。 ㊼ 渊、云：指汉代文学家王褒（字子渊）和扬雄（字子云）。 ㊽ 名者，公器，不可以多取：这句话出自《庄子·天运篇》：“名，公器也，不可多取。” ㊾ 拾遗：唐代设左右拾遗各六人，分属门下、中书两省，都是从八品上阶，虽然担任讽谏皇帝的任务，但地位很低。陈子昂曾任右拾遗，杜甫曾任左拾遗。 ㊿ 迍剥：艰困和被迫害。 95 一命：最低一级的官。李白生平只作过翰林供奉，无正式品级。孟浩然因写诗得罪唐玄宗，一生没有做官。 96 孟郊：和白居易同时的诗人，五十岁才考中进士，六十岁还只是正八品上阶的协律郎（乐官）。 97 太祝：替皇帝掌管祭祀的小官。 98 佐：即佐贰，是知府、知州、知县的辅助官。郡：州的通称。当时白居易贬为江州司马，辅助刺史处理政务。 99 官品至第五：唐代官制，江州司马是从五品。 100 武德：唐高祖年号（618—626）。元和：唐宪宗年号（806—820）。 101“穷则独善其身”二句：语出《孟子·尽心上》。意指仕途不顺利的时候，要保持个人的品格；有了地位后，应该把天下治理好。 102 贵耳贱目，荣古陋今：典出张衡《东京赋》：“若客所谓，末学肤受，贵耳而贱目者也。苟有胸而无心，不能节之以礼，宜其陋今而荣古矣！”谓贵其所闻，贱其所见，尊古而卑今，为人情所

不免。 ⑩③ 韦苏州：指韦应物，贞元初为苏州刺史，故称韦苏州，所作五言诗最有名。 ⑩④ 知吾罪吾：原文作“知吾最要”，据《全唐文》《旧唐书》改。⑩⑤ 皇子陂：长安城南的一个名胜地。《长安志》引《十道志》曰：“秦葬皇子，起冢陂北原上，因名皇子陂。”据毕沅考证，谓即秦悼太子冢。昭国里：在长安朱雀门街东的第三街永崇里南，白居易曾住在这里。 ⑩⑥ 樊、李：樊宗师和李绅，都是白居易好友。 ⑩⑦ 骖（cān）鸾鹤：以鸾鹤为坐骑，神话中登仙的意思。蓬瀛：蓬莱和瀛洲，传说中的海上两座仙山。 ⑩⑧ 外形骸：把形体看作外物。 ⑩⑨ 脱踪迹：摆脱世俗礼法的拘束。 ⑪⓪ 轩：古时大夫所乘的高车。鼎：贵族所用的食器。轩鼎代指权贵。 ⑪① 人寰：人世。这里实指官场生活。⑪② 还往：指交往的朋友。 ⑪③ 张十八：张籍。 ⑪④ 李二十：李绅。 ⑪⑤ 卢、杨：卢拱、杨巨源。 ⑪⑥ 窦七、元八：窦巩、元宗简。 ⑪⑦ 左转：降职。古代尊右卑左，被降职即称左转或左迁。元稹这时被贬为江陵府士曹参军。 ⑪⑧ 仆又继行：白居易接着又被贬为江州司马。 ⑪⑨ 心期索然：心中的期望落空。指编集《元白往还诗集》的心愿成空。 ⑫⓪ 私于自是：偏向于自己的爱好。⑫① 妍媸（chī）：美丑。 ⑫② 诗笔：诗歌和散文。 ⑫③ 溘（kè）然：忽然，指死。⑫④ 悄然：冷清的意思。

这封信写于元和十年（815），这时白居易在江州司马任上，四十四岁。从二十九岁进士及第后，经过十多年的宦海风波，被贬到江州当一名有职无权的司马，对他是一次最沉重的打击，内心充满愤慨和忧伤，思想上的矛盾难以解决，于是诉之笔墨，写出这封感情真挚、内容丰富的长信。

元稹是白居易的好友。他们同在贞元十九年（803）以书判拔萃科登第，又同授秘书省校书郎，订交之后，交往密切，唱酬之作甚多，得意时以诗相戒，失意时以诗相勉，论诗作文观点相似，志同道合，感情深厚。元稹于元和五年因得罪权贵，从监察御史降为江陵士曹参军，元和十年调任通州司马。五年之中，他们来往赠答的诗篇超过百首，书信来往也多。因此，这封长信是他们之间长期以来思想交流的结晶。白居易所总结的创作经验，阐明的理论观点，完全是有感而发的，是深思熟虑的产物。

白居易作文和他写诗一样，思想感情袒露无遗，语言务求通俗浅白，形成独特的艺术风格。这篇文章是在吸取前代和同时代作家所提出的诗歌创作理论的基础上，加以发展，形成自己的诗歌理论的纲领，总结他创作政治讽谕诗的经验，观点鲜明，文字生动流畅，有较强的说服力，在中国文学批评史上占有重要的地位。

本文在简要地叙述他写作这封信的目的之后，以大量篇幅，列举文学史上大量作家和作品，用十分简洁的语句，叙述历代诗歌发展变化的概况，阐明《诗经》以来反映现实的优良文学传统。他从“六义”着眼，强调“风、雅、比、兴”是“六义”的精髓，并从“六义”的兴起、削弱，以至逐渐衰微、消失，评价不同时期的诗歌创作，虽然还不能概括从上古到中古诗歌发展的全貌，但基本上能自圆其说，成一家之言。他还提出诗歌的内容必须做到“根情”“实义”，就是说诗歌所体现的感情和意义，正像植物的根和果实一样；而形式上的“苗言”“华声”，是指诗歌的语言和声韵只是苗和花。只有根深，才能叶茂，开出鲜艳的花朵，结出丰硕的果实。这个比喻十分形象地说明诗歌的内容与形式的关系，即内容是诗歌的根本，形式必须为内容服务，只有内容与形式相统一，才能发挥它的社会功能。按照这个观点，他在《诗经》之后，特别推崇杜甫的作品，肯定《新安吏》《石壕吏》《潼关吏》等名篇，和“朱门酒肉臭，路有冻死骨”等名句，而对六朝以来出现的脱离现实、绮靡颓废的文风，“嘲风雪，弄花草”的形式主义作品加以批判和否定，态度明确，褒贬基本得当，为他提倡的新乐府运动揭示有力的理论根据。

白居易从自己的勤学苦读，谈到仕宦之后潜心诗歌创作，以及作品的巨大影响，在总结创作经验时，着重谈到文学创作与现实的关系，得出“文章合为时而著，歌诗合为事而作”的结论。他谈到自己“苦学力文”的过程，说从二十岁以后，“昼课赋，夜课书，间又课诗，不遑寝息矣。以至于口舌成疮，手肘成胝，既壮而肤革不丰盈，未老而齿发早衰白，瞀瞀然如飞蝇垂珠在眸子中也，动以万数”。描写具体生动，读后令人感动。他还谈到，在创作《贺雨》《哭孔戡》《秦中吟》等诗篇时，由于紧密联系当时的政治斗争和社会现实，贯彻自己提出的创作主张，却被达官贵人切齿痛恨，但他毫无反悔之意：“始得名于文章，终得罪于文章，亦其宜也。”相反，他对自己的诗文得到各阶层人民的欢迎，感到由衷的高兴：“自长安抵江西，三四千里，凡乡校、佛寺、逆旅、行舟之中，往往有题仆诗者；士庶、僧徒、孀妇、处女之口，每每有咏仆诗者。此诚雕虫之戏，不足为多，然今时俗所重，正在此耳。”白居易诗歌无论是在当时或是后世，影响是很大的，正是由于他用诗歌作武器，揭露社会矛盾，反映现实生活，具有进步意义。他特地把自己诗歌创作中有关“美刺兴比”的篇章，编为《新乐府》一百五十首，称为“讽谕诗”，体现现实主义诗歌理论的成果。

白居易以儒家的“穷则独善其身，达则兼济天下”的说教为准则，说明他写“讽谕诗”是表达“兼济之志”，其目的还是“惟歌生民病，愿得天子知”（《寄唐生》）；他写“闲适诗”是表现“独善之义”，特别是贬谪江州之后，他在政治思想上由积极转入消极，写了大量的“闲适诗”。所谓“志在兼济，行在独善”的人生观，正是反映他思想上的矛盾，也正是这种思想矛盾，使他的晚年创作走上消极颓放的道路。此外，本文在评价作家作品时，对陶渊明、李白等的诗歌创作的批评也有不当之处，这也是必须加以指出的。（李国章）

陋室铭

刘禹锡

山不在高，有仙则名；水不在深，有龙则灵。斯是陋室，惟吾德馨[①]。苔痕上阶绿，草色入帘青。谈笑有鸿儒[②]，往来无白丁[③]。可以调素琴[④]，阅金经[⑤]。无丝竹[⑥]之乱耳，无案牍[⑦]之劳形。南阳诸葛庐[⑧]，西蜀子云亭[⑨]。孔子云：“何陋之有[⑩]？”

注 ① 馨：香，指德行美好。《左传·僖公五年》：“黍稷非馨，明德惟馨。”亦见《尚书·君陈》。 ② 鸿儒：大儒，博学者。 ③ 白丁：白衣，平民。 ④ 素琴：没有华丽装饰的琴。 ⑤ 金经：古时用泥金书写经文的佛经。 ⑥ 丝竹：弦乐和管乐，泛指音乐。 ⑦ 案牍：官场文书。 ⑧ 南阳诸葛庐：诸葛亮在南阳隐居住草庐。 ⑨ 西蜀子云亭：成都少城西南有汉辞赋家扬雄宅，亦称草玄堂，因扬雄字子云，故称子云亭，是扬雄著《太玄》之处。 ⑩ 何陋之有：《论语·子罕》：“子欲居九夷。或曰：‘陋，如之何？’子曰：‘君子居之，何陋之有？’”

《陋室铭》是一篇托物言志的铭文。它单纯、简练、清新像一首精粹的诗，充满了哲理和情韵。

开篇几句从《世说新语·排调》“山不高则不灵，渊不深则不清”翻出新意，运用诗歌中常见的比兴手法引出陋室。“山不在高”“水不在深”比兴陋室，“有仙则名”“有龙则灵”则比兴陋室之德。这四句是脍炙人口的名言佳句，颇有哲理诗的精警和含蕴。

作者自远而近，次第写来，以并列句式造成顺流直下的气势，随后托出“斯是陋室，惟吾德馨”，便觉妙语如珠，胜意迭出。这两句从《尚书·周书·君陈》“黍稷非馨，明德惟馨”联想得来，强调以德自励，确为一篇之主旨与警策。

写陋室之陋是为了衬托室中主人之贤，而写室中主人之贤，正好说明陋室不陋。这是一种相反相成的关系。以下写室之内外之景、室中人、室中事，句句扣住“陋”字，而又不离“德”字。

“苔痕上阶绿，草色入帘青”是写室内外之景，妙在精切地传出陋室的佳处，以诗的语言表现诗的意境。“痕”“色”二字，变概念化的“苔”“草”为可感、可视的具体形象。“上阶”“入帘”，化静为动，写出“苔”“草”的神态，又将外景引入室内，为陋室增添了勃勃生机，洋溢一片盎然春意。而一“绿”一“青”，色彩鲜明，更映衬出陋室的闲雅、清幽与别致。这两句为叙写陋室中的人和事创造了适宜的环境。

“谈笑有鸿儒，往来无白丁”写室中人，侧重写与朋友的交往，借以显示作者身份的高贵和性情的高雅。作者《自左冯归洛下酬乐天兼呈裴令公》一诗云：“新恩通籍在龙楼，分务神都近旧丘。自有园公紫芝侣，仍追少傅赤松游。”这情景正堪为“谈笑有鸿儒，往来无白丁”作注。

“可以调素琴，阅金经。无丝竹之乱耳，无案牍之劳形”四句写室中事，表现身居陋室的雅趣，足见作者行事不陋。“调素琴，阅金经”，见出陋室生活之清雅；“无丝竹之乱耳，无案牍之劳形”，显出陋室生活之安适。一个超然物外、体静心闲的高人雅士形象呼之欲出。其中所叙的生活作风和精神境界在作者晚年诗作中时有反映：“暑服宜秋著，清琴入夜弹”（《秋中暑退赠乐天》），“案头开缥帙，肘后检青囊”（《闲坐忆乐天以诗问酒熟未》），这正与铭文中的“调素琴，阅金经”相谐合。作者写室中之人心闲体静，衬托他的勤于修德；而写他的勤于修德，则揭示陋室不陋、令名远播的原委。从句式上看，前二句散句单行，后二句骈俪偶对，骈散相间，颇具韵律美。从写法上看，一二句从正面说，三四句从反面写，正反结合，且“可以调素琴”与“无丝竹之乱耳”、“阅金经”与“无案牍之劳形”又形成呼应和对照，颇见文思之巧。

最后引证古人、古迹、古语作结。把陋室比作诸葛孔明的南阳草庐、扬雄的成都宅第，意在自慰和自勉；援引孔子“何陋之有”，则说明自身的志趣与圣人之道相符合。而省略上句“君子居之”只引下句，既呼应上文“惟吾德馨”，又隐含君子居住其内之意，妙在机趣横生，不露自炫之迹。上下古今，浑然一体，包含着无限的情兴和深长的韵味。

全文短短八十一字，但能打破铭文句式整齐对偶、内容多为规诫与褒赞的局限，行文一波三折，回环往复，富有诗歌的韵姿和含蕴，确为短小精警的千古名文。（王少华）

梓人传　　柳宗元

裴封叔之第，在光德里。有梓人款其门，愿佣隙宇而处焉。所职寻引[①]、规矩、绳墨，家不居砻斫[②]之器。问其能，曰：“吾善度材，视栋宇之制，高深、圆方、短长之宜，吾指使而群工役焉。舍我，众莫能就一宇。故食于官府，吾受禄三倍；作于私家，吾收其直太半焉。”他日，入其室，其床阙足而不能理，曰：“将求他工。”余甚笑之，谓其无能而贪禄嗜货者。

其后京兆尹将饰官署，余往过焉。委群材，会众工。或执斧斤，或执刀锯，皆环立向之。梓人左持引，右执杖，而中处焉。量栋宇之任，视木之能，举挥其杖曰：“斧彼！”执斧者奔而右；顾而指曰：“锯彼！”执锯者趋而左。俄而斤者斫，刀者削，皆视其色，俟其言，莫敢自断者。其不胜任者，怒而退之，亦莫敢愠焉。画宫于堵[③]，盈尺而曲尽其制，计其毫厘而构大厦，无进退[④]焉。既成，书于上栋，曰“某年某月某日某建”，则其姓字也。凡执用之工不在列。余圜视大骇，然后知其术之工大矣。

继而叹曰：彼将舍其手艺，专其心智，而能知体要者欤？吾闻劳心者役人，劳力者役于人，彼其劳心者欤？能者用而智者谋，彼其智者欤？是足为佐天子相天下法矣！物莫近乎此也。彼为天下者本于人。其执役者，为徒隶，为乡师[⑤]、里胥[⑥]；其上为下士；又其上为中士，为上士；又其上为大夫，为卿，为公。离而为六职，判而为百役。外薄四海，有方伯、连率[⑦]。郡有守，邑有宰，皆有佐政。其下有胥吏，又其下皆有啬夫[⑧]、版尹[⑨]，以就役焉，犹众工之各有执伎以食力也。彼佐天子相天下者，举而加焉，指而使焉，条其纲纪而盈缩焉，齐其法制而整顿焉，犹梓人之有规矩、绳墨以定制也。择天下之士，使称其职；居天下之人，使安其业。视都知野，视野知国，视国知天下，其远迩细大，可手据其图而究焉，犹梓人画宫于堵而绩于成也。能者进而由之，使无所德；不能者退而休之，亦莫敢愠。不衒能，不矜名，不亲小劳，不侵众官，日与天下之英才讨论其大经，犹梓人之善运众工而不伐艺也。夫然后相道得而万国理矣。相道既得，万国既理，天下举首而望曰："吾相之功也。"后之人循迹而慕曰："彼相之才也。"士或谈殷、周之理者，曰伊、傅、周、召[10]，其百执事之勤劳而不得纪焉，犹梓人自名其功而执用者不列也。大哉相乎！通是道者，所谓相而已矣。其不知体要者反此：以恪勤为公，以簿书为尊，衒能矜名，亲小劳，侵众官，窃取六职百役之事听听[11]于府廷，而遗其大者远者焉，所谓不通是道者也。犹梓人而不知绳墨之曲直、规矩之方圆、寻引之短长，姑夺众工之斧斤刀锯以佐其艺，又不能备其工，以至败绩用而无所成也。不亦谬欤？

或曰："彼主为室者，傥或发其私智，牵制梓人之虑，夺其世守而道谋是用，虽不能成功，岂其罪耶？亦在任之而已。"余曰：不然。夫绳墨诚陈，规矩诚设，高者不可抑而下也，狭者不可张而广也。由我则固，不由我则圮。彼将乐去固而就圮也[12]，则卷其术，默其智，悠尔而去，不屈吾道，是诚良梓人耳。其或嗜其货利，忍而不能舍也；丧其制量，屈而不能守也；栋挠屋坏，则曰"非我罪也"。可乎哉，可乎哉？

余谓梓人之道类于相，故书而藏之。梓人，盖古之审曲面势者[13]，今谓之都料匠云。余所遇者，杨氏，潜其名。

注 ① 寻引：此指量尺。寻，八尺。引，十丈。 ② 居：积储。砻：磨光。斫：砍削。 ③ 宫：房屋。堵：土墙。 ④ 进退：出入，差错。 ⑤ 乡师：古代的一乡之长。 ⑥ 里胥：古代的一里之长。 ⑦ 方伯：古代千里之外设方伯。连率：即"连帅"。古代十国为连，连设帅。 ⑧ 啬夫：汉代小的乡置啬夫一职。 ⑨ 版尹：古代掌户籍的官吏。 ⑩ 伊：商汤时名相伊尹。傅：商王武丁时名相傅说。周：周公旦，辅佐周武王灭纣，建周朝。召：召公奭，周武王大臣。 ⑪ 听（yǐn）听：笑声。 ⑫"彼将"句：意谓宁可不要牢固而要毁坏。 ⑬ 盖古之审曲面势者：《周礼·冬官·考工记》："审曲面势，以饬五材，以辨民器，谓之百工。"注："谓审察五材曲直方圆形势之宜以治之，及阴阳之面背是也。"

柳宗元的人物传记，可说篇篇不雷同，一篇有一篇的面目。他的人物传记的基本格局，是史传、寓言、政论三位一体；但因在艺术构思上三方面因素时或有所侧重，便造成了表现形式的多样化。这篇《梓人传》，写的是一个作者亲见的真实人物，故属于传记文；但从人物行事引出大段议论，便具有了浓厚的政论色彩。人物行事与所发议论之间，又有着类比的关系，其讽谕时事的手法，又带有寓言的性质了。

这是柳宗元的早期散文，作于在长安为官时期。德宗贞元十四年（798），柳宗元以博学宏词授集贤殿正字，后调蓝田尉，其间曾在京兆府庭做过文书工作。他初入仕途，对当时朝廷政出多门、吏治混乱的状况有所觉察，深致不满，他认为要改变这种局面，关键在于执政者须明为相之道，即能够统揽全局，善于用人。宋代韩醇认为此文“端为佐天子相天下、进退人才者设也”（《柳宗元文集音释》），正确指出了《梓人传》的写作意图。这是我们阅读此文的一把锁钥。

本文的传主是梓人杨潜，这是一个识见卓拔、才能超群的人物。前人指出梓人的立意来自古代典籍，或曰采自《吕氏春秋》，而《庄子》郭象注的两句话：“工人无为于刻木，而有为于运矩；主上无为于亲事，而有为于用臣”，似与本文文意最为近似。柳宗元确实会从古代典籍中汲取思想营养和类比方法，但谓此文就是循前人之途辙敷衍而成，则大谬不然。杨潜实有其人，文中所述行事也有现实依据。且看作者一开头的交代：“裴封叔之第，在光德里。有梓人款其门，愿佣隙宇（空屋）而处焉。”裴封叔名瑾，是宗元的姐夫，家住长安光德里，梓人就借宿其家。“其后京兆尹将饰官署，余往过焉”。宗元曾任蓝田尉，蓝田为京畿属县，与京兆府为上下级，并屡代京兆尹作各种文字，过从宜密，当然也会亲睹杨潜施工的场景。为强调人物的真实性，作者特地在文末注明：“梓人，盖古之审曲面势（犹言总体设计）者，今谓之都料匠云。余所遇者，杨氏，潜其名。”身份、姓氏，凿凿有据。作者这样写，固然是出于人物传记的体式框架要求；但更重要的是，越是把传主写得真实有据，后面的类比和议论越见得基础坚实，令人信服。这是作者用心用力之处。

柳宗元善于把握人物的性格特征，然后精心选择反映人物特征的思想和行动，加以集中的表现。写梓人，他并未一般地铺叙其行事，而是集中笔墨写他的特殊识见和才能。其识见，用人物自述道出，就是“吾善度材”。他向人们自夸：自己擅长统盘筹划建筑的总体构架（“栋宇之制”），擅长组织、指挥各类匠人进行具体施工（“吾指使而群工役焉”），对于自己所处的地位和作用，他极为自信和自负：“舍我，众莫能就（建成）一宇。”与他的自信自负形成有趣对照的是，他居室中没有一件木匠的工具，连自己的卧床断了一条腿，他也不会动手修复。然后，又以细腻工致的白描手法再现梓人在京兆府署指挥施工的场面，使其特殊才能得到生动展现。他俨然是施工全局的中心：“梓人左持引，右执杖，而中处焉”；指挥众工时令行禁止，胸有成竹：“举挥其杖曰：‘斧彼！’执斧者奔而右；顾而指曰：‘锯彼！’执锯者趋而左。”他赏罚分明，裁断果决：“其不胜任者，怒而退之，亦莫敢愠焉。”总之，他是施工中的绝对权威：“既成，书于上栋（正梁），曰：‘某年某月某日某建’，则其姓字也。凡执用之工不在列。”而众工服从指挥的态度，又如绿叶之扶红花，更突出了梓人的形象。对梓人的自述和实绩，作者是先抑而后扬，当其自夸时，“余甚笑之，谓其无能而贪禄嗜货者”；一旦亲见其施工实绩，方才由嘲笑转为惊骇和敬服：“余圜视大骇，然后知其术之工大矣。”

作者对梓人才能如此夸赞，谓“其术之工大”，乍看似觉小题大做，不免太过郑重。然而正是在这种郑重其事的描写和夸赞中，透露出作者另有寓意的端倪。以上是文章的前幅，处处预伏着下文，末句“其术之工大”，则是转入后幅议论的关钮。“继而叹曰”以下为议论部分。“彼将舍其手艺，专其心智，而能知体要者欤？吾闻劳心者役人，劳力者役于人，彼其劳心者欤？能者用而智者谋，彼其智者欤？”三句总锁上文，三个“欤”字声情摇曳，赞叹备加。其中特别点出的“体要”二字，是全篇之纲绳。“体要”者，全局、宏观、总体、根本之谓。梓人才能，即在能知体要，“足为佐天子相天下法”，也就贵在能知体要。有此二字作纲，后幅议论就如缰辔在握，虽气势宏放如骏马注坡，却不会奔逸支离，明人唐顺之评语所谓“如黄河之流，九折而入海”，一路委曲而悉归本旨。以下将梓人之道与为相之道节节相应，以“犹梓人……也”的句式层层回抱，若综其文意，实指出了为相者的职能。这就是：上至公卿，下至胥吏，内之朝臣，外之方伯连帅，均应归于宰辅指挥，按一定纲纪法制加以管理；统揽全局，运筹帷幄，使百姓各安其业，百官各司其职；举贤授能，识拔人才，力避事必躬亲，更忌越俎代庖。唯有这样，“夫然后相道得而万国理矣”；唯有这样，则可以天下诚服，后世景慕。这一段议论，写来文势层叠，而次序井然，所归即在“体要”二字。末又以“不知体要者反此”

作正反相形之笔，以“不亦谬欤”一句反结，结得十分有力。

“或曰”以下一段又对为相之道再作开拓，议论仍不离梓人行事：为相者不应贪嗜禄位，屈从君王，能用则留，不用则去，大道决不可变。这不是旁涉、泛及之笔，而是就文章本旨再作申论，使立意更趋深化、提高。故张伯行评曰：“末段更补出以道事君不可则止意，是古今绝大议论。”（《唐宋八大家文钞》评语）

此文的结构颇有规矩绳墨。前幅叙事，后幅议论，前幅叙梓人，后幅议相道，两者是类比、对应的关系。“前细写梓人，句句暗伏相道；后细写相道，句句回抱梓人。”（《古文观止》评语）两个部分犹如铜山西崩而洛钟东应，宕开复回，曲折尽意，构成了一个有机整体。然而，对此行文格局，后人颇有疵议指摘。明代王世贞、清代何焯、近代林纾认为，后半议论是个累赘，使文意发露无余，不如写到梓人事迹处煞住，方有引而不发、意味深长之佳趣。其实他们是把此文当作《蝜蝂传》那种单纯的寓言读了，而未能把握柳宗元的文心。宗元写此文时正当英年，“俊杰廉悍，议论证据今古，出入经史百子，踔厉风发，率常屈其座人”（韩愈《柳子厚墓志铭》）。作为年轻的政治家，他以卓荦的人格、锐敏的识见，指斥时世，议论朝政，才发为这一篇虎虎有生气的《梓人传》，所以文中议论乃是他高度自信心和政治责任感的表现，我们何尝又不可以认为，他实是以相才自许、自励呢？所以，还是清代的储欣能窥其作文之壸奥：“分明一篇大臣论，借梓人以发其端，由宾入主，非触类而长之之谓也。”（《唐宋八大家类选》评语）叙事是宾，议论是主，作者就是要写得意旨分明，而不要引而不发。读文章若不能知人论世，拘于就文论文，就会像扣槃而识日，不免差以千里了。（方智范）

种树郭橐驼传　　柳宗元

郭橐驼，不知始何名。病偻，隆然伏行，有类橐驼者。故乡人号之驼。驼闻之曰：“甚善，名我固当。”因舍其名，亦自谓橐驼云。

其乡曰丰乐乡，在长安西。驼业种树，凡长安豪富人为观游[①]，及卖果者，皆争迎取养。视驼所种树，或移徙，无不活；且硕茂，早实以蕃。他植者虽窥伺效慕，莫能如也。

有问之，对曰："橐驼非能使木寿且孳[②]也，能顺木之天，以致其性焉尔。凡植木之性，其本欲舒[③]，其培欲平[④]，其土欲故[⑤]，其筑欲密[⑥]。既然已，勿动勿虑，去不复顾。其莳也若子[⑦]，其置也若弃。则其天者全而其性得矣。故吾不害其长而已，非有能硕茂之也；不抑耗其实而已，非有能早而蕃之也。

"他植者则不然。根拳而土易，其培之也，若不过焉则不及；苟有能反是者，则又爱之太恩[⑧]，忧之太勤，旦视而暮抚，已去而复顾。甚者爪其肤以验其生枯，摇其本以观其疏密，而木之性日以离矣。虽曰爱之，其实害之；虽曰忧之，其实仇之。故不我若也，吾又何能为哉！"

问者曰："以子之道，移之官理[⑨]，可乎？"驼曰："我知种树而已，理非吾业也。然吾居乡，见长人[⑩]者好烦其令，若甚怜焉，而卒以祸。旦暮吏来而呼曰：'官命促尔耕，勖尔植，督尔获，早缫而绪[⑪]，早织而缕[⑫]，字[⑬]而幼孩，遂[⑭]而鸡豚。'鸣鼓而聚之，击木而召之[⑮]。吾小人辍飧饔以劳吏者[⑯]，且不得暇，又何以蕃吾生而安吾性耶？故病且怠。若是，则与吾业者其亦有类乎？"

问者嘻曰："不亦善夫！吾问养树，得养人术。传其事以为官戒也。"

注 ① 为观游：为了观赏游览。 ② 寿：活得长久。孳：生长得快。 ③ 本：树根。舒：舒展。 ④ 培：培土。平：平整。 ⑤ 故：指原来的旧土。 ⑥ 筑：捣土。密：密实。 ⑦ 其莳也若子：移栽时像对子女一样精心照顾。 ⑧ 太恩：爱得过分。 ⑨ 移之官理：移用来为官治民。"理"本当作"治"，唐人避唐高宗李治讳改。下"理"字同。 ⑩ 长（zhǎng）人："长"字作动词用。"人"本当作"民"，唐人避唐太宗李世民讳改。长人即为人民的官长。 ⑪ 缫（sāo）：煮茧抽丝。绪：丝头。而：通"尔"，下三句"而"字同。 ⑫ 织而缕：缕，线。此谓用线织布。 ⑬ 字：养育。 ⑭ 遂：成长。 ⑮"鸣鼓"二句：击鼓聚集百姓，敲木梆召集众人。 ⑯ 小人：小民。辍飧饔（sūn yōng）：中止晚餐和早餐。意思说自己顾不上吃饭。劳：慰劳。

本文题目虽称为"传"，却并非是一般的人物传记。文章以老庄学派的无为而治、顺乎自然的思想为出发点，借郭橐驼之口，由种树的经验说到为官治民的道理，说明封建统治阶级有时打着爱民、忧民或恤民的幌子，效果却适得其反，照样使民不聊生。这种思想实际上就是“圣人不死，大盗不止”“剖斗折衡，而民不争”的老庄思想的具体反映。唐代从安史之乱以后，老百姓处于水深火热之中，苦不堪言。只有休养生息，才能恢复元气。如果封建统治者仍借行政命令瞎指挥，使老百姓疲于奔命，或者以行“惠政”为名，广大人民既要送往迎来，应酬官吏；又不得不劳神伤财以应付统治者摊派的任务，这只能使人民增加财物负担和精神痛苦。如果我们了解中唐时期的社会现实，知道柳宗元写这篇文章的针对性，则能体会到这篇文章的进步意义。这是我们首先必须弄清的。

本文共六个自然段，每两个自然段又可合为一大段。第一大段是介绍传记主人公的姓名、形象特征，以及籍贯、职业和技术特长。第一小段看似闲笔，却生动有趣，给文章带来了光彩色泽。这里面要注意三点。一、在《庄子》书中所描绘的许多人物，有的具有畸形残疾，如《养生主》《德充符》中都写到失去单足或双足的人，《人间世》中则写了一个怪物支离疏；有的则具有特异技能，如善解牛的庖丁，运斤成风的匠人，承蜩的佝偻丈人等。柳宗元写这篇传记，把这两种特点都集中在郭橐驼一人身上，他既有残疾，又精于种树。可见柳宗元不仅在文章的主题思想方面继承了《庄子》的观点，连人物形象的刻画也灵活地吸取了《庄子》的写作手法。二、橐驼即骆驼，人们称这位主人公为橐驼，原带有开玩笑甚至嘲讽性质。但这位种树的郭师傅不但不以为忤，反欣然接受。柳宗元在这里不着痕迹地写出了这位自食其力的劳动者的善良性格。但作者这样写仍是有所本的。在《庄子》的《应帝王》和《天道》中，都有这样的描写，即人们把一个人呼之为牛或呼之为马，他都不以为忤，反而欣然答应。这同郭橐驼欣然以橐驼为名是一样的。这种描写实际上也体现了老庄学派顺乎自然的思想，即认为“名”不过是外加上去的东西，并不能影响一个人的实质，所以任人呼牛呼马，思想上都不致受到干扰波动；相反，甚至以为被人呼为牛马也并不坏。三、把外表丑陋而心灵美统一在一个人身上。这类描写，在我国，可以说从《庄子》就开始了。柳宗元所塑造的郭橐驼形象也是这方面的典型。不过柳宗元是把“丑”和“真”（他思想上认识到颠扑不破的真理）统一起来，同把“丑”和“善”统一起来，略有不同而已。

后一小段写郭橐驼种树的特异技能。他种树的特点有二：一是成活率高，二是长得硕茂，容易结果实，即所谓“寿且孳”。作者在后文没有写郭橐驼对树的移栽易活的特点，只提到栽了树不妨害其成长的这一面。其实这是省笔。盖善植者必善移树，只有掌握了事物发展的内部规律才能得到更大的自由。所以这里为了使文章不枝不蔓，只点到而止。在这一小段的收尾处还布置了一个悬念，即“他植者虽窥伺效慕，莫能如也”。读者从这儿必然急于想知道郭橐驼种树到底有什么诀窍。而下文却讲的是极其平凡，实际却很难做到的道理：“顺木之天，以致其性”。可见郭并不藏私，而是“他植者”的修养水平和掌握规律的深度太不够了。从这里，作者已暗示给我们一个道理，即“无为而治”并不等于撒手不管或放任自流。这个道理从下面两大段完全可以得到证明。

第二大段的两小段是郭橐驼自我介绍种树的经验。上下两节是正反两面对举，关键在于“顺木之天，以致其性”。为了把这一道理阐述得更深刻、更有说服力，文章用了对比的写法，先从种植的当与不当进行对比。究竟什么是树木的本性呢？“其本欲舒，其培欲平，其土欲故，其筑欲密”，四个“欲”字，既概括了树木的本性，也提示了种树的要领。郭橐驼正是顺着树木的自然性格栽种，从而保护了它的生机，因而收到“天者全而其性得”的理想效果。这正是郭橐驼种树“无不活”的诀窍。他植者则不然，他们违背树木的本性，种树时“根拳而土易，其培之也，若不过焉则不及”，因此必然遭致“木之性日以离”的恶果。这就回答了上段的问题，他们“莫能如”的根本原因就在于学标不学本。继从管理的善与不善进行对比。“勿动勿虑，去不复顾。其莳也若子，其置也若弃”是郭橐驼的管理经验。乍看，好像将树种下去以后，听之任之，不加管理。事实上，橐驼的“勿动勿虑”，移栽时的“若子”，种完后的“若弃”，正是最佳的管理。没有像疼爱孩子那样的精心培育，就不会有理想的效果。他植者不明此理，思想上不是撒手不管而是关心太过，什么都放不下，结果适得其反，“虽曰爱之，其实害之；虽曰忧之，其实仇之”，压抑甚至扼杀了树木的生机。这两层对比写法，句式富于变化。写橐驼种树，用的是整齐的排比句，而写他植者之种树不当，则用散句来表示，文章显得错落有致。“虽曰爱之，其实害之；虽曰忧之，其实仇之”用押韵的辞句，使重点突出，系从《庄子·马蹄》的写法变化而出。从介绍橐驼的种树经验上可以看出，柳宗元的观点同老庄思想还是有差别的，它是儒、道两家思想的结合。他并不主张一味听之任之的消极的“顺乎自然”，而是主张在掌握事物内部发展规律下的积极的适应自然。他要求所有的种树人都能做到认识树木的天性，即懂得如何适应树木生长规律的业务。把种树的道理从正反两面讲清楚以后，文章自然就过渡到第三大段。

第三大段是正面揭出本旨，实为一篇之“精神命脉”。作者通过对话，运用“养树”与“养人”互相映照的写法，把种树管树之理引申到吏治上去。对“养人”之不善，文章先简要地用几句加以概括：“好烦其令，若甚怜焉，而卒以祸”，这与上文“他植者”养树管理之不善遥相呼应。接着用铺陈的手法，把“吏治不善”的种种表现加以集中，加以典型化，且有言有行，刻画细致入微，入木三分。如写官吏们大声吆喝，驱使人民劳作，一连用了三个“尔”、四个“而”和七个动词，把俗吏来乡、鸡犬不宁的景象描绘得淋漓尽致。作者最后以“问者”的口吻点出“养人术”三字。这个“养”字很重要。使天下长治久安，不仅要“治民”，更重要的还要“养民”，即使人民得到休养生息，在元气大伤后得到喘息恢复的机会，也就是后来欧阳修说的“涵煦之深”。这才是柳宗元写这篇文章的最终目的。

综观全文，我们应注意三点：一是无论种树或治民，都要“顺天致性”，而不宜违逆其道；二是想要顺天致性，必先掌握树木或人民究竟怎样才能“硕茂以蕃”，亦即摸清事物发展规律；三是动机效果必须统一，不允许好心办坏事，或只把好心停留在表面上和口头上。把这三点做好，才算懂得真正的“养人术”。（吴小如）

捕蛇者说

柳宗元

永州之野产异蛇，黑质而白章，触草木尽死；以啮人，无御之者。然得而腊之以为饵，可以已大风、挛踠、瘘、疠，去死肌，杀三虫[①]。其始，太医以王命聚之，岁赋其二。募有能捕之者，当其租入。永之人争奔走焉。

有蒋氏者，专其利三世矣。问之，则曰：“吾祖死于是，吾父死于是，今吾嗣为之十二年，几死者数矣。”言之，貌若甚戚者。

余悲之，且曰：“若毒之乎？余将告于莅事者，更若役，复若赋，则何如？”

蒋氏大戚，汪然出涕曰："君将哀而生之乎？则吾斯役之不幸，未若复吾赋不幸之甚也。向吾不为斯役，则久已病矣。自吾氏三世居是乡，积于今六十岁矣；而乡邻之生日蹙，殚其地之出，竭其庐之入，号呼而转徙，饥渴而顿踣，触风雨，犯寒暑，呼嘘毒疠，往往而死者相藉也。曩与吾祖居者，今其室十无一焉；与吾父居者，今其室十无二三焉；与吾居十二年者，今其室十无四五焉。非死则徙尔。而吾以捕蛇独存。悍吏之来吾乡，叫嚣乎东西，隳突乎南北，哗然而骇者，虽鸡狗不得宁焉。吾恂恂而起，视其缶，而吾蛇尚存，则弛然而卧。谨食之，时而献焉。退而甘食其土之有，以尽吾齿。盖一岁之犯死者二焉，其余则熙熙而乐。岂若吾乡邻之旦旦有是哉！今虽死乎此，比吾乡邻之死则已后矣。又安敢毒耶？"

余闻而愈悲。孔子曰："苛政猛于虎②也。"吾尝疑乎是。今以蒋氏观之，犹信。呜呼！孰知赋敛之毒有甚是蛇者乎！故为之说，以俟夫观人风者得焉。

注 ① 三虫：一般应是蛔虫、赤虫、蛲虫等人体内的寄生虫。一说是三尸之虫。道家将人体的脑、胸、腹称为三尸，这三处的病虫称为"三虫"。柳宗元有《骂尸虫文》，则是另有寓意，为谗害者而发。 ② 苛政猛于虎：语出《礼记·檀弓》。

唐顺宗永贞元年（805），柳宗元参与了王叔文为首的永贞革新运动，失败后，被贬为永州（今属湖南）司马，历时十年（805—815）。这期间，他有更多的机会接触下层，了解人民的疾苦，自然就更激起对朝廷苛敛重赋的不满和义愤。《捕蛇者说》正是在永州所写。文中揭露了天宝以后六十年来农民破产流亡的现实，展现了在统治者的横征暴敛之下，中唐时期苦难深重的社会画面，表达了对人民疾苦的同情，曲折地反映了作者坚持改革的意愿。《捕蛇者说》是柳文中最广为传颂的名篇。"此文无选本不录，读者最广，人谈柳文，必首及是篇"（章士钊《柳文指要》）。可见其对后世影响之深远。

《捕蛇者说》这题目，意思是讲讲捕蛇人的事。说，是一种文体，可以议论，也可以叙事。全文可分为三段。

第一段从开头到"永之人争奔走焉"，集中写永州之蛇的特点，突出了一个"异"字。请看：这蛇"黑质而白章，触草木尽死；以啮人，无御之者”，毒性异常；然而“腊之以为饵”，可以“已大风、挛踠、瘘、疠，去死肌，杀三虫”，什么麻风、手足麻木、脖子肿、恶疮等病都可以治好，还可以消除局部坏死的肌肉，杀死人体内的寄生虫，这可说是功用奇异。早先给皇帝治病的太医以皇帝的名义发布命令，征集这种异蛇，每年征两次，可以抵消应缴的租税。因此，从那以后，“永之人争奔走焉”。作者只用“争奔走”三字，就把永州百姓争先恐后，不顾劳苦，冒死捕蛇的情景显现了出来。当然，这是“王命”所致。

第二大段从“有蒋氏者”到“又安敢毒邪”，包括文章的二、三、四自然段，是全文的重心。

由上文的异蛇，引出捕蛇人蒋氏。这蒋氏可说是捕蛇世家，经历也可称奇。请听他的诉说：他的祖父死于捕蛇，他的父亲死于捕蛇，他自己接着捕蛇十二年，险遭丧身之害也不知多少次了。这里，讲祖孙三代，连用了三个“死”字，突出了毒蛇的可怕，捕蛇的危险；写捕蛇人，只“言之，貌若甚戚者”一句，便把他回首往事，悲痛在心，哀形于色的情态勾画出来了。明明是备受毒蛇之害，却说独享捕蛇之利，在这极为矛盾的境况中，更见出其内心的酸楚。

因此，作者接下来说：“余悲之，且曰：‘若毒之乎？余将告于莅事者，更若役，复若赋，则何如？’”在为蒋氏的不幸遭遇而感到悲痛的同时，这位好心肠的作者立刻提出了一个解脱危险的办法。这几句话句子简短，语气急促，而且连用了三个当“你”讲的“若”字，表明“余”是在跟捕蛇人面对面地交谈，态度是诚恳的，帮助对方的心情是急切的，办法似乎也是切实可行的。也许在“余”想来，对方一定会欣然接受吧。

可出乎意料的是，蒋氏并没有表示感激，他“大戚，汪然出涕曰：‘君将哀而生之乎？则吾斯役之不幸，未若复吾赋不幸之甚也’”。蒋氏这番话，态度同样是恳切的，语气也十分肯定。蒋氏的态度表明：毒蛇可怕，但赋敛之毒更厉害呀！

这话怎么讲呢？接着，蒋氏说了这样几层意思：

一层意思是：蒋氏祖孙三代在这个地方居住有六十年了，亲眼见到同村的人生活一天比一天艰难窘迫。为了缴赋税，他们耗尽了田地的出产、全家的收入，不够，只好哭喊着离乡背井去逃荒，一路上，饥渴劳累，跌跌撞撞，受着风吹雨打，冒着酷暑严寒，吸着有毒的瘴气，死在途中的人很多。跟他的祖父、父亲和自己一起住的那些人家越来越少了。他们不是死去就是逃亡，只有他因为捕蛇才在这里生活下来。《柳文指要》引录了林西仲一文，算一笔唐代的赋税账："按唐史，元和年间，李吉甫撰《国计簿》，上之宪宗，除藩镇诸道外，税户比天宝四分减三，天下兵仰给者，比天宝三分增一，大率二户资一兵，其水旱所伤，非时调发，不在此数，是民间之重敛难堪可知，而子厚之谪永州，正当其时也。"因知文中所言，自是实录。

第二层意思是：那些凶暴的官吏到乡下催租逼税的时候，到处狂呼乱叫，到处喧闹骚扰，那种吓人的气势，就连鸡犬也不得安宁。而这时他小心翼翼地起来看看自己的瓦罐，只见捕来的蛇还在，便可以放心地躺下了。他细心地喂养蛇，到规定的时间把它当租税缴上去，回来后，就能美美地享用自己田里的出产，安度岁月。

蒋氏说的第三层意思是：这样看来，一年当中他冒生命危险有两次，而其余的时间就可以坦然快乐地过日子，哪像乡邻们天天都受着死亡的威胁呢？即使现在因为捕蛇而丧生，比起乡邻们来，也是后死的了，哪还敢怨恨捕蛇这个差使呢？

蒋氏的这一番话，以他"以捕蛇独存"和乡邻们"非死则徙"相对比；以他"弛然而卧"和乡邻们备受悍吏袭扰相对比；以他"一岁之犯死者二"和乡邻们"旦旦有是"相对比，说明捕蛇之不幸，确实"未若复吾赋不幸之甚也"。可见他在讲述三代人受蛇毒之害时"貌若甚戚"，而当听了要恢复他的赋税时却"大戚，汪然出涕"地恳求，完全是出于真情。蒋氏的话，发自肺腑，带着血泪，听来怎不令人心碎！

作者在文章的第三部分，也就是结尾一段说："余闻而愈悲"，比听蒋氏讲一家人的苦难时更加悲痛了。想到自己过去对孔子所说的"苛政猛于虎"这句话还有所怀疑，现在从蒋氏所谈的情况看来，这话是可信的。唉！谁知道赋税对人民的毒害竟比毒蛇还要严重呢！于是写了《捕蛇者说》这篇文章，为的是让那些观察民情的人知道苛重的赋税给老百姓造成的灾难。在全文边叙述边议论间或抒情的写法中，最后这一番议论，确实起到了画龙点睛的作用。如果说"苛政猛于虎"强调的是一个"猛"字，那么本文就紧扣一个"毒"字，既写了蛇毒，又写了赋毒，并且以前者衬托后者，得出"赋敛之毒"甚于蛇毒的结论。

本文在写作手法方面，除了对比、衬托的大量运用及卒章点明主题外，对蒋氏这一个人物的描绘也是极富特色的。特别是他不愿意丢掉冒死捕蛇这一差使的大段申述，讲得是既有具体事实，又有确切数字；既有所闻所见，又有个人切身感受；既有祖祖辈辈的经历，又有此时此刻的想法；既讲述了自家人的不幸，又诉说了乡邻们的苦难：不仅使人看到了一幅统治者横征暴敛下的社会生活图景，也让人感到此人的音容体貌宛在目前，有血有肉，生动传神。

通篇读来，《捕蛇者说》这篇散文内容详实，人物突出，见地深邃，笔锋犀利，结构完整，堪称散文中的杰作。（董扶其）

钴鉧潭[①]西小丘记　　柳宗元

得西山[②]后八日，寻山口西北道二百步，又得钴鉧潭。潭西二十五步，当湍而浚者为鱼梁。梁之上有丘焉，生竹树。其石之突怒偃蹇、负土而出、争为奇状者，殆不可数。其嵚然相累而下者，若牛马之饮于溪；其冲然角列而上者，若熊罴之登于山。

丘之小不能一亩，可以笼而有之。问其主，曰："唐氏之弃地，货而不售。"问其价，曰："止四百。"余怜而售之。李深源、元克己时同游，皆大喜，出自意外。即更取器用，铲刈秽草，伐去恶木，烈火而焚之。嘉木立，美竹露，奇石显。由其中以望，则山之高，云之浮，溪之流，鸟兽之遨游，举熙熙然回巧献技，以效兹丘之下。枕席而卧，则清泠之状与目谋，瀯瀯[③]之声与耳谋，悠然而虚者与神谋，渊然而静者与心谋。不匝旬而得异地者二，虽古好事之士，或未能至焉。

噫！以兹丘之胜，致之沣、镐、鄠、杜[④]，则贵游之士争买者，日增千金而愈不可得。今弃是州也，农夫渔父过而陋之。贾四百，连岁不能售。而我与深源、克己独喜得之，是其果有遭乎！书于石，所以贺兹丘之遭也。

注 ① 钴鉧潭：宋范成大《骖鸾录》："渡潇水即至愚溪，溪上愚亭以祠子厚。路旁有钴鉧潭。钴鉧，熨斗也，潭状似之。其地如大小石渠石涧之类，询之皆芜没篁竹中，无能的知其处者。"宋王象之《舆地纪胜》："永州：钴鉧潭，在州西五里，即冉溪别派也，其间水石尤异，柳子厚有记。"　② 西山：山名。《清一统志》："永州府：西山在零陵（今湖南永州）县西。县治在县西隔河二里，自朝阳岩起，至黄茅岭北，长亘数里，皆西山也。”　③ 濙濙（yíng yíng）：水流声。④ 沣、镐、鄠、杜：沣（fēng），水名，即沣水，源出陕西秦岭山中，北流至西安市西北，最后注入渭水。镐（hào），地名，在今西安市西南，沣水东岸。周武王曾迁都于此，称镐京。鄠（hù），地名，今陕西西安市鄠邑区。杜，地名，故地在今西安市东南。均在唐都城长安附近，为当时豪门贵族集中居住的地区。

这是《永州八记》的第三篇。开头几句，照应前两篇，点出西山、钴鉧潭和小丘的发现经过及其位置，并为后面“不匝旬而得异地者二”预留伏线。接下去，即抓住小丘的“异”处，描绘满布丘上的嶙嶙奇石。在一般人看来，那些毫无生命的石头本来就暴露在那里；但在作者眼中，却是“突怒偃蹇、负土而出、争为奇状”。这是说：那埋于泥土之中，不见天日的石头，不甘埋没，愤然突破地面，顶土而出，争作奇状，以显示自己的存在。构思何等新颖！这一句二十来个字，既写出了石数之多、石态之奇，又化静为动，传达了奇石的感情。石头无所谓感情，自然是作者移入的。而一经移入，那形象就立刻栩栩欲活。清王夫之说过：“烟云泉石，寓意则灵。”（《薑斋诗话》卷下）一点也不假。但“意”绝不能生硬地“寓”。在这里，作者即景会心，主观的情和客观的景契合无间，从而创造了独特的境界，既寓了“意”，又妙合自然。

作者于总写众石之后，又分写其中的两类：“其嵚然相累而下者，若牛马之饮于溪；其冲然角列而上者，若熊罴之登于山。”“若牛马”“若熊罴”的比喻本来很寻常，但和“相累而下”“角列而上”及“饮于溪”“登于山”结合起来，就显得生气勃勃。而“饮于溪”又带出丘下景物，与前面“当湍而浚者为鱼梁。梁之上有丘焉”相应。

一个“不能一亩，可以笼而有之”的小丘似乎没有什么好写，作者却写得这样生动，这样诱人。

当然，作者不是为写小丘而写小丘。他着力写小丘的特异，甚至给丘上的“奇”石注入理想，这都是为了反跌下文。小丘有众石“争为奇状”，理应受到人们的重视；然而事实却不是这样。“问其主，曰：‘唐氏之弃地，货而不售。’问其价，曰：‘止四百。’”这就是它的遭遇！

“余怜而售之”中的“怜”，乃是“同病相怜”的“怜”，怜小丘正所以怜自己。但仍不肯泄露主题，却用同游者的“大喜”作为反衬（“大喜”者，喜小丘之贱，出乎意料也），与前一篇《钴鉧潭记》用“乐”字异中有同。作者“怜”，同游者“喜”，虽然心情各别，却同样是“人弃我取”。不但取，而且在取得之后，刮垢磨光，让那被人遗弃的小丘变得更美好。“铲刈秽草，伐去恶木，烈火而焚之。嘉木立，美竹露，奇石显”等句，很有点“新松恨不高千尺，恶竹应须斩万竿”（杜甫《将赴成都草堂途中有作先寄严郑公五首（其四）》）的意味。稍不同者，杜诗所表现的是长新松、斩恶竹的愿望，而这里则已经付诸行动。像新松一样，嘉木、美竹自然越高越好；但不能揠苗助长。铲去秽草，伐掉恶木，则原来被淹没的嘉木、美竹就自然会显露出来，拂日凌云的前景是不难预卜的。

何况，秽草、恶木既除，不仅“嘉木立，美竹露，奇石显”，而且整个天地都为之开朗。“由其中以望，则山之高，云之浮，溪之流，鸟兽之遨游，举熙熙然回巧献技，以效兹丘之下”。这个小丘，不是也可以使作者“乐居夷而忘故土”吗？但他并不蹈袭前篇，却用一组排句，实写“枕席而卧”于小丘之上的时候“清泠之状与目谋，潜潜之声与耳谋，悠然而虚者与神谋，渊然而静者与心谋”，几乎达到了“与万化冥合”的境界。而“清泠之状”与“潜潜之声”，又分明指的是丘下二十五步以外的钴鉧潭。于是回顾首段，遥应前篇，绾合潭、丘，作一小结：“不匝旬而得异地者二，虽古之好事之士，或未能至焉。”看来他是十分得意的。

这得意，其实是失意的特殊表现形式，读者已不难领会；但如果就此收束，仍嫌意有未足。因而又以抒情的、跌宕多姿的文笔略作发挥：先对小丘的未能致身于繁华的京城郊区而远弃荒凉的永州表示痛惜，反转来又对小丘得到他与同游者的赏识表示庆贺。尽管始终没有讲他自己，但“今弃是州也”的小丘的遭遇，不正是他自己的遭遇吗？被人遗弃的小丘还会得到他与同游者的赏识，而他自己呢？“贺兹丘之遭”，不过是自伤不遇罢了。故清人储欣评曰：“寓意至远，令人殊难为怀。”（《唐宋八大家类选》卷十）（霍松林）

至小丘西小石潭记　　柳宗元

从小丘西行百二十步，隔篁竹，闻水声，如鸣珮环，心乐之。伐竹取道，下见小潭，水尤清冽。全石以为底，近岸，卷石底以出，为坻为屿[①]，为嵁[②]为岩。青树翠蔓，蒙络摇缀，参差披拂。

潭中鱼可百许头，皆若空游无所依。日光下澈，影布石上，佁然[3]不动，俶尔远逝，往来翕忽，似与游者相乐。

潭西南而望，斗折蛇行，明灭可见。其岸势犬牙差互，不可知其源。坐潭上，四面竹树环合，寂寥无人，凄神寒骨，悄怆幽邃。以其境过清，不可久居，乃记之而去。

同游者：吴武陵、龚古、余弟宗玄[4]。隶而从者：崔氏二小生，曰恕己，曰奉壹。

注 ① 坻（chí）：水中高地。屿（yǔ）：小岛。 ② 嵁（kān）：不平的山岩。 ③ 佁（yǐ）然：静止貌。佁，一本作“怡”。 ④ 吴武陵（？—834）：唐信州（治今江西上饶）人，一说澧州（治今湖南澧县东南）人。元和进士，以史才直史馆，旋因事流放永州，与柳宗元交往。工诗文，柳宗元称其才气壮健。龚古：人名，生平未详。

这是《永州八记》的第四篇。题中有个“至”字，第一段即紧承上篇《钴鉧潭西小丘记》，写从小丘西行“至”小石潭的经过。“隔篁竹，闻水声，如鸣珮环”，于是“心乐之”，欲寻声而往，一窥究竟；但为丛篁所隔，无路可通，便下决心“伐竹取道”。“伐竹取道”四字，用行动写心情，坐实了前边的“乐”字。到了“下见小潭，水尤清冽”，见得力气没有白费，其“乐”更不待言。这几句，既与前篇联系，点出小石潭的环境，又表现了发现小石潭的喜悦心情。未见小潭，先闻水声；因闻水声，即觅小潭。行文曲折，引人入胜。

第二篇《钴鉧潭记》着重写潭源冉水的奔注、屈折、荡击，潭本身写得很少。这一篇，则着重写小石潭本身。

作者于“下见小潭”之时赞美“水尤清冽”。接下去，即在“清”字上作文章。要写出水如何“清”，是比较困难的；作者却因难见巧，写出了两段妙文。

他先撇开“清”，从“小石潭”的“石”字上落墨，写这个潭“全石以为底”；在靠近四周石岸的地方，又从潭底突出若干形态各异的石头，有的像坻，有的像屿，有的像嵁，有的像岩。石上满是青树翠蔓，在微风里“蒙络摇缀，参差披拂”。可以想见，那翠带似的蔓条有的在空际摇曳，有的在水面飘拂，甚或浸入水里。寥寥数语，写景如画。

以上是写石潭的形状，也是写潭水之所以“清”。就文章的脉络说，分明是从“水尤清冽”生发出来的。试想，一个以“全石”为底、又被遍生青树翠蔓的石坻、石屿、石嵁、石岩环绕的水潭，怎能不“清”？当然，如果潭源之水挟泥沙而俱下，那又是另外一回事。可是前面的“闻水声，如鸣珮环”，不是已经暗示出潭源之水也是“清冽”的吗？

就潭状写出了潭水之所以“清”，自然要进一步写潭水如何“清”。

“潭中鱼”几句，不太细心的读者会认为只不过写鱼罢了。其实不仅写鱼。大画家只画飞虫，不画天空；只画游鱼，不画清水。但由于虫的确在飞，鱼的确在游，因而在欣赏者眼前，就出现了天空，出现了清水。这里写“潭中鱼”的几句，正是采用了这种以实见虚的写法。“皆若空游无所依”，脱胎于前人的创作。但东晋袁山松的“其水十丈见底，视鱼游如乘空”（《宜都山川记》记夷水入江处）；南朝梁吴均的“水皆缥碧，千丈见底，游鱼细石，直视无碍”（《与宋元思书》）；北魏郦道元的“绿水平潭，清洁澄深，俯视游鱼，类若乘空”（《水经注·洧水》）；唐沈佺期的“朝日敛红烟，垂钓向绿川，人疑天上坐，鱼似镜中悬”（《钓竿篇》）；唐王维的“涟漪涵白沙，素鲔如游空”（《纳凉》）：都是先写水清，后写鱼游，就像某些画家按照游鱼的动势勾了些代表波纹的弧线。至于宋苏舜钦的“人行镜里山相照，鱼戏空中日共明”（《天章道中》）；宋楼钥的“水真绿净不可唾，鱼若空行无所依”（《顷游龙井得一联，王伯齐同儿辈游，因足成之》）；宋刘爚的“炯鯈鱼之成群，闯寒波而游泳，若空行而无依，涵天水之一镜”（《鱼计亭赋》）；明阮大铖的“水净顿无体，素鲔若游空，俯视见春鸟，时翻荇藻中”（《园居杂咏》）：看来都借鉴了柳文，又各有新意，但在先写水清，后写鱼游这一点上，却都与袁、吴、郦、沈、王之作相类。柳宗元的独创性，在于不复写水，只写鱼游，而澄澈的潭水已粼粼映眼。这还不够，他又借日光作进一步的渲染。作者于岸上观鱼，很难看清潭心；而近岸之处，石坻、石屿、石嵁、石岩上的青树翠蔓，又摇缀、披拂，鱼游于树荫蔓条之下，也未必能够看得一清二楚。所以，必须借助日光。“日光下澈”的“澈”字下得好！“澈”者，照澈潭底也。红艳艳的日光透过蓝晶晶的潭水，直照到白莹莹的石底，多么富于色彩！这色彩，又是用来烘托游鱼以见潭水之“清”的。潭水透明，所以当日光下澈之时，鱼自然“影布石上”。“佁然不动，俶尔远逝，往来翕忽”的是水里的鱼，又是潭底的鱼影；加上“似与游者相乐”一句，人、鱼并写，情味无穷。

这几笔，真是绘形，绘神，绘影，绘色，即便是最高明的画师，也很难达到这样超妙的艺术境界。

《钴鉧潭记》先写潭源，这一篇恰恰相反。作者是从小丘西行——即从石潭的东方走来的，因被竹林所遮，所以未见石潭，先闻水声。“如鸣珮环”，显然是潭源之水撞击石岸、滴入石潭之时发出的清响。但是接下去，却为什么不先写潭源呢？原来潭源不在潭东，而在西南。作者从潭东行来，立刻被石潭本身的奇景所吸引，于是先写石潭。在饱赏石潭奇景之后，这才朝西南而望，发现了潭源。

写潭源，也就是写远景。潭源是一条小溪。因“其岸势犬牙差互”（其为石岸可知），故溪水像北斗般曲折，像长蛇般蜿蜒。从潭上望去，有些地方溪光闪耀，有些地方为石岸所蔽，不见溪光。写远景半藏半露，饶有画意。而这又是写远望中景物，重点在“望”字上。望潭源而“不可知其源”，又富有诗情。

结尾以“其境过清”收尽全篇。前面出现过两个“乐”字，但作者的“乐”是短暂的。“竹树环合，寂寥无人，凄神寒骨，悄怆幽邃……不可久居”等句，借景物写感受，含蓄地反映了他的寂寞的处境和凄怆、哀怨的心境。（霍松林）

小石城山记

柳宗元

自西山[①]道口径北，逾黄茅岭而下，有二道：其一西出，寻之无所得；其一少北而东，不过四十丈，土断而川分，有积石横当其垠。其上为睥睨梁欐[②]之形，其旁出堡坞，有若门焉。窥之正黑，投以小石，洞然有水声，其响之激越，良久乃已。环之可上，望甚远，无土壤而生嘉树美箭，益奇而坚，其疏数[③]偃仰，类智者所施设也。

噫！吾疑造物者之有无久矣。及是，愈以为诚有。又怪其不为之中州[④]，而列是夷狄[⑤]，更千百年不得一售其伎[⑥]，是故劳而无用。神者傥不宜如是，则其果无乎？或曰：以慰夫贤而辱于此者。或曰：其气之灵，不为伟人，而独为是物，故楚[⑦]之南少人而多石。是二者，余未信之。

注 ①西山：山名。见作者《钴鉧潭西小丘记》注②。 ②睥睨（pì nì）：通“埤堄”，城上短墙。梁欐（lì）：屋梁。 ③数（cù）：密。 ④中州：泛指黄河中游地区。 ⑤夷狄：指边远少数民族地区。 ⑥伎：通“技”，技巧，技艺。此指小石城山的景色。 ⑦楚：楚国，原在今湖北、湖南北部，后扩展到今河南、安徽、江苏、浙江、江西和四川。

这是《永州八记》的第八篇。

本文写于唐元和七年（812），与作者同年游袁家渴、石渠、石涧所作三记合为著名的“永州八记”的后四记。和其他三记不同，柳宗元在《小石城山记》里几乎用了一半的篇幅抒发了他贬逐永州后游历自然时触景生情的感慨。这也自然构成了文章的写景和议论两段。

上段写景。可分两层，先是指明小石城山的方位：“自西山道口径北，逾黄茅岭而下，有二道：其一西出，寻之无所得；其一少北而东，不过四十丈，土断而川分，有积石横当其垠。”反映了作者在永州借游赏自然寻幽探奇、“无所不到”以排遣悠闲时光和怀才不遇的烦忧的精神状态；继而描述小石城山的奇貌。无论是方位的指点还是景观的描绘，都是在循序渐进中进行的，自然景致随着观赏者的游历渐次展现，使读者阅读时不自觉地由其导引，似乎也步入了自然奇观。这样的笔法使本文的景物描写达到了紧凑而自然流畅的效果。随着横亘路头的积石的出现，紧接着以简洁形象的笔墨勾勒了积石上呈现的房屋形状及四围像小城的外貌，于是与“石城”之称吻合。此后写石上如门的洞穴，其深邃且有水，可感其幽静；“环之可上，望甚远”，则见其高旷；石上没有土壤，却疏密相间、高昂低伏地生长着秀美的树木竹子，又显其奇丽。柳宗元曾说过：“游之适，大率有二：旷如也，奥如也。”（《永州龙兴寺东丘记》）登其高，有旷达之感；探其奥，有幽奇之得。小石城山的天然造化、鬼斧神工，实为作者眼中适游的奇妙之地，从而顺理成章地发出了“类智者所施设也”的慨叹。以本句承上启下，第二段对造物者的疑问就丝毫不感突兀了。

第二段是作者由自然景观带来的联想和思索。作者在这一段里，本意是通过像小石城山这样美好的自然景观却埋没于荒僻之乡，引发对美的事物被压抑、遭遗弃的郁愤之情，并借以抒发贤才遭贬逐的天涯沦落之感，然而却不直抒胸臆。首句由怀疑造物者的有无到“愈以为诚有”，乃是作者的着意之笔，思索由此伸展。文章波澜层出，避免了平铺呆板之病。美好的景观“不为之中州”，反长期沉埋在人迹罕至的僻野，不为人知，不为人用，暗扣柳宗元自己的身世遭际，把自己怀才不遇的感情寄托到被弃置的美丽自然之上，用曲笔表达了身遭贬逐的不平之鸣。至此，由上段的纯景物描写达到了与主观感受的和谐交融。在感慨能向人们呈伎献巧的石头和在艰苦的条件下“益奇而坚”的嘉树秀竹“劳而无用”之后，作者又以推想神者大概不会这么作而提出了造物者“其果无乎”的反问，文章再起波澜。因反问而设答，不说自己借奇石以自慰，却说奇石是造物者安排在这里以安慰那些被贬黜到此的贤人；不说自己贬到这荒僻之地的孤单寂寥，唯以自然之石为伍遣怀，却说造物者灵气独钟于石，所以湖南、湖北一带少伟大人物而多奇石，所透出的天涯沦落、同病相怜、孤芳独赏的痛楚愤懑之情就更深一层。最后用“余未信之”作结，既可看作对造物者的否定，更流露了柳宗元渴求摆脱现状以施展才能的希望。

《小石城山记》在艺术上留给人们的鲜明印象，是白描式流畅自然的景物描写和触景生情、物我合一、丰富而带有思辨性的思索。正是这一点，构成了这篇散文独到的艺术风貌。（宫晓卫）

阿房宫赋

杜　牧

六王毕[①]，四海一[②]。蜀山兀[③]，阿房出。覆压三百余里，隔离天日。骊山[④]北构而西折，直走咸阳[⑤]。二川[⑥]溶溶，流入宫墙。五步一楼，十步一阁；廊腰缦回，檐牙高啄；各抱地势，钩心斗角。盘盘焉，囷囷[⑦]焉，蜂房水涡，矗不知其几千万落。长桥卧波，未云何龙[⑧]？复道[⑨]行空，不霁何虹？高低冥迷，不知西东。歌台暖响，春光融融；舞殿冷袖，风雨凄凄。一日之内，一宫之间，而气候不齐。

妃嫔媵嫱[⑩]，王子皇孙，辞楼下殿，辇来于秦。朝歌夜弦，为秦宫人。明星荧荧，开妆镜也；绿云扰扰，梳晓鬟也；渭流涨腻，弃脂水也；烟斜雾横，焚椒兰也；雷霆乍惊，宫车过也；辘辘[⑪]远听，杳不知其所之也。一肌一容，尽态极妍，缦立[⑫]远视，而望幸[⑬]焉。有不得见者三十六年。燕赵之收藏，韩魏之经营，齐楚之精英，几世几年，剽掠其人，倚叠[⑭]如山；一旦不能有，输来其间，鼎铛玉石，金块珠砾，弃掷逦迤，秦人视之，亦不甚惜。

嗟乎！一人之心，千万人之心也。秦爱纷奢，人亦念其家。奈何取之尽锱铢[15]，用之如泥沙！使负栋之柱，多于南亩之农夫；架梁之椽，多于机上之工女；钉头磷磷，多于在庾[16]之粟粒；瓦缝参差，多于周身之帛缕；直栏横槛，多于九土之城郭；管弦呕哑，多于市人之言语。使天下之人，不敢言而敢怒。独夫[17]之心，日益骄固。戍卒叫[18]，函谷举[19]；楚人一炬[20]，可怜焦土！

呜呼！灭六国者六国也，非秦也。族秦者秦也，非天下也。嗟夫！使六国各爱其人，则足以拒秦；使秦复爱六国之人，则递三世可至万世而为君，谁得而族灭也？秦人不暇自哀，而后人哀之；后人哀之而不鉴之，亦使后人而复哀后人也。

注 ① 六王：齐、楚、燕、赵、韩、魏六国的国王。毕：完结。 ② 四海一：指全国统一。 ③ 兀（wù）：形容山秃，指山上木材都被采伐尽了。 ④ 骊山：在今陕西临潼东南。 ⑤ 咸阳：秦都，故址在今陕西咸阳东北，秦亡为项羽焚毁。 ⑥ 二川：渭川、樊川。 ⑦ 囷（qūn）囷：曲折回旋的样子。 ⑧ 未云何龙：没有云哪来的龙？《周易》：“云从龙，风从虎。” ⑨ 复道：在空中架木筑成的阁道，连通宫中楼阁，上下都有通道。 ⑩ 妃嫔媵嫱（yìng qiáng）：均为帝王的妾侍。各有等级，妃次于后，比嫔、嫱高。嫔、嫱为宫中女官，媵为陪嫁女子。这里指六国的宫妃。 ⑪ 辘（lù）辘：车声。 ⑫ 缦（màn）立：延伫，久立。 ⑬ 望幸：盼望帝王来临。 ⑭ 倚叠：积累。 ⑮ 锱铢（zī zhū）：一两的二十四分之一为铢，六铢为锱。这里指极微小的数量。 ⑯ 庾（yǔ）：仓。 ⑰ 独夫：众叛亲离的统治者。这里指秦始皇。 ⑱ 戍卒叫：指陈涉、吴广起义。戍卒，戍守边疆的兵士。 ⑲ 函谷举：函谷关被攻下。公元前206年，刘邦从武关攻入咸阳，又派兵守函谷关。秦时函谷关在今河南灵宝市东北。 ⑳ 楚人一炬：指公元前206年，项羽入咸阳，焚烧秦国宫殿，大火连烧三月。项羽为楚将项燕之后，故称为楚人。

在唐人小赋中，杜牧的《阿房宫赋》是一篇很出色的作品。脱稿不久，即引起人们的重视。《新唐书·文艺传·吴武陵传》中有这样一段记载：

> 太和初，礼部侍郎崔郾试进士东都，公卿咸祖道长乐。武陵最后至，谓郾曰：“君方为天子求奇材，敢献所益。”因出袖中书，搢笏授郾读之，乃杜牧所赋阿房宫。辞既警拔，而武陵音吐鸿畅，坐客大惊。武陵请曰：“牧方试有司，请以第一人处之。”郾谢已得其人；

至第五，郾未对，武陵勃然曰：“不尔，宜以赋见还!”郾曰：“如教。”牧果异等。

杜牧是主张“凡为文，以意为主、气为辅，以辞彩章句为之兵卫”（《答庄充书》）的。那么，他写《阿房宫赋》，其用意何在呢?

关于阿房宫建造的时间、原因、地址及规模，《史记·秦始皇本纪》《汉书·贾山传》《水经注·渭水》以及《三辅旧事》《三辅黄图》等都有记述;《史记》成书最早，其记述也比较准确，故摘引如下：

（始皇）三十五年（公元前212年）……始皇以为咸阳人多，先王之宫廷小，吾闻周文王都丰，武王都镐，丰、镐之间，帝王之都也。乃营作朝宫渭南上林苑中。先作前殿阿房，东西五百步，南北五十丈，上可以坐万人，下可以建五丈旗。周驰为阁道，自殿下直抵南山。表南山之巅以为阙。为复道，自阿房渡渭，属之咸阳，以象天极，阁道绝汉抵营室也。阿房宫未成；成，欲更择令名名之。作宫阿房，故天下谓之阿房宫。隐宫徒刑者七十余万人，乃分作阿房宫，或作丽山。

这一段记述与《阿房宫赋》的描写相对照，有几点值得注意：一、秦始皇修阿房宫，主要由于“咸阳人多，先王之宫廷小”。即随着国家的统一，作为国都的咸阳人口不断增加，原有的宫廷已不能满足新的需要，故于渭水之南营建新的朝宫，可见《阿房宫赋》把阿房宫的兴建完全归因于“秦爱纷奢”，并不确切。二、阿房宫先建前殿，终始皇之世，全部工程并未完成。即使全部完成，也谈不上《阿房宫赋》所说的“覆压三百余里”。三、秦始皇三十五年才开始修阿房宫，距始皇之死不过两年，因而《阿房宫赋》说“宫人”们“缦立远视，而望幸焉，有不得见者三十六年”，也不合事实。

项羽入关，阿房宫即化为灰烬，杜牧描写阿房宫，所依据的最早最可靠的文字资料，也只能是《史记》中的有关部分。而把《阿房宫赋》的描写和《史记》中的有关记载相比较，就发现它在很大程度上出于作者的艺术想象和夸张；想象和夸张的用意，则在于借历史题材以警戒当时的荒淫君主。

《阿房宫赋》被选入《古文观止》卷七，编选者评论说：“前幅极写阿房之瑰丽，不是羡慕其奢华，正以见骄横敛怨之至，而民不堪命也，便伏有不爱六国之人意在。所以一炬之后，回视向来瑰丽，亦复何有！以下因尽情痛悼之，为隋广、叔宝等人炯戒，尤有关治体。不若《子虚》《上林》，徒逢君之过也。”指出这篇作品“为隋广（隋炀帝）、叔宝（陈后主）等人炯戒，尤有关治体”，很有见地；但由于对杜牧的社会环境和政治态度缺乏了解，还未能准确地揭示出作者的创作意图和这篇作品的思想意义。

杜牧所处的时代，政治腐败，阶级矛盾异常尖锐，而藩镇跋扈，吐番、南诏、回鹘等纷纷入侵，更加重了人民的痛苦。大唐帝国，已面临崩溃的前夕。杜牧针对这种形势，极力主张内平藩镇，加强统一，外御侵略、巩固国防。为了实现这些理想，他希望当时的统治者励精图治、富民强兵。而事实恰恰和他的愿望相反。穆宗李恒以沉溺声色送命。接替他的敬宗李湛，荒淫更甚：“游戏无度，狎昵群小”，“视朝月不再三，大臣罕得进见”；又“好治宫室，欲营别殿，制度甚广”；并命令度支员外郎卢贞，“修东都宫阙及道中行宫”，以备游幸（引文见《通鉴》卷二四三）。……对于这一切，杜牧是愤慨而又痛心的。他在《上知己文章》中明白地说：“宝历（敬宗的年号）大起宫室，广声色，故作《阿房宫赋》。”可见《阿房宫赋》的批判锋芒，不仅指向秦始皇和陈后主、隋炀帝等亡国之君，而主要是指向当时的最高统治者的。

“六王毕，四海一。蜀山兀，阿房出。”起势雄健，涵盖无穷。乍看似乎仅仅是叙事；实则于叙事中寓褒贬，并为此后的许多文字埋下根子。“六王”为什么会“毕”？“四海”为什么能“一”？一亡一兴，关键何在？读完全篇，这些问题就会得到解答。例如在中间写道：“燕赵之收藏，韩魏之经营，齐楚之精英，几世几年，剽掠其人，倚叠如山”。则六王之骄奢淫逸，不惜民力，已于言外见意。到了篇末，更明确地作了结论：“灭六国者六国也，非秦也。……使六国各爱其人，则足以拒秦”。读到这里，再回头看看首句，就不能不惊佩那个“毕”字下得好！“六王”之“毕”，其原因既在自身，那么，秦能统一四海的原因，也就不言可知了。这两句一抑一扬；而扬秦又是为更有力地抑秦蓄势。秦统一四海之后，如果吸取“六王”的教训，“复爱六国之人”，就不会那么迅速地被“族灭”。谁知秦王一旦变成秦始皇，立刻志得意满，走上腐化的道路。“蜀山兀，阿房出。”一因一果，反映了一苦一乐，六个字概括了无限深广的内容。“兀”“出”两字，力重千钧，自不待言。而从“兀”到“出”的过程，更给读者留下了驰骋想象的广阔天地。第一，举蜀山以概秦陇之山。由蜀山到关中，要经过“难于上青天”的蜀道，凭借人力运送巨大的木料异常艰难。而一定要取材蜀山，见得秦陇一带的树木已经砍伐一空，尚不敷用。秦陇之山尽秃而殃及蜀山，直到蜀山不剩一木而阿房始“出”，则阿房宫多么宏大，秦始皇多么骄奢，已不难想见。第二，举木料以概其他建筑材料。所需的木料既如此众多，则其他的建筑材料需要如何，也不难想见。第三，举砍伐、运送木料以概其他工程。而从木材及其他一切建筑材料的砍伐、加工、运送直到合拢来建成“覆压三百余里”的阿房宫，都是役使人民进行的，这中间榨取了多少人民的血汗、葬送了多少人民的生命，也是可以想见的。“六王”既以“不爱其人”而覆亡，秦始皇又将自己的淫乐建筑在人民的苦难之上，那么，从“六王”的已“毕”，不是很可以预见秦的将“毕”吗？

廖莹中《江行杂录》上说：

> 杜牧之《阿房宫赋》云：“六王毕，四海一。蜀山兀，阿房出。”陆参作《长城赋》云：“干城绝，长城列。秦民竭，秦君灭。”参辈行在牧之前，则《阿房宫赋》又祖《长城》句法矣。

《长城赋》（见《全唐文》卷六一九）以四个三字句发端，一句一意，层层逼进；又句句押韵，音节迅急，有如骏马下坡，俊快无比。《阿房宫赋》正与此相似，说它“祖《长城》句法”，是很有见地的。但作赋以四个三字句开头，并非始于陆参，而是创于晋人郭璞。郭璞《井赋》云：“益作井，龙登天，凿后土，洞黄泉。”此后，南朝谢惠连《雪赋》以“岁将暮，时既昏，寒风积，愁云繁”发唱，无疑受了郭璞的启发，却青出于蓝。《长城赋》学习《井赋》《雪赋》的句法，又比前者更胜。《阿房宫赋》则在取法前人的基础上有更多的创造，百尺竿头，更进一步。这说明文艺创作既贵在创造，又需要借鉴前人。杜牧作《阿房宫赋》，既表现了惊人的艺术想象力，又很善于借鉴前人。这在后面还要谈到。

“覆压三百余里，隔离天日”两句，紧承“出”字，总写阿房宫的规模。上句言其广，下句言其高。自“骊山北构而西折，直走咸阳”到“高低冥迷，不知西东”，就广、高两方面作进一步的描写。“五步一楼，十步一阁；廊腰缦回，檐牙高啄；各抱地势，钩心斗角”等句，既简练，又形象。特别是“长桥卧波，未云何龙？复道行空，不霁何虹”，更其传神。不说长桥如龙，复道如虹，而说“未云何龙”“不霁何虹”，不仅笔势跌宕，而且从惊叹语气中表达了对那些建筑物的观感，给客观描写涂上了浓烈的抒情色彩。欧阳修很赞赏苏舜钦《新桥对月诗》中写松江长桥的“云头滟滟开金饼，水面沉沉卧彩虹”一联（《六一诗话》）。其后一句，可能从杜牧的这两句脱胎。

以上写阿房宫的宏伟瑰丽，已寓贬意；但还不能完全说明问题。因为完成如此宏丽的建筑，固然加重了人民的负担；但如果在完成之后，用来做有利于人民的事情，那还是应该赞许的。所以，作者在写了阿房宫的宏伟瑰丽之后，立刻将笔锋伸向更重要的地方。“歌台暖响，春光融融；舞殿冷袖，风雨凄凄。一日之内，一宫之间，而气候不齐。”这几句用夸张的手法描写了歌舞之盛（歌喉吐暖，舞袖生风，以致改变了气候）。接下去，点出那些供秦始皇享乐的歌舞者，乃是六国的“妃嫔媵嫱，王子皇孙”；既回应“六王毕”，又暗示秦统治者的前途。

关于阿房宫的宏丽和秦始皇的淫乐，《史记》以后的描述不断增加夸张和想象的成分。《三辅黄图》云：“阿房宫可受十万人，车行酒，骑行炙，千人唱，万人和。”《阿房宫赋》中“歌台暖响”等句如果说有文字资料作为根据的话，其根据不过如此；因而可以看出作者在艺术构思方面的高度创造性。

承“为秦宫人”的“明星荧荧……”一段是脍炙人口的：忽然间，天际群星闪耀；不是群星，而是美人开了妆镜！忽然间，空中绿云飘动；不是绿云，而是美人梳理头发！渭河暴涨，泛起红腻；原来是美人泼了脂水！烟雾乍起，散出浓香；原来是美人点燃兰麝！不直说美人众多，却用明星、绿云、渭涨、雾横比喻妆镜、晓鬟、弃脂、焚椒，间接地写出美人众多，其手法已很高明。但还不止这些。通过形象而又贴切的比喻，既写了美人，又写了阿房宫。下临渭水、高插青霄的楼阁，像蜂房似的布满空际的窗户，以及当窗晓妆的美人，都历历如见。而写美人，又正是为了写秦始皇。所以接着便写“宫车”之过。“宫车”日日行幸，而宫人尚“有不得见者三十六年”，则秦始皇荒淫到何种程度，也就用不着说穿了。

这一段也是前有所承的。陆参《长城赋》云：

边云夜明，列云铧也；白日昼黑，扬尘沙也；筑之登登，约之阁阁，远而听也，如长空散雹；蛰蛰而征，沓沓而营，远而望也，如大江流萍；其号呼也，怒风匉訇；其鞭朴也，血流纵横。

《阿房宫赋》的开头既然取法于《长城赋》，那么中间的这一段，造句、构思都有一致之处，可能也受了《长城赋》的启发。当然，如果从句式的相似方面着眼，它受《华山赋》的影响更其明显，洪迈《容斋五笔》卷七指出：

> 唐人作赋，多以造语为奇。杜牧《阿房宫赋》云："明星荧荧，开妆镜也；绿云扰扰，梳晓鬟也；渭流涨腻，弃脂水也；烟斜雾横，焚椒兰也；雷霆乍惊，宫车过也；辘辘远听，杳不知其所之也。"其比兴引喻，如是其侈！然杨敬之《华山赋》又在其前，叙述尤壮。曰："见若咫尺，田千亩矣；见若环堵，城千雉矣；见若杯水，池百里矣；见若蚁垤，台九层矣；醯鸡往来，周东西矣；蠛蠓纷纷，秦速亡矣；蜂窠联联，起阿房矣；俄而复然，立建章矣；小星奕奕，焚咸阳矣；累累茧栗，祖龙藏矣。"……则《阿房宫赋》实模仿杨作也。

杨敬之《华山赋》一脱稿，即传诵士林，轰动一时，韩愈、李德裕、杜佑都十分赞赏。上引数句，杜佑时常吟诵（《容斋五笔》卷七《唐赋造语相似》条）。杜佑是杜牧的祖父，则杜牧熟习这篇作品是毫无疑问的。但杜牧的"明星荧荧"等句，绝不能说是"模仿杨作"；而是从杨作中吸取了有益的东西加以变化，用以表现新的主题，具有推陈出新的作用。

从"燕赵之经营"到"一旦不能有，输来其间，鼎铛玉石，金块珠砾，弃掷逦迤，秦人视之，亦不甚惜"，承上歌舞之盛，美人之多，进而写珍宝之富。通过这一系列叙写，形象地点出阿房宫的用途，从而对秦始皇进行了鞭挞。

从开头直到这里，作者以精练、生动的笔墨，叙写了阿房宫的兴建、规模和用途，没有抽象地发议论，而议论已寓于其中。读者不难看出：用人民的血汗凝成、供统治者享乐的阿房宫，集中地反映着人民的苦难，也集中地反映着统治者的荒淫腐化。

于是，作者水到渠成似的进一步完成他的主题：写阿房宫的毁灭，也就是写秦统治者的毁灭及其所以毁灭之故，向当时的最高统治者敲响警钟。

"嗟乎！一人之心，千万人之心也。秦爱纷奢，人亦念其家。奈何取之尽锱铢，用之如泥沙！"对秦统治者的残民以自肥作了有力的抨击。以下数句，尤其精彩："使负栋之柱，多于南亩之农夫；架梁之椽，多于机上之工女；钉头磷磷，多于在庾之粟粒；瓦缝参差，多于周身之帛缕；直栏横槛，多于九土之城郭；管弦呕哑，多于市人之言语。使天下之人，不敢言而敢怒。独夫之心，日益骄固。戍卒叫，函谷举；楚人一炬，可怜焦土！"这是紧承"嗟乎"以下各句而来的。"秦爱纷奢，人亦念其家"两句，"秦""人"并提。接着以"奈何取之尽锱铢，用之如泥沙"的愤慨语，总括秦的纷奢及其给人民带来的灾难。然后用"使"字领起，摆出一系列罪证。秦统治者剥削、压迫人民的罪证是不胜枚举的。文学创作的特点在于通过个别表现一般，因而在一篇作品中也用不着从各方面罗列罪证。作者写的是《阿房宫赋》，即从阿房宫着笔，就前半篇的叙写作了合乎逻辑的推演。一连串用准确的比喻构成的排句，形象地表现了"秦"与"人"、剥削者与被剥削者一乐一苦的两个方面及其相互关系。一句句喷薄而出、层层推进，到了"使天下之人，不敢言而敢怒"，已将火山即将爆发的形势全盘托出。再用"独夫之心，日益骄固"从反面一逼，便逼出"戍卒叫，函谷举"的局面，农民起义的熊熊烈火终于埋葬了统治者。而供统治者享乐的阿房宫，也随之化为灰烬。

作者写《阿房宫赋》，其目的是给当时的最高统治者提供历史教训。为了丰富历史教训的内容，从"六王毕，四海一"以下，一直是既写秦，又不忘六国。就章法说，以秦为主，以六国为宾。就思想意义说，以六国为秦的前车之鉴。阿房宫中的无数美人，乃是六国的"妃嫔媵嫱"；阿房宫中的无数珍宝，又是六国"取掠其人"的长期积累。六国一旦灭亡，则美人"辇来于秦"，珍宝"输来其间"；那么，秦一旦蹈六国的覆辙，又将怎样呢？秦不以六国为鉴，终于自食其果；那么，当时的统治者又走秦的老路，难道会有什么更好的结局吗？写到这里，真可谓"笔所未到气已吞"！接下去，还不肯正面说破，却以无限感慨揭示出六国与秦灭亡的原因："呜呼！灭六国者六国也，非秦也。族秦者秦也，非天下也。嗟夫！使六国各爱其人，则足以拒秦；使秦复爱六国之人，则递三世可至万世而为君，谁得而族灭也？"既指出六国与秦的所以亡，又指出倘能"各爱其人"（作者避唐太宗李世民的讳，故以"人"代"民"），就不会亡。这才将笔锋移向"后人"——主要是当时的统治者："秦人不暇自哀，而后人哀之；后人哀之而不鉴之，亦使后人而复哀后人也。"

作者具有可贵的民本思想。他把六国及秦的灭亡，归因于"不爱其民”，希望统治者汲取教训，真可谓语重心长！但他自己也意识到这种希望终归要落空，因而以深沉的感慨结束全篇。

杜牧的感慨，对于古往今来的志士仁人来说，很有代表性，因而不妨看作历史的感慨。且看《汉书》卷七五所记汉元帝与京房的对话：

> 是时中书令石显颛（专）权。……（京房）问上（元帝）曰：“幽、厉之君何以危？所任者何人也？”上曰：“君不明，而所任者巧佞。”房曰：“知其巧佞而用之耶？将以为贤也？”上曰：“贤之。”房曰：“然则，今何以知其不贤也？”上曰：“以其时乱而君危知之。”房曰：“若是，任贤必治，任不肖必乱，必然之道也。幽、厉何不觉寤而更求贤，曷为卒任不肖以至于是？”上曰：“临乱之君各贤其臣，令皆觉寤，天下安得危亡之君？”房曰：“齐桓公、秦二世亦尝闻此君而非笑之，然则，任竖刁、赵高，政治日乱，盗贼满山，何不以幽、厉卜之而觉寤乎？……夫前世之君亦皆然矣。臣恐后之视今，犹今之视前也。”

《通鉴·唐纪·贞观十一年》所载马周的议论也与此相类似：“盖幽、厉尝笑桀、纣矣，炀帝亦笑周、齐矣，不可使后之笑今如今之笑炀帝也。”

不难看出，杜牧“后人哀之而不鉴之”的感慨是前有所承的。后人“笑”前人、“哀”前人，却不肯引以为鉴，硬是要蹈前人的覆辙，就只能使“后人而复哀后人”、复“笑”后人，这的确是可“悲”的！

元人祝尧在《古赋辨体》里说：“杜牧之《阿房宫赋》，古今脍炙；但太半是论体，不复可专目为赋矣。毋亦恶俳律之过而特尚理以矫之乎？”明人吴讷在《文章辨体·序说》中引了祝氏的这几句话，然后说：“吁！先正有云：‘文章先体制而后文辞。’学赋者其致思焉！”把文章体裁看得比内容还重要，这显然是荒谬的；何况说《阿房宫赋》“太半是论体”，也不完全符合事实。作者先以约占全文三分之二的篇幅，简练地叙述、生动地描写了阿房宫的兴建、规模和用途，形象鲜明而含意深广。“嗟乎”以下，当然发了议论。但是第一，议论中有描写。例如“使负栋之柱，多于南亩之农夫……”一段，不加判断，只用农民、工女及其所生产的粟粒、帛缕等的数量与阿房宫上的柱、椽、钉、瓦等相比较，而阶级矛盾的尖锐化已见于言外。第二，议论带有浓烈的抒情性。以“嗟乎”“呜呼”“嗟夫”开头的各小段，都洋溢着愤慨、痛惜与哀怨交织而成的复杂情感。

这种把议论、写景（广义的景）、抒情结合起来的艺术特色，也表现在杜牧的诗歌创作中。比如为人传诵的“一骑红尘妃子笑，无人知是荔枝来”“霓裳一曲千峰上，舞破中原始下来”“商女不知亡国恨，隔江犹唱后庭花”之类，不都是这样的吗？笼统地否定文学创作中的一切议论的做法，在今天还能看到，这其实是有害的。（霍松林）

书褒城驿壁　　孙　樵

褒城[①]驿号天下第一。及得寓目[②]，视其沼，则浅混而茅；视其舟，则离败而胶；庭除甚芜，堂庑甚残，乌睹其所谓宏丽者！

讯于驿吏，则曰：“忠穆公尝牧梁州，以褒城控二节度治所。龙节虎旗[③]，驰驿奔轺[④]，以去以来，毂交蹄劘[⑤]，由是崇侈[⑥]其驿，以示雄大。盖当时视他驿为壮，且一岁宾至者，不下数百辈，苟夕得其庇[⑦]，饥得其饱，皆暮至朝去，宁有顾惜[⑧]心耶！至如棹舟，则必折篙破舷碎鹢[⑨]而后止；渔钓，则必枯泉汩泥[⑩]尽鱼而后止；至有饲马于轩，宿隼于堂：凡所以污败室庐，糜毁器用。官小者，其下虽气猛可制；官大者，其下益暴横难禁。由是日益破碎，不与曩类。某曹八九辈[⑪]，虽以供馈[⑫]之隙，一二力治之，其能补数十百人残暴乎！”

语未既，有老甿笑于旁，且曰：“举今州县皆驿也。吾闻开元[⑬]中，天下富蓄[⑭]，号为理平[⑮]，踵千里者不裹粮，长子孙者不知兵[⑯]。今者天下无金革[⑰]之声，而户口日益破；疆埸无侵削之虞[⑱]，而垦田日益寡，生民日益困，财力日益竭，其故何哉？凡与天子共治天下者，刺史、县令而已。以其耳目接于民，而政令速于行也。今朝廷命官，既已轻任刺史、县令，而又促数[⑲]于更易；且刺史、县令，远者三岁一更，近者一二岁再更。故州县之政，苟有不利于民，可以出意革去其甚者，在刺史，曰：‘我明日即去，何用如此？’在县令，亦曰：‘明日我即去，何用如此？’当愁醉醲，当饥饱鲜，囊帛椟金，笑与秩[⑳]终。”

呜呼！州县者，真驿耶！矧更代之隙，黠吏因缘恣为奸欺，以卖[㉑]州县者乎！如此而欲望生民不困，财力不竭，户口不破，垦田不寡，难哉！予既揖退老甿，条其言[㉒]，书于褒城驿屋壁。

注 ① 褒城：唐属山南西道兴元府，今陕西勉县。 ② 寓目：观看。 ③ 龙节虎旗：节度使奉命出镇，赐双旗双节，符节和旗上画有龙虎图案。 ④ 驿：传递官方文书的马、车。轺（yáo）：轻便小车。 ⑤ 毂（gǔ）交蹄劘（mó）：车轴马蹄交错相磨。毂，车轮当中贯轴之处。劘，磨擦。 ⑥ 崇侈：高大宏敞，超过一般规格。 ⑦ 夕得其庇：夜间得住宿之地。 ⑧ 顾惜：爱惜。 ⑨ 鹢（yì）：水鸟，指船头画饰。 ⑩ 汩（gǔ）泥：把水底泥浆搅乱翻腾。 ⑪ 某曹：我等，指驿馆人员。辈：个。 ⑫ 供馈：供应接待来往旅客的饮食。 ⑬ 开元：唐玄宗年号（713—741）。 ⑭ 富蕃：财物丰富，人口众多。 ⑮ 理平：太平。理，同“治”。 ⑯ 长（zhǎng）子孙者：指年老的人。长，养。兵：指打仗。 ⑰ 金革：指刀枪甲衣钲鼓之类，此代指战争。 ⑱ 疆埸（yì）：边疆。侵削：侵略削夺。 ⑲ 促数：经常。 ⑳ 秩：职位，指任期。 ㉑ 卖：欺骗，叛卖。 ㉒ 条其言：把他的话加以整理。

孙樵是唐宋十大家之一。其文以奇崛见长，自称“尝得为文真诀于来无择，来无择得之于皇甫持正，皇甫持正得之于韩吏部退之”。可见他是韩愈的三传弟子。这篇讽刺杂文就继承了韩愈“不平则鸣”的精神和奇崛犀利的文风，主要有以下三大特点：

一、借题发挥，有以小见大之妙。文中从目睹褒城驿荒凉残破的景象，在于过往旅客“暮至朝去”的临时观点，因而糟蹋公物，不加爱惜；进而假托老甿之口来借题发挥，揭露朝廷对州县官吏不仅所用非人，而且更换频繁，恰如“暮至朝去”的旅客一样，把州县当旅馆，不去兴利除弊，只管在短期内饱肥私囊，任满离去；而且，在新旧官员交接之隙，黠吏又乘机胡作非为。由此导致天下生民日困，财力日竭，户口日减，垦田日少。这就从一驿之兴废，推及天下之盛衰：小中见大，深达物情之理致；见微知著，明察时弊之症结。故意蕴丰富，发人深省。其间从眼前一瞬所见，到引出历史的反思；从一驿的荒凉残破，到普天下的吏治腐败，时间“思接千载”，空间“视通万里”，包容无限时空于一瞬尺幅之中，此为一妙。在手法上，驿站之破的原因，只从驿吏口中写出；而“举今州县皆驿也”的感叹，即天下凋敝的原因，又只从“老甿”口中道出；作者并不直接出面议论，而胸中的不平波澜全寓其中。托人之口，煞有介事，寓议于叙，不露痕迹，隐微而显，耐人寻味，此则又一妙也。

二、章法严密，极尽变化之奇。首段写褒城驿的荒芜残破及其原因。首句刚说“褒城驿号天下第一”，次句即陡然一转“及得寓目”如何荒残，这是欲抑先扬，形成反跌，大有“百闻不如一见”之叹。以下四个分句两长两短并列，从池沼水浅混浊长满茅草，游船破碎陷住浮不起来，庭院台阶荒芜，中堂厢房残破四个方面铺叙其荒残，再以“乌睹”（那里看得出）一句反问总收，推翻“号天下第一”的传闻。如此名不符实，故当“讯于驿吏”，从而自然过渡到第二层写其荒残的原因，引出驿吏所答一段。先用一个二重因果复句写昔日之所以兴盛：因为忠穆公严震当初出任山南西道节度使（相当于古代梁州牧），褒城是控制山南西道节度使治所南郑（今陕西汉中）和凤翔节度使治所天兴（今陕西凤翔）两处的交通要冲，所以车马往来络绎不绝（“由是”以前是二重因果复句的原因部分，也是由因果复句构成）。“由是”扩大驿站建制规格，以示雄伟壮观（结果部分）。然后分四个方面写今日所以残破：一是用“且”“苟”“宁”三词关联构成进层、假设复句，说明来往人多，皆“暮至朝去”，故无“顾惜”之心；二是用“至如”“至有”等词关联，从“棹舟”“渔钓”“饲马”“宿隼”四个方面并列而进层地铺叙旅客尽情糟蹋公物，用“凡所以”（全用来）一句收绾；三是用两个二重复句（让步套因果和二重因果）并列，说明官越大，下属越横暴难禁；四是用因果套让步二重复句，说明驿站维修者少，而来往破坏者多。“由是日益破碎，不与曩类”二句，虽不在段末，却是总括以上四个原因的。第二段“语未既”二句，是承接首段过渡到本段“老甿”的发言，同时“老甿”突然出现，使文势波澜更加耸观。“举今州县皆驿也”一句，既是本段议论的总纲，也是联系一二两段类比的关键，因而亦即全文主旨所在。从“吾闻开元中”到“其故何哉”为本段第二层，通过昔盛反衬今衰，逼出当前的问题：从户破、田寡、民困、财竭四个方面突出“今者天下”的凋敝现象，再以“其故何哉”设问，引出第三层对原因的剖析。先说州县长官对于天下大治如何重要；接着一转，说朝廷对此却轻率任命，即所用非人；又频繁调换，造成临时观点。所以州县官都不愿去做为民兴利除弊之事，总觉得“明日我即去，何用如此”？于是他们愁则醉饮美酒，饥则饱食肥鲜，竭力聚敛贮藏，丝帛金银装满私囊木柜，乐呵呵地当满任期离去。这就淋漓尽致地揭露了朝廷对州县官所用非人和频繁调换所造成的严重恶果，揭示出天下凋敝的症结，与驿站荒废的根源事异而理同的实质。第三段才写作者听后的感慨：先惊呼，继感叹，再用“矧”（况且）递进一层，补充还有狡黠的胥吏趁州县官交接之隙，大搞奸伪欺骗、损公肥私之事，这样，怎能不民困、财竭、户破、田寡呢！回应了“老甿”之语。结以“条其言，书于褒城驿屋壁”，点明文题。

三、对比鲜明，揭露、讽刺鞭辟入里。全文处处运用对比、宾主映衬手法。如开头“号天下第一”与“及得寓目”的实况，是传闻与眼见的对比；驿吏介绍昔日的“崇侈”“雄大”与今日的“日益破碎”的对比；官小的下属与官大的下属横暴程度的对比；驿站“八九辈”修缮者与“数十百人”破坏者的对比；老甿发言中开元时代的“富蓄”“理平”与“今者天下”的衰败凋敝的对比；州县对天下大治的重要与朝廷“轻任”态度的对比；民困户减、田寡财竭，与官吏的“醉酞”“饱鲜”“囊帛椟金”的对比……而全文旅客糟蹋驿站与州县官破坏天下，更是重大的同类对比。所有这些对比，都以前者为宾，后者为主，以宾衬主，不仅文情变化错综，而且使揭露讽刺更加深刻有力、鞭辟入里，作者寄寓其中的褒贬态度和丰厚意蕴，也更加鲜明而又耐人寻味了。（熊　笃）

英雄之言　　罗　隐

物之所以有韬晦者，防乎盗也[①]。故人亦然。

夫盗亦人也，冠履焉，衣服焉；其所以异者，退逊之心、正廉之节，不常其性[②]耳。视玉帛而取之者，则曰牵于寒饿；视家国而取之者，则曰救彼涂炭[③]。牵我寒饿者，无得而言矣；救彼涂炭者，则宜以百姓心为心。而西刘则曰：“居宜如是！”[④]楚籍则曰：“可取而代！”[⑤]意彼未必无退逊之心、正廉之节，盖以视其靡曼、骄崇[⑥]，然后生其谋耳。

为英雄者犹若是，况常人乎？是以峻宇、逸游，不为人所窥者，鲜矣[⑦]。

注 ① 物：这里指生物、动物。盗：指加害于身的外敌。　② 不常其性：不能始终保持这种品性。常性，即上文“退逊之心、正廉之节”。　③ 涂炭：污泥和炭火，喻困苦境地，犹言水深火热。《尚书·仲虺之诰》：“有夏昏德，民坠涂炭。”　④ 西刘：秦亡，楚汉相争，汉在西，故称刘邦为“西刘”。居宜如是：概括《史记·高祖本纪》中刘邦艳羡秦帝豪华生活所说的“嗟乎，大丈夫当如此也”的话。　⑤ 楚籍：项羽，名籍，后自立为西楚霸王，故称楚籍。《史记·项羽本纪》载：秦始皇出游会稽时，项羽和他的季父项梁看到秦始皇时说：“彼可取而代也。”

⑥ 靡曼：奢侈、华美，指宫殿服饰。骄崇：骄贵尊崇，指地位作风。 ⑦ 逸游：舒适游乐的物质条件。窥：窥伺，犹言暗算。

本文选自罗隐的《谗书》。《谗书》是罗隐抒写杂感的小品文集，编成于唐懿宗咸通八年（867）正月。其自序云："有可以谗者则谗之，亦多言之一派也。而今而后，有诮予以谗自矜者，则对曰：'不能学扬子云寂寞以诳人。'"鲁迅曾说："罗隐的《谗书》，几乎全部是抗争和愤激之谈。"（《南腔北调集·小品文的危机》）

这篇《英雄之言》，推衍《庄子·胠箧》"窃钩者诛，窃国者为诸侯"的论点，进一步指出以救民为号召的英雄们，其真正目的，只不过是为了满足个人的私欲而已。

文中所谓"英雄"，实则是指那些窃取高位、夺得重权者。他们口中之"言"，多为救民于水火、救国于倾危的冠冕堂皇的高调宏论；而他们心中所思，却是追求高楼大厦的住处和锦衣玉食的生活。"英雄"们以其言掩其心，以其言惑于众，以其言逞其欲。作者褫其华衮，裸其本质，使人认识滔滔英雄者，皆如是也。

作者写"英雄"言与心的不一、表与里的相违，先从物的"韬晦"写起。动物韬光晦迹（收敛光芒，隐藏踪迹），是本能。这种本能是出于防范外敌，保存自身。揭示了这一普遍规律后，以"故人亦然"一语即切入本题。人的韬晦，也是"防乎盗"。而"盗亦人"，盗只是人性的异化，"退逊之心、正廉之节，不常其性耳"，不能始终保持谦退、正直、廉洁的本性，那就成了"盗"。盗玉帛的，说是被饥寒驱迫；盗国家的，却说是救人民于水深火热。受饥寒之迫，不必苛责；说救民于水火，按理应以百姓之心为心。可是那些以救世主自居的英雄内心究竟如何呢？当年刘邦到咸阳见到秦帝豪华生活和壮丽宫殿，不胜羡慕地说："嗟乎，大丈夫当如此也！"项羽和他的季父项梁在会稽见到秦始皇时说："彼可取而代也。"作者认为他们都是见到帝王靡曼、骄崇的生活，泯没了"退逊之心、正廉之节"，已丧失了"以百姓心为心"的良知。他们高喊"救彼涂炭"，实为欺世诳众。

文章结束部分，由"英雄"推及"常人"，点出人多向往"峻宇""逸游"，只是人们往往以"英雄之言"掩盖其不雅、不洁、不仁的内心罢了。

一般地说，罗隐的小品文放胆抨击唐末藩镇、官宦、朋党间尔虞我诈、勾心斗角的权利之争，揭露嗜权鸩欲者的伪善，在当时社会环境中，确实是光彩烨烨，锋芒锐利，对后世也不失其鉴戒意义。当然，罗隐毕竟是封建社会的进步文士，不可避免地表现出受其历史和阶级的局限。《英雄之言》中既有揭露“窃国”的“英雄”伪诈的一面，又有儒家“性善”说的腐见。他认为那些盗，是“退逊之心、正廉之节，不常其性”；那些“英雄”，也是“意彼未必无退逊之心、正廉之节”；人的本性应该是有着“退逊之心、正廉之节”的。这显然不符合马克思主义的观点。但我们决不能以此苛求古人，从而贬损其在当时历史条件下的价值。（徐应佩）

野庙碑并诗　　陆龟蒙

碑者，悲也。古者悬而窆，用木；后人书之，以表其功德，因留之不忍去，碑之名由是而得[1]。自秦、汉以降，生而有功德政事者，亦碑之；而又易之以石，失其称[2]矣。余之碑野庙也，非有政事功德可纪，直悲夫甿竭其力，以奉无名之土木而已矣[3]。

瓯、越间好事鬼，山椒水滨多淫祀[4]。其庙貌[5]有雄而毅、黝而硕者，则曰将军；有温而愿、晰而少者[6]，则曰某郎；有媪而尊严者，则曰姥；有妇而容艳者，则曰姑。其居处，则敞之以庭堂，峻之以陛级[7]，左右老木，攒植森拱；萝茑翳于上，鸱鸮室其间[8]。车马徒隶[9]，丛杂怪状。甿作之，甿怖之，走畏恐后。大者椎牛，次者击豕[10]，小不下犬鸡。鱼菽之荐，牲酒之奠，缺于家可也，缺于神不可也。一日懈怠，祸亦随作，耋孺畜牧栗栗然。疾病死丧，甿不曰适丁[11]其时耶！而自惑其生，悉归之于神。

虽然，若以古言之，则戾；以今言之，则庶乎神之不足过也。何者？岂不以生能御大灾、捍大患！其死也，则血食于生人[12]。无名之土木，不当与御灾捍患者为比，是戾于古也明矣！今之雄毅而硕者有之，温愿而少者有之：升阶级、坐堂筵、耳弦匏[13]、口粱肉、载车马、拥徒隶者，皆是也。解民之悬，清民之暍[14]，未尝怵于胸中。民之当奉者，一日懈怠，则发悍吏，肆淫刑，驱之以就事。较神之祸福，孰为轻重哉？平居无事，指为贤良；一旦有天下之忧，当报国之日，则佪挠脆怯[15]，颠踬窜踣[16]，乞为囚虏之不暇。此乃缨弁[17]言语之土木，又何责其真土木耶？故曰：以今言之，则庶乎神之不足过也。

既而为诗，以乱[18]其末：

土木其形，窃吾民之酒牲，固无以名；土木其智，窃吾君之禄位，如何可仪[19]！禄位颀颀[20]，酒牲甚微，神之飨也，孰云其非？视吾之碑，知斯文之孔[21]悲。

注 ①“古者悬而窆”数句：据《释名·释典艺》：“碑，被也。此本葬时所设也，施辘轳，以绳被其上，引以下棺也。臣子追述君父之功美，以书其上。后人因焉，无故建于道陌之头，显见之处，名其文就谓之碑也。” ②失其称：失去其名称的原意。吴讷《文章辨体·序说》：“秦汉以来，始谓刻石曰碑，其盖始于李斯峄山之刻耳。” ③“直悲”二句：直，只，仅。甿（máng），农民。土木，指泥塑木雕的偶像。 ④“瓯、越”二句：瓯（ōu）、越，指今浙江东南温州一带地区。山椒，山顶。 ⑤庙貌：指庙里的神像。 ⑥温而愿：温文而谨厚。晰（xī）而少：洁白而年轻。 ⑦陛级：原为宫殿台阶，这里指野庙的台阶。 ⑧“萝茑”二句：萝茑（niǎo），女萝和茑萝，都是蔓生植物。枭鸮（xiāo xiāo），两种猛禽。室，筑巢。 ⑨车马徒隶：指陈列在神庙两廊供神使用的车马和鬼卒。 ⑩“大者”二句：椎牛，宰牛。击豕，杀猪。 ⑪丁：遇到。 ⑫血食于生人：从活人那里得到祭祀。 ⑬耳弦匏（páo）：听琴瑟、笙竽奏的音乐。 ⑭“解民”二句：悬，倒悬。暍（yē），中暑。解悬、清暍，比喻解除人民痛苦。 ⑮佪（huí）挠脆怯：慌乱怯懦，脆弱畏缩。 ⑯窜踣（bó）：逃窜。 ⑰缨弁：有带子的帽子，指古代官吏的服装。 ⑱乱：乐曲的末章。 ⑲仪：仪法，这里意为“取法”。 ⑳颀（qí）颀：高貌。 ㉑孔：甚，很。

碑文，源于古代墓葬以绳引棺下圹时，“臣子追述君父之功美，以书其上。后人因焉，无故建于道陌之头、显见之处，名其文就，谓之碑也”（刘熙《释名·释典艺》）。秦后又称记功的刻石为碑。吴讷《文章辨体·碑文》：“秦始刻铭于峄山之巅，此碑之所从始也。”又《序说》：“自秦汉以来，始谓刻石曰碑。”秦始皇东巡时，李斯所竖的峄山碑，即为“刻石颂秦德”的。可见碑文多歌功颂德之作，起赞扬表彰的作用。然而，陆龟蒙却为野庙立碑，更别有新意。“野庙”，既非名山大寺，也非千年古刹，仅为荒山野处的普通庙宇。因此，他既不讲庙宇的巍然壮观，也不讲神佛的威煞灵异，更不讲寺院的历史沿革，或善男信女的虔诚膜拜，而称“余之碑野庙也，非有政事功德可纪，直悲夫甿竭其力，以奉无名之土木而已矣”，这就无怪乎他于开篇即别出心裁地根据字的谐音指出：“碑者，悲也。”以悲为全文基调，以悲为通篇枢轴，以悲为首尾呼应。

一悲民之“淫祀”。《礼记·曲礼下》云：“非其所祭而祭之，名曰淫祀。”“瓯、越间好事鬼，山椒水滨多淫祀”，古代百越之地（今浙江东南部、福建东北部一带），山顶水边多“淫祀”。从地域的广阔和处所的多样，说明了淫祀面广人众，且扣紧“野庙”行文。淫祀的表现，一为祀之无由。农村居民建庙祀神，并非因为神的灵异、神的功德，纯然出于一种愚昧心理。“其庙貌有雄而毅、黝而硕者，则曰将军；有温而愿、晰而少者，则曰某郎；有媪而尊严者，则曰姥；有妇而容艳者，则曰姑。”可见祭祀时，原先并无定准，并非出于对某神明的崇奉，而是就“庙貌”而予以附会，随意指定而已。且所敬之神，“将军”与小姑并列，少年与老媪同堂，无内在联系，非统一整体。把这些“无名之土木”奉之为神，足见其愚。二为祀之甚隆。“其居处，则敞之以庭堂，峻之以陛级，左右老木，攒植森拱；萝茑翳于上，鸱鸮室其间。车马徒隶，丛杂怪状。”给这些无名之土木，筑了高堂大屋，修了级级阶梯，地高殿敞，十分威严。庙的左右，有老树护卫；庙的墙上，有藤蔓攀援，殿堂内凶猛的鸱鸮筑巢，还有一些车马仆役的塑像。由此可见人们对野庙中的神极为尊崇，不惜代价修庙盖殿。三为祀之极诚。人们不惜代价祭奠。“大者椎牛，次者击豕，小不下犬鸡。鱼菽之荐，牲酒之奠，缺于家可也，缺于神不可也”，或是椎牛宰猪，或是杀鸡烹鱼，家中可缺，祭神不可少，虔诚之极。本为无由之祀，加之又如此隆重与虔诚，且山椒水滨多如此，充分描述了“淫祀”。

不仅如此，作者还揭示了“淫祀”的本质。那些木偶土梗，原系“甿作之”，是他们自己树起的偶像，可是却“甿怖之”，自欺自惑。一旦遇上疾病死丧，“悉归之于神”，老人小孩都害怕恐惧。这就如韩愈《题木居士》诗所写：“火透波穿不计春，根如头面干如身。偶然题作木居士，便有无穷求福人。”一段被火烧水蚀的烂木头，居然被人顶礼膜拜，崇信虔敬。陆龟蒙写越人淫祀，以其面之广，其殿之大，其祭之诚，极写其愚。

二悲官之贪暴。作者由“以今言之，则庶乎神之不足过也”，翻跌入官的贪婪暴虐，笔锋犀利，戟刺有力。今之当官者，其外观犹如庙貌，“雄毅而硕者有之，温愿而少者有之”，武将、文官都有。他们“升阶级、坐堂筵、耳弦匏、口粱肉、载车马、拥徒隶”，享用民脂民膏，可是作威作福，鱼肉人民，麻木不仁，对“解民之悬，清民之暍，未尝怵于胸中”，根本上不管民众的死活，何谈体恤民生的疾苦！民众一旦奉之懈怠，他们就“发悍吏，肆淫刑，驱之以就事”。祭神“一日懈怠，祸亦随作”，那只是甿“自惑其生”；残害民众，却是当官者主动施刑发威。平居无事时，就是这么凶残贪索，“一旦有天下之忧，当报国之日，则佪挠脆怯，颠踬窜踣，乞为囚虏之不暇”，在敌人面前却一反常态，由凶变为懦，由贪化为乞，贪生怕死，摇尾乞怜，丑态百出。这段文字乃全篇之要旨。作者缘野庙写起，要跃入本题，用类比、反衬的办法，使行文如行云流水，不显痕迹。“若以古言之，则戾；以今言之，则庶乎神之不足过也”，以此为关键，以古今反向联比，以“过”为层级对比。官的虐民系官主动，不像民受神愚弄乃“自惑”；官的虐民使民实受其害，神的“降祸”只是臆想附会，证明官一方面乃“缨弁言语之土木耳”，另一方面较神之为害更甚。

本文写作意在抨击晚唐时官场的昏愦，却从“碑”写到“野庙”，写到“淫祀”，由远而近，由外而内，由彼而此，貌似离题旨太远，其实正是作者构思的巧妙处。第一段从碑的记政事功德反激出野庙“非有政事功德可纪，直悲夫甿竭其力，以奉无名之土木而已矣”，第二段紧承上段写对无名土木的淫祀，第三段对“缨弁言语之土木”予以鞭挞，说明“神之不足过”。第一段为第二段的导引，第二段为第三段蓄势。最后一部分以诗结束，兼及神与官两方面，进一步以官神对比，对“窃吾君之禄位”的贪官暴吏，进行猛烈抨击。篇末再点“悲”字，突出了作者悲甿的本意，同时使文章首尾呼应，浑然一体。

本文以“悲”贯之始终，核心在悲甿之愚。正因为愚，才把无名之土木奉为神明，淫祀不已。也因为其愚，才对缨弁言语之土木不敢反抗。那些神，“甿作之，甿怖之”，如果认识到既为己作便不怖，就自然视之为土木而已。同样，如果认识到官也不过是靠人民而存活的，破除了迷信，清醒了认识，那么也就视同于无名土木。作者所以用祀神和官吏相比，其深层的涵意也就在此。“悲甿”，不仅仅是同情，还有着“警甿”的用心。

鲁迅先生在《南腔北调集·小品文的危机》中称陆龟蒙的小品文为“一塌糊涂的泥塘里的光彩和锋芒”。这篇庙碑立意颖出，谋构奇巧，确实是光彩焕然，锋芒毕露。（徐应佩）

宋金元文

黄州新建小竹楼记

王禹偁

黄冈之地多竹，大者如椽，竹工破之，刳去其节，用代陶瓦。比屋皆然，以其价廉而工省也。

子城西北隅，雉堞圮毁，蓁莽荒秽，因作小楼二间与月波楼[①]通。远吞山光，平挹江濑，幽阒辽夐，不可具状。夏宜急雨，有瀑布声；冬宜密雪，有碎玉声；宜鼓琴，琴调虚畅；宜吟诗，诗韵清绝；宜围棋，子声丁丁然；宜投壶，矢声铮铮然：皆竹楼之所助也。

公退之暇，披鹤氅，戴华阳巾，手执《周易》一卷，焚香默坐，消遣世虑，江山之外，第见风帆沙鸟、烟云竹树而已。待其酒力醒，茶烟歇，送夕阳，迎素月，亦谪居之胜概也。彼齐云、落星，高则高矣，井幹、丽谯[②]，华则华矣，止于贮妓女，藏歌舞，非骚人之事，吾所不取。

吾闻竹工云："竹之为瓦仅十稔[③]，若重覆之，得二十稔。"噫！吾以至道乙未岁自翰林出滁上，丙申移广陵，丁酉又入西掖，戊戌岁除日，有齐安之命，己亥闰三月到郡[④]。四年之间，奔走不暇，未知明年又在何处，岂惧竹楼之易朽乎！幸后之人与我同志，嗣而葺之，庶斯楼之不朽也！

咸平二年八月十五日记。

注 ①月波楼：黄州的西北角城楼。王禹偁有《月波楼咏怀》诗，其序云："月波之名，不知得于谁氏，图经故老，皆无闻焉。"诗中云："郡城无大小，雉堞皆有楼。兹楼最轩豁，旷望西北陬。" ②齐云、落星、井幹、丽谯：四者均为古代名楼。齐云楼在吴县（今江苏苏州）。《吴地记》云："唐曹恭王所建。白居易有《齐云楼晚望》诗。"落星楼在建邺（今江苏南京）东北十里，《金陵地记》："吴嘉禾（吴大帝孙权年号）元年（232），于桂林苑落星山起三重楼，名曰'落星楼'。"井幹楼，在长安（今陕西西安）。《史记·孝武本纪》："乃立神明台、井幹楼，度五十余丈。"丽谯，《庄子·徐无鬼》郭象注："丽谯，高楼也。"《白氏六帖事类集》卷三记载，魏武帝建丽谯楼。 ③十稔：十年。 ④“吾以”六句：至道乙未，宋太宗至道元年（995）。出滁上，作者因“谤讪朝廷”罪贬滁州（今安徽滁州）。丙申，至道二年。移广陵，调广陵（今江苏扬州）做官。丁酉，至道三年。西掖，指中书省。戊戌，宋真宗咸平元年（998）。齐安，宋黄冈为黄州齐安郡。己亥，咸平二年。

题目《黄州新建小竹楼记》系原题，一般选本皆作《黄冈竹楼记》。宋真宗咸平元年（998）除夕，作者被贬为黄州（今湖北黄冈）刺史，次年三月二十七日到达任所，不久修建竹楼二间，同年八月二十五日作文以记。

王安石曾谓“《竹楼记》胜《醉翁亭记》”（王若虚《滹南遗老集》卷三十六）。欧阳修的《醉翁亭记》被公认为天下妙文，而王氏却以为此文超过《醉翁亭记》，其妙处又何在呢？

首先妙在其对竹楼这一描写对象进行了深入开掘。竹对于中华民族来说，实在不是一种平凡的植物，它常常作为一种人格力量、人格理想的象征。苏东坡说：“可使食无肉，不可使居无竹。无肉令人瘦，无竹令人俗。人瘦尚可肥，士俗不可医。”（《於潜僧绿筠轩》）郑板桥说：“盖竹之体，瘦劲孤高，枝枝傲雪，节节干霄，有似乎士君子豪气凌云，不为俗屈。”（《郑板桥集·补遗》）千古以来文人雅士，多乐以竹为对象吟诗为文，作曲绘画，表现狷介之人格，展露隐逸之意趣。王禹偁被贬黄州，而黄州之地多竹，这就自然地使他借竹来抒发自己的身世之叹。作者并没去正面描写竹，赞美竹，而是去描叙以竹所构建的竹楼。古往今来，描写亭台楼阁的文章多矣，而王氏所记却独独钟情于竹构之楼，真是妙出机杼。实际上，他所写的楼就是他的“心灵宅宇”，在这种命意的基础上，本文不厌其烦地写此楼非同寻常的特征：第一节交待楼由竹构成，故名竹楼。第二节详细地描写在竹楼中可以领略到种种别处所无法领略到的清韵雅趣。第三节写楼的主人由于居此楼而产生的“谪居之胜概”，进而别出心裁地举出历史上的四大名楼来与竹楼作比，衬出竹楼之不俗。和四楼的高华富丽相比，竹楼实在寒伧至极，然而，高华富丽中藏污纳垢，有说不尽的浮华庸俗，为“吾所不取”；小小的竹楼却有千般雅趣，万种风情。这里用了象征的手法，四楼之高华象征着朝廷的腐败；而竹楼却是当下自身地位的写照：地位虽如竹楼一样卑小，但拥有竹的高洁、狷介、昂然自信和恬然自安。至此，我们似乎明白了作者为什么要大记特记这竹之楼了。

这篇散文还具有涵泳深沉、烟波不尽之妙。在临文之顷，作者的内心异常复杂，遭遇坎坷的嗟叹、昂奋刚毅的自慰以及乐此不疲的自遣搅杂在一起，深思浅叹，淡然道出。通篇写黄州之竹楼，但无处不在泻自我之心潮，似断若续，似有若无，感情的一个个奇峰都淹没在平淡的语言外表之中。如最后一段关于竹楼存留时间的抒述。首先引用竹工的话：竹瓦一般只能用十年，重复加盖也不过二十年。紧接着用一个“噫”字植入自己的人生之叹，叙述自己频繁迁徙的经历：“吾以至道乙未岁自翰林出滁上，丙申移广陵，丁酉又入西掖，戊戌岁除日，有齐安之命，己亥闰三月到郡。四年之间，奔走不暇，未知明年又在何处，岂惧竹楼之易朽乎！”件件数来，如密云压顶。作者这里的描写，构成了一对情感矛盾。通篇皆谓挚爱竹楼，此处却言“岂惧竹楼之易朽乎”，表露了对世事无凭的哀伤。文章最后以“幸后之人与我同志，嗣而葺之，庶斯楼之不朽也”峭然绾住，蕴含不尽，正如古人所评“极系念，又极旷达”。作者于此寄托着殷殷厚望，从表面看，他希望后之与我同道者，能够继续修葺竹楼，使其至于不朽；而实际上，是希望后之“同志”理解自己的心志，即身处逆境而矢志不渝的信念，官位名利皆可朽，唯有意志可以不朽也。

王禹偁为宋代古文运动的先驱者之一，他论文提倡“句之易道，义之易晓”（《答张扶书》），反对雕章琢句、艰深晦涩。这种观点在本文得到了很好的体现。本文在形式上清新自然，不务雕饰，但又不平淡寡味。作者十分注意语言的锤炼，注意文章的内在节奏韵律和恰如其分的辞藻运用，语辞雅丽而如出天然。如第二节描写竹楼的特点时极富功力，由远及近，由实及虚，由视觉到听觉，多层次的渲染，烘托出竹楼的佳趣来。“远吞山光，平挹江濑，幽阒辽夐，不可具状。”由远及近，展现一个广阔辽远的视觉世界。接下来，连用了六个排比句，表现了一个独特的听觉世界：“夏宜急雨，有瀑布声；冬宜密雪，有碎玉声；宜鼓琴，琴调虚畅；宜吟诗，诗韵清绝；宜围棋，子声丁丁然；宜投壶，矢声铮铮然”。犹如一曲绝妙的交响乐。六个“宜”字一气排出，构成文章的内在气势。归结于“皆竹楼之所助也”，总束一句，便觉竹楼无一处不可爱，确是妙笔。（朱良志）

岳阳楼记

范仲淹

庆历四年①春，滕子京谪守巴陵郡②。越明年③，政通人和，百废具兴。乃重修岳阳楼，增其旧制，刻唐贤今人诗赋④于其上。属⑤予作文以记之。

予观夫巴陵胜状，在洞庭一湖：衔远山，吞长江，浩浩汤汤⑥，横无际涯；朝晖夕阴，气象万千。此则岳阳楼之大观也。前人之述备矣。然则，北通巫峡，南极潇湘，迁客骚人⑦，多会于此。览物之情，得无异乎？

若夫霪雨霏霏⑧，连月不开；阴风怒号，浊浪排空；日星隐曜，山岳潜形；商旅不行，樯倾楫摧；薄暮冥冥，虎啸猿啼。登斯楼也，则有去国⑨怀乡，忧谗畏讥，满目萧然，感极而悲者矣。

至若春和景明，波澜不惊，上下天光，一碧万顷；沙鸥翔集，锦鳞⑩游泳；岸芷汀兰，郁郁青青。而或长烟一空，皓月千里，浮光跃金，静影沉璧；渔歌互答，此乐何极！登斯楼也，则有心旷神怡，宠辱皆忘，把酒临风⑪，其喜洋洋者矣。

嗟夫！予尝求古仁人之心，或异二者之为。何哉？不以物喜，不以己悲。居庙堂⑫之高，则忧其民；处江湖之远⑬，则忧其君：是进亦忧，退亦忧。然则何时而乐耶？其必曰“先天下之忧而忧，后天下之乐而乐”乎！噫！微⑭斯人，吾谁与归⑮？时六年⑯九月十五日。

注 ① 庆历四年：公元1044年。庆历，宋仁宗年号。 ② 滕子京谪守巴陵郡：滕子京，名宗谅，河南（今河南洛阳一带）人。与范仲淹同于大中祥符八年（1015）中进士，为泰州军事判官时，曾助范仲淹主持筑捍海堤堰。庆历二年，他以天章阁待制任环庆路都部署、并知庆州，在防御西夏方面曾有贡献。次年被人诬告，牵连甚众，囚系满狱。范仲淹、欧阳修为之辩白，遂贬知凤翔府，后又贬知虢州。庆历四年，王拱辰提出滕子京“盗用公使钱，止削一官，所坐太轻”；因而又贬到岳州巴陵郡（今湖南岳阳一带）。 ③ 越明年：到第二年。越，及，到。 ④ 唐贤今人诗赋：如李白的《秋登巴陵望洞庭》、杜甫的《登岳阳楼》、孟浩然的《临洞庭上张丞相》、夏侯嘉正的《洞庭赋》等，都是写“岳阳楼之大观”的。杜甫的“吴楚东南坼，乾坤日夜浮“及孟浩然的“气蒸云梦泽，波撼岳阳城”两联，尤其有名。 ⑤ 属：同“嘱”。 ⑥ 汤（shāng）汤：水流大而急的样子。 ⑦ 迁客：谪迁的人。骚人：诗人。 ⑧ 霪雨：连绵的雨。霏霏：雨飘落的样子。 ⑨ 去国：离开国都。 ⑩ 锦鳞：指鱼。 ⑪ 把酒临风：端起酒杯，面对着风喝酒。 ⑫ 庙堂：指朝廷。 ⑬ 处江湖之远：指不在朝廷做官。⑭ 微：假如没有。 ⑮ 吾谁与归：我同谁一起呢？与，同“欤”，表示疑问。归，归附，归依。 ⑯ 六年：指庆历六年。

宋人王辟之曾说："庆历中，滕子京谪守巴陵，治最为天下第一。政成，重修岳阳楼，属范文正公为记，词极清丽。苏子美书石，邵悚篆额，亦皆一时精笔。世谓之'四绝'云。"（《渑水燕谈录》卷六）作为"四绝"之一的《岳阳楼记》，确是一篇脍炙人口的名文。

全文共分五段。第一段，叙作记的原因。分三层。"庆历四年春，滕子京谪守巴陵郡。"这是第一层。"谪"字是全文的关键。"越明年，政通人和，百废具兴。"这是第二层。一个被"谪"的人而能做出这样的成绩，自然值得赞美。作者写这几句，正是赞美滕子京；但也另有用意，后面再谈。"乃重修岳阳楼，增其旧制，刻唐贤今人诗赋于其上。属予作文以记之。"这是第三层。"乃"字承上启下，说明"重修岳阳楼"是在"政通人和，百废具兴"的前提下进行的。

第二段共两层。作者在前一段只用两句话交代了重修岳阳楼的全部工程；并没有描写重修后的岳阳楼如何壮丽，因为这与他所要表现的主题无关。到了第二段，先写岳阳楼上所见的自然形胜："予观夫巴陵胜状，在洞庭一湖：衔远山，吞长江，浩浩汤汤，横无际涯；朝晖夕阴，气象万千。此则岳阳楼之大观也。前人之述备矣。"这是第一层，也写得很概括。因为一则"前人之述备矣"（与前段中的"刻唐贤今人诗赋于其上"呼应），用不着重复；二则这不是重点，仅是逐渐向重点过渡的桥梁。是怎样过渡的呢？"然则，北通巫峡，南极潇湘，迁客骚人，多会于此。览物之情，得无异乎？"这是第二层，以"然则"承上转下：既然岳阳楼之大观如此，那么，南来北往的"迁客骚人"（"迁客"与前段中的"谪"字呼应）到这里登高四望，触景而生的情感岂不有所不同吗？这一反问引出了第三段和第四段。这两段是对"览物之情，得无异乎"的回答。多用偶句，在形式和内容上是对称的：都是先写景，后写"迁客骚人"触景而生的"情"。景不同，情也不同。一悲一喜，形成鲜明的对照，坐实了上面的"异"字。

最后一段是全文的重点，即古人所谓"结穴"。"嗟夫！予尝求古仁人之心，或异二者之为。何哉？"提出理想化了的"古仁人"用以否定上两段所写的"迁客骚人"，这是第一层。"不以物喜，不以己悲。居庙堂之高，则忧其民；处江湖之远，则忧其君：是进亦忧，退亦忧。然则何时而乐耶？其必曰'先天下之忧而忧，后天下之乐而乐'乎！"具体地写出"古仁人"不同于"迁客骚人"的宏大抱负，回答了前面的"何哉"，这是第二层。“噫！微（非）斯人，吾谁与归?”这是第三层。作者含蓄地、但也明确地表示了他的态度：他是把这样的“古仁人”作为学习的榜样的。虽然没有提“以物喜”“以己悲”的“迁客骚人”，实际上是把他们否定了，而那种感慨系之的语气，更加强了否定的力量。

全文步步深入，由反而正，章法谨严而又富有变化。

在一篇作品中否定什么，肯定什么，这与当时的社会环境、作者的生活道路和思想倾向有关。范仲淹写这篇文章的时代，北宋王朝因政治腐败，阶级矛盾已复杂而尖锐，民族矛盾（契丹的威胁、西夏的侵略）也日益严重。不少有远见的知识分子要求实行政治改革，并以范仲淹为中心，形成一个较有进步性的政治集团，与代表大地主官僚利益的“邪党”（以夏竦、吕夷简为中心）作斗争。由于大地主官僚的经济力量仍然保持支配地位，在政治上也自然握有实权，因而以范仲淹为首的政治集团中的许多人物，都一再地遭到打击，作了“迁客”。

庆历三年（1043）以后，大地主官僚在政治上的代表人物夏竦、吕夷简等由于欧阳修、蔡襄、孙沔等交章弹劾而先后被罢免，范仲淹、韩琦、富弼等执掌政权，提出许多改革政治的主张：明黜陟、抑侥幸、精贡举、择官长、均公田、厚农桑、修武备、减徭役、覃恩信、重命令。对内外职官严加考核，非有功绩，不得升迁；严选各路监司，有不称职者，就班簿上一笔勾去。又更定荫子法：公卿大臣除长子不限年龄外，其他子孙非年过十五、弟侄非年过二十，不得荫官。这些措施，立刻引起许多贵族、旧臣、滥官污吏的不满，攻击范仲淹引用朋党，甚至伪造石介给富弼的信，诬告他们要废除皇帝，终于庆历五年，迫使他们离开朝廷。

《岳阳楼记》是庆历六年九月十五日写的。作者于前一年出知邓州。就是说，作记的时候，他已经是“迁客”。在中国封建社会里，“迁客”往往也是“骚人”（诗人）。那些“迁客骚人”，大都因“怀才不遇”而牢骚满腹，多愁善感。作者在几次被贬谪、如今又作“迁客”的情况下写这篇文章，却能否定一般“迁客骚人”“以物喜”“以己悲”，被个人得失和环境变化所支配的卑微情感，而提出所谓“古仁人”作榜样，这分明是对自己的鞭策，也是对因受“邪党”迫害而作了“迁客”的许多朋友的勉励——首先是对滕子京的勉励。

滕子京有才能，有抱负。然而作为一个“迁客”，他的情感却和记中所赞扬的“古仁人之心”相去甚远。范公偁在《过庭录》里说：

> 滕子京负大才，为众所嫉。自庆帅谪巴陵，愤郁颇见辞色。文正（范仲淹）与之同年友善，爱其才，恐后贻祸；然滕豪迈自负，罕受人言，正患无隙以规之。子京忽以书抵文正，求岳阳楼记，故记中云：“不以物喜，不以己悲”，“先天下之忧而忧，后天下之乐而乐”。其意盖有在矣。

范公偁是范仲淹之后，他的《过庭录》所记的事实，都是从他父亲那里听来的。其中关于范仲淹的部分，相当可信；这条关于滕子京求写《岳阳楼记》的材料，尤为珍贵。此后的有些材料，也可以与此相补充。如南宋周煇《清波杂志》（卷四）云：

> 放臣逐客，一旦弃置远外，其伤悲憔悴之叹，发于诗什，特为酸楚，极有不能自遣者。滕子京守巴陵，修岳阳楼，或赞其落成，答以：“落甚成？只待凭栏大恸数场！”闵己伤志，固君子所不免，亦岂至是哉！

看了这些材料，再来读《岳阳楼记》，就可以更清楚地看出“滕子京谪守巴陵郡”的“谪”字，的确是全文的关键，而“先忧后乐”云云，则是全文的结穴。中间否定的“以物喜”“以己悲”的“迁客骚人”，分明包括滕子京在内；后面提出的“古仁人”，也正是希望滕子京作为榜样，进行学习的。“噫！微斯人，吾谁与归？”说的是“吾”，指的主要是滕子京。那意思是：我离开了这样“先天下之忧而忧，后天下之乐而乐”的“古仁人”，就迷失了前进的方向，那么，你呢？

前面说过，“政通人和，百废具兴。乃重修岳阳楼”是赞扬，但也另有用意。用意何在呢？那就是勖勉滕子京应该看得远些，不必“凭栏大恸”，而要进一步做到“政通人和，百废具兴”。

这篇作品的客观意义当然有更大的普遍性；但作者却主要是规劝，或者说是批评“罕受人言”的滕子京的。规劝、批评而不露锋芒，却又很有力量，也显示了作者的构思之妙。

就艺术表现说，《岳阳楼记》有许多特点。骈散结合，排比工整，词采富丽，颇有诗味，这是众所熟知的。结构严密，构思精妙，规劝滕子京不露痕迹，却很有力量，这也在前面谈过了。除此而外，还有几点值得注意。

这篇文章仿佛一向以善写景著名。《后山诗话》中说：“范文正公为

《岳阳楼记》，用对话说时景，世以为奇。”那些写景部分，的确相当出色。作者以非常精练的诗的语言，描绘了几种迥然不同的自然景色，形象鲜明突出，极富感染力。

可是这篇作品，却并不是写景文。

古文中的“记”，从前的许多文论家都认为是“记事之文”。而《岳阳楼记》却只有第一段“记事”，中间几段大部分“写景”，最后一段，又分明是“议论”。一种文章体裁，并不是一个死硬的框框。范仲淹把“记事”“写景”“议论”冶于一炉，正显示了他的创造性。

不过只说有记事、有写景、有议论，还不足以说明这篇文章的主要特点。这篇文章，实质上是议论文——独特的议论文。

写议论文，通常先提论点、再摆论据。而这篇文章的论点却在最后，即“先天下之忧而忧，后天下之乐而乐”。这个论点，是通过对“迁客骚人”的否定树立起来的。全文的第一段突出“谪守巴陵郡”，第二段从“岳阳楼之大观”引出“迁客骚人”的“览物之情”。“若夫”“至若”两段尽管写景很出色，但不是为写景而写景，而是为了写“迁客骚人”的“情”；而写“迁客骚人”的“情”，又是为了用这种只局限于个人的“情”来反衬“古仁人之心”的“伟大”“崇高”，实际上起了论据的作用。

有扼要的记事，有生动的写景，有简明的议论；写景与议论，又带有浓郁的抒情色彩。而这一切，又都集中于强化“先忧后乐”的论点。正因为这样，随着《岳阳楼记》的广泛传播，“先天下之忧而忧，后天下之乐而乐”两句话便日益深入人心，化为鼓舞人们关心天下、献身民众的精神力量。（霍松林）

《新五代史·伶官传》序　　欧阳修

呜呼！盛衰之理，虽曰天命，岂非人事哉！原庄宗[①]之所以得天下，与其所以失之者，可以知之矣。

世言晋王[②]之将终也，以三矢赐庄宗而告之曰：“梁[③]，吾仇也；燕王[④]，吾所立；契丹[⑤]与吾约为兄弟，而皆背晋以归梁。此三者，吾遗恨也。与尔三矢，尔其无忘乃父之志!”庄宗受而藏之于庙。其后用兵，则遣从事以一少牢告庙，请其矢，盛以锦囊，负而前驱，及凯旋而纳之。

方其系燕父子以组，函梁君臣之首，入于太庙，还矢先王而告以成功，其意气之盛，可谓壮哉！及仇雠已灭，天下已定，一夫夜呼，乱者四应，苍皇东出，未及见贼，而士卒离散，君臣相顾，不知所归；至于誓天断发，泣下沾襟，何其衰也！岂得之难而失之易欤？抑本其成败之迹而皆自于人欤？《书》曰：“满招损，谦受益。”忧劳可以兴国，逸豫可以亡身，自然之理也。故方其盛也，举天下之豪杰莫能与之争；及其衰也，数十伶人困之，而身死国灭，为天下笑。

夫祸患常积于忽微，而智勇多困于所溺，岂独伶人也哉！作《伶官传》。

注 ①庄宗：后唐庄宗李存勖（885—926），五代后唐王朝的建立者。公元923—926年在位。 ②晋王：即李克用（856—908），唐沙陀部人。曾率沙陀兵镇压黄巢起义军，受唐封晋王。其子存勖建立后唐，他被追尊为太祖。 ③梁：指后梁太祖朱温（852—912）。公元907—912年在位。宋州砀山（今属安徽）人。唐时曾任宣武节度使，封梁王。他是中原最大的军阀，与李克用长期争夺河北地区，结仇颇深。 ④燕王：指刘仁恭（？—914）。唐末、五代时深州乐寿（今河北献县）人。初为幽州军校，后投李克用，旋又背叛。其子称大燕皇帝。这里称仁恭燕王是笼统的称呼。 ⑤契丹：指契丹首领耶律阿保机。他曾与李克用约为兄弟，后背叛，与后梁通好。

在“序跋类”古文中，《新五代史》里的一些序，是和《史记》里的《汉兴以来诸侯年表序》《秦楚之际月表序》等同样著名的。清姚鼐《古文辞类纂序目》云：“余撰次古文辞，不载史传，以不可胜录也。惟载太史公、欧阳永叔表志序论数首，序之最工者也。”其中的《伶官传序》，明代古文家茅坤推为“千年绝调”，虽未免溢美，然而跌宕唱叹，情韵绵远，确乎得《史记》神髓而不袭其貌。

《新五代史》“发论必以‘呜呼’”，这篇《伶官传序》也不例外。为什么一上来就要“呜呼”呢？这和欧阳修所处的时代以及他的政治态度、政治遭遇有关。《欧阳文忠公集·附录》卷五载欧阳修的儿子欧阳发等所述《事迹》中有云：“先公……自撰《五代史》七十四卷……褒贬善恶，为法精密。发论必以‘呜呼’，曰：‘此乱世之书也。’其论曰：‘昔孔子作《春秋》，因乱世而立治法。余述本纪，以治法而正乱君。’此其志也。”

《东皋杂志》的作者曾说：“神宗问荆公（即王安石）：‘曾看《五代史》否?’公对曰：‘臣不曾仔细看，但见每篇首必曰“呜呼”，则事事皆可叹也。’余谓公真不曾仔细看；若仔细看，必以‘呜呼’为是。”认为五代之事可叹，故多用“呜呼”，这是搔到了痒处的；但还忽视了更重要的一面。

五代是中国历史上出名的乱世。北宋王朝建立以后，生产得到了恢复和发展，社会得到了暂时的相对稳定。然而紧接着，统治者日益荒淫腐化，社会矛盾日益扩大加深。到了仁宗庆历初年，以王伦、李海等为首的人民暴动接踵而起，西夏又侵扰西北边境，屡败宋军。欧阳修、范仲淹等人针对当时的弊政，力图实行政治改革，以挽救北宋王朝的危机，却接二连三地遭到当权派的打击。在这种情况下，欧阳修忧心忡忡，很担心五代惨痛历史即将重演。而宋太祖时薛居正奉命主修的《旧五代史》又“繁猥失实”，无助于劝善惩恶。于是自己动手，撰成了七十四卷的《新五代史》，通过对五代政治与历史人物的记述、描写和批判，表现了他对北宋王朝的忧虑和对当时弊政和当权派的不满。这篇《伶官传序》，和《宦者传论》《唐六臣传论》等一样，既是史评，也可以说是针对北宋的现实而发的政论。它以“呜呼”开头，并非无病呻吟，而是寓有无穷的感慨的。

《伶官传序》是冠于《伶官传》前的短序，旨在说明写《伶官传》的意图。很明显，有关伶官的事实，自然应该写在传里。事实上，关于后唐庄宗（李存勖）宠幸伶官景进、史彦琼、郭门高等，任其败政乱国的史实，正是写进了《伶官传》里的。那么，既要写明作传意图，又要避免和传文重复，就难免概念化。欧阳修的这篇短序之所以写得好，就在于既避免了和传文重复，又说明了作传意图，而文字生动，形象鲜明，毫无概念化的毛病。

“呜呼！盛衰之理，虽曰天命，岂非人事哉！”文章劈头就讲大道理；而“呜呼”与“哉”相呼应，却造成极其浓烈的抒情气氛。“盛衰”二字是全篇眼目，“虽曰天命”一纵，“岂非人事哉”一擒，“天命”是宾，“人事”是主。从感慨万千的叹息声中，读者已不难觉察：有些人忽略“人事”而将国家的“盛衰”委于“天命”，正是作者所痛心的。而他的写作意图，也已经呼之欲出。

论点一经提出，即须摆出事实来。“原庄宗之所以得天下，与其所以失之者，可以知之矣”，便是过渡到摆事实的桥梁。桐城派古文家刘大櫆认为此句较弱，拟删去。在全文中，这一句的确弱一些。然而起势横空而来，此后叙事的一段又笔笔骞举；在二者之间，还是需要有这么个文气迂缓的句子调剂一下的。一张一弛，也适用于文章作法。何况，“庄宗之所以得天下”，应“盛”，“所以失之者”，应“衰”；而下文将要写什么，也交代得一清二楚。有了它，文章的脉络就更加分明了。

接下去，自然要先写“庄宗之所以得天下”。而庄宗李存勗得天下的全部过程，已经写入《唐本纪》了。何况，即使冒重复之嫌，在这里写出李存勗得天下的经过，也必将造成文势的拖沓，且不合“序”的体制。那又怎么办呢？

写一部书，像缝一套衣服一样，如何剪裁，是要作全盘考虑的。仅从这篇小序着眼，已经可以看出欧阳修在全书的总的构思方面，付出了多少心血！遍读《新五代史》，就会发现：此下所写的关于李存勗得天下的事实，不仅在《唐本纪》和《伶官传》里都没有写，而且在其他任何篇里也不曾涉及。这大约有两个原因。其一是：在通盘考虑之后，觉得这些事实留在这里写最合适，因而在其他篇里不写。其二是：这些事实本身的真实性还有问题，不便写入有关的“纪”“传”；但其精神还是符合晋王（李克用）和庄宗的情况的，因而写在这篇“序”里，“虚寄之于论以致慨”。看来这二者都有，而后者的成分更大。所以先用“世言”二字冒下。

比欧阳修早生五十多年的王禹偁在《五代史阙文》中写道：“世传武皇（李克用）临薨，以三矢付庄宗曰：‘一矢讨刘仁恭；汝不先下幽州，河南未可图也。一矢击契丹……阿保机与吾把臂而盟，约为兄弟，誓复唐家社稷，今背约附梁，汝必伐之。一矢灭朱温。汝能成吾志，死无憾矣！’庄宗藏三矢于武皇庙庭。及讨刘仁恭，命幕吏以少牢告庙，请一矢，盛以锦囊，使亲将负之以为前驱；及凯旋之日，随俘馘纳矢于太庙。伐契丹、灭朱氏亦如之。”开头用“世传”二字，也见出王禹偁的严肃态度。对于这些事实，司马光在《资治通鉴考异》卷二十八中通过考证，作了这样的结论：“庄宗初嗣世……未与契丹及守光（燕王）为仇也。此盖后人因庄宗成功，撰此事以夸其英武耳。”胡梅硐则认为：“晋王实怨燕与契丹，垂殁以属庄宗，容有此理。”姑无论这些事本身可信不可信，而李存勗“英武”是真实的，后来也确曾“系燕父子以组，函梁君臣之首”。因而写进这篇序里，并没有什么不可以。而且，这些本来用以夸赞李存勗“英武”的情节，正适合于说明他所以“盛”全在于“人事”。

“世言”两字，直冒到“及凯旋而纳之”。事实根据王禹偁的记载，而文字却更精练、更生动、更传神。其中写李克用临终之言和“与尔三矢”的动作，真是绘声绘色！简短的几句话，说得很急促，很斩截；追述已往的恨事，激励复仇的决心，如闻切齿之声，如见怒目之状。写李存勗受父命，只一句：“受而藏之于庙”。而“受而藏”的行动，却既表现了他的坚定意志，也流露出他的沉重心情。而这，又为后面杀敌制胜的描写和“忧劳可以兴国”的论断埋下了伏线。

从“晋王之将终”到“及凯旋而纳之”，“庄宗得天下”似乎已经写完了。但在这里，关于李存勗复父仇的事未免写得太简括，不足以落实那个“盛”字。然而别忙！看来这是作者有意安排的。用“及凯旋而纳之”一收，却立刻用“方其……”承上提起，作了追叙；并在追叙的基础上作出判断，表明了作者的态度。由几个既对偶又错落的短句构成的长句，一口气读下去，有如迅雷猛击、暴雨骤至、烈风巨浪相激搏。就李存勗说，“其意气之盛，可谓壮哉”；就作者的行文说，也是“其意气之盛，可谓壮哉”！

从“及仇雠已灭”到“何其衰也”写“失天下”，夹叙夹议，极概括而又不乏形象性。读之只觉阴风飒飒，冷雨凄凄，与前一段形成鲜明的对照：就史实说，一“盛”一“衰”；就文势说，一扬一抑。两相激射，而作者肯定什么，否定什么的情绪，也洋溢于字里行间，给读者以强烈的感染。

光看这一段文字，对李存勗失天下的具体过程自然还不甚了了。但这不能责怪作者，因为那些事实全写入了《伶官传》。作为《伶官传》的序，只要提几笔就够了。

接下去，用“岂得之难而失之易欤？抑本其成败之迹而皆自于人欤”两个反诘语一宕，既承上，又转下。前一句照应“得失”“天命”，是陪笔；后一句照应“岂非人事”，是主意。“《书》曰”以下，紧承第二个反诘语，用“‘满招损，谦受益。’忧劳可以兴国，逸豫可以亡身，自然之理也”几句，充实开头提出的论点，揭示李存勗得天下与失天下的根源。

“故方其盛也……”与“及其衰也……”两层，回应“盛”“衰”，先扬后抑，一唱一叹。如李悉伯所说：“虽仍就后唐之盛衰反复咏叹，而神气已直注于结末三句。”

作者通过李存勖得天下与失天下的事实，阐明了“满招损，谦受益”，“忧劳可以兴国，逸豫可以亡身”的“自然之理”，从而有力地体现了他的写作意图（在《伶官传》里，便着重写李存勖得天下以后溺于伶人，如何“满”、如何“逸豫”的事实）。行文至此，似乎可以收束了。但他还嫌不够，又推开一步，提出更有普遍性的两个问题感慨作结。从文意上说，更见得语重心长；从文势上说，也显得烟波不尽：真有“篇终接混茫”之妙。而其所以语重心长，正由于作者忧国情深。当时的北宋王朝，表面上虽称“盛世”，但其实已经危机四伏。“祸患常积于忽微”，难道不应该及早注意，防微杜渐吗？当时的北宋统治者，固然不像李存勖那样溺于伶人；然而“智勇多困于所溺”，足以溺人者，“岂独伶人也哉”！难道不应该提高警惕，居安思危吗？作者写这篇文章，分明是痛恨当时统治者的“满”“逸豫”和溺于奸邪小人，希望他们从李存勖那里吸取历史教训的。

这篇用以“序”《伶官传》的文章，实质上是论说文，所以不少人管它叫《伶官传论》；但又和非文艺性的论说文不同。写李克用愤恨填膺，须眉皆动；写李存勖始而英毅，继而衰飒，神态如生：极富形象性，而又跌宕唱叹，情深韵远，于尺幅短章中见萦回无尽之意。《文章精义》的作者曾说欧阳修的文字“遇感慨处便精神”。这里所谓“精神”，除了语言的平易畅达、富有音乐感而外，最基本的因素，恐怕就和这“感慨”有关。而欧阳修的感慨，则如前面所说，来自北宋王朝的危机，来自他为争取实行政治改革而受到的政治打击。（霍松林）

醉翁亭记

欧阳修

环滁皆山也。其西南诸峰，林壑尤美。望之蔚然而深秀者，琅邪也。山行六七里，渐闻水声潺潺，而泻出于两峰之间者，酿泉也。峰回路转，有亭翼然临于泉上者，醉翁亭也。作亭者谁？山之僧智仙也。名之者谁？太守自谓也。太守与客来饮于此，饮少辄醉，而年又最高，故自号曰醉翁也。醉翁之意不在酒，在乎山水之间也。山水之乐，得之心而寓之酒也。

若夫日出而林霏[①]开，云归而岩穴暝，晦明变化者，山间之朝暮也。野芳发而幽香，佳木秀而繁阴，风霜高洁，水落而石出者，山间之四时也。朝而往，暮而归，四时之景不同，而乐亦无穷也。

至于负者歌于途，行者休于树，前者呼，后者应，伛偻提携[②]，往来而不绝者，滁人游也。临溪而渔，溪深而鱼肥；酿泉为酒，泉香而酒洌；山肴野蔌，杂然而前陈者，太守宴也。宴酣之乐，非丝非竹；射者中[③]，弈者胜，觥筹交错，起坐而喧哗者，众宾欢也。苍颜白发，颓然乎其间者，太守醉也。

已而夕阳在山，人影散乱，太守归而宾客从也。树林阴翳，鸣声上下，游人去而禽鸟乐也。然而禽鸟知山林之乐，而不知人之乐；人知从太守游而乐，而不知太守之乐其乐也。醉能同其乐，醒能述以文者，太守也。太守谓谁？庐陵欧阳修也。

注 ①林霏：林中雾气。 ②伛偻：老人。提携：小孩。 ③射者中："射"指投壶。以矢投壶中，中者胜。

这篇《醉翁亭记》是宋代散文名篇，历来被视为欧阳修的代表作之一。文章的语言平易明畅，写作背景却相当复杂，涵蕴也很丰厚，以致评析此文的主题时，众说纷纭，莫衷一是。

首先要弄清的是：欧阳修为什么一贬滁州，就自号"醉翁"，并以此名亭，作文为记。就这篇文章内容看，那是由于琅邪山的风景使他陶醉，人与人之间亲密淳朴的关系使他陶醉，那香而且洌的酒使他陶醉。因此有人说，欧为此文，意在寓性情于游赏。或者说，纵情山水，表旷达自放的情怀。但是，这篇文章写于宋仁宗庆历六年（1046），时欧年四十，贬滁州已经一年。他这次被贬，由于论救推行庆历新政诸君子，得罪了守旧官僚。这些人利用他甥女张氏犯法一事，想把他牵连下狱。后来事虽大白，他还是被贬往滁州。欧阳修是个个性刚直的人，读他的《与高司谏书》可知其议论之峻切。现在邪正颠倒，他无端被诬，心中怎么能没有愤懑，又怎么能自放于山水诗酒？十年前，因为支持范仲淹，贬为夷陵县令时，他曾写信给同案被贬的尹师鲁，肯定了尹在谪迁中"益慎职，无饮酒"的自处之道，并批评了那些一遭贬逐，便"傲逸狂醉"的人。十年后的今天，写这篇《醉翁亭记》，竟然畅言饮酒，自号“醉翁”，以至苍颜白发，颓然乎众宾之间，前后矛盾，判若两人。要说这完全是出于性爱游乐，纵情山水，是很难令人信服的。

那么，是不是果如另外一些评论者说的，山水之乐无非是沉郁、压抑心情的饰容，像李白那样，以耽酒自寓其愤世傲岸之情呢？考欧阳修之为人及其所为文，可贵处在一“真”字。他决不会矫情伪饰，自欺欺人。他之所以前后矛盾，其中必有一个难以具言的心理历程。十年前，他写了那封著名的《与尹师鲁书》，透露了一点消息。那信中说，不少前代名人，包括韩愈在内，“一到贬所，则戚戚怨嗟，有不堪之穷愁形于文字，其心欢戚无异庸人。”因此告诫余靖（安道）：“慎勿作戚戚之文。”他显然看不起、更不屑做那种患得患失的庸人，他的心有更宽广的天地。再说，受到打击、遭到贬谪就忧戚怨嗟，反而使那些陷害他的人弹冠相庆，无异于为敌张目。因此，他诗酒山林，随遇皆乐，显示自己绝不曾因横遭打击垂头丧气；反而意气自若，心态安怡，表现出泱泱君子的坦荡风怀，铮铮铁骨。这是他在《醉翁亭记》里强调“其乐亦无穷也”的真正原因。再说，滁州“地僻而事简”，他于无意中得此闲太守，正所谓不幸中之大幸。滁州又有琅邪林泉之胜足资畅游，可以涤荡胸中积悃。来滁时过一年，朝往暮归，便渐渐得到一种翛然自适之乐，冲淡了心底的烦忧。更何况，守滁一年，能使滁州的人民“乐其岁物之丰成”，又幸滁州士人“喜与予游”，而“与民共乐”正是“刺史之事”（以上几处引文均见作者写于与本文同时的《丰乐亭记》），更足以使他化忧为乐。怀此乐心，以涉山林，则寓目之景色无不献美于前；以临卮酒，则入口之涓滴无不“饮少辄醉”。“饮少辄醉”也不全限于酒量的大小，而且包含有心之所乐，未饮先如醉一层意蕴。于此可知，由诫人以“无饮酒”发展到“自号醉翁”，经历了一个从毋为个人忧患戚戚然借酒浇愁，变为真正“得心寓酒”的心理历程。因此说，这篇文章写作背景相当复杂，分析时不能以偏概全。

从上述分析看，这篇散文涵蕴是非常丰厚的。唯其丰厚，故耐咀嚼。但此文之所以传诵千古，又不限于涵蕴的丰厚，还因为它在艺术上确有独特的成就。欧文最长于抒情。在这篇散文里，他要抒发的是被贬滁州一年后的生活情怀。因此，题目虽是《醉翁亭记》，在“亭”字上反而着墨不多，用主要篇幅来写“醉翁”。林壑泉亭，无不是醉翁活动的衬景；“日出”“云归”，无不荡漾着醉翁的诗情雅意。这样安排重点，写“亭记”

却突出人物，不以亭为核心，乍看似乎离了题面，其实扣紧题旨，是这篇优美的抒情散文在裁剪上独具的特色。但命题既为《醉翁亭记》，当然又不能完全不点到“亭”。这篇散文写“亭”虽只寥寥数语，构思也很具匠心。全文先用“环滁皆山也”一语喝起，写大景、全景。但这仅仅是远处环视，只可能看见一片模糊的轮廓，故泛言其为“环滁皆山”。镜头拉近到“西南诸峰”，渐渐望见那“蔚然深秀”之色；再拉近到“酿泉”，便听到了流水潺潺之声；再拉近到醉翁亭，终于看清了亭子像鸟翼一般的具体形象。这样迤逦写来，切合步行入山远近视听之理，又显得层次丰富，胜境迭陈，使读者随着作者的脚印，信步神游于楮墨画图之间，有一种“引人入胜”的艺术效果。第三段写山林中的人，先写“负者”“行者”的来往游人，次写坐起喧哗的众宾，镜头拉近，头像扩大，最终写核心人物——“颓然乎其间”的太守，推出“苍颜白发”的特写镜头。后段写人禽和谐共乐，也是先写禽鸟之乐，而后写众人之乐，最后归结到太守之乐，结末一句直接点出太守者“庐陵欧阳修也”：都是从大到小，由远而近，最后集中到醉翁一人。这种移步换形、聚焦一点的艺术手法，使全文重点突出，“醉翁”始终居于画面的中心。所写事物虽不多，却纷繁有序；林壑之胜，朝暮四时之景，休息、行走的游人，以至喧哗的众宾，幽鸣的禽鸟，这众多杂沓的物态人情，都用一个“乐”字贯串，使文意辐辏，凝而不散。特别是结处“然而禽鸟知山林之乐，而不知人之乐；人知从太守游而乐，而不知太守之乐其乐也”，四句中两用“知”与“不知”，文势遒劲，一转一深，构成螺旋式层层推进，是一篇之警策，显示出作者炼句炼意的艺术功力。

人多称赞欧阳修的散文富于诗意，誉之为“诗化的散文”。称之为诗，首先要有诗的意境。前面论析过的人与自然，人与人的心灵沟通，情景相生，意与境偕，已具诗的意境。誉之为诗，还必须具备音乐之美，要求韵律悠扬，声情契合。在这方面，本文也有戛戛独造之处。这篇文章的中心人物醉翁的心情，是翛然自适、悠闲容与的。反映这种心情的句式韵律，也纡徐悠远，逸韵从容，自有诗一般的音乐境界。这就要说到本文连用“也”字的艺术效果。“也”这个助词，本多用来表判断语气，用于句末，往往表示语意顿结。欧阳修在这篇文章的许多句子里，却赋予“也”与今语“啊”字情韵相近的特殊的感叹意味，不是休止符而是一个延长音符。全文连用二十一个“也”字，构成曼声咏叹的韵致，以表现醉翁悠然自得的心态，这是欧阳修的独创。欧的史传文字，多顿挫唱叹之美；这类记游乐情怀的文字，却不取顿挫转折而专一反复咏叹。可见他的散文，因情赋声，具有多种风调，多种情韵。所谓秋虫春鸟，各有新声，不拘于一格，却无往而不近乎诗。（赖汉屏）

秋声赋　欧阳修

欧阳子方夜读书，闻有声自西南来者，悚然而听之，曰："异哉！"初淅沥以萧飒，忽奔腾而砰湃，如波涛夜惊，风雨骤至。其触于物也，鏦鏦①铮铮，金铁皆鸣；又如赴敌之兵，衔枚②疾走，不闻号令，但闻人马之行声。予谓童子："此何声也？汝出视之。"童子曰："星月皎洁，明河在天，四无人声，声在树间。"

予曰："噫嘻悲哉！此秋声也，胡为而来哉？盖夫秋之为状也：其色惨淡，烟霏云敛；其容清明，天高日晶；其气栗冽，砭人肌骨；其意萧条，山川寂寥。故其为声也，凄凄切切，呼号愤发。丰草绿缛而争茂，佳木葱茏而可悦；草拂之而色变，木遭之而叶脱。其所以摧败零落者，乃其一气之余烈。夫秋，刑官也，于时为阴③；又兵象也，于时用金④。是谓天地之义气⑤，常以肃杀而为心。天之于物，春生秋实，故其在乐也，商声主西方之音⑥，夷则为七月之律⑦。商，伤也，物既老而悲伤；夷，戮也，物过盛而当杀。

"嗟乎！草木无情，有时飘零。人为动物，惟物之灵；百忧感其心，万事劳其形；有动于中，必摇其精⑧。而况思其力之所不及，忧其智之所不能；宜其渥然丹者为槁木⑨，黟然黑者为星星⑩。奈何以非金石之质，欲与草木而争荣？念谁为之戕贼，亦何恨乎秋声！"

童子莫对，垂头而睡。但闻四壁虫声唧唧，如助予之叹息。

注 ① 鏦（cōng）鏦：金属撞击声。　② 衔枚：古代秘密行军时，为了保持部队肃静，常令士兵口里横衔一根小棍，以免喧哗。　③"夫秋"三句：周制，掌刑法狱讼的官称"秋官"。又，古人以阴阳配四季，春夏属阳，秋冬属阴。　④ 又兵象也，于时用金：古来征战，多在秋季。又，古人把五行分配于四季，秋天属金。　⑤ 义气：节烈、刚正之气。　⑥ 商声主西方之音：古代以五声配四时，商声属秋；五声和五行相配，则商声属金，主西方之音。 ⑦ 夷则为七月之律：古以十二律配十二月，七月为夷则。 ⑧ 必摇其精：损害精气。 ⑨ 渥然丹者为槁木：红润的容貌变为苍老枯槁。 ⑩ 黟然黑者为星星：乌黑的须发变成白色。

《秋声赋》开宋代文赋的先河，是宋文名篇。宋代文人把散文引入诗、词，也引入赋，改造了六朝以来盛行的骈赋，给这种文体注入了新的血液，使之能更自由地状物抒情。欧阳修此文既出，苏轼《赤壁赋》继响，遂成后代楷模。因此，《秋声赋》在文学史上占有重要的地位。

此赋的主旨在通过秋声摹写自然界的秋天，用以烘托作者心理上、人生旅途上的秋天。作此文时，欧阳修年五十三。他自二十九岁为范仲淹被落职事上书切责司谏高若讷，初贬夷陵；三十九岁复因论救推行庆历新政诸君子，被反对者构陷，再贬滁州；四十八岁那一年，丁母忧刚刚期满复官，又有小人诈称他奏请裁汰内侍，激怒了宦官，被诬以他事，几乎出知同州。入仕二十多年中，真可谓历尽宦海波涛。他本来体弱多病，四十岁时就白发萧疏；现在五十多岁了，身体、心态更已经进入了人生的秋天。因此，一年四季有风声，他对秋声特别敏感；秋天有各种色彩，他独独看到“惨淡”的颜色。正由于他对秋天有特殊的感受，发而为文，便秋怀满纸，秋思遥深。

但伤秋毕竟是一个古老的主题，用这个主题写出的名篇不少。“秋思遥深”，人多如此，单凭这一点，不可能使这篇文章获得那么高的声誉。它之所以脍炙人口、传诵不衰，是因为在艺术上确有人所难及的地方。

试潜心一读这篇《秋声赋》，给你的第一印象便是秋声满耳，感受到有一种充塞于天地之间的无边秋意缭绕在你身旁。这说明本文具有强大的感发力量。

写秋声而如此摇动人心，首先由于作者对秋声的质和量作了成功的描绘。他把秋声比拟为淅沥潇洒的细雨，奔腾澎湃的波涛，互相碰撞的金铁：这就使抽象的声音具有质的实感。那秋声时而小，时而大；时而显，如风雨夜惊；时而隐，像战士衔枚疾走：这就使无形的声音具有量的存在。有了质的实感和量的存在，才使读者感到秋声盈耳，秋意无边。这第一层写秋声之形，手法是化虚为实。

而后，再写秋色、秋容、秋气、秋意，用“秋之为状”写秋声之神。其中“色”“容”为实，“气”“意”是虚，手法是从实入虚。那秋色：轻烟飘飞不绝，薄云虽少未尽，色调是惨淡的。那秋容：晴天有日光照耀，显得凄清明朗；云薄则感到天高，天愈高则愈感空旷寥廓。那秋气：寒到刺人肌骨，自然也浸人心脾。至于秋意，则萧条寂寞，仿佛万物生意已尽，山川也神态黯然。这一层写秋之为状，好像游离于题面“秋声”；其实，“写物而不滞于物”，只是换了一个角度，改用烘托手法，以秋状写足秋声。因为，秋声来自秋风。风因空气流动的速度不同而有疾徐大小之别，又因流动的方向不同而有东西南北之分；如果风速风向相同，便很难说秋风与别的风有多大区别。用了“秋之为状”一加烘托，才显出秋风的独特性格，秋声的特殊情调。古人云：“山之精神写不出，以烟霞写之；春之精神写不出，以草树写之。”（刘熙载《艺概·诗概》）正是此意。

接着，笔意又变，改用刑官、兵象、音乐写秋之为心，藉秋心进一步渲染秋声。刑官古名“秋官”，秋天又是用兵的季节，因此秋有一种肃杀之心。五声音阶宫、商、角、徵、羽中，与秋相应的是商声；“商”“伤”通训，因此闻秋声而自伤。十二乐律中，与凉秋七月相配的是夷则。“夷”字可训为杀戮，正与物盛则衰、草茂当杀的自然规律相应。秋之为心如此，故万物逢秋而兴悲，更何况万物之灵的人类呢？这个层次用象征手法，拓开了文境，文势张扬。所用音训、义训，虽不无附会，但作者怀抱如此，转见其心中别有所会，正不必拘拘于训诂。

以上从秋声、秋状、秋心三个角度，调动了化虚为实、烘托、象征等多种艺术手段，写秋之质，摄秋之魂，进而形成了一种幽悄凄怆的意境。

写秋声、秋状，无非写景状物，何以就能形成意境呢？关键在于写景状物中融进了作者的感情，引起了读者的共鸣。举例来说，作者把秋风触物之声拟之为军士衔枚疾走，便使人联想到一场伏尸满地、流血遍野的战斗惨剧马上就要发生，读之能不紧张心悸吗？秋色“惨淡”，令人联想起孤儿寡妇无食无衣的面色，对此能不触目心伤吗？写秋之为心，用“刑官”“兵象”作象征。刑官、兵象，带给人间的无非惨不忍睹的悲剧。至于商声，正像陶潜《咏荆轲》说的那样——“商声更流涕，羽奏壮士惊”，更令人不忍卒听。由于作者用来描摹秋声、秋状、秋心的事物，无不带有强烈的感情色彩，因此一读斯文，便如身临其境，徙倚彷徨，愀然难以为怀。客观景况融进作者的主观感情，此景此情又引起了读者的感情共鸣，歌哭随之，不能自持，进入幽悄凄怆的意境，这是本文传诵千古、魅力独具的地方。

其次，这篇文章在对比映衬的运用上，也独具匠心。写秋声，有远近、强弱、缓急的对比；写草木，用了荣枯消长的对比；特别是童子与作者形成的对比映衬，更增添了文章的情趣，突出了作者寂寞的秋心，大大增强了文字的表现力。深夜，作者正陷入思考人生、无眠叹息之中，童子却“垂头而睡”，漠然无动，这与李清照《如梦令》中主人担心“绿肥红瘦”，而侍儿“却道海棠依旧”，有异曲同工之妙。通过对比，以童子的单纯无忧衬出主人秋怀的纷繁复杂，更显得两间一人，彷徨寂寞，不仅相映成趣，而且相得益彰。

第三，这篇文章在遣词造句上富有音乐美。欧阳修为文向来注重声情契合。他不仅在每一个文句中用音节、语词的抑扬顿挫表现感情的起伏变化，而且精心构局，使整篇文字的韵律乍起乍落，恍如游龙蜿蜒，首尾回环，极具旋律美。本文一起，万籁俱寂，只有作者一人在伏案夜读，那是极静谧的境界。忽而秋声骤起，金铁铮鸣，引进了自然界强烈的音响；再用“噫嘻悲哉！此秋声也”和“嗟乎！草木无情，有时飘零”，展开感慨抒情，表现出心理上的强烈震动。最后结以唧唧虫音，声声叹息，环境又归于沉寂。文中既有音量大起大落的动静变化，又有“淅沥”“奔腾”“凄凄切切”“呼号愤发”等小的波澜；最后的虫声、叹息声，更显得余音袅袅，使整篇文章像一支乐曲，极具旋律变化。写秋声而具体可见可闻，已经不易；把秋声写得饱含感情，具有意境，更非寻常手眼所能及；写秋声而使整篇文字像一支旋律优美、如怨如诉的小夜曲，则更非大手笔不能到。“赋”这种文体，本来介乎诗与散文之间；欧阳修这篇《秋声赋》，可以说兼有诗与散文两者的佳胜。

至于描秋声、秋状之景，融“百忧感其心”之情，悟“天之于物，春生秋实”“物过盛而当杀”之理，情、景、理三者水乳交融，更是欧文共同的优点，非本篇所独具。（赖汉屏）

六国论　　苏　洵

六国破灭，非兵不利，战不善，弊在赂秦。赂秦而力亏，破灭之道也。或曰：“六国互丧，率赂秦耶？”曰：“不赂者以赂者丧，盖失强援，不能独完。故曰，弊在赂秦也。”

秦以攻取之外，小则获邑，大则得城。较秦之所得，与战胜而得者，其实百倍；诸侯之所亡，与战败而亡者，其实亦百倍。则秦之所大欲，诸侯之所大患，固不在战矣。

思厥先祖父，暴霜露，斩荆棘，以有尺寸之地。子孙视之不甚惜，举以予人，如弃草芥。今日割五城，明日割十城，然后得一夕安寝，起视四境，而秦兵又至矣。然则诸侯之地有限，暴秦之欲无厌，奉之弥繁，侵之愈急，故不战而强弱胜负已判矣。至于颠覆，理固宜然。古人云："以地事秦，犹抱薪救火，薪不尽，火不灭①。"此言得之。

齐人未尝赂秦，终继五国迁灭②，何哉？与嬴而不助五国也。五国既丧，齐亦不免矣。燕、赵之君，始有远略，能守其土，义不赂秦。是故燕虽小国而后亡，斯用兵之效也。至丹以荆卿为计，始速祸焉。赵尝五战于秦，二败而三胜③。后秦击赵者再，李牧连却之④；洎牧以谗诛，邯郸为郡⑤，惜其用武而不终也。且燕、赵处秦革灭殆尽之际⑥，可谓智力孤危，战败而亡，诚不得已。向使三国⑦各爱其地，齐人勿附于秦，刺客不行，良将犹在，则胜负之数，存亡之理，当与秦相较，或未易量。

呜呼！以赂秦之地封天下之谋臣；以事秦之心礼天下之奇才；并力西向，则吾恐秦人食之不得下咽也。悲夫！有如此之势，而为秦人积威之所劫，日削月割，以趋于亡。为国者无使为积威之所劫哉！

夫六国与秦皆诸侯，其势弱于秦，而犹有可以不赂而胜之之势。苟以天下之大，下而从六国破亡之故事，是又在六国下矣。

注 ①"古人云"五句：《史记·魏世家》："苏代谓魏王曰：'且夫以地事秦，譬犹抱薪救火，薪不尽，火不灭。'" ②迁灭：灭亡。古代灭人国家，并迁去其传国重器，故说迁灭。 ③"赵尝五战于秦"二句：《战国策·燕策》："苏秦将为从，北说燕文侯曰：'……秦、赵五战，秦再胜而赵三胜。'"为语意所本。按苏秦所言非实事。鲍彪注："设辞也。" ④"后秦击赵者再"二句：赵幽缪王迁二年（前234），秦破赵，杀赵将，斩首十万。翌年，李牧为大将军，在宜安（今河北藁城西南）大破秦军。四年，秦攻番（pó）吾（今河北平山南），李牧又大破秦军。（见《史记》的《赵世家》及《廉颇蔺相如列传》） ⑤邯郸为郡：邯郸，赵都，今河北邯郸西南。赵亡后，秦置邯郸郡。 ⑥燕、赵处秦革灭殆尽之际：秦虏赵王迁、陷邯郸后，赵公子嘉立为王，秦始皇二十五年（前222），始与燕同被灭。时韩、魏、楚皆已亡，故云。革灭，除灭。 ⑦三国：指韩、魏、楚。

宋朝开国君主赵匡胤曾设“封桩库”，把平定割据势力所得的金帛存于库中。他曾对臣僚说：“石晋割幽燕诸郡以归契丹，朕悯八州之民久陷夷虏，俟所蓄满五百万缗，遣使北虏，以赎山后诸郡；如不我从，即散府财募战士以图攻取。”（《渑水燕谈录》卷一）赵匡胤这一计划，因为龙驾归天而未能实现，但已开了“赂契丹”的先声。宋真宗时，契丹大举南下，订立了屈辱的澶渊之盟，岁赂契丹银十万两、绢二十万匹。宋仁宗时，西夏发动了同宋王朝的战争，结果岁赂西夏银十万两、绢十万匹、茶叶三万斤；契丹也再次大军压境，岁增赂契丹银十万两、绢十万匹。本文为《权书》十篇之一，是一篇借古讽今之作，为宋王朝贿赂契丹和西夏而发。正如何仲默所说：“老泉论六国赂秦，其实借论宋赂契丹之事，而卒以此亡，可谓深谋先见之识矣。”（《唐宋文举要》甲编卷八引）

文章开门见山，斩钉截铁地提出全文的中心论点：“六国破灭，非兵（兵器）不利，战不善，弊在赂秦。”这是一种以否定加强肯定的句式。如果仅说“六国破灭，弊在赂秦”，而不冠以“非兵不利，战不善”，语气就会弱得多。“赂秦而力亏”二句，正面申说赂秦必亡；“或曰”数句，以答问的形式申说“不赂者以赂者丧”。当时赂秦的只是韩、魏、楚三国，作者统言“六国破灭”，“弊在赂秦”，显然与历史不合。这是论述中的罅隙，于是作者才借助设问自答的形式，指出“不赂者以赂者丧，盖失强援，不能独完”。这样既弥合了论述中的漏洞，又坚实、深化了论点，使论点无懈可击。所以首段不仅提出了全文的中心论点，还提出了两个分论点，以下就是对这两个分论点的具体发挥。

二、三两个自然段，针对韩、魏、楚三国，阐述赂秦乃“破灭之道”。秦之获地，一靠攻取，二靠受赂。两相比较，受赂之地大大多于攻取之地。这就充分说明，强秦之利和三国之患，都不在战而在赂。三国赂秦的目的是息战，结果却适得其反。作者先动之以情，祖宗之地来之不易：“思厥先祖父，暴霜露，斩荆棘，以有尺寸之地。”暴身霜露，砍伐荆棘，言其创业之艰；尺寸之地，言其所获甚少。这样一点一滴积累起来的土地，却“今日割五城，明日割十城”。“举以予人”与“尺寸之地”形成鲜明对照，“不甚惜”“如弃草芥”与“暴霜露，斩荆棘”形成鲜明对照。这样的子孙，真是不肖子孙！割城是为了换得“一夕安寝”，但苟且并不能偷安：“起视四境，而秦兵又至矣。”这是用目的和结果作对比。接着，作者又用“诸侯之地有限”与“暴秦之欲无厌”作对比，以“奉之弥繁”与“侵之愈急”作对比，以“抱薪救火”作比喻，进一步阐明“至于颠覆，理固宜然”。宋王朝对契丹、西夏的贿赂，也正如抱薪救火，薪不尽而火不灭。即使贿赂日增，由数十万增至数百万，仍不能满足其欲望。

第四自然段针对齐、燕、赵三国，阐述“不赂者以赂者丧”。这里，作者分析了齐、燕、赵三国灭亡的具体原因。齐国亡于“与嬴（犹言亲秦。嬴，秦姓，此作为秦的代称）而不助五国”。《史记·田敬仲完世家》载，齐相“多受秦间金”，“不修攻战之备，不助五国攻秦，秦以故得灭五国”。所以“五国既丧，齐亦不免矣”。燕国亡于燕太子丹派荆轲刺秦王：“秦王觉，杀轲，使将军王翦击燕。……虏燕王喜，卒灭燕。”（《史记·燕召公世家》）赵亡于受谗诛大将李牧。赵王迁七年（前229），秦使王翦攻赵，赵使李牧、司马尚御之。秦行赂赵王宠臣郭开，使进谗言，谓李牧等将反。翌年，赵王使人捕斩李牧，废司马尚。后三月，王翦急攻赵，大破之，虏赵王迁，遂灭赵。（见《史记》:《赵世家》及《廉颇蔺相如列传》）作者从正面分析了不赂秦的齐、燕、赵三国灭亡的具体原因后，又从反面作假设之词：“齐人勿附于秦，刺客不行，良将犹在，则胜负之数……或未易量。”这又进一步证明齐、燕、赵非亡于用兵抗秦，而是齐亡于不用兵抗秦，燕、赵亡于用兵抗秦之术有误。齐国因“五国既丧”而亡，燕、赵因“处秦革灭殆尽之际”，“智力孤危，战败而亡”，这不正是“不赂者以赂者丧”吗？

第五段针对六国破灭的教训，为六国设图存之道。一是重用谋臣，“以赂秦之地封天下之谋臣”；二是礼贤下士，“以事秦之心礼天下之奇才”；三是六国联合，“并力西向”。如果这样，秦国就不得安宁，连从从容容吃顿饭也不可能。陶望龄认为：“封谋臣，礼贤才，以并力西向……可谓至论。”（《三苏文范》卷二引）但是，六国之君，计不出此，最终导致了自身的灭亡。

文章最后一段把宋王朝同六国作比较：六国皆诸侯，势弱于秦，犹可“不赂而胜”；宋王朝据有天下，势力远比契丹、西夏强大，却重蹈六国覆辙，可谓连六国也不如。袁宏道说：“末影宋事，尤妙。”（《三苏文范》卷二引）妙就妙在引而不发，点到为止，给读者留下了深思的余地。而全篇行文纵横恣肆，论断斩钉截铁，语言质朴简劲，最能代表苏洵论辩文的风格。（曾枣庄　曾　弢）

爱莲说　　周敦颐

水陆草木之花，可爱者甚蕃。晋陶渊明独爱菊[①]；自李唐[②]来，世人甚爱牡丹；予独爱莲之出淤泥而不染，濯清涟而不妖，中通外直，不蔓不枝，香远益清，亭亭净植，可远观而不可亵玩焉。

予谓菊，花之隐逸者也；牡丹，花之富贵者也；莲，花之君子者也。噫！菊之爱，陶后鲜有闻；莲之爱，同予者何人？牡丹之爱，宜乎众矣！

注 ①“晋陶渊明”句：陶渊明（365—427），东晋诗人，又名潜，字元亮，寻阳柴桑（今江西九江）人。《续晋阳秋》：“陶潜尝九月九日无酒，于宅边东篱下摘菊盈把，俄见白衣人至，乃刺史王弘送酒，便就酣饮。”　②李唐：唐朝皇帝姓李，故称李唐。

周敦颐是北宋理学濂洛学派创始人、二程（程颢、程颐）的老师。他博学力行，品德高尚，为官清廉，不媚权贵，明断狱案，得到人民的赞赏。北宋中叶，士大夫在封建统治者诱掖下，追求富贵利达，耽于享乐之风盛行。作者目击时弊，慨然命笔，写成此篇借物咏志的小品，通过对莲花的爱慕与礼赞，表明自己对美好理想的憧憬，对高尚情操的崇奉，对庸劣世态的憎恶。其懿德高行与美学情趣，在当时具有现实意义，在今天也不失其思想价值。

作者起笔说：“水陆草木之花，可爱者甚蕃。”选用“可爱”二字，包罗群芳，表明托物寄兴，并不刻意求工，极见其立言斟酌之妙。接着叙说“晋陶渊明独爱菊”。陶渊明不肯为五斗米折腰，解绶归隐后，饮酒赋诗，安享“采菊东篱下，悠然见南山”的田园逸趣。“独爱菊”，显示渊明雅致芬芳，傲然物外的性格。继写“自李唐来，世人甚爱牡丹”。据唐人李肇《国史补》卷中载：“京城贵游，尚牡丹，三十余年矣。每春暮，车马若狂，以不耽玩为耻。执金吾铺官围外寺观种以求利，一本有值数万者。”又刘禹锡《赏牡丹》诗：“惟有牡丹真国色，花开时节动京城。”白居易《买花》诗：“共道牡丹时，相随买花去。……一丛深色花，十户中人赋。”都从不同侧面反映了唐人、特别是统治阶层“甚爱牡丹”的好尚。然后作者撇开一笔说，让那班人爱其所爱吧，“予独爱莲之出淤泥而不染，濯清涟而不妖，中通外直，不蔓不枝，香远益清，亭亭净植，可远观而不可亵玩焉”。这一连串铺叙，对莲花挺拔秀丽的芳姿，清逸超群的令德，特别是可敬而不可侮慢的嵚崎磊落的风范，作了淋漓尽致的渲染。作者所表达的，决不是一班文士墨客百无聊赖的闲情逸致，而是他身处污浊环境，独能超然脱俗，保持高风亮节的自我写照。他为官正直，数洗冤狱，为民作主；晚年定居庐山，著书明道，洁身自爱，颐养天年，便是身体力行，淡泊明志的体现。这正是这篇小品能给人思想情趣以深切感染的着力之处。

接下来，作者对三种花象征的不同性格进行了比较和品评：“予谓菊，花之隐逸者也；牡丹，花之富贵者也；莲，花之君子者也。”本来，花是不具备人格的，但在作者眼里，莲花近于菊，却不像菊那样清高冷傲，似乎是逃避现实的隐者；它更不像牡丹那样妍丽妖冶，以富贵媚人。莲花出于污浊现实而不受沾染，受清水洗濯而不显妖冶，实为百花丛中的贤君子啊！另外，莲花又是佛教中的圣物，如来、观音均以莲花为座。唐释道世《三宝敬佛》云：“故十方诸佛，同出于淤泥之浊；三身正觉，俱坐于莲台之上。”作者《题莲》诗也云：“佛爱我亦爱，清香蝶不偷。一般清意味，不上美人头。”正可与这篇小品参照阅读，情趣相得益彰。

最后，作者饱含激情，由评花进而对“爱”也作出评价：“噫！菊之爱，陶后鲜有闻；莲之爱，同予者何人？牡丹之爱，宜乎众矣！”深深地慨叹：当今之世真隐者少，有德者寡，而趋炎附势钻刺富贵之门的小人比比皆是；这莽莽红尘，能有几个志同道合之人，共同去根治这社会痼疾呢？言下虽不免流露出一种孤掌难鸣的哀怨，但一语暗讽，意味深长，无情地鞭挞了那些寡廉鲜耻之徒，给读者留下联翩的浮想。

《爱莲说》为宋代散文中的上乘之作。不仅思想深刻，情趣健康，其艺术手法亦别具特色。全文仅一百十九字，内蕴却无比丰富。其中有对芸芸众花的叙述，有对莲花君子形象的描写铺陈，有对爱花态度的议论，有对内心感慨的抒情，而这一切又都为“爱莲”的主旨服务，主题思想十分鲜明。又运用拟人化手法，将人类美好的品德情操赋予莲花，备加礼赞，借花喻人，自况自励。又将“隐逸者”“富贵者”“君子者”三者对比映衬，以揭示莲、菊、牡丹各自不同的形态与气质；并以菊为陪衬，以牡丹为反衬，使莲花挺拔超群的高洁形象矗立于读者心中，歌颂了自己坚贞不渝的理想和洁身自爱的君子情操，对竞名逐利的世态人情表明了心迹，言已尽而意无穷，极富艺术感染力。（邓韶玉）

墨池记　　曾　巩

临川①之城东，有地隐然而高，以临于溪，曰新城。新城之上，有池洼然而方以长，曰王羲之之墨池者，荀伯子《临川记》②云也。羲之尝慕张芝，临池学书，池水尽黑，此为其故迹，岂信然邪？

方羲之之不可强以仕，而尝极东方，出沧海，以娱其意于山水之间；岂其徜徉肆恣，而又尝自休于此邪？羲之之书晚乃善，则其所能，盖亦以精力自致者，非天成也。然后世未有能及者，岂其学不如彼邪？则学固岂可以少哉，况欲深造道德者邪？

墨池之上，今为州学舍。教授王君盛恐其不章也，书"晋王右军墨池"之六字于楹间以揭之。又告于巩曰："愿有记。"推王君之心，岂爱人之善，虽一能不以废，而因以及乎其迹邪？其亦欲推其事以勉其学者邪？夫人之有一能而使后人尚之如此，况仁人庄士之遗风余思被于来世者何如哉！

庆历八年九月十二日，曾巩记。

注 ①临川：宋江南西路抚州治所，今江西抚州市。　②荀伯子：南朝宋颍阴（今河南许昌）人，曾任临川内史。著有《临川记》六卷。

《墨池记》是以"记"名篇、叙议结合的说理文。仁宗庆历八年（1048）九月，曾巩来到临川，凭吊东晋书法家王羲之的墨池遗迹。州学教授王盛请他为"晋王右军墨池"作记。作者由叙述墨池遗迹，进而阐明王羲之书法卓异并非"天成"，实乃得力于苦练；并进而推论，欲深造道德，更须努力于勤学。文章即事生情，反复唱叹，题小意宏，言近旨远，最后以"仁人庄士"的流风遗韵恒久沾溉后世作结，委婉多姿，饶有余味，体现了作者温醇典重、谨严明洁的一贯之风。

作者首先介绍了墨池的处所、形状及其来历。"临川之城东"至"《临川记》云也"，其中用"有地隐然而高"和"有池洼然而方以长"分别形容地势的突起和水池的低深，宛如一位高明的画师，寥寥几笔就勾勒出墨池的鸟瞰图，富于立体感。又征引南朝刘宋人荀伯子的《临川记》，说明这墨池的来历非虚。

历来传说王羲之苦练书法的墨池遗迹很多，除在临川者外，尚有临沂、会稽、永嘉、庐山、蕲水等地。但曾巩未作烦琐考证，只用设问语气“岂信然邪”点到为止，具有分寸感。这并不影响他要阐述的事理和强调的重点所在，又能用笔简练，要言不烦，为下文转向议论预伏契机。

关于王羲之慕张芝事，见于《晋书》本传。张芝，东汉人，苦练书法，甚至将布帛写成黑色，染制黑衣而穿，终于成为“草圣”。羲之钦慕其苦学精神，致友人书中说：“张芝临池学书，池水尽黑，使人耽之若是，未必后之也。”决心赶上并超过他。

文章进而由物及人，追忆王羲之弃官返乡的一段经历。据《晋书》本传载，羲之少有美誉，朝廷公卿屡邀他任侍中、吏部尚书、护国将军等职，均辞不就。任会稽内史时，有骠骑将军王述与之齐名，而其人品为羲之所轻。王述为扬州刺史，会当检察会稽郡刑政。羲之深以屈下为耻，即称病去职，并在父母墓前自誓不再出仕，不为名利所牵，不与庸吏同流。对此原委，作者只用“羲之之不可强以仕”一语概括，而着重述其返乡后与东土人士纵情山水的行踪。他“徜徉肆恣”于名山大川之间，以弋钓为乐，遍游东方诸郡，并泛舟出海。这就深刻揭示了羲之傲岸超群性格气质形成的根源，而这也正是他清心寡欲，学成书法的深厚思想基础。从结构来说，“自休”一语，为上文考证墨池遗址增强旁证，又为下文发表议论提供了依据，实起着承上启下的作用。而后从正面立论：“羲之之书晚乃善，则其所能，盖亦以精力自致者，非天成也。”据《晋书》本传载，羲之书法初不及名家庾翼，到晚年方臻精妙。他曾以草书示翼兄庾亮，兄弟叹服，认为可媲美张芝。据载，羲之早年从卫夫人学，后草书改学张芝，正书改学钟繇，并博采众长，精研体势，一变汉魏以来质朴书风为妍美流便的新体；他“尤善隶书，为古今之冠，论者称其笔势，以为飘若浮云，矫若惊龙”（《晋书》本传）。这就充分证明了业精于勤的深刻道理。钻研技艺尚且如此，欲深造道德，则尤须加倍刻苦自励了。这正是作者所要强调表述的中心论点所在。但他没有惟恐读者不懂而直白地反复论证，只是平平地用了个表示进层的设问句，遂显得特别含蓄有力，耐人回味。其冲和平淡、温醇典重的语言艺术特色进一步体现出来。

末段在点明撰文由来后转入议论：“推王君之心，岂爱人之善，虽一能不以废，而因以及乎其迹（墨池遗迹）邪？其亦欲推其事（羲之苦学精神）以勉其学者邪？”作者阐明王盛用意时，也用了推测性语气，显得委婉深沉，语重心长，悠游叹赏，而又更切合于实情；因他只是从对方题匾、求记来加以体会的，如用直截、肯定语气，难免失之粗率。

全文结束语进一步深化了主题："夫人之有一能而使后人尚之如此，况仁人庄士之遗风余思被于来世者何如哉！"作者由王羲之的善书技艺，推衍到"仁人庄士"的教养与德行，勖勉后学不仅要擅长"一能"，更要砥砺道德修养。此处与前述"深造道德"论遥相呼应，再次深化点染了主题，强调力追前贤，以"仁人庄士"为楷模，做个品学兼优之士。

本文以"记"为体，重在说理。其中记墨池少，论学习多，紧扣所记之事以阐明主旨，重点突出，繁简适度，而又始终环绕勉学这根主轴，深得散文形散神不散的妙旨。文中所用设问句颇多，如："岂信然邪?""岂其学不如彼邪?""况欲深造道德者邪?"显得含蓄蕴藉，委婉有致，从容探讨，发人深省。（邓韶玉）

谏院题名记　　司马光

古者谏无官，自公卿大夫至于工商，无不得谏者。汉兴以来，始置官。夫以天下之政，四海之众，得失利病，萃于一官使言之，其为任亦重矣。居是官者，当志其大，舍其细，先其急，后其缓，专利国家而不为身谋。彼汲汲于名者，犹汲汲于利也。其间相去何远哉！

天禧初，真宗诏置谏官六员，责其职事[①]。庆历中，钱君[②]始书其名于版。光恐久而漫灭，嘉祐八年，刻著于石。后之人将历指其名而议之曰："某也忠，某也诈，某也直，某也回。"呜呼，可不惧哉！

注 ①"天禧初"三句：《宋史·真宗纪三》载天禧元年（1017）二月，"置谏官、御史各六员，每月一员奏事，有急务，听非时入对"。 ②钱君：疑为钱明逸。钱明逸（1015—1071），字子飞，钱易之子，钱惟演之侄。庆历四年（1044）为右正言，谏院供职。六年擢知谏院（见《宋史》卷三一七《钱惟演传》附《钱明逸传》和《续通鉴长编》卷一五三、一五九）。

宋代设谏院，始于仁宗明道元年（1032），其长官为"知谏院事"。这之前，分属门下省和中书省的左、右谏议大夫，左、右司谏，左、右正言，虽名为谏官，但除非皇帝特旨供职，并不得谏诤。谏院主管规谏讽谕，凡朝政缺失，百官任非其人，各级官府办事违失，都可谏正。司马光于嘉祐六年（1061）迁起居舍人同知谏院，本文即作于嘉祐八年知谏院任上。文章的主旨在于阐述谏官的重大责任以及谏官应有的品德。景祐三年（1036）欧阳修写有著名的《与高司谏书》，痛斥身为“耳目之官”（指谏官）的高若讷，“惜官位，惧饥寒而顾利禄”，以至“不复知人间有羞耻事”。可见此文并非凭空而发，实乃有感而作，在当时自有其现实意义。

全文不足二百字，首段为议，次段为记。议的特点是周详无遗，记的特点是简洁利落。议和记两部分截然分开，看似游离，实则紧密相关，都是为了说明同一个主旨，即身为谏官之人，当“专利国家而不为身谋”。

我们先看首段议论部分。“古者谏无官”，用意不在此，而是为了说明“无不得谏者”。《淮南子·主术训》云：“尧置敢谏之鼓”。相传尧时曾设鼓于庭，使民击之以进谏。古时虽无谏官，但人人都可以进谏。到了汉代，才开始设置谏议大夫，专掌指陈朝政缺失之职。行文至此，从“无（谏）官”到“置（谏）官”，说明了谏官在历史上的重要地位。因而接下来关于谏官“为任亦重矣”的议论，就是水到渠成之笔。既然责任重大，身为谏官，就有个怎样尽职的问题，作者是从方法和品德两方面来阐述的：就方法讲，“当志其大，舍其细，先其急，后其缓”；就品德讲，当抱定不为自身谋名逐利的宗旨。“彼汲汲于名者，犹汲汲于利也。”谏官本无什么实权，看上去与“利”没有什么关系；但谏官的名声很重要，声名狼藉的谏官，又怎能取信于人呢！这两句话非常深警，堪称哲理名言。以上仅一百字的篇幅，行文却如此周详，面面俱到，十分难能。文字的简洁利落，在首段已经得到了体现，不过那是在议论中体现出来的，次段却体现在记叙中。以天禧、庆历、嘉祐三个年号冠头，将设置谏官、谏院题名、易版为石三件事交代得清清楚楚。四十个字，跨越四十余年，可谓惜墨如金。

大凡作文，起笔和收笔都很重要，短文尤其如此。本文起笔突兀，收笔凛然，为文章增色不少。作者记谏院题名，落笔首句却是“古者谏无官”，不读下文，谁知道作者从何说起呢！如此陡峭之笔，增强了文章的吸引力。收笔“某也忠，某也诈，某也直，某也回（奸邪）”，面对后人“历指其名”作不留情面的评判，谁不凛然生畏！诚如作者所言，“可不惧哉”！（曾枣庄　曾　弢）

读《孟尝君传》 王安石

世皆称孟尝君能得士，士以故归之，而卒赖其力以脱于虎豹之秦。嗟乎！孟尝君特鸡鸣狗盗[1]之雄耳，岂足以言得士？不然，擅齐之强，得一士焉，宜可以南面而制秦，尚何取鸡鸣狗盗之力哉？夫鸡鸣狗盗之出其门，此士之所以不至也。

注 ① 鸡鸣狗盗：孟尝君曾在秦国为秦昭王所囚，有被杀的危险。他的食客中有个能为狗盗的人，就在夜里装成狗混入秦宫中偷得狐白裘，用来贿赂昭王宠妃，孟尝君得以被放走。可是他逃至函谷关时，正值夜半，关门紧闭，按规定要鸡鸣以后才能开关放人出入，而追兵将到，于是他的食客中会学鸡鸣的人就装鸡叫，结果群鸡相应，终于及时赚开关门逃回齐国。后成为孟尝君能得士的美谈。

这是一篇《史记·孟尝君列传》的读后感。它名为评论史事，实则是借题发挥，另有深意。

孟尝君田文，是战国时齐国的公子，以好养士著称，门下食客常达数千人。王安石在此文中通过对“士”的标准的鉴别，驳斥了“孟尝君能得士”的传统观点，说明“士”必须是可赖以谋国制敌的能人，而鸡鸣狗盗之徒算不得士。这实际寄寓了他站在时代高度对人才的看法和要求，反映了他自己不凡的抱负、高远的情志和宏大的魄力。当然，文章认为是一士就可以“南面而制秦”，有点夸大士的个人作用，失之片面；但这主要是为了矫枉，故而不免过正，以对士的高度期许和评价，来扫除把鸡鸣狗盗辈与士相提并论的世俗浅见。总的讲，这篇史评翻新出奇，议论精辟，观点卓绝，富有反潮流、反传统的精神，表现出一种哲理的深度。

全文只有四句话，九十个字，可是转折跌宕，气势充沛，被李涂《文章精义》誉为文之“短而转折多气长者”，确是古代短文中的精品。文章第一句话先摆出对孟尝君的传统看法：孟尝君能够礼贤下士，搜罗人才，士所以归附之，最后依靠他们的力量逃离了秦国。这就干脆利索，开门见山地竖起了下文要批驳的靶子，此可谓“立”。第二句先用感叹词“嗟乎”加强语气，然后直截了当地驳斥“能得士”的说法：孟尝君不过是鸡鸣狗盗之徒的头头罢了，怎么能说他“能得士”呢？斩钉截铁，一下子就把士和鸡鸣狗盗之辈区别开，出语警策，反驳有力，此可谓“驳”。第三句转折腾挪，加深反驳之意：凭仗齐国强大的国力，得到一个士，就可以使齐国成为霸主，制服秦国，何至于还要靠鸡鸣狗盗的力量来脱险呢！着重辨证“赖其力以脱于虎豹之秦”的人不足以称“士”，新意独出，直追根本，发人深省。在表明对士的看法中，融入了他自己达则兼济天下的豪情壮志，为一篇文章的旨意所在，此可谓“转”。第四句承接上文，又驳“士以故归之”，下断语作结：鸡鸣狗盗之徒出入其门下，这就是士所以不到孟尝君那里去的原因。补足对孟尝君“能得士”的批驳，结语真可说是警健精辟，劲峭痛快，此可谓“断”。全文通过立、驳、转、断四层，把“孟尝君能得士”的传统看法一笔扫倒，显得理足神完，语简意深，文短气长，尺幅中具有千里之势，读起来又抑扬顿挫，声韵谐美。这篇短文兼哲理、情趣、气势、音韵之胜，表现了作者思想的敏锐卓绝和写作技巧的高超纯熟。宋代谢枋得评谓“笔力简而健”（《文章轨范》卷五），清人沈德潜称赞曰“语语转，笔笔紧，千秋绝调”（《唐宋八家文读本》卷三十），应该说是当之无愧的。（吴小林）

答司马谏议书　　王安石

某启：昨日蒙教，窃以为与君实游处相好之日久，而议事每不合，所操之术多异故也。虽欲强聒，终必不蒙见察，故略上报，不复一一自辨。重念蒙君实视遇厚，于反复不宜卤莽，故今具道所以，冀君实或见恕也。

盖儒者所争，尤在于名实；名实已明，而天下之理得矣。今君实所以见教者，以为侵官①、生事、征利、拒谏，以致天下怨谤也。某则以谓受命于人主，议法度而修之于朝廷，以授之于有司，不为侵官；举先王之政，以兴利除弊，不为生事；为天下理财，不为征利；辟邪说，难壬人，不为拒谏。至于怨诽之多，则固前知其如此也。人习于苟且非一日，士大夫多以不恤国事、同俗自媚于众为善。上乃欲变此，而某不量敌之众寡，欲出力助上以抗之，则众何为而不汹汹然？盘庚之迁②，胥③怨者民也，非特朝廷士大夫而已；盘庚不为怨者故改其度④，度义而后动⑤，是⑥而不见可悔故也。如君实责我以在位久，未能助上大有为，以膏泽斯民，则某知罪矣；如曰今日当一切不事事⑦，守前所为而已，则非某之所敢知。

无由会晤，不任区区⑧向往之至！

注 ① 侵官：王安石设“制置三司（盐铁、户部、度支）条例司”，主持变法，司马光认为这是侵夺了原来机构的职权。 ② 盘庚之迁：盘庚，商代国君。他因旧都奄地多水患，决定迁都于殷。百姓不欲迁，既迁后又不习惯新地方，有怨言；诸贵戚大臣也耽于旧日安逸，把盘庚对百姓的好意隐匿不宣，反以浮言煽起百姓的不满。盘庚分别加以劝谕警告，然后“百姓由宁，殷道复兴”。见《尚书·盘庚》及《史记·殷本纪》。 ③ 胥：皆。 ④ 度：计划。 ⑤ 度（duó）义而后动：慎重考虑是否合理，然后付诸行动。 ⑥ 是：认为正确。 ⑦ 事事：做事。前一“事”字为动词。 ⑧ 区区：衷心。

宋神宗熙宁二年（1069），王安石任参知政事，实行新法。保守派的代表人物、当时任右谏议大夫的司马光（字君实），多次写信给王安石，要他停止变法。王安石这封信，是针对司马光熙宁三年二月一封长达三千余字、全面攻击新法的来信的回复。安石先是简短地复了一信，对来信所责难的诸点不一一置辩，随后想到彼此交往多年，友谊深厚，信札来往不宜草率简慢，就又写了这封答书。

新旧两派之间的这场政治斗争，在当时朝廷上下本就非常引人注目，司马光与王安石的这类信件，更带有半公开的性质，双方在论战辩难时都是全力以赴的。因此，这封回信虽然简短，却是精心结撰之作。

开头一小段文字，表面上是向对方解释上次为什么简短回复而此次“具道所以”的原因。但实际上，作者着意强调的倒是“所操之术多异”这句话。细读信的全文，便可发现作者的辩驳和批评都贯穿了这一中心思想线索。“立片言以居要”，作者一开始就把问题的实质点出来了。

接下来一段，是针对司马光来信中提出的责难进行辩驳。在辩驳之前，先高屋建瓴地提出一个最重要的原则问题——名实问题。名正则言顺而事行。但站在不同立场，对同样一件事（即“实”）是否合理（即“名”是否“正”）就会有不同的甚至完全相反的看法。司马光在来信中指责王安石实行变法是“侵官、生事、征利、拒谏，以致天下怨谤”。这些责难，如果就事论事地一一加以辩解，那就很可能会因为对方抓住了一些表面现象或具体事实而陷于被动招架，越辩解越显得理亏；必须站在高处，深刻揭示出事情的本质，才能从根本上驳倒对方的责难，为变法正名。先驳“侵官”。作者不去牵涉实行新法是否侵夺了政府有关机构的某些权力这些具体现象，而是大处着眼，指出决定进行变法是“受命于人主”，出于皇帝的意旨；新法的制定是“议法度而修之于朝廷”，经过朝廷的认真讨论而订立；然后再“授之于有司”，交付具体主管部门去执行。这一“受”、一“议”、一“授”，将新法从决策、制定到推行的全过程置于完全名正言顺、合理合法的基础上，“侵官”之说便不攻自破。次驳“生事”。“举先王之政”是理论根据，“兴利除弊”是根本目的。这样的“事”，上合先王之道，下利国家百姓，自然不是“生事扰民”。再驳“征利”。只用“为天下理财”一句已足。因为问题不在于是否征利，而在于为谁征利。根本出发点正确，“征利”的责难也就站不住脚。然后驳“拒谏”。只有拒绝正确的批评，文过饰非才叫拒谏，因此，“辟邪说，难壬（佞）人”便与拒谏风马牛不相及。最后讲到“怨诽之多”，却不再从正面反驳，仅用“固前知其如此”一语带过，大有对此不屑一顾的轻蔑意味，并由此引出下面一段议论。

这一段，从回答对方的责难这个角度说，是辩解，是“守”；但由于作者抓住问题的实质，从大处高处着眼，这种辩解就绝非单纯的招架防守，而是守中有攻。例如在驳斥司马光所列举的罪责的同时，也就反过来间接指责了对方违忤“人主”旨意、“先王”之政，不为天下兴利除弊的错误。特别是“辟邪说，难壬人”的说法，更毫不客气地将对方置于壬人邪说代言人的难堪境地。当然，对司马光的揭露和进攻，主要还在下面一段。

紧承上段结尾处怨诽之多早在意料之中的无畏声言，作者对“怨诽”的来历作了一针见血的分析。先指出：人们习惯于苟且偷安已非一日，朝廷士大夫多以不恤国事、附和流俗、讨好众人为处世的良方。在王安石的诗文中，“苟且”是因循保守的同义语；而“俗”与“众”则是为保守思想所浸染的一股强大的社会政治势力。这里揭示出他们的精神面貌和思想实质，正为下文皇帝的“欲变此”和自己的“助上以抗之”提供了合理的依据。因此接着讲到“众何为而不汹汹然”，只是说明保守势力的反对势在必然，却丝毫不意味着他们的有理和有力。接下来，作者举了盘庚迁都的历史事例，说明反对者之多并不表明措施有错误，只要“度义而后动”，确认自己做得是对的，就没有任何退缩后悔的必要。盘庚之迁，连百姓都反对，尚且未能使他改变计划，那么当前实行变法只遭到朝廷士大夫中保守势力的反对，就更无退缩之理了。这是用历史上改革的事例说明当前所进行的变法的合理与正义性，表明自己不为怨诽之多而改变决心的坚定态度。“度义而后动，是而不见可悔”，可以说是王安石的行事准则，也是历史上一切改革家刚决精神的一种概括。

答书写到这里，似乎话已说尽。作者却欲擒故纵，先让开一步，说如果对方是责备自己在位日久，没有能帮助皇帝干出一番大事，施惠于民，那么自己是知罪的。这虽非本篇正意，却是由衷之言。紧接着又反转过去，正面表明态度：“如曰今日当一切不事事，守前所为而已，则非某之所敢知。”委婉的口吻中蕴含着锐利的锋芒，一语点破以司马光为代表的保守派的思想实质，直刺对方要害，使其原形毕露，无言以对。

这是一篇书信体的政论。一般地说，政论以逻辑思维为手段，不易见作者个性；但这篇文章却充分显现出作者刚毅果决的政治改革家的鲜明个性。这既表现在作者对自己的政治主张高度自信，对保守派的思想实质看得深透，面对司马光连篇累牍、气势汹汹的攻击，从容镇定，显示出一种居高临下的气概；更表现在对事理的分析论辩，要言不烦，一两句话便能揭示问题的实质，而且态度坚决，斩钉截铁，不留余地。文中有不少地方还流露出对于保守言论不屑置辩的轻蔑。像“辟邪说，难壬人，不为拒谏”，实际上已经认定对方是鼓吹邪说的佞人，不准备申述如此判断的理由，也丝毫不容辩驳。这种由高度的自信、深刻的认识、简练的语言等因素构成的峭刻劲厉的文章风格，充分显示了作者的个性。清吴汝纶评本篇说：“固由兀傲性成，究亦理足气盛，故劲悍廉厉无枝叶如此。”是抓到了痒处的。

当然，这毕竟是一封朋友间的通信。信的首尾措辞委婉，虽属书信格式的需要，也注入了朋友的情意。再如中心部分的驳论，也是开诚相见，直抒胸臆的，细察可以看得出来。政见不同，并不妨碍原来的友谊。如欧阳修、苏轼也曾不赞成新法的某些措施，而王安石与他们之间的私人感情仍然是很好的。不以私废公，也不以公废私，这是一个政治家应有的胸怀。（刘学锴）

同学一首别子固　　王安石

江之南有贤人焉，字子固[①]，非今所谓贤人者，予慕而友之。淮之南有贤人焉，字正之[2]，非今所谓贤人者，予慕而友之。二贤人者，足未尝相过也，口未尝相语也，辞币未尝相接也，其师若友，岂尽同哉？予考其言行，其不相似者，何其少也！曰：学圣人而已矣。学圣人，则其师若友，必学圣人者。圣人之言行，岂有二哉？其相似也适然。

予在淮南，为正之道子固，正之不予疑也。还江南，为子固道正之，子固亦以为然。予又知所谓贤人者，既相似，又相信不疑也。

子固作《怀友》一首遗予，其大略欲相扳以至乎中庸而后已。正之盖亦常云尔。夫安驱徐行，辅中庸之庭，而造于其堂，舍二贤人者而谁哉？予昔非敢自必其有至也，亦愿从事于左右焉尔。辅而进之，其可也。

噫！官有守，私有系，会合不可以常也。作《同学一首别子固》，以相警且相慰云。

注 ① 子固：曾巩（1019—1083），字子固，南丰（今属江西）人。 ② 正之：孙侔，字正之，一字少述，吴兴（今浙江湖州）人。刘敞荐以为扬州州学教授，辞不赴。

这是一篇赠别友人的文章。作者于仁宗庆历二年（1042）任签书淮南判官，任所在扬州。次年三月请假归故乡江西临川（江西在宋时称江南西路，文中“江南”指此）。曾巩有《怀友》文寄王安石云：“介卿（安石初字介卿，后改介甫）官于扬，予穷居极南，其合之日少，而离别之日多。”本篇即作者暂归江西、会晤曾子固后再返扬州时写赠子固之作。题为“同学”，意指同学于圣人，相互切磋勉励，与曾巩《怀友》一文内容呼应，可见这两位古文大家青年时代声气相求之一斑。

这篇文章在构思上有一个显著特点，即不单从曾巩与自己的关系着笔，而是引出一位各方面情况与曾巩神合的孙正之作为映衬，分别从自己与曾、孙两人的关系着笔，形成平行的双线结构。这样来体现“同学”的主题，是比较新颖独特的。

文章一上来就分别介绍“江之南”“淮之南”的两位贤人曾子固和孙正之。强调他们都不是当今世俗所说的那种贤人，暗逗下文的同学于圣人；同时又分别点明“予慕而友之”，将自己和曾、孙两人分别挂上了钩，暗示了三人趣尚的一致，为下文两人之相似、师友之相同张本。作者《送孙正之序》云：“予官于扬，得友曰孙正之。正之行古之道，又善为古文。”这正是他们三人志趣契合的基础。

接着，作者又转而强调，这两位自己所仰慕的朋友和贤人，他们之间却从来未曾相互拜访、交谈，或互致书信礼物。三个排句，蝉联而下，把双方未曾识面的意思强调得非常突出。既然如此，“其师若（与）友，岂尽同哉?”这一问自在情理之中。下面又一转：“予考其言行，其不相似者，何其少也!”这就有些超越常理了。既未谋面，师友又不尽同，何以两人竟如此相似？这就不能不推出下面的结论：“学圣人而已矣。”为了使这一论断更确切不移，作者又进而论证：既然同学于圣人，那么他们的师友，也一定是学圣人的；圣人的言行都是相同的，同学于圣人的人，各方面都很相似，就是很自然的了。这一层，一步一转，从未曾相识说到师友的不同，再转出两人的相似，最后揭出同学圣人的正意，纯用抽象的逻辑推理，丝毫不涉及两人的具体行事，但他们“同学”于圣人这一点却被论证得很有说服力。正是在这里，作者揭示出“同学”的深刻涵义。真正意义上的“同学”在于同道，在于同学于圣人，而不在形迹上曾否相过、相语、相接。这也正是作者一开头所说的他们与“今所谓贤人者”有区别的具体涵义。既然如此，仰慕而分别与之相交的作者自己，其为“同学”也自在不言中了。

文章的第二段，从“相似”进一步引出了“相信”，仍用双线并行、相互映衬的写法。作者分别向两人谈到对方，尽管他们从未有过交接，却都相信作者的介绍。这种“相信”，似又超乎常情。但这正表现出“同学”于圣人的贤人之间那种超越空间、不拘形迹的神交，那种高度的相互信任。而曾、孙两人对作者的“相信”也就不言而喻。

第三段从两位贤人的共同志向引出自己追随他们的愿望。首先提到曾巩赠给自己的《怀友》一文，表示要携手共进，至乎“中庸”，然后捎带一笔，“正之盖亦常云尔”，照应上文“相似”之论。并进而指出，能达中庸之境的，除了他们再没有别人。这正是“同学于圣人”的表现。曾巩先在《怀友》（见宋吴曾《能改斋漫录》卷十四所载）中，诉说自己少而学，不得师友，望圣人之中庸而未能至，“尝欲得行古法度士与之居游，孜孜焉考予之失而切劘（磨）之。皇皇四海，求若人而不获。自得介卿，然后始有周旋激恳、摘予之过而接之以道者；使予幡然其勉者有中，释然其思者有得矣，望中庸之域，其可以策而及也”。可惜彼此远隔，会少离多，切磨之效不深。本篇这一段，正与子固殷殷求友之意相呼应，又提出孙正之正是其所渴望相交的最佳人选。至于自己，则谦虚地说从来不敢自期其必能到圣人中庸的境界，但愿在他们的帮助下朝这个方向努力。到这里，把三人“同学”于圣人以至乎“中庸”的意思完全表明了。

末段以抒情之笔收束，正面点出题中“别”字。在官为职守所拘，在私有人事牵系，彼此不能经常在一起，这真是无可奈何的事。这是对《怀友》一文“合之日少，离别之日多”的话表示同感，并说明所以如此的原因。《怀友》又说：“思而不释，已而叙之，相慰且相警也。”这里也说：“作《同学一首》别子固，以相警且相慰云。”朋友之间，互赠文字，以为学之道相策勉，以交谊之诚相慰藉，此篇是个很好的榜样。

本文是王安石二十三岁时所作。和他后来的多数散文以斩截峭劲为特色不同，显得从容安闲，娓娓而道，具有一种醇雅雍容的风味，在王文中别具一格。（刘学锴）

游褒禅山记[①]　　王安石

褒禅山亦谓之华山，唐浮图[②]慧褒始舍于其址，而卒葬之，以故其后名之曰“褒禅”。今所谓慧空禅院者，褒之庐冢[③]也。距其院东五里，所谓华山洞者，以其乃华山之阳名之也。距洞百余步，有碑仆道，其文漫灭，独其为文犹可识，曰“花山”。今言“华”，如“华实”之“华”者，盖音谬[④]也。

其下平旷，有泉侧出，而记游者甚众，所谓前洞也。由山以上五六里，有穴窈然[⑤]，入之甚寒，问其深，则其好游者不能穷也，谓之后洞。余与四人拥火以入，入之愈深，其进愈难，而其见愈奇。有怠而欲出者，曰：“不出，火且尽。”遂与之俱出。盖予所至，比好游者尚不能十一[⑥]，然视其左右，来而记之者已少；盖其又深，则其至又加少矣。方是时，予之力尚足以入，火尚足以明也。既其出，则或咎[⑦]其欲出者，而予亦悔其随之，而不得极夫游之乐也。

于是予有叹焉。古人之观于天地、山川、草木、虫鱼、鸟兽，往往有得，以其求思之深而无不在也。夫夷[8]以近，则游者众；险以远，则至者少。而世之奇伟瑰怪非常之观，常在于险远，而人之所罕至焉。故非有志者不能至也。有志矣，不随以止也，然力不足者，亦不能至也。有志与力，而又不随以怠，至于幽暗昏惑而无物以相[9]之，亦不能至也。然力足以至焉，于人为可讥，而在己为有悔。尽吾志也而不能至者，可以无悔矣，其孰能讥之乎？此予之所得也。

余于仆碑，又以悲夫古书之不存，后世之谬其传而莫能名者，何可胜道也哉！此所以学者不可以不深思而慎取之也。

四人者：庐陵[10]萧君圭君玉，长乐[11]王回深父，余弟安国平父、安上纯父。至和元年七月某日，临川[12]王某记。

注 ① 本文作于宋仁宗至和元年（1054），王安石时任舒州（治所在今安徽安庆）通判。褒禅山，在今安徽含山县北。 ② 浮图：梵语译音，或译“浮屠”“佛图”，有佛、塔等义，此指和尚。 ③ 庐：房舍。冢（zhǒng）：坟墓。 ④ 音谬（miù）：读音错误。 ⑤ 窈（yǎo）然：深远幽暗的样子。 ⑥ 不能十一：不到十分之一。 ⑦ 咎：责备。 ⑧ 夷：平坦。 ⑨ 相（xiàng）：辅助。 ⑩ 庐陵：今江西吉安。 ⑪ 长乐：今属福建。 ⑫ 临川：今江西抚州市。

九方皋相马，遗形而得神，其用心在牝牡骊黄之外。这段话正可以移来读王安石的《游褒禅山记》。

这是王安石集中唯一的一篇游记（其《鄞县经游记》实为其任鄞县县令时巡视各乡工作的日录），除去例行的结尾，整齐地分为两个大部分，前半记游，后半论说。第一段写游山，路线是：入山——慧空禅院——华山洞。但我们看到的却是一段考证文字，考证了褒禅山和华山洞得名的由来，根据倒仆的石碑考订出华山应读作“花山”，纠正俗传的音误。至于一般游记必不可少的内容，如山的形势风光如何，作者一行有没有进禅院“随喜”等，却竟然毫不提及。第二段写游洞。前洞只有三句介绍性的概述，还谈不上“游”；后洞是此游的重点，但除概况介绍外，也只写到“入之愈深，其进愈难，而其见愈奇”为止，究竟怎么个“难”，怎样的“奇”，也没有一字具体形容。游程就此半途而废，匆匆结束了。

作为游记，实在平淡无味，看来与王安石这样的大手笔不称。

出洞之后，似乎只剩下踏上归途了。然而作者此时却不惜笔墨，围绕着“悔”字做起文章来。首先详细补叙了两点事实：其一，“盖予所至，比好游者尚不能十一”；其二，当时“予之力尚足以入，火尚足以明也”。“十一”而已“所见愈奇”，则那未至的“十九”以及更深处境界之更加奇妙也可想。倘若真是“火且尽”，倒也无可奈何了，偏偏力尚足，火尚明，一切条件具备而“不得极夫游之乐”，这就构成了“悔”的前提。接着又对举了在共同现实面前的两种不同态度，以他人的“咎”旁衬自己的“悔”。只“咎”疲倦者之欲出，是从客观上推卸责任；而“悔”自己之“随之”，则是从主观上寻找原因。作者的高明之处就在于有严于自责的精神，由责生悔，由悔生思，由思生悟，由悟生叹，引发了一段大议论，通篇为之振起，把如两崖对峙、壁立千仞的记游与议论两大部分有机地联系了起来。其过渡之自然，有似“美人细意熨帖平，裁缝灭尽针线迹”。

第三段以一声感叹接转，以古人“求思之深而无不在”方能有得，兴起自己的思考，细致地叙述了“求思”的三个层次。自“夫夷以近”至“故非有志者不能至也”为一层，从游洞的经历直接体会到欲达目的，必须“有志”。一人怠惰以出，众人盲从而随，不都是无志所致吗？“有志矣”至“无物以相之，亦不能至也”为二层，进而从反面作逻辑推理：有力有物而无志，其后果已为实践证明；那么，有志而力不足，物不备呢？结论也是不可能的。要想达到预期的目的，志、力、物三要素缺一不可。“然力足以至焉”至“其孰能讥之乎”为三层。物是客体，故暂置而不论，着重分析志与力的关系。志是意志，力是精力，二者虽同存在于主体之中，却非齐等平列，志起着主导作用。哪怕同样是“不能至”，有力而志不坚，在人会被讥，在己会有悔；尽志而力不足，在己既无悔，人亦未能讥。思考到这里，已经豁然开朗：要争取理想的实现，就须意志坚定，尽力而为，成败在所不计。于是“此予之所得也”一句总束，完成了认识的全过程，获得了思想的升华。这一段是全文的中心，是作者用全力来捕捉和表达的主旨所在。层层析理，文意既愈进愈深，文笔更曲折多变。抓住四个“不能至”，交错叠用“然”“而”等转折性的连接词，步步拗转，如登九折之坂，虽陡险而不断；如溯九曲之溪，虽萦回而相通，令人有“若捕龙蛇，搏虎豹，急与之角而不敢暇”（柳宗元《读韩愈所著〈毛颖传〉后题》）的感觉，充分体现了作者峻拔奇崛的文风。

现在回头来看前面的记游部分，就都活了起来，显得勃勃有生气。原来记叙的详略去取，都是严格按照论说的需要选择的，恰如构建凌云台的材木，一根根都经过称量，铢两分寸丝毫不差。既因理而记事，复因事以明理。每一叙事都在为立论提供依据，每一论点都折射出游程的投影。前有所蓄，则后必有所发；后有所议，则前必有所本。可谓篇无剩语，句无剩字。那布局的严整，使人想起北京城的区划；结构的对称，又像一幅棋盘。作者运子于棋盘之上，而落势千变万化；驰骤于通衢之中，而腾踔无不如意，显示了驾驭文字的非常功力。至于那些似乎该写却与主旨无关的风光景物，则一概摒而不书，免得喧宾夺主。盖这篇“游记”本不为记游而写，作者的目光超越于山情水韵之外，正是九方皋之相马，“见其所见，不见其所不见；视其所视，而遗其所不视”也。

前后洞之游与志力物之辨的对应，构成本文的主线。还有一条副线，即第四段所得出的治学必须“深思而慎取”的论点，与第一段对仆碑的考证遥相呼应，是作者的又一思想收获。两者相辅而行，如泰山之有梁父，使文势更丰满。

王安石是学者、文学家、诗人，但首先是政治家。他目睹时弊，奋思改革，其治国平天下的抱负，念念在心，有触即发，这就是本文论述中心的“志”。还在他任鄞县县令时（1047—1050），就曾在境内推行青苗法并取得了成效。这篇《游褒禅山记》，不啻写下了献身改革的决心书。此后在《上仁宗皇帝言事书》中提出以孔子“困于排逐亦终不为之变”的精神来进行“施为变革”，《答司马谏议书》中的“度义而后动，是而不见可悔”，以至为相后推行新法遭到反对，在《次韵和甫咏雪》诗中所写的“势合便疑包地尽，功成终欲放春回。寒乡不念丰年瑞，只忆青天万里开”，无不一脉相承。直到晚年新法失败，退居金陵（今江苏南京），还有“尧桀是非时入梦，固知余习未全忘”（《杖藜》）的诗句。他确实已尽了“志”，因而至死也没有“悔”。那坚定的信念，正是游褒禅山时立下的。此志已决，虽然后来游踪更广，且不乏名山胜水，但游记确实不需要作第二篇了。（孟　斐）

刑赏忠厚之至论

苏　轼

尧、舜、禹、汤、文、武、成、康之际，何其爱民之深，忧民之切，而待天下之以君子长者之道也。有一善，从而赏之，又从而咏歌嗟叹之，所以乐其始而勉其终。有一不善，从而罚之，又从而哀矜惩创之，所以弃其旧而开其新。故其吁俞[1]之声，欢休惨戚，见于虞、夏、商、周之书。

成、康既没，穆王立，而周道始衰，然犹命其臣吕侯而告之以祥刑。其言忧而不伤，威而不怒，慈爱而能断，恻然有哀怜无辜之心，故孔子犹有取焉[2]。

《传》曰："赏疑从与"，所以广恩也；"罚疑从去"，所以慎刑也。当尧之时，皋陶[3]为士，将杀人，皋陶曰"杀之"三，尧曰"宥之"三，故天下畏皋陶执法之坚，而乐尧用刑之宽。四岳[4]曰："鲧[5]可用。"尧曰："不可，鲧方命圮族[6]。"既而曰："试之。"何尧之不听皋陶之杀人，而从四岳之用鲧也？然则圣人之意，盖亦可见矣。《书》曰："罪疑惟轻，功疑惟重。与其杀不辜，宁失不经[7]。"呜呼！尽之矣！

可以赏，可以无赏，赏之过乎仁；可以罚，可以无罚，罚之过乎义。过乎仁，不失为君子；过乎义，则流而入于忍人。故仁可过也，义不可过也。

古者，赏不以爵禄，刑不以刀锯。赏以爵禄，是赏之道行于爵禄之所加，而不行于爵禄之所不加也。刑以刀锯，是刑之威施于刀锯之所及，而不施于刀锯之所不及也。先王知天下之善不胜赏，而爵禄不足以劝也；知天下之恶不胜刑，而刀锯不足以裁也。是故疑则举而归之于仁。以君子长者之道待天下，使天下相率而归于君子长者之道，故曰：忠厚之至也。

《诗》曰："君子如祉，乱庶遄已；君子如怒，乱庶遄沮[8]。"夫君子之已乱，岂有异术哉？时其喜怒而无失乎仁而已矣。《春秋》之义，立法贵严，而责人贵宽。因其褒贬之义，以制赏罚，亦忠厚之至也。

注 ① 吁俞：《尚书·尧典》："帝曰'吁！咈哉！'"吁（xū），感叹声。《尚书·尧典》："帝曰'俞'。"俞，犹言"然"，表示应允。 ②"故孔子"句：《尚书》传为孔子所编纂。《吕刑》被收入，故云："孔子犹有取焉。" ③ 皋陶（yáo）：尧时的士官，狱官之长。 ④ 四岳：族中首要，主四方名山大岳之官，因有四岳之称，可以参议政事。 ⑤ 鲧（gǔn）：尧的臣子，传说乃大禹的父亲。⑥ 方命：《汉书·王商传》引作"放命"，即"弃命"。圮（pǐ）族：即"毁族"。见《尚书·尧典》。 ⑦ 宁失不经：意为宁愿承担失刑的罪责。不经，谓非常之罪。见《尚书·大禹谟》。 ⑧祉（zhī）：喜。遄（chuán）：迅速。沮（jù）：止。见《诗·小雅·巧言》。

宋仁宗嘉祐二年（1057），二十二岁的苏轼应礼部试，写了这篇《刑赏忠厚之至论》。当时的主考官是欧阳修，详定官是梅尧臣。梅主张取为第一名，欧阳修也很赏识，怀疑可能是他的门生曾巩所作，考虑到文中“皋陶曰‘杀之’三，尧曰‘宥之’三”这两句话没有注明出处，最后决定取为第二名。及入谢，欧阳修问到那两句话的出处，“东坡笑曰：‘想当然耳!’”（龚颐正《芥隐笔记》）由此可见，即使写这种严格的应试之文，才华横溢的苏轼也是不排斥丰富的想象力的。

试题出自《尚书·大禹谟》：“罪疑惟轻，功疑惟重。”孔安国传注文：“刑疑附轻，赏疑从重，忠厚之至。”苏轼误记为“赏疑从与，罚疑从去”，于是紧紧抓住这一题目，主要阐明古代的贤君赏善惩恶，都是本着忠厚宽大的原则，主张“使天下相率而归于君子长者之道”。应试之文，佳作极少，但这篇文章却是佼佼者，有其鲜明特色。

由于文章的题目出自《尚书》，所以先以咏叹先王爱民之深，忧民之切开头，紧扣主旨。接着从赏善与罚不善两方面说明，总归于“忠厚”二字。周道衰落之后，穆王还是把要善于用刑的方法，告诉吕侯。所谓“祥刑”，意谓用刑须审慎从事。王先谦《孔传参正》认为“祥”当为“详”。按《汉书·明帝纪》：“详刑慎罚，明察单辞。”又《刘恺传》：“非先王详刑之道也。”引《尚书》郑玄注云：“详，审察之也。”“详刑”实际上就是要“慎刑”，所以说孔子对此还是给予了肯定。衰世尚且如此，何况盛世呢？这是退一步说，从而更加夯实了主旨的深厚基础。

但是，赏罚之道，要完全掌握它，并非易事。轻重的分量，也难以掂得很准。所以文章从经文中拈出了一个“疑”字。解决疑难问题的原则就是“罪疑惟轻，功疑惟重”。所谓“广恩”“慎刑”，都体现了“忠厚”之义。为了说明这个问题，作者引用了唐尧不从皋陶执法杀人的意见，而同意四岳任用鲧的例子，体现先王刑赏之道，一本忠厚。通过叙事中的剖析，文章又引用《书经》的警句加以论断，复以咏叹出之，不仅使主旨更加突出，而且与开头遥相呼应，使人有浑然一体的感觉。

行文至此，主旨似乎已经完全阐明了，但是，作者并不就此收住，反而蓄足气势，横生波澜，展示了他不可羁縻的才思。关于可赏可不赏，可罚可不罚的提示，这自然是上承“疑”字而来，但它并不是前者的重复。“疑”是有问题，而此则认识上已经基本明确，其概念和前者又不完全相同。而在这个范围内的过赏过罚问题，苏轼认为“过乎仁，不失为君子；过乎义，则流而入于忍人”。通过这一层挖掘，既深化了主旨，又体现了作者认识事物剖细入微的能力。而其断语“仁可过也，义不可过也”，则又表现了极大的概括力，显得斩钉截铁，十分精悍有力。

赏和罚的范畴剖析明白之后，接着进一步又探讨赏和罚（刑）的方式。作者认为，古代赏赐有功者不一定用爵禄，处罚有罪者不一定用刀锯；加之“善不胜赏”，“恶不胜刑”，范畴和方式实际上都被扩大了。如此发挥，真是处处贯通，无往而不可。但是既要放得开，又要收得拢。“是故疑则举而归之于仁”，仍然再拈出“疑”字，使文眼在笔阵墨浪中豁然透气，又复归结到“忠厚之至也”这个主旨上来。余波振荡，最后又引用《诗经》《春秋》之义，十分鲜明地捧出了题目。题目亦即结论，在结构上显得非常紧密而完整。

在漫长的封建社会里，统治者动辄施以刑罚，并不“慎刑”，至于“广恩”、赏赐之类，也往往是统治阶级内部的事。所以文章提出的赏善惩恶一本忠厚的原则，不过表现了试官和作者希望不要滥刑无辜，要求推行“仁政”的善良愿望而已。为政之道，宽猛相济。《左传》中记载郑国大政治家子产以水火之喻论政宽猛的话，孔子听了，深受感动，也说：“宽以济猛，猛以济宽，政是以和。”博学的苏轼不可能不知道这段故事。宋代以经文为题取士，至明清变而为八股，谓之制义。应试者是不能违背经义的。对此，也就不必苛求古人了。（宋　廓）

上梅直讲书　　苏　轼

某官执事：轼每读《诗》至《鸱鸮》[①]，读《书》至《君奭》[②]，常窃悲周公之不遇。及观《史》，见孔子厄于陈、蔡之间，而弦歌之声不绝[③]。颜渊、仲由之徒相与问答。夫子曰：“‘匪兕匪虎，率彼旷野[④]。’吾道非耶？吾何为于此？”颜渊曰：“夫子之道至大，故天下莫能容。虽然，不容何病？不容然后见君子。”夫子油然而笑曰：“回，使尔多财，吾为尔宰。”夫天下虽不能容，而其徒自足以相乐如此。乃今知周公之富贵，有不如夫子之贫贱。夫以召公之贤，以管、蔡之亲，而不知其心，则周公谁与乐其富贵。而夫子之所与共贫贱者，皆天下之贤才，则亦足与乐乎此矣。

轼七八岁时，始知读书。闻今天下有欧阳公者，其为人如古孟轲、韩愈之徒；而又有梅公者从之游，而与之上下其议论⑤。其后益壮，始能读其文词，想见其为人，意其飘然脱去世俗之乐而自乐其乐也。方学为对偶声律之文，求升斗之禄，自度无以进见于诸公之间。来京师逾年⑥，未尝窥其门。今年春，天下之士群至于礼部⑦，执事与欧阳公实亲试之，诚不自意，获在第二。既而闻之人，执事爱其文，以为有孟轲之风，而欧阳公亦以其能不为世俗之文也而取焉。是以在此，非左右为之先容，非亲旧为之请属，而向之十余年间闻其名而不得见者，一朝为知己。退而思之，人不可以苟富贵，亦不可以徒贫贱，有大贤焉而为其徒，则亦足恃矣。苟其侥一时之幸，从车骑数十人，使闾巷小民聚观而赞叹之，亦何以易此乐也。

《传》曰：“不怨天，不尤人⑧。”盖“优哉游哉，可以卒岁⑨”。执事名满天下，而位不过五品⑩，其容色温然而不怒，其文章宽厚敦朴而无怨言，此必有所乐乎斯道也。轼愿与闻焉。

注 ①《鸱鸮》：《诗·豳风》篇名。旧说成王初立，周公摄政，周公之弟管叔鲜、蔡叔度散布流言，周公作此诗托鸟言志，诉说自己的艰难处境。《毛诗序》：“成王未知周公之志，公乃为诗以遗王，名之曰《鸱鸮》焉。” ②《君奭》：《尚书》篇名。周武王死后，周公与弟召公奭共辅成王，召公误信周公篡位的流言，周公作此文自辩，兼以互勉。 ③“见孔子”二句：据《史记·孔子世家》载，鲁哀公六年（前489），孔子师徒被陈、蔡两国大夫围困于郊野，粮食断绝，有人患病，孔子仍弹琴诵诗，坚持讲学。 ④“匪兕”两句：出自《诗·小雅·何草不黄》。原意是说，征夫不是兕（犀牛一类动物）不是虎，却在旷野上奔跑不停。这里孔子用以自比。匪，通“非”。率，循。 ⑤上下其议论：相互研讨。 ⑥来京师逾年：苏轼于嘉祐元年（1056）五月到达京师，九月考取举人，次年春参加进士考试。此信为中进士后所写，故说“来京师逾年”。 ⑦礼部：宋代进士科试由尚书省礼部主持，称为“省试”。 ⑧“《传》曰”数句：语出《论语·宪问》。 ⑨“优哉”两句：《左传·襄公二十一年》：“《诗》曰：‘优哉游哉，聊以卒岁。’”按此乃佚诗。 ⑩五品：宋代官阶为九品，每品又分正、从。梅尧臣时为国子监直讲，是五品官。

苏轼一向非常重视文章的立意构思，善于对所写内容进行深入提炼，发掘出事物的必然之理，摆脱固定的套式，自出新意，独运匠心。他所悟得的事理，既表现出超越常人的卓荦识见，又往往反映出高远的情志，给人以启迪和教益。《上梅直讲书》便是这样的杰作佳构。

本文是嘉祐二年（1057）苏轼考中进士后写给梅尧臣的一封信。梅尧臣是苏轼所崇敬的文坛前辈，时任国子监直讲。嘉祐二年礼部试进士，他为参详官，读到苏轼的试卷大加赞赏，“以为有孟轲之风”，于是便推荐给主考官欧阳修。“文忠惊喜，以为异人。欲以冠多士，疑曾子固所为。子固，文忠门下士也，乃置公第二”（苏辙《东坡先生墓志铭》）。这篇书信便抒写了作者中第后的由衷喜悦，表达了受到欧、梅识拔、前辈奖许的感激之情，通篇贯穿着一个“乐”字。

作者没有直抒胸臆，却是凌空而起，劈头叹惜周公之不遇；接着引述孔子师徒厄于陈、蔡而弦歌不绝，相得甚欢；而后以“乃今知”领起下文，兼收上两层文意，感慨周公虽富贵而有管蔡之流言、召公之疑虑，不如孔子虽贫贱而得天下贤才，其乐无穷。这段文字，劣周公，优孔子，以周公来反衬孔子，出人意外，立意警奇；乍看似无关题意，实则立足点高而自处亦高，是暗以孔子比欧、梅，以孔门弟子自况，说明富贵不足重，而师徒以道相乐，才是人间最高的乐趣。作者一扫通常干谒文字浮夸阿谀的风气，表达出不同凡俗的高尚情怀和人生追求。文中先以孔子师徒相乐立案，为全文确立主脑，又以交游贤才遭遇知己之乐笼盖全文，提领整篇，使文章具有一种居高临下的气势。这样构思，完全打破了书信的常格，是颇有艺术独创性的。

“轼七八岁时，始知读书”以下开始折入正题，直叙蒙受识拔遭遇知己之乐。先自述年少时即闻欧、梅之令名，稍壮又能读其文想象其人，且设想二公会能“脱去世俗之乐而自乐其乐”，这既显出仰慕之情由来已久，又对欧、梅之乐虚点一笔。接着写来京逾年无缘一见，而会试礼部意外地受到识拔，荣幸地获得奖许。十年仰慕无由见，一朝相逢成知己，得意快慰之情可想而知。这一层叙述被识拔的经过，娓娓而谈，感情真挚，文势跌宕，笔墨淋漓。“退而思之”以下，自然地转入议论，表示人的一生既不能以不光明的手段获取富贵，也不应该庸庸碌碌地甘居贫贱，有大贤人在此而能做他的弟子，也就足以有靠托而值得引为自豪了。这既反映出自己一举中第的内心快慰，又抒写出遭际欧、梅知遇的喜悦之情，同时又回应了上文周公富贵而有烦恼和孔子贫贱而足乐，进一步表明了自己的荣辱观，反映出作者高尚的志趣和磊落的襟怀；且再用侥幸荣获富贵、车骑雍容、市民围观的世俗之乐来作一反衬，愈加突出了东坡自乐其乐的精诚和真趣。

“《传》曰”以下引述书传，并结合对方的声誉、丰采和文章，写梅公虽官非通显却自处坦然，从而颂扬梅公必有乐乎超凡拔俗的明达之道，最后收结到以聆听对方的教诲为请。这既表明二人的志趣完全投合，将彼此双方的高情雅怀融汇为一，运笔极为空灵飘洒；同时又承应上文，含蓄委婉地表达出请求谒见的心情，口吻亦十分得体。

纵观全文，通篇以“乐”字为纲，用“乐”字呼应：由孔子师徒的相知之乐，写到欧、梅的“自乐其乐”，转到自身受知遇之乐，拍合到梅氏必“乐乎斯道”，下笔处处不离“乐”字。作者写乐，一扫中第释褐便踌躇满志的浅薄识见，摆脱了乐富贵、忧贫贱的庸俗世风，而升华到超越外物的高雅精神境界，专从遭遇知己、师友以道相乐的角度立论，使文情超拔卓异，潇洒脱俗，既表现了对梅尧臣的仰慕推尊，又蕴含着个人的高自期许，真是高怀雅论，足以大破俗肠。作者写来文势开拓而荡漾，为赞孔子贫贱之乐，先悲周公富贵之不遇；为写欧、梅知遇之隆，先叙无缘进谒之久，起伏跌宕，舒卷自然，且语言爽畅，文笔摇曳生姿。金圣叹云：“文态如天际白云，飘然从风，自成舒卷。人固不知其胡为而然，云亦不自知其所以然。”（《天下才子必读书》卷十四）可谓是对本文韵致最称精妙的形容。（刘乃昌　高洪奎）

石钟山记　　苏　轼

“《水经》云：‘彭蠡之口，有石钟山焉。’郦元以为‘下临深潭，微风鼓浪，水石相搏，声如洪钟’。”是说也，人常疑之。今以钟磬置水中，虽大风浪不能鸣也，而况石乎？至唐李渤始“访其遗踪”，得双石于潭上，“扣而聆之，南声函胡，北音清越[①]，枹[②]止响腾，余韵徐歇”，自以为得之矣。然是说也，余尤疑之。石之铿然有声者，所在皆是也，而此独以“钟”名，何哉？

元丰七年六月丁丑，余自齐安[3]舟行适临汝，而长子迈将赴饶之德兴尉，送之至湖口，因得观所谓石钟者。寺僧使小童持斧，于乱石间择其一二扣之，空空[4]焉，余固笑而不信也。至莫夜月明，独与迈乘小舟至绝壁下。大石侧立千尺，如猛兽奇鬼、森然欲搏人；而山上栖鹘，闻人声亦惊起，磔磔云霄间；又有若老人欬且笑于山谷中者，或曰："此鹳鹤也。"余方心动欲还，而大声发于水上，噌吰如钟鼓不绝。舟人大恐。徐而察之，则山下皆石穴罅，不知其浅深，微波入焉，涵澹澎湃[5]而为此也。舟回至两山间，将入港口，有大石当中流，可坐百人，空中而多窍，与风水相吞吐，有窾坎镗鞳之声，与向之噌吰者相应，如乐作焉。因笑谓迈曰："汝识之乎？噌吰者，周景王之无射[6]也；窾坎镗鞳者，魏庄子[7]之歌钟也。古之人不余欺也。"

事不目见耳闻而臆断其有无，可乎？郦元之所见闻，殆与余同，而言之不详；士大夫终不肯以小舟夜泊绝壁之下，故莫能知；而渔工水师，虽知而不能言：此世所以不传也。而陋者乃以斧斤考击而求之，自以为得其实。余是以记之，盖叹郦元之简，而笑李渤之陋也。

注 ① 南声函胡：南边那块石头声音浑厚重浊。北音清越：北边那块石头声音清脆悠扬。 ② 枹（fú）：同桴，木制的鼓槌。 ③ 齐安：旧郡名，即黄州（今湖北黄冈）。 ④ 空空：象声词，击石声。下文噌吰（chēng hóng）为厚重深沉的钟声。窾（kuǎn）坎为击物声。镗鞳（tāng tà）为钟鼓声。 ⑤ 涵澹澎湃：波浪汹涌激荡的样子。 ⑥ 无射（yì）：我国古代律吕名，六律之一。这里指钟。《左传·昭公二十一年》载，这年春周景王铸钟，律中无射。 ⑦ 魏庄子：即魏绛，谥庄子，晋大夫。《左传·襄公十一年》载，郑国送歌钟等乐器与晋悼公，悼公分一半赐给魏绛。

元丰七年（1084）正月，神宗出手札命苏轼由黄州（今湖北黄冈）移任汝州（今河南临汝）团练副使本州安置。三月文书到，四月离黄州，计划走水路经长江、淮河入洛赴任所，先至江西，游庐山，五月至筠州（今江西高安）别其弟子由（时监筠州盐酒税），六月送长子迈赴饶州德兴（今属江西）县尉任，途经湖口，游石钟山，写了这篇游记。文中将议论和叙述相结合，通过夜游石钟山的实地考察，对郦道元和李渤关于石钟山得名的说法进行了分析批评，提出了事不目见耳闻不能臆断其有无的论断，表现了作者注重调查研究的求实精神，富有教育意义。

全文分为三段。第一段对前人记载提出质疑，第二段夜游石钟山，通过实践对问题求证，第三段得出结论。为突出主题，作者不先写游山，开头即引述郦道元和李渤关于石钟山得名的不同说法。郦道元（466或472？—527），字善长，北魏地理学家、散文家。《水经》是一部较有条理地记述古代中国河流水系的地理著作，旧说为汉人桑钦所著，但今传本中有许多汉以后的地名，清人王鸣盛以为非一人一时之作，较为合理。郦道元为它作注，写成《水经注》。彭蠡即鄱阳湖，在今江西北部。石钟山有南北二山，南名上钟山，在湖口县城西，滨鄱阳湖；北名下钟山，在湖口城东，临大江。文中所引《水经》文字及郦道元的注，系从李渤《辨石钟山记》转引，今本《水经注》均佚去。李渤，字濬之，唐贞元中隐居庐山，号白鹿先生。《辨石钟山记》收在《文苑英华》卷八三三及《全唐文》卷七一二，文末署明作于唐德宗贞元戊寅（十四年，798），文宗大和元年（827）吴文干将其刻石于湖口，苏轼所见即此，石刻今已不存。郦道元认为石钟山的得名是因为它"下临深潭，微风鼓浪，水石相搏，声如洪钟"。李渤否定了郦道元的说法，他亲临其地考察，在潭上得到两块石头，敲击时发出铿锵的金石之声，认为这就是山名石钟的缘故。作者对二说都有怀疑，但并没有立刻作出判断。这段文字极简洁，特别是对前人说法的辨驳，虽只三言两语，却极生动。

引述郦、李的说法全用议论。第二段写作者自己的意见，却不是直说，而是用叙事笔调，以游石钟山的事实本身，自然表达出来；游山的具体描写，就是作者对此山得名的解释。这二者融为一体，正是此文最大的特色，也是它的成功之处。这样写，不仅使作者的意见显得真实可信，还使文章富有变化。如果仍用议论，那就只能写出一篇纯粹的考证文章，失去了游记的意趣。

游石钟山，重点在写山的得名的由来。作者之所以选择在莫（暮）夜去游览，也是因为夜里环境宁静，更容易体察到细微的声音。文中也写了环境景物，但这种描写是为了渲染气氛，更好地表现和突出主题。文中写了奇石、栖鹘、鹳鹤，突出了"夜"和"静"。用"猛兽奇鬼，森然欲搏人"形容夜里壁立千尺的巨石的狰狞可怖，用"若老人欬且笑于山谷中者"写鸣叫的鹳鹤，比喻都极生动，读来使人有毛骨悚然之感；栖鹘闻人声而惊飞，深山中鹳鹤的鸣声清晰可辨，也正见出月夜的寂静。这种寂静可怖的气氛，使得作者"心动欲还"，然而正在此时，却忽闻“大声发于水上”，这样可以更加使人感到惊喜和诧异；而环境越寂静，越能显出石钟山钟声的洪亮。这就从人的心理和音响效果两个方面，突出石钟山钟声的作用。两处钟声，一处由声响而及地形，一处由地形而及声响，不仅描绘出石钟山下都是巨大的石头洞穴和裂缝的特殊地形构造，道出了风浪与山石孔洞冲撞激荡而发声的原理，揭示了石钟山得名的真正由来，还在月夜寂静的水面上，突然发出一阵绝妙的钟鼓齐鸣曲，使读者如身临其境，仿佛看到了那结构奇特的石钟山，听到了那奇异的钟鼓声。结末引周景王和魏庄子的古钟来比拟，既点明石钟山发出的声音有如洪钟，同时也表达作者的喜悦心情。清代桐城派古文家刘大櫆说：“以心动欲还，跌出大声发于水上，才有波折，而兴会更觉淋漓。钟声二处必取古钟二事以实之，具此诙谐文章，妙趣洋溢行间，坡公第一首记文。”（清王文濡辑《评校音注古文辞类纂》卷五十六引）分析是精当的。这一节没有一句议论，全用形象的描绘，把问题的答案揭示出来，显示了作者卓越的艺术才能。

游山，本来是一件极平常的事。作者却把它提高到理性的高度，从中悟出深刻的道理，总结出一个重要的结论：“事不目见耳闻而臆断其有无”，肯定要犯错误。“目见耳闻”讲的就是实地调查。它虽然是从游山这件小事总结出来，却具有普遍意义。它不仅是正面经验的总结，同时还包含着李渤和作者自己的反面教训在内，因而很有说服力。李渤虽然也作了现场调查但很不深入，便轻率否定了郦道元水石相搏而发大声的说法，所以犯了错误。作者在没有调查之前，也对郦道元的说法持怀疑态度，而且还举出了表面看来似乎很有道理的论证，如果他不调查，便“臆断其有无”，同样要犯与李渤相同的错误。正因为作者没有“臆断”，作了进一步的调查，才发觉“郦元之所见闻，殆与余同”，并用自己的“目见耳闻”，补充了郦道元“言之不详”的内容。文章还告诉我们，这种调查还必须是认真细致的，浮光掠影、蜻蜓点水似的调查绝对不行；要探求真理，必须付出艰苦的努力，有时甚至还要冒些风险。李渤虽然“访其遗踪”，但因为他只在潭上转了转，没有到潭下去看一看，因而凭叩石发声便认为得到了“石钟”的实际，这只能是错误的结论。苏轼因为月夜去潭下作了细致的考察，才把问题的本质弄清。末尾深深慨叹事不目见耳闻不能臆断其有无这个道理常常被人忽视，明白说出写作此文的目的，就是要引起人们对这个问题的重视，避免主观臆断的错误。这段文字不仅强化了本文的现实意义，还带有浓厚的抒情性，增加了作品的艺术感染力，读后使人警醒感叹。

除了融议论、叙述、抒情于一体这个特点之外，行文富于曲折变化，也是本文的一个突出特色。例如引述郦道元和李渤的说法，本来是极枯燥的内容，作者加上两个辩驳，即顿见精彩。文中写对旧说之疑共有三次，不仅每次写法不同，即便在同一次中，文笔也有曲折。对郦道元，是以人之疑引出己之疑，而己之疑又是以比喻来表达。李渤本来是在纠正郦说，作者引述时，特别加一句“自以为得之矣”，紧接着陡然一转——“然是说也，余尤疑之”，着一“尤”字，说它较郦说更不可信；驳李全用议论，一针见血，也不同于对郦之用比喻。对寺僧使小童持斧敲击所谓“石钟”，用“空空焉”形容敲出之声，又仅以“余固笑而不信也”一句表示不屑一驳，矛头直指到三百年前得双石“扣而聆之”的李渤；而且，此节插在游山之前，也使文章平添波澜。至于对两处水石之声的描写绝不雷同，前面已经提到，更是传神的绝妙笔墨。总之，此文所记之事、所讨论的问题虽极平常，但通篇几句一折，有些地方一句一转，极起伏变化之致，如江流云涌，仪态万方。(王思宇)

记承天寺夜游　　苏　轼

元丰六年①十月十二日，夜，解衣欲睡；月色入户，欣然起行。念无与为乐者，遂至承天寺寻张怀民②。怀民亦未寝，相与步于中庭。庭下如积水空明，水中藻荇交横，盖竹柏影也。何夜无月？何处无竹柏？但少闲人如吾两人者耳！

注 ① 元丰六年：公元1080年。元丰为宋神宗年号。　② 承天寺：在今湖北省黄冈市南。张怀民：字梦得，苏轼的友人。

苏轼评论自己的文学创作，有一段话很精辟：

> 吾文如万斛泉源，不择地皆可出。在平地，滔滔汩汩，虽一日千里无难。及其与山石曲折，随物赋形，而不可知也。所可知者，常行

于所当行，常止于不可不止，如是而已矣！其他，虽吾亦不能知也。(《文说》)

这段话，可与他的另一段话相补充：“夫昔之为文者，非能为之为工，乃不能不为之为工也。山川之有云雾，草木之有华实，充满勃郁而见于外，夫虽欲无有，其可得耶?”(《江行唱和集序》)

这里最重要的一点是：文，是“充满勃郁”于内而不得不表现于外的东西。胸有“万斛泉源”，才能“不择地皆可出”；胸中空无所有，光凭技巧，就写不出好文章。苏轼的确是胸有“万斛泉源”的大作家。就其散文创作而言，那“万斛泉源”溢为政论和史论，涛翻浪涌，汪洋浩瀚；溢为游记、书札、叙跋等杂文，回旋激荡，烟波生色。

不妨据此来赏读这一篇随笔性的小文章《记承天寺夜游》。

这篇文章只有八十四个字，从胸中自然流出，“行于所当行”，“止于不可不止”，无从划分段落。但它不是“在平地”直流的。只有几十个字，如果“在平地”直流，一泻无余，还有什么韵味！细读此文，它虽然自然流行，却“与山石曲折”，层次分明。“元丰六年十月十二日，夜”。这像是写日记，老老实实地写出年月日，又写了个“夜”字，接下去就应该写“夜”里干什么。究竟干什么呢？“解衣欲睡”，没什么可干的。可就在“解衣”之时，看见“月色入户”，就又感到有什么可干了，便“欣然起行”。干什么呢？寻“乐”。一个人“行”了一阵，不很“乐”，再有一个人就好了；忽而想起一个可以共“乐”的人，就去找他。这些思想活动和行动，是用“念无与为乐者，遂至承天寺寻张怀民”两句表现出来的。寻见张怀民了没有，寻见后讲了些什么，约他寻什么“乐”，他是否同意：在一般人笔下，这都是要写的。作者却只写了这么两句：“怀民亦未寝，相与步于中庭。”接着便写景：

庭下如积水空明，水中藻荇交横，盖竹柏影也。

“步于中庭”的时候，目光为满院月光所吸引，引起一种错觉：“积水空明”，空明得能够看清横斜交错的各种水草。院子里怎么会有藻、荇之类的水草呢？抬头一看，看见了竹、柏，同时也看见了碧空的皓月，这才醒悟过来：原来不是藻荇，而是月光照出的竹、柏影子！“月光如水”的比喻是常用的，但运用之妙，因人而异。不能说作者没有用这个比喻，但和一般人的用法却很不相同，所产生的艺术效果也很不相同。

文思如滔滔流水，“与山石曲折”，至此当“止于不可不止”了。“止”于什么呢？因见“月色入户”而“欣然起行”，当止于月；看见“藻荇交横”，却原来是“竹柏影也”，当止于“竹柏”；谁赏月？谁看竹柏？是他和张怀民，当止于他和张怀民。于是总括这一切，写了如下几句，便悠然而止：

何夜无月？何处无竹柏？但少闲人如吾两人者耳！

寥寥数笔，摄取了一个生活片断。叙事简净，写景如绘，而抒情即寓于叙事、写景之中。叙事、写景、抒情，又都集中于写人；写人，又突出一点：“闲”。入“夜”即“解衣欲睡”，“闲”；见“月色入户”，便“欣然起行”，“闲”；与张怀民“步于中庭”，连“竹柏影”都看得那么仔细、那么清楚，两个人都很“闲”。“何夜无月？何处无松柏？”但冬夜出游赏月看竹柏的，却只有“吾两人”，因为别人是忙人，“吾两人”是“闲人”。结尾的“闲人”是点睛之笔，以别人的不“闲”反衬“吾两人”的“闲”。惟其“闲”，才能“夜游”，才能欣赏月夜的美景。读完全文，两个“闲人”的身影、心情及其所观赏的景色，都历历如见。

苏轼于元丰三年（1080）二月到达黄州贬所，名义是团练副使，却“本州安置，不得签书公事”。这篇文章一开头就记“夜游”之时是“元丰六年十月十二日”，表明他在黄州贬所已经快满四年了。张怀民此时也谪居黄州，暂寓承天寺。这两人，都因被贬而得“闲”，气味也相投。张怀民赠墨二枚给苏轼，苏轼作《书怀民所遗墨》一文以记之。张怀民修了一座亭子，“以览江流之胜”；苏轼名之曰“快哉”，苏轼的弟弟苏辙写了《黄州快哉亭记》，至今为人们所传诵。记的末段说：

士生于世，使其中不自得，将何往而非病？使其中坦然，不以物伤性，将何适而非快？今张君不以谪为患，窃会计之余功，而自放山水之间，此其中宜有以过人者。将蓬户瓮牖，无所不快；而况乎濯长江之清流，揖西山之白云，穷耳目之胜以自适也哉？不然，连山绝壑，长林古木，振之以清风，照之以明月，此皆骚人思士之所以悲伤憔悴而不能胜者，乌睹其为快也哉！

这段文字，正可与《记承天寺夜游》参看。

苏轼的心胸的确很“坦然”。累遭贬谪，仍然乐观、旷达；即使流放到儋耳，也不曾像“骚人思士”那样“悲伤憔悴”。但他有志用世，并不自愿当“闲人”。因贬得“闲”，“自放于山水之间”，赏明月，看竹柏，自适其适，自乐其乐；但并不得意。他那“自适”与“自乐”，其中包含了失意情怀的自我排遣。《记承天寺夜游》的字里行间、特别是结尾数句的字里行间，都表现了这种特殊心境；只不过表现得非常含蓄罢了。有人单纯赞赏“其意境可与陶渊明之‘采菊东篱下，悠然见南山’相比”，似乎还失掉了些什么。（霍松林）

前赤壁赋

苏　轼

壬戌之秋，七月既望，苏子与客泛舟游于赤壁之下。清风徐来，水波不兴。举酒属客，诵明月之诗，歌窈窕之章[①]。少焉，月出于东山之上，徘徊于斗牛之间[②]。白露横江，水光接天。纵一苇[③]之所如，凌万顷之茫然。浩浩乎如冯虚御风[④]，而不知其所止；飘飘乎如遗世独立，羽化而登仙。

于是饮酒乐甚，扣舷而歌之。歌曰：“桂棹兮兰桨，击空明兮溯流光[⑤]。渺渺兮予怀，望美人兮天一方[⑥]。”客有吹洞箫者[⑦]，倚歌而和之。其声呜呜然，如怨如慕，如泣如诉，余音袅袅，不绝如缕，舞幽壑之潜蛟，泣孤舟之嫠妇[⑧]。

苏子愀然，正襟危坐而问客曰：“何为其然也？”

客曰：“‘月明星稀，乌鹊南飞’[⑨]，此非曹孟德之诗乎？西望夏口[⑩]，东望武昌[⑪]，山川相缪，郁乎苍苍，此非孟德之困于周郎者乎[⑫]？方其破荆州[⑬]，下江陵[⑭]，顺流而东也，舳舻[⑮]千里，旌旗蔽空，酾酒临江，横槊赋诗[⑯]，固一世之雄也，而今安在哉！况吾与子渔樵于江渚之上，侣鱼虾而友麋鹿。驾一叶之扁舟，举匏樽以相属。寄蜉蝣于天地，渺沧海之一粟。哀吾生之须臾，羡长江之无穷。挟飞仙以遨游，抱明月而长终。知不可乎骤得，托遗响于悲风[⑰]。”

苏子曰：“客亦知夫水与月乎？逝者如斯，而未尝往也[⑱]；盈虚者如彼，而卒莫消长也[⑲]。盖将自其变者而观之，则天地曾不能以一瞬；自其不变者而观之，则物与我皆无尽也[⑳]，而又何羡乎？且夫天地之间，物各有主，苟非吾之所有，虽一毫而莫取。惟江上之清风，与山间之明月，耳得之而为声，目遇之而成色，取之无禁，用之不竭，是造物者之无尽藏也，而吾与子之所共适[21]。"

客喜而笑，洗盏更酌。肴核既尽，杯盘狼藉。相与枕藉乎舟中，不知东方之既白。

注 ① 窈窕之章：指上"明月之诗"中的诗句。按诗即《诗·陈风·月出》，其第一章云："月出皎兮，佼人僚兮，舒窈纠兮。"窈纠即窈窕。 ② 斗牛之间：斗、牛，指天上的斗宿与牛宿。古代以星辰配地上的方位，斗牛之间下合吴越分野；吴越分野在黄州之东，故实指东方的天际。 ③ 一苇：喻所乘小舟。语出《诗·卫风·河广》："谁谓河广，一苇杭（航）之。" ④ 冯虚御风：冯同"凭"，意谓船行如凌空驾风一样。 ⑤"击空明"句：意谓船桨拍着清澈江波，在月光下的水面逆流上驶。空明、流光是互文，状水也状月；溯，逆流而上。⑥"渺渺兮"二句：运化《楚辞·九歌》"目眇眇兮愁予"句及《九章·思美人》题意，抒发贬谪黄州思君而不能见的情怀。美人，古人常用以象征君王或良友。⑦ 客有吹洞箫者：此客为道士杨世昌，见宋施元之、顾禧注苏诗《次韵孔毅父久旱已而甚雨三首》注。清赵翼《陔余丛考》卷二四《〈赤壁赋〉洞箫客》条："东坡《赤壁赋》'客有吹洞箫者'，不著姓字。吴匏庵（按系明人，名宽，字原博，号匏庵，卒谥文定）有诗云：'西飞一鹤去何祥？有客吹箫杨世昌。……'据此则客乃杨世昌也。"杨世昌为绵竹（今属四川）人，苏轼《次韵孔毅父》诗中所称之"西州杨道士"及"洞箫入手声且哀"，即指此人。 ⑧"舞幽壑"二句：形容洞箫声悲切，使潜伏于深壑中的蛟龙起舞，孤舟中的寡妇啜泣。嫠(lí)妇：寡妇。 ⑨"月明"二句：曹操《短歌行》中的诗句。 ⑩ 夏口：今湖北武汉市汉口。 ⑪ 武昌：今湖北鄂城。 ⑫"此非"句：指汉末建安十三年(208)曹操被周瑜击败于赤壁。此，指黄州江面。"此非……乎"，是存疑句法，表示不能十分确断此地即赤壁战场旧地。孟德，曹操字。周郎，周瑜；瑜年少有威名，江东人称为周郎。 ⑬ 荆州：汉代荆州包括湖北、湖南及河南南部部分土地，汉末荆州首府在襄阳。 ⑭ 江陵：今属湖北，数度为荆州首府。 ⑮ 舳舻(zhú lú)：指战船。舳是船后掌舵处，舻是船前划桨处。 ⑯ 横槊赋诗：形容气概雄迈。语出唐元稹所作杜甫墓志铭："曹氏父子鞍马间为文，往往横槊赋诗。"槊，长矛。 ⑰"挟飞仙"四句：意思是，登仙、与明月这样永在是办不到的，所以只能将悲思通过箫声诉之于秋风。 ⑱"逝者如斯"二句：《论语·子罕》："子在川上曰：'逝者如斯夫，不舍昼夜。'"意为川水不分日夜地这样流逝而去。苏轼引用孔子的话，又补充一句"未尝往也"，意思是川水虽逝去而河流仍在。⑲"盈虚者"二句：上文用"如斯"，是以舟边的长江为比，是近处，故用"斯"；此句用月为比，在远处，故用"彼"。盈虚，指月的盈亏，意思是月亮忽圆忽缺，但究竟没有消损或增大。 ⑳"盖将"四句：意思是，如从变动这面看，天地万物每一瞬间都在变化；从不变这面看，宇宙与人类都是长存的。 ㉑ 共适：今存苏轼手写《赤壁赋》，“共适”作“共食”，食的意思是享用。但明代以后本子大多作“共适”。两字均可通。

此赋作于北宋神宗元丰五年（1082）作者谪居黄州（今湖北黄冈）时，因同年另有《后赤壁赋》，故世人习称为《前赤壁赋》。

关于这一次赤壁之游，苏轼在《与范子丰》函中曾有所记述：“黄州少西，山麓斗入江中，石室如丹，传云曹公败所——所谓‘赤壁’者；或曰非也。……今日李委秀才来相别，因以小舟载酒饮赤壁下。李善吹笛，酒酣作数弄，风起水涌，大鱼皆出，山上有栖鹘，亦惊起。坐念孟德、公瑾如昨日耳！”可知此赋确是记游的实录。参照同时所作的《念奴娇·赤壁怀古》一词，更可看出赋中咏及曹操，词中咏及周瑜，两两相当；而词中“人道是、三国周郎赤壁”一句，用“人道是”三字传疑；此赋中用“此非孟德之困于周郎者乎”一句传疑；正可与《与范子丰》函中的“传云”“或曰”两句相发明。但一赋一词，已使黄州赤壁的声名压倒了真正的古战场嘉鱼、蒲圻间的赤壁了。

凡是记游的诗文，首先当然要求写景叙事生动有味，更需要在写景叙事中注入作家浓郁的主观感情，才能神情飞动，诗趣盎然；倘若景与情交融之外，更能从物我之间即主客观的契合之间生发出哲理的意蕴，那便是上乘之作了。苏轼的许多杰作，大抵能达到这种最高境界。例如人们都熟悉的一首小诗《题西林壁》，全诗只有四句二十八字，就景、情、理三者兼备。头一句“横看成岭侧成峰”是写景；次句“远近高低各不同”是对景下评，显示出作者看山的惊喜之情；末两句“不识庐山真面目，只缘身在此山中”，就是对主客观的关系发抒哲学的认识论的解悟了。但一首七绝究竟不能细致地写景、充分地抒情和畅遂地宣示哲理，而在一篇赋里却行。《赤壁赋》通常被归为抒情小赋，其实依其内涵的重点说，更是一篇哲理小赋。

因此，从“苏子愀然”以下主客对答的三个自然段，应是全赋的重心所在。

主客对答是赋体中传统的表现手法，主与客都是作者一人的化身。在这篇赋里，客的观点和感情是苏轼的日常的感受和苦恼，而主人苏子所发抒的则是他超脱地俯察人与宇宙之后的哲学的领悟。前者沉郁，后者达观；前者充满人事沧桑与吾生有涯的感慨，后者则表现了诗人与大自然合而为一的心灵净化的境界。

但这种意蕴都不是藉抽象的灰色的言语表述，而是诉之于月下江游的眼前景物和由景物所引起的感触，因此才有强烈的感染力和渗透力。一方是由月夜江上想起曹操的诗句，由诗句联想起曹操兵下江南、横槊赋诗的英雄气概，进而产生了“千古风流人物”不免“浪淘尽”，空留山川遗迹的感慨，转而抱恨于人生须臾，江山无穷，登仙乏术的无可奈何；一方则顺手以眼前的江水与山月作比，以水的逝去而又长流、月的盈亏而又永生的现象，阐发变与不变、瞬间与永恒的关系，归结到人生应投入大化，方能超脱无谓的苦恼。这两方面的感情，包括人生苦闷和物我参透，当然都是苏轼在贬谪生活中的烦恼以及要求摆脱烦恼的旷达态度的表露。

然而，作为全赋重心的主客对答部分，如果没有前两段为之创造环境气氛，培养情绪，那么，主客对答的感情宣泄和哲理发挥，就不能产生出色的效果，乃至缺乏基础了。首段是点题，描写赤壁泛舟的情景，就记游来说，仅此一段，文意就已独立自足。这一段的描写，主客的情绪是愉快的，轻松的，彼此都陶醉在初夜江上的泛游之中。接着，第二段是由轻松到沉重，由愉快到抑郁的过渡，快乐的扣舷而歌引出了缠绵悲凉的洞箫声，刹那间情绪就转向了莫名的惆怅。这一过渡自然圆转，不露一丝圭角，使读者不知不觉地为这种感情的抑扬起伏所吸引，迫不及待地去倾听下面的对话，并且欣然同意这段对话乃是情理之所必有，正如对话结束，愁结解开以后的喜笑重酌也是情理之所必然一样。全赋的构架布局可说是天造地设，无瑕可击的。

抒情小赋自六朝起已代替西汉的大赋成为赋的主流，并且逐渐趋向散文化，成为韵散交织的更为自由的文体。唐以后，散赋已成为赋的基本形式，比四六对仗的骈体文还要自由疏放，但诗味却更为浓郁。散赋摆脱了堆砌典故、拘守声律的束缚，句法自由，结构自由，韵律也自由。但它又确实保持着赋的精神，与散文迥乎有别。这篇《赤壁赋》可说是散赋的杰出代表作之一。

在形式上，这篇赋既抛弃了通常作赋的架势，捐除了“若夫”“尔乃”“是以”等通常赋体中常用的转圜接笋的辞语，使感情的流动转折十分畅遂；用韵都在有意无意之间，如出天籁，只在每节的结束数句稍加强调。如第一段的“天”“然”“仙”，第二段的“慕”“诉”“缕”“妇”，“客曰”一段的“鹿”“属”“粟”与“穷”“终”“风”，以及下一段的

“主”“取”与“色”“竭”“适”等。全赋若无韵而有韵，字面上的韵涵藏在全赋的感情节奏和叙述节奏之中，斧凿之痕全泯。先不论其全赋情景哲理的含蕴，即以表现方法而论，无怪于历代文论家的推崇，以至于唐庚称颂为“东坡《赤壁》二赋，一洗万古，欲仿佛其一语，毕世不可得也”（《唐子西文录》）了。（何满子）

后赤壁赋

苏 轼

是岁十月之望，步自雪堂①，将归于临皋②。二客从予，过黄泥之坂③。霜露既降，木叶尽脱，人影在地，仰见明月。顾而乐之，行歌相答。

已而叹曰：“有客无酒，有酒无肴；月白风清，如此良夜何？”客曰：“今者薄暮，举网得鱼，巨口细鳞，状如松江之鲈④。顾安所得酒乎？”归而谋诸妇。妇曰：“我有斗酒，藏之久矣，以待子不时之需。”

于是携酒与鱼，复游于赤壁之下。江流有声，断岸⑤千尺。山高月小，水落石出。曾日月之几何⑥，而江山不可复识矣。予乃摄衣⑦而上，履巉岩⑧，披蒙茸⑨，踞虎豹⑩，登虬龙⑪；攀栖鹘之危巢⑫，俯冯夷之幽宫⑬。盖二客不能从焉。划然长啸，草木震动，山鸣谷应，风起水涌。余亦悄然而悲，肃然而恐，凛乎其不可留也。返而登舟，放乎中流，听其所止而休焉。时夜将半，四顾寂寥。适有孤鹤，横江东来。翅如车轮，玄裳缟衣⑭，戛然长鸣，掠予舟而西也。

须臾客去，予亦就睡。梦一道士，羽衣蹁跹⑮，过临皋之下，揖予而言曰：“赤壁之游乐乎？”问其姓名，俯而不答。“呜呼噫嘻！我知之矣。畴昔⑯之夜，飞鸣而过我者，非子也耶？”道士顾笑，予亦惊悟⑰。开户视之，不见其处。

注 ① 雪堂：苏轼谪居黄州后，在东坡筑室，名曰雪堂。 ② 临皋：在黄州城南，濒临长江。苏轼在黄州，初寓定惠院，不久迁居临皋。后东坡雪堂建成，家属仍居临皋。 ③ 黄泥之坂：由雪堂至临皋必经之路。 ④ 松江之鲈：松江即吴淞江，古代记载江中出四鳃鲈鱼，其味鲜美。唐以后专以今上海市松江县产的鲈鱼称松江鲈鱼。 ⑤ 断岸：陡峭的崖岸，指赤壁。 ⑥ 几何：没有多久，指距上次七月十六日之游未久。 ⑦ 摄衣：提起衣襟。 ⑧ 履巉岩：踏着高峻的山岩。 ⑨ 披蒙茸：拨开茂密的乱草。 ⑩ 踞虎豹：蹲坐在状若虎豹的山石上。 ⑪ 登虬龙：跨过状如虬龙的古木。虬龙，传说中有角的小龙。盘曲的树干似之，故以代称。 ⑫ 危巢：高巢。此句意为攀扶着有高巢的树。 ⑬“俯冯夷”句：冯夷，水神名，相传他溺死于河中，为河伯。句意是说往下俯视大江。 ⑭ 玄裳缟衣：黑色下裙，白色上衣。鹤羽洁白，翅旁及尾部呈黑色。这里借人的服色以说鹤的毛色。 ⑮ 蹁跹：一本作“蹁仙”。形容道士步履飘忽之状。又以形容鹤的舞姿，如杜甫《西阁曝日》诗：“翩跹山巅鹤。”这里双关道士与鹤的步态。 ⑯ 畴昔：往日。畴字是语首助词，无义。“畴昔之夜”，这里指昨夜。 ⑰ 悟：一本作“寤”，意同，均作“觉醒”解。

《前赤壁赋》是记夏历七月十六夜的江游，本篇是记十月十五夜的江游，读者首先能感受到的是两赋因季节不同而呈现的景物的变化。前赋是“清风徐来，水波不兴”“白露横江，水光接天”，一派新秋的景象；后赋是“霜露既降，木叶尽脱”“山高月小，水落石出”的初冬江上之景。除了时令景色外，两次夜游的起兴和游程也大不相同。第一次是有目的、预先计划好的月下泛舟，人不离舟，所写的只是江与月，感情和议论也围绕着江与月而发，一气贯彻；这一次却并无江游的预谋，在散步中为“月白风清”的良夜所吸引，陡起游兴，才再度泛舟的，而且还舍舟登山，山游后又复舟游，过程曲折得多，展示的景色也因之而繁富。但更重要的区别是，前赋是作者以自己出面，发表了一篇议论，写的是舟中发生的实事；后赋则用道士化鹤这一俨然是印证前赋“羽化而登仙”的虚幻故事，作为高潮也作为余韵，以抒发超脱的情怀。对这两赋的意境，清代批评家金圣叹的领会颇为高明，他在《天下才子必读书》中评道：“前赋是特地发明胸前一段真实了悟，后赋是承上文从现身现境一一指示此一段真实了悟。”又说：“若无后赋，前赋不明；若无前赋，后赋无谓。”把前后两赋的异同和关系说得相当透彻。

如果道士化鹤掠舟而过又到斋中相见不是托之于梦幻，那就变成一个荒诞的神怪故事，情趣也就因之顿减了。作者将这情节置之于若疑若信的恍惚的梦境，便觉得满纸空灵奇幻之中，作者的精神状态却是真实可信的。鹤是实体，梦中的道士为鹤的化现，是作者的积想所致的幻觉。从这个幻觉中透露了作者精神升腾入大自然的旷达之思，将自己升华而与大自然合为一体了。

此赋的写景，一向被历代文评家所推赏。其杰出之处在于不假辞藻，自然而工致。如首段的“人影在地，仰见明月”；第三段的“江流有声，断岸千尺。山高月小，水落石出”和“山鸣谷应，风起水涌”等语，全用白描，却给人以清新之感，字面质朴而诗情丰腴。这是诗人突入了自然之后，汲取了风景的精髓，以简约平淡的语言给以准确表达的缘故，其风味极像陶渊明的诗句。苏轼在古代诗人中最倾服陶渊明，自称“吾于诗人无所甚好，独好渊明之诗。渊明作诗不多，然其诗质而实绮，癯而实腴，自曹、刘、鲍、谢、李、杜诸人，皆莫及也”（见苏辙《子瞻和陶渊明诗集引》所述）。爱陶心切，便不知不觉追求着陶渊明“外枯而中膏，似淡而实美”（苏轼《评韩柳诗》）的境界。

写景写得好，是因为景中有情。所谓景中有情，不一定是在刻画景物时寄予感慨，而在于所刻画的对象中透露出作者的视角，作者对景物的体会，也即是有作者的诗情在内。于是风景与人格一致，达到了方苞所谓“胸无杂物，触处流露，不知其所以然而然”（王文濡《评校音注古文辞类纂》评此文引）的主客观契合的创作心理状态。

此赋的散文味更重，但音律依然有韵文的铿锵。好几处押的是“藏韵”，有如书法笔画中的藏锋。如第二段“藏之久矣”的“久”，与上句“酒”押韵；第三段“而江山不可复识矣”的“识”，与前面“尺”“出”押韵；“盖二客不能从焉”的“从”，与前面“茸”“龙”“宫”及后面的“动”“涌”“恐”押韵；“听其所止而休焉”的“休”，与前面“留也”的“留”和“舟”“流”押韵，韵字后面均带虚字作尾，都必须在诵读时才能体察。赋的古义为诵，古人称不歌而诵的为赋，赋原是要诵读才能诵出滋味来的。（何满子）

上枢密韩太尉书　　苏　辙

太尉执事：辙生好为文，思之至深。以为文者气之所形；然文不可以学而能，气可以养而致。孟子曰：“我善养吾浩然之气①。”今观其文章，宽厚宏博，充乎天地之间，称其气之小大。太史公行天下，周览四海名山大川，与燕、赵间豪俊交游②，故其文疏荡，颇有奇气。此二子者，岂尝执笔学为如此之文哉？其气充乎其中而溢乎其貌，动乎其言而见乎其文，而不自知也。

辙生十有九年矣。其居家所与游者，不过其邻里乡党[③]之人，所见不过数百里之间，无高山大野可登览以自广；百氏之书虽无所不读，然皆古人之陈迹，不足以激发其志气。恐遂汩没，故决然舍去，求天下奇闻壮观，以知天地之广大。过秦、汉之故都，恣观终南、嵩、华之高[④]，北顾黄河之奔流，慨然想见古之豪杰。至京师，仰观天子宫阙之壮，与仓廪府库、城池苑囿之富且大也，而后知天下之巨丽。见翰林欧阳公，听其议论之宏辩，观其容貌之秀伟，与其门人贤士大夫游，而后知天下文章聚乎此也。

太尉以才略冠天下，天下之所恃以无忧，四夷之所惮以不敢发，入则周公、召公，出则方叔、召虎[⑤]，而辙也未之见焉。且夫人之学也，不志其大，虽多而何为！辙之来也，于山见终南、嵩、华之高，于水见黄河之大且深，于人见欧阳公，而犹以为未见太尉也。故愿得观贤人之光耀，闻一言以自壮，然后可以尽天下之大观而无憾者矣。

辙年少，未能通习吏事。向之来非有取于斗升之禄，偶然得之，非其所乐。然幸得赐归待选，使得优游数年之间，将归益治其文，且学为政，太尉苟以为可教而辱教之，又幸矣。

注 ①"我善养"句：见《孟子·公孙丑上》。 ②"太史公"三句：太史公，指司马迁。《史记·太史公自序》："迁生龙门，耕牧河山之阳。年十岁则诵古文。二十而南游江、淮，上会稽，探禹穴，窥九疑，浮于沅、湘，北涉汶、泗，讲业齐、鲁之都，观孔子之遗风，乡射邹、峄，厄困鄱、薛、彭城，过梁、楚以归。"燕、赵，战国时国名，借指今河北、山西一带地区。 ③ 邻里乡党：古代社会基层组织的名称。据《周礼·地官》载，五家为比（邻），二十五家为闾（里），五百家为党，一万二千五百家为乡。此处泛指乡里。 ④"过秦、汉"二句：秦、汉之故都，秦都咸阳（今属陕西），西汉都长安（今陕西西安），东汉都洛阳（今属河南）。终南，山名，在今西安市南。嵩，嵩山，在今洛阳市东南。华，华山，陕西华阴市。 ⑤"入则"二句：周公，周武王弟姬旦。召公，周文王庶子姬奭（shì）。都是辅佐周初武王、成王的重臣。方叔，周宣王时征服"荆蛮"有功。召虎，召公后代，周宣王时平定"淮夷"。作者举此四人，比况韩琦有将相之才，赞颂他威望极高。

题中的韩太尉，指的是韩琦（1008—1075），字稚圭，安阳（今属河南）人。他历仕仁宗、英宗、神宗三朝，宋仁宗嘉祐元年（1056）为枢密使，执掌全国军事，与秦汉时掌管兵权的太尉相似，所以信中称韩琦为太尉。

仁宗嘉祐二年（1057），苏辙十九岁，与其兄苏轼同时中进士。他当时写这封信，是想表达结识韩琦的愿望。就其内容实质而言，属于所谓的“干谒”文字，但苏辙所写的这封书信显然不同。书信一开头就奇兀不凡，完全丢弃仰慕之类的陈辞俗套，提出为文与养气关系的宏大之论，可谓先声夺人。作者首先自我介绍，说自己喜爱为文，并曾作过深入的思考，认为“文者气之所形”，文章是一个人的气质修养的体现，为文与养气有着密切的联系。曹丕《典论·论文》中说：“文以气为主，气之清浊有体，不可力强而致。”强调文章写作决定于一个人的先天气质和禀赋，而不是后天的努力。苏辙在这封书信中则提出了不同的看法：“文不可以学而能，气可以养而致。”认为不先养气而单去学习写文章，是不能学会的，而人的气质则可以通过后天的学习和修养获得。对于如何养气，苏辙举了两位著名人物为例。一是孟子，这位思想家提出过“吾善养吾浩然之气”说，作者用以说明后天的内在修养有助于养气，孟子善于养他胸中的博大刚正之气，所以他写的文章宽厚宏博，气魄、气势极大，内在的修养与体现于外的文章完全一致，两者密切相关；二是司马迁，这位史学家和文学家写成不朽的著作《史记》，在于他的周游四海名山大川，与燕、赵地区的豪杰人物的广泛交游，所以《史记》的文章写得疏朗奔放、跌宕洒脱，作者用以说明后天的外在阅历有助于养气。在以上述两位著名人物为例之后，作者依随文势作一小结，提出这两位人物的文章都不是单纯学习而得，而是由于养气所致。对苏辙的这一观点，今人郭绍虞的《中国文学批评史》曾经作过解释：“苏氏兄弟都用力于文字，而同时又都有不敢作文之意。……子由（苏辙）上不能如子瞻（苏轼）之入化境，而下又不敢有作文之意，不欲求工于言语句读以为奇，此所以谓‘文不可以学而能’。但神化妙境虽不可学，言语句读虽不屑学，而‘生好为文’，癖性所嗜，未能忘情，于是不得不求之于气。盖理直则气壮，气盛则言宜，气是理与言中间的关键，于是想由气以进乎言宜之域。这样，所以说文是气之所形，而养气则文自工。”孟子通过内在修养，司马迁通过外在阅历，达到养气的目的，内在的气充盈，自然外溢而表现为文章，活跃于语言，呈现于文采，再次强调养气的重要性。

就道学家来说，其养气重在修养，其功夫从内证入，较难着手；古文家养气，则重在阅历，其功夫由外做起，有所依据。苏辙结合自身经历的叙述，就是古文家重在阅历的养气之说。局居四川家乡十九年，“所与游者，不过其邻里乡党之人”，是交游不广，切磋提高受到限制；“所见不过数百里之间，无高山大野可登览以自广”，是见识有限，胸襟眼界的拓宽受到影响；虽然读书不少，“然皆古人之陈迹”，与活生生的现实相去甚远，缺少实际生活的体验。以上三者，与司马迁的“周览四海名山大川”，“与燕、赵间豪俊交游”相对照。司马迁有非凡的阅历，所以他的文章疏荡，“颇有奇气”；自己阅历受到限制，自然“不足以激发其志气”：又一次强调阅历对于养气的重要性。文笔至此，自然一提：“恐遂汩没，故决然舍去，求天下奇闻壮观，以知天地之广大。”点明离乡赴京之原因，并带起以下一段文字。途中所见咸阳、长安、洛阳等秦、汉故都，终南山、嵩山、华山、黄河等名山大川，自然引起怀古的幽情，追怀往昔的英雄豪杰，这是阅历“足以激发其志气”之一；到京城后，又见到宫阙的壮伟，仓廪府库城池苑囿的富大，从而感到国家气象的巨丽，这是阅历“足以激发其志气”之二；再说见到当时文坛前辈欧阳修，直接听到他的宏议伟论，看到他的举止笑貌，与他周围的著名诗人贤士如梅尧臣、苏舜钦、曾巩等人接触，就如阅读到天下最好的文章，这是阅历“足以激发其志气”之三。途中和京城里所见，反衬出局居家乡的“无高山大野可登览”的寡于见闻；能与欧阳修等文坛名人交接，反衬出局居家乡的“所与游者，不过其邻里乡党之人”的言谈浅陋。由此表明，养气必须增加阅历。

这封书信的主旨是在期望韩琦的接见，但全文至此只字未提，似乎是闲文，其实不然。前面所写为文与养气，以及居家与赴京以后的不同感受，都是为了说明为文决定于养气，而养气在于阅历的深浅、宽窄、多少。周览名山大川是大自然的阅历，交接名人贤士也是一种阅历，而且是更高更重要的阅历，对一个人的气质、学问、道德、人品的提高，具有更加深刻的影响。作者写欧阳修及其周围的贤士门人，推赞欧阳修的文坛地位及其影响，都是为了说明这一点。而写养气，写阅历，写欧阳修，实际上又是为写韩琦所作的衬垫。对于韩琦的推重和称颂，虽然不免有阿谀之嫌，但究其实质，是在极欲结识韩琦，增长自己的见闻，激发自己的壮气。从苏辙来说，这次出蜀赴京，可谓大开眼界，大长见识，大拓心胸，收获极大。作者兴奋地总结说：“于山见终南、嵩、华之高，于水见黄河之大且深，于人见欧阳公”。而韩琦当时已负重名，与范仲淹并称“韩、范”，具有极高的威望，是作者心目中的崇拜对象。能够见到韩琦，将会鼓励自己树立远大的志向，这一次赴京之行就真正是“尽天下之大观而无憾者矣”！委婉而又巧妙地表达了希冀结识韩琦的强烈愿望。

最后一小段，自明志向。先说自己年少，“未能通习吏事”，为官作宦是外行，这次离乡进京，并非是来求取微小的俸禄，虽然这次考中进士，但也不是自己所乐意的事，表明自己所追求的不是官位，不是利禄、名声，充分显示出不同一般的志向。文章结尾提出，如果韩琦能进行指教，则将是莫大的荣幸，再一次委婉提出与韩琦结识的愿望。全文写得极有分寸，很有气势。（钟　陵）

黄州[①]快哉亭记　　苏　辙

江出西陵[②]，始得平地，其流奔放肆大。南合沅湘[③]，北合汉沔[④]，其势益张。至于赤壁之下，波流浸灌，与海相若。清河张君梦得谪居齐安[⑤]，即其庐之西南为亭，以览观江流之胜，而余兄子瞻[⑥]名之曰“快哉”。

盖亭之所见，南北百里，东西一舍[⑦]。涛澜汹涌，风云开阖。昼则舟楫出没于其前，夜则鱼龙悲啸于其下。变化倏忽，动心骇目，不可久视。今乃得玩之几席之上，举目而足。西望武昌[⑧]诸山，冈陵起伏，草木行列，烟消日出，渔夫樵父之舍，皆可指数：此其所以为快哉者也。至于长洲之滨，故城之墟，曹孟德、孙仲谋[⑨]之所睥睨，周瑜、陆逊[⑩]之所骋骛，其流风遗迹，亦足以称快世俗。

昔楚襄王从宋玉、景差于兰台之宫，有风飒然至者，王披襟当之，曰：“快哉此风！寡人所与庶人共者耶？”宋玉曰：“此独大王之雄风耳，庶人安得共之！”[⑪]玉之言盖有讽焉。夫风无雌雄之异，而人有遇不遇之变；楚王之所以为乐，与庶人之所以为忧，此则人之变也，而风何与焉？士生于世，使其中不自得，将何往而非病？使其中坦然，不以物伤性，将何适而非快？今张君不以谪为患，窃会计之余功，而自放山水之间，此其中宜有以过人者。将蓬户瓮牖无所不快，而况乎濯长江之清流，揖西山之白云，穷耳目之胜以自适也哉！不然，连山绝壑，长林古木，振之以清风，照之以明月，此皆骚人思士之所以悲伤憔悴而不能胜者，乌睹其为快也哉！

元丰六年十一月朔日赵郡⑫苏辙记。

注 ① 黄州：治今湖北黄冈。 ② 西陵：即西陵峡，又名夷陵峡、巴峡，为长江三峡中最长者，自巴东官道口至宜昌南津关，约一百五十公里。 ③ 沅湘：指沅水、湘水，二水都在长江南岸，流经洞庭湖，注入长江。 ④ 汉沔（miǎn）：指汉水。在长江北岸，流经勉县（原名沔县，1964年改为勉县）称沔水，流经汉中称汉水，经汉口入长江。 ⑤ 清河：县名，今属河北。张君梦得：张梦得，字怀民，又字偓佺，苏轼的友人。齐安：地名。南齐置齐安郡，隋废郡，省县入黄冈。故址在今湖北黄冈县西北。 ⑥ 子瞻：苏轼，字子瞻。 ⑦ 一舍：行军三十里为一舍。 ⑧ 武昌：在今湖北武汉。 ⑨ 曹孟德：曹操，字孟德。孙仲谋：孙权，字仲谋。二人为三国时赤壁之战中敌对双方的最高统帅。 ⑩ 周瑜：字公瑾，庐江舒（今安徽舒城）人，赤壁之战中东吴主将。陆逊：字伯言，吴郡吴（今江苏苏州）人，东吴大将，曾两次驻节黄州。 ⑪“昔楚襄王”数句：见宋玉《风赋》。宋玉、景差，均为战国楚辞赋家。 ⑫ 赵郡：苏辙先世为赵郡栾城（今河北赵县）人。

元丰二年（1079），苏轼因“乌台诗案”被贬至黄州。苏辙上疏营救苏轼，因而获罪被贬为监筠州（治所在今江西高安）盐酒税。两人手足情深，又同为逐客，时有书简往来，诗文唱酬。元丰六年，与苏轼同谪居黄州的张梦得，为览观江流，在住所西南建造了一座亭子，苏轼替它取名为“快哉亭”，还写了一首以快哉亭为题材的词——《水调歌头·黄州快哉亭赠张偓佺》，苏辙则为它作记以志纪念。

全文可分三段。

第一段记快哉亭的建造和命名。按常例的写法，开头应从亭子入手来揭示题意，但本文却先宕开一笔，从江水着笔，先写黄州附近长江的浩渺水面和壮阔气势，突出描绘江流之三变。第一变从西陵至平地：“江出西陵，始得平地，其流奔放肆大”。长江从上游的瞿塘峡、巫峡滚滚而下，流出西陵峡后，地势才较为平缓，江水因没有山石阻挡而流得奔放迅急，水面也开始宽阔浩大。“南合沅湘，北合汉沔，其势益张”是江流之二变。当长江在南面同沅水、湘水相会，北面同汉水汇合时，江面更其浩瀚。“至于赤壁之下，波流浸灌，与海相若”是第三变。这里的赤壁实为“赤鼻矶”，并非当年周瑜破曹操的赤壁。同苏轼在此地写《赤壁赋》一样，苏辙也是以假赤壁言真史实，聊以抒怀。长江在黄州附近，江流之大，简直同大海一般无二。至此，作者由远及近，描绘了一幅千里江流图，以海喻江，尤为壮观。接着，笔锋陡然收拢，转而写亭。“以览观江流之胜，而余兄子瞻名之曰‘快哉’”两句，不仅点出了造亭的目的和题意，而且揭示了他一上来先写江水的用意。造亭是为了观赏长江流水的美景从而引起快感，从江水着笔自然顺理成章。这样的写法起笔不凡，不落俗套。

第二段写亭以“快哉”命名的原因。先写登临亭子之所见令人“快哉”。“南北百里，东西一舍。”这两句是总写，说明在亭子中极目四望，能望见十分开阔的地面，为下文具体写景设下了广大的天地。“涛澜汹涌，风云开阖”，写江流的气势。波浪汹涌固已壮丽，而时隐时现、变幻不定的风云更是雄奇。接着用整齐的对偶句有声有色地描绘了江上白天、黑夜的奇景，使人不仅似目睹舟楫之出没，还似耳闻鱼龙之悲啸。这种景象瞬息万变，令人感到怵目惊心，因而“不可久视”。这段描写，将景色的奇幻和壮观写得淋漓尽致。“今乃得玩之几席之上，举目而足”为过渡句，既将文章引向深入，下文的“西望武昌诸山”即从“举目”远视而来，而“玩”“足”两字又自然地流露出得亭之喜，“快哉”之由，照应了题意。从“西望”开始由写江水转入写山冈，也即将视线从江面转至岸上。岸上风光写得明丽清晰，冈陵、草木、云烟、日色、屋舍，尽收眼底，历历如画。江山形胜，对此水色山光，登临者谁能不“快哉”于心呢？文章到此，水到渠成地把快哉亭命名之由点了出来。然而这只是将亭子取名为“快哉”的一个原因。接着再叙述凭吊此地的三国遗迹也足以使人称快。“至于”以下四句，追溯了赤壁大战的情景，笔墨极其简省却又摇曳生姿。“睥睨”本是斜视的样子，可引申为傲视，这就传神地描绘出当时曹操、孙权气吞对方的气概。“骋骛”，犹言驰骋、疾驰，形容来往活跃，形象地再现了周瑜、陆逊在战场上争胜角逐的情景。说明凭吊历史遗迹，感染古人的流风余韵也足以使世俗之人称快，这是将亭子取名为“快哉”的另一个原因。

第三段就“快哉”二字抒发议论。承接上文的怀古，探求“快哉”两字的出处，因而自然地引录了宋玉《风赋》中所写的有关故事。这个故事不仅交代了“快哉”两字的来历，而且还从宋玉将风分为雌雄，认为楚王的雄风庶人不得与共生发开去，指出风没有雌雄之分，而人有遇不遇之别，因此，同样一阵风吹在楚王身上感到“快哉”，而吹在老百姓身上就感到忧伤了，这是因为各人的情况不同，和风本身无涉。行文至此，极其自然地引向了文章主旨的讨论：士处于世，该抱怎样的态度呢？作者先不作正面回答，而是用排比句提出一反一正两种态度：一是假如一个人心中没有自得之乐，那么无论到什么地方，他都不会愉快；一是假如一个人心中坦然自若，不因为外界事物的影响而伤害自己的本性，那么无论到什么地方，他都不会不愉快。接着就以张梦得的具体行为来对后面一种态度作出肯定。张梦得是苏轼的挚友，深受苏轼思想性格的影响。苏轼在长期的谪居生活中旷达自持，随遇而安，“此心安处是吾乡”。张梦得也“不以谪为患”，他在黄州屈任主簿之类的小官，利用征收钱粮之余暇，放任于山水之间。作者认为张梦得能如此，说明他内心有过人之处，并设想即使让他住在极其简陋的用蓬草编门、破瓮做窗的屋子里，他也不会有什么不快乐的事。这既照应了前面的“何适而非快”，又为下文作铺垫。“而况乎”两句夸张地表现了张梦得居住于此的快乐：可用长江清流来洗涤，能与西山白云相对揖，可谓极尽耳目所能取得的乐趣来使自己畅快。文章至此，主旨已显，并已暗与前文的造亭观景相呼应，似乎可以打住了。然而，文情陡起，又生波澜，用“不然”两字反面说开去，再深一层说明文章主旨。作者仍由写景入手，绘出了一幅与前迥异的画面：连绵不断的山冈，深不见底的山谷，宽广的森林，参天的古树，清风吹动，明月高照。这一切显得幽凄寂寥，在以谪为患的诗人士大夫看来，当然会触景生情，黯然神伤。故作者不由得说道：“乌睹其为快也哉！”这句既照应了前文的“使其中不自得，将何往而非病”，又进一步衬托了张梦得“何适而非快”的旷达胸怀，其反诘的语气发人深思，言尽而意不尽。结尾交代写作的时间及作者。作者的祖先是赵郡栾城（今属河北）人，所以他自称赵郡苏辙。

古人在修筑亭台楼观时常常要撰写记文，记述建造、修葺的过程，以及登临所见和引起的感慨等等。本文就是此类文章的代表作。它在记述了建造亭子的有关问题之后，即描绘登临所见的景色并由此而引起感慨，抒发议论：认为士处于世，应像张梦得这样心中坦然，“何适而非快”，并以此慰勉包括作者自己在内的所有被贬的人。文章表面上反映了作者身处逆境的旷达胸怀，实际上也流露出他对政治失意的牢骚和不平。

本文构思精巧，文意集中，通篇以“快哉”两字贯串，“快”字凡七见，与“自适”的主旨相绾结，抒发在逆境中自勉之意，诚为记文的上乘之作。（沈惠乐）

书《洛阳名园记》后

李格非

洛阳处天下之中，挟殽、渑之阻[①]，当秦、陇之襟喉[②]，而赵、魏之走集[③]，盖四方必争之地也。天下常无事则已，有事则洛阳必先受兵。予故尝曰：洛阳之盛衰，天下治乱之候[④]也。

方唐贞观、开元[⑤]之间，公卿贵戚开馆列第于东都者，号千有余邸。及其乱离，继以五季之酷[⑥]，其池塘竹树，兵车蹂践，废而为丘墟；高亭大榭，烟火焚燎，化而为灰烬，与唐共灭而俱亡者，无余处矣。予故尝曰：园圃之废兴，洛阳盛衰之候也。且天下之治乱，候于洛阳之盛衰而知；洛阳之盛衰，候于园圃之废兴而得；则《名园记》之作，予岂徒然哉？

呜呼！公卿大夫方进于朝，放乎一己之私意以自为，而忘天下之治忽[⑦]，欲退享此乐，得乎？唐之末路是矣！

注 ① 挟：挟恃，凭借。殽（yáo）：山名，在今河南省洛宁县北，位于函谷关东端，地势险要。渑（miǎn）：即渑池，在今河南省渑池县西，古代九塞之一。阻：险阻。 ② 秦、陇：今陕西、甘肃一带地区。襟喉：衣襟与咽喉，比喻要冲之地。 ③ 赵：今河北南部、山西东部、河南北部一带。魏：今山西西南部、河南北部一带。走集：边境上的壁垒。 ④ 候：征兆、迹象。 ⑤ 贞观、开元：分别为唐太宗、唐玄宗年号。 ⑥ 五季：五代（后梁、后唐、后晋、后汉、后周）。酷：酷烈的战争。 ⑦ 治忽：治理与怠忽，指国家的安定与荒乱。

洛阳园林，在宋代号称“天下第一”（邵博《邵氏闻见后录》卷二十四语）。李格非的《洛阳名园记》就是一本记述洛阳名园的专著。其中共记名园十九处，如富弼的富郑公园、董氏的西园和东园、王开府的环溪园、安公的丛春园等等。这些园林，都属于僧寺或达官富豪，无论在规模和风景方面，均足令人赞叹。作者在记述这些园林之后，忽又发表了一通有关国家兴衰的“大道理”（即本篇），这就使人“恍然大悟”：原来作者之所以要为那些名园“立传”，其真正目的是要从中引出历史的教训并用以警戒后人。证之宋代古文家们“文以明道”的文学主张和李格非本人“文不可以苟作”（见《宋史》本传）的写作态度，可知这篇《书后》，实是一篇借史鉴今的严肃的政论文。

文章的结构实很简单：第一段提出“洛阳之盛衰，天下治乱之候也”；

第二段进一步提出“园圃之废兴，洛阳盛衰之候也”，故又在此基础上揭示“《名园记》之作，予岂徒然哉”的“文不苟作”的写作目的；第三段则由古及今，批判当朝公卿大夫的享乐风气。全文行文简洁而推理严密，具有很强的逻辑说服力与鲜明的现实针对性。

不过，或许有读者会提出这样的疑问：“天下之治乱”，难道非由洛阳的盛衰才反映出来吗？而“洛阳之盛衰”，又为什么非要由其园林之兴废才表现出来呢？这就牵涉到本文“以小及大”“见微知著”和“因典型而明全局”的论证角度与推理方法。

照理，天下大乱，受害之处必不止一处。然而作者却斩钉截铁地说：“洛阳处天下之中，挟殽、渑之阻，当秦、陇之襟喉，而赵、魏之走集，盖四方必争之地也。天下常无事则已，有事则洛阳必先受兵。”这里，作者提出了两个有力的论据：第一是洛阳的特殊地理环境（古人认为它地处“天下之中”）决定了它是一个兵家必争之地，是一个关系到全局性军事形势的战略要冲；第二是洛阳的历史告诉人们：从东周到五代，先后有九个王朝在此建都，而每一次改朝换代都免不了一场激烈的争夺洛阳之战。提出这样两条强有力的论据，人们就不得不同意作者的结论：“洛阳之盛衰，天下治乱之候也”——尽管人们也同时意识到，除了洛阳也还有其他军事要地的情况与它相似。

其次，洛阳的盛衰也自有其多方面的表现，作者却紧紧抓住“园圃之废兴”来考察，这就是一种“因典型而明全局”的论证角度。他举出唐五代的例子作证：当贞观、开元的所谓“盛世”时，洛阳的园林馆舍不止有千家之多，而等到唐末五代战乱纷起时，这些园圃却都化为灰烬。这就证明园圃之废兴与洛阳的盛衰乃至整个国家的治乱之间，存在着一种“见微而知著”的联系。至此，作者自然有理由得出又一个结论：“天下之治乱，候于洛阳之盛衰而知；洛阳之盛衰，候于园圃之废兴而得”。

明乎上述论证角度与推理方法，我们就可以更加清楚地看出，《名园记》之作决非“徒然”，而实有其现实的针对性：“呜呼！公卿大夫方进于朝，放乎一己之私意以自为，而忘天下之治忽，欲退享此乐，得乎？唐之末路是矣！”这样就“卒章显志”，亮出了自己真正的写作意图：借古鉴今，批判现实。其“警世”的语气是十分严厉和深沉的。

可惜的是，北宋后期的统治集团却正好重新走进了本文所指出的“唐之末路”，由享乐荒淫而导致覆国。对于他们在洛城所过的狂游生活，只消举出当时人朱敦儒的一首词就可知其一斑："故国当年得意，射麋上苑（按：洛阳为北宋西都，故有'上苑'），走马长楸。对葱葱佳气，赤县神州。好景何曾虚过？胜友是处相留。向伊川雪夜，洛浦花朝，占断狂游。"（《雨中花》上片）可是，就在他们"诗万首，酒千觞"，"且插梅花醉洛阳"（朱敦儒《鹧鸪天》）的"狂游"之际，金兵的铁骑却动地而来，终于一举攻陷了汴京和洛阳，使得北宋因之亡国。十年之后，"曾是洛阳花下客"的一位著名诗人陈与义，就用哀婉的笔调，写出了对于洛阳故都的深切悼念："一自胡尘入汉关，十年伊洛路漫漫。青墩溪畔龙钟客，独立东风看牡丹。"（《牡丹》）牡丹原是洛阳的"花王"和骄傲，李格非在《名园记》中就特别加以记述："洛阳花甚多种，而独名牡丹曰花王。凡园皆植牡丹……至花时张幄幕，列市肆，管弦其中，城中士女，绝烟火游之。"而至靖康之变以后，恐怕就如本篇所描绘的五代乱世那样，"兵车蹂践，废而为丘墟"，"烟火焚燎，化而为灰烬"矣。这预言，竟不幸而被北宋亡国的惨痛历史所再次证实，人们对此也仅能重新发出本文所嗟叹的"呜呼"二字来表示其万千感慨！作者能在号称"太平盛世"的徽宗朝，尖锐地揭露掩盖于表面繁荣下的深刻社会危机，并预见到公卿大夫的享乐必将导致亡国，这就不能不使人惊叹其识见之深远和文笔之犀利。南宋初期流寓江南的洛阳人邵博在乱后重读《名园记》，就曾为之痛哭流涕，并在其《闻见后录》中特意重录了此记，由此亦可见出它的深刻预见性和现实针对性。本文作者除《名园记》外，著述俱已散佚，但仅从这篇《书后》来看，他已不愧是位关心国事的有识之士和笔力"陵轹直前"（《宋史》本传语）的古文家了。（杨海明）

烟艇记　　陆　游

陆子寓居得屋二楹[①]，甚隘而深，若小舟然，名之曰烟艇。客曰："异哉！屋之非舟，犹舟之非屋也。以为似欤，舟固有高明奥丽逾于宫室者矣，遂谓之屋，可不可耶？"

陆子曰："不然。新丰非楚[②]也，虎贲非中郎[③]也，谁则不知。意所诚好而不得焉，粗得其似，则名之矣。因名以课实，子则过矣，而予何罪？予少而多病，自计不能效尺寸之用于斯世，盖尝慨然有江湖之思，而饥寒妻子之累劫而留之，则寄其趣于烟波洲岛苍茫杳霭之间，未尝一日忘也。使加数年，男胜锄犁，女任纺绩，衣食粗足，然后得一叶之舟，伐荻钓鱼而卖芰芡，入松陵④，上严濑⑤，历石门、沃洲⑥，而还泊于玉笥⑦之下，醉则散发扣舷为吴歌，顾不乐哉！虽然，万钟之禄⑧，与一叶之舟，穷达异矣，而皆外物。吾知彼之不可求，而不能不眷眷于此也。其果可求欤？意者使吾胸中浩然廓然，纳烟云日月之伟观，揽雷霆风雨之奇变，虽坐容膝之室⑨，而常若顺流放棹，瞬息千里者，则安知此室果非烟艇也哉！”绍兴三十一年八月一日记。

注 ① 楹：计屋标准，一般都以屋一间为一楹。 ② 新丰非楚：汉高祖刘邦，楚丰县（今属江苏）人。高祖称帝，建都长安，因太上皇思归故里，乃于故秦骊邑仿丰地街巷筑城并将丰县的故人一齐搬来，以取悦太上皇。新丰故城在今陕西临潼县。 ③ 虎贲中郎：蔡邕，后汉名士，为王允所杀。其友孔融见到虎贲士（武士）的面貌和蔡相似，引与同座饮酒，并曰：“虽无老成人，尚有典型。” ④ 松陵：地名，在浙江绍兴、桐庐间。 ⑤ 严濑：水流沙上曰濑。严濑在浙江桐庐县，因严光（子陵）隐居此地而得名。 ⑥ 石门、沃洲：石门山在浙江青田县西，沃洲山在浙江新昌县东。 ⑦ 玉笥：山名，在浙江绍兴市东南。 ⑧ 万钟之禄：六斛四斗为一钟。万钟之禄，古代高官的俸禄。 ⑨ 容膝之室：极狭小的居室。

绍兴三十一年（1161），陆游在临安从敕令所删定官调任大理寺司直，寓居“百官宅”。据《乾道临安志》记载，百官宅属“府第”类，在石灰桥。一时名流周必大、李浩亦同时寓此，与陆游连墙为邻。而本文记述，他所住的小屋仅二间，“甚隘而深，若小舟然”，所以取了一个颇使人感到奇怪的名字：“烟艇”。文章就由这取名的奇特而引起——一位客人就代我们向作者提出了这个疑问：“屋是屋，舟是舟；屋之非舟，就像舟之非屋。若您认为二者有相似之处，所以把小屋取名为‘烟艇’；那么，有些舟船的高大明亮、深邃富丽甚至超过了宫室，您难道也把这些舟船称之为‘屋’吗?”对此，就引发了作者一大通的议论，而其主旨即在于下面这句：“意所诚好而不得焉，粗得其似，则名之矣。”也就是说，作者虽然身困于小屋之中，但心所向往的却是“烟艇”；现在二者既有某些相似，那就何不借给小屋取名为“烟艇”，以之寄托自己的志趣，填补“求而不得”的心理缺憾？文章就用“逗人悬念”的方法开头，然后结出本文的主题：“虽坐容膝之室，而常若顺流放棹”——即是：身居陋室而心怀烟波浩淼的隐逸生活。

这里，有一个问题应该说清：在古代文学作品中，“烟艇”这个词语实际已成了隐逸生活的象征。古代文学作品中常有这样的现象：某些词语，或某种意象，由于历代作者反复在相似的感情环境中使用，因而就变成了一种特定的感情符号或感情象征，其中凝聚了一定的心理积淀，蓄储了一定的心理信息。比如，一提到“寒砧”二字，人们便会联想到闺妇对于征夫的思怨；而一提到“长亭”二字，人们心头马上又会涌现出“两情依依，难舍难分”的心理体验。而本文题目所标的“烟艇”二字，也同是这样一个“感情象征”；它所象征的，便是人们对于“放舟乎烟波之中”的隐逸生活的无限向往之情。这个“感情象征”的形成，时间很早，其源似乎可以推溯到《史记》中所记载的范蠡，他于辅助勾践灭吴之后“乃乘扁舟，浮于江湖”。这里就隐约出现了“烟艇”的“雏形”。后来，有许许多多文人又进一步对之“加工”，就形成了对于“烟艇”的更加生动优美的描绘。举其最常见者，如中唐人张志和，自称“烟波钓徒”，其平生大愿是“浮家泛宅，往来苕、霅间”；而他的“青箬笠，绿蓑衣，斜风细雨不须归”的《渔父》词，就更为他的“烟艇”生活披上了一层“诗”的美丽外衣。再如苏轼，在他有名的《前赤壁赋》中也出现过如此旷逸的意境：“纵一苇之所如，凌万顷之茫然”，“驾一叶之扁舟，举匏樽以相属”。这里的“一苇”和“一叶扁舟”，实际上也就是“烟艇”的另一种表现形式。至于陆游本人，他对“烟艇”生活亦即隐逸生活的向往，我们更可举其《澄怀录》中对朱敦儒隐居生涯的记述为例：“朱希真居嘉禾（今浙江嘉兴），与朋辈诣之。闻笛声自烟波起，顷之，棹小舟而至，则与俱归。”请看，朱敦儒放舟于烟波之间，吹短笛而唱渔歌的隐逸生活就是何等逍遥自在，优哉游哉！所以，陆游把自己的小屋命名为“烟艇”，就明显地寄寓着他对这类隐逸生活“虽不能至，然心向往之”的无限企慕之情。对于这种生活理想，他在本文里也作了具体而生动的描写：“得一叶之舟，伐荻钓鱼而卖芰芡，入松陵，上严濑，历石门、沃洲，而还泊于玉笥之下，醉则散发扣舷为吴歌，顾不乐哉！”在这段话中，我们似乎看到了古代无数高人隐士的身影，也似乎预见了他在晚年所作《鹊桥仙》词中所勾画的“自我形象”：“一竿风月，一蓑烟雨，家在钓台西住。卖鱼生怕近城门，况肯到红尘深处？　　潮生理棹，潮平系缆，潮落浩歌归去。时人错把比严光，我自是无名渔父。”故而，陆游之为小屋取上一个奇特的“烟艇”之名，实有深意存焉。

现在需要进一步探究的问题是：陆游当时正值初入仕途之际，又年当身健力壮之龄（三十七岁）；照理，一个人产生隐逸之思常是在倦于官场及年晚力衰之时，但现今为何提前出现了这种欲求退隐的心理倾向？对此，我们仍应从本文的字里行间去细求。文中一曰：“予少而多病，自计不能效尺寸之用于斯世，盖尝慨然有江湖之思”；二曰：“饥寒妻子之累劫而留之，则寄其趣于烟波洲岛苍茫杳霭之间”。这就提供了两方面的答案：第一，作者其实早有“用世”之大志（他早在三十二岁所作的《夜读兵书》诗中就说过：“平生万里心，执戈王前驱”），但因投降派的打击（他三十岁赴礼部试时曾被主考官名列前茅，却为秦桧所黜落），迟迟未能伸展其大才。现今虽在京师任职，然而仍“不能效尺寸之用于斯世”，所以就自然而产生那种思欲归隐的思想。第二，作者尚有生计之累，于此，也生发了“做官不如回家种田打鱼”的牢骚。故而，陆游之名其小屋为“烟艇”，一方面是表达了自己从中国士大夫传统思想中承传而得的隐逸情趣，另一方面却又可以看作是他怀才不遇、不满现实的愤懑情绪之表露。只有把这两方面综合起来看，始能比较全面与深刻地认识他此时此地的复杂心态。

中国古代文人常会遇到这样的心理矛盾：是“入世”好，还是“出世”好？是为国家建功立业好，还是退隐江湖，做一个高人隐士好？在他们看来，这两方面就像“鱼”与“熊掌”那样，都是“我所欲也”却又“不可得兼”。于是，便出现了李商隐那种思欲“调和”或“统一”这二者的诗句：“永忆江湖归白发，欲回天地入扁舟”（《安定城楼》）。也就是说：“隐逸江湖”之思，是终身所怀的愿望；不过，真正的归隐，当在干过一番回天转地的大事业、两鬓斑白之后方始心安理得地实行。可惜的是，这种理想除开极少数人（如范蠡）外，几乎都无法做到。因而，陆游在本文中就改从另一个角度来表述他那既不能效功于当世又不能真正归隐江湖，既身困于陋屋闲官又强烈心怀故乡田园的苦恼；而如果再深一层挖掘，我们便可从其“反面”发现：作者的真正愿望却仍在李商隐的那两句诗中！这样，我们通过“剥笋抽茧”式的分析，就能透过其表层的翳障而直探其心灵奥区：本文实际是以旷逸之语来发泄他思欲用世而不能的苦闷——果然，在此文写后不久，陆游便有机会积极投身于当时的抗金北伐战争中去了（先是上书《代乞分兵取山东札子》，主张北伐；后是改调镇江通判，筹划军事）；到那时，我们既不见了他困于“饥寒妻子之累”的倦色，也听不到他“自计不能效尺寸之用于斯世”的喟叹，而只看到一位“壮岁从戎，曾是气吞残虏”（《谢池春》词）的爱国志士，正奔忙出没于抗金前线……

根据以上分析，本文在写作上的特点，除开其发端的故设悬念、引人好奇之外，主要还在于它的借题发挥和弦外有音。“借题发挥”是指借给小屋取名为“烟艇”来抒发他那“身在魏阙，心存江湖”的隐逸志趣；“弦外有音”又是指它的表面作旷达语而实际寓“英雄无用武之地”的牢骚——作者在他后来回忆这段“百官宅”的生活时，尚有诗曰：“簿书衮衮不少借，怀抱郁郁何由倾?”（《往在都下时，与邹德章兵部同居百官宅，无日不相从……》）特别对于这后一点，读者须细心体味，方能察其真谛。（杨海明）

峨眉山行纪

范成大

乙未[①]，大霁[②]。……过新店、八十四盘、娑罗平[③]。娑罗者，其木叶如海桐，又似杨梅，花红白色，春夏间开，惟此山有之。初登山半即见之，至此满山皆是。大抵大峨之上，凡草木禽虫悉非世间所有。昔固传闻，今亲验之。余来以季夏，数日前雪大降，木叶犹有雪渍斓斑之迹。草木之异，有如八仙[④]而深紫，有如牵牛而大数倍，有如蓼而浅青。闻春时异花尤多，但是时山寒，人鲜能识之。草叶之异者亦不可胜数。山高多风，木不能长，枝悉下垂。古苔如乱发鬖鬖挂木上，垂至地，长数丈。又有塔松，状似杉而叶圆细，亦不能高；重重偃蹇如浮图[⑤]，至山顶尤多。又断无鸟雀，盖山高，飞不能上。

自娑罗平过思佛亭、软草平、洗脚溪，遂极峰顶光相寺[⑥]，亦板屋数十间，无人居，中间有普贤小殿。以卯初登山，至此已申后。初衣暑绤[⑦]，渐高渐寒，到八十四盘则骤寒。比及山顶，亟挟纩[⑧]两重，又加毳衲驼茸[⑨]之裘，尽衣笥中所藏，系重巾，蹑毡靴，犹凛栗不自持，则炽炭拥炉危坐。山顶有泉，煮米不成饭，但碎如砂粒。万古冰雪之汁，不能熟物，余前知之。自山下携水一缶来，财[10]自足也。

移顷，冒寒登天仙桥，至光明岩，炷香。小殿上木皮盖之。王瞻叔参政[11]尝易以瓦，为雪霜所薄[12]，一年辄碎。后复以木皮易之，翻可支二三年。人云佛现[13]悉以午，今已申后，不若归舍，明日复来。逡巡[14]，忽云出岩下傍谷中，即雷洞山也。云行勃勃如队仗，既当岩则少驻。云头现大圆光，杂色之晕数重。倚立相对，中有水墨影若仙圣跨象[15]者。一碗茶顷，光没，而其傍复现一光如前，有顷亦没。云中复有金光两道，横射岩腹，人亦谓之"小现"。日暮，云物皆散，四山寂然。乙夜灯出[16]，岩下遍满，弥望以千百计。夜寒甚，不可久立。

丙申[17]，复登岩[18]眺望。岩后岷山万重；少北则瓦屋山，在雅州[19]；少南则大瓦屋，近南诏[20]，形状宛然瓦屋一间也。小瓦屋亦有光相，谓之"辟支佛[21]现"。此诸山之后，即西域雪山，崔嵬刻削，凡数十百峰。初日照之，雪色洞明，如烂银晃耀曙光中。此雪自古至今未尝消也。山绵延入天竺诸蕃[22]，相去不知几千里，望之但如在几案间。瑰奇胜绝之观，真冠平生矣。

复诣岩殿致祷，俄氛雾四起，混然一白。僧云："银色世界也。"有顷，大雨倾注，氛雾辟易。僧云："洗岩雨也，佛将大现。"兜罗绵云[23]复布岩下，纷郁而上，将至岩数丈辄止，云平如玉地。时雨点有余飞。俯视岩腹，有大圆光偃卧平云之上，外晕三重，每重有青、黄、红、绿之色。光之正中，虚明凝湛，观者各自见其形现于虚明之处，毫厘无隐，一如对镜，举手动足，影皆随形，而不见傍人。僧云："摄身[24]光也。"此光既没，前山风起云驰。风云之间，复出大圆相光，横亘数山，尽诸异色，合集成采，峰峦草木，皆鲜妍绚蒨，不可正视。云雾既散，而此光独明，人谓之"清现"。凡佛光欲现，必先布云，所谓"兜罗绵世界[25]"。光相依云而出；其不依云，则谓之"清现"，极难得。食顷，光渐移，过山而西。左顾雷洞山上，复出一光，如前而差小。须臾，亦飞行过山外，至平野间转徙，得得[26]与岩正相值，色状俱变，遂为金桥，大略如吴江垂虹[27]，而两圯[28]各有紫云捧之。凡自午至未，云物净尽，谓之"收岩"，独金桥现至酉后始没。

注 ① 乙未：宋孝宗淳熙四年（1177）六月二十七日。 ② 大霁：雪后大晴。 ③ 娑罗平：平，通“坪”，山中小块平地。娑罗，优昙花。宋宋祁《益都方物略记》：“娑罗花，生峨眉山中，类枇杷，数葩合房，春开，叶在表，花在中。”佛家认为是祥瑞之花。 ④ 八仙：绣球花。 ⑤ 浮图：塔。一作“浮屠”。 ⑥ 极：达到最高处。光相寺：在大峨山绝顶。旧名光普殿。 ⑦ 绤（xì）：粗葛布，此指夏天衣服。 ⑧ 纩（kuàng）：丝绵。 ⑨ 毳衲驼茸：毳（cuì），鸟兽的细毛。衲（nà），僧衣。驼茸，骆驼的细毛绒。 ⑩ 财：通“才”。 ⑪ 王瞻叔：名之望，曾任四川成都府路计度转运副使。孝宗时拜参知政事。 ⑫ 薄：迫，侵。 ⑬ 佛现：即“佛光”。它是太阳光相射处云雾上所生的彩色光环。因峨眉山是佛教名山，人们便把它联想成“佛现”。 ⑭ 逡（qūn）巡：此指顷刻之间。 ⑮ 仙圣跨象：指普贤菩萨骑着大象。佛寺中普贤塑像，往往骑着白象。 ⑯ 乙夜：二更时分，晚上十点左右。《颜氏家训·书证》：“汉、魏以来，谓为甲夜、乙夜、丙夜、丁夜、戊夜，亦云一更、二更、三更、四更、五更。”灯出：灯指神灯或圣灯。峨眉山顶夜间时可望见状如萤火、繁星般的光点，人称“神灯”。起因可能是磷火，也可能是树皮腐烂所发的光。 ⑰ 丙申：此指六月二十八日。 ⑱ 岩：指光明岩。 ⑲ 雅州：今四川雅安。 ⑳ 南诏：古国名，在今云南大理一带。 ㉑ 辟支佛：辟支迦佛陀的简称，指无师独自悟道之佛，为一通称。 ㉒ 天竺诸蕃：天竺，印度。诸蕃，指各少数民族和外国。 ㉓ 兜罗绵云：像兜罗绵一般的云。兜罗，树名，梵语。它所生的絮叫兜罗绵，意译为“杨华絮”。 ㉔ 摄身：摄取自身的影子。 ㉕ 兜罗绵世界：意为“云海”。 ㉖ 得得：特地。 ㉗ 吴江垂虹：吴江（今属江苏）的垂虹桥。本名利往桥，因上有垂虹亭，故名。在作者家乡不远处，故有此联想。 ㉘ 两圮（yí）：指桥的两边。

峨眉山位于四川峨眉县城郊外七公里，雄踞四川盆地西南缘，与浙江普陀山、安徽九华山、山西五台山并称佛教四大名山，相传为普贤菩萨道场。因山势逶迤，“如螓首蛾眉，细而长，美而艳”，故名。有大峨、二峨、三峨之分，一般人游览的即是大峨。其山脉峰峦起伏，重岩叠翠，气势磅礴，雄秀幽奇，素有“峨眉天下秀”的美称。尤其使人惊叹叫绝的是山顶所幻现的“佛光”，一睹之后简直令人终生难忘，所以古往今来就吸引了不知多少游客，赢得了无数诗人墨客的称赞。

在众多的峨眉山纪游诗文中，范成大的这篇游记可称是其佼佼者。它的妙处，不仅在于状物的精确，而且还在于它的能够传达出山之独特个性和生动气韵，使读者能像亲历其境的游客一样，切身领受此山的奇丽风光和无穷美感。原文较长，这里仅选其中最精彩的五段文字。

第一段文字主要用“眼睛”来感受其草木之奇异。据清人谭钟岳《峨眉山图记》介绍，此山草木有娑罗树、浮图松、菩萨藤、木芙蓉、木凉伞等多种，另有很多莫能名之的奇花异草布满山野。作者一上来就向人们指点“惟此山有之”的娑罗树，状其形曰：“其木叶如海桐，又似杨梅，花红白色”。这种奇树“初登山半即见之”，而至娑罗平时，则“满山皆是”。这样，读者面前就浮现了一片颜色艳妍的鲜花世界，令人生出“乱花渐欲迷人眼”的“第一印象”。但这还只是初步的视觉感受，随着作者的拾级而上，人们的眼睛就更为应接不暇：有“古苔如乱发鬖鬖挂木上”的菩萨藤，有“重重偃蹇如浮图”的浮图松（塔松），还有“悉非世间所有”的种种草木花卉。总之，这段文字给人以丰富生动和多层次的色感与视觉形象，它们投射和凝聚在读者的心理上，便形成了十分“奇丽”的总体感受。

第二段文字主要写山之高峻。这种高峻的特点，在上段末尾“又断无鸟雀，盖山高，飞不能上”几句中，已预作交代，而本段则侧重从人的“温感”来写出。它先介绍登山的时间：早晨五时（卯初）起爬山，至山顶光相寺时已下午五时（申后），这已从“理性认识”上告知人们此山之逶迤。但仅此还嫌单薄。作者为欲增加读者的“感性认识”，便进而以自己的切身体验来加以验证。这就从自己的“温感”写起。开始登山时身穿夏服（时在六月二十七日）；“渐高渐寒”，到八十四盘则“骤寒”；而到极顶时竟冷得把衣箱中预先准备的所有寒衣全穿上，还“凛栗不自持”，只能拥炉而坐。更有甚者，由于山高气压低，竟连饭都煮不成！这就借助于人们的生活经验，写出了峨眉山的高峻与山顶的奇寒。

第三段文字集中于写佛光的“小现”。“佛光”，又叫“佛现”，它原是高山云气的一种奇异现象：当太阳光以一定角度投射在云气上时，就像雨后晴空出现彩虹一样，在浩瀚的云海上就会出现直径数公尺的圆环，颜色绚烂，外红内紫。由于峨眉山是佛教名山，人们睹此奇景，便会联想到普贤菩萨显“佛”，故称“佛光”或“佛现”。本段所写，还只是“小现”，但已足够令人惊叹不已。它先从光明岩的小殿写起，说它的顶盖只能以木皮覆之，若易以瓦，反为霜雪所侵蚀破坏。这仍在于点明山顶之严寒。以下，则转入于写“小现”。照理，佛光之出现，大多在中午以后。但现时已是下午五时以后，故有人劝作者不如明日再来。正在逡巡犹豫时，奇迹忽然出现了：从岩谷中蓦地涌起了“勃勃如队仗”的团团行云。少顷，“云头现大圆光，杂色之晕数重”；放眼细看，其中果有一团水墨影宛若普贤骑象而行。这种奇幻的“海市蜃楼”式的景观，在一碗茶的功夫间，竟两次重复出现；最后，又在金光两道、横射岩腹的满山霞光中宣告结束。这一段描写由于结合着作者的心理变化来写，所以越发显得生动真切。试想，游客们攀登了一天的山路，心中多么盼望能早睹“佛现”的奇景，而正当他们无奈时晚而欲下山归舍之时，普贤菩萨似乎理解他们的心情那样，忽然“大度”地向他们初露了自己的“真身”，这怎能不引起人们那种“山重水复疑无路，柳暗花明又一村”的惊愕和赞叹之情！大自然的瑰丽多姿给人以感官上的审美享受，而造物主的慷慨施法又给人以心理上的精神慰藉，这二者结合起来就使这段描写“小现”的文字达到了景与情的浃合，令读者不仅悦目，而且赏心，洵是妙笔。在写毕“小现”之后，文章又绾合到前言的登顶已晚：“日暮，云物皆散，四山寂然。”这几句看似信手写实，却有峰回路转、别开一境之妙。联想刚才瑰丽的“佛光”景象，这儿的“寂然”境界不由会催人生发“色即是空”的佛教意念，引起一种空寂肃穆的心理感受；而从文笔来讲，也大有“绚烂之极，归于平淡”的风味。不料，在此之后，更有奇景出现：“乙夜灯出，岩下遍满，弥望以千百计。”据谭钟岳《峨眉山图记》介绍，峨眉山“夜有灯光燐燐，飞满崖壑，为万盏神灯朝普贤，此更不可思议，真福境也”。本文虽于此仅下三语，但“遍满”和“弥望以千百计”亦足以引起读者浮想联翩了。

第四段文字写登顶眺望之所见，煞是壮观。杜甫诗曰：“会当凌绝顶，一览众山小。”这儿所写，亦突出一个“小”字：瓦屋山与大瓦屋山，“形状宛然瓦屋一间也”；绵亘数千里的雪山，则“望之但如在几案间”。而除此之外，作者还写了登此山眺见的另外两个独特感受：一是山势之奇壮，如岷山的“万重”，雪山的“崔嵬刻削”和绵延亘长；二是色彩之耀目，这主要是雪山在初日之下“雪色洞明，如烂银晃耀”。这样，峨眉山本身的高峻和登山时所见的壮观瑰奇，就通过这三种心理感受，折射并叠合，成为作者“冠绝平生”的强烈印象，也使读者阅后久久不能忘怀。

最后一段文字则用“泼墨”的手法，淋漓酣畅地写足了佛光“大现”的奇观。这一段是全文的高潮，因之文笔越加细致详尽，也越加顿挫有致。其中多处“星移斗转”，颇有电影艺术转换场景之妙。开头先写“氛雾四起，混然一白”的混沌景象，借用僧语此是“银色世界”。这是第一层次或第一个场景。接着“大雨倾注”，氛雾顿消，这又是第二层次或第二个场景。而正当读者与作者一起焦虑大雨来得不是时候（要淋掉“佛光”）之际，僧人在一旁又发话道：“（此）洗岩雨也，佛将大现。”这便使人们悬着的一颗心顿时为之放下，又为后文的佛光“大现”作了铺垫，真是跌宕有致，引人入胜。第三层次则大笔濡染，极写“大现”的奇观：先是像兜罗绵一般的云团纷郁而上，将山顶周围铺成一片云海玉地，其时尚有剩余的“洗岩雨”在飞溅，这为“佛光”的“大现”布伏了基础；接着，云海之中出现了一轮巨大的圆光，外围的光圈中泛出三重圆晕，每重圆晕分别呈现着青、黄、红、绿的绚烂色彩，而最为奇妙的是圆光中央却是“虚明凝湛”（空洞明亮，凝聚澄澈），使每个观者都可从中反窥自己的身影，故被称作“摄身光”；此光不能久存，光没之后，山风急起，在风云之间又复出另一个大圆形的光圈，横亘数山，令山峦草木尽行涂抹上一层极鲜妍的色彩，使人不可正视。此时云雾已经散却，而此光独明，这就叫作“清现”。按理，“佛光”之出现，必有云雾为之作依托，但现在这种“清现”却是不依傍云雾而孤立地呈现的，所以极为难得。想不到作者此次登山，不仅于前一日傍晚先有机会见到了“小现”，而在今日午后欣赏“大现”时，又在一般可见的“摄身光”之外还睹见了“清现”的罕见奇观，这真是三生有幸，不枉此行了。作者在此，虽专心于作客观景物的描摹，然而字里行间却流露出抑制不住的惊叹和庆幸之情，这就使得这节描绘显得情趣盎然，扣人心弦。在写毕“大现”的奇观之后，作者又添加了一段“尾声”：大光既没，左边雷洞山上复出一小光，须臾，转过岩角，色状皆变，形似吴江的垂虹桥而两边各有紫云捧护。待到未时（下午三点左右），云物净尽，这就叫作“收岩”；而独有这座云中“金桥”，却一直延迟到酉后（下午七时以后）才最终消失。这一段“收岩”的描写，犹如“曲终人不见，江上数峰青”那样，留给人以无穷的回味和遐想，可称是全文“高潮”已毕后的袅袅余响，更有效地追加和补足了前文的韵味。在此，我们不妨另读一段谭钟岳《峨眉山图记》里的相似描述：“金顶祖殿，悬岩绝壁处，朝夕云海雾气，忽聚忽散。每至未刻，兜罗绵云布满岩下，现圆光一团，边分五色，七层闲晕，为佛光如镜，睹者自见其形，虽并立之人绝不能见，为‘摄身光’。远者为‘水盆光’，有气如虹，横亘数里，两端紫云捧之为金桥。奇观哉！”这段文字，描述也相当精当，但比之范成大的文笔来，就未免显得神韵不够，情趣稍欠了。

这篇游记在写作方面有很多可以称道之处，这里仅谈三点。首该提到的自然是它的状物精确，描写传神。例如文中所写三次“佛光”的显现，虽然都属阳光和云雾交互作用的结果，然而却写得同中有异。如“小现”时“行云勃勃如队仗”，云中“有水墨影若仙圣跨象者”；而“大现”时却先有“大雨倾注”，然后兜罗绵云“纷郁而上”，“云平如玉地”，显得气派更大，场面更壮观，再后才是“大圆光偃卧平云之上，外晕三重，每重有青、黄、红、绿之色”，而其正中“虚明凝湛”，使观者可以各窥其形，这就越发地奇妙和神秘；至于“清现”则先写“风起云驰”，其后“风云之间，复出大圆相光”，这种圆光不依傍云雾，而使峰峦草木尽行披上鲜妍异常的色彩，比之前二者又别有一番风光。我们知道，文学不同于绘画或影视艺术，后者在描绘光线、色彩方面自有其得天独厚的特殊手段，非光凭语言文字为工具的文学可以比拟。而范成大的文笔却简直是一支画笔，凭借着精湛的语言功力和描写技巧，居然给人们描画了一幅幅栩栩如生、变幻莫测的活的图画，这就足以叫人惊叹的了。再如表现山高，用人的温感变化和人生经验来作刻画，这又收到了图画所不能达到的更为真切的艺术功效，同样也见出其状物的精确和描写的传神。第二是记叙得法，引人入胜。峨眉山可记的东西非常之多，光名胜古迹和寺庙塔院就不可胜数。但范氏却撇开这些别处常可见到的景物不写，专记此山的特产或特色。如第一段写峨眉山特有的奇异草木，第二、第四段写峨眉山的奇高奇寒，第三、第五段重点写峨眉山的“佛现”。这样的写法，就“皮毛脱尽，精神独存”地写出了峨眉山的“个性”，写出了“此山不比他山”的特异之处。而在记叙过程中，时间经历了由早到晚（直到二更时分）、又由晚复至第二天傍晚（酉后）的二昼一夜，季节则经历了由夏到冬（山下是六月的盛暑，山顶是拥炉危坐的寒冬）的转换，对于如此繁复多变的游程，作者却记叙得那么有条不紊，层次井然，这亦足以见出作者处理材料的胸有成竹与优游不迫。更叫人佩服的是，全文虽表面看似信手记游，文随景生，其实却是有宾有主，有序幕有高潮。第一段是序幕，让人先获得一个奇丽万分的第一印象；然后把我们引至曲径通幽的山顶，使人感受其高寒特色；第三段则是先抑后扬，叫人于失望徘徊之际忽睹“小现”的奇景，令人更生欲睹“大现”的强烈悬念；第四段却又并不顺接上段，而故作顿挫之笔，让游客在山顶暂时小驻休憩，借以眺望山底风光；而在读者和作者一起生出“瑰奇胜绝之观，真冠平生”的感想之后，作者始让“大现”降临，使人大饱眼福，满足夙愿。这种由序幕而渐至高潮的写法，十分引人入胜，读者身边不啻请到了一位活导游。第三是景中融情，趣味盎然。这篇游记其着力点固然在于刻画景物，描摹风光，但作者的高明之处却在于往“自然之物”中渗入了人的主观感情和特定情趣，因而使得“静物”而有了“精神”，也使这篇游记具备了趣味盎然的特色。例如第一段之写花卉草木，其中就渗透着一种“佛心”：那“古苔如乱发”的菩萨藤，那“重重偃蹇如浮图”的塔松，以及那“悉非世间所有”的奇花异草，岂不引发人们在此“修炼”的佛家意念？又如“小现”时所见普贤菩萨骑象而行的幻影，更使人生出“佛法无边”的联想。佛谚有曰：“一花一世界，一草一精神。”范成大笔下的峨眉山之一草一木、一山一水中间，就隐隐显露着那种“佛”的“精神”，这和此山之为佛教名山的特点，就浑然协调。而在此同时，作者却又是以一位“凡人”的身份游山的，故而他就写足了一个普通游客游此佛山的游览历程与心理感受，让读者随着他的足迹忽仰攀忽俯视，忽赞叹忽惊愕，忽出汗忽寒栗，忽失望忽大喜……总之，随其笔触所至，读者既“身在其中”地欣赏到了峨眉山的无边风光，又“心历其境”地同作者一样经历了心理的变化，并获得了情趣的满足和审美的享受。（杨海明）

百丈山记　　朱　熹

登百丈山三里许，右俯绝壑，左控垂崖；叠石为磴十余级乃得度。山之胜盖自此始。

循磴而东，即得小涧，石梁跨于其上。皆苍藤古木，虽盛夏亭午无暑气；水皆清澈，自高淙下，其声溅溅然。度石梁，循两崖，曲折而上，得山门，小屋三间，不能容十许人。然前瞰涧水，后临石池，风来两峡间，终日不绝。门内跨池又为石梁。度而北，蹑石梯数级入庵。庵才老屋数间，卑庳迫隘，无足观，独其西阁为胜。水自西谷中循石罅奔射出阁下，南与东谷水并注池中。自池而出，乃为前所谓小涧者。阁据其上流，当水石峻激相搏处，最为可玩。乃壁[1]其后，无所睹。独夜卧其上，则枕席之下，终夕潺潺，久而益悲，为可爱耳。

出山门而东，十许步，得石台。下临峭岸，深昧险绝。于林薄间东南望，见瀑布自前岩穴瀵涌[2]而出，投空下数十尺。其沫乃如散珠喷雾，日光烛之，璀璨夺目，不可正视。台当山西南缺，前揖芦山，一峰独秀出；而数百里间峰峦高下，亦皆历历在眼。日薄西山，余光横照，紫翠重叠，不可殚数。旦起下视，白云满川，如海波起伏；而远近诸山出其中者，皆若飞浮来往，或涌或没，顷刻万变。台东径断，乡人凿石容磴以度，而作神祠于其东，水旱祷焉。畏险者或不敢度。然山之可观者，至是则亦穷矣。

余与刘充父、平父、吕叔敬、表弟徐周宾游之。既皆赋诗以纪其胜，余又叙次其详如此。而最其可观者：石磴、小涧、山门、石台、西阁、瀑布也。因各别为小诗以识其处③，呈同游诸君，又以告夫欲往而未能者。年月日记。

注 ① 壁：此处用如动词，意为“筑壁”。 ② 林薄：草木丛生的地方。瀵（fèn）涌：水源自地下喷涌而出。 ③ 识（zhì）其处：记述那些地方。所作诗为五绝六首，见《朱文公文集》卷六《百丈山六咏》。

这篇游记作于宋孝宗淳熙二年（1175），所写的百丈山位于福建建阳东北。作者与同游者刘充父、平父、吕叔敬、表弟徐周宾“皆赋诗以纪其胜”，复又“叙次其详如此”，这在末节中作了交代。诗文并作，记其游览之胜。而作者于诗外作文，不仅为着“呈同游诸君”，同时“又以告夫欲往而未能者”，这篇末文字点明了写作此文的目的：导游，引导人们去游览百丈山的胜景。

作者确是一位相当高明的导游，他指点人们何处有美景。文章第四节中“最其可观者：石磴、小涧、山门、石台、西阁、瀑布也”，是作者游后结论，也是对全文内容的总括。这个总结论，相承于前面诸节文字，何处可观，何处不足观，是分后总述。其不足观者有：山庵——“无足观”；“壁其后”——“无所睹”；石台之东——“山之可观者，至是则亦穷矣”。其可观处有：西阁——“独其西阁为胜”；水石相搏处——“最为可玩”。这样，全文便形成了以下的特点：一、作者的游览线索总体上是东向。二、三两节起首作了提示：“循磴而东”，“出山门而东”，最后，“台东径断”，路断而游止。叙述方向基本是移步换形，平铺直叙，顺序写来。这样直线式的叙述思路却因为其中贯串着上述的可观与不可观的对衬性结构，遂使全文出现了纵向上顺接、横向上对举的描述框架。二、何处可观，何处不足观，是作者选择后的结论，其选择的支点是作者自然山水审美观。美要经过审美才能被确定。审美就是选择，显示了作者选择中的审美眼光和判断。因此，作者不是一般的导游，而是有着审美意识的导游。三、详略得宜。这一点循第二点而来，作者的审美选择眼光、判断，规定了景象上的可观与不可观，从而规定了描述文字上详与略的分别。可观处则详写，反之则从略。略写处一笔带过，决不词费，不牵扯读者注意力，以此腾出足够的笔墨，于详写处细描深绘，多层次、多方位地显现百丈山的美姿美态。

文章一开始就体现了这一特点。作者没有絮絮不休地缕述登山经过，而是从“登百丈山三里许”凌空切入，前面的上山经过，所见所闻，一概略而不提，笔锋逼进描述中心：“山之胜盖自此始”。可见，其描述手段是以第二点所说的审美判断为依据的。作者初始选择的审美描述对象是“右俯绝壑，左控垂崖；叠石为磴十余级乃得度”，一“俯”一“控”，写出地势险要，得叠石为台阶才能通过。作者在这里表现了他对险奇美的欣赏。第二节山门前后诸景点虽历历如绘，以“跨”“度”“上”等行为动词，展示过程，一笔不漏地描述了游览经过和诸多景象，但其详写重点则放在幽静美的描绘上。作者以“涧”为中心，贯串着水的描写。“苍藤古木”的掩映，伴和着“水皆清澈，自高淙下，其声溅溅然”，可谓声色并茂。“盛夏亭午无暑气”，“风来两峡间，终日不绝”，点染了清幽氛围和清冽感受。第二节一开始先略提“小涧”，再谛听水声溅溅，再瞰涧水流淌，再写“水自西谷中循石罅奔射出阁下，南与东谷水并注池中”，探寻了水源，再以“乃为前所谓小涧者”，关合前文，并以“当水石峻激相搏处，最为可玩”，表达自己的欣赏态度，最后归结为“独夜卧其上，则枕席之下，终夕潺潺，久而益悲，为可爱耳”的描述，显露了自己的审美趣味和情调。这一节描述循水游览，详写涧水美的形貌和作者由此而萌生的审美情趣。

如果说第二节是写出幽美，紧接的第三节写瀑布则重在表现壮美。先以“下临峭岸，深昧险绝”的险奇美作映衬，再写出“于林薄间东南望”的瀑布景象，以“遥看瀑布挂前川”（李白《望庐山瀑布》）的视域得之。“瀑布自前岩穴瀵涌而出，投空下数十尺”，凌空而泻，是气势的渲染。水沫有如散珠喷雾，在阳光照射下，璀璨夺目，五彩缤纷，煞是伟观，是壮丽美的写照。然后，以重彩浓墨写山峰的美姿美态。首先，作者选择了一个独特的视角："台当山西南缺，前揖芦山"，从缺口中遥望远山。其次，以一峰挺拔高出和群山逶迤而去相组合，"一峰独秀出；而数百里间峰峦高下，亦皆历历在眼"，形成了具有绘画美的构图特征，主次层次感丰富。再次，以固定的景点，却用傍晚和清晨两个不同时间的景观，构成两幅扇面图，进一步渲染了壮美特征。"日薄西山，余光横照，紫翠重叠，不可殚数"，突出的是色彩斑斓美；而清晨"白云满川，如海波起伏；而远近诸山出其中者，皆若飞浮来往，或涌或没，顷刻万变"，突现的是云海变幻美。夕照晨光中的连绵峰峦，前借阳光以显美色，后凭云气以显美态，画形画彩，荟萃于一。这样，在作者详尽描述的百丈山景中就兼具了险奇、幽静、五彩、飞动、变幻等诸种美的形态。（吴功正　陆志平）

观　潮　　周　密

浙江之潮，天下之伟观也。自既望以至十八日为最盛。方其远出海门，仅如银线；既而渐近，则玉城雪岭，际天而来，大声如雷霆，震撼激射，吞天沃日，势极雄豪。杨诚斋诗云"海涌银为郭，江横玉系腰"者是也。

每岁，京尹出浙江亭教阅水军，艨艟数百，分列两岸；既而尽奔腾分合五阵之势，并有乘骑、弄旗、标枪、舞刀于水面者，如履平地。倏尔黄烟四起，人物略不相睹，水爆轰震，声如崩山；烟消波静，则一舸无迹，仅有"敌船"为火所焚，随波而逝。

吴儿善泅者数百，皆披发文身，手持十幅大彩旗，争先鼓勇，溯迎而上，出没于鲸波万仞中，腾身百变，而旗尾略不沾湿，以此夸能。而豪民贵宦，争赏银彩。

江干上下十余里间，珠翠罗绮溢目，车马塞途。饮食百物皆倍穹常时①，而僦赁看幕，虽席地而不容闲也。

禁中例观潮于"天开图画"。高台下瞰，如在指掌。都民遥瞻黄伞雉扇②于九霄之上，真若簫台蓬岛③也。

注 ① 倍穹常时：谓价格都比平时加倍的高。穹，高起。　② 黄伞雉扇：帝王所用的仪仗。　③箫台：即凤台。春秋秦穆公时有箫史，善吹箫，穆公女弄玉好之，遂成婚配。尝吹箫作凤鸣，凤凰来止于其居，穆公因为作凤台。见《列仙传》。蓬岛：即蓬莱，古代传说渤海中三神山之一。箫台、蓬岛，总言神仙所居。

浙江（即钱塘江）之潮，奔腾冲激，声撼地轴，叹为观止者由来已久。《庄子·外物》篇讲到任公子“蹲乎会稽，投竿东海”，“白波若山，海水震荡，声侔鬼神，惮赫千里”，指的也许就是浙江怒潮。《史记·秦始皇本纪》也有始皇三十七年“临浙江，水波恶，乃西百二十里从狭中渡”的记载。自宋以来，以浙江观潮为题材的诗文，为数不少。以笔记而言，就有周密《武林旧事》，耐得翁《都城纪胜》《西湖老人繁胜录》和吴自牧《梦粱录》等，其中《武林旧事》尤能绘声绘色。此书有两处写到观潮：一在第七卷，记淳熙十年（1183）八月十八日孝宗恭请太上皇（宋高宗）、皇太后往浙江亭观潮；一在第三卷，便是这里选录的。两段文字，可以参读。

本文于叙述之外，更多的是描写，诸凡浙江怒涛，水军演习，吴儿弄潮和兵民、皇室观潮的情态状貌都逼真地再现了出来。作者善于抓住描写对象的主要特征，刻意渲染，因而能凭借极经济的笔墨，勾勒出观潮的热闹场面，成为一篇短小精悍的速写小品。

本文劈头两句：“浙江之潮，天下之伟观也。”从大处落笔，提纲挈领，先给人一个总的印象。接着，补充交代“自既望以至十八日为最盛”，引出典型场面，然后转入集中描写：“方其远出海门，仅如银线；既而渐近，则玉城雪岭，际天而来，大声如雷霆，震撼激射，吞天沃日，势极雄豪。”由远及近，由色相而及声势，序次井然，富有生活实感。海门，一般注家都以为镇名。但海门镇在浙江临海县东南，离杭州有数百里之遥，岂观潮人视力所能及？《淳祐临安志》第十卷引宋姚宽《西溪丛语》所录一石碑记得很分明：“夹岸有山：南曰龛，北曰赭，谓之海门。岸狭势逼，涌而为涛耳。”原来观潮所见的海门，就是鳖（一作“鼋”）子门，在府治东北六十里，它离观潮的中心位置浙江亭（旧为樟亭驿，在今杭州候潮门外）约三十来里地，江面开阔，潮初来时远望过去，仅似一痕一线而已。既而作者以淋漓酣畅的笔触，恣意挥洒，盛夸江涛排山倒海之势。“玉城雪岭”写其色与形，“声如雷霆”“吞天沃日”，状其声与势。它跟唐孟浩然《与颜钱塘登樟亭望潮作》中“惊涛来似雪，一坐凛生寒”相比，更是惊心动魄，有如身临其境。宋杨万里《题文发叔所藏潘子真水墨江湖八境小轴·浙江观潮》诗:“海涌银为郭,江横玉系腰。”上句写江涛汹涌的近景,下句记远望所见。这里用它来收束对浙江潮的描写,显得十分熨帖自然。

教阅水军,据明人黄尊素《浙江观潮赋》说,是宋室南渡后才有的。文章第二小节叙写的就是水军演习的场面。主其事者,是“京尹”。京尹,就是京城的长官。宋室南渡,以临安(今杭州)为“行在所”(封建皇帝所在的地方,这是不忘旧都汴梁而以临安为行都之意),所以才有“京尹”这么个称呼。从教阅(训练、检阅)水军的特点出发,作者首先把读者的注意力引向数百条艨艟战舰摆开的阵势方面,以显示出教阅场面之宏伟。“尽奔腾分合五阵之势”,卓诡变幻,见其调度之神速,操控之机灵。然后历数水军诸般武艺:乘骑、弄旗、标枪、舞刀于洪波上,竟从容悠闲得“如履平地”。一经这么映衬烘托,越发显示出健儿们本领之高强,动作之娴熟。正当大家聚精会神,关注水军操练之际,笔锋又转而去描写另一画面:“倏尔黄烟四起,人物略不相睹,水爆轰震,声如崩山”。刹那间,烟炮满江,象征着“双方”接火,交战方酣,怎不令人心惊魄动!读者惊魂未定,画面陡转:“烟消波静,则一舸无迹,仅有‘敌船’为火所焚,随波而逝。”原来,趁着硝烟弥漫的当口,诸船尽藏,不见一只,意味着樯橹灰飞烟灭,一场厮杀胜利告终。作者就是如此善于摄取水军实战演习中的特技镜头,着意渲染铺张,层次清楚,给读者留下难以忘却的印象。由此可以看出作者剪裁的精当和文笔的老到。

第三节,转入对吴儿弄潮的描写。“弄潮”也是宋代时行的一项精彩表演。“吴儿”,吴地少年,钱塘古属吴地,故称。“披发文身”,写弄潮儿的外形。文身,身上刺有花纹。“手持十幅大彩旗,争先鼓勇,溯迎而上,出没于鲸波万仞中”,寥寥数笔,便使弄潮儿激流勇进、果敢好胜的心理态势,跃然纸上。接着,又写“腾身百变,而旗尾略不沾湿”,传神地再现了他们精湛的表演艺术。试想,“鲸波万仞”,浊浪排空,何其惊心!而他们却履险如夷,“腾身百变”;不仅此也,挥舞的十幅彩旗居然“旗尾略不沾湿”,由此人们不难想见其技巧之熟练。“以此夸能”,意在挣钱(观潮时“豪民贵宦,争赏银彩”),而不是单纯的群众性娱乐场面。无怪乎苏轼要发出“吴儿生长狎涛渊,冒利轻生不自怜。东海若知明主意,应教斥卤变桑田”(《八月十五日看潮五绝》)的感叹!与周密同时的吴自牧,在《梦粱录》里把弄潮儿斥为“一等无赖不惜性命之徒”。既然如此，周密又何以津津乐道，在《武林旧事》里不止一次地以欣赏的笔调极力渲染吴儿泅水的本领呢？细读下文，便可了然。

最后两小节，特写观众辏集的盛况。先写豪民贵宦车水马龙，僦赁看幕；再写宫中观潮，临了兼及都民。这里描写的中心则是皇室贵近在“天开图画”台上观潮。十里江岸，“珠翠罗绮溢目，车马塞途”，统统不过是“黄伞雉扇”的铺垫陪衬。在都城细民眼里，“天开图画”台，“真若箫台蓬岛”，仿佛是现实生活中的神仙世界。所有这一切，在周密心目中都是太平盛世的象征，是令人向往的。今天看来，这种景象恰恰反映了南宋小朝廷文恬武嬉、苟且偷安生活的一个侧影。

周密生当宋元易代之际，《武林旧事》又成书于宋亡之后。作者在《自序》中写道：“及时移物换，忧患飘零，追想昔游，殆如梦寐，而感慨系之矣。”清人鲍廷博说：“《自序》一篇，声情绵邈，凄然有故国旧君之思，不仅流连今昔而已。”（《〈武林旧事〉跋》）其实，周密这种思想情绪渗透全书，《观潮》一文自然也有表露。对此，联系作者所处的时代和遭际来考察也就不难理解了，当然也无需去求全责备。（黄进德）

《指南录》后序　　文天祥

德祐二年[①]正月十九日，予除右丞相兼枢密使，都督诸路军马[②]。时北兵已迫修门外[③]，战、守、迁皆不及施。缙绅、大夫、士萃于左丞相府[④]，莫知计所出。会使辙交驰，北邀当国者相见，众谓予一行为可以纾祸。国事至此，予不得爱身；意北亦尚可以口舌动也。初，奉使往来，无留北者，予更欲一觇北，归而求救国之策。于是辞相印不拜，翌日，以资政殿学士行[⑤]。

初至北营，抗辞慷慨，上下颇惊动，北亦未敢遽轻吾国[⑥]。不幸吕师孟构恶于前[⑦]，贾余庆献谄于后[⑧]，予羁縻不得还[⑨]，国事遂不可收拾。予自度不得脱，则直前诟虏帅失信，数吕师孟叔侄为逆[⑩]，但欲求死，不复顾利害。北虽貌敬，实则愤怒。二贵酋名曰馆伴，夜则以兵围所寓舍，而予不得归矣。

未几，贾余庆等以祈请使诣北；北驱予并往，而不在使者之目[⑪]。

予分当引决[12]，然而隐忍以行。昔人云："将以有为也[13]。"至京口，得间奔真州[14]，即具以北虚实告东西二阃[15]，约以连兵大举。中兴机会，庶几在此[16]。留二日，维扬帅下逐客之令[17]。不得已，变姓名，诡踪迹，草行露宿，日与北骑相出没于长淮间[18]。穷饿无聊，追购又急，天高地迥，号呼靡及。已而得舟，避渚洲，出北海，然后渡扬子江，入苏州洋，展转四明、天台，以至于永嘉[19]。

呜呼！予之及于死者不知其几矣！诋大酋[20]当死；骂逆贼[21]当死；与贵酋处二十日，争曲直，屡当死；去京口，挟匕首以备不测，几自到死[22]；经北舰十余里，为巡船所物色，几从鱼腹死[23]；真州逐之城门外，几彷徨死；如扬州，过瓜洲扬子桥[24]，竟使遇哨，无不死；扬州城下，进退不由，殆例送死；坐桂公塘土围中，骑数千过其门，几落贼手死[25]；贾家庄几为巡徼所陵迫死[26]；夜趋高邮，迷失道，几陷死；质明避哨竹林中，逻者数十骑，几无所逃死[27]；至高邮，制府檄下，几以捕系死[28]；行城子河，出入乱尸中，舟与哨相后先，几邂逅死[29]；至海陵[30]，如高沙[31]，常恐无辜死；道海安、如皋，凡三百里，北与寇往来其间，无日而非可死[32]；至通州，几以不纳死[33]；以小舟涉鲸波[34]出，无可奈何，而死固付之度外矣。呜呼！死生，昼夜事也[35]；死而死矣，而境界危恶，层见错出，非人世所堪。痛定思痛[36]，痛何如哉！

予在患难中，间以诗记所遭，今存其本，不忍废，道中手自抄录：使北营，留北关外，为一卷；发北关外，历吴门、毗陵[37]，渡瓜洲，复还京口，为一卷；脱京口，趋真州、扬州、高邮、泰州、通州，为一卷；自海道至永嘉，来三山[38]，为一卷。将藏之于家，使来者读之，悲予志焉。

呜呼！予之生也幸，而幸生也何所为？求乎为臣[39]，主辱臣死[40]，有余僇[41]；所求乎为子，以父母之遗体行殆而死[42]，有余责。将请罪于君，君不许；请罪于母，母不许；请罪于先人之墓，生无以救国难，死犹为厉鬼以击贼，义也；赖天之灵，宗庙之福，修我戈矛，从王于师，以为前驱[43]，雪九庙[44]之耻，复高祖[45]之业，所谓"誓不与贼俱生"，所谓"鞠躬尽力，死而后已[46]"，亦义也。嗟夫！若予者，将无往而不得死所矣。向也使予委骨于草莽，予虽浩然无所愧怍，然微以自文于君亲[47]，君亲其谓予何！诚不自意返吾衣冠，重见日月[48]，使旦夕得正丘首[49]，复何憾哉！复何憾哉！

是年夏五，改元景炎[50]，庐陵[51]文天祥自序其诗，名曰《指南录》。

注 ① 德祐：宋恭帝赵㬎年号，二年为公元1276年。 ② 右丞相兼枢密使，都督诸路军马：此为文天祥全衔。南宋时置左右丞相，以左相为首，右相次之。枢密使为掌管全国军政的最高长官。《宋史·职官志七》："南渡后以现任宰相充都督。……赵鼎先以知枢密院事为都督川陕荆襄诸军事，其后与（张）浚并相，并带兼都督诸路军马入衔。"即其例。 ③ 时北兵已迫修门外：文天祥《指南录·自序》："时北兵驻高亭山，距修门三十里。"北兵指元兵。修门，国都的门。④ 萃于左丞相府：会集在左丞相吴坚的府第。 ⑤ 以资政殿学士行：《宋史·职官志二》："景德二年，王钦若罢参政，真宗特置资政殿学士以宠之。……景祐四年，王曾罢相复除。二十年间除三人，皆前宰相也。"后遂为例，宋朝宰相罢政，多授以此官。 ⑥"初至北营"四句：《指南录卷一·纪事》："予诣北营，辞色慷慨。……大酋（元丞相伯颜）为之辞屈而不敢怒。诸酋相顾动色，称为丈夫。是晚诸酋议良久，忽留予营中。当时觉北未敢大肆无状。" ⑦ 吕师孟构恶于前：吕文焕守襄阳降元，其侄吕师孟为兵部侍郎，于德祐元年十二月出使元军，请求称侄纳币。《指南录卷一·纪事》："先是，予赴平江（府治今江苏苏州），入疏言：'叛逆遗孽不当待以姑息，乞举《春秋》诛乱贼之法。'意指吕师孟。朝廷不能行。"构恶之事指此。构恶，结怨。 ⑧ 贾余庆献谄于后：贾余庆为同签书枢密院事、知临安府，与文天祥同使元军。元军扣留文天祥，与贾余庆有关。《指南录卷一·使北》："贾余庆凶狡残忍，出于天性，密告伯颜，使启北庭，拘予于沙漠。"献谄，谓向敌人献媚。 ⑨ 予羁縻不得还：《元史·伯颜传》："顾天祥举动不常，疑有异志，留之军中。天祥数请归，伯颜笑而不答。天祥怒曰：'我此来为两国大事，彼皆遣归，何故留我？'伯颜曰：'勿怒。汝为宋大臣，责任非轻，今日之事，正当与我共之。'令忙古歹、唆都馆伴羁縻之。"时忙古歹为万户，唆都为建康安抚使，都是元朝的高级将领。 ⑩"直前诟虏帅失信"二句：《指南录卷一·纪事》："正月二十日至北营，适与（吕）文焕同坐，予不与语。越二日，予不得回阙，诟虏酋失信，盛气不可止。……至是，文焕云：'丞相何故骂焕以乱贼？'予谓：'国家不幸至今日，汝为罪魁，汝非乱贼而谁！三尺童子皆骂汝，何独我哉！'焕云：'襄守六年不救。'予谓：'力穷援绝，死以报国可也。汝爱身惜妻子，既负国，又陨家声。今合族为逆，万世之贼臣也。'（吕师）孟在傍甚忿，直前云：'丞相上疏欲见杀，何为不杀取师孟！'予谓：'汝叔侄皆降北，不族灭汝，是本朝之失刑也，更敢有面皮来做朝士！予实恨不杀汝叔侄。……'" ⑪"贾余庆等以祈请使诣北"三句：《元史·世祖纪》：至元十三年二月，"宋主㬎率文武百僚诣祥曦殿望阙上表，乞为藩辅，遣右丞相兼枢密使贾余庆、枢密使谢堂、端明殿学士签枢密院事家铉翁、端明殿学士同签枢密院事刘岊（jié）奉表以闻。……遣其右丞相贾余庆等充祈请使，诣阙请命。右丞相命吴坚、文天祥同行"。 ⑫ 分当引决：理应自杀。 ⑬"昔人云"二句：韩愈《〈张中丞传〉后叙》："城陷，贼以刃胁张巡，巡不屈，即牵去，将斩之；又降霁云，云未应，巡呼云曰：‘南八，男儿死耳，不可为不义屈！’云笑曰：‘欲将以有为也。公有言，云敢不死！’即不屈。” ⑭“至京口”二句：《指南录卷三·脱京口》：“二月二十九日夜，予自京口城中间（jiàn）道出江浒，登舟溯金山，走真州。”京口，今江苏镇江。真州，今江苏仪征。 ⑮东西二阃（kǔn）：指淮南东路制置使李庭芝（驻扬州）和淮南西路制置使夏贵（驻庐州，今安徽合肥）。阃，统兵在外的将帅。 ⑯“约以连兵大举”三句：《指南录卷三·议纠合两淮复兴》载，文天祥至真州，守将苗再成向其陈述恢复策略，天祥认为“中兴机会在此”，即作书与李庭芝、夏贵，约双方连兵大举。此事亦见《宋史·文天祥传》。 ⑰维扬帅下逐客之令：《宋史·文天祥传》：“时扬有脱归兵言，密遣一丞相入真州说降矣。庭芝信之，以为天祥来说降也，使再成亟杀之。再成不忍，绐天祥出相城垒，以制司文示之，闭之门外。” ⑱长淮间：即淮河以南，当时的淮南东路一带地区。 ⑲“避渚洲”六句：因长江中沙洲为敌所据，须避开。北海，长江口以北的海域。渡过扬子江口，入于苏州洋（今上海市附近海面）。四明，今浙江宁波。天台，今属浙江。永嘉，今浙江温州。 ⑳诋大酋：指前文“诟虏帅失信”事。 ㉑骂逆贼：指痛斥吕文焕、吕师孟叔侄为逆事。 ㉒“去京口”三句：《指南录卷三·候船难》：“予先遣二校坐舟中，密约待予甘露寺下。及至，船不知所在，意窘甚，交谓船已失约，奈何！予携匕首，不忍自残，甚不得已，有投水耳。” ㉓“经北舰”三句：《指南录卷三·上江难》：“予既登舟，意溯流直上，他无事矣。乃不知江岸皆北船，连亘数十里，鸣梆唱更，气焰甚盛。吾船不得已，皆从北船边经过，幸而无问者。至七里江，忽有巡者喝云：‘歹船！’歹者，北以是名反侧奸细之称。巡者欲经船前，适潮退，搁浅不能至。是时舟中皆流汗。其不来，侥幸耳。”物色，搜寻。 ㉔瓜洲：在扬州市南四十里长江边。扬子桥：即扬子津，在扬州市南十五里。 ㉕“坐桂公塘”三句：《指南录卷三·至扬州》：“予不得已，去扬州城下，随卖柴人趋其家，而天色渐明，行不能进。至十五里头，半山有土围一所，旧是民居，毁荡之余，无椽瓦，其间马粪堆积。时惟恐北有望高者，见一队人行，即来追逐，只得入此土围中暂避。”又：“数千骑随山而行，正从土围后过。一行人无复人色，傍壁深坐，恐门外得见。若一骑入来，即无噍类矣！时门前马足与箭筒之声，历落在耳，只隔一壁。幸而风雨大作，骑只径去。”桂公塘，小丘名，在扬州城外。 ㉖“贾家庄”句：《指南录卷三·贾家庄》：“予初五日随三樵夫，黎明至贾家庄，止土围中。卧近粪壤，风露凄然。……是夜雇马趋高沙。”又《扬州地分官》：“初五至晚，地分官五骑咆哮而来，挥刀欲击人，凶焰甚于北。亟出濡沫（给钱），方免毒手。”贾家庄，在扬州之北。巡徼，扬州宋军巡查的哨兵，故有“凶焰甚于北”之语。 ㉗“夜趋高邮”六句：《指南录卷三·高沙道中》：“予雇骑夜趋高沙，越四十里，至板桥，迷失道。一夕由田畈中，不知东西。风露满身，人马饥乏。旦行雾中不相辨。须臾四山渐明，忽隐隐见北骑，道有竹林，亟入避。须臾，二十余骑绕林呼噪。虞候张庆右眼内中一箭，项二刀，割其髻，裸于地。帐兵王青缚去。杜架阁（杜浒）与金应，林中被获，出所携黄金赂逻者得免。予藏处与杜架阁不远，北马入林，过吾旁三四皆不见，不自意得全。”高邮，县名，今属江苏。 ㉘“至高邮”三句：《指南录卷三·至高沙》：“予至高沙（即高邮），奸细之禁甚严。……闻制使有文字报诸郡，有以丞相来赚城，令觉察关防。于是不敢入城，急买舟去。”㉙“行城子河”四句：《指南录卷三·发高沙》：“二月六日城子河一战，我师大捷。”又：“自至城子河，积尸盈野，水中流尸无数，臭秽不可当，上下几二十里无间断。”又：“自高邮至稽家庄，方有一团人家，以水为寨。统制官稽耸云：‘今早报，湾头马（指盘踞湾头镇的元兵）出，到城子河边，不与之相遇，公福人也。’为之嗟叹不置。”城子河，在高邮县东南。 ㉚ 海陵：今江苏泰州。 ㉛ 如高沙：谓至海陵后，同在高邮的艰险遭遇相似。高沙即高邮。 ㉜“道海安”四句：《指南录卷三·泰州》：“予至海陵，间程趋通州，凡三百里河道，北与寇（土匪）出没其间，真畏途也。”又《闻马》：“越一日，闻吾舟过海安未远，即有马（敌骑）至县。使吾舟迟发一时顷，已为囚虏矣，危哉！”海安、如皋，俱县名，今属江苏。 ㉝“至通州”二句：《指南录卷三·闻谍》：“予既不为制钺（指淮东制置使李庭芝）所容，行至通州，得谍者云：‘镇江府走了文相公，浒浦（常熟县东北浒浦镇，北临长江）一路有马（骑兵）来捉。’闻之悚然。”胡广《丞相传》载文天祥“至通州，几不纳。适牒报镇江大索文丞相十日，且以三千骑追亡于浒浦。始释制司前疑，而又迫追骑，赖通州守杨师亮出郊，闻而馆于郡，衣服饮食，皆其料理。”通州，今江苏南通。 ㉞ 涉鲸波：谓出海。鲸波，巨浪。㉟“死生”二句：《庄子·至乐》：“死生为昼夜。”成玄英疏：“以生为昼，以死为夜，故天不能无昼夜，人焉能无死生。”意谓生死是平常的事。 ㊱ 痛定思痛：韩愈《与李翱书》：“如痛定之人，思当痛之时，不知何能自处也。” ㊲ 吴门：今江苏苏州。毗陵：今江苏常州。 ㊳ 三山：福建福州市的别称，以城内东有九仙山、西有闽山（乌石山）、北有越王山得名。 ㊴ 求乎为臣：《礼记·中庸》：“君子之道四，丘未能一焉。所求乎子，以事父未能也；所求乎臣，以事君未能也；所求乎弟，以事兄未能也；所求乎朋友，先施之未能也。” ㊵ 主辱臣死：此句为古谚。《史记·范雎蔡泽列传》：“臣闻‘主忧臣辱，主辱臣死’。” ㊶ 僇（lù）：通“戮”。《广雅·释诂》：“戮，辱也。”又：“戮，罪也。”《史记·范雎蔡泽列传》：“名在僇辱而身全者，下也。” ㊷“以父母”句：《礼记·祭义》：“身也者，父母之遗体也。……不敢以先父母之遗体行殆。”殆，危险。 ㊸“修我戈矛”三句：《诗·秦风·无衣》：“王于兴师，修我戈矛，与子同仇。”又《卫风·伯兮》：“伯也执殳，为王前驱。” ㊹ 九庙：古代皇帝立九庙以祭祀祖先。此指朝廷。 ㊺ 高祖：开国的皇帝，子孙以其功最高，称为高祖。此指宋太祖赵匡胤。 ㊻“鞠躬尽力”二句：见诸葛亮《后出师表》。后世选本“尽力”或作“尽瘁”。 ㊼ 微以自文于君亲：无法掩盖自己对皇帝、对父母的过失。微，无。文，掩饰。此指上文“有余僇”“有余责”之事。 ㊽“诚不自意”二句：谓料想不到能回到宋朝，恢复宋朝的衣冠（指任职），重新见到皇帝。 ㊾ 正丘首：《礼记·檀弓上》：“狐死正丘首。”郑玄注：“正丘首，正首丘也。”孔颖达疏：“所以正首而向丘者，丘是狐窟穴根本之处，虽狼狈而死，意犹向此丘。”引申为死于故乡、故国。 ㊿“是年夏五”二句：《宋史·瀛国公纪》：德祐二年，“五月乙未朔，（陈）宜中等乃立（赵）昰于福州，以为宋主，改元景炎”。 (51) 庐陵：文天祥为吉州吉水（今属江西）人。吉州在唐称庐陵郡，宋因之。这里是以郡名自称其籍贯。

文天祥于宋端宗景炎元年（1276）作为南宋的特命全权代表出使元营谈判，被元方扣留，后几经风险，中途逃回。他把患难之中所写的诗编成《指南录》，写有自序，每首诗之前，多有小序，故本文称后序。在这篇后序中，文天祥历数艰险，寄志述慨，足以跟他的《过零丁洋》《正气歌》相发明映辉。

这不是一般的诗集序文，而是惊天地、泣鬼神的民族正气歌。序文首先明确交代出使元营的严峻形势。就元方而言，大军“已迫修门外”；就南宋而言，惧于元军之势，“战、守、迁皆不及施”，举止失措。国破在即，百官无能，在这千钧系乎一发之际，“予不得爱身”，荣辱、得失、生死，一概置之度外，挺身而出，毅然“辞相印不拜，翌日，以资政殿学士行”。

文天祥“初至北营，抗辞慷慨”，以浩然正气，词争句夺，显示出堂堂正使的气派，产生了强烈的影响：“上下颇惊动，北亦未敢遽轻吾国”。他以自身的尊严维护了民族尊严，在外交上获得了显著成果。但后来形势逆转，处境困危，原因是“吕师孟构恶于前，贾余庆献谄于后”，于是出现了无可补救的恶果：“予羁縻不得还”。面对变化了的形势，文天祥变换了策略。他“自度不得脱”，于是取义成仁，所用言词也随之变化。“直前诟虏帅失信，数吕师孟叔侄为逆”。元军统帅伯颜违背外交常例，无故扣留使者，文天祥据事理痛骂，因而骂得有理。吕师孟叔侄叛国为逆，为虎作伥，文天祥持气节痛骂，因而骂得痛快。“直前”的动作，“诟”“数”的言词，使文天祥的凛凛雄姿跃然纸上。文天祥之所以敢于辞锋犀利地力斥敌人，原因盖出于“但欲求死，不复顾利害”，以死报国，以死殉节。斥敌的言词以崇高的气节为前提，崇高的气节又必然会表现于斥敌的言词中，二者互为表里又互为因果。

文章以主要篇幅描述了文天祥从元军脱逃的经过。元方羁縻了文天祥的身躯，但羁縻不了他的心。当元军不给文天祥以使臣待遇，撇置一旁时，他“分当引决”；但他“隐忍以行”，原因是他对自己一身维系整个国家命运的重要性有足够认识。他审时度势，隐忍下来，“将以有为也”，揭示了他隐忍行为的目的性。然而，屈是为着求伸。所以，他“至京口，得间奔真州”，一旦寻到机会，就毅然脱逃，企图联络淮东、淮西两制置使，“约以连兵大举”。但是淮东制置李庭芝误认他为元作奸细，几乎将他杀掉，于是他不避艰险，辗转逃生。“不得已，变姓名，诡踪迹，草行露宿，日与北骑相出没于长淮间。穷饿无聊，追购又急，天高地迥，号呼靡及。”这是他逃脱途中情景的逼真写照。他历尽千辛万苦，冲破险隘难关，百折不回，万死不辞。这是顽强意志的集中表现，也是坚韧毅力的有力显示。

总之，本文通过文天祥挺身出使之行，威武不屈之概，凌厉斥敌之言，长途越险之举，忧国忧民之情，周旋应敌之智，表现了这位民族英雄的品格和节操。他的名字虽千载而流传，他的诗文虽历世而不朽，其原因正在于此。这也是《〈指南录〉后序》最鲜明的思想特色。《〈指南录〉后序》曾经和文天祥的其他诗文激励过我国历代反对民族压迫而英勇奋斗、献身的人们，给他们以有力的精神鼓舞。

这篇序文运笔峻削，详略得宜而又变化多姿。一开始，出使元营的原因交代得了了分明，既粗笔提示又一笔不漏。先谈客观形势，继说自己打算，再写出使赴命，顺理成章。说明形势，既是交代背景，又起烘托作用。兵临城下，“战、守、迁皆不及施”，无他途可通，只有谈判才是善策，于是带出了“谈”字。朝廷百官怯如鸡，惶遽失措，于是隐隐露出了“谈”字。“使辙交驰，北邀当国者相见”，元方先打出谈判旗号，于是正式提出了“谈”字。谈判是唯一道路，但出面谈判的人选又该是谁？这便由势及事再及人。先交代自己受任于败军之际，奉命于危难之间，“除右丞相兼枢密使，都督诸路军马”，论身份，非己不可；百官既无胆且无识，要出使，非己莫属；“众谓予一行为可以纾祸”，这便把文天祥的出使提到议事日程上来。继之，写自己的内心打算，最后写到正式付诸实行。一节文字虽属简约，但行文不平不直，步步推进，使文天祥“以资政殿学士行”犹如利箭在弦，必有此举。叙述出使敌营和乘机逃脱的两节文字也颇有跌宕起伏的特色。“初至北营，抗辞慷慨，上下颇惊动，北亦未敢遽轻吾国”，形势有转机；“不幸”二字骤然逆转，文势因之顿挫；顿挫后则步步深化，“不得还”“不得脱”“不得归”连续出现，见出形势艰危。元方外松内紧，貌敬实怒，贵酋监视，兵围寓馆，表现出处境困难。“得间奔真州”，无望中有了希望，文笔为之一转，文势为之一振。“中兴机会，庶几在此”，欣慰之意，溢于言表。但维扬帅下逐客令，希望破灭，出现新的危机，自此穷途亡命，文章更在曲折中推进。短短几节文字，不断提挈笔势，开合动荡，顺承递转，依据事情的复杂进程，极尽变化之能事，写得曲折精妙。序文虽以叙事为主，但饱和着强烈的情感，基调悲壮。诵读全文，直觉回肠荡气，感人肺腑。作者的感情沸涌，不可自制，在文中一吐为快。如：“呜呼！予之及于死者不知其几矣！”“呜呼！死生，昼夜事也；死而死矣，而境界危恶，层见错出，非人世所堪。痛定思痛，痛何如哉！”仰面长叹，声声催泪，是不堪回首往事的悲慨，是悲愤情绪最深沉而又最强烈的倾泻！作者在叙事中寄寓情感，蘸满情感叙事，让读者从叙述中去领略作者起伏的感情。“莫知计所出”，表现出对百官的鄙夷之情；“不幸吕师孟构恶于前，贾余庆献谄于后”，表现出对叛徒的憎恶之情；“直前诟虏帅失信，数吕师孟叔侄为逆”，表现出对敌人的愤慨之情；“维扬帅下逐客之令”，表现出作者的忿懑之情；“不得已，变姓名，诡踪迹，草行露宿，日与北骑相出没于长淮间”，充满了走投无路的悲怆之情。情因事而发，各有不同，表现出这位民族英雄内心丰富复杂的思想感情。唯其如此，才使这篇后序能打动人心，具有强烈的艺术感染力。

文章气势充沛，用语多变。第四节以述“死”为中心，二十几个带“死”字的句子，一气如注，似强弩连发，奔马骤驰，又像急管繁弦，叠音竞奏。始有“呜呼”兴叹，为奔纵的文势作了准备；继之历述死里逃生经过，一句联属一句，一层紧跟一层，滔滔不绝，径赴纸面。最后一声“呜呼”以下，总揽全节。一句“痛定思痛，痛何如哉”，把文章气势推向悲痛的顶点。整节文字，词短句密，繁音促节，读之停顿不得，胸中荡然而生充畅之气。用语方面，文中连用动词却无一重复。第三节的“避”“出”“渡”“入”等字，各有妙用。同述“死”，二十几字，蝉联而下，但无一相类，显出变化而又统一的特征。作者还依据变化着的对象面貌，求取语言的腾挪变幻。例如：“几自刭死”，是写自杀，来源于“挟匕首以备不测”；“几从鱼腹死”，来源于江中遇敌船；“几落贼手死”，来源于“骑数千过其门”；“几陷死”，来源于“夜趋高邮，迷失道”。制府发下追捕公文，则“几以捕系死”；舟船险些与哨兵相遇，则“几邂逅死”。一句之中，前述死因，后谈死情，互成因果关系。这样，语言应用就切情切境且变化多端。（吴功正　陆志平）

登西台恸哭记　谢　翱

始，故人唐宰相鲁公开府南服[①]，余以布衣从戎[②]。明年，别公漳水湄[3]。后明年，公以事过张睢阳及颜杲卿所尝往来处[4]，悲歌慷慨，卒不负其言而从之游[5]，今其诗具在，可考也。

余恨死无以藉手见公，而独记别时语，每一动念，即于梦中寻之。或山水池榭，云岚草木，与所别之处及其时适相类，则徘徊顾盼，悲不敢泣。又后三年[6]，过姑苏。姑苏，公初开府旧治也[7]。望夫差之台[8]而始哭公焉。又后四年[9]，而哭之于越台[10]。又后五年及今，而哭于子陵之台[11]。

先是一日，与友人甲乙若丙约[12]，越宿而集。午，雨未止，买榜江涘[13]，登岸谒子陵祠[14]，憩祠旁僧舍，毁垣枯甃，如入墟墓。还，与榜人治祭具。须臾雨止，登西台，设主于荒亭隅，再拜跪伏，祝毕，号而恸者三，复再拜，起。又念余弱冠时，往来必谒拜祠下。其始至也，侍先君焉。今余且老，江山人物，眷焉若失。复东望，泣拜不已。有云从西南来，渰浥浡郁[15]，气薄林木，若相助以悲者。乃以竹如意[16]击石，作楚歌招之曰："魂朝往兮何极，暮来归兮关塞黑[17]，化为朱鸟兮有咮焉食[18]？"歌阕，竹石俱碎。于是相向感喈[19]。复登东台，抚苍石，还憩于榜中。榜人始惊余哭，云："适有逻舟之过也，盍移诸？"遂移榜中流，举酒相属，各为诗以寄所思。薄暮，雪作风凛，不可留，登岸宿乙家，夜复赋诗怀古。明日，益风雪，别甲于江。余与丙独归，行三十里，又越宿乃至。其后甲以书及别诗来，言是日风帆怒驶，逾久而后济，既济，疑有神阴相[20]，以著兹游之伟。余曰："呜呼！阮步兵[21]死，空山无哭声且千年矣。若神之助，固不可知。然兹游亦良伟，其为文词，因以达意，亦诚可悲矣。"

余尝欲仿太史公，著《季汉月表》，如《秦楚之际》[22]。今人不有知余心，后之人必有知余者。于此宜得书，故纪之，以附"季汉"事后。时，先君登台后二十六年也。先君讳某字某。登台之岁在乙丑云[23]。

注 ① 始：指宋端宗赵昰（xià）景炎元年（1276）七月。《宋史纪事本末》卷一〇八："五月己未朔，益王即位于福州，改元景炎。……文天祥至行都，拜右丞相兼枢密使，都督诸路军马。秋七月，文天祥开府南剑州（今福建南平），经略江西。"唐宰相鲁公：明谓唐颜真卿（历官至吏部尚书，太子太师，封鲁郡公），实指文天祥。开府南服：在南方（即南剑州）设置府署，辟建僚属。 ② 余以布衣从戎：布衣，没有做官的读书人。胡翰《谢翱传》："宋相文天祥亡走江上，逾海至闽，檄州郡大举勤王之师。翱倾家赀，率乡兵数百人赴难，遂参军事。"
③"明年"二句：明年，宋景炎二年，元世祖至元十四年（1277）。《宋史·文天祥传》："至元十四年正月，大元兵入汀州，天祥遂移漳州。……四月，入梅州。"谢翱与文天祥分别当在二、三月间。漳州今属福建，境内有漳江。湄，水边。
④"后明年"二句：后明年，明年之后一年，即景炎三年（四月赵昰死，赵昺立，改元祥兴），元至元十五年。此年十二月文天祥兵败，被俘于广东海丰五坡岭。次年被解送燕京。以事，隐指其被俘事。过张睢阳及颜杲卿所尝往来处，文天祥被俘北行，途中经过睢阳（今河南商丘）、常山（今河北正定）。张睢阳，张巡。唐肃宗至德年间，在安禄山、史思明叛乱中，张巡、许远守睢阳，颜杲卿守常山，城陷均被杀。 ⑤"悲歌慷慨"二句：文天祥《指南后录》有《平原》《颜杲卿》《睢阳》（一题《许远》）等歌颂颜真卿、杲卿、张巡、许远的诗。从之游，追随颜、张、许一同殉国。 ⑥ 又后三年：至元十九年。此年十二月文天祥殉国。
⑦ 姑苏，公初开府旧治也：《宋史·瀛国公纪》：德祐元年（1275）八月："以文天祥为浙西、江东制置使兼知平江府。"平江府治在今江苏苏州，旧称姑苏。
⑧ 夫差之台：即姑苏台，在今苏州市西南姑苏山上，相传为春秋时吴王夫差所筑。 ⑨ 又后四年：至元二十三年。 ⑩ 越台：指大禹陵，在浙江绍兴会稽山中。任士林《谢处士传》："过越，行禹窆间，北向哭。"即指此。 ⑪ 又后五年：至元二十八年。子陵之台：亦称钓台，在今浙江桐庐富春山，有东、西二台，相传为东汉隐士严光（字子陵）垂钓之处。 ⑫ 甲乙若丙：若，与。甲、乙、丙，作者为避免元统治者迫害，不直书友人姓名，以天干代指。据黄宗羲《谢皋羽年谱游录注序》考证，甲为吴思齐，字子善，流寓桐庐，故下云"别甲于江"。乙为严侣，字君友，为严子陵后裔，奉祀祖祠，住在江边，故下云"登岸宿乙家"。丙为冯桂芳，家住睦州（今浙江建德），故下云"余与丙独归"。 ⑬ 买榜（bàng）江涘（sì）：雇船于水边。榜，船桨，代指船。 ⑭ 子陵祠：在西台下，北宋范仲淹建。见范仲淹《严先生祠堂记》。 ⑮ 渰（yǎn）浥浡（bó）郁：云气蒸腾的样子。 ⑯ 如意：器物名。用竹、玉、骨等制成，头作灵芝或云叶形，柄微曲，供指划或赏玩之用。 ⑰"魂朝"二句：杜甫《梦李白》："魂来枫林青，魂返关塞黑。"此用其语。极，终止。 ⑱"化为"句：说死者化为朱鸟归来，却无处得食。《史记·天官书》："南宫朱鸟。"张守节正义："柳八星为朱鸟咮，天之厨宰，主尚食，和滋味。"朱鸟为南方之星，故以朱鸟象征南宋，而暗示宋已灭亡，不能为文天祥立庙祭祀，故云"有咮焉食"。咮（zhòu），鸟嘴，又为二十八宿中柳宿的别称。此句多用双关语。 ⑲ 感喈（jiè）：感叹。喈，叹息声。 ⑳ 阴相（xiàng）：暗中帮助。 ㉑ 阮步兵：《晋书·阮籍传》："籍本有济世志，属魏晋之际，天下多故，名士少有全者。籍由是不与世事，遂酣饮为常。……闻步兵厨营人善酿，有贮酒三百斛，乃求为步兵校尉。"故世称阮步兵。
㉒"余尝"三句：太史公，司马迁自称。《史记》中有《秦楚之际月表》，列举秦、楚、汉之间的大事。谢翱欲仿其体例作《季汉月表》。"季汉"实指"季宋"。一个朝代的末尾称"季"。方凤《谢君皋羽行状》："尝欲仿太史法，著《季汉月表》，采独行全节事为之传，大率不务为一世人所好，而独求故老与同志

以证其所得。” ㉓“先君登台”三句：先君，指谢翱之父谢钥，字君殷，号草堂，居母丧庐墓，终身不仕。通《春秋》，著有《春秋衍义》，《左氏辨证》。谢钥登西台之年为宋度宗咸淳元年，岁次乙丑（1265）。其后二十六年，为元世祖至元二十八年辛卯（1291），即谢翱作此文之年。

这是一篇声泪交并的泣血之作，作者以登高哭祭的形式，字字呜咽地表达了对民族英雄文天祥殉难的悲恸之情。

谢翱曾是文天祥部下。景炎元年（1276）临安城破，文天祥至福建一带聚兵抗元，谢翱毅然率乡兵数百投奔，任咨事参军。在转战各地的战斗行程中，谢翱对文天祥的人格、气节多有了解，怀着深厚的情感。文天祥殉难后，谢翱多次哭悼，本文所记是其中的第三次，即至元二十八年（1291），距文天祥殉国已有八年之久。时间的流逝没有冲淡英雄身上的殷殷碧血，同写于此时的《西台哭所思》诗云：“残年哭知己，白日下荒台。泪落吴江水，随潮到海回。故衣犹染碧，后土不怜才。未老山中客，惟应赋《八哀》。”时间的淤聚使得作者的情感愈加凝结，遂有这沉痛迫中肠的西台恸哭。

元朝建立后，统治大网幂天匝地，即使这次西台恸哭，也“适有逻舟之过也”，更何况悼祭反元的民族英雄，就得遭杀身之祸了。险恶的环境规范了本文行文上的扑朔迷离，出语时的欲说还休。奠者为谁，并不明示，而托言唐宰相鲁国公颜真卿，通篇以无特指的“公”指代，绝不提文天祥三字；同登西台者为谁，亦不明示，仅以天干“甲”“乙”“丙”称代。这使得全文的文字风格闪烁迷茫，从而折射出当时险恶的环境、背景，透射出作者沉痛悲咽的心理情绪。同时，愈是表现得吞吐晦涩，愈是表现出情感的深切绵长。

文章的第二节叙往昔以及两次哭祭的情形。文虽简略而语义丰厚。谢翱其时上距诀别文天祥已有一十三载，其间虽历经战乱，但“独记别时语”，留下了铭心刻骨的感受，所以，“每一动念，即于梦中寻之”，梦回魂绕，何等深刻。这是作者多年来多次哭奠的情感基础，是全文的一大关捩。它使得作者常常触景伤怀，不能自抑：“或山水池榭，云岚草木，与所别之处及其时适相类，则徘徊顾盼，悲不敢泣。”这样便有至元十九年始闻文天祥噩耗的姑苏第一次哭，至元二十三年的越台的第二次哭。这第三次哭是前两次哭的延续和发展，成为全文的重点所在。

西台即严子陵台。严子陵名光，东汉人，因避乱世隐居富春江畔，临江独钓。谢翱选择子陵台为第三次哭祭之地是大有深意的。其时，谢翱以故宋遗民自居，坚不臣服元朝，每日徜徉于残山剩水之间，和当年的严子陵十分相似，如明初宋濂《宋遗民录》卷九所记：“思齐与方凤、谢翱，无月不游，游辄连日夜，或酒酣气郁时，每扶携向天末恸哭，至失声而后返。夫以气节不群之士，相遇于残山剩水间，奈之何而弗悲?”

为这次西台恸哭，谢翱与友人作了精心的筹划和安排，对这一过程的描述愈是深刻细致，愈是表现出对文天祥情感的深沉炽烈。按照哭奠的时间顺序分为：祭前、祭中、祭后三个层次。祭前又可分邀约和探路两个小层次：“先是一日”即与友人邀集，不是暂时缀合，以示悼祭的专诚；当天在风雨凄厉中先行探路，以备不测，在“毁垣枯甃，如入墟墓”中确证无元兵出入，“还，与榜人治祭具”，一个“还”字，充分体现了心机缜细。然后进入正式的哭祭过程的描述，文辞简略详尽而又情浓意切。号恸再三，跪拜有二，极备祭礼程序。然后，稍稍宕开一笔：“又念余弱冠时，往来必谒拜祠下”，“其始至也，侍先君焉”，表明选择西台祭悼文公，实非偶然。随后笔触再缩回来：“今余且老，江山人物，眷焉若失”，真有江山残败，人事不堪之慨。这种怅然若失的失落感正是此时作者的沉郁心态，历史的回味加浓了现时的感受。在完成了“复东望，泣拜不已”的祭奠全礼后，进入了击石抒情、作歌招魂的情感表现层次，把全文的情感腾涌上悲壮激越的高潮。作者所写的风云幽郁的景象：“湆浥浡郁，气薄林木”和作者胸中的怫郁之情相融浃，“若相助以悲者”，仿佛阴云有意，万物同悼，益发显出情之深、情之浓。而“有云从西南来”，显然是一种象征，是作者浓化了的情感所产生的景象幻化。借景抒情尚较为间接，击石作歌就是情感的喷薄、倾吐和外化了。“竹石俱碎”的“竹”是“节”气之表征，“俱碎”暗合着成语“玉石俱焚”的涵义。“楚歌”之凄烈，招魂之悲咽，字字滴血，声声有泪。朱鸟盘空，有味无食，多么激切地表现了亡宋灭国之痛！在激烈的击石之后，猛一顿挫，转入“相向感喟”的长长叹息和手“抚苍石”的无言感喟之中，富于深长的意韵。榜人的惊问和“移榜中流”的建议，勾现出险象丛生的环境；“薄暮，雪作风凛”和“明日，益风雪”的两次风雪描述，渲染了氛围，景中传情，表现了作者凄冷的悲心；薄暮舟中赋诗，“夜复赋诗”又凡两次，则以诗情添浓了文情。奠后四人相别交代一笔不苟，但“与丙独归”，归向何方？“越宿乃至”，至于何处？又显得吞吐迷茫。行文之迷茫则折射出时局之险恶。“甲”渡江疑有神助的感觉是心灵的幻觉，反转来透现出哭悼之情的精诚深挚。别后的“甲”书引起作者的悲慨：“呜呼！阮步兵死，空山无哭声且千年矣。”这次西台恸哭正是承响于阮籍。阮籍于晋代魏的险局中，佯狂烂饮，“时率意独驾，不由径路，车迹所穷，辄恸哭而反”，迷狂的行为方式包含着悲恸深沉的意识。谢翱正是引阮籍为同调，于千载之前找到自己的知音，表达了一腔愤激情绪。对于“神之助”，作者居于可信可疑之间，但视“兹游亦良伟”，因为这次哭奠祭悼的是民族英灵，作者及其友人又情尽意满地表达了自己的感受。作者试图摹仿司马迁著《季汉月表》，撰“季宋月表”，以示宋亡，正统已绝，再次表现了他强烈的民族立场。尽管血沃中原，腥风四起中，“今人不有知余心”，怀着深深的寂寞感，但放眼未来，“后之人必有知余者”，情绪复归于坚定昂扬。

对文天祥铭心刻骨的悼念和对元统治血腥专制环境的怵惕，这一对巨大矛盾，规定了本文艺术上独特的表现形式，欲言又止，欲吐还休，隐晦曲折，也更有助于表现作者悲恸情绪和民族精神。承题旨之“哭”，数反其言，使人悲不自胜。托名汉唐，隐姓匿名，不书元之年号，唯以甲子称之，等等，都表现了作者的难言隐衷和决不臣服元朝的鲜明立场。行文风格堪称沉郁顿挫，一字三叹，痛泪激溅满纸，铁钩银勒，如此血性文字，至今读来犹令人竦然动容。（吴功正　陆志平）

市隐斋记　　元好问

吾友李生为予言：“予游长安，舍于娄公所。娄，隐者也，居长安市三十年矣。家有小斋，号曰市隐，往来大夫士多为之赋诗，渠欲得君作记。君其以我故为之。”

予曰：“若[①]知隐乎？夫隐，自闭之义也。古之人隐于农、于工、于商、于医卜、于屠钓，至于博徒、卖浆、抱关吏、酒家保，无乎不在，非特深山之中，蓬蒿之下，然后为隐。前人所以有大小隐之辨者，谓初机之士，信道未笃，不见可欲，使心不乱，故以山林为小隐；能定能应，不为物诱，出处一致，喧寂两忘，故以朝市为大隐耳。以予观之，小隐于山林，则容或有之，而在朝市者未必皆大隐也。自山人索高价之后，欺松桂而诱云壑者多矣，况朝市乎？今夫干没氏[②]之属，胁肩以入市，叠足以登垄断，利嘴长距，争捷求售，以与佣儿贩夫血战于锥刀[③]之下，悬羊头，卖狗脯，盗跖[④]行，伯夷[⑤]语，曰'我隐者也'而可乎？敢问娄之所以隐奈何？"

曰："鬻书以为食，取足而已，不害其为廉；以诗酒游诸公间，取和而已，不害其为高。夫廉与高，固古人所以隐也，子何疑焉？"

予曰："予得之矣，予为子记之。虽然，予于此犹有未满焉者。请以韩伯休[⑥]之事终其说。伯休卖药都市，药不二价，一女子买药，伯休执价不移。女子怒曰：'子韩伯休邪？何乃不二价？'乃叹曰：'我本逃名，乃今为儿女子所知！'弃药径去，终身不返。夫娄公固隐者也，而自闭之义，无乃与伯休异乎？言，身之文也，身将隐，焉用文之？是求显也[⑦]。奚以此为哉？予意大夫士之爱公者强为之名耳，非公意也。君归，试以吾言问之。"

贞祐丙子[⑧]十二月日，河东[⑨]元某记。

注 ① 若：你。 ② 干没氏：指投机牟利的人。 ③ 锥刀：亦作"刀锥"，喻微末的小利。唐陈子昂《感遇》诗："务光让天下，商贾竞刀锥。" ④ 盗跖：春秋战国之际人，名跖。《庄子·盗跖》说他"从卒九千人，横行天下，侵暴诸侯"。"盗跖"是对他的诬称。 ⑤ 伯夷：商末孤竹君长子，与其弟叔齐都不愿继承父位。武王伐纣后，与叔齐均不愿食周粟（因反对武王伐纣），饿死首阳山。 ⑥ 韩伯休：韩康，字伯休，东汉京兆霸陵（今陕西西安市东）人。以采药卖药为生，口不二价。后隐居山中。 ⑦"言，身之文"五句：见《左传·僖公二十四年》。大意是：以言语来述说人的好处，是为了显示其光彩。一个人将要去隐居了，还要这些光彩干什么？如仍这样做，那就是想求得显达，而不是想隐居了。 ⑧ 贞祐丙子：金宣宗贞祐四年（1216）。 ⑨ 河东：古地名。元好问为秀容（今山西忻州）人；秀容古属河东。

市隐即隐居于闹市之中。在一般人的心目中，隐士的世界应该在山水林泉之中，将闹市与他们并置是那么地不协调。然而古人曾说："小隐隐陵薮，大隐隐朝市。"（《文选·反招隐》）又说："隐之为道，朝亦可隐，市亦可隐，隐初在我，不在于物。"（《晋书·邓粲传》）相比之下，古人更赞美隐于朝市。在他们看来，每日在朝市中与尘俗接触而不为所染的人，更为难得。

元好问这篇《市隐斋记》所记的隐者，自题其斋曰“市隐”，他是俨然以大隐自居的。然而读罢全文，我们不仅没有感到这位市隐斋主娄公是一位大隐，反而觉得他是个沽名钓誉之徒。何以得出这种印象呢？这主要在于对隐逸之义的辨析。作者首先为隐居下了一个明确的定义：“夫隐，自闭之义也。”这也是文章的“主脑”，全文都是围绕着这个“主脑”而生发出来的。作者就以此为标准，指出只要能够符合这个意义，隐于农工商卜医等各行各业，都无所不可，不必一定要在“深山之中，蓬蒿之下”。文中暗用典故，以古代著名隐士姜太公、赵国隐士毛公、薛公的事迹，来证明其说，显得充分、有力。既然隐居只要符合“自闭之义”，就无所而不可隐，那么古人为什么又有大隐之说呢？作者进而对此作了阐明：“谓初机之士，信道未笃，不见可欲，使心不乱，故以山林为小隐；能定能应，不为物诱，出处一致，喧寂两忘，故以朝市为大隐耳。”大小隐的实质在此也得到了透彻的解说。文章至此是从正面论隐居，逻辑严谨，无懈可击。由于隐逸一直被视为高士，因而为许多人所仿效。但众所同趋，其类必杂，在隐逸这种高尚之行中有时不免也渗进了一些卑劣的企图，孔稚珪在《北山移文》中就谴责了那些“身在江海之上，心存魏阙之下”的假隐士。这类假隐士历代不乏其人，作者笔锋一转，针对这种现象加以批驳：“自山人索高价之后，欺松桂而诱云壑者多矣，况朝市乎？”“悬羊头，卖狗脯，盗跖行，伯夷语，曰‘我隐者也’而可乎？”作者以声色俱厉的反诘，表达了对欺世盗名的假隐士的深恶痛绝。毫无疑问，欺世盗名是不符合“自闭之义”的。文章写了真假两种隐士，而市隐斋主娄公属于哪一种人呢？作者用“显”与“隐”进行对比，揭露出娄公行为的矛盾之处，这种矛盾的行为与隐居的“自闭之义”是大相径庭的。这位“市隐娄公”是何许人，便已在不言之中了。然而碍于情面，作者又为娄公找了一个下台的阶梯：“予意大夫士之爱公者强为之名耳，非公意也。”很明显，这是托词，然而，毕竟为娄公留下了一点回旋的余地，这也许体现了“温柔敦厚”的文风。

这篇《市隐斋记》，当记叙市隐斋得名之由来，或其所处之环境、条件，或赞美其斋主隐居乐道之美德等等。然而元好问却采取了不同一般的写法。文章集中笔墨论隐居之义，围绕着对隐居之义的正反两方面的阐述而组织全文。乍看起来，文章不符合“记”的体例而更近似于“论”，但这正是作者的匠心独运之处。文章只记叙作者与李生论辩是否为娄公作记的对话，真正意义上的“记”，似乎始终没有出现。这种“不记之记”的形式，正体现了形散而神不散的特点，符合这类杂记文的通则。文章纯以理胜，而笔端又饱含了作者对世风的感慨，表达了对娄公之类沽名钓誉行为的反感。这又使文章具有强烈的感情色彩。

论理严密，行文自然，情感真实，可以说是这篇文章的特点，也正是金元明八大家之一的元好问文章的特色。(李修生　李　鸣)

大龙湫记

李孝光

大德七年，秋八月，予尝从老先生来观大龙湫，苦雨积日夜。是日，大风起西北，始见日出。湫水方大，入谷，未到五里余，闻大声转出谷中，从者心掉[①]。望见西北立石，作人俯势，又如大楹。行过二百步，乃见更作两股相倚立。更进百数步，又如树大屏风。而其颠谽谺[②]，犹蟹两螯，时一动摇，行者兀兀，不可入。转缘南山趾，稍北，回视如树圭。又折而入东崦[③]，则仰见大水从天上堕地，不挂著[④]四壁，或盘桓久不下，忽迸落如震霆。东岩趾有诺讵那庵[⑤]，相去五六步，山风横射，水飞著人。走入庵避，余沫迸入屋，犹如暴雨至。水下捣大潭，轰然万人鼓也。人相持语，但见口张，不闻作声，则相顾大笑。先生曰：“壮哉！吾行天下，未见如此瀑布也。”

是后，予一岁或一至。至，常以九月；十月则皆水缩，不能如向所见。今年冬又大旱，客入，到庵外石矼上，渐闻有水声。乃缘石矼下，出乱石间，始见瀑布垂，勃勃如苍烟，乍小乍大，鸣渐壮急。水落潭上洼石，石被激射，反红如丹砂。石间无秋毫土气，产木宜瘠，反碧滑如翠羽凫毛。潭中有斑鱼廿余头，闻转石声，洋洋远去，闲暇回缓，如避世士然。家僮方置大瓶石旁，仰接瀑水，水忽舞向人，又益壮一倍，不可复得瓶，乃解衣脱帽著石上，相持扼掔[⑥]，欲争取之，因大呼笑。西南石壁上，黄猿数十，闻声，皆自惊扰，挽崖端偃木牵连下，窥人而啼。纵观久之，行出瑞鹿院前——今为瑞鹿寺，日已入。苍林积叶，前行，人迷不得路，独见明月宛宛如故人。老先生谓南山公也[⑦]。

注 ① 掉：动荡。这里指由于惊恐而心脏剧烈跳动。 ② 谽谺（hān xiā）：山深貌。这里指山的高险。 ③ 东崦：东山。 ④ 著："着"的本字，附着，附上。 ⑤ 诺讵那庵：罗汉庵。诺讵那，一译诺讵罗，为佛教十六罗汉（另两位佛典中无据）之一。传说晋穆帝永和年间，有四川高僧东来雁荡，于大龙湫抱膝观瀑时坐化。后人为他砌塔建庵，并尊为开山祖师。 ⑥ 掔：同"腕"，手腕。 ⑦ 南山公：指老先生。"南山"为其号，"公"是对他的尊称。此人的具体情况不详，当是李孝光很尊敬的长辈，故一再尊称为"老先生"。从现知的李孝光交游情况来看，此人可能是达兼善的父亲。他曾任台州（治今浙江临海）录事，其后即在台州安家。

大龙湫与灵峰、灵岩被称为雁荡山风景三绝。雁荡山位于浙江东南乐清县境内，以山水奇秀著名，号称东南第一山。在雁荡诸景中，大龙湫尤为著名。它是我国著名的大瀑布，从高约一百九十米的连云嶂凌空而下，宛如银河飞泻，十分壮观。随着季节、晴雨和风力的变化，大龙湫也呈现出不同的风貌。李孝光为元代浙江乐清人，曾长期隐居雁荡山五峰下。这篇《大龙湫记》是他《雁山十记》中的一篇。

这篇文章分为两个部分，分别描写作者在秋冬两季游大龙湫的见闻。第一部分写其初游时的感受。在这一段中，作者具体描写沿路的见闻。其写水声之大，撼人心魄，与苏轼的《石钟山记》中"大声发于水上，噌吰如钟鼓不绝，舟人大恐"的写法相似。只是苏文是实写，而此处则是虚写，借水声之大来渲染水势，以起到"先声夺人"的效果。接着又从视觉的角度对沿路山景进行描摹，种种奇山异石令人目不暇接。作者用新奇的比喻为奇异纷披的山石传神写照，描写颇为精彩。人俯、相倚、大楹、屏风、蟹螯等，巧妙地表现出了山石的千姿百态，而且动静相间："作人俯势"是动，"如大楹"是静；"两股相倚立"是动，而"其颠谽谺，犹蟹两螯，时一动摇"则为静中之动。动静相间，所表现出的意象更为纷繁多姿。从听觉和视觉两方面对大龙湫进行侧面的烘托之后，就对瀑布进行直接描摹。先极写瀑布之高，仿佛从天而降，再状瀑布的夭矫凌空之态，然后写它迸落深潭，发出如殷殷雷声般的震耳声音：视角自高而下，由仰望至俯视，极有层次地写出了眼前瀑布那种盘旋飞舞、轰然迸落的神姿。"震霆"二字，极言瀑布落深潭时轰鸣声音之大。瀑布凌空飞下，激起横射的山风，水沫随风飘洒，犹如暴雨骤至。这是瀑布将落未落时的雄伟气象。接着写瀑布入潭，用一"捣"字，非常传神地表现出瀑布的雄劲之势，体现了作者炼字之精。瀑布捣入深潭，轰鸣声犹如万人奋击鼙鼓那样惊天动地。先写瀑布，继写水声，仍是从视、听两方面落笔。水声给作者留下了极深的印象，文中先后三次予以强调：先是“闻大声转出谷中”；继而亲临其境，感受到它“如震霆”、如“万人鼓”那样雄壮；最后又以“人相持语，但见口张，不闻作声”来进行反衬和渲染，淋漓尽致地突出了大龙湫飞瀑的磅礴气势。

以上所写，是作者追记初游龙湫时的见闻，描绘了秋雨霪霪的雨季所见到的大龙湫奇景，下面则转而描写旱季的大龙湫。雨季的大龙湫，其基调是“雄奇喧腾”，而旱季大龙湫的基调则是“明丽幽静”。瀑布不再是那种夭矫凌空、声震山林的雄姿，而是呈现出“渤渤如苍烟，乍小乍大”的缥缈变幻之状；水声也变得回环潺湲，需要走上邻近的石桥，方能聆其清音。虽然不复能看见雄奇之景，却别有一番情趣，吸引游人流连忘返。这一段，侧重描写大龙湫四周的景物，与上一段突出描写瀑布本身不同。这里作者描绘出一幅明丽幽静的画面，以展示大龙湫旱季的美丽。围绕着瀑布，他从动静两方面来写景：潭上清石与水气相映，红如丹砂；山石之间树木葱茏，碧绿细润，如翠羽凫毛。红绿两色，交相映衬，使这些静态的景物，更为生色。又以鱼和猿两种动物来写这里环境的自在悠然，远离尘嚣。鱼的闲暇逍遥点出山中景致令人心情怡然，同时也写出了潭水的清莹透澈。猿猴“窥人而啼”这一场面，着力渲染的是山中的静谧。猿猴啾啾而啼，更打破了山中的岑寂。作者承袭前人以声写静的手法，通过动静两组画面的相映照，突出了旱季大龙湫清雅如画的美。面对这样的美景，作者的游兴到薄暮还未尽，直至月出东山，依然徜徉在洒满月色的曲径上。这是诗的意境。这诗意盎然的结尾，使文章余味无穷。

这一篇游记与众不同之处在于记叙了两次游历，通过不同季节的所见所闻，全面地展现了大龙湫的风姿。二者互补，将大龙湫的奇伟变幻尽收笔下；二美合璧，将大龙湫的奇丽景象构成了一幅完整的图画。在结构上通篇用对比法：上一段写大龙湫的雄奇喧腾，展现出的是壮美的画面；下一段写大龙湫的明丽幽静，展现出的是优美的画面。雨季出游，着重写沿途的见闻及瀑布的磅礴气势；旱季重来，着重写瀑布四周的景物。上一段的描写是线状的，下一段描写是点状的。上一段详写的，下一段则一带而过；而上一段所略者，下一段则工笔细描。犹如秋冬两季大龙湫景色的不同一样，文章的上下两段也迥异其趣，充分体现出作者文笔的腾挪变幻之妙。（李修生　李　鸣）

明　文

送东阳马生序

宋　濂

余幼时即嗜学。家贫无从致书以观，每假借于藏书之家，手自笔录，计日以还。天大寒，砚冰坚，手指不可屈伸，弗之怠。录毕，走送之，不敢稍逾约。以是人多以书假余，余因得遍观群书。既加冠，益慕圣贤之道，又患无硕师名人与游，尝趋百里外，从乡之先达[①]执经叩问。先达德隆望尊，门人弟子填其室，未尝稍降辞色[②]。余立侍左右，援疑质理[③]，俯身倾耳以请；或遇其叱咄，色愈恭，礼愈至，不敢出一言以复；俟其欣悦，则又请焉。故余虽愚，卒获有所闻。

当余之从师也，负箧曳屣，行深山巨谷中。穷冬烈风，大雪深数尺，足肤皲裂而不知。至舍，四肢僵劲不能动，媵人持汤沃灌[④]，以衾拥覆，久而乃和。寓逆旅主人，日再食，无鲜肥滋味之享。同舍生皆被绮绣，戴朱缨宝饰之帽，腰白玉之环，左佩刀，右佩容臭[⑤]，烨然若神人。余则缊袍敝衣处其间，略无慕艳意，以中有足乐者，不知口体之奉不若人也。盖余之勤且艰若此。今虽耄老，未有所成，犹幸预君子之列，而承天子之宠光，缀公卿之后，日侍坐备顾问，四海亦谬称其氏名，况才之过于余者乎?

今诸生学于太学，县官日有廪稍之供[⑥]，父母岁有裘葛之遗，无冻馁之患矣；坐大厦之下而诵诗书，无奔走之劳矣；有司业、博士[⑦]为之师，未有问而不告、求而不得者也。凡所宜有之书，皆集于此，不必若余之手录、假诸人而后见也。其业有不精、德有不成者，非天质之卑，则心不若余之专耳，岂他人之过哉!

东阳马生君则，在太学已二年，流辈甚称其贤。余朝京师，生以乡人子[⑧]谒余，撰长书以为贽[⑨]，辞甚畅达；与之论辨，言和而色夷。自谓少时用心于学甚劳，是可谓善学者矣。其将归见其亲也，余故道为学之难以告之。谓余勉乡人以学者，余之志也；诋我夸际遇之盛而骄乡人者，岂知余者哉!

注 ① 乡之先达：有地位有声望的同乡前辈。按，宋濂曾游学于当时学者吴莱、黄溍、柳贯等之门。吴莱、柳贯与宋濂皆为金华府（元称婺州）浦江人，黄溍为同府之义乌人，都可称同乡。据史实和文中所说情况对看，这里可能指黄溍。② 未尝稍降辞色：态度始终非常严肃。辞色，言辞和脸色。 ③ 援疑质理：提出疑难，质询道理。 ④ 媵（yìng）人：这里指旅舍中雇用的仆役。汤：热水。沃灌：浇洗。 ⑤ 容臭（xiù）：香囊，装有香料的小囊。 ⑥ 县官：古代指天子或朝廷。这里指朝廷。廪稍：廪食。这里指伙食费用，由朝廷供给。 ⑦ 司业：即国子监司业。博士：即国子博士。都是太学里的教官。 ⑧ 乡人子：同乡子侄辈。马君则是东阳（今属浙江）人，宋濂是浦江人。当时浦江、东阳同属金华府，故与宋濂称同乡。 ⑨ 撰长书：写长信。贽：初次拜见长辈时所送的礼物。

这是一篇赠序。明洪武年间，宋濂官至翰林学士承旨知制诰，洪武十年（1377）致仕。第二年，宋濂至应天（今江苏南京）去朝见明太祖朱元璋。其时，在国子监读书的马君则，以同乡后辈的身份前来拜访，宋濂就写了这篇文章赠送给他。作者以自己勤苦求学而功成名就的事实，现身说法，勉励后辈专心向学，刻苦自励，情真意挚，语重心长。

就文章的内容而言，作者主要以自己青少年时代求学的艰苦经历，与太学生优越的学习条件进行对比。作者简洁生动地叙述早年的经历：幼时酷爱学习，但因家境贫寒，无书可读，只得向人借阅。借到书，即使在严冬季节，也要自己动手抄录；为了取信于藏书之家，到期一定归还，可见得书之难。年长以后，仰慕圣贤的道统，渴望名师指点，且又并非容易的事；为了求师，不顾穷冬烈风，负箧曳屣，奔走于深山巨谷之中，以致足肤皲裂。生活上，自己也甘于贫苦，自得其乐。这些典型事例全面地叙述了作者艰苦勤奋的学习生活。从中可以看出，作者正是以一种坚韧不拔的毅力，不断地克服障碍，最后才功成名就的。笔墨酣畅，说理透彻，为下文的对比蓄满了气势。接着，有针对性地指出了太学生的优越条件："无冻馁之患"，"无奔走之劳"，有教授相伴，有丰富藏书。这样，"其业有不精、德有不成者，非天质之卑，则心不若余之专耳，岂他人之过哉"！结论只有一个：学业道德上的成长，取决于自己主观上是否努力。确凿的事实，强烈的对比，得出了无可置疑的结论，完成了所要揭示的主旨。此后，又交代了写作的缘由和宗旨。

就文章的写法而言，除全篇主体结构进行对比之外，在具体记叙的过程中，又处处予以对比。在记叙自己勤苦求学生活时，以主观上的勤奋与客观上的艰苦作对比。譬如，写得书需"手自笔录"时："天大寒，砚冰坚，手指不可屈伸，弗之怠”；写求师时，师严而礼恭：“或遇叱咄，色愈恭，礼愈至”；写求学时，不辞劳苦，困难愈大愈见其志坚；写生活方面，以同舍生若神人的打扮与自己的缊袍敝衣作对比；在记叙太学生优越的学习条件时，又以客观条件的优越与主观上的努力与否作对比……作者以鲜明的对照，分辨事理，增强了文章的感染和说服力量。而在对比中，又可看出文章错综变化，富有波澜，毫无单调呆板之感。加之，措辞委婉，如话家常，表达出一种恳挚的感情，自然会亲切动人，催人奋进。（陈绍华）

卖柑者言　　刘　基

杭有卖果者，善藏柑，涉寒暑不溃。出之烨然，玉质而金色。置于市，贾十倍，人争鬻[①]之。予贸得其一，剖之，如有烟扑口鼻，视其中，则干若败絮。予怪而问之曰：“若所市于人者，将以实笾豆[②]，奉祭祀，供宾客乎？将衒外以惑愚瞽也？甚矣哉为欺也！”

卖者笑曰：“吾业是有年矣。吾赖是以食吾躯。吾售之，人取之，未尝有言，而独不足子所乎？世之为欺者不寡矣，而独我也乎？吾子未之思也。今夫佩虎符、坐皋比[③]者，洸洸乎干城之具也[④]，果能授孙、吴之略[⑤]耶？峨大冠、拖长绅者，昂昂乎庙堂之器也，果能建伊、皋之业[⑥]耶？盗起而不知御，民困而不知救，吏奸而不知禁，法斁[⑦]而不知理，坐糜廪粟而不知耻。观其坐高堂，骑大马，醉醇醲而饫肥鲜者[⑧]，孰不巍巍乎可畏，赫赫乎可象也？又何往而不金玉其外、败絮其中也哉！今子是之不察，而以察吾柑！”

予默然无以应。退而思其言，类东方生滑稽之流[⑨]。岂其愤世疾邪者耶？而托于柑以讽耶？

注 ① 鬻：原义为“卖”，此处转作“买”。　② 笾（biān）豆：古代祭祀和宴会时用以盛食物的容器。笾用竹制，豆用木或陶、铜制造。　③ 虎符：古代调兵遣将时所用的虎形兵符。皋比（pí）：虎皮，此指虎皮做的坐褥。　④ 洸（guāng）洸：威武貌。《诗·大雅·江汉》：“武夫洸洸。”干城：盾牌和城墙，比喻捍卫者。《诗·周南·兔罝》：“赳赳武夫，公侯干城。”具：才具。此指人才。⑤ 孙、吴：孙武和吴起，春秋、战国时兵法家。　⑥ 伊、皋：伊尹和皋陶。伊尹，商汤时贤相。皋陶，舜时掌刑法的官。 ⑦ 斁（dù）：败坏。 ⑧ 醇酞（nóng）：味美的烈酒。饫（yù）：饱食。 ⑨ 东方生：指东方朔。东方朔字曼倩，汉武帝时曾任太中大夫。能言善辩，诙谐多智，《汉书·东方朔传赞》称之为“滑稽之雄”。

《卖柑者言》约写于元末作者归隐之前、任江浙儒学副提举之际。刘基对元末千疮百孔、岌岌可危的现实有较清醒的认识，故以“满腔愤世之心”，写下这篇刺世短文。

作者入手擒题，道出杭州卖柑者及其“善藏柑，涉寒暑不溃”，进而着意渲染了柑外表色泽的美艳——“出之烨然，玉质而金色”，并进一步说明柑因此而“贾（同‘价’）十倍，人争鬻之”。这些皆为下文伏笔。接着笔锋陡转，一语道破柑的本来面目：“予贸得其一，剖之，如有烟扑口鼻，视其中，则干若败絮。”由此，柑的金玉其外与败絮其中形成了强烈对比。作者惊讶之余，责问卖柑者：所卖的柑是用来盛在笾、豆之中祭鬼敬神、供奉宾客呢，还是炫耀其外表以愚弄蠢材和没有眼力的人呢？并一针见血地指出：“甚矣哉为欺也！”前面的两个问句已造成气势，咄咄逼人，最末倒装句式的运用，语气更强，点出“欺”字，导出卖柑者的论辩，有抛砖引玉之妙。

卖柑者并不忙于为自己辩解，而是先讲“生意经”，说做这种生意来养活自己已非三年两载，而且买卖各得其宜，彼此从无怨言。进而反问作者：“难道到你那里就不满足了？”顿然以守为攻，变被动为主动，一问紧接一问，似旨在说明“为欺者不寡”，亦须见惯不惊。其实又是在借题发挥，辛辣地讽刺了欺世盗名之徒。而最妙的是，于暗中将柑与为官者作了类比，说那些“佩虎符、坐皋比者，洸洸乎干城之具”，“峨大冠、拖长绅者，昂昂乎庙堂之器”，“坐高堂，骑大马，醉醇醴而饫肥鲜者”，表面上“巍巍乎可畏，赫赫乎可象”，不都正是金玉其外的表现吗？而其实际上“盗起而不知御，民困而不知救，吏奸而不知禁，法斁而不知理，坐糜廪粟而不知耻”，更说不上有“孙、吴之略”“建伊、皋之业”，又恰好反映他们的表里不一，败絮其中。文章几笔就勾勒出一幅文恬武嬉的群丑图，于“公然的，也是常见的，平时是谁都不以为奇的，而且自然是谁都毫不注意的”（鲁迅《什么是“讽刺”?》）事中孕育出讽刺的生命。最后还让卖柑者指责作者：“是之不察，而以察吾柑！”咄咄逼人。全文以作者的真切感触作结。最末的“岂其愤世嫉邪者耶？而托于柑以讽耶？”自是明知故问，意在提醒读者本文旨在愤世嫉邪，托柑以讽，起到画龙点睛的作用。

《卖柑者言》以其深刻的现实性见称，同时在语言艺术上也颇具功力。如文中作者的一“怪”，卖柑者的一“笑”，揭示内心情感，突现人物形象。特别是那段妙语连珠的议论，一连串整齐而又跌宕的反问、排比句式，夹杂着众多的语气词（如“洸洸乎”的“乎”）、否定词“不”，以及连词“而”，句句紧逼，层层深入，一气呵成、掷地有声。这些便造成了文章的气势，读来不绝如缕。更不必说“金玉其外，败絮其中”这样高度精粹的语句，则早已成为成语，广为人知。同时，《卖柑者言》还采用了设辞问答形式，而问与答又并无明显界限。问话多半问得新奇突兀，引人入胜；答话则又伴随有尖酸的反诘，形象的描绘，巧妙的比喻，笔势腾挪，实有孟子散文的浩气逼人，感情充沛；以及《韩非子》的鞭辟入里，峭拔犀利；同时，又不乏柳宗元文风的渊放警策，讽谕得体。无论布局谋篇，人物刻画，类比的运用，以及以民风讽世的写法，都明显受到《捕蛇者说》的影响。

此外，卖柑者的形象塑造也引人注目。他的玩世不恭，同流而不合污，给人印象至深。作者将之比为滑稽多致、巧言善讽的东方朔，又设问：“岂其愤世疾邪者也？”（按东汉赵壹有《刺世疾邪赋》）其实，这一寓言人物形象很大程度上有作者自己的影子。全文不过是借人物之口来反映作者的思想观点而已。卖柑者所指出的盗起、民困、吏奸、法斁，正是对元末社会问题的高度概括，实非等闲之辈所能轻言的。（秦岭梅）

书博鸡者事　　高　启

博鸡者袁[①]人，素无赖，不事产业。日抱鸡呼少年博市中，任气好斗，诸为里侠者皆下之。

元至正[②]间，袁有守[③]多惠政，民甚爱之。部使者[④]臧，新贵，将按郡[⑤]至袁。守自负年德，易之[⑥]，闻其至，笑曰：“臧氏之子也[⑦]。”或以告臧，臧怒，欲中守法。会袁有豪民尝受守杖，知使者意嗛守，即诬守纳己赇。使者遂逮守，胁服，夺其官。袁人大愤，然未有以报也。

一日，博鸡者遨于市，众知有为，因让之曰："若素名勇，徒能藉贫孱者耳。彼豪民恃其赀，诬去贤使君，袁人失父母。若诚丈夫，不能为使君一奋臂耶？"博鸡者曰："诺。"即入闾左[⑧]呼子弟素健者，得数十人，遮豪民于道。豪民方华衣乘马，从群奴而驰。博鸡者直前捽下提殴之。奴惊，各亡去。乃褫豪民衣自衣，复自策其马，麾众拥豪民马前，反接，徇诸市，使自呼曰："为民诬太守者视此！"一步一呼，不呼则杖，其背尽创。豪民子闻难，鸠宗族僮奴百许人，欲要篡以归。博鸡者逆谓曰："若欲死而父，即前斗；否则阖门善俟，吾行市毕，即归若父，无恙也。"豪民子惧遂杖杀其父，不敢动，稍敛众以去。袁人相聚从观，欢动一城。郡录事[⑨]骇之，驰白府。府佐[⑩]快其所为，阴纵之不问。日暮，至豪民第门，捽使跪，数之曰："若为民不自谨，冒使君，杖汝，法也。敢用是为怨望，又投间[⑪]蔑污使君，使罢，汝罪宜死。今姑贷汝，后不善自改，且复妄言，我当焚汝庐，戕汝家矣。"豪民气尽，以额叩地，谢不敢，乃释之。

博鸡者因告众曰："是足以报使君未耶？"众曰："若所为诚快，然使君冤未白，犹无益也。"博鸡者曰："然。"即连楮为巨幅，广二丈，大书一"屈"字，以两竿夹揭之，走诉行御史台[⑫]。台臣弗为理，乃与其徒日张"屈"字游金陵市中。台臣惭，追受其牒，为复守官，而黜臧使者。方是时，博鸡者以义闻东南。

高子曰："余在史馆[⑬]，闻翰林天台陶先生[⑭]言博鸡者之事。观袁守虽得民，然自喜轻上，其祸非外至也。臧使者枉用三尺[⑮]，以雠[⑯]一言之憾，固贼戾[⑰]之士哉！第为上者不能察，使匹夫攘袂群起以伸其愤，识者固知元政紊弛而变兴自下之渐矣。"

注 ① 袁：袁州路，治所在今江西宜春。 ② 至正：元顺帝年号（1341—1368）。 ③ 袁守：袁州路隶属江西行省。路设总管府，袁守即袁州路总管。袁州在隋、唐为宜春郡。故本文借用"守"即郡太守来称呼袁州路总管。 ④ 部使者：指江西湖东道肃政廉访司。肃政廉访司元初称提刑按察司，至元二十八年（1291）改称。每道廉访使二员，正三品；副使二员，正四品。此处称"部使者"，是借用汉武帝时"部刺史"的名称。汉武帝元封五年（前106），分天下为十三部

(州)，置部刺史，职掌周行郡国，省察治状，黜陟能否，断治冤狱（《汉书·百官公卿表》及注）。 ⑤ 按郡：按察所管各郡。元朝的“路”相当于隋、唐的“郡”。 ⑥ 易之：轻视他。 ⑦ 臧氏之子：臧家那个小子。《孟子·梁惠王下》：鲁平公将见孟子，被所宠爱的小臣臧仓阻止。孟子知道后说：“吾之不遇鲁侯，天也，臧氏之子焉能使予不遇哉?”“臧氏之子”出典于此，故部使者听到后认为袁守藐视他，十分恼怒。 ⑧ 闾左：闾，里门。古时富强人家居里门之右，贫弱人家居里门之左。此言贫苦人家聚居处。 ⑨ 郡录事：《元史·百官志七》：“录事司，秩正八品。凡路、府所治，置一司，以掌城中户民之事。……二千户以上，设录事、司候、判官各一员。” ⑩ 府佐：总管府的佐官。当时袁州户逾十万，为上路，佐官有同知、治中、判官各一员。 ⑪ 投间（jiàn）：找空隙，趁机会。⑫ 行御史台：元代中央设御史台，掌纠察百官善恶，政治得失。又在各重要地区设行御史台。此处行御史台指江南诸道行御史台，以监江浙、江西、湖广三行省，统制江东、江西、浙东、浙西、湖南、湖北、广东、广西、福建、海南十道，江西湖东道肃政廉访司即其所属。驻地有扬州、杭州、江州（九江），至元二十三年（1286）迁于建康（即下文之金陵，今江苏南京）。 ⑬ 史馆：国家编修史书的机构。高启于明洪武初年被召修《元史》，授翰林院国史编修官。 ⑭ 天台陶先生：指陶凯。凯字中立，临海（今属浙江）人。洪武初以荐征入纂修《元史》，书成，授翰林应奉。天台与临海两县相邻，明俱属台州府。 ⑮ 三尺：古代把法律条文写在三尺长的竹简或木简上，故称为“三尺法”，或简称“三尺”。⑯ 雠：报。 ⑰ 贼戾：阴险凶狠。

司马迁在《史记·游侠列传》中，对闾巷的游侠作了高度评价，说他们“言必信，行必果，已诺必诚”，而在帮助别人摆脱困境、昭雪沉冤之后，又“不矜其能，羞伐其德”，像朱家的“专趋人之急，甚己之私”，郭解的“既已振人之命，不矜其功”“修行砥名，声施于天下，莫不称贤”，是值得称道的。于是“以武犯禁”的游侠，才引起社会的注意，得到士大夫的承认。高启这篇《书博鸡者事》，就是对那个“其行不轨于正义”的游侠，给予由衷的歌颂，而对那个“枉用三尺，以雠一言之憾”的权贵，给予应有的鞭挞的。但其意义，远远超出了对个人的褒贬，而是把批判的锋芒，伸进了社会的核心，政治的深层。

高启在这个政治小品中，塑造了一个令人敬慕的游侠形象。他“素无赖，不事产业。日抱鸡呼少年博市中”，颇有点像《游侠列传》中的剧孟“好博，多少年之戏”。他“任气好斗，诸为里侠者皆下之”，又有点像郭解的“慨不快意，身所杀甚众”，以故“解出入，人皆避之”。这么寥寥几笔，便把博鸡者的性格特征勾勒了出来。他容貌不足以动众，言语不足以惊人，只是一个好博好斗的“无赖”而已。然而就是这个“生于编伍之间，素不闻诗书之训”（《五人墓碑记》）的人，作出了惊世骇俗、“义闻东南”的事来。这为突出博鸡者后来的有勇有谋、敢作敢为作了很好的铺垫和反衬，在艺术构思上叫做“蓄势”，叫做“欲扬先抑”。跟那些从概念出发，把正面形象塑造成高大、完美的典型，是没有丝毫共同之处的。当他遨游于市，人们责备他空有勇者之名，而对豪民的诬陷贤良，却不敢攘袂奋臂，挺身出来伸张正义时，便立即“入闾左呼子弟”，把那个衣华衣、乘肥马、从群奴，招摇过市的豪民拦住，抓下马来，饱以老拳，扒了他的衣服，骑上他的大马，反绑着他的双手，指挥群众簇拥着那个豪民游街示众，并强迫其边走边喊道：“为民诬太守者视此！”“不呼则杖，其背尽创”。这么一出大快人心的威武雄壮的活剧，却是这个博鸡者导演出来的，从而突出了这位游侠的高大形象。等到豪民的儿子“鸠宗族僮奴百许人”，准备把豪民拦抢回去时，如果博鸡者慑于强敌，稍有动摇，就毁了他的侠义形象；如果摆开阵势，任气斗狠，就要酿成流血的惨案。在这危急时刻，博鸡者胸有成竹，指挥若定，迎上前去对豪民的儿子说：“若欲死而父，即前斗；否则阖门善俟”。几句话杀住了对方的威风，迫使他为了父亲的安全，不得不“敛众以去”。这个哀人聚观，欢动一城的喜剧，还是这个博鸡者导演出来的。说明这个博鸡者，不但喜欢斗力，而且善于斗智，从而进一步丰满和完善了这个游侠的形象。到了日暮，队伍游到了豪民的门口，博鸡者又把豪民抓来跪着，历数其罪行说：“若为民不自谨，冒使君，杖汝，法也。敢用是为怨望，又投间蔑污使君，使罢，汝罪宜死。今姑贷汝，后不善自改，且复妄言，我当焚汝庐，戕汝家矣。”这一席话，既肯定了袁守的杖责豪民，是完全合法的；又指出了豪民的蔑污袁守，是罪在不赦的；还警告了那个横行街坊的豪民，如果“不善自改，且复妄言”，就要焚其庐，戕其家，迫使那个平日作威作福的豪民，不得不“以额叩地，谢不敢”，然后放了他。这么一出“匹夫攘袂群起以伸其愤”的活剧，也是这个博鸡者导演的。通过上述三个细节的描写，博鸡者的形象就更加鲜明，更加突出了。写到这里，虽然正义得伸，人心大快，然而袁守之冤未白，官未复，并没有取得实质性的效果，于是人们又向博鸡者提出了更高的要求。这说明人们不但信赖博鸡者的任侠精神，而且对他的才能和智慧也是深信不疑的。果然，博鸡者没有辜负人们的信赖和期望，使出了“连楮为巨幅，广二丈，大书一‘屈’字，以两竿夹揭之，走诉行御史台”的一“招”来，让台臣看到群众的力量，让群众看到斗争的希望。不料台臣竟然“弗为理”，似乎希望又落了空，路又走到了尽头；没有想到博鸡者又施展了“日张‘屈’字游金陵市中”的绝招来，以激发台臣的羞恶之心和是非之心，终于“追受其牒，为复守官，而黜臧使者”，完全满足了人们的愿望，实现了预期的目标，使博鸡者这个游侠形象更加高大，更加值得尊敬。这无论在斗争的艺术上，还是在写作的技巧上，都呈现出“柳暗花明又一村”的境界，给人以丰富的审美愉悦。

对于博鸡者的对立面，作者虽没有花很多的笔墨去描写他们，但往往随手涂抹，妙趣横生，豪民的丑态，台臣的窘状，形神毕肖，呼之欲出。透过他们的所作所为，而“元政紊弛变兴自下之渐”，便在读者的心底眼前形成了深刻的印象。特别是那个新贵臧使者，本来与袁守毫无宿怨，照理，应该在他按郡巡视时，对于“多惠政，民甚爱之”的袁守优叙政绩，上报朝廷，给予褒奖，以为天下的楷式；不料他以一言之憾，睚眦之怨，不惜滥用权势，颠倒是非，处心积虑想用法律来罗织袁守罪名，致使豪民乘隙诬称袁守收受了自己的贿赂，而他既不作调查，又不察舆情，竟以捕风捉影之辞，把袁守逮捕起来，并逼其承认贪赃枉法的罪行，然后罢了他的官，以泄私愤。这种利用手中的权力，假公济私，误国殃民的国蠹民贼，哪一个朝代没有？因而这件事具有超越时空的典型意义。而那个拥有更大权力的台臣，不过是“全躯保妻子”的庸才，只要没有危及自己的乌纱帽，任他悍吏横行，民不聊生，到处是冤狱，到处有哀鸿，一概“弗为理”；只有当他感到事态的发展，有可能影响到他的名誉和地位了，才被迫出来“受其牒”。这种“笑骂由人，好官自为”的昏官，哪一个朝代又没有呢？人物的典型性，揭露的深刻性，这便是这篇文章的思想价值和美学价值之所在。（羊春秋）

瘗旅文　　王守仁

维正德四年秋月三日，有吏目[①]云自京来者，不知其名氏。携一子一仆将之任，过龙场[②]，投宿土苗家。予从篱落间望见之，阴雨昏黑，欲就问讯北来事，不果。明早，遣人觇之，已行矣。薄午，有人自蜈蚣坡来云："一老人死坡下，傍两人哭之哀。"予曰："此必吏目死矣，伤哉！"薄暮，复有人来云："坡下死者二人，傍一人坐叹。"询其状，则其子又死矣。明日，复有人来云："见坡下积尸三焉。"则其仆又死矣。呜呼伤哉！

念其暴骨无主，将二童子持畚锸往瘗之。二童子有难色然。予曰："噫！吾与尔犹彼也。"二童闵然涕下，请往。就其傍山麓为三坎，埋之。又以只鸡、饭三盂，嗟吁涕洟而告之曰：呜呼伤哉！繄何人？繄何人？吾龙场驿丞余姚王守仁也。吾与尔皆中土之产，吾不知尔郡邑，尔乌乎来为兹山之鬼乎？古者重去其乡，游宦不逾千里。吾以窜逐而来此，宜也。尔亦何辜乎？闻尔官，吏目耳，俸不能五斗，尔率妻子躬耕可有也，乌为乎以五斗而易尔七尺之躯？又不足，而益以尔子与仆乎？呜呼伤哉！尔诚恋兹五斗而来，则宜欣然就道，乌为乎吾昨望见尔容蹙然，盖不胜其忧者？夫冲冒霜露，扳援崖壁，行万峰之顶，饥渴劳顿，筋骨疲惫，而又瘴疠侵其外，忧郁攻其中，其能以无死乎？吾固知尔之必死，然不谓若是其速；又不谓尔子尔仆亦遽然奄忽③也！皆尔自取，谓之何哉！吾念尔三骨之无依而来瘗耳，乃使吾有无穷之怆也！呜呼伤哉！纵不尔瘗，幽崖之狐成群，阴壑之虺如车轮，亦必能葬尔于腹，不致久暴尔。尔既已无知，然吾何能为心乎？自吾去父母乡国而来此三年矣，历瘴毒而苟能自全，以吾未尝一日之戚戚也。今悲伤若此，是吾为尔者重，而自为者轻也。吾不宜复为尔悲矣。吾为尔歌，尔听之！

歌曰：连峰际天兮飞鸟不通，游子怀乡兮莫知西东。莫知西东兮维天则同，异域殊方兮环海之中。达观随寓兮莫必予宫，魂兮魂兮无悲以恫！

又歌以慰之曰：与尔皆乡土之离兮，蛮之人言语不相知兮，性命不可期。吾苟死于兹兮，率尔子仆来从予兮，吾与尔遨以嬉兮。骖紫彪而乘文螭兮，登望故乡而嘘唏兮。吾苟获生归兮，尔子尔仆尚尔随兮，无以无侣为悲兮！道旁之冢累累兮，多中土之流离兮，相与呼啸而徘徊兮。餐风饮露，无尔饥兮；朝友麋鹿，暮猿与栖兮。尔安尔居兮，无为厉于兹墟兮！

注 ① 吏目：明代于知州之下设吏目一人，从九品。 ② 龙场：驿站名，在今贵州修文县。驿有驿丞，掌邮传迎送之事。 ③ 奄忽：死亡。

这是一篇哀悼别人的祭文。哀悼的对象是一个“不知其名氏”“不知尔郡邑”的陌生人，表现了作者富于恻隐之心的“民胞物与”之怀，实践了作者倡导的“致良知”哲学精神。更主要的是，作者在对“吏目”主仆三人客死异乡的哀悼中，寄托了“同是天涯沦落人”的感慨，抒发了“鸾凤伏窜，鸱鸮翱翔”的愤懑心情，浸透了自己深沉的苦闷和无穷的抑郁。字里行间，处处隐藏着一个“我”在里面。与其说是同情死者，哀悼死者，毋宁说是借死者的遭遇，发自己的感慨。这是本文的基调，作者的心态，也是我们鉴赏者必须把握的一个关键。

文章首先以极其简洁的笔墨，叙述了哀悼死者的原委。那个“吏目”于正德四年（1509）秋月，携着一子一仆，从京城到黔南去赴任，经过龙场，一日一夜之间，相继死于蜈蚣坡下。作者“念其暴骨无主”，率二童子“就其傍山麓为三坎”，把死者埋葬起来；并写了一篇充满同情、充满伤感的祭文，以只鸡三饭，祭奠了他们。在短短的篇幅中，作者对时间的点明，伏笔的安排，叙述的变化和细节的描写，都作了精心的设计，体现出巧妙的匠心。表面是写吏目，骨子里是写“我”；表面上是哀悼吏目，骨子里是哀悼自己。作者之所以郑重其事地点明“维正德四年秋月三日”者，因为作者于正德元年冬，为了营救敢于上疏请求严惩阉宦，而被递解来京的戴铣、薄彦徽等，触怒了炙手可热的太监刘瑾，被廷杖四十，谪为龙场驿丞，“去父母乡国而来此三年矣”。在这艰苦的岁月中，作者备尝了险阻艰难，所谓“贵州三年，百难备尝”（《与王纯甫》），“横逆之来，无日无有”（《寄希渊》）。如果不知道这样的历史背景，就无从了解作者为文时的具体心态。作者之所以要写“予从篱落间望见之”，是为下文“吾昨望见尔容蹙然，盖不胜其忧者”作伏笔；写“阴雨昏黑”，“有人自蜈蚣坡来”，是为下文“冲冒霜露，扳援崖壁”数语设伏的。没有前一语，则后一语无根据；没有后一笔，则前一笔无着落。只有这么前后呼应，才显得脉络分明，结构谨严。至其历叙吏目三人之死时，更是层次顺序，错落变化，绝不用一副笔墨。“一老人死坡下”，即断言“此必吏目死矣”；“坡下死者二人”，就须经过“询其状”，而后知“其子又死矣”；“坡下积尸三焉”，无疑是“其仆又死矣”。从上述的三次“人云”中，我们感到了作者心旌颤动的频率，也看到了作者文笔变化的轨迹。一种“兔死狐悲、物伤其类”的感情，浸透在字里行间。在细节的描写上，尤其生动逼真，具有极大的艺术感染力。如通过“予从篱落间望见之”，“欲就问讯北来事”，“遣人觇之，已行矣”三个动态的描写，作者“眷恋故土”的急切心态，宛然在目。通过欲持畚锸去埋葬死者的过程的描写，从二童子“有难色然”到“悯然涕下”到欣然“请往”的感情变化，我们清楚地感到作者明是同情死者的“暴骨无主”，实是哀伤自己的“沦落天涯”，隐藏着的“我”，真是呼之欲出了。

接着，作者又以满腔的抑郁和悲愤，写了一篇伤人自伤、怜人自怜的祭文，让一个隐藏着的“我”，在感情的波涛中跳跃出来。文中不但时时以“我”与“吏目”对比，而且通过死者的生活矛盾，深刻地反映了作者的思想矛盾，无论是诘问之辞，还是宽解之语，都强烈地反映了作者被迫害、被斥逐的悲愤心情。如“吾与尔皆中土之产”，又都“去父母乡国而来此”；“吾以窜逐而来此，宜也。尔亦何辜乎”？吾“历瘴毒而苟能自全”，是因为“未尝一日之戚戚”，而“尔容蹙然”，“不胜其忧”，“其能以无死乎”？通过这么一系列的对比，不仅揭示了他们之间的许多相似或相异之处，而且突出了这篇祭文的核心是自伤，是自惜，是借死者的酒杯，浇自己的块垒。至其说死者奈何“以五斗而易尔七尺之躯”，“又不足，而益以尔子与仆”；既“恋兹五斗而来，则宜欣然就道”，不该抑郁忧伤，自速其死；这是如魏文帝“既痛逝者，行自念也”的心声，是作者经历险恶的官场风波之后的深沉反思。一面说“吾念尔三骨之无依而来瘗耳”，一面又说“纵不尔瘗”，亦“不致久暴”；一面说“是吾为尔者重，而自为者轻”，一面又说“吾不宜复为尔悲矣”，是悲伤语，是愤激语，是思想矛盾的反映，是感情激荡的表现，是环境的险恶，社会的不合理，把人的性格扭曲得变了形的结果。我们可以从作者笔端流露出来的丰富感情中，看到他内心深处的抑郁和悲愤。

最后的二首祭辞，作者运用了“骚”的形式，基本上是一句一韵。韵密调哀，情真意楚，给人以无限低回、一唱三叹的艺术感受。第一首是以达观之论，写深沉之悲，在宽解的语言中，寄寓着无法解脱的痛苦，外愈宽而内愈紧，言愈欢而情愈悲。作者不是劝慰死者要随遇而安吗？说虽然在“异域殊方”，“莫知西东”，但毕竟在这个天底下（“维天则同”），在这“环海之中”，可“游子怀乡”的感情，孤魂无依的悲哀，反而显得更加强烈，所谓“长歌之哀，甚于痛哭”者，正是这个道理。第二首是以更加深沉的哀思，安慰死者的灵魂，表示如果自己“死于兹”，就和他们一起遨游，一起攀登“际天”的“连峰”，眺望遥远的故乡。如果自己能够“苟获生归”，就希望他们与“中土流离”在此的孤魂，一起呼啸，一起徘徊，一起“餐风饮露”，一起友麋鹿而侣猿猱。不但对死者表达了无限的同情，无比的悲哀，而且流露了作者生死莫测、命运无凭的怅惘之情。是明为死者歌，实为死者哭；明是哀悼死者，实是哀悼自己。这是因为作者与吏目有着相似的命运，彼此的心是相通的，自然而然地要产生那种设身处地、推己及人的强烈的感情活动，把自己平时积蓄在心头的满腔悲愤，尽情地倾泻出来，从而具有动人心扉的艺术力量。（羊春秋）

项脊轩志　　归有光

项脊轩，旧南阁子也。室仅方丈，可容一人居。百年老屋，尘泥渗漉，雨泽下注；每移案，顾视无可置者。又北向不能得日，日过午已昏。余稍为修葺，使不上漏。前辟四窗，垣墙周庭，以当南日。日影反照，室始洞然。又杂植兰桂竹木于庭，旧时栏楯，亦遂增胜。借书满架，偃仰啸歌，冥然兀坐，万籁有声；而庭阶寂寂，小鸟时来啄食，人至不去。三五之夜，明月半墙，桂影斑驳，风移影动，珊珊可爱。

然予居于此，多可喜，亦多可悲。先是庭中通南北为一，迨诸父异爨，内外多置小门墙，往往而是。东犬西吠，客逾庖而宴，鸡栖于厅。庭中始为篱，已为墙，凡再变矣。家有老妪，尝居于此。妪，先大母婢也。乳二世。先妣抚之甚厚。室西连于中闺，先妣尝一至。妪每谓予曰：“某所，而母立于兹。”妪又曰：“汝姊在吾怀，呱呱而泣；娘以指扣门扉，曰：‘儿寒乎？欲食乎？’吾从板外相为应答。”语未毕，余泣，妪亦泣。余自束发读书轩中，一日，大母过余曰：“吾儿，久不见若影，何竟日默默在此，大类女郎也？”比去，以手阖门，自语曰：“吾家读书久不效，儿之成，则可待乎？”顷之，持一象笏至，曰：“此吾祖太常公宣德间执此以朝①，他日汝当用之。”瞻顾遗迹，如在昨日，令人长号不自禁。轩东故尝为厨；人往，从轩前过。余扃牖而居，久之，能以足音辨人。轩凡四遭火，得不焚，殆有神护者。

项脊生曰："蜀清守丹穴，利甲天下，其后秦皇帝筑女怀清台②。刘玄德与曹操争天下，诸葛孔明起陇中。方二人之昧昧于一隅也，世何足以知之？余区区处败屋中，方扬眉瞬目，谓有奇景，人知之者，其谓与坎井之蛙何异？"

余既为此志，后五年，吾妻来归。时至轩中，从余问古事，或凭几学书。吾妻归宁，述诸小妹语曰："闻姊家有阁子，且何谓阁子也？"其后六年，吾妻死，室坏不修。其后二年，余久卧病无聊，乃使人复葺南阁子，其制稍异于前。然自后余多在外，不常居。庭有枇杷树，吾妻死之年所手植也，今已亭亭如盖矣。

注 ①太常公：指归有光祖母的祖父夏昶。昶字仲昭，昆山人，明成祖永乐进士，曾任太常寺卿。宣德：明宣宗年号（1426—1435）。 ②"蜀清"三句：《史记·货殖列传》："巴寡妇清，其先得丹穴（朱砂矿），而擅其利数世，家亦不訾。清，寡妇也，能守其业，用财自卫，不见侵犯。秦皇帝以为贞妇而客之，为筑女怀清台。"

以斋室为描写对象，展开叙事抒情，前已有刘禹锡《陋室铭》。《陋室铭》用韵文形式，主要抒发个人情志，体格短小。归有光的《项脊轩志》虽也有近似的感想（"项脊轩"在某种意义上说也是"陋室"），但作者却用散文形式，多叙家常，故别具风味。作者因远祖归道隆住在太仓（今属江苏）的项脊泾，遂将自己的书斋命名为"项脊轩"。《项脊轩志》这篇文章，是分两次写成的。前三段写于十九岁时，是本文；"余既为此志"以下一段则是十余年后，作者览旧作而续写的。故全篇合为四段。

从篇首到"风移影动，珊珊可爱"为第一段，记项脊轩修葺前后的情况。是文中着意描写轩室环境的部分。先记项脊轩的"前身"，旧时南阁子破旧的情景。一是很小："室仅方丈，可容一人居"。二是很旧："百年老屋，尘泥渗漉"。三是漏雨："雨泽下注"。四是昏暗："又北向不能得日，日过午已昏"。总之，是一间不折不扣的陋室。经作者添窗检漏，一番修葺之后，始得不漏不暗；又由于花木之置，小小轩室，居然成为胜境，成为幽雅的书斋。此节在全文最具文采："借书满架，偃仰啸歌，冥然兀坐，万籁有声；而庭阶寂寂，小鸟时来啄食，人至不去。三五之夜，明月半墙，桂影斑驳，风移影动，珊珊可爱。”于景可爱，于情则可喜。

“然予居于此，多可喜，亦多可悲”一句承上段，同时又是一个转折，进入第二段。从写环境转入写人事的变迁，由可喜转入可悲。又分数层。先一层写庭院的几经变故，即诸叔伯分居前后，庭院由通到隔（“始为篱，已为墙”）的经过，“东犬西吠”“鸡栖于厅”等句写分居后的凌乱。客观的叙说家庭琐事中，寓有人世沧桑之慨。此可悲一也。进而通过家有老妪说亡母旧事，写家庭人事变故。须知作者生母去世时，他年龄尚小，所以母亲的形象在他是记不分明的（参《先妣事略》）。而那位老妪既是祖母的婢女，又作过两代人的奶妈，通过老妪来追忆旧事，是自然入妙之笔。她所说的，不过是先前母亲曾在何处站过，曾有过一些什么对话，然而就是这些平淡处，最为关情。“儿寒乎？欲食乎？”短短的两句，就惟妙惟肖地刻画出一个闻儿啼而动了怜爱的年轻母亲的形象。这种追忆，无疑会引起过早地失去母爱的作者的伤心。此可悲二也。再有便是作者自己对祖母的追忆。那段往事似乎也很平常，却同样洋溢着淳厚的人情味。“吾儿，久不见若影，何竟日默默在此，大类女郎也”的垂问，和“吾家读书久不效，儿之成，则可待乎”的自语，以及持象牙朝笏的一段勉励，生动地表现了老祖母对孙子的疼爱与厚望。以上回忆，看来不过是家庭生活中一些鸡毛蒜皮的小事，然而“一枝一叶总关情”，而且是为中国人文化心理结构所决定的至深之情，即人子之思和伤逝之痛，难怪作者说“瞻顾遗迹，如在昨日，令人长号不自禁”。以下又带过一笔叙轩中幽静与轩屡遭火而幸存，均关题意。其中轩中关门读书，闻足音而辨人一节，不但善写日常细微感觉，而且还写出了一个耐得寂寞的读书人形象，为下段议论伏笔。姚鼐说：“震川之文，每于不要紧之题，说不要紧之语，却自风韵疏淡。”本段即其例证。

第三段即项脊生（作者自称）的一番议论。作者以守丹穴的巴寡妇清和高卧隆中的诸葛亮，与处败屋寒窗之下的自身相比附，既自慨局促，又有自矜抱负之意。故语末虽以“坎井之蛙”自嘲，又未尝不含有对凡夫俗子的反讽与孤芳自赏的意味。

最后是若干年后的补记。续写项脊轩在妻死前后的变化，寓有新近的悼亡之情。文中记妻生前琐事，亦平淡中见隽永，与前文格调毫无二致。“不常居”三字似可收束全文，然文末又摇曳生姿，写到亡妻手植的一树枇杷“亭亭如盖”，寓睹物怀人、悼亡念存之思，较之“墓木已拱”之类成语，尤觉余味无穷，饶有新意。

总之，此文在叙事上以白描见长，抒情亦以素朴为本。老老实实地回忆，平平常常地叙述，其淡如水，其味弥长。恰如王锡爵所说：“无意于感人，而欢愉惨恻之思，溢于言语之外。”（《归公墓志铭》）这种以口头语说家常事的意境与笔墨，乃是归有光在唐宋八大家之后的一种创造。所谓“豪华落尽见真淳”，是可以移评归文的。行文散漫，似随口道来；然而无论写景、叙事、抒情，均围绕“项脊轩”这个中心，故能形散而神聚。虽总以素笔为主，但也有变化。如第一段稍具文采，与后文的质朴不同，却正与可喜可悲的情感变化、对照相吻合。故不能说作者在写作时毫无“匠心”。（周啸天）

自为墓志铭　　徐　渭

山阴徐渭者，少知慕古文词，及长益力。既而有慕于道，往从长沙公究王氏宗[①]，谓道类禅，又去扣于禅，久之，人稍许之，然文与道终两无得也。贱而懒且直，故惮贵交似傲，与众处不浼袒裼[②]似玩，人多病之，然傲与玩，亦终两不得其情也。

生九岁，已能为干禄文字，旷弃者十余年，及悔学，又志迂阔，务博综，取经史诸家，虽琐至稗小，妄意穷及，每一思废寝食，览则图谱满席间。故今齿垂四十五矣，藉于学宫者二十有六年，食于二十人中[③]者十有三年，举于乡者八而不一售，人且争笑之。而己不为动，洋洋居穷巷，僦数椽储瓶粟者十年。一旦为少保胡公[④]罗致幕府，典文章，数赴而数辞，投笔出门。使折简以招，卧不起，人争愚而危之，而己深以为安。其后公愈折节，等布衣，留者盖两期，赠金以数百计，食鱼而居庐，人争荣而安之，而己深以为危，至是，忽自觅死。人谓渭文士，且操洁，可无死。不知古文士以入幕操洁而死者众矣，乃渭则自死，孰与人死之。渭为人度于义无所关时，辄疏纵不为儒缚，一涉义所否，干耻诟，介秽廉，虽断头不可夺。故其死也，亲莫制，友莫解焉。尤不善治生，死之日，至无以葬，独余书数千卷，浮磬二，研剑图画数，其所著诗若文若干篇而已。剑画先托市于乡人某，遗命促之以资葬，著稿先为友人某持去。

渭尝曰：余读旁书，自谓别有得于《首楞严》《庄周》《列御寇》若《黄帝素问》诸编[5]，倘假以岁月，更用绎紬，当尽斥诸注者缪戾，摽其旨以示后人。而于《素问》一书，尤自信而深奇。将以比岁昏子妇，遂以母养付之，得尽游名山，起僵仆，逃外物，而今已矣。渭有过不肯掩，有不知耻以为知，斯言盖不妄者。

初字文清，改文长。生正德辛巳[6]二月四日，夔州府同知讳鏓庶子也。生百日而公卒，养于嫡母苗宜人者十有四年。而夫人卒，依于伯兄讳淮者六年。为嘉靖庚子[7]，始籍于学。试于乡，蹶。赘于潘，妇翁簿也，地属广阳江。随之客岭外者二年。归又二年，夏，伯兄死；冬，讼失其死业。又一年冬，潘死。明年秋，出僦居，始立学。又十年冬，客于幕，凡五年罢。又四年而死，为嘉靖乙丑[8]某月日。男子二：潘出，曰枚；继出，曰杜，才四岁。其祖系散见先公大人志中，不书。葬之所，为山阴木栅，其日月不知也，亦不书。铭曰：

杼全婴[9]，疾完亮[10]，可以无死，死伤谅[11]。兢系固[12]，允收邕[13]，可以无生，生何凭。畏溺而投早嗤渭[14]，既髡而刺迟怜融[15]。孔微服[16]，箕佯狂[17]。三复《蒸民》，愧彼“既明”[18]。

注 ① 长沙公：季本（1485—1563），字明德，号彭山，山阴人，曾任长沙府，为王阳明门人。王氏宗：指王阳明学说。王阳明即王守仁（1472—1528），明哲学家、教育家。在明代中期以后，阳明学派影响很大。 ② 不浼袒裼：《孟子·公孙丑上》：“尔为尔，我为我，虽袒裼裸裎于我侧，尔焉能浼我哉?” 浼（měi），污染、玷污。袒裼（xī），赤身露体。此句意谓虽别人在旁边赤身露体，也不以为意，不怕会被玷污。 ③ 食于二十人中：徐渭被录取为山阴县学生员，山阴县学有廪膳生员二十人。 ④ 少保胡公：即胡宗宪，明嘉靖年间浙江巡抚，因抗击倭寇有功，被加右都御史衔，后得罪下狱死。 ⑤《首楞严》：佛经名，全称《大佛顶如来密因修证了义诸菩萨万行首楞严经》，省称《楞严经》。《庄周》：即《庄子》。《列御寇》：即《列子》。《黄帝素问》：古医书名。《隋书·经籍志》著录。一名《黄帝内经素问》。书内记黄帝与岐伯相问答，故以《素问》为名。 ⑥ 正德辛巳：明武宗正德十六年（1521）。 ⑦ 嘉靖庚子：明世宗嘉靖十九年（1540）。 ⑧ 嘉靖乙丑：明嘉靖四十四年（1565）。 ⑨ 杼全婴：杼，崔杼，战国时齐臣。婴，晏婴。《左传·襄公二十五年》载：崔杼弑其君，晏子启门而入，枕尸股而哭，崔杼释而不杀，后晏子与崔杼盟。这里是说崔杼成全了晏婴的志节。

⑩ 疾完亮：亮，指晋庾亮。《晋书·庾亮传》："王敦既有异志，内深忌亮，而外崇重之。亮忧惧，以疾去官。" ⑪ 谅：诚直，忠信。 ⑫ 兢系固：兢，种兢。固，班固（公元32—92），东汉扶风安陵（今陕西咸阳东北）人，字孟坚，著名史学家、文学家。《后汉书·班固传》："初，洛阳令种兢尝行，固奴干其车骑，吏推呼之，奴醉骂，兢大怒，畏宪不敢发，心衔之。及窦氏宾客皆逮考，兢因此捕系固，遂死狱中。"窦氏指窦宪。 ⑬ 允收邕：允，王允；邕，蔡邕，均后汉人。《后汉书·蔡邕传》："及卓被诛，邕在司徒王允坐，殊不意言之而叹，有动于色。允勃然叱之，即收付廷尉治罪。邕陈辞谢，乞黥首刖足，继成汉史。士大夫多矜救之，不能得。……邕遂死狱中。" ⑭ 渭：未详，疑即作者自称。⑮ 既髡而刺迟怜融：融，马融，东汉人。《后汉书·马融传》："先是融有事忤大将军梁冀旨，冀讽有司奏融在郡贪浊，免官，髡徙朔方。自刺不殊，得赦还。"⑯ 孔微服：孔，孔子。《孟子·万章上》："孔子不悦于鲁卫，遭宋桓司马，将要而杀之，微服而过宋"。微服，为隐蔽身份而更换平民衣服，使人不识。 ⑰ 箕佯狂：箕，箕子，殷纣王的伯叔父，或云纣的庶兄。《史记·宋微子世家》："纣为淫泆，箕子谏，不听。人或曰：'可以去矣。'箕子曰：'为人臣谏不听而去，是彰君之恶而自说于民，吾不忍为也。'乃被发佯狂而为奴。" ⑱《蒸民》：即《诗·大雅·烝民》。周宣王命樊侯仲山甫筑城于齐，尹吉甫作诗送行。诗有"既明且哲，以保其身"之语，谓仲山甫既明白事理，又有智慧，以保全他的一身。徐渭再三诵此诗句，自愧不能做到。

尽管离真正的死亡还很远（徐渭撰墓志铭后三十二年方去世），但徐渭却早已嗅到死亡的气息，痛感着死亡的逼迫，而不得不像哈姆莱特一样思考人生的最大问题了："生存还是死亡？"当徐渭以赴死的决心为自己撰写墓志铭，在死亡面前交待自己的一生时，思考的重心却更是"生何凭"、死何据。他没有写"忏悔录"，更没有给自己"谀墓"，却以一种近乎平静的客观态度从容地整理着自己的一生，超然地将自身作为审视的对象，为生存与死亡寻找着精神依据。

"未知生，焉知死"。徐渭是努力地要知"生"，并且企求着一种经过思考的本真的人生的。他从"文"最先获得一种审美化的人生体验，进而"有慕于道"，研究王氏心学，参禅悟道，努力探求生存的真谛。"又志迂阔，务博综，取经史诸家，虽琐至稗小，妄意穷及，每一思废寝食，览则图谱满席间"。他焦虑的心灵，在广阔的精神时空中遨游，探奇历险，巨细不捐，力求穷尽人类精神的无限幽隐！"每一思废寝食"，在"上穷碧落下黄泉"的茫茫思想之路上的跋涉，超越了悠悠天地，从世俗人生中解脱了出来。所以，他"辄疏纵不为儒缚"，读书别有心得，在艰险的精神求索中有着“自信而深奇”的收获。他是如此重视自己的精神生活，在与死亡对话时谈得最多的就是自己的精神历程。看来，徐渭确乎是对“知生”付出了极大努力，并且确乎自有所知的。

然而，知之未必能行之。在那样的时代中，知固不易，行则更难。徐渭被时人目为“狂人”甚至神怪，以至成为许多民间故事的箭垛，原因就在他不仅是从书本上、精神上求得人生之真谛，而且要在自己的生活中实践自己的精神追求。他“惮贵交似傲，与众处不浼袒裼似玩”，以“傲”与“玩”来对待权贵、庸众，然而，其卑微的地位，使之“懒且直”，必然要受到众人的非议。“人多病之”，“人且争笑之”，“人争愚而危之”……总之，是不理解，是嘲笑，是毁谤等等形成的一种无形的力量，压迫着他的精神，更压迫着他的生存空间。尽管他曾“得尽游名山，起僵仆，逃外物”，却仍然逃不出时代的如漆大夜的网罗，而走上“自觅死”的绝路。“知生”的结果，是生活冷酷地宣告他已不适于生存，故而“乃渭则自死，孰与人死之”！他要以自己的死，来宣布这社会本身已不适于生存！通过“生”，他知道了“死”——社会给他这个“操洁”的“狂人”的唯一出路。

“死”，毕竟是艰难的；徐渭这样的杰出文人何尝不想努力地求生！他“洋洋居穷巷，僦数椽储瓶粟者十年”，却把“食鱼而居庐”的荣华富贵视为危途，正表明他想在夹缝中求生存的愿望。对世事人生的洞察，当然使他知道生存的技巧，更清楚社会所需要的是何等样人。尽管如此，他却毫不为之所动，并且“一涉义所否，干耻诟，介秽廉，虽断头不可夺”，决不愿苟且偷生，虽然明知死后“亲莫制，友莫解焉”，亦置之度外。

“生存还是死亡?”一方面是从容赴死的决心，一方面是对人生的无限眷恋，两股情感的热流，从相反方向碰撞到了一起，强烈地激荡着作者的心，发而为文章，就形成了一种“反讽”的风格。他将自己的那股狂傲野放之气，将自己的悲愤郁怒，将自己的一往深情，统统以一抹淡淡的冷冷的微笑表现出来。他还想写自己独到的“自信而深奇”的见解；他还怀念着“等布衣”相待的胡宗宪；而那些“病之”“笑之”“危之”的力量的时时逼迫，都在死亡面前失却了重量，变得无足轻重。这是一种感觉到了此身已非我有时发出的嘲笑。然而，此时“抉心自食，欲知本味”的巨烈创痛仍然在文章中流露出来，使我们从作者冰冷的微笑后窥见了他那痉挛的灵魂。

对着自择的死亡，徐渭交待着自己一生最值得交待的事。虽然他的身世如此凄苦，他也只是“纯客观”地叙述了一下。他的思绪始终萦绕在“生”与“死”的问题上。在铭文中，他写出了自己思考生死的依据，那就是“死伤谅（否）”？“生何凭”？无论是对“生”，还是对“死”，他都恪守着自己的原则，而无意于“明哲”保身，事实上，只有这样的人，才能实现自己生命的价值。（骆冬青）

报刘一丈书[①]　　宗　臣

数千里外，得长者时赐一书，以慰长想，即亦甚幸矣。何至更辱馈遗，则不才益将何以报焉？书中情意甚殷，即长者之不忘老父，知老父之念长者深也。

至以“上下相孚，才德称位”语不才，则不才有深感焉。夫才德不称，固自知之矣。至于不孚之病，则尤不才为甚。

且今之所谓孚者何哉？日夕策马候权者之门，门者故不入，则甘言媚词作妇人状，袖金以私之[②]。即门者持刺[③]入，而主者又不即出见。立厩中仆马之间，恶气袭衣袖，即饥寒毒热不可忍，不去也。抵暮，则前所受赠金者出，报客曰：“相公倦，谢客矣。客请明日来。”即明日又不敢不来。夜披衣坐，闻鸡鸣即起盥栉，走马抵门。门者怒曰：“为谁？”则曰：“昨日之客来。”则又怒曰：“何客之勤也？岂有相公此时出见客乎？”客心耻之，强忍而与言曰：“亡奈何矣，姑容我入！”门者又得所赠金，则起而入之，又立向所立厩中。幸主者出，南面召见，则惊走匍匐阶下。主者曰：“进！”则再拜，故迟不起。起则上所上寿金。主者故不受，则固请；主者故固不受，则又固请。然后命吏纳之。则又再拜，又故迟不起，起则五六揖始出。出，揖门者曰：“官人[④]幸顾我，他日来，幸亡阻我也。”门者答揖，大喜，奔出。马上遇所交识，即扬鞭语曰：“适自相公家来，相公厚我，厚我！”且虚言状。即所交识，亦心畏相公厚之矣。相公又稍稍语人曰：“某也贤，某也贤。”闻者亦心计交赞之。此世所谓上下相孚也。长者谓仆能之乎？

前所谓权门者，自岁时伏腊[5]一刺之外，即经年不往也。间道经其门，则亦掩耳闭目，跃马疾走过之，若有所追逐者。斯则仆之褊衷，以此长不见悦于长吏，仆则愈益不顾也。每大言曰："人生有命，吾惟守分尔矣！"长者闻之，得无厌其为迂乎？

乡园多故，不能不动客子之愁。至于长者之抱才而困，则又令我怆然有感。天之与先生者甚厚，亡论长者不欲轻弃之，即天意亦不欲长者之轻弃之也。幸宁心哉！

注 ① 报：回答，答复。丈：对长辈的尊称。 ② 袖金以私之：把金钱笼在袖子里，暗中送给门者。 ③ 刺：名片。 ④ 官人：对有地位的男子的尊称，这里是对看门人的尊称。 ⑤ 岁时伏腊：岁时，一年中的季节。伏腊，伏天和腊月的祭祀。泛指逢年过节。

这是明代文学家宗臣给刘一丈写的一封回信。刘名玠，字国珍，号墀石，是宗臣父亲宗周的朋友，于宗臣为长辈，因他排行第一，故称为"一丈"，文中又称为"长者"。因是书信，又是写给长辈的，所以首尾两节不免寒暄客套之语，这也是一般书信的常见格式。

这篇书信的主体部分是作者与刘一丈谈论"上下相孚"。本来，在刘一丈给宗臣的信中，是以"上下相孚，才德称位"相教诲的，宗臣在这个问题上深有感触，所以在复信中就专门论之。为了集中笔墨论"上下相孚"，所以他只用"才德不称，固自知之矣"寥寥九个字，把"才德称位"问题轻轻带过，然后以"至于不孚之病，则尤不才为甚"二句转入论题，紧接着以"且今之所谓孚者何哉"句故意设问，于是转出大段文章，遂成千古妙笔。值得注意的是，作者并不是采用正面说理的办法来说明"上下相孚"问题，而是塑造了一对"上下相孚"的典型，通过活灵活现的典型形象，揭示当时所谓"上下相孚"的真相，从而抨击了腐朽龌龊的封建官僚政治。其揭露的深度和鞭挞的力量，都较正面论说深刻、猛烈得多。

首先，作者具体而细微地描绘了一个小官僚用灵魂和金钱向掌权的"相公"干谒拍马，从而获得"上下相孚"的全过程。从"日夕策马候权者之门"至"客请明日来"，是写这个小官僚的初次干谒。尽管他作尽媚态，吃尽苦头，从"日夕"而至"抵暮"，终于还是被赶了出来，干谒未成。"即明日又不敢不来"至"大喜，奔出"，写其再次干谒，喜获成功。

从“马上遇所交识”至“此世所谓上下相孚也”，是写小官僚干谒成功之后的得意忘形，而大相公亦稍有“某也贤”的赞誉，于是乎实现了“上下相孚”，关系融洽了。

在这个全过程中，作者活现了两个卑鄙龌龊的人物形象。一是作为“客”的小官僚。作者写了他的两次干谒，从不同的角度透视了他的灵魂。初次干谒，他是“日夕策马候权者之门”——用“策马”（下文还有“走马”，即跑马）表现其急于奔走权门；“门者故不入”，他便“甘言媚词作妇人状”，且“袖金以私之”，小官僚拍马谄媚的丑态，已露端倪。对“门者”尚且如此作态，对主人将会如何？果然，进门之后，自作卑贱，“立厩中仆马之间”，虽然“恶气袭衣袖，即饥寒毒热不可忍，不去也”，如此直至“抵暮”。作者就是这样把所要贬斥的人物放在这样肮脏的、常人不堪忍受的环境里，以审视其灵魂。至此，这个小官僚的奴颜媚骨已毕露无遗。但作者并未就此罢休，而是跌宕一笔，让“门者”把他赶了出来，于是乃有次日黎明的再次干谒。作者写这次干谒，也同样使用了夸张、讽刺的笔法，写他唯恐误了时间而夜不敢寐，“夜披衣坐，闻鸡鸣即起盥栉，走马抵门”。在受了“门者”的奚落之后，虽然心中“耻之”，但又“强忍而与言”，并再次用金钱买通了“门者”，这才得以“起而入之”。进门之后，仍然站在昨天站过的马厩中，等候召见。及至被召见，其丑态更接连而出：先是“惊走匍匐阶下”，接着是“再拜，故迟不起”，然后是“上所上寿金”，最后是“又再拜，又故迟不起，起则五六揖始出”，这样完成了进谒之礼，于是，“大喜，奔出”。出门之后，立即一反常态，狐假虎威，神气非凡起来：“马上遇所交识，即扬鞭语曰：‘适自相公家来，相公厚我，厚我！’且虚言状。”“厚我”叠用，其得意忘形之状，掬之可出。至此，则完成了对这个小官僚的形象刻画：为干谒权贵，寻找靠山，而急急遑遑，夜不成寐；及见权贵，巴结靠山，奴颜媚骨，狗彘不如；干谒成功，有了靠山，立即飞扬跋扈，炙手可热，令人“心畏”。作者刻画的另一形象便是作为权势代表的“相公”。刻画这一形象，虽着墨不多，但能切入骨髓。如作者写他接受“寿金”的情态：“（客）起则上所上寿金。主者故不受，则固请；主者故固不受，则又固请。然后命吏纳之。”文字很少，却把这个大相公贪赃受贿而又故作清廉的神态活画了出来。“故”与“故固”是揭画皮的关键字眼，讽刺意味也极强；叠用“某也贤”，并在“某”与“贤”之间嵌一“也”字以舒缓语气，表现了大相公老气横秋、胸有城府的神态，与小官僚的“厚我，厚我”急于炫鬻的小人口吻适成对比。除这一对形象之外，作者写到“门者”，只是稍稍带过，但其贪横、势利的丑态便神情毕肖。我们不得不佩服作者刻画人物的本领是高明的：取其神而遗其貌，抓住最能揭示人物内心世界的行为、语言，寥寥数语，即可奏效。我们还应该看到作者用笔的强大概括力。他写下级小官僚对上级相公的干谒，取的时间是“日夕”和黎明（“闻鸡鸣”）。选取这两个时间干谒尚须有如此之等待，其他时间则可想而知；“相公倦，谢客矣”，不必理解为相公故意摆架子，而是实写相公接待事务之繁剧，亦可见干谒者之多；“饥寒毒热”四字，更包含了各种情况下的干谒活动；至于文中的一个小官僚和一个大相公，也只是各从其类中选取的典型而已。凡此，都可以看出本文的概括力。

再者，作者在以较多的篇幅绘声绘色地写完了“上下相孚”之后，转回笔墨，写了自己与“权门”“长吏”的不相孚，展示了另一种形象性格。对同一个“权门”，作者的态度与前者完全相反：“自岁时伏腊一刺之外，即经年不往也。间道经其门，则亦掩耳闭目，跃马疾走过之，若有所追逐者。”即使长期“不见悦于长吏”，“仆则愈益不顾也”。这种刚正不阿，耻于干谒，不向权势豪门低头的骨气，与那些专事干谒求进的官僚适成对比，“两两相较，薰莸不同，清浊异质”（吴楚材、吴调侯《古文观止》评语）。文章的批判力量，是非观念，正是蕴涵在这种对比之中。

至此，作者把“上下相孚”与不“相孚”的真相实情已向刘一丈陈述清楚，而作者的立场、爱憎亦表现得淋漓尽致。

当时正是权奸严嵩父子专权时期，一般士大夫阿谀奉迎，干谒求进，奔走于严氏之门。所以这篇书信在当时具有极大的战斗意义，直接指斥了严氏父子专擅朝政、结党营私的罪行，相当深刻地揭露了当时官僚集团内部的污浊与丑恶，对后世也有较高的认识价值。正如《古文观止》的编者所指出的，这是一篇“有关世教之文”。作者宗臣因此而触怒了严氏父子，被贬为福建参政。（邱鸣皋）

蔺相如完璧归赵论　　王世贞

蔺相如之完璧，人皆称之，予未敢以为信也。

夫秦以十五城之空名，诈赵而胁其璧，是时言取璧者，情[①]也，非欲以窥赵也。赵得其情则弗予，不得其情则予；得其情而畏之则予，得其情而弗畏之则弗予。此两言决耳，奈之何既畏而复挑其怒也？

且夫秦欲璧，赵弗予璧，两无所曲直也。入璧而秦弗予城，曲在秦；秦出城而璧归，曲在赵。欲使曲在秦，则莫如弃璧；畏弃璧，则莫如弗予。夫秦王既按图以予城，又设九宾[②]，斋而受璧，其势不得不予城。璧入而城弗予，相如则前请曰："臣固知大王之弗予城也。夫璧非赵璧乎？而十五城秦宝也。今使大王以璧故，而亡其十五城，十五城之子弟，皆厚怨大王以弃我如草芥也。大王弗予城，而绐赵璧，以一璧故，而失信于天下。臣请就死于国，以明大王之失信！"秦王未必不返璧也。今奈何使舍人怀而逃之，而归直于秦？

是时，秦意未欲与赵绝耳。令秦王怒，而僇[③]相如于市，武安君[④]十万众压邯郸[⑤]，而责[⑥]璧与信，一胜而相如族，再胜而璧终入秦矣。

吾故曰：蔺相如之获全于璧，天也。若其劲渑池[⑦]，柔廉颇[⑧]，则愈出而愈妙于用，所以能完赵者，天固曲全之哉！

注 ① 情：真实意图。 ② 九宾：九位迎接使者的傧相，皆立于朝廷上，是战国时最隆重的外交礼节。 ③ 僇：通"戮"，杀。 ④ 武安君：秦将白起的封号。⑤ 邯郸：赵国都城，在今河北邯郸市。 ⑥ 责：求，这里指索取。 ⑦ 劲渑池：指蔺相如在渑池（今河南渑池西）迫秦王为赵王击缶之事。 ⑧ 柔廉颇：指蔺相如对赵大将廉颇委曲容让，终使廉颇感悟并负荆请罪之事。

同情弱者和败者，大约是人的天性吧。

所以，人们虽然承认战国一统于秦是历史规律，也承认七雄中唯秦最具一统的资格，但对于与此规律相逆的事件，如鲁仲连义不帝秦，如蔺相如完璧归赵，如荆轲刺秦王，却依然称美传诵，千古不衰。非特战国，于其他朝代，亦复如此：项羽分封割据，开历史倒车，但在后人心目中，却不失为悲剧英雄；凭区区蜀中之力，实难混一宇内，但诸葛孔明六出祁山，死而后已，却也是三国鼎立时最为人乐道的壮举……

由这种热烈的同情心，人们对弱者的偶一胜利，又不免鼓尽全力以夸张其意义：唯鲁仲连之仗义执言，赵国始免沦为附庸；唯蔺相如之大智大勇，和氏璧始得复归于赵……

真所谓邦国之兴亡，系于一人之身了！

然而，是否也有人作过如下假设：若荆轲奋匕首一击，致秦王殒命，于是秦乃大乱，商鞅变法以来之成果荡然无存；于是七雄鼎立之势如故，甚或秦分于六国，甚或由燕或其他什么国家来完成统一大业？

大约不会有人作此推理吧！

既如此，既然荆轲一人不能亡秦，那么，对鲁、蔺等公一人兴赵的说法，是否亦当另作考虑呢？

这种考虑，热烈的同情者自不屑为之，亦不愿为之。于是，此际就需要冷静的史论家了。在北宋，苏洵、苏轼诸公，就曾以文学家而兼为史论家，如今，独步当时的有明大文豪王弇州，也要步他所看不上眼的宋贤之后尘了。

他的步后尘，非特是为史论而已，更步了为翻案史论的后尘，而所寻的目标，正是千古已成定案、翻了将令许多人不快的“蔺相如完璧归赵”！

千古以降的人都信了，偏他不信。看他的文意笔势，分明是要跟古人干一仗：让咱们来作个简单快直的推理！秦要璧，用十五城换，是真还是假？赵若以为假，可以不给，也不算无理。既今派人送璧到秦，那就是以为真。若既以为假而又送璧，那赵的第一步就错了！

再推理下去：既已送璧到秦，那就给罢！给了，秦不交十五城，那就是秦理亏。而当时，秦设九宾以见相如，还不曾说不交十五城，相如倒先派人怀璧而逃，白白把一个“理”字奉送给了秦。相如这第二步，也错了！

现在秦理直气壮了，自可大举进兵，讨伐理亏无信的赵。弱赵不敌强秦，一败再败，于是乖乖奉上玉璧，相如也作为替罪羊而传首秦廷——这，应该是顺理成章的推理结论吧？

然而，秦却一兵不发，一矢不加，相如的头安然长在脖子上，还回国成了英雄。理不顺了，章不成了，推理全乱了。那么，是谁从中捣乱呢？

王世贞找到了，他冷静地寻绎，逮住了捣乱者，并给它起名为“天”。

就这篇文章而言，大半篇幅用在推理上，作者自得处大约也在这环环相扣的推理上；但值得佩服者，却是这作者找到的“天”。

“天”者，用现代的话说，客观形势也，唯因秦尚无力伐赵或出于战略考虑尚不愿激怒于赵的客观形势，相如始得成其壮举，即作者所言“是时，秦意未欲与赵绝耳”是也。同理，唯因信陵君窃符救赵，鲁仲连之言始能奏效，不然，秦挟长平大捷之余威攻下邯郸，赵欲求帝秦以自保，也不可得了。反过来了，即使荆轲一击成功，而秦另立新君，也未始不能“秦王扫六合”，何则？“天”——客观形势已是如此：此时，秦之混一之势，已不可阻挡，君不见那相如悉心以辅的赵国，不已先燕而亡了吗？所以，真是如作者所言，相如能保全赵国，也是“天固曲全之”而已。

惊心动魄的英雄故事，背后实有某种客观形势在助其成。前者如波涛，后者如潜流。惊骇于波涛易，明见乎潜流难。本文中作者的推理，自亦有许多可以反诘之处，但这些皆为枝节，无关一篇宏旨。唯作者拈出一个“天”字，才是全文的精华之处。读者于此中若能有所领悟，则读史之际，必能去许多浮嚣，添几分深沉。（沈维藩）

极乐寺[①]纪游　　袁宗道

高梁桥[②]水，从西山[③]深涧中来，道此入玉河[④]。白练千匹，微风行水上，若罗纹纸[⑤]。堤在水中，两波相夹，绿杨四行，树古叶繁，一树之荫，可覆数席，垂线长丈余。岸北佛庐道院甚众，朱门绀殿，亘数十里。对面远树，高下攒簇，间以水田。西山如螺髻，出于林水之间。极乐寺去桥可三里，路径亦佳。马行绿荫中，若张盖[⑥]。殿前剔牙松[⑦]数株，松身鲜翠嫩黄，斑剥若大鱼鳞，大可七八围许。暇日曾与黄思立[⑧]诸公游此。予弟中郎[⑨]云：“此地小似钱塘苏堤。”思立亦以为然。予因叹西湖胜境，入梦已久，何日挂进贤冠[⑩]，作六桥[⑪]下客子，了此山水一段情障[⑫]乎？是日分韵各赋一诗[⑬]而别。

注 ① 极乐寺：在北京阜成门外，高梁桥西三里，明成化中建。　② 高梁桥：高梁河上的一座桥，在北京西直门外。　③ 西山：在北京西郊，属太行山支脉，一名小清凉山，林麓苍莽，溪涧错镂，风景秀丽。　④“道此”句：道，用作动词，意为经过。此，指高梁桥。玉河：源出北京西北郊的玉泉山，三十里而至此桥下，环流紫禁城，入大通河。　⑤ 罗纹纸：质地轻软、带有椒眼状花纹的纸。　⑥ 张盖：张开的车盖。古时为车上遮阳御雨之具，《史记·商君传》有“劳不坐乘，暑不张盖”的话。　⑦ 剔牙松：一种针叶松，其叶如牙签，故名。　⑧ 黄思立：即黄大节，字斯立，一作思立，号无净，信丰（今属江西）人，万历十四年进士，时任太常寺博士。 ⑨ 中郎：袁宗道的二弟袁宏道，字中郎。 ⑩ 进贤冠：古时儒者所戴的一种表示身份的缁布冠，元以后废。这里说挂进贤冠，表示弃官退隐。 ⑪ 六桥：在杭州西湖苏堤上，称“跨虹六桥”，风景优美，当地有民谣说：“西湖景致六吊桥，一枝杨柳一枝桃。” ⑫ 情障：情感郁结在心头而不能消，谓之情障。这里犹言“心愿”。 ⑬ 分韵各赋一诗：作诗规定韵字，各人分拈，依字为韵。袁宗道有《暮春邹生邀黄思立诸公游高梁桥即事》诗，袁宏道有《暮春同黄无净、曹季和、黄昭质、家伯修游高梁桥》诗，皆即此日分韵之作。

这是一篇优美的游记散文。作者袁宗道当时正在京中做官，公余辄游于山水刹寺间。据他三弟袁中道（小修）说：“（宗道）耽嗜山水，燕中山刹及城内外精蓝无不到，远至上方、小西天之属，皆穷其胜。”（《石浦先生传》）原来宗道在思想上受李卓吾影响颇大，主要是在禅学方面，他研习心性之说，不满于当时的腐朽政治，要求摆脱传统儒学的束缚，从而获得心性的解放。这就是他耽嗜山水，喜游名刹的原因所在。

这篇游记，记述了宗道游极乐寺时的所见所感，以描绘景物见长。全文不过二百十四字，写景文字就占了三分之二以上。他的写景是与叙述游览过程相结合的，足迹所至，目力所及，辄相伴以景。如文章开头就是“高梁桥水”，可见作者已站在这座桥上了，由桥及水，在交代其来龙去脉之后，便用“白练千匹”三句着力描绘眼前的微风吹拂下的流水。然后由流水而堤岸，于是出现了堤上诸景，如绿荫垂条等；再放眼望去，便是岸北的佛庐道院，和对面的远树、水田，目力所及，乃至状如螺髻的西山。作者的眼睛如同一架摄像机，把镜头由近而远，随时捕捉那些能使他心领神会的景物。因此，笔下的景物次第出现，显示了一种流动性、变幻性，在流动中变幻，在变幻中流动，使人目不暇接，心旷神怡。作者用了一百字的篇幅描绘了在高梁桥上所见之景，然后才写到极乐寺。从“极乐寺去桥可三里，路径亦佳。马行绿荫中，若张盖”几句看，作者至此才把他的立足点由高梁桥移向极乐寺。如果使用传统的层次分析法来看这篇短文的话，这应是第二个层次了。于是，作者的摄像机又移动起来，一路绿荫而至极乐寺。极乐寺是作者这次游览的目的地，文章题目就叫《极乐寺纪游》。但作者真正写极乐寺的文字只有二十五个，而且全部用在写“剔牙松”上，说到寺本身的，只露了一个“殿”字，而且是作为点明“剔牙松”的方位处所而出现的，其实是为了写松而不是写殿，其他则不着一字。如照写作的常规来说，作者用笔的轻重好像有些失调；其实，这正是作者力求创新、不落俗套、不袭陈言的一种表现。在这篇极短的文字中，作者所写诸景，无一相同，即使同样写树，写树荫，有的是“垂线长丈余”，有的则是“若张盖”；既然写了“岸北佛庐道院甚众，朱门绀殿，亘数十里”，有了寺院形象的描绘，写到极乐寺就没有必要再重复这种建筑物的景象了，倒是剔牙松是极乐寺的特点，为他处所未见（清吴长元辑《宸垣识略》记载极乐寺也只是提到寺门前的两棵垂柳和院内的四株老柏，其他亦未着一字），写出了这个特点，为全文生色，也就够了。况且，作者是把寺内寺外诸景当作一个互有关联的有机整体来表现的，即作者的着眼点不仅仅在一寺，而是包括了与寺有关的环境背景。因而，《极乐寺纪游》所记的，就不仅仅局限于极乐寺了。袁宗道的弟弟袁中郎说：“此地小似钱塘苏堤。”显然，他也是从这个风景区的总体着眼的，不然的话，仅仅就一个寺来说，就不会以“钱塘苏堤”作比了。

然而，袁中郎所提到的钱塘苏堤，却引起了袁宗道对这“西湖胜境”的神往。所以作者在文章的结尾处写了几句感情深沉的话：“予因叹西湖胜境，入梦已久，何日挂进贤冠，作六桥下客子，了此山水一段情障乎？”作者对封建官场的鄙弃，对山水的痴情，对大自然的企慕，对个人心性解脱的追求，种种感情，都轻轻地概括在这几句话里了。所以，这篇文章并不只是“纪游”，而是有其深沉的思想情愫。了解了这一点，我们就可以体会到作者为什么那样醉心于高梁桥上的诸般景色了。是的，他用了最好的语言，最纯的感情去写景。写水，便是“白练千匹，微风行水上，若罗纹纸”，洁白，轻柔，而又不乏壮丽；写堤，则是“两波相夹”，绿杨古树，“一树之荫，可覆数席，垂线长丈余”，静洁，安谧，幽雅，真有超然世外，一尘不染的情韵；写远树则用“高下攒簇”，写更远的西山便用“螺髻”形容，都像用淡墨水粉浸染的图画，绰约朦胧，是远观山林所得的印象；而在这山水远近之间，嵌上一片佛庐道院的“朱门绀殿”，顿使画面层次分明，色彩妍丽起来。我们应该知道，这里的景物，是写实。高梁桥一带景物本来就是迷人的。清代励宗万《京城古迹考》说这里“夹岸垂柳，绀宇亭台，酒旗掩映，小池广亩，荫爽交匝”。当然，作为文章，对景物的剪裁，赋予景物的感情，也必然受着作者的审美情趣、审美感受的制约。的确，这是作者所追求的一种“胜境”，虽然不及钱塘苏堤。能从龌龊的官场讨得浮生半日清闲，置身于这种胜境之中，作者该是怎样的一番心境，这应是可想而知的。正是作者的这种心境，赋予了这篇散文清

新、温雅的风格特征，确如明人姚士麟所说："情情新来，笔笔新赴"，"提人新情，换人新眼"（《白苏斋类集序》）。（邱鸣皋）

徐文长传

袁宏道

余一夕坐陶太史楼[①]，随意抽架上书，得《阙编》诗一帙，恶楮毛书，烟煤败黑，微有字形。稍就灯间读之，读未数首，不觉惊跃，急呼周望："《阙编》何人作者，今邪？古邪？"周望曰："此余乡徐文长先生书也。"两人跃起，灯影下读复叫，叫复读，童仆睡者皆惊起。盖不佞生三十年，而始知海内有文长先生。噫，是何相识之晚也！因以所闻于越人士者，略为次第，为《徐文长传》。

徐渭，字文长，为山阴诸生[②]，声名藉甚。薛公蕙校越[③]时，奇其才，有国士之目。然数奇[④]，屡试辄蹶。中丞胡公宗宪[⑤]闻之，客诸幕。文长每见，则葛衣乌巾，纵谈天下事。胡公大喜。是时，公督数边兵，威振东南，介胄之士，膝语蛇行，不敢举头，而文长以部下一诸生傲之，议者方之刘真长、杜少陵云[⑥]。会得白鹿，属文长作表[⑦]，表上，永陵喜[⑧]。公以是益奇之，一切疏记，皆出其手。

文长自负才略，好奇计，谈兵多中，视一世士无可当意者。然竟不偶。文长既已不得志于有司，遂乃放浪曲糵，恣情山水，走齐、鲁、燕、赵之地，穷览朔漠。其所见山崩海立，沙起云行，风鸣树偃，幽谷大都，人物鱼鸟，一切可惊可愕之状，一一皆达之于诗。其胸中又有勃然不可磨灭之气，英雄失路、托足无门之悲，故其为诗，如嗔如笑，如水鸣峡，如种出土，如寡妇之夜哭，羁人之寒起；虽其体格时有卑者，然匠心独出，有王者气，非彼巾帼而事人者所敢望也。文有卓识，气沉而法严，不以模拟损才，不以议论伤格，韩、曾[⑨]之流亚也。文长既雅不与时调合，当时所谓骚坛主盟者，文长皆叱而奴之，故其名不出于越，悲夫！喜作书，笔意奔放如其诗，苍劲中姿媚跃出，欧阳公所谓"妖韶女老自有余态[⑩]"者也。间以其余，旁溢为花鸟，皆超逸有致。

卒以疑杀其继室，下狱论死。张太史元汴[⑪]力解，乃得出。晚年愤益深，佯狂益甚，显者至门，或拒不纳。时携钱至酒肆，呼下隶与饮。或自持斧击破其头，血流被面，头骨皆折，揉之有声。或以利锥锥其两耳，深入寸余，竟不得死。周望言：晚岁诗文益奇，无刻本，集藏于家。余同年有官越者，托以抄录，今未至。余所见者，《徐文长集》《阙编》二种而已。然文长竟以不得志于时，抱愤而卒。

石公⑫曰：先生数奇不已，遂为狂疾；狂疾不已，遂为囹圄。古今文人牢骚困苦，未有若先生者也。虽然，胡公间世豪杰，永陵英主，幕中礼数异等，是胡公知有先生矣；表上，人主悦，是人主知有先生矣。独身未贵耳。先生诗文崛起，一扫近代芜秽之习，百世而下，自有定论，胡为不遇哉？梅客生⑬尝寄余书曰："文长，吾老友，病奇于人，人奇于诗。"余谓文长无之而不奇者也；无之而不奇，斯无之而不奇也⑭。悲夫！

注 ① 陶太史：陶望龄，字周望，号石篑，会稽（今浙江绍兴市）人。万历十七年（1589）进士，授翰林院编修。翰林在明清称太史。 ② 山阴：旧县名，治所在今浙江绍兴。诸生：明、清两代称已入学的生员为诸生。 ③ 薛蕙：字君采，正德九年（1514）进士，累官吏部考功郎中。校（jiào）：考核。 ④ 数奇（jī）：命运多蹇。 ⑤ 中丞：明、清称巡抚为中丞。以巡抚例加副都御史衔，而副都御史职位相当于汉之御史中丞。胡宗宪：字汝贞，嘉靖十七年（1538）进士，嘉靖三十四年（1555）为浙江巡按御史，御倭有功，后任浙江总督兼巡抚。他联络严嵩父子，严获罪后，屡被言官弹劾为严党，下狱而死。 ⑥ 刘真长：晋代人刘惔，真长其字。简文帝为会稽王时，刘曾入其幕。《世说新语·品藻》："桓大司马（桓温）下都，问真长曰：'闻会稽王语奇进，尔耶？'刘曰：'极进，然故是第二流中人耳。'桓曰：'第一流复是谁？'刘曰：'正是我辈耳！'"杜少陵：唐诗人杜甫，自称少陵野老，曾为剑南节度使严武的幕僚。《新唐书·杜甫传》："武以世旧，待甫甚善，亲至其家，甫见之，或时不巾。而性褊躁傲诞，尝醉登武床，瞪视曰：'严挺之乃有此儿！'"以上二事皆幕僚之傲视长官者，故以为比。 ⑦ 表：指徐渭代胡宗宪写的《献白鹿表》。 ⑧ 永陵：明世宗朱厚熜（1507—1566）所葬之陵墓，此代指明世宗。 ⑨ 韩、曾：唐代韩愈、宋代曾巩。⑩ 欧阳公：宋代文学家欧阳修。其《水谷夜行寄子美圣俞》诗云："梅翁（梅圣俞）事清切，石齿漱寒濑。作诗三十年，视我犹后辈。文词愈清新，心意虽老大。譬如妖韶女，老自有余态。" ⑪ 张元汴：字子荩，隆庆五年（1571）廷试第一，授翰林院修撰。 ⑫ 石公：作者自称。袁宏道号石公。 ⑬ 梅客生：梅国桢，字客生，一字克生，麻城（今属湖北）人。万历进士，官至兵部右侍郎，总督宣大山西军务。 ⑭ 无之而不奇，斯无之而不奇也：（徐渭一生）没有不奇异的地方，所以也无处不倒霉。末一"奇"字乃"数奇"之"奇"。

传主并非名臣显宦，而作者与传主既无故交亲朋之谊，又非受其后人委托图几两润笔；终其一生甚至从未谋面，只是偶然读了一部诗集，便由诗及人，顿生相识恨晚之叹。不只叹几声作罢，且更搜罗其事，“略为次第”出一大篇洋洋洒洒、情辞并盛的传来。文墨常识告诉我们，那不受动于功利人情的背后，大抵当别有深衷在。

然而传前小序是一连串“读复叫，叫复读”惊喜交加的描绘，传末赞词也只是“悲夫”一声长叹。前者说明作者对传主遗墨的知赏，后者表示作者对传主遭际的悲悯同情。但知赏也好，同情也罢，那契合点在哪里呢？这就须向传文中去索求了。

人物传记总不脱记事写人为主。而人的一生所遇所历又何其杂沓繁多！剪裁史实，把握枢要，固然为传人的通则；去取弃扬，浓此淡彼之间，又何尝不潜伏着作者的机心？所以读任何一篇传记应当把握的不外三个问题：写什么？怎样写？为什么？前两者是对文章表层的解析，而后者则是对作者机心的挖掘了。

作者写徐渭一生，突出三点：才奇，人奇，“数奇”。薛蕙“奇其才，有国士之目”，是借他人之口，总冒才奇。与胡宗宪“纵谈天下事”，代胡作表使“永陵喜”，“好奇计，谈兵多中”，善书画等都是他才奇各个侧面的具体表现。其中特别突出了他的诗文创作，用大量篇幅，浓墨重笔给予描绘。徐渭才奇，人亦奇。如果才奇奇在多样性的话，人奇则奇在一“狂”字上。对贵为巡抚，“威震东南”的胡宗宪，他人“膝语蛇行，不敢举头”，“文长以部下一诸生傲之”，“狂”得实在可以。“视一世士无可当意者”是意狂；对“当时所谓骚坛主盟者”“皆叱而奴之”是气狂；“显者至门，或拒不纳。时携钱至酒肆，呼下隶与饮”是行狂；“疑杀其继室”是佯狂；而以斧击头，利锥刺耳则是真狂了。由才子式的疏狂一路狂去，别的全不放在眼里，佯狂而终至真狂，假假真真，并世无二，岂非奇人哉？再看一生倒霉的“数奇”：先是“屡试辄蹶”，继则“不偶”，“不得志于有司”，又曾被“下狱论死”，终“抱愤而卒”，虽只数语散点，却是贯穿始终，可谓命途多舛。徐文长的一生就是这样才能独出冠时，品行狂放不羁，遭际困厄颠仆的一生。作者只突出了这三点，余皆不及。如果孤立去看，任何一点都没有超出自身以外的其他意义。才高不过天生禀赋，狂放实乃性格殊异，而“数奇”，更怨不得别人，命不好罢了。同样的事情在不同的组织结构中，用不同的笔调去叙述描绘，其效果、结论和意义是大相径庭的，这就提出了怎样写的问题。

作者不但从徐渭一生中择取以上三点给予突出，而且力求勾画出三者之间的联系，使才奇、人奇与“数奇”形成一条不可分割的因果链。

就整体布局看，才奇与人奇是笔墨的重点，而“数奇”则是全文的主线。大量的篇幅落在传主才能多样与狂放行为的横向展开上，而命途多舛则草蛇灰线般地在其中不时闪现，像一片阴云笼罩在传主头上，又如幽灵般追逐了他的一生。这就从总体上显示了这样一重逻辑关系：才愈奇，人愈奇，而“数”愈“奇”。再从具体描写看，文章主体部分就某一点横向展开时，总是格外注意三者关系的勾提揭示，并以互相之间的因果联系为关节，推进意脉，构成全篇，使文章结构既泾渭分明，又呈网络状。传文开头借薛蕙语道出才奇后，紧接着以一“然”字为转折，点出“数奇”。第二段写他“自负才略”的表现后，又以一“然”字为转折，用一“竟”字来强调，突出其“数奇”——“不偶”。“才”与“数”于正常事理逻辑不应有的矛盾，却在文理逻辑上产生了。表面上的不合理，却深层地合于那个社会之“理”。才奇、人奇与“数奇”不只是单向因果，也是双向连锁推激的。“不得志于有司，遂乃放浪曲蘖，恣情山水”，前者是“数奇”，后者是代表着人奇的疏狂，中间用“遂乃”两字榫接，正道出不为世用才去恣意放浪的。而放浪山水的结果创作出大量“匠心独出”的诗歌，这又是由人奇显示出才奇。第三段因疑杀继室而“下狱论死”是由人奇而“数奇”，“愤益深，佯狂益甚”，是“数奇”又推逼出人奇，从而顺势展开“狂”的横向描述。总之，才奇、人奇、“数奇”在作者笔下是条绞织在一起的因果链，三者的互相推动过程也就是徐渭一生的悲剧命运过程。这就避免了将其悲剧命运归之于个人的偶然因素，而写出了那个社会中的必然结果。

揭示横向关系的同时，作者还着意把握人物命运纵向发展过程，随着人物命运悲剧的加深变换笔墨。徐渭并非天生就是一个疯子。第一段傲视胡宗宪，说明他不屈己从人，品性耿介，其实质是对封建社会礼法等级的蔑视。第二段写他“视一世士无可当意者”，“雅不与时调合”，就使他这种品性进一步扩大，写出他与整个时流的对立。即使如此，充其量也不过是书生式才人的疏狂。而这一切又都与“屡试辄蹶”“不偶”“不得志”的连蹇际运相表里。徐渭实在不够乖巧，不懂得调整自己，随俗从流。越不为社会容纳，他越要表现出自己的愤慨与反抗，而越是狂言狂行，社会对他的打击就越加剧。第三段集中笔力将这一因果推向高潮。“晚年愤益深，佯狂益甚”，终于真狂，抱愤以卒。从“不得志”到“愤益深”，划出了他在社会步步压迫下的思想轨迹，伴随着这条轨迹的是，从疏狂到佯狂而真狂的狂的加剧。文长最初佯狂，有其具体原因。他受知于胡宗宪而被纳为幕僚。胡在政治上依附严嵩，严嵩倒台，胡亦被陷入狱致死。徐渭本已历尽艰辛，恐受株连，欲以佯狂避害。他处于高压之下，在大祸临头的恐惧中精神高度紧张，因而由假而真，假假真真。由此已不难见出当时政治黑暗的程度。而作者更将其“佯狂益甚”与“愤益深”联系起来，不但道出他的狂是社会政治黑暗压迫的结果，也暗示了狂同时也是反抗当时社会的形式。这样写就透过表面的避害动机，挖掘出了人物性格思想的内在原因。恐遭株连竟被迫去“佯狂”，如何不“愤”呢？而“愤益深”，则“狂益甚”，索性狂它个彻底。这就揭示出了他骨子里的反抗，正与其一向不与社会黑暗妥协的性格逻辑相吻合，于此可洞见作者笔墨入骨的深刻。

徐渭其才、其人、其“数”归结到一点，都在一“奇”字上。正文中种种细节描写，对比刻画固然使他这一主导性格特征血肉丰满，形象生动。但传前小序的作用亦不可忽视。如果将那段小序只看成作传缘起的交待，实在埋没了作者的苦心。读《阙编》时连连的“惊跃”“急呼”“读复叫”“叫复读”，写自己的兴奋，烘托的则是徐文长。徐文长尚未露面，那“奇”已通过作者的惊奇劈面逼来。先声夺人又盘马弯弓，暗设悬念以逗引读兴，从而为正文蓄势。看来作者并非只倾重民歌的自然真率，于说部三昧亦并不陌生。这小序正同传文相映成趣。

写什么和怎样写客观上揭示了社会政治黑暗到了怎样的程度。作者之所以这样写，首先在于惜其才，悲其遇，也愤其世。传末赞词中“古今文人牢骚困苦，未有若先生者也”一语，可见其心。所以，它既是为徐文长传神写照的传，又是揭露黑暗的愤世之作。至于末尾赞词中“永陵英主”“人主悦”“人主知有先生矣”几句，不过是烙着时代印记的套话和为着避害远祸的敷衍语，不必认真作数的，文章本身的事理逻辑更能说明问题。即使这几句对文长在天之灵的勉强劝慰，似乎也不无机锋：既然“人主知有先生”，何以一任先生困厄偃蹇乃至于斯？

然而，惜才、悯人、抒愤尚不能穷尽“为什么”这一问题的底蕴。作者对文长才奇与人奇淋漓笔墨，更由于“奇”的内容与自身的契合。前文提到，作者对徐渭的不同才能多有触及，而尤对其诗文创作出以重笔。作为公安派首领，作者创作上标举“独抒性灵，不拘格套”，提倡“任性而发”，“从自己胸臆流出”的真诗，反对七子模拟剿袭、步趋前人的复古潮流。而徐渭的诗，外受动于“恣情山水”“穷览朔漠”的种种经历，内发之于胸中“勃然不可磨灭之气”，故所为诗“如嗔如笑，如水鸣峡，如种出土，如寡妇之夜哭，羁人之寒起”，一句话，是其个性精神的真实写照，全然是作者所谓“独抒性灵，不拘格套”的产物。而文长“不与时调合”，对“当时所谓骚坛主盟者”“皆叱而奴之”，又与作者排击七子同一立场。张扬其才而首推诗文，正是二者才奇上的契合点。文长傲视权贵、孤行癖举种种狂的本质，在于以坚守个性构成对封建礼法的反叛。作者也是大力揄扬个性解放，呼唤纯真自然的人生，反对虚伪的纲常，亦曾有过程度不同的放浪形骸的疏狂，这又是二者在人奇上的契合点。对这样一位志同道合者，作者惜才，悲人，抒愤，其深层机心，乃在为同道也就是自己一派张目，这才是“为什么”这一问题的全部答案。知道了这一层才会最终懂得“写什么”和“怎样写”的根本原因，也才能体会到文章之所以写得如此声色动人的原委。同情、悲悯、愤恨溢于楮墨，皆在于心会神交的情感契合。（魏中林）

满井游记

袁宏道

燕地寒，花朝节后，余寒犹厉。冻风时作，作则飞沙走砾，局促一室之内，欲出不得。每冒风驰行，未百步辄返。

廿二日天稍和，偕数友出东直，至满井。高柳夹堤，土膏微润，一望空阔，若脱笼之鹄。于时冰皮始解，波色乍明，鳞浪层层，清澈见底，晶晶然如镜之新开而冷光乍出于匣也。山峦为晴雪所洗，娟然如拭，鲜妍明媚，如倩女之靧面①而髻鬟之始掠也。柳条将舒未舒，柔梢披风，麦田浅鬣②寸许。游人虽未盛，泉而茗者，罍③而歌者，红装而蹇者，亦时时有。风力虽尚劲，然徒步则汗出浃背。凡曝沙之鸟，呷浪之鳞，悠然自得，毛羽鳞鬣之间，皆有喜气。始知郊田之外，未始无春，而城居者未之知也。夫能不以游堕事，而潇然于山石草木之间者，惟此官也。而此地适与余近，余之游将自此始，恶能无纪？己亥之二月也。

注 ① 靧（huì）面：洗脸。 ② 鬣（liè）：马鬃。 ③ 罍（léi）：古代盛酒的器具。

本文作于万历二十七年（1599）。满井是北京安定门东三里外的一口古井，井中飞泉喷薄，冬夏不竭。井旁苍藤丰草，掩映着清清的渠水，错落的亭台，景色优美，是当时京郊探胜的好地方。

开首点出时地节令。燕地，指现在的北京和河北省北部，古代属燕国。旧俗以阴历二月十五（一说为二月十二或二月初二）为百花生日，称为花朝节。这一天人们要到野外去玩赏春光。可是，这一年过了花朝节，百花还没有消息，余寒仍然很厉害，可见北方天气寒冷，春天来迟了。

下接几句承上文“余寒犹厉”，着重写风沙的厉害。风是“冻风”，有起冻结冰之感，而且时常刮，一刮风，就沙砾飞扬，简直没法出门。一出门，冒风快走，不到百来步就挡不住要回头。这是写渴望出游与不能出游的矛盾。作者是一位喜游爱动的人，如今花朝节已经过了，也不知花事如何，因而探春出游之意早已按捺不住，但却被寒风沙砾所阻，不得不“局促一室之内”，其懊丧和郁闷可想而知。

以下，作者记叙了廿二日偕友游满井时所见的融融春光。“廿二日天稍和”几句，状写天气和心情。一个“和”字，既写天气的和暖，也透露出作者心情的解冻，于是立即同几位朋友出东直门，到满井去。“高柳夹堤，土膏微润”，是出郊所见；一个“局促一室之内，欲出不得”的人，忽然来到野外，看到堤岸两旁高高的柳树，闻到滋润的泥土芳香，心头不禁漾出一股春天的喜悦。他四望郊原，一片空阔，快活的心情就像脱笼之鸟一样，飞向那辽阔的春天原野。“若脱笼之鹄”，鹄就是天鹅，这是着力描写从局促困居的境况下解脱出来的喜悦。

“冰皮始解”几句写春水之美。“冰皮始解，波色乍明”，用对偶的句式，点出余寒已退，薄冰初消，春水开始呈现出澄明的色泽。“始”“乍”二字扣紧早春景象，十分贴切。“鳞浪层层，清澈见底，晶晶然如镜之新开而冷光乍出于匣也”，是写微风吹过水面，漾起鱼鳞般的波纹，清澈的流水闪闪发光，好像清晨刚打开镜匣，反射出镜子的清光一样。“镜之新开”“冷光乍出”的“新开”“乍出”，与“冰皮始解，波色乍明”的“始解”“乍明”，一是形容一天的起点，一是形容一年的起点，相互呼应，同一机杼，很有节候感，足见作者观察的细致和刻画的工巧。另外，用新开匣的明镜来比喻明亮的春水，也显得优美熨帖；同时还可以使人联想到晨妆对镜的美人，从而具有表里相关的两层意蕴。

“山峦为晴雪所洗”几句，是写春山之美。山峦的积雪被晴日所融化，青葱的山色如同经过洗拭一般，显得格外鲜妍明媚，好像刚洗过脸的美人正在梳掠她的发髻。“始掠”的“始”字，表明美人晨妆刚罢。这个比喻，与上面开匣明镜的春水的比喻，虽然分别指山和水，却一气相通，由明镜而带出对镜梳妆的美人，这就把春山春水融成一体，给人以相互生发的和谐美感。

写水写山之后，转笔写植物。杨柳是敏感的春天使者，也是春色的象征。“柳条将舒未舒”，写柳芽刚吐，枝头鹅黄嫩绿，宛如朵朵蓓蕾，欲开还闭，别有一种风韵。“柔梢披风”，则写出杨柳的动态美。轻柔的柳梢，虽然还没有垂下万缕金丝，却已经迎着和暖的春风低昂而舞了。用一“柔”字、“披”字，写早春杨柳的风姿，很传神。这两句写杨柳，回应前面“高柳夹堤”一句，而作进一步的领略观赏。“麦田浅鬣寸许”，则回应前面“土膏微润”一句，视线由高而低：那一望无际的平畴上，浅绿的麦苗已经从芳润的泥土中探出头来，刚刚只有寸把长呢，整齐得像短短的马鬃一样。作者以极其简练的文字，把景物的特征和自己的审美感受鲜明地表现出来，每一句都渗透着明朗而喜悦的感情色彩。

以上几小层，从初到野外的第一印象写起，进而逐层展示春水之美，春山之美，杨柳之美，麦苗之美，构成了一幅北国郊原的早春风光图，令人目不暇接，心旷神怡。这是描写早春风光的第一大层次。

接着写早春的游人。余寒刚过，盛春未到，游人也还不多。但是春天毕竟来了，第一批郊游者也跟着来了。作者写了游人的几种情态：“泉而茗者”，是饮泉水煮茶的，显得清雅而悠闲；“罍而歌者”，是边喝酒边唱歌的，显得豪爽而痛快；“红装而蹇者”，写穿着艳丽服装的女子，骑着毛驴缓缓而行，显得从容而舒适。“亦时时有”，是说经常可以看到。这一句反接“游人虽未盛”一句，说明游春者已颇有人在。作者对这些最早到郊外来寻春的游人，显然是欣赏而怀有好感的。“风力虽尚劲，然徒步则汗出浃背”，这两句是抒写自己的感受，尽管郊原的风还很有点劲道，但徒步而游，从背上沁出的汗水中，却分明可以感到暖融融的春意了。这一节从游人着笔，写出各得其乐的种种情态，无异是一幅郊原春游图。他们既领略着最早的春光，又给余寒初退、大地回春的景色增添了不少的生气和暖意。这一倒叙之笔，成为描写早春风光的第二大层次。

“凡曝沙之鸟”几句，写大自然中的生物。“曝沙之鸟”，指在沙滩上晒太阳的鸟儿；“呷浪之鳞”，指在水波中呼吸的鱼儿。曝沙，描写鸟的安闲恬静；呷浪，刻画鱼的自由天真。作者通过鱼鸟一动一静的情态，概括了大自然一切生物在春光中的悠然自得之感。他甚至发现和感受到鸟的羽毛和鱼的鳞鳍之间，都洋溢着一股“喜气”。这真是体察入微，化身为鱼鸟的代言人了。所谓“替山川写照，为鱼鸟传神”，作者以画工的手段、诗人的敏感，把早春景色写活了。这一节着眼于大自然的生物，构成了春光描写的第三大层次。

通过以上三层描写，得出一个审美结论：“始知郊田之外，未始无春，而城居者未之知也。”春在郊田之外，而居住在城里的人还不知道。辜负春光，岂不可惜！这几句与开头“局促一室之内，欲出不得”对照，可以感到作者由衷的欣慰之情。他在郊田之外，呼吸领略到初春的气息和大自然的蓬勃生机，心头的郁闷荒寒到这时便为之一扫。另外这与前面的“冻风时作，作则飞沙走砾”的景象，也恰好形成鲜明的对比。“始知郊田之外，未始无春”，这是作者郊游满井的结论。“始知”二字，得之于目接神遇的深切感受，也就是说，当他站立在郊田之外，沐浴着大好春光的时候，对于那些长期蛰居城内，感受不到早春气息的人，很有几分感慨。辛弃疾《鹧鸪天》词中说：“城中桃李愁风雨，春在溪头荠菜花。”袁中郎的感慨在这一点上颇有共同之处，因而其寓意似乎也不局限在感知春色上，而含有引发人摆脱尘俗，向往大自然的美好情怀。

以上写景，写人，旁及鱼鸟，然后拍入到自身。“夫能不以游堕事，而潇然于山石草木之间者，惟此官也。”这几句是说：能够自由自在地遨游于山石草木之间，而不至于因为游玩而耽误公事的，只有我这个官员啊。当时他正在作顺天府学教官，是个闲职，因而有时间纵情遨游，不怕耽误公事。“惟此官也”的“惟”字，颇有自傲和自慰之感，他不因官小职闲而懊恼，反而为此深自庆幸没有那种庸俗的封建官场习气，流露出袁中郎独特的性情与个性。

结尾“此地适与余近”，从字面上是说此地刚好与我的住处接近，但这个“近”字，不仅指空间距离的相近，也指性情品格的相近。山水也有情性，辛弃疾说：“我见青山多妩媚，料青山见我应如是”（《贺新郎》）。这里就体现了物我交融、如逢知己之感。“余之游将自此始”，表示这一次满井之游，将成为一个值得纪念的开端，怎么能不记下这美好的第一印象呢？把感受化为文字，是为了巩固记忆，时时回顾，充分流露了作者的眷眷珍惜之情。事实上，作者在写这篇游记的前一年（万历二十六年），已经游过满井，而且写了一首诗；但他在这里却说“余之游将自此始”。这大概是因为这一次的感受特别深刻，所以把它作为一个美好的开端吧。最后点明写这篇游记的时间是“己亥二月”，也就是万历二十七年(1599）二月。篇末记时，是古代游记的一种常见格式。

这篇游记描写北国早春气象，既能传山川景物之神，又处处洋溢着作者悠然神往的情感。作者从城居不见春叙起，接着写郊外探春，并逐层写出郊原早春景色的诱人，而最后归结道：“始知郊田之外，未始无春，而城居者未之知也。”回应开头困居局促之状，迥然有苦乐之异和天渊之别，表现了作者厌弃喧嚣尘俗的城市生活，寄意于山川草木的潇洒情怀。通篇写景都渗透着这种洒脱而真挚的感情，使文字具有一种清新恬静的田园节奏。而简练的白描和贴切的比喻，更为行文增添了不少诗情画意。（吴战垒）

浣花溪记　　钟　惺

出成都南门，左为万里桥。西折纤秀长曲，所见如连环，如玦[①]，如带，如规，如钩；色如鉴，如琅玕[②]，如绿沉瓜，窈然深碧，潆回城下者，皆浣花溪委也。然必至草堂，而后浣花有专名，则以少陵浣花居在焉耳。

行三四里为青羊宫[③]，溪时远时近，竹柏苍然，隔岸阴森者尽溪，平望如荠，水木清华，神肤洞达。自宫以西，流汇而桥者三，相距各不半里。舁[④]夫云通灌县，或所云“江从灌口[⑤]来”是也。人家住溪左，则溪蔽不时见，稍断则复见溪，如是者数处，缚柴编竹，颇有次第。桥尽，一亭树道左，署曰“缘江路”。

过此则武侯祠[⑥]。祠前跨溪为板桥一，覆以水槛，乃睹“浣花溪”

题榜。过桥，一小洲横斜插水间如梭。溪周之，非桥不通，置亭其上，题曰“百花潭水[7]”。由此亭还，度桥，过梵安寺，始为杜工部祠[8]。像颇清古，不必求肖，想当尔尔。石刻像一，附以本传，何仁仲别驾署华阳时所为也[9]。碑皆不堪读。

钟子曰：杜老二居，浣花清远，东屯险奥，各不相袭。严公[10]不死，浣溪可老，患难之于朋友大矣哉！然天遣此翁增夔门[11]一段奇耳。穷愁奔走，犹能择胜，胸中暇整，可以应世，如孔子微服主司城贞子时也。

时万历辛亥[12]十月十七日，出城欲雨，顷之霁。使客游者，多由监司郡邑招饮，冠盖稠浊，磬折[13]喧溢，迫暮趣归。是日清晨，偶然独往。楚人钟惺记。

注 ① 玦（jué）：开缺口的玉环。 ② 琅玕：美玉。 ③ 青羊宫：亦名青羊观。曹学佺《蜀中广记》：“《蜀本纪》云：‘子行道千日后，于成都郡青羊肆寻吾。’今为青羊观也。”相传老子曾牵青羊过此。 ④ 舁（yú）：抬。 ⑤ 灌口：山名，又名金灌口，古称天彭门。相传汉代文翁任蜀郡守，穿湔江灌溉，故名灌口。⑥ 武侯祠：即武侯庙，在今四川成都市西南。祀三国蜀武乡侯诸葛亮。祠原址在成都少城，西晋十六国成（汉）李雄（武帝）建。明时改在今址与刘备的昭烈祠合。清康熙年间重修。 ⑦ 百花潭水：杜甫《狂夫》：“万里桥西一草堂，百花潭水即沧浪。”后人取此四字题景。 ⑧ 杜工部祠：杜甫祠，为杜甫草堂中建筑之一，在杜甫故宅原址上建成。 ⑨ 别驾：官名，明代为通判的别称。通判是州、府辅佐知州或知府处理政务的官员。华阳：古县名，明为成都府治，今并入双流县。 ⑩ 严公：严武（726—765），字季鹰，官至剑南节度使兼成都尹，封郑国公。镇蜀时善遇杜甫，杜甫《八哀》诗曾悼念之。 ⑪ 夔门：即长江瞿塘峡，在四川奉节东。因地当川东门户，故称。杜甫在唐永泰元年（765）离成都至夔州（今四川奉节），居留近二年，作诗四百三十多首。 ⑫ 万历辛亥：万历三十九年，即公元1611年。万历为明神宗年号。 ⑬ 磬折：弯腰如磬，表示恭敬。磬，一种形状如矩的乐器。

在读钟惺这篇《浣花溪记》之前，让我们先将目光倒溯到盛唐时期……

唐肃宗上元二年（761）的春天，为避安史之乱而流寓成都西郊浣花溪畔草堂已整整一年的大诗人杜甫，生活始稍得安定。他为烂漫的春光所吸引，独自一人，信步赏花，徜徉在浣花溪畔、锦江岸边，逗起无边诗兴，挥笔写下了脍炙人口的联章组诗《江畔独步寻花七绝句》，给后人留下了一段“穷愁奔走，犹能择胜”的文坛佳话。而这，也正是杜甫“五载客蜀郡，一年居梓州”（《去蜀》）的草堂生活的缩影。

时移世易，光阴流逝了整整八百五十个春秋。到了明神宗万历三十九年（1611）的十月十七日，年届三十八岁的新科进士、执竟陵派文坛之牛耳的钟惺，也使蜀入蓉。“是日清晨，偶然独往”，他沿着“纤秀长曲”“窈然深碧”的浣花溪水，寻觅“水木清华，神肤洞达”的清幽境界，探访当年杜甫在浣花草堂的行踪遗迹，畅游竟日。此次出游归来，他写下了自己的所见、所闻、所感。这就是游记散文名篇《浣花溪记》。

浣花溪，逶迤流过四川成都西郊，一名濯锦江，又称百花潭。两岸竹柏苍翠，风光秀美，为唐、宋以来成都著名的郊游胜地。尤其是从杜甫在此建构草堂，客居四载，留下二百余首诗篇以后，人杰地灵，更引起了人们对于为浣花溪增辉的诗圣的缅怀，越发感到松楠泉壑、祠堂庙貌的美不胜收。面对着如此丰饶的风景胜区，要以一篇五六百字的游记来描述，实为不易。而钟惺则出之以清夷简淡之笔，纳浣花溪畔诸般胜景于数百字的短小篇幅之中，显示了精湛的功力，也见其峭拔的风格。

“出成都南门，左为万里桥。”起笔看似平平，如同一般游记，先交待游历的方位，然“左为万里桥”五字，却别有作用。因为此文所记云云，均系西郊诸景，而“万里桥”实为此游之起点站，画龙点睛，便起了坐标轴的作用，且复与杜甫诗句“万里桥西一草堂”（《狂夫》）相扣合。紧接着便是一个概括浣花溪下游全貌的长句：

> 西折纤秀长曲，所见如连环，如玦，如带，如规，如钩；色如鉴，如琅玕，如绿沉瓜，窈然深碧，潆回城下者，皆浣花溪委也。

委者，下游也。乍一看，此句似嫌冗杂，其实不然。作者以大手笔一气写下了浣花溪下游“纤秀长曲”“窈然深碧”“潆回城下”三大特点。而于“纤秀长曲”“窈然深碧”八字，分别以两组博喻来形容：“如连环，如玦，如带，如规，如钩”，是显其“形”；“如鉴，如琅玕，如绿沉瓜”，是绘其“色”。至此，读者对浣花溪的命名就不由感兴趣了。于是，作者乘势说明：“然必至草堂，而后浣花有专名，则以少陵浣花居在焉耳。”原来整条溪水，只有流经杜甫草堂的一段享此专名，那是由于当年诗圣在此营建草堂流寓客居的缘故。真是名人留胜迹，江山遂增辉。

如果说，“万里桥”还只是一个起点站，那么，“青羊宫”便是作者设置的第二个坐标，也就是中转站了。所以，在一开头交待了青羊宫后，便分三层写青羊宫左近的溪边岸景、溪畔人家、溪上桥亭。由于行色匆匆，无暇细看，亦非行文重点所在，不用详加记述，故文字力求简洁，技法富于变化：或描绘其景，或记叙人言，或引录碑刻。这便要言不烦地写出了青羊宫附近直到缘江路一带的浣花溪名胜景色。

中转站过去，扑面而来的是目的地、终点站：浣花溪。作者写道：

> 过此则武侯祠。祠前跨溪为板桥一，覆以水槛，乃睹“浣花溪”题榜。……由此亭还，度桥，过梵安寺，始为杜工部祠。

“武侯祠”是作者设置的第三个坐标。作者以十分细腻的笔触，满含崇敬的情怀，富于情致地写下了此游的行踪与见闻。首先扑入眼帘的是祠前桥后的“浣花溪”题榜。接着则为题有“百花潭水”四字的洲中碑亭；而小洲恰恰是“横斜插水间如梭”，亦更见其清幽。先之以写“桥”，继之以写“溪”，最后集中笔墨写祠中所见，而尤其突出了诗圣画像的“清古”风节。既是亲眼所见，深心所感，又确是夫子自道。全段行文，一线铺开，散而不乱，而又动中写静，中心突出，颇有次第。

一般凡手的游记，到此便可收束。然而，在钟惺眼中，杜老的“真精神”却引起了他的奇思妙想。这说明他对诗文的主张和他的创作实践原是一致的。为此，他细致入微地抒写了杜甫当年的处境。先以杜甫在蜀之两所居处相比较，指出：“浣花清远，东屯险奥，各不相袭”。这就使下文的议论一下子跳出了浣花溪一隅。不仅撮叙了杜甫从浣花溪迁往东屯的一段经历，更从两方面发抒己见，指出了风尘澒洞的人间，患难见知己的可贵；而杜甫之从成都浣花溪移居夔州应该说是天意安排，增加了杜甫在夔州的一段奇迹，表明他在穷愁奔走中犹能择胜而居。这种安详镇定的器宇，随时可以用来救世济民，就像孔子当年在宋国遇险，流亡到陈国时，避居在司城贞子家里无为而实有为一样。文章至此，题旨已和盘托出，即充分颂扬了杜甫的浩荡豁达的胸怀。

但作者并未就此搁笔，而是以浪末微澜之笔写出当日所见的另一番情景作为结束：“使客游者，多由监司郡邑招饮，冠盖稠浊，磬折喧溢”。“使客游者”，指朝廷使臣中来此游玩的人。这些假冒斯文的达官贵人附庸风雅、热衷应酬的丑态，受到了作者入骨的嘲讽，而另一面，则又反衬出杜甫精神的伟大。

钟惺此文，远承郦道元《水经注》、柳宗元《永州八记》的清峻风格，而又创以己意，显示了竟陵派特有的造语冷隽、句式短小、节奏峭拔、用字简省的笔法，不失为明代游记散文中的上乘之作。（吴调公　祝　诚）

游黄山日记（后）

徐宏祖

初四日。十五里至汤口①。五里至汤寺②，浴于汤池。扶杖望硃砂庵③而登，十里上黄泥岗，向时云里诸峰，渐渐透出，亦渐渐落吾杖底。转入石门④，越天都⑤之胁而下，则天都、莲花⑥二顶，俱秀出天半。路旁一歧东上，乃昔所未至者，遂前趋直上，几达天都侧。复北上，行石罅中，石峰片片夹起，路宛转石间，塞者凿之，陡者级之，断者架木通之，悬者植梯接之。下瞰峭壑阴森，枫松相间，五色纷披，灿若图绣。因念黄山当生平奇览，而有奇若此，前未一探，兹游快且愧矣。

时夫仆俱阻险行后，余亦停弗上。乃一路奇景，不觉引余独往。既登峰头，一庵翼然，为文殊院⑦，亦余昔年欲登未登者。左天都，右莲花，背倚玉屏风⑧。两峰秀色，俱可手揽。四顾奇峰错列，众壑纵横，真黄山绝胜处。非再至，焉知其奇若此！遇游僧澄源至，兴甚勇。时已过午，奴辈适至。立庵前，指点两峰。庵僧谓天都虽近而无路，莲花可登而路遥，只宜近盼天都，明日登莲顶。余不从，决意游天都。挟澄源、奴子，仍下峡路。至天都侧，从流石蛇行而上，攀草牵棘，石块丛起则历块，石崖侧削则援崖。每至手足无可着处，澄源必先登垂接。每念上既如此，下何以堪？终亦不顾。历险数次，遂达峰顶。惟一石顶，壁起犹数十丈，澄源寻视其侧，得级，挟余以登。万峰无不下伏，独莲花与抗耳。时浓雾半作半止，每一阵至，则对面不见，眺莲花诸峰，多在雾中。独上天都，予至其前，则雾徙于后；予越其右，则雾出于左。其松犹有曲挺纵横者，柏虽大干如臂，无不平贴石上，如苔藓然。山高风巨，雾气去来无定，下盼诸峰，时出为碧峤，时没为银海。再眺山下，则日光晶晶，别一区宇也。日渐暮，遂前其

足，手向后据地，坐而下脱。至险绝处，澄源并肩手相接。度险下至山坳，暝色已合，复从峡度栈以上，止文殊院。

注 ① 汤口：歙县西北的小镇，乃赴汤泉必经之路，因汤泉而得名，在黄山脚下。② 汤寺：即唐代汤院（灵泉院）、宋代祥符寺，因靠近汤泉，故俗称汤寺。③ 硃砂庵：即慈光寺。硃砂庵乃慈光寺旧名。寺已颓败，建国后修建成慈光阁宾馆。 ④ 石门：黄山石门峰为三十六大峰之一，在光明顶东北，峰顶两壁夹峙如门，故名。 ⑤ 天都：黄山三大主峰之一，海拔一千八百十米，山顶有“登峰造极”等石刻。绝壁峭岩，极为险峻。 ⑥ 莲花：与天都并称黄山两大峰。在文殊院前看莲花峰，形如初绽莲花，故名。海拔一千八百六十米。 ⑦ 文殊院：寺名，在天都、莲花两峰之间。今已不存，改建为玉屏楼。风光奇美，民间有“不到文殊院，不见黄山面”之语。 ⑧ 玉屏风：即玉屏峰，以峰秀出横列如玉屏，故名。

徐宏祖（霞客）是明代著名旅行家、地理学家和游记作家。万历四十四年（1616）二月，他第一次登黄山，但未能尽览，本文是他万历四十六年再游黄山的日记。今选取九月初四日一段。

登山，最容易使人感悟到奋发求索、攀登不已的人生哲理。杜甫望东岳，大呼“会当凌绝顶，一览众山小”，其胸襟气魄，令千秋感佩。徐宏祖的这篇日记，从立意上看并无多少新鲜之处，它与许许多多登山诗文一样，强调只有不畏艰辛才有希望登上奇峰的顶点。值得我们认真审视的是，作者在登山过程中表现出的特有心态。

在神奇美好的大自然面前，中国古代文化人的心态是相当复杂的：庄子逍遥，屈子愤激，陶潜冲和，李、杜豪诚，白居易疏朗，苏东坡超脱，等等。若从总体上着眼，他们又有一个共同点，那就是寄情于景，一切景语皆“我”之情语，而且多与忧国忧民、大志难展、人生蹭蹬的“情语”相关。徐宏祖之于祖国的山山水水，似乎有点“忘我”。他无视功名，不事科举，以拥抱自然、寻美探胜为终身乐事。他是一位“山水痴”，奉献给大自然的是一片赤子之情，诚如潘耒《遂初堂集·徐霞客游记序》所评赞的：“不避风雨，不惮虎狼，不计程期，不求伴侣，以性灵游，以躯命游，亘古以来，一人而已。”这一种舍得“拼命”的旅游精神，在这篇日记中得到了生动的体现，应细细加以品味。

首先体察到的，是作者孩童式的天真。入山第一程，似乎相当轻松，一路行来，雀跃然。日记中连记三处里程：“十五里至汤口”，“五里至汤寺”，“十里上黄泥岗”，真是“一去二三里，烟村四五家”，优游自在得很。旋即一收，得意洋洋地指出：“向时云里诸峰，渐渐透出，亦渐渐落吾杖底。”捉了个有趣的迷藏，总算把躲在云里的诸峰置于我的杖下了。正由于有了这种天真，才有了第二程所萌动的惭愧之情：那么“灿若图绣”的奇景，前一次登山竟未一探，实在是羞愧极了！一般说来，唯有纯真的童心才能作无饰的忏悔，才能在“凿之”“级之”“通之”“接之”的开山壮举面前感到自己的渺小和浅陋。作者一方面礼赞自然造化，一方面又诚挚地向改造自然的艰辛劳动折腰顶礼——他是一个在“美”与“创造”面前容易折服，容易动情的人。接下来，日记为我们展示了一幅生气勃勃的“竞登黄山图”，令人真切地感受到作者的憨劲儿和倔劲儿。“时夫仆俱阻险行后，余亦停弗上。乃一路奇景，不觉引余独往”，好奇得有如入世未深的孩童，只要有奇景在前引诱，便忘乎所以，挣脱从人，喜孜孜、乐陶陶地独自游玩了。与庵僧的对话，更突现出作者的执着和痴迷，尽管行家告诫道“天都虽近而无路，莲花可登而路遥，只宜近盼天都，明日登莲顶”，他却“不从”，我行我素，“决意游天都”。于是，“挟澄源、奴子”继续前行，大有义无反顾的派头。以下是一连串的动作描写，如“蛇行而上”“攀草牵棘”“历块”“援崖”“垂接”“挟登”，等等。更妙的是，攀登中忽插入一段悬想：“每念上既如此，下何以堪？终亦不顾。”管它呢，只要能上得奇峰，即使毫无退路，也是乐得去拼一拼、闯一闯的。这才是真正的“以躯命游”，这才是自然之子、杰出旅行家的崇高品格！与攀登的系列动作相映照，下山的动作却是颇有滑稽意味的：“遂前其足，手向后据地，坐而下脱。至险绝处，澄源并肩手相接。”相当狼狈，却乐在其中。总观以上种种意态，我们分明体察到：眼前的这一位旅行家，是把寻幽探胜、穷究自然之美作为崇高信念、神圣使命、人生需求和心灵归宿的痴情人，是把自己无条件地奉献给祖国壮丽山河而不顾穷通、荣辱和生死的赤子。作者游山心诚，故大自然给了他丰厚的回报，黄山的种种奇观尽入其眼底。那“秀出天半”的天都、莲花二顶峰，那宛转于片片石峰间的山径，那阴森的峭壑、五色的枫松，那半作半止的浓雾，以及漫漫云海，晶晶日光，无不令人目眩神摇，叹为观止。只有对大自然无限依恋的人，才能真切地体察大自然的丰采和神韵。徐宏祖简洁传神的文笔也雄辩地印证了他热爱祖国河山的思想感情。（何永康）

核舟记

魏学洢

明有奇巧人曰王叔远，能以径寸之木，为宫室、器皿、人物，以至鸟兽、木石，罔不因势象形，各具情态。尝贻余核舟一，盖大苏泛赤壁云①。

舟首尾长约八分有奇，高可二黍许。中轩敞者为舱，箬篷覆之。旁开小窗，左右各四，共八扇。启窗而观，雕栏相望焉。闭之，则右刻“山高月小，水落石出②”，左刻“清风徐来，水波不兴③”，石青糁之。

船头坐三人，中峨冠而多髯者为东坡，佛印居右，鲁直居左。苏、黄共阅一手卷。东坡右手执卷端，左手抚鲁直背。鲁直左手执卷末，右手指卷，如有所语。东坡现右足，鲁直现左足，各微侧，其两膝相比者，各隐卷底衣褶中。佛印绝类弥勒④，袒胸露乳，矫首昂视，神情与苏、黄不属。卧右膝，诎右臂支船，而竖其左膝，左臂挂念珠倚之，珠可历历数也。

舟尾横卧一楫。楫左右舟子各一人。居右者椎髻仰面，左手倚一衡木，右手攀右趾，若啸呼状。居左者右手执蒲葵扇，左手抚炉，炉上有壶，其人视端容寂，若听茶声然。

其船背稍夷，则题名其上，文曰“天启壬戌⑤秋日，虞山⑥王毅叔远甫刻”，细若蚊足，钩画了了，其色墨。又用篆章一，文曰“初平山人”，其色丹。

通计一舟，为人五；为窗八；为箬篷，为楫，为炉，为壶，为手卷，为念珠，各一；对联、题名并篆文，为字共三十有四。而计其长曾不盈寸。盖简桃核修狭者为之。

魏子详瞩既毕，诧曰：嘻，技亦灵怪矣哉！《庄》《列》所载，称惊犹鬼神者良多，然谁有游削于不寸之质，而须麋⑦了然者？假有人焉，举我言以复于我，亦必疑其诳。今乃亲睹之。由斯以观，棘刺之端未必不可为母猴也⑧。嘻，技亦灵怪矣哉！

注 ① 大苏：指苏轼，他与弟辙并称“大小苏”。 ②“山高月小”二句：语出苏轼《后赤壁赋》。 ③“清风徐来”二句：语出苏轼《前赤壁赋》。 ④ 弥勒：弥勒佛。 ⑤天启壬戌：天启二年，公元1622年。天启，明熹宗年号。 ⑥虞山：山名，在今江苏常熟西北，这里代指常熟。 ⑦须麋：同“须眉”，指胡须、眉毛。 ⑧“棘刺”句：棘刺，酸枣树枝。据《韩非子·外储说左上》载，战国时燕王征召有巧术之人，一卫人夸口说他能在酸枣树枝的末梢雕刻母猴，受到厚遇，让他演示，他推托须待半年。后来，有人建议燕王令他出示雕刻工具，他交不出，遂借口逃遁。这里作者反其意而用之，认为只要有微雕绝技，在酸枣树枝的末梢雕刻母猴也未必不可能。

东坡与客泛舟赤壁，留下千古妙文——前后《赤壁赋》。自此，北宋东坡赤壁（在今湖北黄州）因赋而声名大著，反倒压过了真正的古战场三国周郎赤壁（在今湖北蒲圻西北）。历代艺术家因此多了一宗永久乐于取资的艺术创作题材——东坡赤壁泛舟，他们以书法、绘画等不同的艺术形式，创造性地表现对东坡人格魅力的追慕和向往。其中，明人王叔远的微雕作品核舟，可说是别具创格的奇品。可惜原物已不复可见，后世只能通过同时的散文家魏学洢的记，欣赏和领略其艺术风采。

东坡的赤壁游，有其自撰的赋记其胜；明人王叔远读苏赋而制核舟摹其境，魏学洢品核舟而撰记传其神。艺术的创造、艺术的感染、艺术的领悟，超越时空而上下交接，不断创新出奇。后人披读核舟之记，感悟核舟之奇，遥想东坡当年“举酒属客，诵明月之诗，歌窈窕之章”的飘逸丰神，获得的是不尽的艺术享受和愉悦。

明代微雕艺术家王叔远不愧是真正的艺术家，他表现“大苏泛赤壁”，并不拘泥于东坡的《赤壁赋》，而是大胆假以艺术想象和虚构，请来出自东坡门下而与之并称“苏黄”的诗人、书法家黄庭坚（字鲁直）和东坡的好友、僧人佛印禅师（宋时金山寺和尚，名了元，字觉老），让他们陪同寂寞的东坡泛舟赤壁。其实，东坡的两次游赤壁，都在元丰五年（1082）。此时黄庭坚远在江西泰和任知县，佛印也远在杭州的寺庙，或在扬州自己的庄园，不可能陪东坡泛舟赤壁。但黄庭坚既与东坡志同道合，又同在宦海沉浮，谊在师友之间，相互过往甚密，时常在一处评诗论书。所以核舟中摹画的苏、黄“共阅一手卷”，并非完全凭空捏造。佛印机智幽默，与东坡心灵相契，常给东坡精神的慰藉和启迪。只要客观情势许可，鲁直、佛印二人前来与东坡面晤并一起泛舟畅游赤壁，当是情理之中的事。微雕艺术家与东坡的心是相通的，他在用艺术作品再现“大苏泛赤壁”时，便拉来黄庭坚与东坡“共阅一手卷”，让他们又一次无拘无束地切磋人生哲理和艺术真谛；而让“绝类弥勒”的佛印居东坡右侧，大约他已与东坡有过深谈，此时，“矫首昂视”，自与苏、黄二人身在江湖，不以贬谪为怀的“神情”“不属”。也许，他正为自己能超然世外而傲然自得呢。微雕艺术家王叔远追求的是艺术的真实，借以酿造一种诗的意境。他匠心独运，拈来前后《赤壁赋》中“清风徐来，水波不兴”“山高月小，水落石出”十六字，镌刻在船舱的八扇小窗上，借以调动读者的形象思维和艺术想象。果然，人们观赏的虽只是一枚核舟，眼前目接的却是“白露横江，水光接天”的寥廓，“纵一苇之所如，凌万顷之茫然”的浩渺和“江流有声，断岸千尺”的激越，而心中感受的却是《赤壁赋》中东坡泛舟夜游赤壁时的通达与洒脱。那么，核舟便不再是一枚静止的雕刻小品，它仿佛真的是一叶舟楫，载着苏、黄和佛印，轻漾在赤壁静静的水波之上，仰观“山高月小”，面迎“清风徐来”。

如果说，核舟是微雕艺术家王叔远读懂了苏东坡其人其赋的艺术创造，那么，《核舟记》则是散文家魏学洢了悟了微雕艺术家王叔远其人其作的神来之笔。核舟是王叔远赠与魏学洢的，他显然知道魏学洢是自己微雕艺术的知音，能够解读自己的艺术匠意。事实也正如此，魏学洢确实以神来之笔揭示了核舟超妙的艺术造诣。可以说，没有魏学洢的记，核舟的奇巧恐怕早已湮没无闻。后世的人们正是通过魏学洢的传神妙笔，感知王叔远的艺术创造，体认其微雕技艺的“灵怪”。

这篇《核舟记》，严格说，是一篇说明文。作者魏学洢从核舟的长和高落笔，继而历叙船舱、船头、船尾、船背所刻的人、物和题款。但他又不是无视轻重缓急，平均使力，而是以船头、船尾的人物描述为重点，有条不紊、详略有致地加以精彩的描摹。船头三人，叙东坡，抓住“峨冠而多髯”的特征，见出其儒雅的风范；写佛印，突出“袒胸露乳”“绝类弥勒”，使一位放浪形骸的弥勒和尚的形象跃然纸上。作者不仅善于以外貌显示人物的精神风貌，更善于以人物的姿势情态，揭示人物的心灵世界。苏、黄“共阅一手卷”，苏“执卷端”，黄“执卷末”，“两膝相比”，体现两位文坛巨擘的相互依持，亲密无间；而苏“左手抚鲁直背”，鲁直“右手指卷，如有所语”，则体现东坡作为师长的爱抚与关怀，鲁直作为苏门弟子的虔敬与颖悟。而佛印则“矫首昂视”，“卧右膝，诎右臂支船，而竖其左膝，左臂挂念珠倚之”，意态闲适，神情傲然，体现佛家弟子的超脱和乐天。人们不难从中感受其中氤氲着一种静穆、淡泊的氛围，而被三人特立独行的心境所感染。船尾二舟子，一动一静，一文一野，相映成趣；一个“椎髻仰面”，倚横木，攀脚趾，“若啸呼状”；一个一手执蒲葵扇，一手抚炉，全神贯注地烧茶，“视端容寂，若听茶声然”，俱乐在其中，得其所哉。他们不啻是为文人的雅聚平添几分生趣和活力。舟上五人，有形有神，绘声绘色，无不栩栩如生，呼之欲出。此外，还刻有八扇窗户、六种器物（箬篷、舟楫、火炉、茶壶、手卷、念珠）、三十四个文字（对联、题名、篆文）。至于舟背，则署有刻制的年月和刻者姓名，墨色的字迹“细如蚊足”，但“钩画了了”，末尾加盖一方红色的篆文名章，体现一位成熟艺术家的郑重其事和一帧艺术精品的完美规整。而这一切，居然都雕刻在一枚“长约八分有奇，高可二黍许”的狭长桃核上，纤毫毕现，历历可辨，难怪作者魏学洢要称美王叔远为“奇巧人”，赞叹他的微雕技艺“灵怪”了。

核舟的作者王叔远运用雕刻艺术，“游削于不寸之质”，将东坡泛赤壁的情境“须麇了然”地展现无遗，这是微雕艺术家的创造；《核舟记》的作者魏学洢借助语言艺术，精微入神地描摹、传递核舟的形貌和意境，使这帧失传的古代微雕杰作得以永垂不朽，这是文学家的魅力。两种艺术同样不朽。而这不朽，则又与不朽的苏东坡和他那万古流芳的前后《赤壁赋》遥相回应！（胡　同）

西湖七月半　　张　岱

西湖七月半，一无可看，止可看看七月半之人。看七月半之人，以五类看之。其一，楼船箫鼓，峨冠盛筵，灯火优傒[①]，声光相乱，名为看月而实不见月者，看之；其一，亦船亦楼，名娃[②]闺秀，携及童娈[③]，笑啼杂之，环坐露台，左右盼望，身在月下而实不看月者，看之；其一，亦船亦声歌，名妓闲僧，浅斟低唱，弱管轻丝，竹肉[④]相发，亦在月下，亦看月而欲人看其看月者，看之；其一，不舟不车，不衫不帻[⑤]，酒醉饭饱，呼群三五，跻入人丛，昭庆、断桥[⑥]，嘄[⑦]呼嘈杂，装假醉，唱无腔曲，月亦看，看月者亦看，不看月者亦看，而实无一看者，看之；其一，小船轻幌，净几暖炉，茶铛[⑧]旋煮，素瓷静递，好友佳人，邀月同坐，或匿影树下，或逃嚣里湖，看月而人不见其看月之态，亦不作意看月者，看之。

杭人游湖，巳出酉归[9]，避月如仇。是夕好名，逐队争出，多犒门军酒钱，轿夫擎燎，列俟岸上。一入舟，速舟子急放断桥，赶入胜会。以故二鼓以前，人声鼓吹，如沸如撼，如魇如呓[10]，如聋如哑。大船小船，一齐凑岸，一无所见，止见篙击篙，舟触舟，肩摩肩，面看面而已。少刻兴尽，官府席散，皂隶喝道去。轿夫叫，船上人怖以关门，灯笼火把如列星，一一簇拥而去。岸上人亦逐队赶门，渐稀渐薄，顷刻散尽矣。

吾辈始舣[11]舟近岸。断桥石磴始凉，席其上，呼客纵饮。此时月如镜新磨，山复整妆，湖复颒面[12]。向之浅斟低唱者出，匿影树下者亦出。吾辈往通声气[13]，拉与同坐。韵友[14]来，名妓至，杯箸安，竹肉发。月色苍凉，东方将白，客方散去。吾辈纵舟酣睡于十里荷花之中，香气拍人，清梦甚惬。

注 ① 优：优伶，戏曲演员。傒（xī）：通“奚”，仆人。 ② 娃：美女，指歌妓。 ③ 童娈（luán）：俊美的男童。 ④ 竹：指乐器之声。肉：指口中发出的歌声。 ⑤ 帻（zé）：古代男子包头发的头巾。 ⑥ 昭庆：昭庆寺，在西湖东北岸。断桥：在西湖白堤东端，近昭庆寺。 ⑦ 嘄（jiào）：同“叫”。 ⑧ 茶铛（chēng）：烧茶的小锅。 ⑨ 巳：上午九时至十一时。酉：下午五时至七时。 ⑩ 魇（yǎn）：梦魇，梦中惊悸。呓（yì）：说梦话。 ⑪ 舣（yǐ）：附船着岸。 ⑫ 颒（huì）面：洗脸。指湖面恢复明净。 ⑬ 韵友：风雅的友人。

本篇选自《陶庵梦忆》。七月半，指农历七月十五日中元节。中元节也是一个宗教迷信的节日，佛教徒在这一天作盂兰盆会，追荐亡灵，解其倒悬之苦（盂兰盆是梵语音译，意谓“解倒悬”）。道教也在这一天诵经施食。杭州风俗，则于这一天倾城游湖，纵情作乐。此文即描绘各色游湖人等，随笔点染，形神逼肖，雅俗褒贬，了了分明。透过这幅五色斑斓的风俗画，我们可以感受到作者那种孤高自赏的生活情调和清雅脱俗的审美情趣。

农历七月半，正当月圆之际，此时游湖，本应赏月观景，文章一开头却说“一无可看”，先将题目正面一笔扫倒，接着说“止可看看七月半之人”，从反面揭题，选择一个独特的视角来抒写自己的观感。开头这闲闲两句，简练警切，不落俗套，且直接导出下文。

第二段即写“看七月半之人”。七月半游湖之人千千万万，何能遍看？作者自有手眼，即“以五类看之”。

其一，是有身份、有地位的官僚，坐着豪华的大船，摆开丰盛的宴席，奴仆侍奉，演员献艺，船上灯火通明，声乐齐鸣，好不气派！这种人“名为看月而实不见月”，即有意自炫而无心赏月，作者一语刺破此辈假冒风雅的嘴脸。

其二，是豪富之家，千金闺秀，携带美貌家童，露坐于船上的平台上，哭哭笑笑，娇声娇气，左张右望，“身在月下而实不看月”。这一类人是乘机玩乐，本不想看月，也不必作出看月的样子，其有别于第一类者在于不借“看月”之名，虽然庸俗，却不假冒风雅。

第三类，船上有声歌，有名妓闲僧随侍陪游，可见也非等闲之辈。浅斟低唱，颇有韵致，且“亦看月”，较之“名为看月而实不见月”和“身在月下而实不看月”的前二类人，似乎要风雅一些。作者用了四个“亦”字，正是比较而言。但这一类人虽然“亦看月”，更重要的却在于“欲人看其看月”，则不免有意做作，其“风雅”也要大打折扣了。

第四类，是一批市井好事之徒，他们与前三类大不同，不坐船，不乘车，衣衫不整，三五成群，在人丛中乱挤乱撞，专拣热闹处钻。他们大呼小叫，旁若无人，甚至假装酒醉，东倒西歪，手舞足蹈，嘴里哼着走了调的流行曲调，左顾右盼，洋洋自得。此辈“月亦看，看月者亦看，不看月者亦看”，无所不看，而“实无一看”。他们以此为乐，什么雅与俗，统统不在话下。古往今来，大凡在人群簇拥的热闹场合都能碰到此辈。作者在此白描传神，读来如闻其声，如见其人。

第五类，是清雅之士。作者把我们从前一类市井好事之徒的喧闹中拉到另一个清净之地，见识见识另一类人。他们坐的是小船，船上还挂着细薄的帷幔，大约是不想露面吧。明净的几案，通红的炉火，煮好茶，慢慢地品味，二三好友，绝色佳人，一同赏月，确实雅兴不浅。但是他们不想被人看见，有的把小船隐蔽在树荫下，有的则悄悄地划向里湖，躲避喧闹的人群。他们在清净处得以从容看月，而不被别人看见，他们的看月纯是兴之所至，自然而然，并无做作之态。

作者写五类人，观察细致，描绘生动，各色人等，无不现身纸上，而作者似乎不动声色，五个“看之”，大有冷眼旁观之概。然而他的主观褒贬之情还是可以从笔下的形象中感知的。第一类是假冒风雅的官僚，第二类是无意风雅的豪门，第三类则欲显风雅而不免做作，第四类是不知风雅为何物的市井好事之徒，第五类是不欲显其风雅而真正风雅的文人雅客。作者对前二类人显然嗤之以鼻；对第三类有所肯定，也有所讥刺；对第四类虽然不作肯定，却似乎欣赏其放荡中亦有几分天真；对第五类则显然引为同调。五类人，依次写来，如镜头推移，声态各异，境界不同。纷杂的情景再现于笔下，作者并不现身评点，却于客观的画面中分雅俗、寓褒贬，兼有史笔与传神之妙。

第三段写杭人游湖好虚名，凑热闹。“巳出酉归，避月如仇”，即喜欢白天游湖，像怕见仇人一样躲开月亮。袁中郎在《晚游六桥待月记》中也批评过杭人只爱白天游湖，不会选择时间，白白放过西湖最美的时刻。农历七月十五之夜，例应游湖，杭人出于好名，则成群结队而出。西湖在杭州城西，游湖须经城门，而城门关闭有定时，这一晚就多赏给守门的兵士一些酒钱，好晚些关门。二更以前，湖上人声乐声，闹成一片，“如沸如撼，如魇如呓，如聋如哑”，连下六喻，形容声音嘈杂，含糊难辨。这一片刺耳的嘈音，破坏了西湖月夜的静谧气氛。这是写听觉感受的不堪。从视觉一面来说，则“止见篙击篙，舟触舟，肩摩肩，面看面而已”，连用四个短句，将湖上密密麻麻舟船相触，肩摩踵接的拥挤状况形容尽致。拥挤中的人群，哪里还有兴致赏月，见到的无非是一张张贴得很近的油汗淋漓的面孔罢了。这与其说是游湖，不如说是赶市。“少刻兴尽”，狂热的兴头维持不了多久，官老爷们宴席已散，衙役喝道，率先离去。船上的人也纷纷上轿，轿夫还以城门将闭来催促人们上岸，岸上的人也争先逐队进城。各色人等作鸟兽散。灯笼火把，排列成行，如闪烁的星星在夜幕中移动消失。真是来也匆匆，去也匆匆，简直莫名其妙，名为游湖看月，实与西湖风月毫不相干。这一段插叙，回应开头“西湖七月半，一无可看”的论断，具体描写，缴足其意，同时又为下文作铺垫和反衬。

“吾辈始舣舟近岸。”最后一段从前面第三人称的叙述，突然转为第一人称的“吾辈”，叙述角度变换了，加强了主观的抒情色彩。“始”字，很可玩味，表示喧闹嘈杂的场面一告结束，西湖恢复了宁静安闲的本貌，湖山美景即开始属于“吾辈”，“吾辈”也就开始登场了。“断桥石磴始凉”，这个“始”字，则表示被人踩热的石阶也刚刚退烧，恢复平静，这是一种外化了的心理感受。“此时月如镜新磨，山复整妆，湖复颒面”三句，则写一种崭新的审美感受，唯“此时”才能有此感受。一规圆月，如新磨之镜，清光格外皎洁可爱；湖光山色，如美人重新梳妆打扮，益发显得容光照人。此时，对景畅怀，与客纵饮，“向之浅斟低唱者出，匿影树下者亦出。吾辈往通声气，拉与同坐”。“浅斟低唱者”即前文所写之第三类人，大醇小疵，还算有赏月雅兴；“匿影树下者”则为第五类清雅之士。五类人中唯此二者独留，故与之声气相通，有共同语言，拉来同坐。“韵友来，名妓至，杯箸安，竹肉发”，这四个短句，写相得共赏之乐，节奏欢快，心情亦极欢快。“月色苍凉，东方将白，客方散去”，写通宵盘桓，兴尽方散。与前文众人游湖匆匆聚散恰成对照。兴尽而散，却并不急于回城，而复纵舟，“酣睡于十里荷花之中，香气拍人，清梦甚惬”。这个富有诗意的结尾，更显得雅韵流溢，余香沁人。可见西湖七月半自有其迷人之处，一被俗人点污，则一无可看；一成为雅人的世界，则处处是诗。作者的审美情趣自然是高雅脱俗的，但也不免传统文人孤高自赏的毛病。

此文写人物场景，极纷繁复杂，而又极有条理。五类人物，两种场景，写来如见其人，如临其境。其观察之深入细致，笔墨之精练老到，确实令人佩服。行文错综，富于变化，转接呼应，均极自然。开头奇警峭拔，结尾则韵味悠长，全篇运用对比映照，严于雅俗之分，而又妙在不作正面按断，令读者悠然会心，识其旨趣所在，艺术技巧委实是很高明的。（吴战垒）

湖心亭看雪　　张　岱

崇祯五年[①]十二月，余住西湖。大雪三日，湖中人鸟声俱绝。

是日，更定矣，余拏一小舟，拥毳衣炉火，独往湖心亭看雪。雾凇沆砀，天与云、与山、与水，上下一白；湖上影子，惟长堤一痕、湖心亭一点与余舟一芥、舟中人两三粒而已。

到亭上，有两人铺毡对坐，一童子烧酒，炉正沸。见余，大喜，曰：“湖中焉得更有此人！”拉余同饮。余强饮三大白而别。问其姓氏，是金陵[②]人，客此。

及下船，舟子喃喃曰：“莫说相公痴，更有痴似相公者。”

注 ① 崇祯五年：公元 1632 年。崇祯：明思宗年号。 ② 金陵：今江苏南京。

张岱的小品可谓名副其实的小品，长者不过千把字，短者仅一二百字，笔墨精练，风神绰约，洋溢着诗的意趣。如果拿诗来作比，颇似唐人绝句。它以隽永见长，寥寥几笔，意在言外，有一唱三叹之致，《湖心亭看雪》就是如此。

开头二句点明时间、地点。张岱文集中凡纪昔年游踪之作，大多标明朝纪年，以示不忘故国。这里标“崇祯五年”，也是如此。“十二月”，正当隆冬多雪之时；“余住西湖”，则点明所居邻西湖。这开头的闲闲二句，却从时、地两个方面不着痕迹地引逗出下文的大雪和湖上看雪。下文“大雪三日，湖中人鸟声俱绝”，紧承开头。只此二句，大雪封湖之状就令人可想，读来如觉寒气逼人。作者妙在不从视觉写大雪，而通过听觉来写。“湖中人鸟声俱绝”，写出大雪后湖山封冻，人、鸟都瑟缩着不敢外出，寒噤得不敢作声，连空气也仿佛冻结了。一个“绝”字，传出冰天雪地、万籁无声的森然寒意。这是高度的写意手法，巧妙地从人的听觉和心理感受上写出了大雪的威严。它使我们联想起唐人柳宗元那首有名的《江雪》诗：“千山鸟飞绝，万径人踪灭。孤舟蓑笠翁，独钓寒江雪。”柳宗元这幅江天大雪图是从视觉着眼的，江天茫茫，人鸟无踪，江雪中独有一位垂钓的渔翁。而张岱笔下则是“人鸟无声”，但这无声却正是人的听觉感受，因而无声中仍有人在。如果说，《江雪》中的“千山鸟飞绝，万径人踪灭”，是为了渲染和衬托寒江独钓的渔翁，那么这里“湖中人鸟声俱绝”，则为下文有人冒寒看雪作映照。

“是日，更定矣，余拏一小舟，拥毳衣炉火，独往湖心亭看雪。”“是日”者，“大雪三日”后，严寒之日也；“更定”者，夜深人静，寒气倍增之时也。“拥毳衣炉火”一句，则以御寒之物反衬寒气砭骨。试想，在“人鸟声俱绝”的冰天雪地里，竟有人夜深出门，“独往湖心亭看雪”，这是一种何等迥绝流俗的孤怀雅兴啊！“独往湖心亭看雪”的“独”字，正不妨与“独钓寒江雪”的“独”字互参。作者那种独抱冰雪之操守和孤高自赏的情调，不是溢于言外了吗？其所以要夜深独往，大约是既不欲人见，也不欲见人；那么，这种孤寂的情怀中，不也蕴含着避世的幽愤吗？

请看作者以何等空灵之笔来写湖中雪景：“雾凇沆砀，天与云、与山、与水，上下一白；湖上影子，惟长堤一痕、湖心亭一点与余舟一芥、舟中人两三粒而已。”这真是一幅水墨模糊的湖山夜雪图！“雾凇沆砀”是形容湖上雪光水气，混濛不分。“天与云、与山、与水，上下一白”，叠用三个“与”字，似觉天、云、山、水一齐活动起来，较之单纯写“天、云、山、水，上下一白”，多了一点意趣。天、云，上也；山、水，下也。这两句生动地写出天空、云层、群山、湖水之间白茫茫浑然难辨的景象。作者先总写一句，犹如摄取了一个“上下皆白”的全景，从看雪来说，很符合第一眼的总感觉、总印象。接着变换视角，化为一个个诗意盎然的特写镜头：“长堤一痕”“湖心亭一点”“余舟一芥”“舟中人两三粒”等等，这是朦胧的画，梦幻般的诗，给人一种似有若无、依稀恍惚之感。作者对数量词的锤炼功夫，不得不使我们惊叹。你看，“上下一白”之“一”字，是形容混茫难辨，使人唯觉其大；而“一痕”“一点”“一芥”之“一”字，则是状其依稀可辨，使人唯觉其小。此真可谓着一“一”字而境界全出矣。同时，由“长堤一痕”到“湖心亭一点”，到“余舟一芥”，到“舟中人两三粒”，其镜头则是从小而更小，直至微乎其微。这“痕”“点”“芥”“粒”等量词，一个小似一个，写出视线的移动，小船的荡漾，景物的变化，着笔空灵，使人浑然不觉。这一段是写景，却又不止于写景；我们从这个混沌一片的冰雪世界中，不难感受到作者那种人生天地间茫茫如“太仓稊米”的深沉感慨。

下面移步换形，又开出一个境界。“独往湖心亭看雪”，却不意亭上已有人先我而至；这意外之笔，写出了作者意外的惊喜，也引起读者意外的惊异。但作者并不说自己惊喜，反写二客“见余大喜”，背面敷粉，反客为主，足见其用笔之夭矫善变。“湖中焉得更有此人！”这一惊叹虽发之于二客，实为作者心声。作者妙在不发一语，而“尽得风流”。二客“拉余同饮”，鼎足而三，颇有幸逢知己之乐。这似乎给冷寂的湖山增添了一分暖色，然而骨子里依然不改其凄清的基调。这有如李白的“举杯邀明月，对影成三人”，不过是一种虚幻的慰藉罢了。“焉得更有”者，正言其人之不可多得。“强饮三大白”，是为了酬谢知己，也为了不负此湖山胜景。“强饮”者，本不能饮，但对此景，当此时，逢此人，却不可不饮。饮罢相别，始“问其姓氏”，却又妙在语焉不详，只说：“是金陵人，客此。”可见这二位湖上知己，原是他乡游子，萍水相逢，后约难期。这一补叙之笔，透露出作者的无限怅惘：茫茫六合，知己难逢，人生如雪泥鸿爪，转眼各复西东。言念及此，岂不怆神！

文章做到这里，也算得神完意足、毫发无憾了。但作者意犹未尽："及下船，舟子喃喃曰：'莫说相公痴，更有痴似相公者。'"读至此，真使人拍案叫绝！前人论词，有点、染之说。这个尾声，可谓融点、染于一体。借舟子之口，点出一个"痴"字；又以相公之"痴"与"痴似相公者"相比较、相浸染，把一个"痴"字写透。所谓"痴似相公"，并非减损相公之"痴"，而是以同调来映衬相公之"痴"。"喃喃"二字，形容舟子自言自语、大惑不解之状，如闻其声，如见其人。这种地方，也正是作者的得意处和感慨处。文情荡漾，余味无穷。（吴战垒）

五人墓碑记　　张　溥

五人者，盖当蓼洲周公①之被逮，激于义而死焉者也。至于今，郡之贤士大夫请于当道②，即除魏阉废祠③之址以葬之，且立石于其墓之门以旌其所为。呜呼，亦盛矣哉！

夫五人之死，去今之墓而葬焉，其为时止十有一月耳。夫十有一月之中，凡富贵之子、慷慨得志之徒，其疾病而死，死而湮没不足道者亦已众矣，况草野之无闻者欤？独五人之皦皦④，何也？

予犹记周公之被逮，在丁卯三月之望。吾社⑤之行为士先者，为之声义，敛赀财以送其行，哭声震动天地。缇骑⑥按剑而前，问："谁为哀者？"众不能堪，抶⑦而仆之。是时以大中丞⑧抚吴者为魏之私人，周公之逮所由使也。吴之民方痛心焉，于是乘其厉声以呵，则噪而相逐。中丞匿于溷藩⑨以免。既而以吴民之乱请于朝，按诛五人，曰颜佩韦、杨念如、马杰、沈扬、周文元，即今之傫然在墓者也。

然五人之当刑也，意气扬扬，呼中丞之名而詈之，谈笑以死。断头置城上，颜色不少变。有贤士大夫发五十金，买五人之脰⑩而函之，卒与尸合。故今之墓中，全乎为五人也。

嗟乎！大阉之乱，缙绅而能不易其志者，四海之大，有几人欤？而五人生于编伍之间，素不闻诗书之训，激昂大义，蹈死不顾，亦曷故哉？且矫诏纷出，钩党之捕遍于天下，卒以吾郡发愤一击，不敢复有株治，大阉亦逡巡畏义，非常之谋难于猝发，待圣人之出而投缳道路[11]，不可谓非五人之力也。

由是观之，则今之高爵显位，一旦抵罪，或脱身以逃，不能容于远近，而又有翦发杜门[12]，佯狂不知所之者，其辱人贱行，视五人之死，轻重固何如哉！是以蓼洲周公忠义暴[13]于朝廷，赠谥美显，荣于身后，而五人亦得以加其土封，列其姓名于大堤之上。凡四方之士，无有不过而拜且泣者，斯固百世之遇也。不然，令五人者保其首领以老于户牖之下，则尽其天年，人皆得以隶使之，安能屈豪杰之流，扼腕墓道，发其志士之悲哉！故予与同社诸君子，哀斯墓之徒有其石也，而为之记，亦以明死生之大，匹夫之有重于社稷也。

贤士大夫者：冏卿因之吴公、太史文起文公、孟长姚公也。

注 ① 蓼（liǎo）洲周公：周顺昌，字景文，号蓼洲，吴县（今江苏苏州）人。明万历进士，曾任福州推官、吏部员外郎。因反对宦官魏忠贤专权，辞官归里。后被捕下狱，死于狱中。 ② 当道：当权者。 ③ 魏阉废祠：已废的苏州魏忠贤生祠。魏忠贤为太监，故贬称魏阉。 ④ 噭（jiào）噭：明亮，这里指显耀。 ⑤ 吾社：指复社。张溥等组织复社，是因为“世教衰，此其复起”，故“名社曰复”。他们以继承东林党为号召，其宗旨是“兴复古学，务为有用”。 ⑥ 缇骑（tí jì）：本为汉代京城中逮捕人犯的人马，这里指明代锦衣卫，当时为魏忠贤所掌握。 ⑦ 抶（chì）：鞭打。 ⑧ 大中丞：原为御史台官职，这里指巡抚。 ⑨ 溷（hùn）：厕所。藩：篱笆。 ⑩ 脰（dòu）：颈，这里指头。 ⑪ 圣人之出：指明思宗朱由检即位。投缳（huán）：上吊。明思宗即位后，贬魏忠贤去凤阳看守皇陵，后又下令将他捉回，魏行至河北阜城，闻讯畏罪自缢而死。 ⑫ 翦发：削发为僧。杜门：闭门不出。 ⑬ 暴（pù）：显露。

鲁迅曾说：“明末的小品虽然比较的颓放，却并非全是吟风弄月。其中有不平，有讽刺，有攻击，有破坏。”（《南腔北调集·小品文的危机》）张溥的《五人墓碑记》，就是明末小品文中有讽刺，有攻击，有歌颂，有战斗锋芒和艺术魅力的优秀作品之一。

这篇文章反映苏州市民的反阉党斗争，体现了“明死生之大，匹夫之有重于社稷”的主题思想，发人深省。

作品所体现的这个主题思想，本身就包含着许多对比的因素：“死”与“生”，当然是对比；有“大”就有“小”，有“重”就有“轻”，有“匹夫”就有“富贵之子、慷慨得志之徒”和“缙绅”以至“高爵显位”，这里都有强烈的对比。

为“五人墓”作“碑记”，当然要写出“五人”是怎样的人。这可以有各种写法。按照“墓志”文的格局，一上来就得叙述他们的姓名、籍贯、世系、行事等等；但张溥却另辟蹊径，只用“五人者，盖当蓼洲周公之被逮，激于义而死焉者也”一句话，对“五人”作了判断性的说明。用“者”提顿，用“也”煞句，“者”“也”照应，这是古汉语中判断句的典型结构。以一个判断句开头，就“五人”为什么而死作出判断，说明“五人”不是为了别的什么而死的，而是当周顺昌“被逮”的时候“激于义而死”的，这里已包含着对“五人”的颂扬。按照作者在篇末点明的主题思想的逻辑，“激于义而死”，“死”的意义就“大”；如此而死，虽“匹夫”也“有重于社稷”。那么与此相对照，那些“不义而生”“不义而死”的，又怎么样呢？对于这些，作者暂时还没有发议论，然而讽刺的锋芒，也已经从对“五人”的颂扬中露出来了。

点出“五人”“激于义而死”，读者满以为该写怎样“激于义而死”了；但作者却按下不表，由“死”写“葬”，由“葬”写“立石”，给读者留下悬念。

写“葬”，写“立石”，用的是叙述句，但并非单纯叙事，而是寓褒于叙。不是由不肖之徒，而是由“贤士大夫”们“除魏阉废祠之址以葬之，且立石于其墓之门以旌其所为”，这不是对“五人”的褒扬吗？所以紧接着，即用“呜呼，亦盛矣哉”这个充满激情的赞颂句收束上文，反跌下文，完成了第一段。

有褒必有贬。第一段虽然只是从正面褒“五人”，但其中已暗含了许多与“五人”相对比的因素，为下文的层层对比留下了伏笔。

第二段，就“富贵之子、慷慨得志之徒”的“死而湮没不足道”与“五人”的死而立碑“以旌其所为”相对比，实际上已揭示出“疾病而死”与“激于义而死”的不同意义。但作者却引而不发，暂时不作这样的结论，而用“何也”一问，使本来已经波澜起伏的文势涌现出轩然大波。

如前所说，在一开头点出“五人”“激于义而死”之后，原可以就势写怎样“激于义而死”。但作者却没有这样做，而是写“墓而葬”，写立碑“以旌其所为”，写在“五人”死后的“十有一月”中无数“富贵之子、慷慨得志之徒”死于疾病，从而在两相对比的基础上提出了一个尖锐问题：凡人皆有死，但一则受到贤者的旌表，死而不朽，一则与草木同腐，“湮没不足道”，这是什么原因呢？在这尖锐的一问使文势振起之后，才作为对这一问的回答，写“五人”怎样“激于义而死”。文情何等曲折，文势何等跌宕！然而这一切，都是为更有力地歌颂“五人”之死蓄势。对“五人”的歌颂越有力，对其对立面的暴露、批判也就越深刻，对表现“明死生之大，匹夫之有重于社稷”的主题也就越有利。

写“五人”之死用了两段文字，但与《明季北略》中的写法很不相同。后者着重叙事，写出了从三月十五日到十八日市民暴动的全过程，极有史料价值。前者叙事中有说明，有描写，而且处处与前面的文字相照应，其目的不在于叙述市民暴动的全过程，而在于通过写“五人”为什么而死，来表扬他们的正义行动。

和全文开头处的“当蓼洲周公之被逮”相照应，这一段从“予犹记周公之被逮”写起。“周公之被逮”，与“五人”之死又有什么关系呢？作者在追述了“缇骑按剑而前，问：‘谁为哀者？’……”的情景之后，告诉读者：“是时以大中丞抚吴者为魏之私人，周公之逮所由使也。吴之民方痛心焉，于是乘其厉声以呵，则噪而相逐。”这就是说：当时以大中丞的官衔做江苏巡抚的毛一鹭是魏忠贤的爪牙，“吴之民”本来就痛恨他；而“周公之被逮”，又正是这个阉党爪牙指使的，所以“吴之民”就更加痛恨他。寥寥数语，表明“周公”与阉党形同冰炭，互不相容；那么两相对比，“周公”是怎样一个人，也就不言而喻了。既然“吴之民”痛恨阉党而同情受阉党迫害的“周公”，那么因阉党逮捕“周公”而激起的这场“民变”的正义性，也就不容歪曲了。正面写市民暴动只有四个字：“噪而相逐”。但由于明确地写出“逐”的对象是“魏之私人”，因而虽然只用了四个字，却已经把反阉党斗争的伟大意义表现出来了。

“吴之民”与“五人”是全体与部分的关系。不单写“五人”，而写包括“五人”在内的“吴之民”“噪而相逐”，这就十分有力地表现出民心所向，正义所在，从而十分有力地反衬出阉党以“吴民之乱”的罪名“按诛五人”的卑鄙无耻，倒行逆施。

在前面，只提“五人”，连“五人”的姓名也没有说。直等到写了“五人”被阉党作为“吴民之乱”的首领被杀害的时候，才一一列举他们的姓名，大书而特书，并用“即今之傫然在墓者也”一句，与首段的“墓而葬”拍合。其表扬之意，溢于言外。

这还不够，接着又用一小段文字描写了“五人”受刑之时“意气扬扬，呼中丞之名而詈之，谈笑以死”的英雄气概和“贤士大夫”买其头颅而函之的义举，然后又回顾首段的“墓而葬”，解释说：“故今之墓中，全乎为五人也。”很明显，这里既歌颂了“五人”，又肯定了“贤士大夫”。而对于“贤士大夫”的肯定，也正是对“五人”的歌颂。

三、四两段写“五人”怎样“激于义而死”，五、六两段则着重写“五人”之死所发生的积极而巨大的社会影响。

第五段是这样开头的：“嗟乎！大阉之乱，缙绅而能不易其志者，四海之大，有几人欤?”这里有几点值得注意：阉党把“乱”的罪名加于“吴民”，作者针锋相对，把“乱”的罪名还给阉党，恢复了历史的本来面目。此其一。“大阉”不过是皇帝的家奴，凭什么能“乱”朝廷、“乱”天下？这固然由于皇帝的宠信，但在很大程度上还由于“缙绅”的助纣为虐。所谓“缙绅”，指的是从中央到地方的大小官僚。在当时，大大小小的各级官僚遍布全国，其总数何止成千上万。作者却以十分感慨的语气指出：“四海之大”，能够在“大阉之乱”中不改其志即不趋炎附势的，并没有几个人！只要翻一下《明史》，就知道这并非夸张。然而这样说，是要得罪成千上万的“缙绅”的。作者不怕树敌，敢于揭露真相，表现了卓越的胆识。此其二。

在“缙绅而能不易其志……”这个句子中，“而”字用于主语和谓语之间，表示一种特殊的转折关系。全句的意思是：作为读书明理的“缙绅”，本来应该在任何情况下都不改变高洁的志操，但在“大阉之乱”中，普天下的无数“缙绅”能不改变高洁的志操的，却竟然没有几个人，岂不令人愤慨！以“嗟乎”开头，以“能有几人欤”煞尾，表现了作者压抑不住的愤慨之情。

“缙绅”如此，那么“匹夫”怎样呢？于是用“而”字一转，转而歌颂“五人”，阐发“匹夫之有重于社稷”的主题。“缙绅”都是“读诗书”“明大义”的，却依附阉党，危害国家，“而五人生于编伍之间，素不闻诗书之训，激昂大义，蹈死不顾，亦曷故哉?”作者从地主阶级立场出发，认为素闻诗书之训的“缙绅”应该比“素不闻诗书之训”的“匹夫”高明，但事实却恰恰相反，因而发出了“亦曷故哉”的疑问。这个疑问，他不可能作出正确的回答。但他敢于承认这个事实，仍然是值得称道的。他不但承认这个事实，而且以“缙绅”助纣为虐、祸国殃民为反衬，揭示了以“五人”为首的市民暴动在打击阉党的嚣张气焰、使之终归覆灭这一方面所起的伟大作用。张溥写道："且矫诏纷出，钩党之捕遍于天下，卒以吾郡发愤一击，不敢复有株治，大阉亦逡巡畏义，非常之谋难于猝发，待圣人之出而投缳道路，不可谓非五人之力也。"把这一切都归功于"吴之民"的"发愤一击"和"五人之力"，他是看出了而且高度评价了人民群众的力量的。

第六段也用对比手法，但以"由是观之"领头，表明它与第五段不是机械的并列关系，而是由此及彼、层层深入的关系。"是"是一个指代词，指代第五段所论述的事实。从第五段所论述的事实看来，仗义而死与苟且偷生，其社会意义判若霄壤。作者以饱含讽刺的笔墨，揭露了"今之高爵显位"为了苟全性命而表现出来的种种"辱人贱行"，提出了一个问题：这种种"辱人贱行"和"五人之死"相比，"轻重固何如哉"？苟且偷生，轻若鸿毛；仗义而死，重于泰山。这自然是作者希望得到的回答。

在作了如上对比之后，作者又从正反两方面论述了"五人"之死所产生的另一种社会效果。从正面说，由于"五人""发愤一击"，"蹈死不顾"而挫败了浊乱天下的邪恶势力，因而"得以加其土封，列其姓名于大堤之上。凡四方之士，无有不过而拜且泣者，斯固百世之遇也"。从反面说，假使"五人者保其首领以老于户牖之下，则尽其天年，人皆得以隶使之，安能屈豪杰之流，扼腕墓道，发其志士之悲哉"！应该指出：这不仅是就"五人"死后所得的光荣方面说的，而且是就"五人"之死在"四方之士""豪杰之流"的精神上所产生的积极影响方面说的。"四方之士""过而拜且泣"，"豪杰之流，扼腕墓道，发其志士之悲"，不正表现了对"五人"同情、仰慕乃至向他们学习的崇高感情吗？而号召人们向"五人"学习，继续跟阉党余孽作斗争，正是作者写这篇文章的目的。所以接下去就明白地告诉读者："予与同社诸君子，哀斯墓之徒有其石也，而为之记，亦以明死生之大，匹夫之有重于社稷也。"

这篇文章题为《五人墓碑记》，歌颂"五人"当然是它的主要内容。但社会是复杂的，事物是互相联系的，要孤立地歌颂"五人"，就很难着笔。张溥在这篇文章中，与"五人"相对比，不仅指斥了阉党，还暴露批判了"富贵之子、慷慨得志之徒"和"缙绅""高爵显位"等等；与"五人"相映衬，不仅赞美了周顺昌，还肯定了"郡之贤士大夫"。正是由于有了这一系列的对比和映衬，才充实了歌颂"五人"的思想内容，加强了歌颂"五人"的艺术力量。

在文章的前一部分，提到“贤士大夫”的共有两处：一处是“郡之贤士大夫请于当道，即除逆阉废祠之址以葬之，且立石于其墓之门以旌其所为”；另一处是“有贤士大夫发五十金，买五人之脰而函之，卒与尸合”。从行文的需要看，在这两处列出“贤士大夫”的姓名，显然不太适宜。但这些“贤士大夫”不仅在对待“五人”的态度上值得称道，而且和写这篇文章也直接相关。没有这些“贤士大夫”买“五人之脰”，为之修墓，为之立碑，哪有可能写这篇《五人墓碑记》呢？所以在文章的结尾，又用特笔补出了“贤士大夫”的姓名。而用特笔补出，既避免了前半篇行文的累赘和重点的分散，又加重了表扬的分量。

古人郑重其事地介绍某一重要人物，往往是连姓、名、字、官衔（或籍贯）一起说出的，其排列的顺序通常是：官衔（或籍贯）、字、姓、名（也有先姓、后名、后字的）。张溥在文章结尾列举三位“贤士大夫”“冏卿因之吴公、太史文起文公、孟长姚公”，其排列顺序就是这样的，只不过称“公”而不称名，更表示了对他们的敬意。这三个人，都是当时江苏著名的有正义感的知识分子。“吴公”名默，字因之，万历时曾做太仆少卿（即“冏卿”），后来回故乡吴江闲居，是阉党的反对派。杨素蕴《过虎丘奠五人墓作》一诗里有“粤（这里是句首语气词）有吴太史（默——原注），题碑表芳踪”的句子；张溥所说的“立石于其墓之门以旌其所为”的，看来就是吴默。“文公”名震孟，字文起，长洲人，著名书画家文徵明的曾孙，天启壬戌第一人及第（即状元），授翰林院修撰，因议论朝政“贬秩调外，斥为民”，著有《药圃诗稿》。“姚公”名希孟，字孟长，万历进士，授翰林院检讨。明代称翰林为“太史”，文震孟和姚希孟都是翰林，故总贯以“太史”的称呼。这两个人，都是反阉党的。阉党官僚崔呈秀编《天鉴录》献魏忠贤，指杨涟、左光斗等近三十人为“东林党”，企图一网打尽；文震孟和姚希孟，就都被列入这个《天鉴录》。

这篇文章夹叙夹议，层层对比，步步深入，前后照应，反复唱叹，熔叙事、议论、描写、抒情于一炉。在结构上，先以洗练的笔墨叙述了“五人”死后贤士大夫为他们修墓、立碑的盛况，接着与此相对照，写了“富贵之子、慷慨得志之徒”的“死而湮没不足道”，从而提出了一个问题：“独五人之皦皦，何也?”这一问，是贯串全篇的主线。它承上而来，又领起以下各段。三、四两段树立“五人”大义凛然、威武不屈的形象，固然是对这一问的回答；五、六两段揭示“五人”之死所发生的社会影响，也是对这一问的回答。正因为以一线贯全篇，所以文笔既活泼、结构又谨严。而作者之所以要用这样的一问作为贯串全篇的主线，又是从有利于表现他确定的主题出发的。回答了“五人”为什么那样“皦皦”的问题，不就自然而然地阐明了“死生之大，匹夫之有重于社稷”的主题吗？

在文学作品中把市民暴动作为打击黑暗势力的正面力量加以反映，把市民暴动的首领作为英雄人物加以赞扬，张溥的《五人墓碑记》具有首创意义。此后，特别在明末清初这一段时间里，同样以苏州市民反阉党斗争为题材，歌颂颜佩韦等五位英雄人物的文艺作品，如李玉的传奇《清忠谱》，朱隗的七古《魏忠贤祠废，其旁为五人墓歌》、杨素蕴的五古《过虎丘奠五人墓作》等等，相继出现，在文学史上增添了新的光彩，很值得注意。（霍松林）

清 文

原 君

黄宗羲

有生之初，人各自私也，人各自利也；天下有公利而莫或兴之，有公害而莫或除之。有人者出，不以一己之利为利，而使天下受其利；不以一己之害为害，而使天下释其害；此其人之勤劳必千万于天下之人。夫以千万倍之勤劳，而己又不享其利，必非天下之人情所欲居也。故古之人君，量而不欲入者，许由、务光①是也；入而又去之者，尧、舜是也；初不欲入而不得去者，禹是也。岂古之人有所异哉？好逸恶劳，亦犹夫人之情也。

后之为人君者不然。以为天下利害之权皆出于我，我以天下之利尽归于己，以天下之害尽归于人，亦无不可；使天下之人，不敢自私，不敢自利，以我之大私为天下之大公。始而惭焉，久而安焉。视天下为莫大之产业，传之子孙，受享无穷；汉高帝所谓“某业所就，孰与仲多”者②，其逐利之情，不觉溢之于辞矣。此无他，古者以天下为主，君为客，凡君之所毕世而经营者，为天下也。今也以君为主，天下为客，凡天下之无地而得安宁者，为君也。是以其未得之也，屠毒天下之肝脑，离散天下之子女，以博我一人之产业，曾不惨然。曰：“我固为子孙创业也。”其既得之也，敲剥天下之骨髓，离散天下之子女，以奉我一人之淫乐，视为当然。曰：“此我产业之花息也。”然则，为天下之大害者，君而已矣。向使无君，人各得自私也，人各得自利也。呜呼！岂设君之道固如是乎？

古者天下之人爱戴其君，比之如父，拟之如天，诚不为过也。今也天下之人怨恶其君，视之如寇仇，名之为独夫，固其所也。而小儒规规焉以君臣之义无所逃于天地之间，至桀、纣之暴，犹谓汤、武不当诛之，而妄传伯夷、叔齐无稽之事③，乃兆人万姓崩溃之血肉，曾不异夫腐鼠。岂天地之大，于兆人万姓之中，独私其一人一姓乎！是故武王圣人也，孟子之言，圣人之言也；后世之君，欲以如父如天之空名，禁人之窥伺者，皆不便于其言，至废孟子而不立[④]，非导源于小儒乎！

虽然，使后之为君者，果能保此产业，传之无穷，亦无怪乎其私之也。既以产业视之，人之欲得产业，谁不如我？摄缄縢，固扃鐍，一人之智力，不能胜天下欲得之者之众，远者数世，近者及身，其血肉之崩溃在其子孙矣。昔人愿世世无生帝王家[⑤]，而毅宗之语公主，亦曰："若何为生我家[⑥]！"痛哉斯言！回思创业时，其欲得天下之心，有不废然摧沮者乎！

是故明乎为君之职分，则唐、虞之世，人人能让，许由、务光非绝尘也；不明乎为君之职分，则市井之间，人人可欲，许由、务光所以旷后世而不闻也。然君之职分难明，以俄顷淫乐不易无穷之悲，虽愚者亦明之矣。

注 ① 许由、务光：传说中的高士。唐尧让天下于许由，许由认为是对自己的侮辱，就隐居箕山中。商汤让天下于务光，务光负石投水而死。 ②"汉高"句：《史记·高祖本纪》载汉高祖刘邦登帝位后，曾对其父说："始大人常以臣无赖，不能治产业，不如仲（其兄刘仲）力，今某之业所就，孰与仲多？" ③ 伯夷、叔齐无稽之事：《史记·伯夷列传》载他俩反对武王伐纣，天下归周之后，又耻食周粟，饿死于首阳山。 ④ 废孟子不立：《孟子·尽心下》中有"民为贵，社稷次之，君为轻"的话，明太祖朱元璋见而下诏废除祭祀孟子。 ⑤"昔人"句：《南史·王敬则传》载南朝宋顺帝刘准被逼出宫，曾发愿："愿后身世世勿复生天王家！" ⑥"而毅宗"三句：毅宗，明崇祯帝，南明初谥思宗，后改毅宗，李自成军攻入北京后，他叹息公主不该生在帝王家，以剑砍长平公主，断左臂，然后自缢。

《原君》是《明夷待访录》的第一篇。这篇文章是继承《孟子》"民为贵，社稷次之，君为轻"的思想而进一步对后世君主专制涂毒生民的最激烈最犀利的鞭挞。全文皆用古今对比、借古伐今的手法来论述，共分五段。

第一段说明古代人君的产生是为天下兴利释害而自己倍受劳苦。用今天的话说是，只为天下人尽义务而毫无私利可享。从这点出发，有的人干脆不愿为君，有的人为了君决不愿一直干下去传之子孙，有的人则是欲罢不能只好硬着头皮干下去。这样，作者就把许由、务光、尧、舜、禹统一到一个观点上："好逸恶劳，亦犹夫人之情也。"在封建社会里有些人把尧、舜视为天生圣人，把"得乎天命而为天子"的话绝对化，进一步把皇帝都称为圣人，皇帝的一切都冠以"圣"字。如此立论，可以说是石破天惊。作者从人君之职分立论，表面上没有把尧、舜抬到高不可攀的地位，好像倒把尧、舜降到凡人；但实质上是讲尧、舜等古代君主的职分就是专门利人而备尝艰苦，以便和后世人君专门利己的行为作对比，以反引下文。

第二段"后之为人君者不然"是总冒，表明和古代背道而驰。下面分几层阐发：从"后之为人君者"到"不觉溢之于辞矣"为一层，痛斥后之人君以天下为自己的产业。"此无他"到"为君也"为第二层，说明古今君民客主倒置，天下罪恶总由君而生。"是以"至"君而已矣"为第三层，具体揭发君主以天下为产业给人民带来的无穷灾难。这一段文章写得痛快淋漓。结语"为天下之大害者，君而已矣"，义正辞严。"向使"以下再从反面补足上文所痛斥的后世之君的罪恶。最后以感叹反诘语气作结，余味不尽。这一段是本篇写得最精彩的部分，虽然在意义上是和第一段对照的，但第一段略一些，这一段描述得详些；第一段只从理论上叙述论证，这一段充满激情，语夹冰霜，大张挞伐，使后世贪残之君无地自容。"为天下之大害者，君而已矣"，虽然《庄子》里讲"圣人不死，大盗不止"，可以看作黄氏此言的滥觞，但黄氏此处的激烈程度，可以说前无古人。这段文字的结构，仍然是多用排比对照的方式，"其未得之也""其既得之也"两处尤为精彩。这一段又处处回应第一段，所以常用"古""今"对说，必须反复体会。

第三段以第一、第二两段为基础，痛斥后世小儒的谬论。根据古今君主对人民态度之不同，说明人民对君主也有爱戴和怨恶两种态度。因为有前两段的具体描述为基础，这里只须简单归纳一下，以下引出对小儒的谬论的批驳。先引小儒的谬论，再以桀、纣为例，表明小儒立论的荒唐。然后肯定武王的行动和《孟子》把桀、纣称之为独夫的理论，引朱元璋的荒唐举动来进一步批驳小儒尊君的谬论。

第四段，"虽然"二字一转，即从第三段的论述进一步写出"以天下为产业"不但残害天下人民，而且也害及自己和子孙。"产业"不能永保，"远者数世，近者及身，其血肉之崩溃在其子孙矣"。这些话是对历史上改朝换代现象的概括，而用血淋淋的字眼极写其危害。"昔人愿世世无生帝王家"，"若何为生我家"，不但表明事实，而且结语充满叹惋之情。

这是因为最后举的是明毅宗（崇祯）的话。黄宗羲曾经为挽救明亡而奔走，又矢志不仕新朝，讲到明朝的覆亡，崇祯临死前亲手砍杀自己的女儿而自缢，多少流露一些故君之思、亡国之痛。所以这段文字用"痛哉斯言"，引到"回思创业时"的心理，如果早知后世如此，真要"废然摧沮"，不欲掠夺君位了。

第五段是全文总结，分两大层。第一层是两个排比句，"明乎为君之职分"一句总结第一段，"不明乎为君之职分"一句收束二、三、四段而仍回应第一段。这两句都离不开"许由、务光"，这是针对争君位的现象对症下药。"然"字一转为第二层，"君之职分难明"对上一层的第一句话说的，"以俄顷淫乐"至末，针对第四段"血肉崩溃"那些话说的，要人君清醒，衡量一下利害，那么连笨伯也会算这笔账的，也就知道君之职分不像后世那样视天下为自己淫乐的产业。前面论述把天下当产业的危害已经很充分，所以这一句说得比较概括，使人想起"回思创业时，其欲得天下之心，有不废然摧沮者乎"。没有利天下之心，就不必为君；为君就是要为天下思利除害而不能贪图享受。这就是本文的结论。

这篇文章在抨击后世君主之罪恶方面，比《孟子》上"独夫"的指斥还要激烈得多。这是对民主思想（"天下为主君为客"）的最具体的阐发，可以说是前无古人。他有另一篇《原臣》，可以合看，见到黄宗羲在当时条件下对社会政治的深刻剖析和真知灼见。写这类文章以明白条畅为主，使人易懂。这篇文章采用对比的方式说理，又在必要的地方作一些形象化的描述，既说明道理，又充满激情，在议论文中实不可多得。（周本淳）

复庵记　　顾炎武

旧中涓范君养民[①]，以崇祯十七年夏，自京师徒步入华山为黄冠。数年，始克结庐于西峰之左，名曰复庵。华下之贤士大夫多与之游，环山之人皆信而礼之。而范君固非方士者流也。

幼而读书，好《楚辞》；诸子及经史多所涉猎。为东宫[②]伴读。

方李自成之挟东宫二王以出也，范君知其必且西奔，于是弃其家走之关中，将尽厥职焉。乃东宫不知所之，而范君为黄冠矣。

太华之山，悬崖之巅，有松可荫，有地可蔬，有泉可汲，不税于官，不隶于宫观之籍。华下之人或助之材，以创是庵而居之。有屋三楹，东向以迎日出。

余尝一宿其庵。开户而望，大河之东，雷首之山[3]苍然突兀，伯夷叔齐之所采薇而饿者，若揖让乎其间，固范君之所慕而为之者也。自是而东，则汾之一曲，绵上之山出没于云烟之表，如将见之，介子推之从晋公子，既反国而隐焉，又范君之所有志而不遂者也。又自是而东，太行、碣石之间，宫阙山陵之所在，去之茫茫，而极望之不可见矣，相与泫然。

作此记，留之山中。后之君子登斯山者，无忘范君之志也。

注 ① 旧：指明朝。中涓：内侍太监，主持宫中清洁扫除。 ② 东宫：太子所居之宫，这里指太子。 ③ 雷首之山：雷首山，在山西永济市西南。此山西起雷首山，东至吴坂，绵亘数百里。随地而异名，有中条山、历山、首阳山等称。

复庵是明朝遗民范养民在华山西峰左面的住处。范养民在自己房子的门楣上大书“复庵”二字，正是他匡复故明之心不死的见证。顾炎武之记复庵，希望后来人“无忘范君之志”，正是这个“复”字引起了他的共鸣，表明自己不失为一个与范氏心曲相通的知音。所以《复庵记》与其说是记复庵，倒不如说是为了颂扬复庵主人的爱国精神。

关于《复庵记》的结构，一般分为三个自然段，第一段写范养民创建复庵的始末，第二、三段写复庵环境并抒发忠于明室的思想感情。这固然不失为一种分法。但我们在玩绎全文以后认为，如果把本篇分为一纲四目，即纲与目两大部分共五个自然段再加一结尾，或许更有助于理解全文的思想脉络。

一纲是指从开篇至“而范君固非方士者流也”。在这总纲中，先点题；题目既是“复庵记”，便要记复庵的结庐时间、地点及其创建者范养民。在时间、地点和人物中，人物是作者记叙的中心，因而先交代了范养民的官职为明朝的内侍太监。又说他于崇祯十七年，即明亡的1644年，从京师北京徒步入华山当了道士。何以故？没有立刻交代，却埋下了伏笔。过了“数年”，方始在华山的“西峰之左”盖了房子，取名叫“复庵”。至于为什么要经过“数年”之久方始结庐，偌大一个华山为什么偏偏要选择“西峰之左”这样一个地点，又为什么要起名为“复庵”，这些都藏而不露，给读者留下了悬念。接着又说：“华下之贤士大夫多与之游，环山之人皆信而礼之。”用烘云托月的手法从侧面写人们对范君的仰慕。仰慕之人既“贤”且多（“环山之人”），足见范君之不凡，从而自然带出总纲的末一句：“而范君固非方士者流也。”这一句承上启下，是纲与目的纽带，既与篇首写人的笔墨相呼应，并总括了第一段，同时又引起下文进一步写出范养民的经历及其思想感情。

“纲举目张”。以下四段便围绕总纲次第展开。

第二段承总纲的“旧中涓范君养民”一句而来，采用回叙的方法，介绍范养民原为太子伴读，读过许多书，尤其爱好洋溢着爱国思想的楚辞，既可从中看出其学识之广博，又可悟出其忠君报国思想之渊源所自。

第三段承总纲的第二句“以崇祯十七年夏，自京师徒步入华山为黄冠”而来，使总纲中埋下的这一伏笔得到显现；同时又在上一段揭示范养民忠君报国思想渊源的基础上剥进一层，写出他忠君报国的具体行动。范养民知道李自成将挟持东宫二王向西败走，便弃家赶到关中，希望有朝一日仍能尽到自己作为中涓的职守，但因二王下落不明，便出家当了道士。

第四段承总纲的第三句“数年，始克结庐于西峰之左，名曰复庵”而来。太华为华山的主峰。作者用三个“有”字和两个“不”字领起的两组排比句，分别写出了范养民及其复庵所处的自然环境与政治环境。自然环境是优美的（“有松可荫”），可以自给自足（“有地可蔬，有泉可汲”）；政治环境既可“不税于官”，摆脱清廷的剥削，又可“不隶于宫观之籍”，不像一般寺庙那样要入于地方官吏的簿籍受到管束。行文至此，“复庵记”之“庵”字已经豁然在目，而“复”字之意虽已略露端倪，但尚未和盘托出。

第五段承总纲最后一句“而范君固非方士者流也”而来，是“复庵记”的重心所在。从行文看，前面数段都是作者客观的叙述，作者似置身于庵外；而此段劈头一句“余尝一宿其庵”，作者已入复庵之中，向读者娓娓地讲述自己的所见所感，令人更觉亲切可信。“开户而望”是全段之眼，在富于动感的这四个字的统领下，三个富于寓意的境界在望中由近及远地逐一展现：首先见到的是大河之东的雷首之山。它那“苍然突兀”的高大形象令人神思飞越。商朝末年的臣子伯夷、叔齐为了表明自己忠于故商的气节，不食周粟，宁可在山中采薇充饥以致饿死。如今似乎还能望见他们活在山中，彼此正谦让着作揖相见。作者指出，这确实是“范君之所慕而为之者也”。从雷首之山再向东望去，仿佛见到在汾水拐弯处的出没于云烟之外的绵上之山，当年介子推帮助晋公子重耳复国，回国后被遗忘，未受封赏，隐居在这山中。作者指出，效法介子推，这是“范君之所有志而不遂者也”。范养民有复明灭清之志，这一点可以追踪介子推，但可叹者，不能像介子推那样功成而隐。最后，从绵上之山再向东望去，则是太行山与碣石山之间的明代故都所在，明王朝当年的宫殿、明代皇帝陵寝都在那里。然而，“去之茫茫，而极望之不可见矣”。对于有着亡国之痛的臣子说来，故都的宫阙山陵比之于雷首之山与绵上之山，关系更为密切；爱而不见，作者与范君自不免要“相与泫然”了。

这一段所写的三个层次都以“望”字统领，但其内涵有所不同：第一层，雷首之山是可以望见的，写伯夷、叔齐是范君所仰慕和师法的；第二层，绵上之山，如将见之，显然望不见，写介子推之志，范君虽有而无法实现；第三层，宫阙山陵，去之茫茫而极望之不可见，象征着范君（并作者）复明之志虽存，但希望却更为渺茫。行文至此，“复庵记”的“复”字像电影中的大特写镜头一样清晰地呈现在读者的眼前。读者恍然大悟，历数年之久，方始选定在华山的“西峰之左”创建的“东向以迎日出”的“复庵”，原来是如此深寓着范君思念故国、复明灭清的良苦用心的。

作为一纲四目的总结的，是篇末的这几句话：“作此记，留之山中。后之君子登斯山者，无忘范君之志也。”点明《复庵记》的写作意图是要激励后来者发扬爱国主义的精神。顾炎武曾以“苍龙”、“老树”自喻：“苍龙日暮还行雨，老树春深更著花”（《又酬傅处士次韵》），表明自己爱国之心至死不渝。但是，反清斗争的失败，加之他渐趋年迈，因而只好把复明灭清的希望寄托在后辈身上，写下了这篇《复庵记》以激励后世之人的爱国感情。结尾这几句话使“复庵记”的“复”字含义更深一层，从自身推向后辈，从眼前推向将来，使全文在句绝处荡开一个又一个涟漪。

在艺术上，《复庵记》充分体现了顾炎武散文纯朴浑厚的风格特点。值得注意的是：

第一，将自然环境、地理位置与历史典实结合，于微尘中转大法轮，于尺幅之中展现千里之势。历来的“记”，大多就事论事，多作实录之笔而少有寓意，如记述居处的方位就只是记述方位而已。但此文不同，写复庵，先说其地理位置在华山“西峰之左”，之后又重申“东向以迎日出”。接着，紧承“东向”而来，先写大河之东的首阳山，次写“自是而东”

的绵上之山，再写“又自是而东”的太行、碣石之间的宫阙山陵。作者通过复庵的东向，由地理位置引出历史典实，把读者的视线聚集到伯夷、叔齐、介子推及明代的宫阙山陵上，从而使读者的空间想象与时间想象融成一片。作者的爱国激情像是触媒剂一样，将历史与地理、时间与空间熔铸成了一个艺术整体。因此，一个向东的小小的复庵，竟然能载着读者飞越空间与时间的长河，升腾到爱国主义的崇高的精神境界。

第二，记叙、抒情与议论的结合，是《复庵记》在艺术上的又一特点。《复庵记》属于记事体，但是，如果没有抒情与议论，很难设想会如此牵动读者的情感。如果说，前四段主要是叙事，那么第五段则主要是抒情与议论；前四段是实写，第五段则主要是虚写；如果把前四段比喻为全篇的形体，那么第五段就是灵魂。第五段借助一个“望”字得以窥见范养民内心深处的隐秘，同时作者又把自己的亡国之痛与复明之志顺势带出。一个“望”字把空间联想与历史联想结合起来，使几个时代不同的历史典实与甚至望不见的空间熔铸在一个画面上，突破了时空的限制，使读者视通万里，思接千载。可见，作者思念故国之情达到了何等感人的地步，终于推到“相与泫然”的最高点。“相与泫然”，作者与范养民的感情已经完全交融在一起，真可谓高山流水有知音了。读到这里，读者也不能不被其亡国之痛所深深打动。

从顾炎武的文学观点看，他力主文须有益于天下，诗须以言志为本，诗文的宗旨在于起衰救颓，而非哗世取宠。明末清初，士大夫改仕清朝，丧失民族气节。顾炎武对此深恶痛绝，曾提出“行己有耻”的口号，斥士大夫的无耻为“国耻”。由此，不难理解顾炎武为什么要作《复庵记》以极力称颂范养民的志节。顾炎武力倡天下兴亡，匹夫有责，这种民族的责任感和爱国主义精神激励着不少有志之士。但是也应该看到顾炎武的历史局限和阶级局限，他的爱国思想、民族气节是与封建的伦理道德观念杂然相陈的。《复庵记》的主导思想倾向尽管值得珍惜，但其中表现出的忠君思想则是应该加以扬弃的。（陈志明　常文昌）

马伶传　　侯方域

马伶者，金陵梨园部也[①]。金陵为明之留都[②]，社稷百官皆在；而又当太平盛时，人易为乐。其士女之问桃叶渡[3]、游雨华台者[4]，趾相错也。梨园以技鸣者，无虑数十辈，而其最著者二：曰兴化部，曰华林部。

一日，新安贾[5]合两部为大会，遍征金陵之贵客文人，与夫妖姬静女，莫不毕集。列兴化于东肆，华林于西肆，两肆皆奏《鸣凤》——所谓椒山先生[6]者。迨半奏，引商刻羽，抗坠疾徐，并称善也。当两相国论河套[7]，而西肆之为严嵩相国者曰李伶，东肆则马伶。坐客乃西顾而叹，或大呼命酒，或移坐更近之，首不复东。未几更进，则东肆不复能终曲。询其故，盖马伶耻出李伶下，已易衣遁矣。

马伶者，金陵之善歌者也。既去，而兴化部又不肯辄以易之，乃竟辍其技不奏，而华林部独著。去后且三年，而马伶归，遍告其故侣，请于新安贾曰："今日幸为开宴，招前日宾客，愿与华林部更奏《鸣凤》，奉一日欢。"既奏，已而论河套，马伶复为严嵩相国以出，李伶忽失声，匍匐前[8]，称弟子。兴化部是日遂凌出华林部远甚。其夜，华林部过马伶曰："子，天下之善技也，然无以易李伶。李伶之为严相国，至矣，子又安从授之而掩其上哉？"马伶曰："固然，天下无以易李伶，李伶即又不肯授我。我闻今相国昆山顾秉谦[9]者，严相国俦也。我走京师，求为其门卒三年，日侍昆山相国于朝房，察其举止，聆其语言，久乃得之。此吾之所为师也。"华林部相与罗拜而去。

马伶名锦，字云将，其先西域人，当时称为马回回云。

侯方域曰：异哉，马伶之自得师也！夫其以李伶为绝技，无所干求，乃走事昆山，见昆山犹之见分宜[10]也。以分宜教分宜，安得不工哉！呜呼！耻其技之不若，而去数千里，为卒三年。倘三年犹不得，即犹不归尔。其志如此，技之工又须问耶？

注 ① 金陵：古地名，今江苏南京。梨园部：指戏班。梨园是唐玄宗时在皇宫中教练歌舞艺人的地方。唐代宫廷乐舞有两大类别：坐部伎和立部伎。坐部伎在堂上表演。立部伎在堂下表演。在梨园教练的为坐部伎。后世也称戏班为"梨园部"或"梨园"。 ② 留都：古代王朝迁都后，常在旧都置官留守，称留都。③ 桃叶渡：南京的名胜之地。 ④ 雨华台：即雨花台，南京的名胜之地。 ⑤ 新安：隋、唐时郡名，其辖境大致相当于后来的徽州（包括今安徽歙县等地）。新安贾指徽州商人。 ⑥《鸣凤》：指《鸣凤记》，明代戏曲剧本名，演杨继盛与明代奸相严嵩斗争、被害及昭雪的故事。椒山先生即指杨继盛。 ⑦ 两相国论河套：指《鸣凤记》所演奸相严嵩与另一宰相夏言争论应否恢复河套的事。河套，指今内蒙古自治区和宁夏回族自治区境内贺兰山以东、狼山和大青山南、黄河沿岸的地区。⑧ 匍匐前：伏地前行。 ⑨ 顾秉谦：昆山（今属江苏）人，万历二十三年（1544）进士，历任文渊阁大学士、建极殿大学士，晋少师。谄附魏忠贤，陷害杨涟、左光斗等。《明史》入《阉党传》。 ⑩ 分宜：指严嵩。严嵩为江西分宜人。

侯方域是清初散文的代表作家，与魏禧、汪琬并称“清初三家”。他资质近苏轼，书信、人物传记都有佳制，其中以《马伶传》的艺术成就最为突出。

《马伶传》篇幅短小，但结构安排上却独具匠心。全文极为紧凑，先概括地介绍人物身份及背景，随即跳跃到金陵兴化、华林两部的角技及马伶的失败。马伶戏未终场而遁走，他能否东山再起呢？未容读者悬想他此后的行动，作者的笔锋已转到三年后马伶归来，在新的一番高下较量中大获全胜。至此，又使读者产生了这三年中马伶如何能够演技大进的悬念。通过这样层层蓄势，作者才在最后阐明其获胜的原因，理至此而大明。马伶之败与其转败为胜，皆为此段之铺垫。包世臣在《艺舟双楫·文谱》中说：“文势之振，在于用逆；文势之厚，在于用顺。”这篇文章即是用逆来振起文势的。试想，假如按时间的顺序在马伶失败后，接着写他如何在顾秉谦门下为卒三年，再写他归来获胜，则文章势必结构松懈，索然无味。用“逆”固然巧妙，而此文尤为巧妙之处在于“逆”中有“顺”。对于马伶这三年中的经过，作者没有进行呆板的叙述，而是借华林部伶人拜访马伶时由其亲口道出，所选择的叙事角度极为高明。从事情发生的时间来看，其夜华林部过访是“顺”，而马伶所说之事则是“逆”，“逆”中有“顺”，使得文气非常自然。千锤百炼而又自然无痕，于此可见作者的艺术功力。

文章写马伶，只集中笔墨记叙马伶“去数千里，为卒三年”而学艺之奇事，写学艺之奇事，又先写两次角技，从而收到耸动耳目的效果。

作者选择了一个十分具有竞争性的场面来渲染这次角技的紧张性。首先从观众着墨，金陵的贵客文人、妖姬静女被“遍征”，并且“莫不毕集”，其场面之盛可以想见。而两部又同时演出《鸣凤记》，同样的内容使观众更能比较出两部技艺的高低，这反映出两部各不相下的竞争心理。从观众及剧目两方面，将这次角技的气氛渲染得淋漓尽致。以下则描写两部角技的过程及胜败，演唱到一半时，尚未能分出高下，但当演到奸相严嵩出场与夏言辩论是否恢复河套失地这一场时，扮演严嵩的兴华部的马伶明显地逊于华林部的李伶，两部的高低于此判然。作者在此没有正面描写马伶的技艺如何不如李伶，而是借观众反应来侧面点染："坐客乃西顾而叹，或大呼命酒，或移坐更近之，首不复东。"以观众对西肆的叹赏来反衬东肆马伶的失败，文思巧妙。马伶戏未终场而遁走，为下文的转败为胜伏下一笔。

将近三年之后，马伶又回到金陵兴化部，在同样的盛会上，两部又同演《鸣凤记》，又演到了河套一场，然而，这次的结果却与三年前大不相同，马伶以精湛的技艺使李伶折服，兴化部的声誉远远超过了华林部。文章笔墨简练而有变化，以李伶的"失声""匍匐前，称弟子"来写马伶演技之高，与前段同中有异。两段相较，繁简有致，同样的内容而不见重复，体现出作者文笔腾挪之巧妙。

侯方域通过对这一事迹的详细记叙，使马伶的形象栩栩如生，使马伶的性格充分凸显出来。但若仅如此，犹未能称为上乘，这类文章更重要的是要因事见理，如柳宗元的《种树郭橐驼传》，通过郭橐驼的善于种树来说明要循物自然之性的道理。《马伶传》则通过马伶"去数千里，为卒三年"的事迹来阐明艺术来源于生活及苦学必有成的道理。马伶的行事出人意表，其中蕴含着深刻的生活哲理。通过作者叙述，这个"理"昭然显现在读者面前。

这篇文章还有暗寓褒贬之妙。对于当朝的宰相顾秉谦，作者说他"严相国俦也"，"见昆山犹之见分宜也"。严嵩是万人唾骂的大奸臣，将顾秉谦与之相提并论，是含有贬斥的深意的。作者行文微婉，借马伶之事而对顾秉谦进行了侧面的抨击，深谙史家之"春秋笔法"。

《四库全书总目》评论侯方域，说他"涉于浮夸"，吴德旋《初月楼古文绪论》说"惜其文不讲法度，且多唐人小说气"。从这篇文章看来，超乎法度的法度，对主要事件的夸饰、渲染以及小说家手法的运用，正是其成功之处，用来说明侯方域文章的特点是恰切的。（李修生　李　鸣）

论梁元帝读书　　王夫之

江陵陷，元帝焚古今图书十四万卷。或问之，答曰："读书万卷，犹有今日，故焚之。”未有不恶其不悔不仁而归咎于读书者，曰：“书何负于帝哉?”此非知读书者之言也。帝之自取灭亡，非读书之故，而抑未尝非读书之故也。取帝之所撰著而观之，搜索骈丽，攒集影迹，以夸博记者，非破万卷而不能。于其时也，君父悬命于逆贼，宗社垂丝于割裂；而晨览夕披，疲役于此，义不能振，机不能乘，则与六博投琼[①]、耽酒渔色也，又何以异哉？夫人心一有所倚，则圣贤之训典，足以锢志气于寻行数墨之中，得纤曲而忘大义，迷影迹而失微言，且为大惑之资也，况百家小道，取青妃白[②]之区区者乎？

呜呼！岂徒元帝之不仁，而读书止以导淫哉？宋末胡元之世，名为儒者，与闻格物之正训，而不念格之也将以何为。数《五经》《语》《孟》文字之多少而总记之，辨章句合离呼应之形声而比拟之，饱食终日，以役役于无益之较订，而发为文章，侈筋脉排偶以为工，于身心何与耶？于伦物[③]何与耶？于政教何与耶？自以为密而傲人之疏，自以为专而傲人之散，自以为勤而傲人之惰，若此者，非色取不疑之不仁[④]，好行小慧之不知[⑤]哉？其穷也，以教而锢人之子弟；其达也，以执而误人之国家；则亦与元帝之兵临城下而讲《老子》[⑥]，黄潜善之虏骑渡江而参圆悟者奚别哉[⑦]？抑与萧宝卷、陈叔宝之酣歌恒舞，白刃垂头而不觉者[⑧]，又奚别哉？故程子斥谢上蔡之玩物丧志[⑨]，有所玩者，未有不丧者也。梁元、隋炀、陈后主、宋徽宗皆读书者也[⑩]，宋末胡元之小儒亦读书者也，其迷均也。

或曰：“读先圣先儒之书，非雕虫之比，固不失为君子也。”夫先圣先儒之书，岂浮屠氏之言，书写读诵而有功德者乎？读其书，察其迹，析其字句，遂自命为君子，无怪乎为良知之说者起而斥之也。乃为良知之说，迷于其所谓良知，以刻画而仿佛者，其害尤烈也。

夫读书将以何为哉？辨其大义，以立修己治人之体也；察其微言，以善精义入神之用也。乃善读者有得于心而正之以书者鲜矣，下此而如太子弘之读《春秋》[⑪]而不忍卒读者鲜矣，下此而如穆姜[⑫]之于《易》，能自反而知愧者鲜矣。不规其大，不研其精，不审其时，且有如汉儒之以《公羊》废大伦[⑬]，王莽之以讥二名待匈奴[⑭]，王安石以国服赋青苗者，经且为蠹[⑮]，而史尤勿论已。读汉高之诛韩、彭而乱萌消[⑯]，则杀亲贤者益其忮毒；读光武之易太子而国本定，则丧元良者启其偏私[17]；读张良之辟谷以全身，则炉火彼家之术进[18]；读丙吉之杀人而不问[19]，则怠荒废事之陋成。无高明之量以持其大体，无斟酌之权以审于独知，则读书万卷，止以导迷，顾不如不学无术者之尚全其朴也。

故子曰："吾十有五而志于学[20]。"志定而学乃益，未闻无志而以学为志者也。以学而游移其志，异端邪说，流俗之传闻，淫曼之小慧，大以蚀其心思，而小以荒其日月，元帝所为至死而不悟者也。恶得不归咎于万卷之涉猎乎？儒者之徒，而效其卑陋，可勿警哉？

注 ① 六博：古代博戏名。共十二棋，六黑六白，两人相博，每人六棋，故名。投琼：即掷骰子。 ② 取青妃（pèi）白：或云"妃青俪白"，比喻卖弄文字技巧。 ③ 伦物：人伦物理。 ④ 色取不疑之不仁：语本于《论语·颜渊》："色取仁而行违，居之不疑。"意为表面上似乎爱好仁德，实际行为却不如此，可是自己竟以仁人自居而不加疑惑。见杨伯峻《论语译注》。 ⑤ 好行小慧：《论语·卫灵公》："群居终日，言不及义，好行小慧，难矣哉！"好行小慧，喜欢卖弄小聪明。不知：同"不智"。 ⑥ 元帝之兵临城下而讲《老子》：《梁书·元帝纪》："（承圣三年）九月辛卯，世祖（即元帝）于龙光殿述《老子》义，尚书左仆射王褒为执经。乙巳，魏遣其柱国万纽于谨率大众来寇。冬十月丙寅，魏军至于襄阳，萧督率众会之。丁卯停讲，内外戒严。" ⑦"黄潜善"句：黄潜善，宋高宗南渡时宰相。虏骑渡江而参圆悟，《宋史·黄潜善传》："郓、濮相继陷没，宿、泗屡警，右丞许景衡以扈卫单弱，请帝避其锋，潜善以为不足虑，率同列听浮屠克勤说法。"浮屠，佛教徒。克勤，北宋末南宋初僧人，高宗建炎元年住持金山寺，适高宗于十月至扬州，入对，赐号圆悟禅师，绍兴五年逝世。见《五灯会元》卷十九《昭觉克勤禅师》条。 ⑧"抑与"二句：萧宝卷，即南朝齐东昏侯，荒淫无度，梁兵围京城甚急，犹在含德殿吹笙歌作《女儿子》。是夜卧未熟，为部下所杀。陈叔宝，即陈后主。在位时盛修宫室，无时休止，君臣酣饮，从夕达旦，以此为常。宠幸贵妃张丽华。隋兵临江，犹奏伎纵酒，作诗不辍。后与贵妃逃于井中，被俘。 ⑨ 程子斥谢上蔡玩物丧志：程子，即程颢，字伯淳，学者称明道先生，北宋理学家。谢上蔡，名良佐，字显道，上蔡（今属河南）人，程门弟子，学者称上蔡先生。《宋元学案》卷十四《明道学案下》："《程氏遗书》曰："良佐昔录五经语作一册，伯淳见之，谓曰'玩物丧志'。" ⑩"梁元"句：梁元，梁元帝萧绎，嗜读书，藏书十四万卷。隋炀，即隋炀帝杨广。《资治通鉴》卷一八二："帝好读书著述。……初，西京嘉则殿有书三十七万卷，帝命秘书监柳顾言等铨次，除其复重猥杂，得正御本三万七千余卷，纳于东都修文殿；又写五十副本，简为三品，分置西京、东都、宫省官府。其正书，皆装翦华净，宝轴锦褾。于观文殿前为书室十四间……帝幸书室，户扉及厨扉皆自启。"陈后主，陈叔宝。魏徵称"后主每引宾客，对贵妃等游宴，则使诸贵人及女学士，与狎客共赋新诗，互相赠答，采其尤艳丽者以为曲词，被以新声”。宋徽宗，赵佶，不仅工书善画，而且知乐能词。 ⑪ 太子弘之读《春秋》:《新唐书·三宗诸子传》:“孝敬皇帝弘，显庆元年立为皇太子。受《春秋左氏》于率更令郭瑜，至楚世子商臣弑其君，喟而废卷曰：‘圣人垂训，何书此耶?’瑜曰：‘孔子作《春秋》，善恶必书，褒善以劝，贬恶以诫，故商臣之罪，虽千载犹不得灭。’弘曰：‘然所不忍闻，愿读他书。’”弘为高宗子，武后所生，上元二年从幸合璧宫，遇鸩死，年二十四，谥为孝敬皇帝。 ⑫ 穆姜：春秋时鲁宣公夫人，鲁成公之母。穆姜和叔孙侨如私通，想驱逐鲁国执政季文子、孟献子而占其家财，又想废掉成公而立其庶弟。成公死，子襄公立，将其迁于东宫。曾命卜史占卦，得《艮》之《随》，有出走之象，卜史劝其速出，可以免。但她认为“有四德者，《随》而无咎。我皆无之，岂《随》也哉？我则取恶，能无咎乎？必死于此，弗得出矣”。后遂死于东宫。见《左传·襄公九年》。 ⑬ 汉儒之以公羊废大伦:《后汉书·光武帝纪》:“（建武十七年）废皇后郭氏为中山太后，立贵人阴氏为皇后。（十八年）诏曰：‘《春秋》之义，立子以贵。东海王阳，皇后之子，宜承大统。皇太子彊，崇执谦退，愿备藩国，父子之情，重久违之。其以彊为东海王，立阳为皇太子，改名庄。’”（刘）庄即是后来的汉明帝。所谓“《春秋》之义，立子以贵”，说见于《公羊传》。《公羊传·隐公元年》:“立嫡以长不以贤，立子以贵不以长。桓（鲁桓公）何以贵？母贵也。母贵则子何以贵？子以母贵，母以子贵。”汉光武将原皇太子刘彊降为藩王，而立刘庄为皇太子，以其母贵为皇后之故，即依循《公羊传》中“立子以贵”之义。大伦，《孟子·滕文公上》:“教以人伦：父子有亲，君臣有义，夫妇有别，长幼有叙，朋友有信。”又《论语·微子》:“子路曰：‘不仕无义。长幼之节，不可废也；君臣之义，如之何其废之？欲洁其身，而乱大伦。’”知“大伦”即是“人伦”。 ⑭ 王莽之以讥二名待匈奴:《汉书·匈奴传》:“莽奏令中国不得有二名（两个字的名），因使使者以讽单于，宜上书慕化为一名，汉必加厚赏。单于从之，上书言：‘幸得备藩臣，窃乐太平圣制。臣故名囊知牙斯，今谨更名曰知。’莽大悦。”案《公羊传·定公六年》:“季孙斯、仲孙忌帅师围运（地名，同“郓”）。此仲孙何忌也，曷为谓之仲孙忌？讥二名。二名，非礼也。”此为本文“讥二名”之所本。讥，谴责，非议。 ⑮“王安石以国服”二句:《周礼·地官司徒·泉府》:“凡民之贷者，与其有司辨而授之，以国服为之息，凡国之财用取具焉。岁终，则会其出入而纳其余。”国服，原为一地区所出产品之意。王安石用此经文推行青苗法。《宋史·王安石传》:“青苗法者，以常平籴本作青苗钱，散与人户，令出息二分，春散秋敛。”苏辙《再论青苗状》所云“熙宁之初，王安石、吕惠卿用事，首建青苗之法，其实放债取利，而妄引《周官·泉府》之言，以文饰其事”，即指此事。经且为蠹：言以上汉儒、王莽、王安石之妄用经义，犹如蠹鱼之蛀蚀经文。 ⑯ 汉高：汉高祖刘邦。韩：韩信。彭：彭越。 ⑰“读光武”二句：光武易太子而国本定，即汉光武帝废太子刘彊，另立刘庄为太子事，见注⑬。元良，《礼记·文王世子》:“一有元良，万国以贞，世子之谓也。”后因以元良为太子之代称。 ⑱“读张良”二句：张良辟谷以全身事载《史记·留侯世家》:“留侯曰：‘愿弃人间事，欲从赤松子游耳。’乃学辟谷，道引轻身。”辟谷，不食五谷；及行道引之术，古人以为可以长生。炉火，指道家烧丹炼汞之术。彼家，儒家指佛、道为彼家。 ⑲ 丙吉之杀人而不问：《汉书·丙吉传》："吉又尝出，逢清道，群斗者死伤横道，吉过之不问。掾史独怪之。吉前行，逢人逐牛，牛喘吐舌。吉止驻，使骑吏问：'逐牛行几里矣？'掾史独谓丞相前后失问。或以讥吉，吉曰：'民斗相杀伤，长安令、京兆尹职所当禁备逐捕……宰相不亲小事，非所当于道路问也。方春少阳用事，未可大热，恐牛近行用暑故喘，此时气失节，恐有所伤害也。三公典调和阴阳，职当忧，是以问之。'掾史乃服，以吉知大体。" ⑳ 吾十有五而志于学：语见《论语·为政》。

这篇文章选自王夫之的笔记《读通鉴论》。它针对梁元帝始则沉迷书籍，继则尽行焚烧，最后身死国灭这一段有名的史实，进行了深邃的反思，指出读书既不能"玩物丧志"，更不能不知鉴别导向错误，而要有"高明之量"和"斟酌之权"，以有益于身心和社会之用，表现了作者在读书问题上的卓识高见。

梁元帝即萧绎（508—554），字世诚，武帝萧衍的第七子，公元552年即位于江陵（今属湖北）。据《资治通鉴·梁纪二十一》记载：他"性好书，常令左右读书，昼夜不绝。虽熟睡，卷犹不释；或差误及欺之，帝辄惊寤。作文章，援笔立就。常言：'我韬于文士，愧于武夫。'论者以为然。"喜为诗赋，风格轻靡绮艳。承圣三年（554）十一月西魏围攻江陵，危在旦夕，他在晚上巡城时，"犹口占为诗，群臣亦有和者"。城陷，"帝入东阁竹殿，命舍人高善宝焚古今图书十四万卷。将自赴火，宫人左右共止之。又以宝剑斫柱令折，叹曰：'文武之道，今夜尽矣！'"遂降西魏。"或问：'何意焚书？'帝曰：'读书万卷，犹有今日，故焚之。'"十二月为西魏所杀。对于梁元帝如此丧心病狂地焚毁古今图书，造成中华文化重大损失的罪恶行径，历史上不少有识之士已经进行过严厉的谴责。

王夫之在这篇文章中，没有再从谴责焚书方面立论，而是透过一层，从读书的根本方法方面落墨，对梁元帝进行了深入的剖析，推求败亡之由，更为发人深思。全文大致可以分为三层意思。第一、二段为第一层，着重说明读书沉迷于舍本逐末、只讲求文字技巧的"词章之学"，"搜索骈丽，攒集影迹，以夸博记"，是属于"玩物丧志"。作者先点出梁元帝焚书之事，由此引出"读书"问题，作为立论基础。接着针对"书何负于帝哉"的"非知读书者之言"，着重指出"帝之自取灭亡，非读书之故，而抑未尝非读书之故也"。意思是说，梁元帝的败亡，不是读书本身造成的，但也和读书的错误方法大有关系。这样通过一波三折，提出了全文的中心论点，是一篇眼目所在。以下，作者从梁元帝所写的作品进行分析，指出他在“君父（梁武帝）悬命于逆贼，宗社垂丝于割裂”的危急关头，仍然在书籍中沉迷不返，孜孜于寻章摘句，这和游戏赌博、沉湎酒色，简直没有什么区别，一针见血地指出了它的害己误国的严重性质。然后，从“岂徒元帝之不仁”开始，一笔推开，锋芒所向，直指“宋末胡元之世”那些只知道以所谓正道来解释格物的定义而不考虑这样解释用来做什么的“儒者”；指出他们“饱食终日”，只做些无益于身心、伦物和政教的“雕虫”之事，这种害人子弟、误人国家的行为，与梁元帝、隋炀帝、陈后主、宋徽宗等昏庸之辈的所作所为，也实在毫无二致。这就进一步对“宋末胡元之小儒”进行了严厉的抨击。第三、四段为第二层意思，在第一层论述的基础上再进一步，深入分析了在读书中迷于所谓“良知”（指人的本能的善性，是明代王守仁根据孟子的性善论的观点而创立的一种学说），不知鉴别，其为害比专事“雕虫”者更甚。文章先从“良知”学派反对宋儒只重视书本写起，但殊不知把抽象的所谓“良知”描绘得煞有介事，使大家根据所谓“良知”来读书，不知辨别好坏，其危害就更大了。然后提出读书的目的是“修己治人”，然而真正能从书中获得有益的知识来规范自己的行为、恰当处理事务的人，却又极少。不仅如此，有些人还专门从书中寻找根据来为自己的错误行为作辩护，例如“汉儒”、王莽之流；或者径直照着错误去做，变本加厉，那就更是极端错误了。这种错误的读书方法，当然会带来害人害己、祸国殃民的严重后果。于是，作者进一步指出：“无高明之量以持其大体，无斟酌之权以审于独知，则读书万卷，止以导迷”。这就从深层意义上，指出了不善读书的害处。第五段为第三层意思，总结全文，指出正确的读书方法，是要自己先立定志向，识虑明白，这样才能免于读书受害。文中先引出孔子的话，从正面提出见解，要“志定而学”。接着，从反面说明“无志而学”的恶果，“大以蚀其心思，而小以荒其日月”，而梁元帝的至死不悟，正是这个原因。所以梁元帝的“自取灭亡”，是和“读书”大有关系的。最后警告“儒者之徒”，不要“效其卑陋”，语重心长，启人深思。

这篇文章虽然是谈论历史，却很有现实感和针对性。作者生当明、清易代之际。明末雕章琢句的琐屑的学习方法，以及王守仁“良知”学说盛行后造成的谈玄、空疏的学风，对于明代的灭亡，起了催化的作用。关于这一点，作者是亲身经历和体验过的。明朝灭亡以后，他遁迹深山，痛定而思，借用历史事实来认真总结明朝灭亡的沉痛教训，其中折射出明清之际那一段血与火的历史之光，反映出一位思想家的历史的沉思。作者以其深刻的见解，透过梁元帝读书而又焚书这件事，指出“玩物丧志”和不知鉴别的读书方法带来的严重恶果，在当时具有振聋发聩的作用，可谓切中时弊。本文在富于哲理的思辨中，闪射着深沉睿智的光辉。

王夫之的文章，不仅以深刻的思想性见称，也以严密的逻辑和谨严的结构见长，篇法特别圆紧。本文围绕一篇眼目，以梁元帝读书这件历史事实为线索，通贯全篇，论述严密：开手交待出梁元帝读书这件史实，提出中心，紧接着就对他的“玩物丧志”的读书方法加以剖析；第二段推廓开去讲“宋末胡元之世”的“儒者”，似乎离题较远，但一句“则亦与元帝之兵临城下而讲《老子》……奚别哉”，又恰到好处地收拢回来；第三、四段进一步引申、生发，似乎与梁元帝无关，但段末点出“读书万卷，止以导迷”，又暗中与中心和线索紧扣；到最后一段，特别写道：“……元帝所为至死而不悟者也。恶得不归咎于万卷之涉猎乎?”不仅紧扣线索，而且与篇首的意思遥相照应，全篇浑然一气，形成严密的整体。文章有放有收，放能放得开，收能收得紧；用笔曲折，穿插呼应，细针密线；层层递进，步步为营，以阐明其旨。从这些地方，可以见出作者在组织安排、行文布局方面的高度技巧。正由于此，进一步增强了文章深刻的思想性。

全文具有强烈的感情色彩，文笔显得特别犀利。读了这篇文章，我们感觉有一种咄咄逼人的气势，论述入木三分，充满着作者的主观感情。文章一开始，就以论难的方式提出论点，这就与一般的平铺直叙不同，十分警拔有力；以下二、三、四段，都以反问开始，中间不断地反问、感叹，往复辩难，并且使用了大量的对偶句和排比句，使得文势内生。特别是最后连用两个反问句作结，使激荡于文中的强烈感情，不禁奔涌而出，更增加了雄强的气势。全篇议论严正，气势宏大，激情充沛，具有撼动人心的巨大力量。（管遗瑞）

口　技

林嗣环

京中有善口技者。会宾客大宴，于厅事[①]之东北角，施八尺屏幛，口技人坐屏幛中，一桌、一椅、一扇、一抚尺[②]而已。众宾团坐。少顷，但闻屏幛中抚尺一下，满座寂然，无敢哗者。

遥闻深巷中犬吠，便有妇人惊觉欠伸，其夫呓语[3]。既而儿醒，大啼。夫亦醒，令妇抚儿乳，儿含乳啼，妇拍而呜之。夫起溺[4]，妇亦抱儿起溺。床上又一大儿醒，狺狺不止。当是时，妇手拍儿声，口中呜声，儿含乳啼声，大儿初醒声，床声，夫叱大儿声，溺瓶中声，溺桶中声，一齐凑发，众妙毕备。满座宾客，无不伸颈侧目，微笑默叹，以为妙绝也。

既而夫上床寝。妇又呼大儿溺，毕，都上床寝。小儿亦渐欲睡。夫齁声起，妇拍儿亦渐拍渐止。微闻有鼠作作索索，盆器倾侧，妇梦中咳嗽之声。宾客意少舒，稍稍正坐。

忽一人大呼："火起!"夫起大呼，妇亦起大呼。两儿齐哭。俄而百千人大呼，百千儿哭，百千犬吠。中间力拉崩倒之声，火爆声，呼呼风声，百千齐作；又夹百千求救声，曳屋许许声，抢夺声，泼水声。凡所应有，无所不有。虽人有百手，手有百指，不能指其一端；人有百口，口有百舌，不能名其一处也。于是宾客无不变色离席，奋袖出臂，两股战战，几欲先走。

而忽然抚尺一下，众响毕绝。撤屏视之，一人、一桌、一椅、一扇、一抚尺而已。

注 ① 厅事：私人住屋的堂屋。 ② 抚尺：即"醒木"，说书艺人表演时所用木块，用以拍案作声，引起听众注意。 ③ 呓语：说梦话。 ④ 溺（niào）：同"尿"。

欧阳修有一篇著名的《秋声赋》，把看不见、摸不着的"秋声"写得形色宛然，变态百出，从而寄托了叹世悲秋的思想情感。林嗣环把自己的诗歌创作结集起来，题为《秋声诗》。《口技》是《〈秋声诗〉自序》的一部分（略有删节）。

作者的本意并不是写口技，而是为他的《秋声诗》作序言。他在写完口技之后说："嘻，若而人者，可谓善画声矣！遂录其语以为《秋声》序。"很清楚，他是借口技人的"善画声"说明《秋声诗》的"善画声"的。他通过具体描写，把口技人的表演生动地再现出来。读了这篇短文，就像身临其境，听了一场精彩的口技，受到强烈的感染。

林嗣环在把主要力量用于正面描写时，也采用了辅助性的艺术手法：侧面烘托。而且，把正面描写与侧面烘托（写听众的反应）结合起来，用以表现主题。

第一段："……于厅事之东北角，施八尺屏幛，口技人坐屏幛中，一桌、一椅、一扇、一抚尺而已。众宾团坐……"可以设想，一个大宴宾客的场所，是有许多东西可写的，为什么只写这些呢？那是因为这些东西最有利于烘托主题。口技人是坐在屏幛中的，如果不亮一下底，让"众宾"知道其中除"一桌、一椅、一扇、一抚尺"而外，别无他物，那就会怀疑其中有鬼。"而已"两字，扫清一切怀疑，使人确信口技人奏技只用一张口。

接下去，既写口技人奏技，又写众宾的反应，波澜层出，极起伏变化之妙。

"一抚尺而已"扫清了众宾的怀疑，文势一缓，紧接着："但闻屏幛中抚尺一下，满座寂然，无敢哗者。"立刻造成一种肃静的、紧张的气氛，文势一振。一缓一紧，出现了第一次波澜。

抚尺一下，为什么会产生那么大的威力呢？这因为"一桌、一椅、一扇、一抚尺而已"，一方面使"众宾"相信口技人奏技只用一张口，另一方面又不免产生只凭一张口究竟能玩出什么花样的疑问。这疑问，又逼出一种急于一听究竟的"悬念"。所以"抚尺一下"，就像抛出一块巨大的磁石，把他们的注意力吸引过去了。

文势振起之后，接着是一段正面描写。从"遥闻深巷中犬吠，便有妇人惊觉欠伸"到"又一大儿醒，狺狺不止"，声音由远而近、由疏而密、由简单而复杂，写得极有层次。到了"妇手拍儿声，口中呜声，儿含乳啼声，大儿初醒声，床声，夫叱大儿声，溺瓶中声，溺桶中声……"，则诸声并作，出现了第一个高潮。

高潮出现后，并没有让它骤然降落，却把笔锋一转，去写众宾的反应："满座宾客，无不伸颈侧目，微笑默叹，以为妙绝也。"这一段侧面烘托，不仅加强了前面的正面描写，而且使文势动宕，摇曳多姿。

烘托之后，又继之以正面描写："既而……夫齁声起，妇拍儿亦渐拍渐止。微闻有鼠作作索索，盆器倾侧，妇梦中咳嗽之声。"高潮降落，众宾"伸颈侧目"的紧张情绪也松弛下来，"意少舒，稍稍正坐"。也许，他们以为这场表演，就此结束了；而且，就此结束，他们大约也已经满足了。想不到："忽一人大呼：'火起！'夫起大呼，妇亦起大呼。两儿齐哭。俄而百千人大呼，百千儿哭，百千犬吠。中间力拉崩倒之声，火爆声，呼呼风声，百千齐作；又夹百千求救声，曳屋许许声，抢夺声，泼水声。凡所应有，无所不有……"

于高潮降落，仅留余波之时，骤然雷轰电击，风狂雨暴，波浪掀天。而情绪刚刚松弛下来的听众，猝不及防，被这突如其来的巨变吓坏了，真以为发生了火灾，都想从熊熊大火的包围中冲出去："于是宾客无不变色离席，奋袖出臂，两股战战，几欲先走。"这是一个规模更大的高潮。由余波到规模更大的高潮，复又兴起波澜。

正当听众想突围而出的时候，"忽然抚尺一下，众响毕绝"。这究竟是怎么一回事？是不是真的发生了火灾呢？是不是屏幛里面有水，有火，有房屋，有千百大人、千百小儿、千百只犬呢？都不是。"撤屏视之，一人、一桌、一椅、一扇、一抚尺而已。"

更大的高潮突然降落，这是又一次波澜。

这里，"一抚尺而已"的又一次出现，绝不仅仅为了形式上的首尾呼应。首段的"一抚尺而已"使听众确信口技人奏技只用一张口；但当听众听到发生火灾时，不但不以为那只是口技，而且简直感到真的发生了火灾。末段的"而已"和首段遥遥呼应，把听众从火灾的惊恐中唤回来，使他们不得不相信刚才发生的一切，都出于口技人的一张口。于是，口技人的"善画声"，也就不能不令人叹为观止了。

《虞初新志》的编者张潮说："绝世奇技，复得此奇文以传之。读竟，辄浮大白。"技之所以奇，不仅在于模仿各种声音，惟妙惟肖，而且在于对那段表演的组织结构，独具匠心。它以一个家庭为中心，先描绘在静夜里的各种细碎活动，然后扩展开去，描绘突然发生大火灾。前后的两种场面迥不相同，但中间又有必然的联系，毫无七拼八凑之感。此其一。由较小的波澜逐渐推进，形成高潮，一步步抓紧听众的注意力；然后高潮逐渐降落，让听众紧张的情绪松弛下来；突然一声"火起"，使听众猝不及防，忘记了是在听口技，想从大火包围中冲出去；在这紧张万状的关头，忽然抚尺一下，众响毕绝：有起有伏，有擒有纵，变化万端，不可方物。此其二。这显然不是自然主义地模仿生活，而是高度的艺术概括、艺术提炼的产物。

文之所以奇，也奇在组织结构的巧妙上，口技表演的巧妙的组织结构，也许完全出于口技人的匠心，也许还有作者的再创造。即使在表现口技表演的组织结构上没有再创造，但如前面所分析，他在写口技表演的全部过程中巧妙地穿插了听众的各种表情，不仅突出了口技的高明，而且也丰富了文章的波澜，这还是创造。文之所以奇，又奇在正面描写的惟妙惟肖上。不言而喻，口技这种技艺是用声音反映生活的（所以又叫象声）；作家要传出口技之神，也必须利用语言的音响。林嗣环在这一点上做得很出色。显而易见的是，他用了许多像"呜""猗猗""作作索索""呼呼""许许"（读如"虎"）之类的摹声词。但这还是次要的；主要的是：句子忽长忽短，声音忽低忽高，节奏忽缓忽急，构成抑扬顿挫的旋律，准确地再现了口技表演的抑扬变化。

这是散文，但为了加强节奏感，于忽长忽短的句子中又安排有若干字数约略相同的句子，还押了不少所谓"独脚韵"（即用同一字押韵）。韵与节奏的关系很密切。一般地说，韵疏则节奏缓，韵密则节奏急。作者根据节奏缓急的需要，押了或疏或密的韵。最密的时候是句句押韵（如"呼"字韵，特别是"声"字韵），但又兼用了"交韵"（即单句与单句押一个韵，双句与双句另押一个韵）与句句押韵相结合的办法（如"夫起大呼，妇亦起大呼，两儿齐哭；俄而百千人大呼，百千儿哭"）。另外，短句多、长句少，其中还夹杂了一些字数约略相等的句子；字数约略相等的句子，又是几句长、几句短。参差错落，变化无穷。这就使得节奏急促而富于变化，真有"大珠小珠落玉盘"之妙。

末了，还有几句关于这篇《口技》的作者的话值得一说。在贯华堂本《水浒传》第六十五回的前面，金圣叹用口技之妙比喻《时迁火烧翠云楼》一回的写作技巧，其描写口技的文字，与林嗣环的这一篇几乎完全相同，而他并没有提到林嗣环，却是用"吾友斵山先生尝向吾夸京中口技"云云开头的。金圣叹的生卒年都比林嗣环早，但两人同时生存的时期也不算短，所以这篇作品的著作权究竟属谁，很难确定。然而不管属谁，都足以说明这是一篇引人入胜的好作品，一脱稿就不胫而走了。（霍松林）

传是楼记

汪　琬

昆山徐健庵[1]先生筑楼于所居之后，凡七楹。间命工斲木为橱，贮书若干万卷，区为经史子集四种。经则传注义疏之书附焉；史则日录、家乘、山经、野史之书附焉；子则附以卜筮、医药之书；集则附以乐府、诗余之书。凡为橱者七十有二，部居类汇，各以其次，素标缃帙[②]，启钥灿然。于是先生召诸子登斯楼而诏之曰："吾何以传女曹[③]哉？吾徐先世故以清白起家，吾耳目濡染旧矣。盖尝慨夫为人之父祖者，每欲传其土田货财，而子孙未必能世富也；欲传其金玉珍玩、鼎彝尊斝之物，而又未必能世宝也；欲传其园池台榭、舞歌舆马之具，而又未必能世享其娱乐也。吾方以此为鉴，然则吾何以传女曹哉？"因指书而欣然笑曰："所传者惟是矣。"遂名其楼为"传是"，而问记于琬。琬衰病不及为，则先生屡书督之，最后复于先生曰：

甚矣，书之多厄也。由汉氏以来，人主往往重官赏以购之，其下名公贵卿，又往往厚金帛以易之，或亲操翰墨，及分命笔吏以缮录之，然且裒聚未几而辄至于散佚，以是知藏书之难也。琬顾谓藏之之难不若守之之难，守之之难不若读之之难，尤不若躬体而心得之之难。是故藏而弗守，犹勿藏也；守而弗读，犹勿守也。夫既已读之矣，而或口与躬违，心与迹忤，采其华而忘其实，是则呻占记诵之学所为哗众而窃名者也，与弗读奚以异哉！

古之善读书者，始乎博，终乎约。博之而非夸多斗靡也，约之而非保残安陋也。善读书者，根柢于性命而究极于事功[④]。沿流以溯源，无不探也；明体以适用，无不达也。尊所闻，行所知，非善读书者而能如是乎？

今健庵先生既出其所得于书者，上为天子所器重，次为中朝士大夫之所矜式，藉是以润色大业，对扬休命[⑤]有余矣。而又推之以训敕其子姓，俾后先跻巍科，取朊仕[⑥]，翕然有名于当世。琬然后喟焉太息，以为读书之益弘矣哉！循是道也，虽传诸子孙世世，何不可之有？若琬则无以与于此矣。居平质驽才下，患于有书而不能读；延及暮年，则又跧伏[⑦]穷山僻壤之中，耳目固陋，旧学消亡，盖本不足以记斯楼。不得已勉承先生之命，姑为一言复之。先生亦恕其老悖否耶？

注 ① 徐健庵：名乾学，字原一，号健庵，昆山（今属江苏）人，顾炎武甥。康熙九年进士，官至刑部尚书。曾充《明史》总裁官，兼总纂《大清一统志》《清会典》。藏书甚多，有《传是楼书目》。 ② 素标缃帙：白色的标签，浅黄的函套。 ③ 女曹：汝等。女，即“汝”。 ④ 性命：中国古代哲学概念。《易·乾》：“乾道变化，各正性命，保合太和，乃利贞。”意为大自然的运行变化（迎来冬天），万物各自静定精神，保全太和元气，以利于守持正固（等待来年生长）。——用黄寿祺、张善文《周易译注》译文。“性命”，尚秉和《周易尚氏学》释为“精神”。事功：事业和功绩。 ⑤ 对扬休命：对扬，对答颂扬。休命，美善的命令。《尚书·说命下》：“敢对扬天子之休命。” ⑥ 朊（wǔ）仕：高官厚禄。《诗·小雅·节南山》：“琐琐姻亚，则无朊仕。”毛传：“朊，厚也。” ⑦ 跧（quán）伏：蜷伏，此指隐居。

这篇文章可视为一篇“劝学”文。围绕着“传是”二字，文中提出了两个问题，即：为什么要“传是”，“传是”的益处是什么。“是”指书籍。劝勉勤学苦读的文章古已有之，作者借写“传是楼”记而把它引入“劝学”这一主题，无疑增强了文章的感染力。

文章的前一部分借“传是楼”主人徐健庵的话提出了为什么要“传是”。徐氏云：“盖尝慨夫为人之父祖者，每欲传其土田货财，而子孙未必能世富也；欲传其金玉珍玩、鼎彝尊斝之物，而又未必能世宝也；欲传其园池台榭、舞歌舆马之具，而又未必能世享其娱乐也。吾方以此为鉴……”因指书而欣然笑曰：“所传者惟是矣。”以三个长排比句，缓缓道出楼主人之所以“传是”而非其他的理由，同时楼主人那种自得的心理也跃然纸上，尤其是“指书而欣然笑曰”一句，可谓画龙点睛之笔，使楼主人那种自得的神态大放光彩。而两个“吾何以传女曹哉”，前后映照，凸显了楼主人为自己选择的正确而兴奋不已的心态，强化了文章“劝学”的意味，为作者在后文对“劝学”加以生发论证作了铺垫。虽说，田地货财、金玉珍玩、鼎彝尊斝、园池台榭、舞歌舆马等如过眼云烟，不能“世富”“世宝”“世享”，但传书籍给后代是否也能长久保存、拥有呢？这自然是不一定的。作者就此提出了自己的观点，即“藏之之难不若守之之难，守之之难不若读之之难，尤不若躬体而心得之之难。是故藏而弗守，犹勿藏也；守而弗读，犹勿守也。”这里又以三个排比长句，使作者的观点逐层深入展开，其中提出了藏与守、守与读、知与行之间的相互关系，而最关键的还是知与行的关系，要把所学到的知识运用到实际生活中去，躬体而心得之才是善读书的上策。这种观点是难能可贵的，在今天仍具有现实意义。这是一方面。另一方面，善读书者不仅要做到躬体心得，而且要“始乎博，终乎约。博之而非夸多斗靡也，约之而非保残安陋也”。一句话，要脚踏实地，既博又专。博，拓宽知识的广度；约，有利于对某方面知识进行深度的钻研，二者相辅相成。这是做学问必备的条件。总之，“尊所闻，行所知”，才无愧于自己所藏之书，所守之书，所读之书。当然有立也有破，作者在论证如何做一个善于读书的人时，对那些读死书或华而不实、哗众取宠的学风，是持否定态度的。

还应看到，作者毕竟是封建文人，其观点不可能不受到时代的制约和传统文化的影响。这主要表现在为学的目的上，即“藉是以润色大业，对扬休命”，“跻巍科，取朊仕”，未能脱出“学而优则仕”，“书中自有黄金屋，书中自有青云路”的俗套。

从文章的题目看，是篇记叙文，从文章行文的形式来看，却是一篇论说文。开头以楼主人的话提出问题——为什么取名“传是”；中间部分属论证问题，有立有破；最后提出“传是”的好处，属于解决问题。至于文中骈散夹杂，错落有致，问答起伏，波澜横生，尤其是几组长排比句的运用，增强了行文的气势。同时，文中集叙事、描写、议论、抒情为一体，更显得摇曳多姿，引人入胜。（邓子勉）

左忠毅公[①]逸事　　方苞

先君子[②]尝言：乡先辈左忠毅公视学京畿，一日风雪严寒，从数骑出，微行入古寺，庑下一生伏案卧，文方成草。公阅毕，即解貂覆生，为掩户。叩之寺僧，则史公可法也。及试，吏呼名至史公，公瞿然注视；呈卷，即面署第一。召入使拜夫人，曰：“吾诸儿碌碌，他日继吾志事，惟此生耳。”

及左公下厂[③]狱，史朝夕狱门外。逆阉防伺甚严，虽家仆不得近。久之，闻左公被炮烙[④]，旦夕且死，持五十金，涕泣谋于禁卒，卒感焉。一日使史更敝衣草屦，背筐，手长镵[⑤]，为除不洁者。引入，微指左公处，则席地倚墙而坐，面额焦烂不可辨，左膝以下，筋骨尽脱矣。史前跪，抱公膝而呜咽。公辨其声，而目不可开，乃奋臂以指拨眥，目光如炬，怒曰：“庸奴！此何地也？而汝来前。国家之事，糜烂至此，老夫已矣，汝复轻身而昧大义，天下事谁可支拄者？不速去，无俟奸人构陷，吾今即扑杀汝！”因摸地上刑械，作投击势。史噤不敢发声，趋而出。后常流涕述其事以语人曰：“吾师肺肝，皆铁石所铸造也！”

崇祯末，流贼张献忠出没蕲、黄、潜、桐间⑥，史公以凤庐道奉檄守御⑦。每有警，辄数月不就寝，使将士更休，而自坐幄幕外，择健卒十人，令二人蹲踞而背倚之，漏鼓移则番代。每寒夜起立，振衣裳，甲上冰霜迸落，铿然有声。或劝以少休，公曰：“吾上恐负朝廷，下恐愧吾师也。”

史公治兵，往来桐城，必躬造左公第，候太公、太母⑧起居，拜夫人于堂上。

余宗老涂山⑨，左公甥也，与先君子善，谓狱中语乃亲得之于史公云。

注 ① 左忠毅公：左光斗（1575—1625），字遗直，号浮丘，万历三十五年（1607）进士，官至左佥都御史。天启间为魏忠贤所害，死于狱中。追谥忠毅。 ② 先君子：尊称已故的父亲。方苞父名仲舒，字逸巢。 ③ 厂：此指东厂，官署名。永乐十八年（1420）明成祖设于京师东安门北。专从事特务活动，镇压人民和官员中的反对派，由亲信宦官掌管。后又有西厂、内厂。 ④ 炮（páo）烙：相传为殷纣所用的一种酷刑。据后人考证，系用炭烧热铜柱，令人爬行柱上，即堕炭火烧死。此处泛指用金属烧红烫肉体的酷刑。 ⑤ 镵（chán）：古代一种犁头，用以掘土。 ⑥ 蕲、黄、潜、桐间：今湖北、安徽一带。蕲，今湖北蕲春；黄，今湖北黄冈；潜，今安徽潜山；桐，今安徽桐城。 ⑦“史公”句：崇祯八年（1635）朝议设兵备道以扼制农民军，史可法受命以右参议分守池州、太平，十一月，改副使，分巡安庆、池州，此谓任凤庐道，与史传有出入。 ⑧ 太公、太母：指左光斗的父母。 ⑨ 涂山：方文（1612—1669），字尔止，号嵞山，一作涂山。方苞本族祖父。明诸生，入清不仕，为著名遗民诗人。

《左忠毅公逸事》是方苞的代表作之一，通过记叙左光斗与史可法的关系，表现其知人之明以及与阉党恶势力斗争的刚毅品格。狱中怒斥史可法的一段话，更表现了左光斗身处危难，所念仍在“国家之事”，希望后进者能有所作为以挽狂澜于既倒的可贵精神。

方苞一生虽然成为清廷的御用文人，但其生逢清朝初年，仍然深受全国人民抗清运动的影响，因对前辈的孤忠大节极为景慕。本文对左光斗的极力颂扬，实际上也正是方苞自己这一思想的突出表现。

文章以左光斗为主，以史可法为宾，只以二人关系中的两件事，便成功地塑造了左光斗的动人形象。其笔触之简洁，剪裁之精审，具见方苞散文之功力。第一段，先写左光斗“视学京畿”，偶于古寺中见“一生伏案卧”，阅毕其成草之文，“即解貂覆生”，已明显流露出爱才之意；而至考试之时，左光斗对其“瞿然注视”之余，“即面署第一”，更见出爱才之深。据陈鼎《东林列传》称史可法其貌不扬，“躯小貌劣，不称其衣冠，语不能出口”。联系《逸事》文中所记左光斗见史可法其人其文之后云“吾诸儿碌碌，他日继吾志事，惟此生耳”，可见左光斗不仅不以貌取人，而是洞察对方的精神世界，以“有大志，好经世方略”（陈鼎《东林列传》）为标准，而且完全排除了任人唯亲之恶习，全然以国家民族利益为重。本文正是着眼于这一点，通过对左、史关系中的这一事件的如实记叙，以真切的言谈行事表现出左光斗坦荡的气度和卓杰的见识。第二段笔锋一转，展现出左、史关系中另一事件的一系列具体场景。先是“左公下厂狱”与“史朝夕狱门外”，继之“左公被炮烙，旦夕且死”与“史更敝衣草屦，背筐，手长镵，为除不洁者。引入……前跪，抱公膝而呜咽”，再者“公辨其声……怒曰：‘庸奴！此何地也？……不速去，无俟奸人构陷，吾今即扑杀汝！’”与“史噤不敢发声，趋而出。后常流涕述其事以语人曰：‘吾师肺肝，皆铁石所铸造也！’”，从史可法朝夕于狱门之外到设法潜入狱中再到左光斗怒斥史可法，情节递进，益趋壮烈，而以左光斗之怒骂表现其对史可法之厚爱以及对国家前途之关注，无疑更深刻地衬托出左光斗磊落的精神世界和高大的人物形象。第三段，写史可法治军严明，“奉檄守御”，以史可法的实际业绩进一步衬托左光斗的识人远见。当然，史可法在抗清之前，主要精力在于镇压农民起义，颂扬这一业绩，是方苞以及封建时代士大夫共同的思想局限性所致；但是，在人们心目中，史可法民族英雄的高大形象的确立，无疑是因为他后来在抗清斗争中困守扬州，城破而壮烈牺牲。而左光斗的主要政治活动及其对史可法的期望，是与魏忠贤斗争，支拄“天下事”。因此，从史可法壮烈的抗清业绩及其全面的历史评价看，证明左光斗的识人远见，即使以今天的眼光，仍然是卓越的。全文从史可法被左光斗看中并亲手提拔以至于功成名就，在勾勒出一个杰出人才成长过程的同时，更体现出左光斗杰出的人才思想及其成功运用。

全文笔墨简省之极，却能绘形传神，感人至深；同时，资料来源可靠准确，全然可作信史。左光斗与史可法的关系，很大程度是由明末政治斗争联结起来。明熹宗天启年间，宦官魏忠贤专断国政，兼掌东厂，自称九千岁，排斥异己，网罗羽翼，“自内阁、六部至四方总督、巡抚，遍置死党”，“东厂番役（即特务）横行，所缉访无论虚实辄糜烂”，“民间偶语，或触忠贤，辄被擒僇，甚至剥皮、刲舌，所杀不可胜数”（均见《明史·魏忠贤传》）。与阉党势不两立的另一政治集团是东林党，当时，“士大夫抱道忤时者，率退处林野，闻风响附，学舍至不能容”，“讲习之余，往往讽议朝政，裁量人物，朝士慕其风者，多遥相应和，由是东林名大著”（《明史·顾宪成传》）。天启五年十二月（1626年初），魏忠贤颁示天下的“东林党人榜”就开列了主要人物三百零五人，左光斗、史可法均在其内。天启四年（1624）六月，左副都御史杨涟书劾魏忠贤，“列其二十四大罪”，“光斗与其谋”（《明史》列传一三二），魏忠贤大怒，执意进行迫害。天启五年七月缉捕杨涟、左光斗等人，七月二十六日，“光斗与涟同日为狱卒所毙”（《明史·左光斗传》）。本文写史可法探狱见左光斗“席地倚墙而坐，面额焦烂不可辨，左膝以下，筋骨尽脱”，逼真地再现厂狱之酷虐。夏允彝《幸存录》云“杨涟、左光斗皆下诏狱，备受毒刑以死，天下痛之”，计六奇《明季北略》记“公至京下，镇抚拷讯，身无完肤，三日尸出，肢骸穿裂”，与本文所述印证，全然相同。对于厂狱的严密监禁，陈鼎《东林列传》记“光斗之下北司也，厂卫阴列卒侦伺狱甚密，虽子弟亲识莫敢向迩”，计六奇《明季北略》亦云魏忠贤“遣校尉点城探听，丝微必报，如有所发，赀命立尽”，与本文所述“史朝夕狱门外。逆阉防伺甚严，虽家仆不得近”亦完全一致。左光斗在阉党的心目中，是东林党“马军五虎将”之一，被比作“天雄星豹子头林冲”（王绍徽《东林点将录》），因此对其监禁更严，迫害尤甚，杀害左光斗等人实际上是对东林党的第一次严重打击。可见，本文是以征实的史料和散文的形式，对明末东林党与阉党斗争史上的一个壮烈片断的艺术展示，也是作者对正义的颂扬和对邪恶的抨击的思想光华的闪现。

方苞论文，以“义法”为核心；姚鼐论文，强调“义理、考据、辞章”并重：实质上都是要求以鲜明的思想内容、可靠的资料来源和雅洁的语言形式融为整体。而本文，无疑正是其典范作品。（许　总）

范县署中寄舍弟墨第四书

郑 燮

十月二十六日得家书，知新置田获秋稼五百斛，甚喜。而今而后，堪为农夫以没世矣。要须制碓制磨，制筛罗簸箕，制大小扫帚，制升斗斛。家中妇女，率诸婢妾，皆令习舂揄蹂簸[①]之事，便是一种靠田园长子孙气象。天寒冰冻时，穷亲戚朋友到门，先泡一大碗炒米送手中，佐以酱姜一小碟，最是暖老温贫之具。暇日咽碎米饼，煮糊涂粥，双手捧碗，缩颈而啜之，霜晨雪早，得此周身俱暖。嗟乎！嗟乎！吾其长为农夫以没世乎！

我想天地间第一等人，只有农夫，而士为四民之末。农夫上者种地百亩，其次七八十亩，其次五六十亩，皆苦其身，勤其力，耕种收获，以养天下之人。使天下无农夫，举世皆饿死矣。我辈读书人，入则孝，出则弟，守先待后[②]，得志泽加于民，不得志修身见于世，所以又高于农夫一等。今则不然，一捧书本，便想中举，中进士，作官，如何攫取金钱，造大房屋，置多田产。起手便错走了路头，后来越做越坏，总没有个好结果。其不能发达者，乡里作恶，小头锐面，更不可当。夫束修自好者，岂无其人；经济自期，抗怀千古者，亦所在多有。而好人为坏人所累，遂令我辈开不得口；一开口，人便笑曰："汝辈书生，总是会说；他日居官，便不如此说了。"所以忍气吞声，只得挨人笑骂。工人制器利用，贾人搬有运无，皆有便民之处。而士独于民大不便，无怪乎居四民之末也。且求居四民之末而亦不可得也！

愚兄平生最重农夫。新招佃地人，必须待之以礼。彼称我为主人，我称彼为客户，主客原是对待之义，我何贵而彼何贱乎？要体貌他，要怜悯他；有所借贷，要周全他；不能偿还，要宽让他。尝笑唐人《七夕》诗，咏牛郎织女，皆作会别可怜之语，殊失命名本旨。织女，衣之源也，牵牛，食之本也，在天星为最贵。天顾重之，而人反不重乎？其务本勤民，呈象昭昭可鉴矣。吾邑妇人，不能织绸织布，然而主中馈，习针线，犹不失为勤谨。近日颇有听鼓儿词，以斗叶为戏[③]者，风俗荡轶，亟宜戒之。

吾家业地虽有三百亩，总是典产，不可久恃。将来须买田二百亩，予兄弟二人，各得百亩足矣，亦古者一夫受田百亩之义也。若再求多，便是占人产业，莫大罪过。天下无田无业者多矣，我独何人，贪求无厌，穷民将何所措足乎！或曰：世上连阡越陌，数百顷有余者，子将奈何？应之曰：他自做他家事，我自做我家事，世道盛则一德遵王[④]，风俗偷[⑤]则不同为恶，亦板桥之家法也。哥哥字。

注 ① 舂揄蹂簸：《诗·大雅·生民》："或舂或揄，或簸或蹂。"揄（yóu），舀取。　② 守先待后：语本于《孟子·滕文公下》："守先王之道，以待后之学者。"意为严守着古代圣王的礼法道义，用来培养后代的学者。（据杨伯峻《孟子译注》）　③ 斗叶为戏：叶，叶子，又称叶子戏，一种赌博的纸牌。　④ 一德遵王：专一守德行，遵循王道纲纪。一，使动用法。王，王道。　⑤ 偷：浇薄。

《板桥家书》是郑燮著作中极富价值的一种。名列"扬州八怪"之一的郑板桥，书画之名著于天下，其文学成就无论是诗是词抑是文，大抵皆为其书画名所掩。与传统守旧的书画艺术家相比，"八怪"具有一种革新解放精神，加之其成员或为沉沦下吏，仕途蹭蹬，或则终身布衣，浪迹江湖，大都放浪形骸，不拘细节，于是奇奇怪怪的传说至多，而关于郑燮的怪异故事尤为广传。其实"八怪"亦皆系凡人，七情六欲固无异世间民俗，情志节操也仍合乎儒家精神，只是愤世疾恶，清高自持，颇不与世相谐，少了点随波逐流习气而已。"八怪"可贵处正在各自走自己的路，信守自己的人生观。《板桥家书》即提供了人们认识郑燮的思想为人的可靠文献，在这些几乎是大白话的家常语、规教子弟语中，抹在他头顶上的怪异色彩可以得到辨认并渐见消散。作为文学作品之一种的书信，郑燮的家书以那种纯情之语，任意写来，又给人特多亲切感。家书中贴近人世、贴近日常生活的话题，让人读后饶有兴味，情趣盎然，又觉言之有物，切中事理，助益识见。这一通与其弟郑墨谈"农本"问题的家书就是一例。《家书》在原刊本中共十六通，此即其中的第十通，作于山东范县知县任上。此外又有"六十二通"的《家书》流传，增出的四十六通多为赝品，已有不少辨伪之文。

板桥无亲兄弟，郑墨是他堂弟。墨字五桥，小板桥二十四岁。对这位小弟，板桥十分友爱，并从读书到做人，随时予以谆谆教导，这从十六通《家书》中可以清楚见出。这封《第四书》则专讲"务本勤民"的"板桥之家法"，要兄弟家人在"风俗偷"的恶浊世风中为善而"不同为恶"，务农自给自守。

这封家书原不分段，但从文意可以把握到它是讲了四层意思。首先是他从家中来信得知的信息很高兴，高兴的是有“一种靠田园长子孙气象”。这对远在山东作七品知县的郑燮是很大的欣慰，因为宦海不仅凶险，而且肮脏，板桥是厌倦了官场生涯的，后方家园有此气象，无异有着极好的退路。所以，他一再喟叹“堪为农夫以没世矣”。此中人生感受极深，不言而自见。至于叮嘱备制足够农活用具，家人都要习作农活，以及待穷亲友要有“暖老温贫”情意，日常饮食应粗茶淡饭自供等等，全为强化“靠田园长子孙”的厚道而自俭“气象”。由此而紧接着申述“天地间第一等人，只有农夫”的观念，这是从理论上说清为什么要强化上述“靠田园长子孙气象”。他自己原已是个道地的“士”，却申称在农、工、商、士的四民之列居士于末，强调“天下无农夫，举世皆饿死矣”，这显得很奇突。不应认为板桥恪守的是小国寡民式的小农思想，进而以为在城市经济已趋发达的清中叶，这种思想是保守落后的。板桥的这些想法，一是儒家农本思想所教化的表现，此中还有民本观念；二是他这个从小生活于农村的下层知识分子出身者对乡土特有的感情；更重要的是他在与世俗社会中千奇百怪的“士”的行为的比较中形成农夫才算是“天地间第一等人”的观点。他其实并非要一笔抹倒“士”的价值，他讲了“士”本应“又高于农夫一等”的，即“达则兼济天下，穷则独善其身”。可是，世道风气却变为“士独于民大不便”，专门孳生贪官污吏、土豪劣绅，令正派士子为之气短，反而“捱人笑骂”。所以，板桥显然是有所激愤而发，这一层不能不看到。

到这里，农为四民之首而士为末的道理已讲透，可是他还旁敲侧击地加上一笔：“尝笑唐人《七夕》诗，咏牛郎织女，皆作会别可怜之语，殊失命名本旨。”所谓“唐人《七夕》诗”，未知所指何篇。杜牧《七夕》云：“云阶月地一相过，未抵经年别恨多。最恨明朝洗车雨，不教回脚渡天河。”李商隐《七夕》云：“鸾扇斜分凤幄开，星桥横过鹊飞回。争将世上无期别，换得年年一度来。”则确是“皆作会别可怜之语”的。而牛郎、织女命名的本旨，是“织女，衣之源也，牵牛，食之本也，在天星为最贵”，而唐人诗又确是“失其本旨”了，所以他特地在家书中要家中人明此理后身体力行，在“重农夫”上，“勤谨”而不准“荡轶”上告诫兄弟子侄辈，从具体行为上强化前述“靠田园长子孙气象”。最后再从田产设置上嘱咐既要使全家有所恃，又不能贪求过多，占人产业，并将结束语落实在“我自做我家事”六字上。

作为“家书”，本是随意写来，意行则行，意止则止，不必花哨，多饰语。这通板桥家书即平实而生动，真挚恳切之极，而文字却又行云流水，自然吞吐，然而绝不散漫，在“意”的缕析上，犹如茧裹而紧圆，脉理清晰。（严迪昌）

为学一首示子侄　　彭端淑

天下事有难易乎？为之，则难者亦易矣；不为，则易者亦难矣。人之为学有难易乎？学之，则难者亦易矣；不学，则易者亦难矣。吾资之昏，不逮人也；吾材之庸，不逮人也；旦旦而学之，久而不怠焉，迄乎成，而亦不知其昏与庸也。吾资之聪，倍人也；吾材之敏，倍人也；屏弃而不用，其与昏与庸无以异也。圣人之道，卒于鲁也传之①。然则昏庸聪敏之用，岂有常哉！

蜀之鄙有二僧，其一贫，其一富。贫者语于富者曰：“吾欲之南海②，何如？”富者曰：“子何恃而往？”曰：“吾一瓶一钵足矣。”富者曰：“吾数年来欲买舟而下，犹未能也。子何恃而往！”越明年，贫者自南海还，以告富者，富者有惭色。西蜀之去南海，不知几千里也，僧之富者不能至，而贫者至焉。人之立志，顾不如蜀鄙之僧哉！

是故聪与敏，可恃而不可恃也；自恃其聪与敏而不学者，自败者也。昏与庸，可限而不可限也；不自限其昏与庸而力学不倦者，自力者也。

注 ①“圣人之道”二句：圣人，指孔子。鲁，迟钝，指孔子的学生曾参。《论语·先进》云：“参也鲁。”　②南海：指普陀山，在浙江省东北部莲花洋中，与五台、九华、峨眉合称中国佛教四大名山。

历来论学者都贵于勤，所谓“业精于勤荒于嬉”（韩愈《进学解》）。学习须要有锲而不舍的精神，才能达到水到渠成的境界；如果一曝十寒，终将一事无成。所以，学习的成败往往不取决于聪敏与愚钝，而在于持之以恒的刻苦学习。《礼记·中庸》中就说："人一能之，己百之；人十能之，己千之。果能此道矣，虽愚必明，虽柔必强。"就已道出了学之成败关键在于能否用功而不在于天资高下的道理。彭端淑这篇论学的文字也于此立论，辩证地论述了学问之难易、智愚、成败等问题，旨在劝诫子侄们勤学苦练，不要自恃聪敏，而结果反被聪敏所误。

文章一开头便从难易问题下手，作者认为天下之事的难易是相对的，"为之，则难者亦易矣；不为，则易者亦难矣"。学习也是如此，只要脚踏实地去学，没有掌握不了的学问；反之，不通过学习，就是极容易的事也会被视作十分困难。在说明了难易的辩证关系之后，作者便引出了智愚的问题。天资不高，才能平庸的人，只要勤于学习，久而久之，也能有所成就，摆脱昏与庸的境地；而天资聪敏，才能出众的人，如果自暴自弃，不学无术，也将与昏庸者为伍。相传孔子的学说由智能鲁钝的曾参传给了子思，再由子思之徒传给了孟子。所以作者说："圣人之道，卒于鲁也传之。"因而作者认为昏庸与聪敏是相对的，关键是取决于个人的努力。这第一段完全以论述的笔墨出之，明白地摆出了自己对学问之道的看法。

文章的第二段则通过一个故事，也可以说是一则寓言，进一步说明难易与成败并没有必然的联系。有志者事竟成，只要能坚定地朝既定的目标走去，必定是可以达到终点的。四川的贫僧和富僧都想去普陀山朝圣，贫者凭着一瓶一钵和坚定的意志，实现了自己的心愿；富者虽有足够的钱可雇船前往，但由于自己的犹豫畏缩，终未能达到目的。作者由此说明了"立志"的重要。所谓"立志"，不仅是要树立奋斗的目标，而且要有百折不挠、知难而进的精神，这正是学习中第一可贵的。这一段通过具体生动的记叙，设想出人物的语言神态，形象地揭示出立志的重要，犹如一则寓言故事，虽然平易简单，却寓有深刻的道理。

最后一段结论，还是归结到聪敏与昏庸的问题：聪敏不可恃，昏庸也不可限，关键在于能否力学不倦。作者强调了学习中的主观能动作用，摆脱了天赋决定论的成见，劝人以学，对于不同天资的人都有勉励的作用。他对聪敏"可恃而不可恃"，对昏庸"可限而不可限"的辩证认识无疑都是很有见地的。

全文始终用了对比的方法来增强文章的说服力，如一开始便从天下事"难"与"易"的不同落笔，指出在学习中"难"与"易"是相对的，可变的。接下来又从昏庸和聪敏及其与成败的关系立论，反复辨难，说理明白，使读者信服。蜀僧的一贫一富，贫者仅恃一瓶一钵，富者可以买船而下，结果贫者至南海而富者不能至，始终在强烈的对比中展开说理，增添了文章的生动性。文中多用偶句，如：“为之，则难者亦易矣；不为，则易者亦难矣。”“学之，则难者亦易矣；不学，则易者亦难矣。”以及“吾资之昏”与“吾资之聪”两段，“聪与敏，可恃而不可恃也”与“昏与庸，可限而不可限也”两段等在句法上都两两相对，给读者造成深刻的印象。文中并没有艰深的文词，只是娓娓道来，如一篇师长对晚辈的劝勉之词，语重心长，切合题旨。（王镇远）

梅花岭记　　全祖望

顺治二年乙酉[①]四月，江都围急[②]。督相史忠烈公[③]知势不可为，集诸将而语之曰：“吾誓与城为殉，然仓皇中不可落于敌人之手以死，谁为我临期成此大节者？”副将军史德威[④]慨然任之。忠烈喜曰：“吾尚未有子，汝当以同姓为吾后。吾上书太夫人，谱汝诸孙中。”

二十五日，城陷，忠烈拔刀自裁，诸将果争前抱持之。忠烈大呼德威，德威流涕不能执刃，遂为诸将所拥而行。至小东门，大兵如林而至。马副使鸣騄、任太守民育及诸将刘都督肇基等[⑤]皆死。忠烈乃瞠目曰：“我史阁部也。”被执至南门，和硕豫亲王[⑥]以先生呼之，劝之降。忠烈大骂而死。初，忠烈遗言：“我死，当葬梅花岭上。”至是，德威求公之骨不可得，乃以衣冠葬之。

或曰：“城之破也，有亲见忠烈青衣乌帽，乘白马，出天宁门投江死者，未尝殒于城中也。”自有是言，大江南北，遂谓忠烈未死。已而英、霍山师[⑦]大起，皆托忠烈之名，仿佛陈涉之称项燕[⑧]。吴中孙公兆奎[⑨]以起兵不克，执至白下[⑩]。经略洪承畴[⑪]与之有旧，问曰：“先生在兵间，审知故扬州阁部史公果死耶，抑未死耶？”孙公答曰：“经略从北来，审知故松山殉难督师洪公[⑫]果死耶，抑未死耶？”承畴大恚，急呼麾下驱出斩之。

呜呼！神仙诡诞之说，谓颜太师以兵解[⑬]，文少保亦以悟大光明法蝉蜕[⑭]，实未尝死。不知忠义者圣贤家法[⑮]，其气浩然，常留天地之间，何必出世入世之面目？神仙之说，所谓为蛇画足。即如忠烈遗骸，不可问矣。百年而后，予登岭上，与客述忠烈遗言，无不泪下如雨，想见当日围城光景。此即忠烈之面目，宛然可遇，是不必问其果解脱否也，而况冒其未死之名者哉！

墓旁有丹徒钱烈女⑯之冢，亦以乙酉在扬，凡五死而得绝，特告其父母火之，无留骨秽地，扬人葬之于此。江右王猷定、关中黄遵岩、粤东屈大均⑰为作传铭哀辞。

顾尚有未尽表章者：予闻忠烈兄弟，自翰林可程⑱下，尚有数人，其后皆来江都省墓。适英、霍山师败，捕得冒称忠烈者，大将发至江都，令史氏男女来认之。忠烈之第八弟已亡，其夫人年少有色，守节，亦出视之。大将艳其色，欲强娶之，夫人自裁而死。时以其出于大将之所逼也，莫敢为之表章者。忠烈尝恨可程在北，当易姓之间⑲，不能仗节，出疏纠之。岂知身后乃有弟妇以女子而踵兄公⑳之余烈乎！梅花如雪，芳香不染，异日有作忠烈祠者，副使诸公谅在从祀之列，当另为别室以祀夫人，附以烈女一辈也。

注 ① 顺治二年乙酉：公元 1645 年。顺治，清世祖福临的年号（1644—1661）。② 江都围急：顺治二年四月，扬州被清军包围，孤立无援，形势危急。江都，今江苏扬州市。 ③ 督相史忠烈公：即史可法，字宪之，号道邻，祥符（今河南开封市）人。崇祯进士。清兵入关后，福王朱由崧于南京即帝位。任史可法为兵部尚书、武英殿大学士。坚守扬州，城破被执，从容就义。因他以大学士身份督师扬州，而明代大学士的职位相当于宰相，故称督相。“忠烈”是他死后的谥号。④ 史德威：史可法部下副将军，即副总兵官，平阳（今山西临汾）人。 ⑤ 马副使鸣騄：马鸣騄，褒城（今陕西勉县东北）人，为督理扬州军务的副帅。任太守民育：任民育，字时泽，济宁（今属山东）人，任扬州知府，城破后被杀，全家投井而死。太守，汉代官名，明代借指知府。刘都督肇基：刘肇基，字鼎维，辽东（今属辽宁）人，史可法部下都督。城破后率部巷战，壮烈牺牲。 ⑥ 和硕豫亲王：名多铎，清太祖努尔哈赤第十五子，封为豫亲王。是清军攻打江南的主帅，称定国大将军。和硕，满语，部落或旗的意思。清代亲王、公主都冠以“和硕”二字。 ⑦ 英、霍山师：明末在英山、霍山一带起义抗清的义军。英，英山，今属湖北；霍，霍山，今属安徽。倪在田《续明纪事本末》：“义士冯弘图、侯应龙、张图容、杨国士起兵于霍山。弘图倡言史可法实未死，众信之，集兵数千，攻英山、霍山、六安，皆下之。寻为吴兆胜所破。” ⑧ 仿佛陈涉之称项燕：如同当年陈涉起义时假借项燕的名义。《史记·陈涉世家》：“陈胜（即陈涉）曰：‘项燕为楚将，数有功，爱士卒，楚人怜之，或以为死，或以为亡（逃亡）。今诚以吾众诈自称公子扶苏、项燕，为天下唱（倡），宜多应者。’” ⑨ 吴中孙公兆奎：孙兆奎，字君昌，江苏吴江县人。吴易自太湖起兵抗清，兆奎率千余人应之，号称“孙吴军”。为北军吴兆胜所袭，兵败被擒，解至江宁而死。吴中，今江苏省吴县，古代也称吴中，清代与吴江县同属苏州府管辖。 ⑩ 白下：江宁（南京）旧有白下城，在今南京市西北，后人以白下作为南京的别称。 ⑪ 经略洪承畴：洪承畴，字亨九，南安（今属福建）人。明末曾任蓟辽总督，与清军在松山作战时兵败投降，后被任命为七省经略，驻江宁。经略，明清两代官名，职位在总督之上。 ⑫ 故松山殉难督师洪公：松山失利时，一度传说洪承畴已经遇难，崇祯皇帝朱由检还为此设坛哭祭他。松山，在今辽宁锦州市南。 ⑬ 颜太师以兵解：颜太师，指唐代颜真卿，德宗时曾任太子太师。后被叛将李希烈所害，传说十余年后他的仆人又在洛阳同德寺看到他，衣长白衫，张盖，在佛殿上坐，因此当时人都传说他成了仙。见《太平广记》卷三二引《仙传拾遗》。兵解，学仙的人称死于兵刃为“兵解”，意思是借此脱离了躯壳而成仙。 ⑭ 文少保亦以悟大光明法蝉蜕：文少保，指文天祥。他官至右丞相，加少保、信国公。南宋末年，他坚持抗元，兵败被俘，拒不投降，被杀。大光明法，道家的一种出世法。传说数日后，其妻收尸，颜面如生。清彭尺木与袁枚书：“昔文信公在燕狱时，遇楚黄道人，受出世法，始得脱然于生死之际，故其诗云：‘谁知真患难，忽悟大光明。’”蝉蜕，蝉脱去外壳，比喻人脱离肉身而成道。 ⑮ 圣贤家法：即圣人贤人立身的根本准则。 ⑯ 丹徒：今江苏省镇江市。钱烈女：名淑贤，清军攻破扬州时殉城。 ⑰ 江右王猷定：江右，指江西省。王猷定，字于一，号轸石，南昌市人，曾在史可法幕中，明灭亡后，隐居不出。著有《四照堂集》。关中黄遵岩：关中，指陕西省。黄遵岩，清初诗人，生平未详。粤东屈大均：粤东，指广东省。屈大均，字翁山，广东番禺（今广州市）人。曾参加抗清队伍，明亡后一度落发为僧。著有《道援堂集》《广东新语》等。 ⑱ 翰林可程：史可法的弟弟史可程，崇祯时进士，擢庶吉士，农民军入京时，曾投降农民军，后又降清。庶吉士属翰林院，也称为翰林。 ⑲ 当易姓之间：指农民起义军入京，明王朝灭亡的时候。易姓，封建时代对改朝换代的说法。 ⑳ 兄公：弟媳对夫兄的称呼。此指史可法。

在古老的中华民族悠久的历史上，曾经历过无数次反抗民族侵略和压迫的斗争，而涌现出许许多多为国家兴亡和民族生存献身的英雄。史可法便是其中可歌可泣的一位。

明崇祯十七年（1644），清兵大举入关。当时任朝廷礼部尚书兼东阁大学士的史可法，奉命督师扬州。次年四月，清和硕豫亲王多铎亲自率兵攻打扬州城，史可法于城陷后被俘，宁死不屈，为国捐躯，死后其衣冠葬在梅花岭上。明亡百年以后，全祖望登上梅花岭，怀着崇敬的心情，用饱蘸感情的笔墨记叙了史可法以身殉国的悲壮事迹，歌颂了他舍生取义、视死如归的忠烈行为和崇高的民族气节，用文字为这位大义凛然的民族英雄树立了一座不朽的丰碑。

鲜明生动地再现史可法的英雄形象，是本文最突出的成就和最主要的特色，它像一根红线贯串文章的始终。

对人物作正面描绘，给人留下了极为深刻的印象。作者集中刻画了史可法的三件事：一是“江都围急”，写他在敌人兵临城下败势已无可挽回的危急关头，斩钉截铁地宣称：“吾誓与城为殉”。并着手安排部将为他“临期成此大节”，以免落入敌人之手，表现出义无反顾、从容赴死的勇气和决心。二是“城陷临难”，写他于城陷后即刻“拔刀自裁”，以惨烈果决的壮举实践与扬州城共存亡的慷慨誓言。三是“壮烈殉国”，写他因诸将拦阻自杀未遂，不幸落入敌手，面对强敌，他毫无惧色，正气凛然，“大骂而死”，显示出忠贞刚毅、临难不苟的崇高精神品格。这三件事，不仅在时间上紧密衔接，环环相扣，而且始终围绕着生与死、敌与我的尖锐矛盾展开，人物正是在生死的严峻考验面前、在敌我的激烈冲突之中，显出了他的英雄本色，焕发出辉耀千古的夺目光彩。

在事件中刻画人物言行，是本文塑造人物形象的重要手段。尽管作者着墨不多，却画龙点睛地突出了人物特征，并使之有血有肉，鲜明丰满。其中，不论是写史可法“围急”时的“吾誓与城为殉”的铿锵誓言，还是写他在副将史德威慨然应允为其临期成大节时“喜曰”的神情，或是写他城陷后先“拔刀自裁”，继“瞠目”自呼，终“大骂而死”的壮举，无不使人物音容笑貌栩栩如生，宛如浮雕般凸显在读者面前。史可法殉难后，因尸骨不可得，只得以其衣冠代葬。文章写墓葬一节时，特别追叙了他生前“我死，当葬梅花岭上”的遗言。这显然是作者有意点染的一笔，意在用“梅花如雪，芳香不染”象征烈士冰清玉洁的节操和品格。

除正面描写外，本文刻画人物形象时还采用了侧面烘托的手法。作者记叙了史可法死后的两件事：一是从有人亲见他“青衣乌帽，乘白马”出城投江而死的传闻引出“大江南北，遂谓忠烈未死”的传说；二是声势浩大的抗清义军英、霍山师“皆托忠烈之名，仿佛陈涉之称项燕”。两事皆意味深长。因为传说虽不足凭信，却生动表现了人民群众对这位以身殉国的英雄的无比崇敬和深切怀念；义军以他的名字相号召，则表明他虽死而犹生，他的精神和事迹产生了巨大的影响。在第二件事中，作者特别拈出义军将领孙兆奎被俘后与降臣洪承畴的一段对话来写，尤耐人寻味。当洪承畴探问史可法死讯的虚实时，孙兆奎即刻反问他“故松山殉难督师洪公果死耶，抑未死耶”，使洪承畴大为狼狈，恼羞成怒，“急呼麾下驱出斩之”。此事发生在孙、洪之间，看似与史可法无关，其实并非闲笔，作者正是通过这一正一反两个典型，从不同的角度，有力衬托了史可法的英雄形象。孙兆奎临难不苟、威武不屈的精神，恰与史可法一脉相承，是对他的形象的补充；而民族败类洪承畴贪生怕死、卖国求荣的卑劣行径，则反衬了史可法的光辉业绩有如日月经天，江河行地。

融记叙、议论、抒情于一体，是本文感人至深的重要原因。作者记叙史可法壮烈殉国的经过及其影响，笔墨精练生动。随后，怀着赞叹与惋惜的心情由史氏未曾遇难的传说自然转入议论。他称“谓颜太师以兵解，文少保亦以悟大光明法蝉蜕，实未尝死”为“神仙诡诞之说”，指出那些为保全民族气节而献身的“忠义者”，“其气浩然，常留天地之间”，是不必定要他们成仙或者不死的；从而驳斥了那些荒诞不经、“为蛇画足”的说法，高度赞扬了史可法等民族英雄的浩然正气和永垂不朽的精神。这是本文的主旨，也是作者对立身处世的见解。作者在记叙丹徒钱烈女于扬州沦陷时“凡五死而得绝”，史可法弟妇李氏夫人为反抗清军暴行“自裁而死”的惨烈行为之后，也以十分精辟的议论，表彰了她们所代表的广大爱国人民的崇高民族气节，有力地揭示了所叙事件的本质和深刻意义。

作者不仅于质朴的叙事、精当的议论中情见乎辞，饱含对史可法的缅怀和崇敬，在叙事和议论当中也间或夹以抒情。如在论浩然之气常留天地之后说：“百年而后，予登岭上，与客述忠烈遗言，无不泪下如雨，想见当日围城光景。”这一段文字情真意挚，凄切哀婉，表达了对先烈的无限追怀，也寄托着作者深沉的爱国感情和对明亡的极大悲愤。

本文在写作技巧上还有不少值得称道之处。首先是叙事繁简得宜。文章记叙的中心是史可法，材料的详略取舍完全围绕这一中心进行。譬如清军的入侵是史可法殉难的直接原因，对此不能不提，但作者只以“江都围急”“城陷”“大兵如林而至”明朝诸将“皆死”等寥寥数语，便交代出形势的危急、双方交战的结果以及迫使史可法“拔刀自裁”和“被执”的原由，可谓叙事简约，惜墨如金。其次是描写生动形象。除人物形象描写外，本文的场面描写也令人难忘。如：“二十五日，城陷，忠烈拔刀自裁，诸将果争前抱持之。忠烈大呼德威，德威流涕不能执刃，遂为诸将所拥而行。”这情景慷慨悲壮，英勇惨烈，足以惊天地而泣鬼神！这可歌可泣的一幕将永载史册，流传后世，千载之下读之，仍可使人惊心动魄，历历如见。再次是安排照应颇见匠心。文中有三处写到梅花岭或梅花：一处是追叙史可法的遗言，一处是写作者登岭，另一处是抒发“梅花如雪，芳香不染”的议论。这三处有虚有实，虚实相应，一可点题，二可烘托主题，三可使文章意深旨远，耐人寻味。

强烈深沉的爱国感情，独特精湛的艺术技巧，使本文具有很高的思想价值和审美价值，它得以成为古代散文中的名篇并传诵不衰的原因正在于此。（张明非）

黄生借书说

袁　枚

黄生允修借书，随园主人[①]授以书而告之曰：书非借不能读也。子不闻藏书者乎？七略、四库[②]，天子之书，然天子读书者有几？汗牛塞屋[③]，富贵家之书，然富贵人读书者有几？其他祖父积、子孙弃者无论焉。

非独书为然，天下物皆然。非夫人之物[④]而强假焉，必虑人逼取，而惴惴焉摩玩之不已，曰：“今日存，明日去，吾不得而见之矣！”若业为吾所有，必高束焉，庋藏焉，曰“姑俟异日观”云尔。

予幼好书，家贫难致。有张氏藏书甚富，往借不与，归而形诸梦，其切如是。故有所览，辄省记。通籍[⑤]后，俸去书来，落落[⑥]大满，素蟫[⑦]灰丝，时蒙卷轴[⑧]，然后叹借者之用心专，而少时之岁月为可惜也。

今黄生贫类予，其借书亦类予。惟予之公书与张氏之吝书，若不相类。然则予固不幸而遇张乎？生固幸而遇予乎？知幸与不幸，则其读书也必专，而其归书也必速。为一说，使与书俱。

注 ① 随园主人：作者自称。作者于乾隆十三年（1752）购得江宁织造隋赫德之旧“隋织造园”，改治为随园。同年辞官后一直于此隐居。随园位于江宁（今江苏南京）小仓山。　② 七略：书目名。汉成帝命刘向、刘歆父子先后校录群书，编辑宫廷藏书，分为辑略、六艺略、诸子略、诗赋略、兵书略、术数略、方技略七部，总称“七略”，现已佚亡。班固撰《汉书·艺文志》图书分类，即基本上以七略为依据。四库：指经史子集四部内府藏书。唐玄宗于开元年间收集图籍，

"以甲、乙、丙、丁为次，列经、史、子、集四库"。见《新唐书·艺文志》。③ 汗牛塞屋：即汗牛充栋，极言书籍之多。语本柳宗元《陆文通先生墓志》："其为书，处则充栋宇，出则汗牛马。"意谓书籍塞满屋子，牛马运载时累得出汗。④ 非夫（fú）人之物：不是自己的东西。夫，语助词。 ⑤ 通籍：指做官。作者于乾隆四年（1739）中进士，入翰林院。籍，二尺长的竹片，上写姓名、年龄、身份等，挂在宫门口，以便进出宫门时查对。通籍是说记名于竹片上，可以出入宫门。后用以指初做官。 ⑥ 落落：多貌。《后汉书·冯衍传·自论》："冯子以为夫人之德不碌碌如玉，落落如石……" ⑦ 素蟫（tán）：蛀蚀书籍的蠹鱼，以其为银白色，故曰"素"。 ⑧ 卷轴：指书卷。古代文籍装轴卷藏。

这篇散文体裁颇别致。标题表明它是"说"体。"说"体在唐宋以后多属一种具有说明性与解说性的理论文章，不过较之严谨的"论"又有其自由灵活的特点，往往类乎杂感，故又可称为"杂说"。此文前两段意解说"书非借不能读也"的论旨，自然属于"说"体；但是它与一般的"说"体相比，则有其出格或曰新颖之处。因为文章后两段在"说"的基础上，又通过作者个人亲身经历的述说以及同黄生"类"与"不类"、"幸"与"不幸"的两相比较，进而劝勉黄生"读书也必专"，抒发作者对黄生的真挚赤诚的感情；从内容与写法来看，又近乎古代的"君子赠人以言"与"致敬爱、陈忠告之谊"（姚鼐《古文辞类纂序目》论"赠序类"语）的"赠序"体。这种熔"说"与"赠序"于一炉的写法，显然是袁枚对传统"说"体的一种大胆创造革新，是其所谓"我亦自立者，爱独不爱同"（《题叶花南庶子空山独立小影》）的主独创的美学思想的体现。

文章是从"黄生允修借书"这一生活小事引发的，但文中所解说的"书非借不能读"的道理却慧眼独具，道出了人人心中所有而笔下所无的借书与读书的密切关系，使人读后即能产生共鸣，感到信服。黄生当为作者的得意学生。袁枚在《随园诗话》卷三曾引证黄允修"无诗转为读书忙"的诗句，并誉之为"非真读书、真能诗者不能道"。可见他对黄生的器重与喜爱。正因为爱得深，才对其成长倍加关心。于慨然借书即"授以书"给黄生之际，又诲人不倦地为之解说"书非借不能读也"与"读书也必专"的道理，尽其为师者"传道"之职责。但作者并非如冬烘先生那样正襟危坐、古板正经地空谈一套高头讲章。作者在正面提出"书非借不能读也"的道理之后，接着以"子不闻藏书者乎"之问一转折，以藏书者之不能读书的角度入手，侧重于反面说明"书非借不能读"的道理，显得匠心独运。作者所举之富于七略、四库之书的天子，与藏有汗牛塞屋之书的富贵人，其读书客观条件之优越可谓无以复加，但作者连用“然天子读书者有几”，“然富贵人读书者有几”两个十分有力的反问句式，将这有书反不能读的普遍的社会现象暴露无遗。天子与富贵人尚且如此，其他靠祖辈与父辈所积累而被子孙辈抛弃藏书的现象就更不用说了。作者笔锋顺手一勾，则将有书而反不能读者网罗殆尽。这一段写得文气畅达，又抑扬顿挫。

作者始则从反面向黄生解说“书非借不能读”的道理，继则从侧面再加烘托。第二段云“非独书为然，天下物皆然”，就是以物非己有往往格外珍惜的一般道理，进一步强调书非己有则格外珍爱的个别道理。这一段作者构想出“非夫人之物而强假焉”者与“若业为吾所有”者两种人物的言行作对比描叙，虽旨在说理，却显得生动而有情趣。描叙前者选取了“虑人逼取，而惴惴焉摩玩之不已”的动作细节，逼真地显示出其唯恐强假之物被人讨还的恋恋不舍之情态，甚为细致传神；此外，又写其“今日存，明日去，吾不得而见之矣”的感叹，亦反映出对强假之物不忍归还的真切口吻。描叙后者的行为是“必高束焉，庋藏焉”，概括得十分准确贴切，令人有似曾相识之感；写其“姑俟异日观”的敷衍搪塞之词，亦颇为深刻真切，又令人有似曾相闻之感。这段所说的物实包括书在内。既然物因有强假与为我所有的不同而人的态度迥然相异，一重视，一轻视，则书亦不例外。这里采用的是演绎推理法。

前半部分对“书非借不能读”之意的解说任务业已完成。在此基础上，作者出于对黄生爱护关心的师生情谊，又进而采用赠序体写法，“陈忠告”于得意门生，劝勉其借了书后则“读书也必专”。为了深入打动黄生之心，作者乃以个人亲身经历循循诱导，充满真情，这一点与明初宋濂的《送东阳马生序》颇相类。宋濂于开篇曾自述云：“余幼时即嗜学，家贫，无从致书以观，每假借于藏书之家，手自笔录，计日以还。天大寒，砚冰坚，手指不可屈伸，弗之怠。录毕，走送之，不敢稍逾约。以是人多以书假余，余因得遍观群书。”其中写宋濂年轻时借书抄书，刻苦求学之艰苦情状甚是感人。第三段前半部分与之不无精神相通之处。袁枚亦自述“予幼好书，家贫难致”，亦曾四处借书。但与宋濂不同的是此处偏于强调借书之难（“有张氏藏书甚富，往借不与”）；写求借不得之遗憾、焦虑（“归而形诸梦”）；重在突出自己当年“不幸而遇张”，借书甚难。其真谛是反衬黄生今日“幸而遇予”，借书甚易，暗寓其劝勉黄生应专心读书，珍惜这大好机遇之意。第三段后半又转写自己通籍后，虽已有足够的俸禄购买来大量藏书，却任“素蟫灰丝，时蒙卷轴”，不复似少时之岁月那样好书勤学，那样“用心专”矣。这既与第一段的道理相印证，又是继续暗里劝勉黄生要珍惜借书读的机会，因为只有在此阶段才能“用心专”而有所得，且老师本身就是一个例证。继此段以真情实意打动了黄生好学之心以后，作者趁热打铁，又直接“陈忠告”之言。第四段乃以黄生与自己相“类”与“不相类”、自己少年之“不幸”与黄生今日之“幸”相比较，明确揭示“读书也必专”之理，并表达其希望黄生“归书也必速”之意。作者早年与黄生今日相类有二，一是“家贫难致”书，二是“借书”读。作者与黄生不相类的是，作者早年借书遇到的是“吝书”的张氏，借而不得；而黄生今日借书遇到的是“公书”的作者，借而可得。这就是作者早年之不幸与黄生今日之幸，黄生对此应该心里有数；但作者不正面说出此意，而用问句出之：“然则予固不幸而遇张乎？生固幸而遇予乎？”文气显得委婉，语意亦不张狂。文章最后和盘托出劝勉忠告之言亦显得水到渠成：“知幸与不幸，则其读书也必专，而其归书也必速。”不辜负老师希望自己成材的“借书”之心。袁枚以奖掖后学为己任，即使借书给学生，亦要“为一说，使与书俱”，其对后学之进步亦可谓关心备至了。

这篇文章所要“说”的道理并不深奥，但作者却能正说、反说、侧面说，以及明说、暗说，角度多变，波澜起伏，抑扬顿挫，摇曳生姿，使人读来兴味盎然，毫不乏味。作者不仅注意以理服人，更重在以情感人，特别是以个人亲身经历劝勉后学，推出论旨，其意也真，其情也殷，使人读后为之折服。全文结构上特别注重对比手法的运用，如以昔日张氏之“吝书”与今日自己之“公书”对比，以黄生今日之“幸”与自己早年之“不幸”对比，又以自身的早年借书与通籍后藏书甚多但前后读书态度不同对比，在层层对比之中说明论旨。而文风的惟情所适，率性而发，娓娓而谈，明白轻快，亦值得称道。（王英志）

祭妹文　　袁　枚

乾隆丁亥冬[①]，葬三妹素文[②]于上元之羊山[③]，而奠以文曰：

呜呼！汝生于浙而葬于斯，离吾乡七百里矣。当时虽觭梦[4]幻想，宁知此为归骨所耶！

汝以一念之贞[5]，遇人仳离[6]，致孤危托落[7]。虽命之所存，天实为之；然而累汝至此者，未尝非予之过也。予幼从先生授经，汝差肩而坐，爱听古人节义事；一旦长成，遽躬蹈之。呜呼！使汝不识诗书，或未必艰贞若是。

予捉蟋蟀，汝奋臂出其间；岁寒虫僵，同临其穴[8]。今予殓汝葬汝，而当日之情形，憬然赴目。予九岁憩书斋，汝梳双髻，披单缣来，温《缁衣》[9]一章。适先生奓户[10]入，闻两童子音琅琅然，不觉莞尔，连呼则则[11]。此七月望日事也。汝在九原[12]，当分明记之。予弱冠粤行[13]，汝掎裳[14]悲恸。逾三年，予披宫锦还家[15]，汝从东厢扶案出，一家瞠视而笑，不记语从何起，大概说长安登科[16]，函使报信迟早云尔。凡此琐琐，虽为陈迹，然我一日未死，则一日不能忘。旧事填膺，思之凄梗，如影历历，逼取便逝。悔当时不将婴[17]情状，罗缕纪存[18]。然而汝已不在人间，则虽年光倒流，儿时可再，而亦无与为证印者矣。

汝之义绝[19]高氏而归也，堂上阿奶[20]，仗汝扶持，家中文墨，眣汝[21]办治。尝谓女流中最少明经义、谙雅故者，汝嫂非不婉嫕[22]，而于此微缺然。故自汝归后，虽为汝悲，实为予喜。予又长汝四岁，或人间长者先亡，可将身后托汝，而不谓汝之先予以去也。前年予病，汝终宵刺探，减一分则喜，增一分则忧。后虽小差，犹尚殗殜[23]，无所娱遣，汝来床前，为说稗官野史可喜可愕之事，聊资一欢。呜呼！今而后，吾将再病，教从何处呼汝耶？

汝之疾也，予信医言无害，远吊扬州。汝又虑戚吾心，阻人走报。及至绵惙[24]已极，阿奶问："望兄归否？"强应曰："诺！"予已先一日梦汝来诀，心知不祥，飞舟渡江。果予以未时还家，而汝以辰时气绝。四支犹温，一目未瞑，盖犹忍死待予也。呜呼痛哉！早知诀汝，则予岂肯远游？即游，亦尚有几许心中言，要汝知闻，共汝筹画也！而今已矣！除吾死外，当无见期。吾又不知何日死，可以见汝；而死后之有知无知，与得见不得见，又卒难明也。然则抱此无涯之憾，天乎人乎！而竟已乎！

汝之诗，吾已付梓[25]；汝之女，吾已代嫁；汝之生平，吾已作传[26]；惟汝之窀穸[27]，尚未谋耳。先茔在杭，江广河深，势难归葬，故请母命而宁汝于斯，便祭扫也。其旁葬汝女阿印[28]，其下两冢，一为阿爷侍者[29]朱氏，一为阿兄侍者[30]陶氏。羊山旷渺，南望原隰[31]，西望栖霞[32]，风雨晨昏，羁魂有伴，当不孤寂。所怜者，吾自戊寅年读汝哭侄诗[33]后，至今无男[34]；两女牙牙[35]，生汝死后，才周晬[36]耳。予虽亲在未敢言老[37]，而齿危发秃，暗里自知，知在人间，尚复几日？阿品远官河南[38]，亦无子女[39]，九族[40]无可继者。汝死我葬，我死谁埋！汝倘有灵，可能告我？

呜呼！身前既不可想，身后又不可知；哭汝既不闻汝言，奠汝又不见汝食。纸灰飞扬，朔风野大，阿兄归矣，犹屡屡回头望汝也。呜呼哀哉！呜呼哀哉！

注 ① 乾隆丁亥：清高宗乾隆三十二年（1767）。 ② 素文：名机，字素文，别号青琳居士。据袁枚《女弟素文传》，袁机于“乾隆二十四年（1759）十一月死，年四十”。 ③ 上元：县名，在今南京市。羊山：在今南京市东。 ④ 觭（jī）梦：做梦，得梦。《周礼·春官·大卜》：“二曰觭梦”。郑玄注：“言梦之所得。” ⑤ 一念之贞：据《女弟素文传》：袁机不满周岁即许给如皋高氏子。十余年后高氏因其子不肖，曾提出解除婚约，但袁机却囿于“从一而终”的封建礼教，终于与“有禽兽行”的高氏子成婚，而造成终身不幸。此即所谓“一念之贞”。 ⑥ 仳（pǐ）离：《诗经·王风·山谷有蓷》：“有女仳离，慨其叹矣。”指妇女被遗弃而离去。 ⑦ 孤危：孤独危殆。托落：同“落拓”，寂寞、冷落。⑧ 临其穴：《诗经·秦风·黄鸟》：“临其穴，惴惴其栗。”此指到埋葬蟋蟀处凭吊。 ⑨《缁衣》：《诗经·郑风》篇名。 ⑩ 奓（zhà）户：开门。 ⑪ 则则：即“啧啧”，赞叹声。 ⑫ 九原：墓地。原为春秋时晋国卿大夫的墓地名，后为泛指。 ⑬ 弱冠粤行：指乾隆元年（1736）春，作者二十一岁时，经广东去广西桂林看望在广西巡抚金鉷幕中的叔父袁鸿之行。弱冠，古代男二十岁行冠礼，表示已成年。 ⑭ 掎（jǐ）裳：拉着衣裳。 ⑮ 披宫锦还家：指乾隆四年（1739）作者中进士，授翰林院庶吉士，冬请假回乡与王氏完婚。披宫锦，唐代进士及第后，披宫袍以示荣耀。后遂称中进士为“披宫锦”。 ⑯ 长安登科：指在北京考中进士。长安，代指国都。 ⑰ 婴娩（yī ní）：婴儿。此指幼年。 ⑱ 罗缕纪存：有条理地记录保存。 ⑲ 义绝：断绝关系。据《女弟素文传》，素文嫁高氏子后，屡遭毒打，甚至要被丈夫卖掉抵赌债，乃逃回娘家，与丈夫离婚。⑳ 阿奶：指作者母亲章氏。《博雅》：“楚人呼母曰奶。” ㉑ 眣（shùn）：以目示意。 ㉒ 婉嫕（yì）：柔顺。 ㉓ 殗殜（yè dié）：病情不甚严重，可半卧半坐。㉔ 绵惙（chuò）：病情危急。 ㉕ 付梓：付印。梓，刻字印刷的板子。袁枚将袁机的诗刻印，名《素文女子遗稿》。 ㉖ 作传：指袁枚所作《女弟素文传》，见

《小仓山房文集》卷七。 ㉗ 窀穸（zhūn xī）：墓穴。 ㉘ 阿印：素文有两女，一名阿印，早死；一由袁枚安排出嫁。 ㉙ 阿爷侍者：指作者父亲袁滨的侍妾。 ㉚ 阿兄侍者：指袁枚的侍妾。 ㉛ 原隰（xí）：平原低洼之地。 ㉜ 栖霞：山名。在今南京市东北。 ㉝ 戊寅年：乾隆二十三年（1758）。哭侄诗：袁枚丧子，素文作诗《阿兄得子不举》以悼之。 ㉞ 至今无男：指写此文时尚无儿子。两年后妾钟氏生子名阿迟。 ㉟ 两女：指作者的双生女儿，钟氏所生。牙牙：婴儿学话声。 ㊱ 周晬（zuì）：周岁。 ㊲ 亲在未敢言老：《礼记·曲礼上》："夫为人子者，出必告，反必面，所游必有常，所习必有业。恒言不称老。"此指母亲尚健在自己不敢称老。时作者六十一岁。 ㊳ 阿品远官河南：指作者堂弟袁树时任河南正阳知县。阿品当为其小名。 ㊴ 亦无子女：写此文时袁树还无子女。后来生子名阿通。 ㊵ 九族：本身以上的父、祖、曾祖、高祖和本身以下的子、孙、曾孙、玄孙，连同本身在内，合称九族。

这篇文章是"祭文"体，抒写的是"祭奠亲友之辞"（徐师曾《文体明辨序说·祭文》）。刘勰尝论祭吊之文云："祭奠之楷，宜恭且哀。"（《文心雕龙·祝盟》）优秀的祭文以所抒发的"真情实意，溢出言辞之表"（吴讷《文章辨体·序说》）来感人肺腑，所以在文辞上则力求不雕琢，去粉饰，勿做作。祭文多用韵语，但亦有以散体记事抒情而成为"祭文中千年绝调"者，如韩愈的《祭十二郎文》（见《古文观止》卷八）。这篇祭文亦然。它不拘格套，情真意切，哀婉凄绝，为祭文体中脍炙人口的名作，被论者评为同韩愈《祭十二郎文》、欧阳修《泷冈阡表》"鼎足而三"者（见王文濡《清文评注读本·哀祭类》）。

袁枚生性多情善感，极重骨肉之情、同胞之谊、夫妻之爱，特别是一旦有亲人丧葬之悲，更于心灵深处掀起感情的波澜。动于中必形于外，作为诗人与古文家，袁枚便有许多悼亡之诗与祭奠之文产生。仅悲悼其三妹素文者就有《哭三妹五十韵》诗与《祭妹文》等，而传记《女弟素文传》亦洋溢着悲悼之情。在袁枚诸姊妹中，素文是最具才情的。她自幼即与袁枚感情最深笃，后来竟成为封建礼教的牺牲品，怎能不令袁枚悲哀之至？素文不足周岁就许配给江苏如皋高氏子。这个高氏子甚为不肖，因此十余年后其父曾提出与素文解除婚约。但素文竟囿于"从一而终"的封建道德观念，还是嫁给了"有禽兽行"的高氏子。婚后她动辄得咎，受尽辱骂毒打，甚至要被丈夫卖掉以抵赌债。在万般无奈之下，她才归而侍母。素文"自离婚后，长斋，衣不纯采，不髲剃，不闻乐。有病不治，遇风辰花朝，辄背人而泣"，终于在"乾隆二十四年十一月死，年四十"。当时袁枚在扬州，闻病奔归，三妹“气已绝矣，一目犹瞠也，抚之乃瞑”（上引见《女弟素文传》）。当时袁枚肝肠寸断，有《哭三妹五十韵》长诗，悲悼“五枝荆树好，忽陨第三枝”的悲剧。时隔八年之后，在安葬三妹于南京羊山之际，又勾起对三妹的悲悼之情，写下这篇声泪俱下的祭文，献给三妹亡灵。借用《古文观止》卷八评韩愈《祭十二郎文》之言评此文亦十分贴切：“情之至者，自然流为至文。读此等文，须想其一面哭一面写，字字是血，字字是泪。未尝有意为文，而文无不工。”素文若泉下有知，闻此祭文亦当以泪相报矣！

全文由八个自然段构成。基本上采用历时性结构，回忆往事系由远及近，自三妹的幼年写到青年，略去不幸的出嫁，再写其离婚归家，直至病危去世。最后写三妹死后家事与安葬的情景。全文条理井然有序。而大多数段落均以“汝……”句式领起，作情境转换，亦显得脉络清晰而层次分明。

祭文体与以记述死者生平、赞颂死者功业德行为主的墓志体不同，偏于抒写对死者的哀悼追思，因此题材不论大小，只要有助于抒发悼念之情，尽可网罗于文内。此文所祭之三妹素文乃是一个普通女子，只能从一些平凡的生活琐事中反映其品性以及与阿兄之间的手足深情，作者即借此充分寄托此时的哀悼之意，因而读来不嫌其冗长或零碎，而只觉其情真意切，文情并茂。如记幼时“捉蟋蟀”，三妹“奋臂出其间；岁寒虫僵，同临其穴”，把三妹天真活泼的情态写得栩栩如生，并反映出一颗纯真善良的童心。写作者“九岁憩书斋”，三妹“梳双髻，披单缣来，温《缁衣》一章”，读书声“童音琅琅然”，又生动地表现出幼年三妹好学上进的美好形象，以及兄妹融洽无间的关系。写作者“弱冠粤行”，三妹“掎裳悲恸”，三年过后，作者“披宫锦还家”，三妹“从东厢扶案出，一家瞠视而笑”，这一送一迎之悲欢离合，写尽三妹对阿兄真挚深厚的情谊。写作者患病，三妹“终宵刺探，减一分则喜，增一分则忧”，并“来床前，为说稗官野史可喜可愕之事，聊资一欢”，又表现出三妹重情义的性格，以及与阿兄之休戚相关。而描写三妹“气绝”后，“四支犹温，一目未瞑，盖犹忍死待予也”的情景，可见三妹对阿兄之情义至死未消也，真令人肝胆俱裂，痛彻肺腑。正是这些琐屑陈迹，这些平凡的细节，刻画出三妹情深义重的感人形象。其“从一而终”的观念固然不足为训，但她毕竟是封建礼教的受害者，其人生悲剧令人一洒同情之泪；而其童年的稚气可掬则引人喜爱，其对阿兄的真诚感情亦颇堪称道。

《祭妹文》作为一篇祭文，又不同于一般传记的偏重客观记叙，而是具有浓郁的主观色彩与强烈的抒情性。作者“罗缕纪存”昔日家常琐事的文字，每一停顿则直摅哀悼之意，其悲痛凄怆完全是发自至性至情，皆为血泪之言，具有直接扣人心弦的力量。如文中在叙三妹“以一念之贞，遇人仳离，致孤危托落”后，即感叹云：“然而累汝至此者，未尝非予之过也。”作者认为是自己帮助三妹“识诗书”，懂得“古人节义事”，才“艰贞若是”的，这种直率的自谴自责之言，其实蕴含着对三妹不幸婚姻的极度同情与深切怜悯。在记昔日与三妹一起埋葬蟋蟀之后，则又云：“今予殓汝葬汝，而当日之情形，憬然赴目。”当日同葬蟋蟀，今则独葬三妹，两相对照，更觉动人悲感，增人涕泪。在写三妹“义绝高氏而归”之后，则云：“故自汝归后，虽为汝悲，实为予喜。”此乃肺腑之言，其“喜”是因为又可与三妹朝夕相处，家中则增添了一位难得的“明经义、谙雅故”之“女流”，其对三妹的器重与喜爱之情流露无遗。最令人心灵震颤的是在记叙三妹气绝瞑目之后，作者发出撕心裂肺的痛号：“呜呼痛哉！早知诀汝，则予岂肯远游？即游，亦尚有几许心中言，要汝知闻，共汝筹画也！而今已矣！除吾死外，当无见期。吾又不知何日死，可以见汝；而死后之有知无知，与得见不得见，又卒难明也。然则抱此无涯之憾，天乎人乎！而竟已乎！”作者悲悼的感情流程有起有伏，时强时弱，但至此则掀起洪涛巨浪，达到高潮。此时作者不由自主，非如此痛号哭诉不能宣泄三妹死后八年来郁积在胸中的“无涯之憾”。作者仿佛又回到八年前三妹谢世时的情境之中，恨不能使三妹起死回生也！但三妹今日却已下葬，所以“哭汝既不闻汝言，奠汝又不见汝食”，更是“无涯之憾”。作者写祭毕归去，“犹屡屡回头望汝”之后，只能连叫：“呜呼哀哉！呜呼哀哉！”再次宣泄内心的极度悲恸。

另外值得一提的是祭文往往采用第二人称角度抒写，此文亦然。作者以“汝”直称已死的三妹，就可以随意地向三妹倾诉衷肠，仿佛三妹正活生生地坐在面前，这就消除了生者与死者之间的界限，便于抒情，显得特别亲切动人。

袁枚作为乾隆年间性灵诗派的主将，论诗标举性灵说。其要旨之一是诗人要自由灵活地抒发其真情实感，其性灵诗即如此，如《哭三妹五十韵》被人评为“语语从肺腑流出，诗家讲性灵者无以过之”（吴应和等

《浙西六家诗抄》引李西台语）。同样，袁枚的散文亦大多抒写内心真性情，此文就堪称“语语从肺腑流出”的独抒性灵之文。（王英志）

登泰山记　　姚　鼐

泰山之阳，汶水[①]西流；其阴，济水[②]东流，阳谷皆入汶，阴谷皆入济。当其南北分者，古长城[③]也。最高日观峰[④]，在长城南十五里。

余以乾隆三十九年十二月，自京师乘风雪，历齐河、长清[⑤]，穿泰山西北谷，越长城之限，至于泰安[⑥]。是月丁未，与知府朱孝纯子颍[⑦]由南麓登。四十五里，道皆砌石为磴，其级七千有余。

泰山正南面有三谷，中谷绕泰安城下，郦道元所谓环水[⑧]也。余始循以入，道少半，越中岭[⑨]；复循西谷，遂至其巅。古时登山，循东谷入，道有天门。东谷者，古谓之天门溪水[⑩]，余所不至也。今所经中岭及山巅崖限当道者，世皆谓之天门云。道中迷雾冰滑，磴几不可登。及既上，苍山负雪，明烛天南；望晚日照城郭，汶水、徂徕[⑪]如画，而半山居[⑫]雾若带然。

戊申晦，五鼓，与子颍坐日观亭[⑬]待日出。大风扬积雪击面。亭东自足下皆云漫，稍见云中白若摴蒱[⑭]数十立者，山也。极天，云一线异色，须臾成五彩；日上，正赤如丹，下有红光，动摇承之。或曰：此东海[⑮]也。回视日观以西峰，或得日，或否，绛皓驳色，而皆若偻。

亭西有岱祠[⑯]，又有碧霞元君祠[⑰]；皇帝行宫[⑱]在碧霞元君祠东。是日，观道中石刻，自唐显庆[⑲]以来，其远古刻尽漫失。僻不当道者，皆不及往。

山多石，少土；石苍黑色，多平方，少圆。少杂树，多松，生石罅，皆平顶。冰雪，无瀑水，无鸟兽音迹。至日观，数里内无树，而雪与人膝齐。

桐城姚鼐记。

注 ① 汶水：即大汶河。发源于山东省莱芜东北原山，向西南流经泰安。 ② 济水：发源于河南济源西王屋山，流经山东。现在下游河道已为黄河改道所夺。

③ 古长城：指春秋时齐国所筑长城。《管子·轻重丁》："长城之阳，鲁也；长城之阴，齐也。"为齐、鲁之分界。 ④ 日观峰：泰山顶峰之一。 ⑤ 齐河、长清：县名，今均属山东。 ⑥ 泰安：今属山东，清代为泰安府治。 ⑦ 朱孝纯子颖：号海愚，山东历城人。乾隆进士，累官两淮盐运使。 ⑧ 郦道元所谓环水：郦道元，字善长，范阳（治今河北涿州）人。北魏地理学家，撰有《水经注》四十卷。其卷二十四《汶水》云："《山海经》曰：'环水出泰山，东流注于汶。'即此水也。" ⑨ 中岭：又名中溪山，中溪由此发源。 ⑩ 天门溪水：《水经注·汶水》："东南流径泰山东，右合天门下溪水，水出泰山天门下谷，东流。古者帝王升封，咸憩此水。" ⑪ 徂徕：山名，在泰安城东南四十里。 ⑫ 居：停留。 ⑬ 日观亭：在日观峰上。 ⑭ 摴蒱（chū pú）：亦作樗蒲，古代赌具。唐李翱《五木经》："樗蒲五木。"元革《五木经》："樗蒲古戏，其投有五。"投，同"骰"。此处摴蒱当指五木，亦即五枚骰子，用以掷采打马。五木之制，为长形，两头尖锐，中间广平，上黑下白，竖立时似山峰。故《水经注·濮水》云："累石山在北，亦谓之五木山，山方尖如五木状，故俗人借以名之。"姚鼐所指亦此意。 ⑮ 东海：泛指东方的大海。 ⑯ 岱祠：泰山之神东岳大帝的祠庙。 ⑰ 碧霞元君：传说为东岳大帝之女。 ⑱ 皇帝行宫：皇帝外出时的住所。清康熙帝及乾隆帝均曾驻跸泰安，登泰山，祭东岳庙。 ⑲ 显庆：唐高宗年号（656—661）。

乾隆三十九年（1774），姚鼐四十二岁。他参加纂修的《四库全书》于三十七年告成，以御史记名。此年以养亲为名，告归田里，道经泰安与挚友泰安知府朱孝纯（字子颖）同上泰山，登日观之后，写下了这篇游记。

泰山山势雄伟，风景壮丽，历代文人骚客多在春秋佳日，联袂登山，吟哦题咏，还留下了许多优秀的记游文章。姚鼐的《登泰山记》是这类作品中的佼佼者，因其记述的是寒冬中的游历，也就更具特色。

第一段，先从地理环境落笔：山南有汶水西流，山北济水东去，名山傍水，分外壮观。泰山南北山谷的分界处，横亘着古长城。作者所以在长城前冠以"古"字，意在说明这不是秦汉以后的万里长城，而是春秋时代齐国所筑，是一处古迹。接着点出泰山最高点日观峰，为后文埋下伏笔。这一段文字，是在登泰山之前，先勾勒出泰山的轮廓。

第二段，写他于乾隆三十九年十二月离京师，乘风雪，历经数县，抵达泰安的经过，以及在是月的丁未日（即二十八日），与朱子颖登泰山的初程。日期和天气状况是全文的点睛之笔。他们从南面山麓登山。山道"四十五里，道皆砌石为磴，其级七千有余"。作者选择的路线是循中谷入，"道少半，越中岭；复循西谷，遂至其巅"。看似轻描淡写，但读至下文"所经中岭及山巅崖限当道"，"道中迷雾冰滑，磴几不可登"，顿有"成如容易却艰辛”之感。作者一登上山巅，望座座青峰披着皑皑白雪，照亮南天。俯瞰泰安城，汶水和徂徕山，沐浴在夕照中，宛如图画；环绕山间的云雾，就像轻柔的腰带。这一切，怎不令人心旷神怡？而作者的兴奋和喜悦之情，也溢于言表。

第三段是全文的中心。作者于二十八日傍晚登上山顶，第二天即除夕日（当年十二月小）五更时分，即与朱子颍到日观峰上的日观亭，坐候日出。日出前，“大风扬积雪击面”，风雪交加，与泰山道上“迷雾冰滑”照应，一派寒冬景象。自日观亭向东望去，山谷中云雾弥漫，即所谓“云海”。略微看见云海中群山像几十颗白色的骰子似的耸立着，然后天的尽处呈现出一线奇异的色彩，瞬间变幻成五彩缤纷的朝霞。太阳升起了，色纯红如丹砂，下有红光荡漾，托着它冉冉上升，何等壮观！那红光何以“动摇”？“或曰：此东海也。”原来太阳是从天边波涛翻滚的东海上升起来的。至此，气势磅礴的日出奇景，只寥寥数语，就被描绘得宛然在目，而且层次分明。姚鼐在写这篇游记的同时，还写了一首题为《岁除日与子颍登日观观日出作歌》的长诗，诗中写道：“泰山到海五百里，日观东看直一指。万峰海上碧沉沉，象伏龙蹲呼不起。夜半云海浮岩空，雪山灭没空云中。参旗正拂天云西，云汉却跨沧海东。海隅云光一线动，山如舞袖招长风。……天风飘飘拂东向，拄杖探出扶桑红。地底金轮几及丈，海右天鸡才一唱。不知万顷冯夷宫，并作红光上天上……”传说中水神的宫殿，竟化作泰山日出，这是多么奇特的想象！写日出还不就此为止。作者回头西望，日观峰以西诸山，阳光照射到的，呈红色；照不到的，依然白色。晨曦中红白错杂相间的群山，都似弯腰俯首，显得矮小，令人想起杜甫的名句：“会当凌绝顶，一览众山小。”（《望岳》）

作者观日出之后，游览山顶建筑，观赏山道中的石刻，简单地一笔带过。文中的记述或详或略，都与作者描写的登山活动的对象的主次、个人感受的深浅有着密切关系。

最后一段，综述泰山的特点：“山多石，少土；石苍黑色，多平方，少圆。少杂树，多松，生石罅，皆平顶。”又描绘了泰山严冬的景观：“冰雪，无瀑水，无鸟兽音迹。至日观，数里内无树，而雪与人膝齐。”多用两三字短句，简练峭劲。写冰雪处，与前文“大风扬积雪击面”相回应，并以此结束全文。

全文仅用了四五百字，却描绘许多壮观的场面，包含了丰富的内容，又有强烈的艺术感染力。其特点何在？首先，写景记游始终围绕作者的活动进行，从自京师“乘风雪”而来，到“观道中石刻”而归，作者对整个游程的记述有条不紊，循序渐进；同时又对其活动剪裁得当，有主有从，一线贯穿，引人入胜。其次，记述整个活动又紧紧围绕一个中心进行，即以日观峰为中心贯穿全篇，不仅使文章结构严谨，而且牢牢吸引读者的注意力。第三，语言简洁明快，描述鲜明生动，特别是描绘极富特征性。如“苍山负雪，明烛天南”，“半山居雾若带然”，“云中白若摴蒱数十立者，山也”，“回视日观以西峰……绛皓驳色，而皆若偻”等等，形象、动人，既增添游记的神秘色彩，又可唤起读者的想象力。另外，敏锐的观察力和丰富的泰山地理及名胜古迹沿革变迁的知识，也是很重要的。姚鼐是桐城派大家，向来重视义理、考证、文章的统一，并且就在此次登山之后，于乾隆四十年正月为聂剑光的《泰山道里记》作序，可见他对泰山舆地早有过一番研究，所以写泰山地理形势、登山路径和山上古迹是那么得心应手。只是作者在游记中，仅着意于游程的记述、时令特征的描绘和景物的刻画，却较少个人感情的流露和议论，这是姚鼐记游作品的又一特点。但《登泰山记》把泰山的美、古老文化的美呈现给读者，二百年后读此文，仍可感受到作者那颗热爱祖国、热爱名山大川的心是与读者相通的。（周　晶）

哀盐船文　　汪　中

乾隆三十五年十二月乙卯，仪征盐船火，坏船百有三十，焚及溺死者千有四百。是时盐纲[①]皆直达，东自泰州，西极于汉阳，转运半天下焉。唯仪征绾其口。列樯蔽空，束江而立，望之隐若城郭。一夕并命，郁为枯腊[②]，烈烈[③]厄运，可不悲邪！

于时，玄冥告成[④]，万物休息，穷阴涸凝，寒威懔栗，黑眚[⑤]拔来，阳光西匿。群饱方嬉，歌咢[⑥]宴食。死气交缠，视面唯墨。夜漏始下，惊飙勃发。万窍怒号，地脉荡决。大声发于空廓，而水波山立。于斯时也，有火作焉。摩木自生[⑦]，星星如血，炎光一灼，百舫尽赤。青烟睒睒，熛若沃雪。蒸云气以为霞，炙阴崖而焦爇。始连樯以下碇，乃焚如以俱没。跳踯火中，明见毛发，痛謈田田[⑧]，狂呼气竭。转侧张皇，生涂未绝。倏阳焰之腾高，鼓腥风而一吷。洎埃雾之重开，遂声销而形灭。齐千命于一瞬，指人世以长诀。发冤气之焄蒿[9]，合游氛而障日。行当午而迷方，扬沙砾之嫖疾。衣缯败絮，墨查炭屑，浮江而下，至于海不绝。

亦有没者善游，操舟若神。死丧之威[10]，从井有仁[11]。旋入雷渊[12]，并为波臣[13]。又或择音[14]无门，投身急濑。知蹈水之必濡，犹入险而思济。挟惊浪以雷奔，势若脐而终坠，逃灼烂之须臾，乃同归乎死地。积哀怨于灵台[15]，乘精爽而为厉[16]。出寒流以浃辰，目睊睊而犹视。知天属[17]之来抚，憖[18]流血以盈眦。诉强死之悲心，口不言而以意[19]。若其焚剥支离，漫漶莫别。圜者如圈，破者如玦。积埃填窍，攦指[20]失节。嗟狸首之残形[21]，聚谁何而同穴！收然灰之一抔，辨焚余之白骨。

呜呼哀哉！且夫众生乘化，是云天常。妻孥环之，绝气寝床。以死卫上，用登明堂。离而不惩，祀为国殇。兹也无名，又非其命。天乎何辜，罹此冤横！游魂不归，居人心绝。麦饭壶浆，临江呜咽。日堕天昏，凄凄鬼语。守哭迍邅，心期冥遇。唯血嗣之相依，尚腾哀而属路。或举族之沉波，终狐祥而无主[22]。悲夫！丛冢有坎[23]，泰厉有祀[24]。强饮强食，冯其气类。尚群游之乐，而无为妖祟。

人逢其凶也邪？天降其酷也邪？夫何为而至于此极哉！

注 ①盐纲：旧时水陆运输成批货物的组织，称为纲，如茶纲、盐纲、花石纲等。②并命：同时丧命。郁为枯腊（xī）：《汉书·杨王孙传》："（死尸）支体络束，口含玉石，欲化不得，郁为枯腊。"郁，聚结。腊，干肉。③烈烈：火焰炽盛貌。④玄冥：《礼记·月令》："季冬之月，其神玄冥。"告成：完成使命。火灾发生之日为十二月乙卯（十九日），已是冬末，故云。⑤眚：目生翳，引申为云雾。⑥歌咢：《诗·大雅·行苇》："或歌或咢。"《尔雅·释乐》："徒击鼓谓之咢。"⑦摩木自生：《庄子·外物》："木与木相摩则然（燃）。"⑧痛謈（pó）：因痛而呼喊。《汉书·东方朔传》："上令倡监榜（击打）舍人，舍人不胜痛，呼謈。"田田：象声词，指哀哭声。《礼记·问丧》："妇人不宜袒，故发胸击心，爵（雀）踊，殷殷田田如坏墙然，悲哀痛疾之至也。"⑨焄蒿：气味散发。《礼记·祭义》："众生必死，死必归土。……其气发扬于上为昭明，焄蒿凄怆，此百物之精也。"郑玄注："焄谓香臭也；蒿谓气烝出貌也。"⑩死丧之威：《诗·小雅·常棣》："死丧之威，兄弟孔怀。"郑玄笺："死丧可怖之事。"⑪从井有仁：《论语·雍也》："井有仁焉，其从之也？"注："仁者必济人于患难，故问有仁者堕井，将自投下从而出之不乎？"⑫旋入雷渊：语见《楚辞·

招魂》。洪兴祖补注："雷泽中有雷神。"此借指深渊。 ⑬ 波臣：《庄子·外物》："(庄）周顾视车辙中，有鲋鱼焉。……曰：'我东海之波臣也，君岂有斗升之水而活我哉？'"波臣意谓水族中的臣仆。后称死于水中者为"与波臣为伍"。⑭ 择音：《左传·文公十七年》："鹿死不择音。"孔颖达疏："鹿死不择庇荫之处。"音，通"荫"。 ⑮ 灵台：《庄子·庚桑楚》："不可内（纳）于灵台。"成玄英疏："灵台，心也。" ⑯ 精爽：魂魄。厉：恶鬼。 ⑰ 天属：《庄子·山木》："或曰：'……弃千金之璧，负赤子而趋，何也？'林回曰：'彼以利合，此以天属也。'夫以利合者，迫穷祸患害相弃也。以天属者，迫穷祸患害相收也。"天属，指有血缘关系的亲属。 ⑱ 慭（yìn）：伤痛。 ⑲ 口不言而以意：贾谊《鹏鸟赋》："鹏乃叹息，举首奋翼，口不能言，请对以意。"意，通"臆"，胸臆，心意。 ⑳ 攦（lì）指：《庄子·胠箧》："攦工倕之指，而天下始人有其巧矣。"成玄英疏："攦，折也，割也。" ㉑ 嗟狸首之残形：韩愈《残形操序》："曾子梦见一狸不见其首作。" ㉒ 终狐祥而无主：《战国策·秦策四》："鬼神狐祥无所食。"《史记·春申君列传》引作"鬼神孤伤，无所血食"。狐祥，即孤伤。无主，无人主管祭祀。 ㉓ 丛冢有坎：丛冢，乱葬的坟场。坎，坑穴。《礼记·祭法》："四坎坛，祭四方也。"郑玄注："祭山林丘陵于坛，川谷于坎，每方各为坎为坛。"因而称江河山谷的祭典为坎祭。 ㉔ 泰厉有祀：《礼记·祭法》：王为群姓立七祀，其五曰"泰厉"。孔颖达疏："曰泰厉者，谓……此鬼无所依归，好为民作祸，故祀之也。"

这篇《哀盐船文》，是汪中骈文中一篇力作。乾隆三十五年(1770）十二月十九日夜，江苏仪征沙漫洲港口停泊的盐船突然发生火灾，烟焰张天，嘶号动地，一夜之间烧毁盐船一百三十只，烧死和淹死船民一千四百人。这一惨案发生后，二十七岁的汪中悲愤难已，他以饱蘸深情的笔墨，用极为生动、准确、精练的文字，描绘了盐船失火的惨状，表达了对遇难船民的深切悲哀和同情，读来动人心魄。当时主讲扬州安定书院的著名学者杭世骏读了这篇文章，备加赞赏，专为此文写了序，赞曰："采遗制于《大招》，激哀音于变徵，可谓惊心动魄，一字千金者矣。"给了文章以很高的评价，遂广为传诵。

这篇文章之所以写得如此成功，关键在于紧紧围绕一个"哀"字，调动多方面的艺术手法，集中表现作者那种极度悲愤的真情实感，引起读者的强烈共鸣。

首先，在结构上，作者采用层层深入、步步推进的手法，不断变换审视角度，通过生动地描绘景象，抒发情感，把哀愤之情逐步深化，收到了感人肺腑的艺术效果。第一段是全篇总冒，交待了惨案发生的时间、地点、环境和结果，其中特别提到“坏船百有三十，焚及溺死者千有四百”，并且是“一夕并命，郁为枯腊”。这样突然的变故和悲惨的结果，真是骇人听闻。全文起手就显得突兀不凡，虽简洁明了，但一股悲愤之情，却直透人心肺。第二段转入正面描写整个大火场面，极力渲染悲惨气氛。一开始，先写出隆冬寒冷、江中风大的环境，已觉阴森可怖，为大火的突发和猛烈设下伏笔。接着写大火发生，先是“星星如血”，紧接着是“百舫尽赤”，然后是船民奔走狂呼，而后是烟消火灭，“齐千命于一瞬，指人世以长诀”，最后是“衣缯败絮，墨查炭屑，浮江而下，至于海不绝”，用浓墨重彩，次第写出了大火发生的经过，展示了整个火灾的生动场面，而哀愤之情，激荡于字里行间，给人以深刻的感受。这在第一段的基础上大大深入了一步。第三段又转换笔触，集中描写船民奔走逃生的情景和被淹死、烧死的惨状。如果说第二段是大笔勾勒、宏观把握的话，那么这一段就是具体描写，可谓微观透视了。作者写了船民的仗义互救，也写了他们的奋力逃生，然而这一切都敌不过无情的大火和滚滚波涛，“乃同归乎死地”，尸体奇形怪状，无辜的船民死不瞑目。这些伤心惨目的描写，字字句句浸透着作者的血泪，更深一层地打动着人们的恻隐之心。第四段更进一步，写死者的无辜和亲人的祭奠。那“麦饭壶浆，临江呜咽。日堕天昏，凄凄鬼语。守哭迍邅，心期冥遇”的惨景，几乎令人心绝。经过层层描写，不断渲染烘托，悲哀之情到此达到顶点，整篇文章产生出感天地、泣鬼神的巨大力量。文章各段，整体看来显得大开大合，上段末顺势收束，而下段又调换笔锋，推宕开去，看起来似乎是另起端绪，实际上是亦宕亦接，若断还连，步步引进，不断深化。这样，使得文章具有浩浩荡荡的宏大气势。这种结构上的错落有致，独辟蹊径，把悲哀之情表现得极为浓郁，极为深沉，令人感动不已。

其次，在细节描写上，细如毫发，生动逼真。为了表达对船民的满腔同情之心，细节描写即大多集中在船民身上。第二段中写火灾发生前夕的船民，“群饱方嬉，歌咢宴食。死气交缠，视面唯墨”。前两句表现平和安居生活，十分生动形象，是对以后描写大火的反衬；后面两句又给这种暂时的平和生活蒙上阴影，预兆灾祸之将来，倍觉凄切。火灾发生时，写船民在火中的情形：“跳踯火中，明见毛发，痛謈田田，狂呼气竭。转侧张皇，生涂未绝。”把船民在大火中仓皇奔窜、痛苦呼号、奋力挣扎的动作、声音和神态，表现得极为生动、准确而又细致，绘声绘色，历历如在目前，使人怵目惊心。写死难船民的尸体，更加惨不忍睹："出寒流以浃辰，目睊睊而犹视。知天属之来抚，憖流血以盈眦。诉强死之悲心，口不言而以意。若其焚剥支离，漫漶莫别。圜者如圈，破者如玦。积埃填窍，擺指失节。"作者不惜以较多的笔墨来详细描写尸体的形状，目的在于深刻地展现这场悲剧的受害者的惨况，唤起人们哀伤的感情。读了这些细节描写，人们如身临其境，亲眼看到了这些船民的不幸遭遇，对这场灾难有了更为深切的了解，从而产生出对受难者的无限哀痛和同情。这些成功的细节刻画，既对大笔勾勒作了补充，又对表现全篇主题，起了深化的作用。

再次，在情感抒发上，作者往往直抒胸臆，反复写出自己悲哀的叹息之声和愤怒的抗争之意，把感情表达得荡气回肠。第一段末尾，作者在刚刚点出这场悲剧后，就情不自禁地喊出："烈烈厄运，可不悲邪！"悲怆之情，震荡心魄。到第四段，作者的情感几经酝酿，愈加浓烈，不断地发出悲声："呜呼哀哉！""天乎何辜，罹此冤横！""悲夫！"直到最后，作者的同情之心上升到极点，心情也更加沉痛，终于爆发般地呼喊出："人逢其凶也邪？天降其酷也邪？夫何为而至于此极哉！"真是字字凝血，句句含泪，使读者的心灵不能不感受到强烈的震动。黄宗羲说："凡情之至者，其文未有不至者也。"（《明文案序》上）正是因为作者以满腔同情之心，又通过多种艺术手法，满怀激情地来写这场惨重的灾难，所以写得格外感人，把一个"哀"字表现得入木三分，获得了巨大的成功。

这是一篇骈文。骈文要求使事用典，铺陈辞藻，讲究对偶和用韵，对叙事、抒情不能说没有一定的妨碍。但汪中的这篇《哀盐船文》，却能摆脱"饰其词而遗其意"的形式主义倾向，没有因用典、对偶等方面的限制而形成板重和呆滞的缺点；相反，他能举重若轻，控纵自如，把典故、词语化解在对场面、人物的具体描写中，达到水乳交融的地步，"状难写之情，含不尽之意"（李详《汪容甫先生赞序》），表达了自己的真挚的思想感情，十分真切动人。刘台拱在《遗诗题辞》中说他："钩贯经史，熔铸汉唐，宏丽渊雅，卓然自成一家。"从这篇文章看来，是中肯的评价。（管遗瑞）

病梅馆记

龚自珍

江宁之龙蟠[①]，苏州之邓尉[②]，杭州之西溪[③]，皆产梅。或曰："梅以曲为美，直则无姿；以欹[4]为美，正则无景；梅以疏为美，密则无态。”固也[5]，此文人画士，心知其意，未可明诏大号，以绳天下之梅也[6]；又不可以使天下之民斫直、删密、锄正，以夭梅、病梅为业以求钱也[7]；梅之欹、之疏、之曲，又非蠢蠢求钱之民，能以其智力为也[8]。有以文人画士孤癖之隐[9]，明告鬻[10]梅者，斫其正，养其旁条，删其密，夭其稚枝，锄其直，遏其生气，以求重价，而江、浙之梅皆病。文人画士之祸之烈至此哉！

予购三百盆，皆病者，无一完者。既泣之三日，乃誓疗之，纵之，顺之。毁其盆，悉埋于地，解其棕缚[11]，以五年为期，必复之全之。予本非文人画士，甘受诟厉[12]，辟病梅之馆以贮之。呜呼！安得使予多暇日，又多闲田，以广贮江宁、杭州、苏州之病梅，穷予生之光阴以疗梅也哉？

注 ① 江宁：府名，今南京市。龙蟠：地名，今南京市清凉山下的龙蟠里即其地。② 邓尉：山名，在今苏州市西南吴县光福，前临太湖。相传因纪念东汉太尉邓禹而得名。 ③ 西溪：地名，在今杭州市灵隐山西北。 ④ 欹（qī）：歪斜。⑤ 固：必，毫无疑义。“固也”，紧承上文，并且直贯下面三个带“也”字的判断长句。 ⑥“此文”句：意谓这是文人画士心照不宣，不便公开告谕，大肆号令，用以束缚天下自然多姿之梅的良苦用心。绳，木匠用来取直的墨绳，这里用作动词衡量之义，引申为约束。 ⑦“又不”句：意谓文人画士又不可能让天下所有之人尽从其意，以摧残自然之梅为业来谋利。斫（zhuó），砍。夭，幼而残亡。这里是趁幼摧残之意。 ⑧“梅之”句：意谓那些无知蠢人虽有贪财求钱之欲，可惜又不具备按照文人画士的意图整治梅枝的智力。 ⑨ 孤癖之隐：奇特癖好的隐衷。 ⑩ 鬻：卖。 ⑪ 棕缚：捆绑的棕绳。 ⑫ 诟（gòu）：辱骂。厉：发怒。

这是一篇富有深刻意义的寓言短文，又题《疗梅说》，当作于道光十九年（1839）作者辞官南归杭州之后。

龚自珍是中国近代一位改良思想家。他认为“国家甚赖有士”（《乙丙之际箸议第六》），国家的盛衰兴亡“皆观其才”（《乙丙之际箸议第九》），把政治改革的理想寄托在人才解放上，并且认识到人才解放取决于个性解放。因此，人才问题成了他心目中最敏感的问题，社会生活中的许多实际问题会触发他这方面的感慨，使他写出许多径陈其事、直抒胸臆之作。如《明良论三》揭露了“今日用人论资格之大略”，指出“一限以资格，此士大夫所以尽奄然而无有生气者也。当今之弊，亦或出于此”；《明良论四》提出了防止百官“擅威福”以扼制人才和“救今日束缚之病”的问题；《乙丙之际箸议第九》暴露了衰败之世有用人才被“督”、被“缚”，以至于被“戮”的悲惨情景；《杭大宗逸事状》甚至揭露了乾隆皇帝草菅仁人志士性命，一手制造的悲剧，等等。而且，自然界的许多景物也随时会激发作者的联想，使他写出许多触景生情、咏物寄意之作。如《秋心》三首之一：“斗大明星烂无数，长空一月坠林梢。”慨叹庸才纷纷得势，英才惨遭沦落。《夜坐》：“一山突起丘陵妒，万籁无言帝坐灵。塞上似腾奇女气，江东久陨少微星。”写英才遭妒嫉排挤而沦落，造成死气沉沉的局面。《已亥杂诗》：“谁肯栽培木一章？黄泥亭子白茅堂。新蒲新柳三年大，便与儿孙作屋梁！”借道旁所见以稚嫩松软之才作梁的泥亭茅屋，讽刺不图宏远，不重栋梁，扼杀人才的用人举措，等等。本文则比触景生情、咏物寄意更进一步，作者有感于病梅而创作了一则完美的寓言，表现有关人才的主题。

通篇有一个中心比喻形象，这就是梅。以“病梅”比喻被束缚、被摧残的御用人才，以自然之梅比喻个性解放的俊杰之材。无独有偶，作者《九月二十七夜梦中作》一诗亦有云：“官梅只作野梅看。”所谓“官梅”即指为官方、正统所欣赏的被矫揉整饬过的“病梅”，比喻被束缚、被扭曲的官场庸才；所谓“野梅”即指自然朴素、保持本性的梅，比喻个性解放而沦落民间的仁人志士。这句诗值得玩味。“只作”犹云“权作”，是说身居官场，满目“官梅”，想望“野梅”，权且把“官梅”当作“野梅”来看。作者欣赏的是“野梅”，鄙弃的是“官梅”，因此才产生了这种移花接木的想象。此中委曲，非深味不易得。

本文围绕着梅表现了三种主要人物形象，即文人画士、鬻梅者和作者自我。

文人画士与鬻梅者同为戕害梅花的凶犯，而又有所不同。文人画士指使策划，可谓元凶；鬻梅者虽充作杀手，但毕竟是帮凶。作者量恶有别，因此慨叹“文人画士之祸之烈至此哉”！

作者刻画文人画士，没有脸谱化、简单化、表面化，而是鞭辟入里，入木三分。首先，揭露他们颠倒是非，制造舆论，文中“或曰”云云，颇有欺骗性。其次，揭露他们躲躲闪闪的伪君子、两面派作风，如“心知其意”而又“未可明诏大号”。复次，揭露他们以利相诱，借刀杀人的阴险伎俩。他们的如意算盘本是利诱“天下之民”，但“天下之民”决不肯“以夭梅、病梅为业以求钱”，因此在绝大多数正直之人中难以售其奸，落得“失道寡助”的下场。“蠢蠢求钱之民”可以利诱，但又非其智力所能为，文人画士的愿望又一次落空。最后靠既贪财又有歪才的“鬻梅者”达到了不可公开的目的，致使无辜之梅遍遭大祸。作者选择文人画士这样一种形象用来揭露人才被束缚、被扼杀的问题，不仅因为他们赏梅、咏梅、画梅，与本文的中心比喻形象有关，而且有更深层的含义。首先，世俗文人画士的通病是附庸风雅，矫揉造作，他们的审美习尚往往代表着陈腐的观念、僵化的形式，违背自然清新的艺术创作规律。因此，通过揭露他们的“孤癖之隐”，可以有力抨击选拔人才的官方模式和传统观念，触及当时存在的人才、人性问题上的“束缚之病”，以宣扬作者本人的“人才如其面”，“各因其性情之近，而人才成”（《与人笺五》）的人才、人性解放的理想。其次，世俗文人画士往往为人所豢养，成为统治者的御用工具，他们代表统治者的意志，从不敢违抗。于此本文已有所暗示，如“予本非文人画士，甘受诟厉”，言外之意文人画士怕受诟厉，只能对当权者随声附和，阿谀奉承，助纣为虐。复次，世俗文人画士是舞文弄墨的，他们不仅善于攻心，用软刀子杀人，而且擅长制造舆论，借刀杀人。本文揭露“文人画士之祸之烈”，正是从这一角度着手的。又《乙丙之际箸议》所揭露的对人才的“戮之”之术，也可以与这一点互相印证，如云：“当彼其世（指衰世）也，而才士才民出，则百不才督之，缚之，以至于戮之。戮之非刀，非锯，非水火；文亦戮之，名亦戮之，声音笑貌亦戮之。……其法亦不及要（腰）领，彼戮其心，戮其能忧心，能愤心，能思虑心，能作为心，能有廉耻心，能无渣滓心。”

至于作者自己，则是以疗梅者的形象出现的。他满怀深情痛惜梅之被害，与病梅者的摧残之术针锋相对，“疗之，纵之，顺之”，决心复其本性，乃至“甘受诟厉”而无所顾惜。感情之炽烈，态度之坚决，令人钦佩。而在行动上却不无难处，结尾处一个“呜呼”，一个“安得”，透露了客观条件的限制，充其量“疗梅”也只是一种愿望和理想而已。尽管如此，本文仍不失它的战斗性。可以说，这是一篇讨伐扼杀人才者的檄文，呼唤个性解放的宣言，挽救受害人才的誓词。情真，意切，理正，词严，形象鲜明，发人深省，具有强烈的震撼力。（孙钦善）

译天演论自序

严 复

英国名学家穆勒约翰有言[①]："欲考一国之文字语言而能见其理极[②]，非谙晓数国之言语文字者不能也。"斯言也，吾始疑之，乃今深喻笃信，而叹其说之无以易也。

岂徒言语文字之散者而已，即至大义微言，古之人殚毕生之精力，以从事于一学，当其有得，藏之一心则为理，动之口舌、著之简策则为词。固皆有其所以得此理之由，亦有其所以载焉以传之故。呜呼，岂偶然哉！

自后人读古人之书，而未尝为古人之学，则于古人所得以为理者，已有切肤精怃之异矣。又况历时久远，简牍沿讹。声音代变，则通假难明；风俗殊沿，则事意参差。夫如是，则虽有故训疏义之勤，而于古人诏示来学之旨，愈益晦矣。故曰：读古书难。

虽然，彼所以托焉而传之理，固自若也。使其理诚精，其事诚信，则年代国俗，无以隔之。是故不传于兹，或见于彼，事不谋而各有合。考道之士，以其所得于彼者，反以证诸吾古人之所传，乃澄湛精莹，如寐初觉。其亲切有味，较之觇毕为学者万万有加焉[③]。此真治异国语言文字者之至乐也。

今夫六艺之于中国也，所谓日月经天，江河行地者尔。而仲尼之于六艺也，《易》《春秋》最严。司马迁曰："《易》本隐而之显，《春秋》推见至隐。"此天下至精之言也。始吾以谓本隐之显者，观象系辞以定吉凶而已，推见至隐者，诛意[④]褒贬而已。及观西人名学，则见其于格物致知之事，有内籀之术[⑤]焉，有外籀之术焉。内籀云者，察其曲而知其全者也，执其微以会其通者也。外籀云者，据公理以断众事者也，设定数以逆未然者也。乃推卷起曰：有是哉，是固吾《易》《春秋》之学也！迁所谓本隐之显者，外籀也；所谓推见至隐者，内籀也。其言若诏之矣。二者即物穷理之最要涂术也。而后人不知广而用之者，未尝事其事，则亦未尝咨其术而已矣。

近二百年，欧洲学术之盛，远迈古初。其所得以为名理、公例者，在在见极，不可复摇。顾吾古人之所得，往往先之，此非傅会扬己之言也。吾将试举其灼然不诬者，以质天下。夫西学之最为切实而执其例可以御蕃变[⑥]者，名、数、质、力四者之学是已。而吾《易》则名、数以为经，质、力以为纬，而合而名之曰《易》。大宇之内，质、力相推[⑦]，非质无以见力，非力无以呈质。凡力皆乾也，凡质皆坤也。奈端[⑧]动之例三，其一曰："静者不自动，动者不自止；动路必直[⑨]，速率必均。"此所谓旷古之虑。自其例出而后天学明，人事利者也。而《易》则曰："乾，其静也专，其动也直。"[⑩]后二百年，有斯宾塞尔者[⑪]，以天演自然言化，著书造论，贯天地人而一理之[⑫]，此亦晚近之绝作也。其为天演界说曰："翕以合质[⑬]，辟以出力，始简易而终杂糅。"而《易》则曰："坤，其静也翕[⑭]，其动也辟。"至于全力不增减之说[⑮]，则有自强不息为之先，凡动必复之说，则有消息之义[⑯]居其始。而"易不可见，乾坤或几乎息"之旨，尤为"热力平均[⑰]，天地乃毁"之言相发明也。此岂可悉谓之偶合也耶！

虽然，由斯之说，必谓彼之所明，皆吾中土所前者，甚者或谓其学皆得于东来，则又不关事实，适用自蔽之说也。夫古人发其端，而后人莫能竟其绪，古人拟其大，而后人未能议其精，则犹之不学无术未化之民而已。祖父虽圣，何救子孙之童昏也哉！

大抵古书难读，中国为尤。二千年来，士徇利禄，守阙残，无独辟之虑。是以生今日者，乃转于西学，得识古字用焉。此可与知者道，难与不知者言也。风气渐通，士知弇陋[⑱]为耻。西学之事，问涂日多，然亦有一二巨子，訑然[⑲]谓彼之所精，不外象形下之末；彼之所务，不越功利之间。逞臆为谈，不咨其实，讨论国闻、审敌自镜[⑳]之道，又断断乎不如是也。赫胥黎氏此书之指，本以救斯宾塞任天为治之末流，其中所论，与吾古人有甚合者。且于自强保种之事，反复三致意焉。

夏日如年，聊为迻译。有以多符空言无裨实政相稽者，则固不佞所不恤也。

光绪丙申重九严复序。

注 ①名学家：即逻辑学家。名学，逻辑学。穆勒约翰：即约翰·穆勒（1806—1873），英国哲学家。著有《逻辑体系》（严复译作《穆勒名学》）、《论自由》（严复译作《群己权界论》）。②理极：理论的极致。③觇（chān）毕：即占毕，泛指读书和吟诵。加：胜过。④诛意：责备人动机不善。⑤内籀（zhòu）之术：归纳法。外籀之术：演绎法。⑥御蕃变：驾驭繁复变化的事物。

名、数、质、力：指名学（逻辑学）、数学、化学、物理。 ⑦ 质、力相推：这里质指物体，力指运动静止等。相推：相互作用。 ⑧ 奈端：牛顿（1642—1727）的旧译名，英国数学家、物理学家。动之例三：指牛顿的力学三定律。 ⑨ 动路必直：运动的路线必定是直的。 ⑩“乾，其静也专”两句：语见《易经·系辞上》。原意是天在静时专一不乱，动时刚正不差。 ⑪ 斯宾塞尔（1820—1903）：英国社会学家。著有《群学肄言》等书。 ⑫“贯天地人”句：拿解释自然（天地）的道理来解释社会（人）。 ⑬“翕（xī）以合质”两句：聚合成为物质，分解就放出能量。 ⑭“坤，其静也翕”两句：语见《易经·系辞上》。原意是大地在静时是凝闭的，动时万物生长。 ⑮ 全力不增减之说：即能量守恒定律。 ⑯ 消息之义：《易经·丰》：“天地盈虚，与时消息。”指寒暑往来、陵谷变迁的盛衰变化。 ⑰“热力平均”二句：即德国物理学家克劳修斯等人主张的“热寂说”。 ⑱ 弇（yǎn）陋：闭塞鄙陋。 ⑲ 訑（yí）然：骄傲自大的样子。 ⑳ 审敌自镜：审察敌情，用作自己的鉴戒。

西学东渐，两种文化思想相互撞击，国人该如何应对？对这一重大问题，可以说时至今日仍是学术界大困扰。

清末时西方以洋枪洋炮横行东方，中国因积贫积弱饱受欺凌。随之而来者，更有西洋学术，使得当时武将瞠目于其坚船利炮，文臣震撼于其学术渊深。严复，这位既有深厚旧学功底，又因精通英语的学者，在翻译西学著作时，对这种困扰的体验自然会非常深刻。借这篇序言，可以窥见其内心的悸动。

《天演论》，原著直译应称《进化论与伦理学及其它》，是十九世纪英国生物学家赫胥黎（1825—1895）阐述达尔文进化论学说的一部论文集。严复于光绪二十一年（1895）将其中的前两篇译成中文，称为“天演”，是严复的意译。该书中的基本观点是：生物是进化的，原因就在于“物竞”和“天择”。赫胥黎认为生物界的这一发展规律，既可用来解释自然现象，也可用来解释社会现象。严复对这一观点深感信服，借着翻译的方便，于行文当中加了不少的按语，借题发挥，大谈中国的衰败原因、灭亡危险和变法必要。这些翻译当中的按语文字，与古籍中的注疏比较接近，行文受原著约束更少一些，主要是翻译者的真知灼见。在严复的这类按语中，不可避免地涉及译者对西学的态度，因此，在序言里亮出自己的观点，就显得十分必要了。

文章从语言文字谈起。一般枯治语言文字的学者，于学术敏感之外，很少有余力去顾及文字背后的“大义微言”。严复是精于英文的翻译家，偏偏又不为语言文字所囿。在那个国是日非的时期，革故鼎新、自强图存，进行社会变革，才是他的最终理想，所以，选择哪些西方著作进行翻译，他本来就存在着良苦的用心。

序言开宗明义，借约翰·穆勒的话亮出自己的观点：只有熟谙数国言语文字，才有可能借文字语言窥见其理极。也就是说，在语言文字这个工具背后，还有一个“澄湛精莹”的“理极”在，这才是治异国语言文字者的“至乐”所在。这个“理极”，不因“简牍沿讹”“声音代变”“风俗殊沿”而稍亏，而是“年代国俗，无以隔之”的。这一段文字，看似在讨论一个翻译的学术问题，实则是在阐述天地间的“理极”乃古今中外共同这样的道理。这是第一层，意在明确，无论东方西方，学术上都是平等的，有以上共同的对话的“理极”存在。

接下来，作者用两个自然段，阐述《六经》中《易》《春秋》与西学的关系，这是“理极”的具象或者具体化。两个自然段又各有侧重，第一自然段是从方法论上讲。作者通过梳理司马迁对《易》和《春秋》两著方法论的阐述，将《易》与西方的“外籀之术”相类，将《春秋》与西方的“内籀之术”共通，为中西学术在方法论层面的沟通架起了桥梁，也表明作者对西学方法论的认同。第二自然段是从学术思想层面看。作者认为，西方“名、数、质、力”四大学问，都与《易》相通。举例来讲，牛顿的力学三大定律，都在《易》中；斯宾塞的自然进化论，“贯天地人而一理之”，不要说可以在《易》中找得出答案，简直就是《易》的源泉和根本所在！通过这样的论述，作者在谋求中西学术沟通的同时，还为其宣传所译《天演论》的观点埋下了伏笔：“理极”是不分古今，无论中外的，西方学术方法和学术思想总体上都与中国古代学术相通，那么，赫胥黎的“天演”式社会学思想，理所当然，也应该是适合于中国的。

这里岔开一句：这两段文字，令人大感其中“托古改制”的妙趣：固守经典者，动以“六经”为说辞，这里却将“六经”中最重要的两部《易》和《春秋》，拿出来与西学相对照，其用意是相当深刻的：《易》为群经之首，乃经学总纲；《春秋》严夷夏之防，是圣人手定。二者都能与西学相通，国中还有什么不能与西学相通呢？今天看来，严复这样的类比，难免有机械之嫌，但在当时，却不失为洪钟巨响，大有振聋发聩的功用，并且，这样的类比，不仅为自己东西学术平等相待的观点张目，可以说一下子就将“国粹”主义者的最后堡垒整个儿端掉了。

接下来，作者批驳了两种不科学的对待西学的态度，第一种是“自蔽”的态度：既然西学所发明者，都在自家祖宗那里讲过了，何必还要去学？对此，严复的回答是：祖上圣明，也救不了子孙的童昏！祖先阐述得再好的那个“理极”，如果落到童昏的子孙手里，也只能自在地存在，却不能为我所用，更为能成为拒绝新知西学的挡箭牌。第二种是“逞臆”的态度：还没有弄清楚西学有些什么东西，就将之规范到“象形下之末”“功利之间”的范畴，这是失了“审敌自镜之道”的态度。那么，正确的态度应该如何呢，严复并没有作正面回答，也是他自己也没有一个很好的答案吧，所以，文章于此收束笔墨，笔锋一转，点出赫胥黎所著与“吾古人有甚合者”，而且特别强调其于“自强保种之事，反复三致意焉”。如此处理，似乎断了文脉，其实，联系当时实际，一来严复本人可能真的没有全面解决这个难题，无法提出应对之策，二来作为一个有良知的知识分子，严复对“自强保种之事”特别重视，视之为最要究治的大学问。话里话外的意思是：西方学者都在“反复三致意焉”的东西，已处在“保种”险境之中的中国知识分子，岂能座视而不见？这里虽然没有明言，但严复显然是采取了“审敌自镜”的态度，这与魏源的那句“师夷长技以制夷”，是从两个层面上讲出来的两句话，其实表达的却是一个意思。正因如此，所以严复才会自负地在文末表示：如果有人认为他的翻译是“空言无裨实政相稽者”，他将“不恤”。

纵观全文，作者摒弃译者对原著作评价那种通常的作序方法，也不取译者斤斤于文字言语的角度，而是从中西学术是否相通的高度审视西方著作，用一个富有社会责任感的知识分子的眼光，为其所译的著作进行高屋建瓴式的定位，特别强调出他所翻译的赫胥黎的著作，用意在“自强保种之事，反复三致意焉”的良苦用心。全篇观点鲜明，思想深邃，文字简洁有力，颇能见出其人气质秉性，某些观点，至今仍有借鉴的价值，确实称得上是序言中的精品。（罗立刚）

少年中国说　　梁启超

日本人之称我中国也，一则曰老大帝国，再则曰老大帝国。是语也，盖袭译欧西人之言也。呜呼！我中国其果老大矣乎？梁启超曰：

恶，是何言！是何言！吾心目中有一少年中国在。

欲言国之老少，请先言人之老少：老年人常思既往，少年人常思将来。惟思既往也，故生留恋心；惟思将来也，故生希望心。惟留恋也，故保守；惟希望也，故进取。惟保守也，故永旧；惟进取也，故日新。惟思既往也，事事皆其所已经者，故惟知照例；惟思将来也，事事皆其所未经者，故常敢破格。老年人常多忧虑，少年人常好行乐。惟多忧也，故灰心，惟行乐也，故盛气。惟灰心也，故怯懦；惟盛气也，故豪壮。惟怯懦也，故苟且；惟豪壮也，故冒险。惟苟且也，故能灭世界；惟冒险也，故能造世界。老年人常厌事，少年人常喜事。惟厌事也，故常觉一切事无可为者；惟好事也，故常觉一切事无不可为者。老年人如夕照，少年人如朝阳；老年人如瘠牛，少年人如乳虎；老年人如僧，少年人如侠；老年人如字典，少年人如戏文；老年人如鸦片烟，少年人如泼兰地酒；老年人如别行星之陨石，少年人如大洋海之珊瑚岛；老年人如埃及沙漠之金字塔，少年人如西伯利亚之铁路；老年人如秋后之柳，少年人如春前之草；老年人如死海之潴为泽，少年人如长江之初发源，此老年与少年性格不同之大略也。梁启超曰：人固有之，国亦宜然。

梁启超曰：伤哉，老大也！浔阳江头琵琶妇，当明月绕船，枫叶瑟瑟，衾寒于铁，似梦非梦之时，追想洛阳尘中春花秋月之佳趣；西宫南内，白发宫娥，一灯如穗，三五对坐，谈开元、天宝间遗事，谱霓裳羽衣曲；青门种瓜人，左对孺人，顾弄孺子，忆侯门似海珠履杂遝之盛事；拿破仑之流于厄蔑，阿剌飞之幽于锡兰，与三两监守吏或过访之好事者，道当年短刀匹马，驰骋中原，席卷欧洲，血战海楼，一声叱咤，万国震恐之丰功伟烈，初而拍案，继而抚髀，终而揽镜。呜呼！面皴齿尽，白发盈把，颓然老矣。若是者舍幽郁之外无心事，舍悲惨之外无天地，舍颓唐之外无日月，舍叹息之外无音声，舍待死之外无事业，美人豪杰且然，而况于寻常碌碌者耶？生平亲友，皆在墟墓，起居饮食，待命于人，今日且过，遑知他日，今年且过，遑恤明年，普天下灰心短气之事，未有甚于老大者。于此人也，而欲望以拏云之手段，回天之事功，挟山超海之意气，能乎不能？

呜呼！我中国其果老大矣乎？立乎今日，以指畴昔，唐虞三代，若何之郅治；秦皇汉武，若何之雄杰，汉唐来之文学，若何之隆盛；康乾间之武功，若何之烜赫。历史家所铺叙，词章家所讴歌，何一非我国民少年时代良辰美景赏心乐事之陈迹哉。而今颓然老矣，昨日割五城，明日割十城，处处雀鼠尽，夜夜鸡犬惊，十八省之土地财产，已为人怀中之肉，西百兆之父兄子弟，已为人注籍之奴，岂所谓“老大嫁作商人妇”者耶？呜呼！凭君莫话当年事，憔悴韶光不忍看，楚囚相对，岌岌顾影，人命危浅，朝不虑夕，国为待死之国，一国之民为待死之民，万事付之奈何，一切凭人作弄，亦何足怪。

梁启超曰：我中国其果老大矣乎？是今日全地球之一大问题也。如其老大也，则是中国为过去之国，即地球上昔本有此国，而今渐渐灭，他日之命运殆将尽也；如其非老大也，则是中国为未来之国，即地球上昔未现此国，而今渐发达，他日之前程且方长也。欲断今日之中国为老大耶？为少年耶？则不可不先明国字之意义。夫国也者何物也？有土地；有人民；以居于其土地之人民而治其所居之土地之事；自制法律而自守之，有主权，有服从，人人皆主权者，人人皆服从者。夫如是斯谓之完全成立之国。地球上之有完全成立之国也，自百年以来也。完全成立者，壮年之事也；未能完全成立而渐进于完全成立者，少年之事也。故吾得一言以断之曰：欧洲列邦在今日为壮年国，而我中国在今日为少年国。

夫古昔之中国者，虽有国之名，而未成国之形也。或为家族之国，或为酋长之国，或为诸侯封建之国，或为一王专制之国，虽种类不一，要之其于国家之体质也，有其一部而缺其一部。正如婴儿自胚胎以迄成童，其身体之一二官支，先行长成，此外则全体虽粗具，然未能得其用也。故唐虞以前为胚胎时代，殷周之际为乳哺时代，由孔子而来至于今为童子时代，逐渐发达，而今乃始将人成童以上少年之界焉。其长成所以若是之迟者，则历代之民贼有窒其生机者也。譬犹童年多病，转类老态，或且疑其死期之将至焉，而不知皆由未完全未成立也。非过去之谓，而未来之谓也。

且我中国畴昔，岂尝有国家哉，不过有朝廷耳。我黄帝子孙，聚族而居，立于此地球之上者既数千年，而问其国之为何名，则无有也。夫所谓唐、虞、夏、商、周、秦、汉、魏、晋、宋、齐、梁、陈、隋、唐、宋、元、明、清者，则皆朝名耳。朝也者，一家之私产也；国也者，人民之公产也。朝有朝之老少，国有国之老少，朝与国既异物，则不能以朝之老少而指为国之老少明矣。文、武、成、康，周朝之少年时代也；幽、厉、桓、赧，则其老年时代也。高、文、景、武，汉朝之少年时代也；元、平、桓、灵，则其老年时代也。自余历朝，莫不有之，凡此者，谓为一朝廷之老也则可，谓为一国之老也则不可。一朝廷之老且死，犹一人之老且死也，于吾所谓中国者何与焉。然则，吾中国者，前此尚未出现于世界，而今乃始萌芽云尔。天地大矣，前途辽矣，美哉，我少年中国乎！

玛志尼者，意大利三杰之魁也。以国事被罪，逃窜异邦，乃创立一会，名曰少年意大利。举国志士，云涌雾集以应之，卒乃光复旧物，使意大利为欧洲之一雄邦。夫意大利者，欧洲第一之老大国也，自罗马亡后，土地隶于教皇，政权归于奥国，殆所谓老而濒于死者矣，而得一玛志尼，且能举全国而少年之，况我中国之实为少年时代者耶？堂堂四百余州之国土，凛凛四百余兆之国民，岂遂无一玛志尼其人者。

龚自珍氏之集有诗一章，题曰《能令公少年行》，吾尝爱读之，而有味乎其用意之所存。我国民而自谓其国之老大也，斯果老大矣；我国民而自知其国之少年也，斯乃少年矣。西谚有之曰："有三岁之翁，有百岁之童。"然则国之老少，又无定形，而实随国民之心力以为消长者也。吾见乎玛志尼之能令国少年也，吾又见乎我国之官吏士民能令国老大也，吾为此惧！夫以如此壮丽浓郁翩翩绝世之少年中国，而使欧西、日本人谓我为老大者何也？则以握国权者皆老朽之人也。非哦几十年八股，非写几十年白折，非当几十年差，非捱几十年俸，非递几十年手本，非唱几十年诺，非磕几十年头，非请几十年安，则必不能得一官，进一职。其内任卿贰以上，外任监司以上者，百人之中，其五官不备者，殆九十六七人也，非眼盲，则耳聋，非手颤，则足跛，否则半身不遂也。彼其一身饮食步履视听言语，尚且不能自了，须三四人在左右扶之捉之，乃能度日，于此而乃欲责之以国事，是何异立无数木偶而使之治天下也。且彼辈者，自其少壮之时，既已不知亚细、欧罗为何处地方，汉祖、唐宗是那朝皇帝；犹嫌其顽钝腐败之未臻其极，又必搓磨之，陶冶之，待其脑髓已涸，血管已塞，气息奄奄，与鬼为邻之时，然后将我二万里山河，四万万人命，一举而畀于其手。呜呼！老大帝国，诚哉其老大也。而彼辈者，积其数十年之八股、白折、当差、捱俸、手本、唱喏、磕头、请安，千辛万苦，千苦万辛，乃始得此红顶花翎之服色，中堂大人之名号，乃出其全副精神，竭其毕生力量，以保持之。如彼乞儿，拾金一锭，虽轰雷盘旋其顶上，而两手犹紧抱其荷包，他事非所顾也，非所知也，非所闻也。于此而告之以亡国也，瓜分也，彼乌从而听之，乌从而信之。即使果亡矣，果分矣，而吾今年既七十矣八十矣，但求其一两年内，洋人不来，强盗不起，我已快活过了一世矣。

若不得已，则割三头两省之土地，奉申贺敬，以换我几个衙门；卖三几百万之人民作仆为奴，以赎我一条老命，有何不可，有何难办。呜呼！今之所谓老后、老臣、老将、老吏者，其修身、齐家、治国、平天下之手段，皆具于是矣。“西风一夜催人老，凋尽朱颜白尽头。”使走无常当医生，携催命符以祝寿，嗟乎痛哉！以此为国，是安得不老且死，且吾恐其未及岁而殇也。

梁启超曰：造成今日之老大中国者，则中国老朽之冤业也；制出将来之少年中国者，则中国少年之责任也。彼老朽者何足道，彼与此世界作别之日不远矣，而我少年乃新来而与世界为缘。如僦屋者然，彼明日将迁居他方，而我今日始入此室处。将迁居者，不爱护其窗栊，不洁治其庭庑，俗人恒情，亦何足怪。若我少年者，前程浩浩，后顾茫茫，中国而为牛、为马、为奴、为隶，则烹脔鞭箠之惨酷，惟我少年当之；中国如称霸宇内，主盟地球，则指挥顾盼之尊荣，惟我少年享之，于彼气息奄奄，与鬼为邻者，何与焉？彼而漠然置之，犹可言也；我而漠然置之，不可言也。使举国之少年而果为少年也，则吾中国为未来之国，其进步未可量也；使举国之少年而亦为老大也，则吾中国为过去之国，其澌亡可翘足而待也。故今日之责任，不在他人，而全在我少年。少年智则国智，少年富则国富，少年强则国强，少年独立则国独立，少年自由则国自由，少年进步则国进步，少年胜于欧洲则国胜于欧洲，少年雄于地球则国雄于地球。红日初升，其道大光；河出伏流，一泻汪洋。潜龙腾渊，鳞爪飞扬；乳虎啸谷，百兽震惶。鹰隼试翼，风尘吸张；奇花初胎，矞矞皇皇。干将发硎，有作其芒。

天戴其苍，地履其黄。纵有千古，横有八荒。前途似海，来日方长。美哉我少年中国，与天不老；壮哉我中国少年，与国无疆！

“三十功名尘与土，八千里路云和月。莫等闲，白了少年头，空悲切。”此岳武穆《满江红》词句也，作者自六岁时即口受记忆，至今喜诵之不衰。自今以往，弃哀时客之名，更自名曰少年中国之少年。

作者附识

梁启超是近代著名的改良主义宣传家。早在戊戌变法之前，他就撰写了一大批文章，“宣传了一整套在当时还不失其先进性质的朝气勃勃的资产阶级社会意识和精神状貌”（李泽厚《中国近代思想史论》），发生了广泛而深刻的影响。在当时，无论崇仰他的人还是反对他的人，无不为他文章的魔力所倾倒。梁启超在《清代学术概论》中曾这样自述其文风行海内的盛况和原由：

> 启超既亡居日本……复专以宣传为业，为《新民丛报》《新小说》等诸杂志，畅其旨义，国人竞喜读之。清廷虽严禁，不能遏，每一册出，内地翻刻本辄十数。二十年来学子之思想，颇蒙其影响。启超夙不喜桐城派古文，幼年为文，学晚汉魏晋，颇尚矜练。至是自解放，务为平易畅达，时杂以俚语、韵语及外国语法，纵笔所至不检束，学者竞效之，号“新文体”。老辈则痛恨，诋为野狐。然其文条理明晰，笔锋常带情感，对于读者，别有一种魔力焉。

《少年中国说》即为“新文体”中最著名的篇章之一。当时梁启超亡命日本，“稍能读东文，思想为之一变”（《三十自述》），亟欲用西方资产阶级启蒙思想，唤醒国人的救国热情。《少年中国说》即鲜明地表现出对于祖国危亡局势的忧愤，对于祖国美好前途的信心，以及对于爱国志士尤其是爱国青年的热切期望。

《少年中国说》在思想内容上最鲜明的特点，就是将爱国激情的抒发，与启蒙思想的宣传结合起来，因而显得眼界开阔，见解精妙，振聋发聩，理完气足。本来，当政的腐朽，列强的逼迫，确令国人忧急惶悚，思求拯救，但国家究竟能不能有光明的前途，许多人实缺乏信心；故而经作者深入剖析，输入资产阶级的国家概念与国民义务观念，顿使国人一新耳目，豁然警醒，不仅对国家的前途树立起信心，对于个人应尽的责任也了然于胸。倘使作者不了解海外世界，未接触西学新知，绝难有此等识见，此等襟怀。

与这样的思想内容特点相适应，文章在表达上不仅突破了文字与口语、单行与骈偶、散文与韵文的界限，写得既汪洋恣肆，又不乏典丽；而且打破了汉语与外国语的畛域，大量采用了外来新词语，以输入外国的新学理，染上了鲜明的时代特色。诸如“泼兰地”“金字塔”“西伯利亚”“欧洲列强”“玛志尼”“意大利”“法律”“主权”“国民”“地球”等等，译语满纸，比比皆是。这不仅大大丰富了文章的内容，也大大增强了文章的表现力。

除此之外，《少年中国说》在表达上还有以下几点突出的长处：

其一，思路清晰，逻辑严密。其文虽“纵笔所之不检束”，但并非杂乱无章，而能做到“条理明晰”，读来层次井然，在毫无窒碍、圆融贯通的层次顺序中，体现出严谨周至的逻辑力量。此文一开始便提出外国人认为中国是“老大帝国”这一问题，尔后阐明“老大帝国”的实际含义，进而辨明今日之中国实非“老大帝国”，最后鼓舞爱国青年要为“少年之中国”而努力奋斗。既层层递进，又环环相扣，说服力极强。尤其是文章中间，极力渲染了中国当时的衰危局面，令读者不由得心生疑问，这难道还不是“而今颓然老矣”的表征吗？在这番铺垫的基础上，文章突然一比一转，解除了读者心头的疑惑。比者谓：“譬犹童年多病，转类老态，或且疑其死期将至焉，而不知皆由未完全未成立也。非过去之谓，而未来之谓也。”转者谓：“且我国畴昔，岂尝有国家哉，不过有朝廷耳。……一朝廷之老且死，犹一人之老且死也，于吾所谓中国者何与焉。然则，吾中国者，前此尚未出现于世界，而今乃始萌芽云尔。”这样一纵一擒，一翻一覆，针对明确，说理透辟，怎能不令人心折？文章即此由国家概念之辨析，进到国民义务之阐发，顺理成章，不容置疑。以上是仅就全文整体而论，其实小至某个分论点的提出，乃至某个具体形象的衍化，无不显示出思维的明晰和推理的严谨。

其二，饱含感情，富有气势。此文不仅擅长以逻辑力量说服人，更擅长以感情力量打动人。文章一开始提出问题，便倾吐出作者久已积郁于心中的激情：“呜呼！我中国其果老大矣乎？梁启超曰：恶，是何言！是何言！吾心目中有一少年中国在。”以后的行文，也处处饱含感情，以至作者常按捺不住地直述本名，大声疾呼。“梁启超曰”一语，竟在文中出现五次；“呜呼”一语，更出现六次之多！强烈的爱国激情与严谨的逻辑力量融合在一起，使文章气势充沛，如挟风雨。排比、骈偶、博喻、层递、复沓、呼应等多种修辞手法的灵活运用，更将文章的气势渲染得浓烈如火焰，将作者的激情抒发得淋漓尽致。

其三，形象生动，对比鲜明。贯穿全文的基本线索，是对“老大帝国”与“少年中国”的阐发辨析，这本身就是以生动的形象进行鲜明的对比。在行文中，围绕着“老大”与“少年”的基本形象，生发出一连串新的足资的生动形象。比如在第二部分中，以人之老少喻国之老少，即写得摇曳多姿，奇彩纷呈：

> 欲言国之老少，请先言人之老少。老年人常思既往，少年人常思将来。惟思既往也，故生留恋心；惟思将来也，故生希望心。惟留恋也，故保守，惟希望也，故进取。惟保守也，故永旧，惟进取也，故日新。惟思既往也，事事皆其所已经者，故惟知照例；惟思将来也，事事皆其所未经者，故常敢破格。

这段文字中，留恋——希望、保守——进取、永旧——日新、照例——破格这四对对立的形象，完全是从思既往与思将来这一对对立的形象派生出来的。下文又由“老年人常多忧虑，少年人常好行乐”，派生出灰心——盛气、怯懦——豪壮、苟且——冒险、灭世界——造世界这四对对立的形象；由“老年人常厌事，少年人常喜事”，派生出“常觉一切无可为者”与“常觉一切事无不可为者”的对立；接下去，由“老年人如夕照，少年人如朝阳”开始，一连用九对十八种不同的形象来作对比，广征博喻，气势如虹，随笔点染，妙趣横生。由于紧扣基本形象，这淋漓酣畅的生发点染，虽驳杂而不凌乱，收到落叶归根、万象归宗的效果。

其四，描摹逼真，褒贬分明。文章虽系政论，但极富文艺色彩，嬉笑怒骂，俱成妙文，在哲理的推演中，不乏生动的形象刻画。如文章第四部分在辨明中国实为“少年中国”之后，为强调中国少年之国民义务，明确提出：“造成今日之老大中国者，则中国老朽之冤业也；制出将来之少年中国者，则中国少年之责任也。”那么，当权的“老朽”究竟是些什么货色？何以造就了“老大帝国”的“冤业”？文章作有入木三分的揭露和讽刺，像勾勒漫画似的刻画出“老朽之人”的丑态，栩栩如生，惟妙惟肖。尤其是“非哦几十年八股……”那一串排比，是白描，也是夸张；是纪实，也是悬想；是冷峻的讥讽，也是热烈的抨击；是逻辑的推断，也是艺术的描摹，写得畅达痛快，力透纸背，充分显示出作者善于抓住事物特征，并能饱含激情褒贬分明地加以再现。

其五，才华纵横，学识渊博。全文仅四千余字，不算很长，但横观全球，纵览千古，弘扬故国，鼓吹新知，非才高气盛者不敢言，非饱学博览者不能言，其胆其识，其才其学，无不令人叹服。如在描述古国“老大”之伤悲时，不仅引用了浔阳江头琵琶妇人追忆往事、西宫南内白发宫娥讲说前朝等中国典故，还引用了“拿破仑之流于厄蔑（今译厄尔巴岛），阿刺飞之幽于锡兰（今斯里兰卡）”等西方史事。这些西方史事一经作者引用，洵成时髦新典；这种采用新典并多用翻译词语的新派文章，确令耳目闭塞的国内士人大开眼界。当时竟至出现“举国士夫，乃啧啧然目之曰：此新说也，此名著也”（梁启超《清议报一百册祝辞并论报馆之责任及本报之经历》）的盛况，产生了“后生小子，厌故喜新，竞相效法……及时势所趋，相习成风”（刘师培《论近世文学之变迁》）的巨大影响，“乃至新译之名词，杜撰之语言，大吏之奏折，试官之题目，亦剿袭而用之”（黄遵宪《水巷雁红馆主人来简》）。另一方面，行文所显示出来的旧学根柢，也堪称一时人杰。文章使典用事，已臻化境，骈散相间，音韵铿锵，读来朗朗上口，吟诵津津有味。如文中的诗化句：“凭君莫话当年事，憔悴韶光不忍看”，便化用了曹植的诗句“凭君莫话封侯事”与李璟的词句“还与韶光共憔悴”，而又注入新的立意，确有青出于蓝而胜于蓝的工力。这种做法，当然局限了作者在语言文字上的进一步革新，但也因此能引起多数士人的兴味，便于充分发挥“新文体”的宣传作用。白话与文言杂用，西学与旧学交融，在当时不但是必然的趋势，对于增强宣传效果来说也是很有必要的。过于俚俗的文风，实难被当时的知识界接受。

由于《少年中国说》涉论的是当时人们关心的救国问题，并向当时中国的知识界输入了新人耳目的资产阶级启蒙思想，文章又写得极富感染力，一时风靡海内，洛阳纸贵，成为梁启超最著名的作品之一。

他自己也很为之得意，尝自言：“有《少年中国说》《呵旁观者文》《过渡时代论》等，开文章之新体，激民气之暗潮。”（《清议报一百册祝辞并论报馆之责任及本报之经历》）。文中充溢的爱国激情，令今人读之亦觉虎虎有生气，不禁气壮神旺，血沸心驰。

黄遵宪当年读梁启超《少年中国说》等政论文时，曾赞扬它们“本爱国之心，绞爱国之脑，滴爱国之泪，洒爱国之血，掉爱国之舌，举西东文明大国国权民权之说，输入之于中国，以为新民倡，以为中国光”(《水巷雁红馆主人来简》)，并以“吾哀泪滂沱，栖集笔端……热血喷涌，洋溢纸上”来倾吐阅后的感受，委实深有见地。这样的爱国名文，不论何代何时读之，总能荡人肺腑，动人心魄。(张永芳)

与妻书

林觉民

意映卿卿如晤：吾今以此书与汝永别矣！吾作此书时，尚是世中一人；汝看此书时，吾已成为阴间一鬼。吾作此书，泪珠和笔墨齐下，不能竟书而欲搁笔，又恐汝不察吾衷，谓吾忍舍汝而死，谓吾不知汝之不欲吾死也，故遂忍悲为汝言之。

吾至爱汝，即此爱汝一念，使吾勇于就死也。吾自遇汝以来，常愿天下有情人终成眷属；然遍地腥云，满街狼犬，称心快意，几家能够？司马青衫，吾不能学太上之忘情也。语云：仁者“老吾老以及人之老，幼吾幼以及人之幼”。吾充吾爱汝之心，助天下人爱其所爱，所以敢先汝而死，不顾汝也。汝体吾此心，于啼泣之余，亦以天下人为念，当亦乐牺牲吾身与汝身之福利，为天下人谋永福也。汝其勿悲！

汝忆否？四五年某夕，吾尝语曰：“与使吾先死也，无宁汝先吾而死。”汝初闻言而怒，后经吾婉解，虽不谓吾言为是，而亦无词相答。吾之意盖谓以汝之弱，必不能禁失吾之悲，吾先死留苦与汝，吾心不忍，故宁请汝先死，吾担悲也。嗟夫！谁知吾卒先汝而死乎？吾真真不能忘汝也！回忆后街之屋，入门穿廊，过前后厅，又三四折，有小厅，厅旁一屋，为吾与汝双栖之所。初婚三四个月，适冬之望日前后，窗外疏梅筛月影，依稀掩映；吾与（汝）并肩携手，低低切切，何事不语？何情不诉？及今思之，空余泪痕。又回忆六七年前，吾之逃家复归也，汝泣告我：“望今后有远行，必以告妾，妾愿随君行。”吾亦既许汝矣。前十余日回家，即欲乘便以此行之事语汝，及与汝相对，又不能启口，且以汝之有身也，更恐不胜悲，故惟日日呼酒买醉。嗟夫！当时余心之悲，盖不能以寸管形容之。

吾诚愿与汝相守以死，第以今日事势观之，天灾可以死，盗贼可以死，瓜分之日可以死，奸官污吏虐民可以死，吾辈处今日之中国，国中无地无时不可以死，到那时使吾眼睁睁看汝死，或使汝眼睁睁看我死，吾能之乎？抑汝能之乎？即可不死，而离散不相见，徒使两地眼成穿而骨化石，试问古来几曾见破镜能重圆？则较死为苦也，将奈之何？今日吾与汝幸双健。天下人之不当死而死与不愿离而离者，不可数计，钟情如我辈者，能忍之乎？此吾所以敢率性就死不顾汝也。吾今死无余憾，国事成不成自有同事者在。依新已五岁，转眼成人，汝其善抚之，使之肖我。汝腹中之物，吾疑其女也，女必象汝，吾心甚慰。或又是男，则亦教其以父志为志，则我死后尚有二意洞在也。甚幸，甚幸！吾家后日当甚贫，贫无所苦，清静过日而已。

吾今与汝无言矣。吾居九泉之下遥闻汝哭声，当哭相和也。吾平日不信有鬼，今则又望其真有。今人又言心电感应有道，吾亦望其言是实，则吾之死，吾灵尚依依旁汝也，汝不必以无侣悲。

吾平生未尝以吾所志语汝，是吾不是处；然语之，又恐汝日日为吾担忧。吾牺牲百死而不辞，而使汝担忧，的的非吾所忍。吾爱汝至，所以为汝谋者惟恐未尽。汝幸而偶我，又何不幸而生今日之中国！吾幸而得汝，又何不幸而生今日之中国！卒不忍独善其身。嗟夫！巾短情长，所未尽者，尚有万千，汝可以摹拟得之。吾今不能见汝矣！汝不能舍吾，其时时于梦中得我乎！一恸！辛亥三月念六夜四鼓，意洞手书。

家中诸母皆通文，有不解处，望请其指教，当尽吾意为幸。

这是林觉民写给妻子陈意映的一封绝笔家书。在一九一一年孙中山领导的广州起义前，林觉民毅然参加了“先锋”敢死队，早已将个人生死置之度外。然而，对亲人的眷恋魂牵梦绕，又怎能忘怀？起义即将爆发，自己就要赴身战场，对妻儿的万般牵挂只能报以一纸家书而已！

所以书一开头便是一声令人肝胆俱裂的浩叹：“吾今以此书与汝永别矣！”最痛苦的场面莫过于生离死别，然生离之别，“恨到归时方始休”（白居易《长相思》）。别情虽苦，方有归时的期待与希望；死别之后，汝为世中之人，吾为阴间一鬼，此恨又何时能休?！恨不断，泪千行，“泪珠与笔墨齐下”，寄托着我对亲人的悠悠情思。寥寥数语，已将死别难舍之情推至高潮。感情至此，似应戛然而止，让人在“此恨绵绵无绝期”（白居易《长恨歌》）中感受那此时无声胜有声的艺术效果。作者悲痛难禁本欲搁笔，又恐爱妻“不察吾衷”，于是又引出下面一般生离死别的至爱之语。

使我勇于就死和先你而死只因为“吾至爱汝”。自从我与你相遇而结成伉俪，“常愿天下有情人都成眷属”。忆念初婚之际，你我常常倚窗偎依，争看那稀疏的梅枝筛下点点月影婆娑；你我芳春花前月下，并肩携手，低低切切，喁喁私语。一次谈及愿你先我而死，你娇嗔含怒，夫妻恩爱之时又何必言死？当初只想让我承担亲人死别之苦，不料今日竟是先你而死！你哭着叮嘱我远行必先告知，誓愿随我同行。而当临别之日，与你相对，欲以死别相告，万万非吾心所忍！惟有默默无言，日日呼酒买醉，愿想一醉方休，怎奈它以酒浇愁愁更愁！爱情之种种，旧时之甜美温馨，怎不叫我留恋？每每形诸梦寐，剪不断，理还乱！点点滴滴，往事那堪忆？如今万事成空，对你的一番衷情只能在九泉之下遥闻汝哭声而以哭相和，让我的灵魂“依依旁汝”。全书自始至终，情思相关，哀婉深沉，借王士禛的话来说，这自是一番“透骨情语”（《花草蒙拾》）！其情之深，意之切，使人不忍卒读。

作者深谙动人心者不仅要情真意切，还要理明志坚，至情至理，方能感人肺腑，从而取得爱妻的同情、理解与支持。所以作者在情意绵绵的倾诉中随时不忘晓以革命大义。“吾至爱汝”四个字倾注了作者的一片钟情，继而他深情地告诉妻子：因为对你爱之至才使我具有了博爱之心，才使我勇于为革命抛头颅、洒热血。“老吾老以及人之老，幼吾幼以及人之幼。”（《孟子·梁惠王》）“先天下之忧而忧，后天下之乐而乐。”（范仲淹《岳阳楼记》）这些充满着博爱精神的诗句成了古代仁人志士修身治国平天下的崇高理想。作者从中吸取力量，以“爱汝之心，助天下人爱其所爱”。为替天下人谋永福，就要乐于牺牲个人的福利，即使牺牲宝贵的爱情也在所不惜。由亲人之爱推而为对人民之爱，其爱之高尚自有一股震撼灵魂的感染力量。

人情至理，谁不愿爱情地久天长，夫妻白头偕老？牺牲爱情、舍亲人而去是你我之不幸，也是“今日中国”之不幸。辛亥革命时期，中国“遍地腥云，满街狼犬”，到处充斥着可怕的天灾、盗贼、帝国主义的瓜分和鱼肉人民的奸官污吏，国中之民“无地无时不可以死”，能够称心快意的又有几家呢？作者慨然悲叹：“汝幸而偶我，又何不幸而生今日之中国！吾幸而得汝，又何不幸而生今日之中国！”深刻揭露了造成个人不幸的社会根源。国难当头，吾“卒不忍独善其身”而“学太上之忘情也”，吾辈正当年华，血气方刚，当为天下人不死而敢率先就死，“我以我血荐轩辕”，纵然百死而不辞，即使革命尚未成功，我也死而无憾了！这体现了一个革命先驱者光明磊落、襟怀坦白的高尚情操。作者在表白自我心迹与志向的同时，力求以至爱之情，至理之义沟通和激起与妻子的心灵共鸣，达到使妻子“察吾衷”和“体吾此心”的目的。

全书寓情于理，明理于情，舒展有致而又随情所至，纵笔写来。大则论及国事革命，小则不忘家常细琐；既有对“今日事势”的侃侃而谈，又有对温馨爱情的呢喃细语；它既体现了一个革命者的大义凛然，又不失一个丈夫的体察细微，显示了一个革命者兼丈夫的本色。

这篇家书最动人心魂的地方，就在于它淋漓痛快地喊出了作者心灵深处的绝望呼声！一种最诚挚、最纯洁、最体贴又最悲愤的情感，没有比即将死别的人的呼声更为扣人心弦了。

这是一首用血与泪、情与爱谱写的生命之歌，也是一封惊天地泣鬼神的绝笔家书！（杨福廷）

图书在版编目（CIP）数据

古文观止鉴赏辞典 ： 新一版 ∕ 上海辞书出版社文学鉴赏辞典编纂中心编. -- 上海 ： 上海辞书出版社, 2025. -- ISBN 978-7-5326-6341-5

Ⅰ. H194. 1-61

中国国家版本馆 CIP 数据核字第 2025FX7496 号

古文观止鉴赏辞典（新一版）

上海辞书出版社文学鉴赏辞典编纂中心　编

责任编辑　张秋文
装帧设计　姜　明
责任印制　楼微雯

出版发行　上海世纪出版集团
上海辞书出版社®（www.cishu.com.cn）
地　　址　上海市闵行区号景路 159 弄 B 座（邮政编码：201101）
印　　刷　山东韵杰文化科技有限公司
开　　本　890 毫米×1240 毫米　1/32
印　　张　18.875
字　　数　619 000
版　　次　2025 年 4 月第 1 版　2025 年 4 月第 1 次印刷
书　　号　ISBN 978-7-5326-6341-5/H · 799
定　　价　49.00 元